Die Liberalisierung der deutschen und französischen Gaswirtschaft

Europäische Hochschulschriften

Publications Universitaires Européennes
European University Studies

Reihe II
Rechtswissenschaft

Série II Series II
Droit
Law

Bd./Vol. 3836

PETER LANG
Frankfurt am Main · Berlin · Bern · Bruxelles · New York · Oxford · Wien

Moritz Püstow

Die Liberalisierung der deutschen und französischen Gaswirtschaft

Die Umsetzung der Richtlinie 98/30/EG

PETER LANG
Europäischer Verlag der Wissenschaften

Bibliografische Information Der Deutschen Bibliothek
Die Deutsche Bibliothek verzeichnet diese Publikation in der Deutschen Nationalbibliografie; detaillierte bibliografische Daten sind im Internet über <http://dnb.ddb.de> abrufbar.

Zugl.: Berlin, Freie Univ., Diss., 2003

D 188
ISSN 0531-7312
ISBN 3-631-51410-7

www.peterlang.de

Vorwort

Die vorliegende Arbeit hat der Fakultät Rechtswissenschaft der Freien Universität Berlin im Sommersemester 2003 als Dissertation vorgelegen. Sie wurde Ende 2001 abgeschlossen und ist damit eine rechtsvergleichende Bestandsaufnahme der Gasmärkte in Deutschland und Frankreich zum Moment ihrer Öffnung für den Wettbewerb. Die Untersuchung möchte hierdurch einen Beitrag zum kritischen Verständnis für die Unterschiede und zur Erkenntnis der Gemeinsamkeiten der Marktstrukturen und Marktöffnungsmechanismen leisten.

Eine aktualisierte Darstellung der Marktöffnung in Frankreich enthält der Aufsatz „Die Liberalisierung des französischen Gasmarktes", den ich gemeinsam mit Herrn Prof. Dr. Lecheler in der RdE 2003, Seite 129 publiziert habe. Desweiteren verweise ich auf eine demnächst erscheinende Veröffentlichung von Frau Dr. Patricia Becker in Zusammenarbeit mit Herrn Professor Dr. Dr. Säcker zum französischen Energierecht. Aus der französischen Literatur konnte die Promotion von Herrn Christophe Lemaire „Energie et concurrence: recherches sur les mutations juridiques induites par la libéralisation des secteurs de l'électricité et du gaz naturel" leider keine Beachtung mehr finden.

Zur Entstehung dieser Arbeit haben zahlreiche Personen beigetragen, denen ich herzlich danken möchte: Ein besonderer Dank gebührt meinem Doktorvater Herrn Prof. Dr. Helmut Lecher, der meinen gesamten Ausbildungsweg begleitet, geprägt und gefördert hat. Frau Prof. Laurence Idot danke ich dafür, mich für das Kartellrecht begeistert und den Anstoß sowie wertvolle Anregungen zu dieser Arbeit gegeben zu haben. Herrn Prof. Dr. Kurt Markert sei für die bereitwillige Übernahme der Zweitkorrektur dieser Arbeit gedankt. Meinen Ausbildern und Kollegen Dr. Kornelius Kleinlein und Dr. Jan Endler danke ich für die Gewährung der Freiräume, ohne die ich diese Arbeit nie hätte parallel zu meiner Ausbildung und meiner Nebentätigkeit erstellen können.

Meinen Freunden in Deutschland und Frankreich danke ich für wertvolle Diskussionen und das Verständnis, das sie mir bei der Entstehung der Arbeit entgegengebracht haben. Rita danke ich für Alles.

Herzlich danken möchte ich schließlich meinen Eltern für die Übernahme der intensiven Korrekturarbeiten, vor allem aber für ihre stete Unterstützung.

Berlin, im Herbst 2003 Moritz Püstow

Inhaltsübersicht

Inhaltsverzeichnis

Abkürzungen

a.A.	anderer Ansicht
Abl. EG	Amtsblatt der Europäischen Gemeinschaft
Abs.	Absatz
a.E.	am Ende
a.F.	alte Fassung
Abs.	Absatz
A.J.D.A	L'Actualité juridique - Droit administratif
Art.	Artikel
ASP	Actualité des Services Publics en Europe
AVBGasV	Verordnung über allgemeine Bedingungen für die Gasversorgung von Tarifkunden
Bd.	Band
BB	Betriebsberater
BET	Büro für Energiewirtschaft und Technische Planung
BGBl	Bundesgesetzblatt
BOCC	Bulletin officiel de la concurrence, de la consommation et de la répression des fraudes
BRat-Drs.	Bundesratsdrucksache
BT-Drs.	Bundestags-Drucksache
BTOGas	Verordnung über allgemeine Tarife für die Versorgung mit Gas
BVerfGE	Sammlung der Entscheidungen des Bundesverfassungsgerichts
BVerwGE	Sammlung der Entscheidungen des Bundesverwaltungsgerichts
CA	Cour d'appel
CC	Code Civil
CCC	Contrats Concurrence Consommation, F
CDE	Cahiers de droit européen
CE	Conseil d'État
CES	Conseil économique et social
CJEG	Cahiers Juridiques de l'Électricité et du Gaz, F
CMLR	Common Market Law Review
Cons-Conc.	Conseil de la Concurrence
CPN	Competition Policy Newsletter, LUX
CRE	Commission de régulation de l'électricité
CREG	Commission de régulation de l'électricité et du gaz
CSEG	Conseil supérieur de l'électricité et du gaz
D	Receuil Dalloz
DA	Droit administratif
DÖV	Die öffentliche Verwaltung (*l'administration pu*blique), D
DVBl	Deutsches Verwaltungsblatt (*Revue allemande de l'administration*), D
E	Amtliche Sammlung der Entscheidungen des Europäischen Gerichtshofs und des Gerichts erster Instanz

EAB	Energieaufsichtsbehörde
EDF	Électricité de France
EG	Europäische Gemeinschaft
EGV	Vertrag über die Europäischen Gemeinschaft
EltG	Loi n° 2000-108 du 10 février 2000 relative à la modernisation et au développement du service-public de l'électricité (Elektrizitätsgesetz)
Elt-RL	Richtlinie 96/92/EG des Europäischen Parlaments und des Rates vom 19. Dezember 1996 betreffend gemeinsame Vorschriften für den Elektrizitätsbinnemarkt („Elektrizitätsrichtlinie").
EnWR-NRG	Gesetz zur Neuregelung des Energiewirtschaftsrechts.
EnWG	Energiewirtschaftsgesetz (*loi sur l'économie de l'énerg*ie), D
EnWG-E	Entwurf eines Ersten Gesetzes zur Änderung des Gesetzes zur Neuregelung des Energiewirtschaftsgesetzes (Stand: 09.05.2001, BT-Drs. 14/5969).
EnWG 1935	Energiewirtschaftsgesetz von 1935
et	Energiewirtschaftliche Tagesfragen
EuG	Europäisches Gericht erster Instanz
EuGH	Europäischer Gerichtshof
EuZW	Europäische Zeitschrift für Wirtschaftsrecht
EVU	Energieversorgungsunternehmen
EWI	Energiewirtschaftliches Institut an der Universität Köln
EWS	Europäisches Wirtschafts- und Steuerrecht
f.	folgende
ff..	fortfolgende
Fn	Fußnote
FStrG	Bundesfernstraßengesetz
Gas-G	Projet de Loi relatif à la modernisation du service public du gaz naturel et au développemente des entreprises gazières, enregistré à la Présidence de l'Assemblée nationale le 17 mai 2000
Gas-RL	Richtlinie 98/30/EG des Europäischen Parlaments und des Rates vom 22. Juni 1998 betreffend gemeinsame Vorschriften für den Erdgasbinnenmarkt („Gasrichtlinie").
GDF	Gaz de France
GdP	Gazette du Palais
GG	Grundgesetz
GRT	Gestionnaire du Réseau de Transport
G/T/E	Groeben/Thiesing/Ehlermann - Kommentar zum EU-/EG- Vertrag
GWB	Gesetz gegen Wettbewerbsbeschränkungen
IELTR	international energy law and taxation review
JCP-E	La Semaine Juridique Entreprise et Affaires
JORF	Journal officiel de la République Française
KAV	Konzessionsabgabenverordnung
LPA	Les Petites affiches

M/D/H/S	Maunz, Theodor; Dürig, Günter; Herzog, Roman; Scholz, Rupert; Grundgesetz Kommentar,
MMR	Multimedia und Recht
Mtoe	million tonnes of oil equivalent, Maßeinheit für Energie.
m.w.N.	mit weiteren Nachweisen
n.F.	neue Fassung
NatG	Französisches Nationalisierungsgesetz von 1946; Loi N° 46-628 du 8 Avril 1946 sur la Nationalisation de l'Electricité et du Gaz.
NJW	Neue Juristische Wochenschrift
NVwZ	Neue Zeitschrift für Verwaltungsrecht
OGLTR	Oil & Gas Law and Taxation Review
ÖZW	Österreichische Zeitschrift für Wirtschaftsrecht
R.A.E	Revue de droit administratif
RDAI	Revue de droit des affaires internationales
RdE	Recht der Energiewirtschaft
RE	Revue française de l'Énergie
RegTP	Regulierungsbehörde für Post und Telekommunikation
RFDA	Revue française de droit administratif
RIDE	Revue internationale de droit économique
RIW	Recht der internationalen Wirtschaft
RGBl	Reichsgesetzblatt
RMC	Revue du Marché commun
RMUE	Revue du Marché Unique Européen
Rn.	Randnummer
Rs.	Rechtssache
RTDE	Revue trimestrielle de droit européen
RTKom	Recht der Telekommunikation (*Droit de la télécommunication*), D
RUE	Revue du Droit de l'Union Européenne
S	Receuil Sirey
S.	Seite
S/T/B/I	Schapira/Le Tallec/Blaise/Idot; Droit européen des affaires
TA	Tribunal administratif
T/B/K	Tegethoff/Büdenbender/Klinger - Das Recht der öffentlichen Energieversorgung
T.C.	Tribunal des conflits
TEntgV	Telekommunikations-Entgeltregulierungsverordnung
T.G.I.	Tribunal de grand instance
TKG	Telekommunikationsgesetz
usw	und so weiter
VerwA	Verwaltungsarchiv
vgl.	vergleiche
VO	Verordnung
VW	Versorgungswirtschaft
VwVfG	Verwaltungsverfahrensgesetz

VwGO	Verwaltungsgerichtsordnung
WiVerw	Wirtschaft und Verwaltung – Vierteljahresbeilage zum Gewerberecht
WUW	Wirtschaft und Wettbewerb
WuW/E	WuW – Entscheidungssammlung zum Kartellrecht
WWE	Wirtschaftswelt Energie
z.B.	zum Beispiel
ZfE	Zeitschrift für Energiewirtschaft
ZIP	Zeitschrift für Wirtschaftsrecht
ZHR	Zeitschrift für das gesamte Handels- und Wirtschaftsrecht
ZNER	Neue Zeitschrift für Energierecht
ZögU	Zeitschrift für öffentliche und gemeinwirtschaftliche Unternehmen
ZUR	Zeitschrift für Umweltrecht

Bibliographie

A

Achterberg, Norbert; Püttner, Günter; Würtenberger, Thomas; Besonderes Verwaltungsrecht;
Band I: Wirtschafts- Umwelt-, Bau-, Kultusrecht, 2. Auflage, Heidelberg 2000
Band II: Kommunal-, Haushalts-, Abgaben-, Ordnungs-, Sozial-, Dienstrecht, Heidelberg 2000

Arbeitsgruppe Netznutzung Strom und Kartellbehörden der Länder; Bericht über 1. die Reichweite der kartellrechtlichen Eingriffsnormen für die Überprüfung der Höhe der Entgelte für die Nutzung der Stromnetze 2. die kartellrechtliche Relevanz von den Netzzugang behindernden Verhaltensweisen der Stromnetzbetreiber; Bonn, 19. April 2001.

Arndt, Hans-Wolfgang; „"Common Carrier" bei Strom und Gas - zur nationalstaatlichen und europarechtlichen Zulässigkeit von Durchleitungsverpflichtungen", in: RIW, Beilage 7 zu Heft 10/1989.

Assemblée nationale française; Faut-il défendre le service public; Rapport d'information déposé par la délégation de l'Assemblée nationale pour l'Union européenne sur le service public dans le cadre de l'Union européenne et présenté par M. le député Franck Borotra, enregistré à la Présidence de l'Assemblée nationale le 6 octobre 1995, n° 2260.

Assemblée nationale française; A la veille d'une directive européenne sur le marché intérieur du gaz naturel; Rapport d'information déposé par la délégation de l'Assemblée nationale pour l'Union européenne sur la proposition de directive du Conseil concernant des règles communes pour le marché intérieur du gaz naturel, présenté par M. le député Bernard Derosier, enregistré à la Présidence de l'Assemblée nationale le 18 février 1997, n° 3338, 31.

Assemblée nationale française; Vers une notion européenne de service public; Dienstag, 24. Januar 1995;
mit dem zitierten Beitrag von:
Le Folch-Prigent, Loïck; Énergie; S. 28.

Auer, Hans; Haas, Reinhard; Shioshansi, Fereidoon; „Die kalifornische Stromkrise", in: et 2001, 280.

Auby, Jean-François; Les services publics en Europe, P.U.F., Que sais-je?, Paris 1998.

Auby, Jean-Marie; Ducos-Ader, Robert; Droit administratif - la fonction publique, les biens publics, les travaux publics; 7. Auflage, Paris 1986.

B

Badura, Peter; Das Verwaltungsmonopol, Berlin 1963.

Barav, Ami; „La plénitude de compétence du juge national en sa qualité de juge communautaire", in: mélanges Boulouis, S. 1.

Barth, Michael; „Strombörse und Energierecht", in: RdE 2000, 139.

Batail, Jacques; „Vers la future organisation gazière française", in: RE 1999, 289.

Batail, Jacques; „Sens et portée de la nouvelle organisation électricque française", in: RE 2000, 73.

Batail, Jacques; „Un an après: Le bilan de la loi électrique du 10 février 2000", in: RE 2001, 289.

Baudru, Daniel; Rigamonti, Eric; „Stratégie des acteurs et dérégulation des marchés du gaz et de l'électricité en europe"; in: RE; 1998, 439.

Baur, Jürgen; „Wettbewerb in der Elektrizitätsversorgung und energiepolitische Ziele im Europarecht", in: RdE 1992, 165.

Baur, Jürgen; „Schicksal der Lieferverträge nach Wegfall der Ausschließlichkeitsabrede", in: RdE 1997, 41.

Baur, Jürgen F.; Friauf, Karl-Heinrich; Energierechtsreform zwischen Europarecht und kommunaler Selbstverwaltung; Zwei Rechtsgutachten, Nomos, Baden-Baden 1997.

Friauf, Karl-Heinrich; „Energierechtsreform und kommunale Energieversorgung", S. 55.

Baur, Jürgen F.; „Art. 90 Abs. 2 EGV und die Binnenmarktrichtlinie für Strom und Gas", in: RdE 1999, 85.

Baur, Jürgen; „Energielieferverträge unter europäischem Kartellrecht", in: RdE 2001, 81.

Bazex, Michel; „Le concept de service public en droit national français“, in: Frard; Vandamme; Mensbrugghe; Vers un service public européen, Paris 1996.

Bechtold, Rainer; „Das neue Kartellgesetz“, in: NJW 1998, 2769.

Becker, Ulrich; „Die Betriebsaufnahmegenehmigung nach § 3 EnWG im Gefüge des neuen Energiewirtschaftsrechts“; in: RdE 2000, 7.

Beck'scher TKG Kommentar, (Hrsg. von: Büchner, Wolfgang; Ehmer, Jörg; Geppert, Martin; Kerkhoff, Bärbel; Piepenbrock, Hermann-Josef; Schütz, Raimund; Schuster, Fabian); 2. Auflage, München 2000.

Berg, Wilfried, „Die wirtschaftliche Betätigung von Kommunen - kommunale Selbstverwaltung und Wettbewerb“, in: WiVerw 2000, 141.

Bergmann, Bettina; „Ein Netzzugang Dritter in der Elektrizität und Grundrechte der Versorgungsunternehmen“, Sinzheim 1995, zugl. Univ. Diss FU Berlin 1995.

Binder, Claus; Kleinlein, Kornelius; „Zusammenschaltungsanordnung und Entgeltregulierung“, in: MMR 2001, 569.

Binder, Claus; „Ausstieg aus der zivilen Nutzung der Kernenergie durch Recht oder durch Wettbewerb“, in: DÖV 2001, 1025.

Binder, Markus; Hannes, Berthold; Lanzdorf, Adolf; Weiß, Michael; „Strukturveränderungen im liberalisierten Gasmarkt“, in: et 2000, 830.

Birnbaum, Lutz; „Durchleitungsverweigerung bei Gasversorgungsnetzen“, in: et 2001, 780.

Blaise, Jean-Bernard; Droit des affaires, Paris 1999.

Bleckmann, Albert; Europarecht, 6. Auflage, München 1997.

Böhnel, Gisela; „Netzzugang nach Energiewirtschaftsgesetz und Verbändevereinbarung“, in: et 2001, 293.

Böhnel, Gisela; „Netznutzungsentgelt und Netznutzungsvertrag aus der Sicht der Arbeitsgruppe Netznutzung Strom der Kartellbehörden des Bundes und der Länder: Darstellung und Kritik“, in: RdE 2001, 176.

Böhnel, Gisela; Wettbewerbsbegründende Durchleitungen in der Elektrizitätswirtschaft; Baden-Baden 2001, zugl. Univ.-Diss. Göttingen 2001.

Börner, Achim-Rüdiger; „Zu den Auswirkungen der EG-Richtlinien zum Binnenmarkt für Strom und zum Binnenmarkt für Gas vor ihrer Umsetzung ins nationale Recht“, in: RIW 1997, 475.

Börner, Achim-Rüdiger; „Verhandelter Stromnetzzugang und Kartellrecht“, in: VW 1999, 77.

Börner, Achim-Rüdiger; „Zur Nichtigkeit eines Stromliefervertrages zwischen Regionalversorger und Stadt“, in: et 1999, 405.

Börner, Achim-Rüdiger; „Rechtliche Aspekte eines Strombörsenengagements“, in: VW 2000, 245.

Börner, Achim-Rüdiger; „Erste Überlegungen zu den privaten Normierungen der Stromdurchleitung: Stringenz und Kartellrecht“; Teil 1: RdE 2000, 55; Teil 2: RdE 2000, 94

Festschrift für Börner, Bodo (Baur/Müller-Graf/Zuleeg (Hrsg.)); Köln, Berlin, Bonn, München 1991.
mit dem zitierten Beitrag von:
Eckert, Lutz; „Die Erdgastransitrichtlinie“, S. 523ff.

Börner, Bodo; „Missbrauchsaufsicht und „Durchleitung“ in der Gaswirtschaft“, in: Probleme der 4. Novelle zum GWB, Veröffentlichungen für Energierecht 1981, Bd. 48, S. 77ff..

Böwing, Andreas; „Rechtsfragen des Netzzugangs und der Netzbenutzung im Energiebereich, insbesondere von Stromnetzen“, in: Schwarze, Jürgen (Hrsg.) Netzzugang für Dritte im Wirtschaftsrecht, Baden-Baden 1999.

Borowka, Jürgen; Zander, Wolfgang; Wußing, Eva; „VV Gas - nur ein kleiner Schritt in Richtung Marktöffnung“, in: et 2000, 712.

Bouchard, Georges; „Marché intérieur du gaz naturel“; in: RE 1998, 456.

Bout, Roger; Bruschi, Marc; Prieto, Catherine; LAMY Droit économique 2000; LAMY, Paris 1999.

Braconnier, Stéphane; „La régulation des services publics“, in: RFDA 2001, 43.

Braibant, Guy; Stirn, Bernard ; Le droit administratif français, 5. Auflage, Paris 1999.

Bricq, Nicole (Députée); Mission de réflexion et de concertation sur la transposition de la directive européenne sur le „marché intérieur du gaz“, Rapport au Premier Ministre du 27 octobre 1999.

Britz, Gabriele; „Öffnung der Europäischen Strommärkte durch die Elektrizitätsbinnenmarktrichtlinie“, in: RdE 1997, 85.

Britz, Gabriele; „Funktion und Funktionsweise öffentlicher Unternehmen im Wandel: Zu den jüngsten Entwicklungen im Recht der kommunalen Wirtschaftsunternehmen“, in: NVwZ 2001, 380.

Brown, L. Neville; Bell, John S.; French Administrative Law, 5. Auflage Oxford 1998.

Büdenbender, Ulrich; Die Kartellaufsicht über die Energiewirtschaft, Köln 1995.

Büdenbender, Ulrich; Heintschel von Heinegg, Wolff; Rosin, Peter; Energierecht I - Recht der Energieanlagen, Berlin, New York 1999.

Büdenbender, Ulrich; „Die Energieaufsicht über Energieversorgungsunternehmen nach dem neuen Energiewirtschaftsgesetz“; in: DVBl 1999, 7.

Büdenbender, Ulrich; „Energierecht nach der Energierechtsreform“; in: JZ 1999, 62.

Büdenbender, Ulrich; „Die Durchleitung elektrischer Energie nach der Energierechtsreform“, in: RdE 1999, 1.

Büdenbender, Ulrich; „Die Kontrolle von Durchleitungsentgelten in der leitungsgebundenen Energiewirtschaft“, in: ZIP 2000, 2225.

Büdenbender, Ulrich; „Die kartellrechtliche Zulässigkeit von Gesamtbedarfsdeckungsklauseln“, in: et 2000, 359.

Büdenbender, Ulrich; „Durchleitungen in der Elektrizitätswirtschaft und Eigentumsschutz“; in: WuW 2000, 119.

Büdenbender, Ulrich; „Grundfragen des energierechtlichen Netzzugangs in der Gaswirtschaft nach der Gasnovelle“, in: RdE 2001, 165.

Büdenbender, Ulrich; „Die Entwicklung des Energierechts seit In-Kraft-Treten der Energierechtsreform von 1998“, in: DVBl 2001, 925.

Buendia Sierra, José-Luis; Hancher, Leigh; „Cross-subsidization and EC Law", in: CMLR 1998, 901.

Bundeskartellamt, Tätigkeitsbericht 1997/1998, BT-Drs. 14/1139.

Bundeskartellamt, Tätigkeitsbericht 1999/2000, BT-Drs. 14/6300.

Burns, Philip; Davies, John; Riechmann, Christoph; „Benchmarking von Netzkosten - Data Envelopment Analyse (DEA) am Beispiel der Stromverteiler in Großbritannien", in: ZfE 1999, 285

Busche, Jan; Privatautonomie und Kontrahierungszwang, Tübingen 1999.

Festschrift für Büttner, Wolf (hrsg. von Becker, Peter; Held, Christian; Riedel, Martin; Theobald, Christian); Energiewirtschaft im Aufbruch; Köln 200;
Mit dem zitierten Beitrag von:
Ortlieb, Birgit; Vergaberechtliche Beurteilung von Konzessionsverträgen, S. 379.

C

Cagniart, Charles-Henri; Lauriol, Thierry; „Recent Developments in Gas and Electricity Law in France", in: IELTR 2001, 75.

Calmetta, Paolo Francesco; Ziegler, Sonja; „Liberalisierung des italienischen Gasmarktes", in: et 2001, 656.

Carbonnier, Rémy; „Ouverture à la concurrence du marché du gaz: Quelle évolution pour le système français des concessions de distribution?"; in: RE 1998, 502.

Chapus, René, Droit administratif général - Tome 2; 7. Auflage, Paris 1994.

Charbit, Nicolas; Secteur Public et droit de la concurrence; Paris 1999.

Charbit, Nicolas; Carlton, Rod; Lamarca, Salvatore; Melchior, Florence; Sanchez, Jaime; Wessely, Thomas „L'europe de l'électricité", in: GdP 1999, 789.

Chevallier, Jacques; „Regards sur une évolution", in: AJDA 1997, 8.

CEDECE, „Service public et Communauté européenne: entre l'intérêt général et le marché", Actes du colloque de Strasbourg, sous la direction de Robert Kovar et Denys Simon; Paris 1998.
Mit den zitierten Beiträgen von:
Gazin, Fabienne; „La conception communautaire de l'intérêt général dans le droit des services publics".

Oberdorff, Henri; „Signification de la notion de „service public à la française““, S.89ff.
Simon, Denys; „Les mutations des services publics du fait des contraintes du droit communautaire“, Band I S. 65.

Coin, Rémy; „Commentaire législatif - Les instances de régulation dans la loi du 10 février 2000“, in: CJEG 2001, 6.

Commissariat général du plan; Services publics en réseau: perspectives de concurrence et nouvelles régulations; Rapport du groupe présidé par Jean Bergougnoux; La documentation française, Paris 2000.

Commission de régulation de l'électricité; „Recommandation de la Commission sur la dissociation comptable“, Séance du 12 juillet 2000; http://www.cre.fr/

Commission de régulation de l'électricité; Rapports du groupe d'experts sur la tarification de l'accès au réseaux de transport et de distribution de gaz; 20. April 2001. http://www.cre.fr/

Commission de régulation de l'électricité; Rapport d'activité 30 juin 2001. http://www.cre.fr/

Commission de régulation de l'électricité; Rapport du groupe d'expertise économique sur la tarification des réseaux de transport et de distribution de l'électricité et sur la tarification de la fourniture de l'électricité aux consommateur non éligibles du 27.01.2000 (Rapport Champsaur). http://www.cre.fr/

Collin-Sisteron, Nathalie; „La crise de l'électricité en californie – Quelles analyses et quels enseigenements ?“, in : RE 2001, 238.

Conseil de la concurrence, Avis n°95 A 15 rendu le 10 mai 1994, relatif aux problèmes soulevés par la diversification des activités d'EDF et de GDF au regard de la concurrence, RFDA 1994, 1158.
http://www.finances.gouv.fr/reglementation/avis/conseilconcurrence/

Conseil de la concurrence; Avis n° 99-A-15 du 5 octobre 1999 relatif à une demande d'avis sur les principes à respecter ou les dispositions à prévoir pour assurer le fonctionnement concurrentiel des marchés du gaz et des différentes énergies dans le cadre tracé par la directive européenne 98/30/CE.
http://www.finances.gouv.fr/reglementation/avis/conseilconcurrence/

Conseil de la concurrence; Avis n° 00-A-21 du 6 septembre 2000 relatif aux tarifs d'utilisation des réseaux publics de transport et de distribution d'électricité.
http://www.finances.gouv.fr/reglementation/avis/conseilconcurrence/

Conseil de la concurrence; Avis n° 00-A-29 du 30 novembre 2000 relatif à la séparation comptable entre des activités de production, transport et distribution d'électricité. http://www.finances.gouv.fr/reglementation/avis/conseilconcurrence/

Conseil de la concurrence, Rapport d'activité 2000. http://www.finances.gouv.fr/DGCCRF/concurrence/index.html

Conseil économique et social, Avis examiné au cours de sa séance du 27 octobre 1999; Sujet : „ La future organisation gazière française" - Rapporteur M. Charles Fiterman, au nom de la section des Activités productives, de la recherche et de la technologie.

Conseil supérieur de l'électricité et du gaz; Avis sur le futur système gazier; séance du 12 octobre 1999.

Courivaud, Henri; „La loi n° 2000-108 du 10 février 2000 relative à la modernisation et au developpement du service public de l'électricité: Réalise-t-elle aussi une libéralisation conforme aux objectifs de la directive-électricité du 19 décembre 1996 ?", in: JCP-E 2000, 1029.

Courivaud, Henri; „Le droit de la concurrence contre les libertés communales? – L'exemple des Stadtwerke allemandes confrontées à la libéralisation du secteur de l'électricité", in: RIDE 2000, 405

Courivaud, Henri; „L'adaptation des grandes entreprises de réseaux à la libéralisation du secteur de l'électricité en europe: éléments de comparaison entre la France et l'Allemagne", in: RE 2001, 296.

Courivaud, Henri; „Les collectivités locales confrontées à la libéralisation des activités de réseaux éléctriques: convergences et divergences d'approche entre la France et l'Allemagne", in: CJEG 2001, 411.

Cronenberg; Martin; „Das neue Energiewirtschaftsrecht", in: RdE 1998, 85.

Czakainski, Martin; „Erdgasmärkte im Erwartungsdruck der Liberalisierung", in: et 2000, 718.

D

Dal Farra, Thiery; „L'invocabilité des directives communautaires devant le juge national de légalité", in: RTDE 1992, 634.

Dauger, Jean-Marie; Sanglerat, Lain; „Le Gaz naturel", in: RE 1999, 532.

David, Laurent; Mirabel, François; „La tarification de l'accès des tiers au réseau - Le cas du gaz", in: RE 1998, 420.

Davies, John; Burns, Philip; Riechmann, Christoph; „Benchmarking von Netzkosten - Data Envelopment Analyse (DEA) am Beispiel der Stromverteiler in Großbritannien", in: ZfE 1999, 285

De Rijke, Michelle; Schong, Ilona ; „Harmonising the Liberalisation of the Natural Gas and Electricity Markets", in: ULR 2001, n° 12, 3.

Decker, Pascal; Reimann, Wibke; „§ 13 EnWG - ein Schritt zu mehr Wettbewerb? - zugleich eine Anmerkung zur Entscheidung des LG Rostock vom 17.5.1999", in: RdE 2000, 16.

Dehmer, Hans; Umwandlungsgesetz; 2. Auflage 1996.

Debbasch, Charles; Ricci, Jean-Claude; Contentieux administratif; 7. Auflage, Paris 1999.

Deselaers, Wolfgang; „Die „Essential Facilities" - Doktrin im Lichte des Magill-Urteils des EuGH", in: EuZW 1995, 563.

Di Caspare, Giuseppe; „Der neue italienische Ordnungsrahmen für die Energieversorgung", in: RdE 2000, 210.

Dick, Claudia; Herrmann, Bodo K.; „Die Kundenbündelung und ihre Bedeutung für das Energie- und Konzessionsabgabenrecht", in: BB 2000, 885.

Douence, Jean-Claude; „Les incidences du caractère national ou local du service public", in: AJDA spécial 1997, 113.

Dreier, Horst; Grundgesetz Kommentar
Band II, Artikel 20-82, Tübingen 1998.

Dubuc, Delphine; „Gaz: Les marchés européens à l'heure de la libéralisation", in: Actualité des Services Publics en Europe, juillet-aôut 2000, S. 10.

Duguit, Léon; Traité de droit constitutionnel Bd. 2; 2. Auflage, Paris 1923.

Durach, Wolfgang; Die Einführung kompetitiver Strukturen auf den Energiemärkten; Frankfurt am Main 1996, zgl. Univ. Diss. Konstanz 1996.

E

Ebeling, Ral Michael; Schmidt, Jens; „Möglichkeiten der Kontentrennung für die Rechnungslegung nach §§ 9, 9a Energiewirtschaftsgesetz", in: VW 2001, 77.

Eckert, Lutz; „Die Erdgastransitrichtlinie", in: Baur/Müller-Graf/Zuleeg (Hrsg.), Festschrift für Börner, Köln, Berlin, Bonn, München 1991, S. 523ff.

Eckert, Thomas; „Der Formwechsel einer Kapitalgesellschaft in eine Personengesellschaft und seine Auswirkungen auf öffentlich-rechtliche Erlaubnisse", in: ZIP 1998, 1950.

Ehlermann, Claus-Dieter; „EG-Binnenmarkt für die Energiewirtschaft", in: EuZW 1992, 689.

Eilmansberger, Thomas; „Quersubventionen, marktwirtschaftlich handelnde Kapitalgeber und das EG-Wettbewerbsrecht", in: RIW 2001, 902.

Eisenberg, Ewald; Die Anhörung des Bürgers im Verwaltungsverfahren und die Begründungspflicht für Verwaltungsakte; Dissertation Straßburg 1995, zgl. Baden-Baden 1999

Ende, Lothar; Fischer-Zernin, Cornelius; „Praktische Probleme der Stromdurchleitung", in: ZUR 1999, 205.

Energiewirtschaftliches Institut an der Universität Köln (EWI); Büro für Energiewirtschaft und Technische Planung (BET); Analyse und wettbewerbliche Bewertung der Verbändevereinbarung Gas zum Netzzugang - Gutachten im Auftrag des Bundesministeriums für Wirtschaft und Technologie" Endbericht und Kurzfassung, 09.11.2000.

Ennuschat, Jörg; „Die neue Mitteilung der EU-Kommission zu den „Leistungen der Daseinsvorsorge", in: RdE 2001, 46.

Essig, Joachim; „Die Anpassung langfristiger Energiebezugsverträge", in: WWE 10/2000, 18; 11/2000, 22.

Essig, Joachim; „Langfristige Lieferverträge nach geltendem Recht", in: WWE 07/08/2001, 23.

F

Falk, Hermann; „Anmerkung zu LG Düsseldorf - 12 O 312/99-“, in: ZNER 2000, 138.

Ferid, Murat; SonnenbergerHans Jürgen; Das Französische Zivilrecht
Band 2
Schuldrecht: Die einzelnen Schuldverhältnisse
Sachenrecht
2. Auflage; Heidelberg 1986

Fernández Salas, Mariano; „Long-term supply agreements in the context of gas market liberalisation: Commision closes investigation of Gas Natural“, in: CPL Juni 2000, 55.

Ficquet, Alain; „Vers une réconciliation entre l'Europe et les services publics: l'exemple de l'électricité“, in: AJDA 1998, 804.

Ficquet, Alain; „Rechtlicher Rahmen der Elektrizitätswirtschaft in Frankreich“, in: et 1992, 554.

Ficquet, Alain; „Der rechtliche Rahmen der Elektrizitätsversorgung in Frankreich“, in: Baur, Neue Strukturen der Elektrizitätsversorgung, Baden-Baden 1989, 87.

Fischer-Zernin, Cornelius; Ende, Lothar; „Praktische Probleme der Stromdurchleitung“, in: ZUR 1999, 205.

Fleischer, Holger; Weyer, Hartmut; „Neues zur „essential-facility“-Doktrin im europäischen Wettbewerbsrecht“, in: WuW 1999, 350.

Floch-Prigent, Loick le; „Énergie“, in: „Vers une notion européenne de service public“, colloque de l'Assemblée nationale (siehe dort).

Forsthoff, Ernst; Die Verwaltung als Leistungsträger; Stuttgart, Berlin 1938.

Forsthoff, Ernst; Die Daseinsvorsorge und die Kommunen - Ein Vortrag; Köln 1958.

Forsthoff, Ernst; Lehrbuch des allgemeinen Verwaltungsrechts; 10. Auflage, 1954.

Fouassier, Christophe; „Vers un véritable droit communautaire des concessions?“; in: RTDE 2000, 675.

Frison-Roche, Marie-Anne; „Droit de l'énergie, droit à l'énergie“, in: RE 1999, 615.

G

Gaiser, Anja Sofia; „Die Umwandlung und ihre Auswirkung auf personenbezogene öffentlich-rechtliche Erlaubnisse - Ein unlösbarer Konflikt zwischen Umwandlungsrecht und Gewerberecht?", in: DB 2000, 361.

Gallois, Dominique; „Le marché européen du gaz s'ouvre progressivement à la concurrence"; in: Le Monde vom 11.08.2000, S. 12.

Gassner, Ulrich M.; Kriterienlose Genehmigungsvorbehalte im Wirtschaftsverwaltungsrecht: eine verfassungsrechtliche Studie unter besonderer Berücksichtigung von § 5 Abs. 1 EnWG; Berlin 1994, zgl. Univ. Diss. Tübingen 1994.

Gazin, Fabienne; „La conception communautaire de l'intérêt général dans le droit des services publics", in: colloque CEDECE (siehe dort).

Geneste, Bernard; „La libéralisation du marché de l'électricité", in: R.A.E-L.E.A. 1997, 154.

Géradin, Damien; „L'ouverture à la concurrence des entreprises de réseau - Analyse des principaux enjeux du processus de la libéralisation", in: CDE 1999, 13.

Gersemann, Dieter; „Schutzklausel - Ein Beitrag zu Art. 4 § 2 des Gesetzes zur Neuregelung des Energiewirtschaftsrechts", in: ZNER 1998, 15.

Gersemann; Dieter; Trurnit, Christoph; „Beendigung von Wegenutzungsverträgen und die Überlassung von Verteilungsanlagen gem. § 12 Abs. 2 Satz 2 EnWG", in: DVBl 2000, 1101.

Giermann, Heiko; „Der diskriminierungsfreie Durchleitungsanspruch gemäß § 6 Abs. 1 EnWG und die Verweigerung der Durchleitung in der Praxis", in: RdE 2000, 222.

Goehring-Crinon,Angela; „L'avenir du marché intérieur de l'énergie", in: CJEG 1995, 213.

Grard, Loïc; Vandamme, Jacques; van der Mensbrugghe, François (dir.); Vers un service public européen, édition ASPE Europe, Paris, 1996.
mit den zitierten Beiträgen von:

Bazex, Michel; „Le concept de service public, S. 117

Tettinger, Peter J.; „Les services publics dans la conception du droit allemand", S. 55

Grathwohl, Manfred; Energieversorgung; 2. Auflage, Berlin New York 1983.

Groeben, Hans von der; Thiesing, Jochen; Ehlermann, Claus Dieter (Hrsg.); Kommentar zum EU-/EG-Vertrag,
Band 1, Artikel A-F EUV, Artikel 1-84 EGV; 5. Auflage, Baden-Baden 1997,
Band 2/I, Artikel 85-87 EGV; 5. Auflage, Baden-Baden 1999,
Band 2/II, Artikel 88-102 EGV; 5. Auflage, Baden-Baden 1999,
Band 3, Artikel 102a-136a EGV, 5. Auflage, Baden-Baden 1999,
Band 4, Artikel 137-209a EGV; 5. Auflage, Baden-Baden 1997.

Gründel, Mirko; „Zur Frage der kartellrechtlichen Zulässigkeit sogenannter „Wechselgebühren“ im Stromhandel“, in: RdE 2001, 129.

Guivarc'h, Gweltaz; „La nature juridique des contrats conclus par les concessionnaires d'infrastructures“; in: RCDSP 2001, n° 13, 41.

Gundel, Jörg; Die Einordnung des Gemeinschaftsrechts in die französische Rechtsordnung; Berlin 1997, zgl. Univ. Diss. Erlangen-Nürnberg 1997.

Gundel, Jörg; Lecheler, Helmut; „Die Rolle von Art. 90 Abs. 2 und 3 EGV in einem liberalisierten Energiemarkt“, in: RdE 1998, 92.

Gundel, Jörg; „Stromimporte aus Drittstaaten im EG-Binnenmarkt für Energie“, in: RdE 2000, 85.

Gundel, Jörg; Lecheler, Helmut; „Staatliche Regulierung des Energiemarktes“, in: EWS 2001, 249.

H

Haas, Reinhard; Auer, Hans; Shioshansi, Fereidoon; „Die kalifornische Stromkrise“, in: et 2001, 280.

Hamacher, Joachim; „Die neue kartellrechtliche Preismissbrauchsaufischt in der leitungsgebundenen Energieversorgung“, in: RdE 1998, 225.

Hamom, Francis; „Le marché intérieur de l'énergie: les directives électricité et gaz naturel“, in: AJDA 1998, 851.

Hancher, Leigh; Buendia Sierra, José-Luis; „Cross-subsidization and EC Law”, in: CMLR 1998, 901

Hannes, Berthold; Binder, Markus; Lanzdorf, Adolf; Weiß, Michael; „Struktuveränderungen im liberalisierten Gasmarkt“, in: et 2000, 830.

Hartung, Roland; „Perspektiven der Stadtwerke in Deutschland"; in: et 1999, 298.

Haus, Florian C.; „Stromdurchleitung bei der Bewag - ein Präjudiz für § 19 IV Nr.4 GWB - Zur Verfügung des BkartA vom 30.8.1999 (B8 - 40100) - T99/99) gegen Bewag", in: WuW 1999, 1190.

Herman, Hans Peter; „Die Konzeption der EG-Kommission zur Ordnung des europäischen Strommarktes", in: RdE 1992, 96.

Hermes, Georg; Staatliche Infrastrukturverantwortung; Tübingen 1998.

Herrmann; Bodo K.; Dick, Claudia; „Die Kundenbündelung und ihre Bedeutung für das Energie- und Konzessionsabgabenrecht", in: BB 2000, 885.

Hoff, Henning; Zabel, Annette; „Liberalisierung des Türkischen Energiemarktes durch das neue Elektrizitätsmarktgesetz vom 20. Februar 2001", in: RdE 2002, 63.

Hohmann, Holger; Die essential facility doctrine im Recht der Wettbewerbsbeschränkungen; Baden-Baden 2001, zugl. Univ. Diss. 2001.

Horstmann, Karl-Peter; Netzzugang in der Energiewirtschaft; Köln, Berlin, Bonn, München 2001.

Hösch, Ulrich; „Wirtschaftliche Betätigung von gemeindlichen Unternehmen und von Privaten - ein Vergleich", in: WiVerw 2000, 159.

Hübner, Ulrich; Constantinesco, Vlad; Einführung in das französische Recht, 4. Auflage, München 2001.

Hüffer, Uwe; Ipsen, Knut; Tettinger, Peter J; Die Transitrichtlinien für Gas und Elektrizität - eine Studie zu den rechtlichen Schranken bei der Verwirklichung des Binnenmarkts für Energie -, Stuttgart, München, Hannover 1991.

Huggins, Mike; Riechmann, Christoph; „Wettbewerb zwischen den Netzen – die Niederländer machen es uns vor", in: WWE 02/2001, 11.

I/J

Immenga, Ulrich; „Die kartellrechtliche Zuordnung von Konzessionsverträgen", in: WuW 1985, 453.

Immenga, Ulrich; Mestmäcker, Ernst-Joachim; EG-Wettbewerbsrecht Kommentar, Band I; München 1997.

Immenga, Ulrich; Mestmäcker, Ernst-Joachim; GWB Kommentar; 3. Auflage, München 2001.

Immesberger, Helmut; Das neue Recht der Konzessionsabgaben; Kommentar, 9. Lieferung, Mai 2001.

Jahrbuch 2001 der europäischen Energie- und Rohstoffwirtschaft, herausgegeben von: Heinz-Jürgen Klatt, Eberhard Meller, Achim Middelschulte, George Milojcic, Wofgang Reichel, Hans-Werner Riemer; Essen 2000.

Jahrbuch 2002 der europäischen Energie- und Rohstoffwirtschaft, herausgegeben von: Eberhard Meller, Achim Middelschulte, George Milojcic, Wofgang Reichel, Georg Schöning; Essen 2001.

Jaecks, Jörg; Säcker, Franz Jürgen; „Die Netzüberlassungspflicht nach dem Energiewirtschaftsgesetz: Eigentumsübertragung oder Gebrauchsberlassung - Zur Auslegung von § 13 Abs. 2 Satz 2 EnWG und Endschaftsregelungen in Konzessionsverträgen", in: BB, 2000, 997.

Jehls, Bernard; „Les découvertes pétrolières et gazières récentes", in: RE 2001, 376.

Jellinek, Georg; Allgemeine Staatslehre; 3. Auflage, Berlin 1914.

Junker, Carolin; Der Verwaltungsakt im deutschen und französischem Recht und die Entscheidung im Recht der Europäischen Gemeinschaft; Univ. Diss. Münster. 1990.

K

Karbenn, Frank; Tillmann, Albert; „Voraussetzungen für den deutschen Gaswettbewerb", in: et 2000, 228.

Kasper, Oliver; Durchleitung von Strom; Köln, Berlin, Bonn, München, 2001, zugl. Univ.-Diss. Münster 2000.

Kasperk, Garnet; „Die Reform der Elektrizitätswirtschaft in Brasilien", in: ZfE 1999, 109.

Kerhberg, Jan Die Entwicklung des Elektrizitätsrechts in Deutschland - Der Weg zum Energiewirtschaftsgesetz von 1935; Frankfurt a.M., Berlin, Bern, New York, Paris, Wien 1997, zgl. Univ. Diss. Kiel 1996.

Keller, Bernhard; Matzke, Sandro; Weisbach, Kerstin; „Wie sieht der deutsche Mittelstand die Gasliberalisierung", in: et 2000, 816.

Keller, Jan; Service public und Art. 90 Abs. 2 EGV; Univ. Diss. FU Berlin, 1999.

Kellerhoff, Jens; Rinze, Jens P.; „Möglichkeiten und Hindernisse für den europäischen Stromhandel und die Schutzklausel nach Art. 4 § 2 EnWG", in: RIW 1999, 738.

Keul, Thomas; Kartellverbot und Lieferverträge; Regensburg 2000, zugl. Univ. Diss. FU Berlin 2000.

Kintner, Earl W.; Federal Antitrust Law, Volume II Practices Prohibited by the Sherman Act, Cincinnati 1980 (cumulative supplement from 1999).

Kirchhof, Paul; Isensee, Josef; Handbuch des Staatsrechts der Bundesrepublik Deutschland

Band III: Das Handeln des Staates, Heidelberg 1988.

Klaue, Siegfrid; „Zum sogenannten Netzzugang Dritter in der Gas- und Elektrizitätswirtschaft", in: BB 1992, 1937.

Klaue, Siegfrid; „Noch einmal: Zum sogenannten Netzzugang Dritter", in: BB 1993, 740.

Klaue, Siegfrid; Schwintowski, Hans-Peter; „Anwendbarkeit des Kartellrechts auf Energielieferverträge - die deutsche und die europäische Sicht", in: BB 2000, 1901.

Klaue, Siegfrid; „Liberalisierung und/oder Regulierung in der Energiewirtschaft", in: BB 2002, 162.

Klaue, Siegfried; „Zur Rezeption der amerikanischen „essential-facility-doctrine" in das europäische und deutsche Kartellrecht", in: RdE 1996, 51.

Kleinlein, Kornelius; Binder, Claus; „Zusammenschaltungsanordnung und Entgeltregulierung", in: MMR 2001, 569.

Klemm, Andreas; „Strom aus dem Ausland - Ein Beitrag zu Art. 4 § 2 des Gesetzes zur Neuregelung des Energiewirtschaftsrechts", in: EuZW 2000, 69.

Kluth, Winfried; „Eingriff durch Konkurrenz", in: WiVerw 2000, 184.

Knack, Joachim; Verwaltungsverfahrensgesetz Kommentar; 7. Auflage, Köln Berlin Bonn München 2000.

Knemeyer, Franz-Ludwig; Wehr, Matthias; „Die Garantie der kommunalen Selbstverwaltung nach Art. 28 Abs. 2 GG in der Rechtsprechung des Bundesverfassungsgerichts", in: VerwArch 2001, 317.

Knieps, Günter; „Zugang zu Netzen - Verselbständigung, Nutzung, Vergütung, Eigentumsschutz", in: MMR 1998, 275.

Koenig, Christian; Kühling, Jürgen; „Institutionelle Regulierungsordnung in der Eisenbahn- und Energiewirtschaft - sektorspezifische Regulierungsbehörden oder Bundeskartellamt?", in: WuW 2001, 810.

Köhler, Helmut; „Zulässigkeit von Wettbewerbsbeschränkungen beim Energievertrieb"; in WuW 1999, 445.

Köhler, Helmut; „Durchsetzung des kartellrechtlichen Durchleitungsanspruchs im Wege der einstweiligen Verfügung - zugleich eine Besprechung von OLG Düsseldorf, BB 2002, 592 LS", in: BB 2002, 584.

Kommission der Europäischen Union; „Vollendung des Binnenmarktes - Weißbuch der Europäischen Kommission an den Europäischen Rat"; Luxemburg 1985.

Kommission der Europäische Gemeinschaften; Bekanntmachung der Kommission über die Definition des relevanten Marktes im Sinne des Wettbewerbsrechts der Gemeinschaft vom 09.12.1997; Abl EG 1997 C 372, S. 5.

Kommission der Europäischen Union; Bekanntmachung über die Anwendung der Wettbewerbsregeln auf den Postsektor und über die Bewertung bestimmter staatlicher Maßnahmen bezüglich der Postdienste definiert; Abl EG 1998 C 39.

Kommission der Europäischen Union; Mitteilung der Kommission über die Anwendung der Wettbewerbsregeln auf Zugangsvereinbarungen im Telekommunikationsbereich - Rahmen, relevante Märkte und Grundsätze; Abl. EG 1998 C 265, S. 2.

Kommission der Europäischen Union; Zweiter Bericht an den Rat und das Europäische Parlament über den Harmonisierungsbedarf - Richtlinie 96/92/EC betreffend gemeinsame Vorschriften für den Elektrizitätsbinnemarkt; KOM (1999) 164.

Kommission der Europäischen Union; Bericht der Kommission an den Rat und das Europäische Parlament über den Harmonisierungsbedarf vom 23.11.1999; Richtlinie 98/30/EG Gemeinsame Vorschriften für den Erdgasbinnenmarkt; KOM (1999) 612 endgültig.

Kommission der Europäischen Union; State of implementation of the EU Gas directive (98/30/EC) - An Overview; State of play by the end of May 2000.

Kommission der Europäischen Union; Mitteilung der Kommission zu Auslegungsfragen im Gemeinschaftsrecht im Bereich Konzessionen im Gemeinschaftsrecht vom 12.04.2000 ; NVwZ Beilage III 7/2000.

Kommission der Europäischen Union; Mitteilung der Kommission - Leistungen der Daseinsvorsorge in Europa vom 20.09.2000; KOM (2000) 580 endgültig.

Kommission der Europäischen Union; Directive 98/30/EC - Meeting of Follow-up Group 22.10.1998; http://europa.eu.int/comm/energy/en/gas_single_market/discussion_notes.html.

Kommission der Europäischen Union; Grünbuch - Hin zu einer Strategie für Versorgungssicherheit vom 20.11.2000; KOM (2000) 769 endgültig.

Kommission der Europäischen Union; European Union Energy & Transport in Figures 2001.

Kommission der Europäischen Union; Arbeitsdokument der Kommissionsdienststellen - Erster Bericht über die Verwirklichung des Elektrizitäts- und Erdgasbinnenmarktes vom 03.12.2001; SEK (2001) 1957

Kommission der Europäischen Union; XX. Bericht über die Wettbewerbspolitik 1990.

Kommission der Europäischen Union; XXI. Bericht über die Wettbewerbspolitik 1991.

Kommission der Europäischen Union; XXIII. Bericht über die Wettbewerbspolitik 1993.

Kommission der Europäischen Union; XXVI. Bericht über die Wettbewerbspolitik 1996.

Kommission der Europäischen Union; XXVII. Bericht über die Wettbewerbspolitik 1997.

Kopp, Ferdinand; Ramsauer, Ulrich; Verwaltungsverfahrensgesetz; 7. Auflage, München 2000.

Kopp, Ferdinand; Schenke, Wolf-Rüdiger; Verwaltungsgerichtsordung; 11. Auflage, München 1998.

Kovar, Robert; „La peau de chagrin ou comment le droit communautaire opère la réduction des monopoles publics“, in: Europe juillet 92, 1.

Kuhla, Wolfgang; Hüttenbrink, Jost; Der Verwaltungsprozess; 3. Auflage München 2002.

Kühling, Jürgen; Koenig, Christian; „Institutionelle Regulierungsordnung in der Eisenbahn- und Energiewirtschaft - sektorspezifische Regulierungsbehörden oder Bundeskartellamt?“, in: WuW 2001, 810.

Kühne, Gunther; „Der Netzzugang und seine Verweigerung im Spannungsfeld zwischen Zivilrecht, Energierecht und Kartellrecht“, in: RdE 2000, 1.

Kühne, Gunther; Scholtka, Boris; „Das neue Energiewirtschaftsrecht“, in: NJW 1998, 1902.

Kühne, Gunther; „The Implementation of the Gas Directive in Germany“, in: IELTR 2000, 241.

Kühne, Gunther; „Die Rolle des Staates im neuen Energiewirtschaftsrecht“, in: BB 2000, Beilage 6, 4.

Kunth, Bernd; Slabschi, Peter; „Zu den Folgen nichtiger Gebietsschutzabreden in Energielieferungsverträgen“, RdE 1997, 174.

Kuxenko, Michael; „Liberalisierung und Deregulierung im Energiewirtschaftsrecht“, in: DÖV 2001, 141.

L

Lagondet, Fabien; „Du dogme du marché intérieur à la négociation sur le service public - À propos de la directive Électricité“, in: Europe mai 1997, 4.

Lamprecht, Franz; „Umsetzung der Gasrichtlinie in Österreich“, in: et 1999, 834.

LAMY Droit économique 2000; (hrsg. von) Bout, Roger; Bruschi, Marc; Prieto, Catherine; LAMY, Paris 1999.

Langen, Eugen; Bunte, Hermann-Josef; Kommentar zum deutschen und europäischen Kartellrecht; 9. Auflage, Neuwied, Kriftel 2001.

Lanzdorf, Adolf; Binder, Markus; Hannes, Berthold; Weiß, Michael; „Strukturveränderungen im liberalisierten Gasmarkt“, in: et 2000, 830.

Larenz, Karl; Lehrbuch des Schuldrechts, II. Band Besonderer Teil, 1. Halbband; 13. Auflage, München 1986.

Lauriol, Thierry; Cagniart, Charles-Henri; „Recent Developments in Gas and Electricity Law in France“, in: IELTR 2001, 75.

De Laubadère, André; Venezia, Jean-Claude; Gaudemet, Yves; Traité de droit administratif, Tome 1, 12. Auflage, Paris 1992.

Le Nestour, Chantal; Zinnow, Bernd-Michael; „Rechtsfragen des „Service public“, in: RdE 1994, 129, 170.

Lecheler, Helmut; „Die Bedeutung des öffentlichen Rechts für das Energierecht“, in: NVwZ 1995, 8.

Lecheler, Helmut; „Die Versorgung mit Strom und Gas als „service public“ und die Bedeutung der „service public-Doktrin“ für Art. 90 Abs. 2 EGV“, in: RdE 1996, 212.

Lecheler, Helmut; Gundel, Jörg; „Die Rolle von Art. 90 Abs. 2 und 3 EGV in einem liberalisierten Energiemarkt“, in: RdE 1998, 92.

Lecheler, Helmut; Gundel, Jörg; „Die Umsetzung der Elektrizitäts-Binnenmarktrichtlinie in Frankreich“; in: RdE 2000, 165.

Lecheler, Helmut; Gundel, Jörg; „Staatliche Regulierung des Energiemarktes“, in: EWS 2001, 249.

Lecheler, Helmut; Einführung in das Europarecht, München 2000.

Lecheler, Helmut; Püstow, Moritz; „Die Liberalisierung des französischen Gasmarktes“, in: RdE 2003, 129.

Léger, Philippe; Commentaire article par article des traités UE et CE; Helbing Lichtenhahn (Bâle Genève, Munich); Dalloz (Paris); Buylant (Bruxelles), 2000.

Leidinger, Tobias; „Energiewirtschaftsgesetz contra kommunale Selbstverwaltungsgarantie? - Zur Verfassungsmäßigkeit des neuen Energiewirtschaftsgesetzes“, in: DÖV 1999, 861.

Lenz, Carl Otto (Hrsg.); EG-Vertrag Kommentar; 2. Auflage, Köln 1999.

Levasseur, Christian; „Desserte gazière en France: la Commission obtient la modification des règles en matière d'établissement de nouveaux distributeurs“, CPN 1999, n° 2, 34.

Lombart, Patrice; „Le service public du gaz sous le feux de l'actualité juridique“, in: AJDA 1998, 873.

Löwer, Wolfgang; „Energieversorgung und gemeindliche Selbstverwaltung", in: RdE 1992, 85.

Lückenbach, Andreas; „Anzuerkennendes Interesse" für Wettbewerbsbeschränkungen in Lieferverträgen zwischen Energieversorgungsunternehmen (EVU)? - eine Untersuchung der höchstrichterlichen Rechtsprechung zu § 1 GWB (a.F.)-" in: RdE 2000, 101.

Ludwig, Wolfgang; Odenthal, Hans; Recht der Elektrizitäts-, Gas- und Wasserversorgung - Kommentar; Loseblattsammlung, Stand: 61. Ergänzungslieferung; Neuwied, Kriftel Oktober 2000.

Lukes, Rudolf (Herausgeber); Ein EWG-Binnenmarkt für Elektrizität - Realität oder Utopie; Vorträge und Diskussionsberichte einer wissenschaftlichen Tagung in Münster/W. am 29./30. Oktober 1987.

Lukes, Rudolf; „Liberalisierung des Strommarktes - Realität oder Utopie", in: BB 1998. Beilage 12.

Lukes, Rudolf; „Die Neuregelung des Energiewirtschaftsrechts", in: BB 1998, 1217.

Lukes, Rudolf; „Strom- und Gasimporte aus Drittstaaten", in: RIW 1998, 581.

Lukes, Rudolf; „Beseitigung der kartellrechtlichen Freistellung für die leitungsgebundene Energieversorgung und die Auswirkung auf die Netznutzung", in: RdE 1998, 49.

Lukes, Rudolf; „Stromlieferverträge im liberalisierten Strommarkt", in: BB 1999, Beilage 8.

Lutter, Marcus; Umwandlungsgesetz, Band I und Band II; 2. Auflage, Köln 2000.

Lutz, Helmut; „Durchleitung von Gas nach Inkrafttreten des Gesetzes zur Neuregelung des Energiewirtschaftsrechts und der Sechsten GWB-Novelle", in: RdE 1999, 102.

Lutz, Helmut; „Kartellrechtliche Missbrauchsaufischt über HuK-Gaspreise - Marktabgrenzung und Marktbeherrschung" in: RdE 2000, 62.

M

Maire, Emmanuelle; „Le cadre réglementaire de l'ouverture des marchés de l'électricité et du gaz en Europe", in: RUE 2001, 451.

Magnin, Gérard; „La dérégulation et ses effets pour une collectivité locale“, in: RE 1998, 466.

Manin, Philipe; „De l'utilisation des directives communautaires par les personnes physiques ou morales“, in: AJDA 1994, 259.

Manin, Philippe; Les Communautés européennes - L'Union européenne; 5. Auflage, Paris 1999.

Mangoldt/Klein/Starck, Bonner Grundgesetz Kommentar,
Band 1, 4. Auflage, München 1999
Band 2, 4.Auflage, München 2000

Markert, Kurt; „Zur Frage der kartellrechtlichen Unbilligkeit der Verweigerung wettbewerbsbegründender Durchleitungen“, in: BB 1993, 1023.

Markert, Kurt; „Durchleitung von Strom und Gas nach geltendem deutschen Kartellrecht“, in: BB 1994, 1645.

Markert, Kurt; „Die Verweigerung des Zugangs zu „wesentlichen Einrichtungen“ als Problem der kartellrechtlichen Missbrauchsaufsicht“, in: WuW 1995, 560.

Markert, Kurt; „Durchleitung von Strom und Gas: Allgemeines Kartellrecht oder Sonderregelung“?“, in: BB 1997, 1421.

Markert, Kurt; „Zwangsdurchleitung mittels Kartelrecht“, in: et 1998, 252.

Markert, Kurt; „Bestehende Lieferverträge als Grund für die Unzumutbarkeit von Stromdurchleitungen?“, in: ZNER 1998, 3.

Markert, Kurt; „Prospects and Problems for German Gas Competition“, in: OGLTR 1999, 37.

Markert, Kurt; „Kartellrechtliche Möglichkeiten der Erzwingung der Direktbelieferung mit Erdgas“, in: ZNER 2000, 111.

Markert, Kurt; „Langfristige Bezugsverbindungen für Strom und Gas nach deutschem und europäischem Kartellrecht“, in: EuZW 2000, 427.

Markert, Kurt; „Anmerkung“ [zu LG Rostock, U.v. 15.06.2001], in: ZNER 2001, 182.

Markert, Kurt; „Verbändevereinbarung Strom II und Kartellrecht“, in: BB 2001, 105.

Markert, Kurt; „Anmerkung“ [zu OLG Düsseldorf, 07.11.2001 - U (Kart.) 31/00 -, ZNER 2001, 255], in: ZNER 2001, 260.

Martenczuk, Bernd; Thomaschki, Kathrin; „Der Zugang zu Netzen zwischen allgemeinem Kartellrecht und sektorieller Regulierung“, in: RTkom 1999, 15.

Martin, Jean-Marie; „Die französische Energiewirtschaft - Entwicklung und Perspektiven“, in: ZfE 1990, 224.

Martor, Boris; „Le nouveau droit français de l'électricité“, in: LPA vom 29.03.2000, S. 4.

Martor, Boris; „The new french electricity law“, in: IELTR 2000, 113.

Martor, Boris; du Puy-Montbrun, Guillaume; „La Commission de régulation de l'électricité“, in: LPA vom 14.01.2000, S. 9.

Martor, Boris; Ribot, Olivier; „Le marché français du gaz à l'heure de la concurrence“; in: LPA, vom 22.11.1999, S. 13.

Matharan, Xavier; Pintat, Pierre; „ La libéralisation du secteur de l'électricité et la mise en concurrence des contrats de fourniture“, in: CJEG 2001, 431.

Mathis, Christian; „Vorschläge für eine Neuorientierung der Elektrizitätswirtschaft in Frankreich“, in: et 1995, 54.

Mattera, A.; „La communication interprétative de la Commission sur les concessions de service d'utilité publique: un instrument de transparence et de libéralisation“, in: RUE 2000, 253.

Matzke, Sandro; Keller, Bernhard; Weisbach, Kerstin; „Wie sieht der deutsche Mittelstand die Gasliberalisierung“, in: et 2000, 816.

Maunz, Theodor; Dürig, Günter; Herzog, Roman; Scholz, Rupert; Grundgesetz Kommentar,
Band II Art. 12 - 21, 37. Lieferung, München 2000.

Maurer, Hartmut; Allgemeines Verwaltungsrecht, 12. Auflage, München 1999.

Merle, Philippe, Droit commercial - Sociétés commerciales; 6. Auflage, Paris 1998.

Mertens, Kai; Umwandlung und Universalsukzession; Heidelberg 1993, zugl. Univ. Diss. Kiel 1992.

Meyer-Renschhausen, Martin; Sieling, Manfred; „Liberalisierung des Strommarktes-Wirkungen und Anpassungsstrategien der kommunalen Energieversorgungsunternehmen", in: ZögU 1999, 115.

Ministère de l'économie des finances et de l'industrie; Vers la future organisation gazière française - Livre blanc; September 1999.

Ministère de l'économie des finances et de l'industrie; Analyse des conditions encadrant l'organisation du marché intérieur du gaz naturel dans quatre pays européens : Allemagne, Espagne, Pays-Bas, Royaume-Uni; Februar 2000.

Mirabel, François; Percebois, Jacques; Poudou, Jean-Christophe; „Le financement des missions de service public dans un marché électricque déréglementé: Le cas du développement de „l'électricité verte"", in: RE 2001, 433.

Mirabel, François; David, Laurent; „La tarification de l'accès des tiers au réseau - Le cas du gaz", in: RE 1998, 420.

Möschel, Werner; „Europäisches Kartellrecht in liberalisierten Wirtschaftssektoren", in: WuW 1999, 832.

Molinier, Joël; Droit du marché intérieur européen; Paris 1995.

Mombaur, Peter; „Aktuelle Entwicklungen des Europäischen Energierechts", in : RdE 2001, 88.

Monopolkommission; X. Hauptgutachten der Monopolkommission.

Von Münch, Ingo; Kunig, Philip; Grundgesetz Kommentar;
Band 1 (Präambel bis Art. 19), 5. Auflage, München 2000
Band 2 (Art. 20 bis Art. 69), 5. Auflage, München 2001.

Münchener Kommentar zum BGB,
Band 1, 4. Auflage, München 2001
Band 3, 3. Auflage, München 1995.
Band 4, 3. Auflage, München 1997
Band 5, 3. Auflage, München 1997
Band 6, 3. Auflage, München 1997

Müller-Kabisch, Susanne; „Die Ausgestaltung der Netznutzung bei „All-Inclusive"-Verträgen", in: RdE 2001, 184.

N

Nagel, Bernhard; „Norm und Markt bei den kommunalen Stromversorgern“, in: NVwZ 2000, 758.

Neu, Axel D.; „Perspektiven des Erdgasmarktes nach der Liberalisierung“, in: et 2000, 100.

Neveling, Stefanie; Theobald, Christian; „Der Gesetzentwurf der Bundesregierung zur Änderung des EnWG - Eine erste kritische Bewertung der gaswirtschaftlichen Regelungen“, in: ZNER 2001, 64.

Nipperdey, Hans Carl; Kontrahierungszwang und diktierter Vertrag; Jena 1920.

Nolte, Stefan; Quersubventionierungen in der deutschen Elektrizitätswirtschaft und deren Vereinbarkeit mit Europäischem Wettbewerbsrecht; Münster 1998, zgl. Univ. Diss Münster 1998.

Notthoff, Martin; Novellierungsversuche des Energiewirtschaftsrechts vor dem Hintergrund grundrechtlicher Normen; Frankfurt a.M., Berlin, Bern, New York, Paris, Wien 1994, zugl. Univ. Diss. Göttingen.

Nyouki, Évariste; Percebois, Jacques; „Dérégulation électrique et gazière: approche comparative dans l’Union européenne“, in: RE 1998, 369.

O

Oberdorff, Henri; „Signification de la notion de „service public à la française““, in: Colloque CEDECE (siehe dort).

Obernolte, Wolfgang; Danner, Wolfgang; Energiewirtschaftsrecht - Kommentar; Loseblattsammlung, Stand: 39. Ergänzungslieferung; München Juli 2001.

Oebbecke, Jan; „Die örtliche Begrenzung kommunaler Wirtschaftstätigkeit“, in: ZHR 2000, 375.

Oechsler, Jürgen; „Netzzugang und Durchleitung auf der Grundlage des kartellrechtlichen Diskriminierungsverbots“, in: ZHR 2000, 479.

Oppermann, Thomas; Europarecht, 2. Auflage München 1999.

Ossenbühl, Fritz; Energierechtsreform und kommunale Selbstverwaltung; Köln, Berlin, Bonn, München 1998.

PQ

Padberg, Thomas; Padberg, Carsten; Gubelt, Carsten; „Zur Aussagekraft der Segmentinformationen von Elektrizitätsversorgungsinformationen nach § 9 EnWG", in: VW 2001, 81.

Papier, Hans-Jürgen; Die Regelung von Durchleitungsrechten; München 1997.

Papier, Hans-Jürgen; „Durchleitungen und Eigentum", in: BB 1997, 1213.

Percebois, Jacques; Nyouki, Évariste; „Dérégulation électrique et gazière: approche comparative dans l'Union européenne", in: RE 1998, 369.

Percebois, Jacques; Mirabel, François; Poudou, Jean-Christophe; „Le financement des missions de service public dans un marché électricque déréglementé: Le cas du développement de „l'électricité verte"", in: RE 2001, 433.

Perner, Jens; Riechmann, Christoph; „Netzzugangsregimes im nationalen Strommarkt - Lehren aus dem europäischen Ausland", in: ZfE 1999, 209.

Perrot, Roger; Institutions judiciaires; 8. Auflage, Paris 1998.

Pfeifer, Jürgen; Stromdurchleitungen nach deutschem, europäischem und amerikanischem Recht; Heidelberg 1996, zugl. Univ. Diss. Augsburg 1995.

Pfletschinger, Wolfgang; „"Besonderheiten" beim Erdgas rechtfertigen keine Hürden", Teil I in WWE Juni 2000, 16; Teil II in: WWE Juli/August 2000, 15.

Pielow, Johann-Christian; „Der Rechtsstatus von Stromversorgungsnetzen: „Öffentliche Einrichtung" oder Grundrechtsschutz des Betreibers", in: RdE 2000, 45.

Pielow, Johann-Christian; „Liberalisierung „light": Zur Reform der französischen Energiewirtschaft", in: RIW 2001, 351.

Pielow, Johann-Christian; Grundstrukturen öffentlicher Versorgung; Tübingen 2001.

Piltz, Harald; „Kartellrechtliche Bewertung bestehender Gaslieferungsverträge"; in: RdE 1999, 60.

Piltz, Harald; „Netznutzungsentgelte für Stromlieferungen in der Kritik - Ist jetzt auch in Deutschland eine Regulierungsbehörde erforderlich?", in: WuW 2001, 552.

Pintat, Pierre; Matharan, Xavier; „La libéralisation du secteur de l'électricité et la mise en concurrence des contrats de fourniture", in: CJEG 2001, 431.

Pluge, Wolf; „Aktueller Stand der Diskussion über den europäischen Binnenmarkt für Gas und Elektrizität", in : RdE 1993, 169.

Pogam, Pascal; „La France ouvre, malgré elle son marché gazier", in: La Tribune vom 09.08.2000.

Pogam, Pascal; „GDF se réorganise pour affronter la concurrence", in: La Tribune vom 25.04.2000.

Pogam, Pascal; „L'ouverture du capital de Gaz de France n'est plus d'actualité", in: La Tribune vom 11.05. 2000.

Pohlmann, Mario; „Kartellrechtliche Aufsicht über die Stromabgabepreise der Energieversorgungsunternehmen nach der Energierechtsnovelle", in: RdE 1998, 57.

Poudou, Jean-Christophe; Mirabel, François; Percebois, Jacques; „Le financement des missions de service public dans un marché électricque déréglementé: Le cas du développement de „l'électricité verte", in: RE 2001, 433.

Püstow, Moritz; Lecheler, Helmut; „Die Liberalisierung des französischen Gasmarktes", in: RdE 2003, 129.

Püttner, Günter; „Energieversorgung als kommunale Aufgabe", in: RdE 1992, 92.

du Puy-Montebrun, Guillaume; Martor, Boris; „La Commission de régulation de l'électricité", in: LPA vom 14.01.2000, S. 9.

R

Raabe, Frank; „Energielieferverträge im Wettbewerb", in: et 2000, 770.

Rasines, Luis Alberto; „La libéralisation du marché espagnol du gaz naturel", in: RE 2000, 137.

Rat der Europäischen Union; Ratsdokument 9335/98 vom 08.06.1998; Erklärungen 79/98 bis 96/98 anlässlich der 2092. Tagung des Rates (Energie) vom 11.05.1998.

Reimann, Wibke; Decker, Pascal; „§ 13 EnWG - ein Schritt zu mehr Wettbewerb? - zugleich eine Anmerkung zur Entscheidung des LG Rostock vom 17.5.1999-", in: RdE 2000, 16.

Rengeling, Hans-Werner; Middeke, Andreas; Gellermann, Martin; Rechtsschutz in der Europäischen Union; München 1994.

Ribot, Olivier; Martor, Boris; „Le marché français du gaz à l'heure de la concurrence", in: LPA vom 22.11.1999, S. 13.

Richer, Laurent; „La loi du 10 février 2000 sur l'électricité: entre concurrence et service public", in: AJDA 2000, 239.

Richmann, Alfred; „Zweite Gas-Mahnung: ... und die Bundesregierung bewegt sich doch!", in: WWE 11/2000, 10.

Riechmann, Christoph; Burns, Philip; Davies, John; „Benchmarking von Netzkosten - Data Envelopment Analyse (DEA) am Beispiel der Stromverteiler in Großbritannien", in: ZfE 1999, 285.

Riechmann, Christoph; Perner, Jens; „Netzzugangsregimes im nationalen Strommarkt-Lehren aus dem europäischen Ausland", in: ZfE 1999, 209.

Riechmann, Christoph; Huggins, Mike; „Wettbewerb zwischen den Netzen – die Niederländer machen es uns vor", in: WWE 02/2001, 11.

Riechmann, Christoph; „Kostensenkungsbedarf bei deutschen Stromverteilern", in: WWE 6/2000, 6.

Riechmann, Christoph; „Notwendige Bausteine für die Gasliberalisierung in Deutschland", in: et 2001, 776.

Rigamonti, Eric; Baudru, Daniel; „Stratégie des acteurs et dérégulation des marchés du gaz et de l'électricité en europe", in: RE 1998, 439.

Rinne, Alexander; Die Energiewirtschaft zwischen Wettbewerb und öffentlicher Aufgabe; Baden-Baden 1998; zugl. Univ. Diss. Kiel.

Rinze, Jens P.; Kellerhoff, Jens; „Möglichkeiten und Hindernisse für den europäischen Stromhandel und die Schutzklausel nach Art. 4 § 2 EnWG", in: RIW 1999, 738.

Ripert, G.; Roblot, R. (Hrsg.); Germain, Michel; Vogel, Louis; Traité de Droit Commercial, Tome 1; 17. Auflage, Paris 1998.

Rittner, Fritz; Wettbewerbs- und Kartellrecht: eine systematische Darstellung des deutschen und europäischen Rechts für Studium und Praxis; 6. Auflage, Heidelberg 1999.

Robbe, François; „Chroniques - L'ouverture du marché de l'électricité et l'adaptation du service public (la transposition par la loi du 10 février 2000 de la directive du 19 décembre 1996) », in: CJEG 2000, 211.

Rodenbach, Hermann-Josef; Söfker, Wilhelm; Lochen, Hans-Hermann; Kommentar zum Investitionsvorranggesetz; Stand: 3. Nachlieferung, Herne, Berlin Dezember 1998.

Rodig, Philipp; „Ausschreibungspflicht für Energiekonzessionsverträge", in: et 1999, 774.

Rodrigues; Stéphane; „Actualité du principe de spécialité des entreprises publiques - À propos de la diversification d'Électricité de France-Gaz de France"; in: RFDA 1994, 1146.

Rodrigues, Stéphane; „Services publics et services d'intérêt économique général dans la Communauté européenne", Univ. Diss. Paris 1999.

Rolland, Louis; Droit administratif, cours polycopié de D.E.S.; Paris 1934.

Rottnauer, Achim E.; „Wirksamkeit bestehender Stromlieferungsverträge mit Verteilerunternehmen", in: BB 1999, 2145.

Rougevin-Vaville, Denoix de Saint Marc, Labetouille; Leçons de droit administratif, Éditions Hachette, Paris 1989.

Rühling, Uwe; Neuregelungen des Energiewirtschaftsrechts, Das Gesetz zur Neuregelung des Energiewirtschaftsrechts mit Begründungen, Materialien und Kurzerläuterungen; 2. Auflage 1998, Düsseldorf.

S

Sablière, Pierre; „Y a-t-il un droit de l'électricité?", in: CJEG1999, 1.

Sachs, Michael; Grundgesetz Kommentar; 2. Auflage, München 1999.

Säcker, Franz Jürgen; Jaecks, Jörg; „Die Netzüberlassungspflicht nach dem Energiewirtschaftsgesetz: Eigentumsübertragung oder Gebrauchsberlassung - Zur Auslegung von § 13 Abs. 2 Satz 2 EnWG und Endschaftsregelungen in Konzessionsverträgen", in: BB, 2009, 997.

Säcker, Franz Jürgen; Boesche, Katharina Vera; Die geplante Neuregelung des Energievertragsrechts im Lichte der Schuldrechtsmodernisierung", in: DB 2002, 27.

Saljé, Peter; „Der Durchleitungsvertrag“, in: RdE 1998, 169.

Saljé, Peter; „Das Gesetz zur Neuregelung des Energiewirtschaftsrechts“, in: NVwZ 1998, 916.

Saljé, Peter; „Stromlieferverträge nach Wegfall der kartellrechtlichen Freistellung“, in: et 1999, 768.

Sanglerat, Lain; Dauger, Jean-Marie; „Le Gaz naturel“; in: RE 1999, 532.

Sauer, Erich; Zeise, Roland; Energietransport, -speicherung und -verteilung; Kandel 1983.

Sauron, Jean-Luc; „Comitologie: comment sortir de la confusion?“, in: RMUE 1999, 31.

Scarpa, Carlo; „The attempts of regulatory authorities to enhance efficiency of energy sectors in Europe: Threats or incentives“, in: RE 1998, 400.

Schapira, Jean; Le Tallec, Georges; Blaise, Jean-Bernard; Idot, Laurence; Droit européen des affaires; 5. Auflage Paris 1999.

Schiffer, Hans-Wilhelm; Energiemarkt Bundesrepublik Deutschland; 4. Auflage, Köln 1984.

Schiffer, Hans-Wilhelm; „Deutscher Energiemarkt 1999“, in: et 2000, 114.

Schlack, Ulrich; „Preishöhenkontrolle bei Netzentgelten - Konkurrenzen im Rahmen der Missbrauchsaufsicht gem. § 19 GWB“, in: ZNER 2001, 129.

Schladebach, Marcus; „Neue Akteure am Energiemarkt: Genehmigungsbedürftigkeit nach § 3 EnWG“, in: RdE 2002, 67.

Schlesinger, Michael; Schulz, Walter; „Deutscher Energiemarkt 2020“, in: et 2000, 106.

Schlette, Volker; Die verwaltungsgerichtliche Kontrolle von Ermessensakten in Frankreich; Baden-Baden 1991, zugl. Univ. Diss. Göttingen 1990/1991.

Schmidt, Jens; Ebeling, Ral Michael; „Möglichkeiten der Kontentrennung für die Rechnungslegung nach §§ 9, 9a Energiewirtschaftsgesetz“, in: VW 2001, 77.

Schmidt-Preuß, Matthias; „Verfassungskonflikt um Durchleitung - Zum Streitstand nach dem VNG-Beschluß des BGH“ in: RdE 1996, 1.

Schmitz, Winfried; „Das Recht der Energiewirtschaft im Ausland (Westeuropa); München 1953.

Schneider, Jens-Peter; Liberalisierung der Stromwirtschaft durch regulative Marktorganisation: Eine vergleichende Untersuchung zur Reform des britischen, US-amerikanischen, europäischen und deutschen Energierechts; Baden-Baden 1999.

Schnelle, Ulrich; „Die Öffnung von leitungsnotwendigen Einrichtungen für Dritte und der Schutz des Eigentums", in: EuZW 1994, 556.

Schoch, Friedrich; Schmidt-Aßmann, Eberhard; Pietzner, Rainer; Verwaltungsgerichtsordnung Kommentar, Stand: Januar 2001, München 2001.

Scholtka, Boris; „Das Konzessionsabgabenrecht nach der Reform des Energiewirtschaftsrechts", in: RdE 1999, 184.

Scholtka, Boris; Kühne, Gunther; „Das neue Energiewirtschaftsrecht", in: NJW 1998, 1902.

Scholtka, Boris; Das Konzessionsabgabenrecht in der Elektrizitäts- und Gaswirtschaft; Baden-Baden 1999, zugl. Univ. Diss. Göttingen 1998.

Scholz, Ulrich; Kontrahierungszwang in der Versorgungswirtschaft; Baden-Baden 1997, zugl. Univ. Diss. Köln 1996.

Scholz, Ulrich; „Die Beurteilung von Bezugsbindungen in Elektrizitätslieferverträgen nach deutschem und EG-Kartellrecht", in: RdE 1998, 209.

Scholz, Ulrich; „Stromiporte via Durchleitung - Die Reziprozitätsklausel des Artikel 4 § 2 NeuregelungsG", in: RdE 1999, 109.

Schulte-Beckhausen, Sabine; „Stromhandel - Möglichkeiten und Grenzen im neuen europäischen und nationalen Ordnungsrahmen", in: RdE 1999, 51.

Schulz, Walter; Schlesinger, Michael; „Deutscher Energiemarkt 2020", in: et 2000, 106.

Schulze, Olaf; „Laufzeit von Energielieferverträgen", in: WWE 06/2001, 15.

Schulze, Olaf; „Die Auskunftspflicht der Versorgungsnetzbetreiber über Netznutzungsentgelte", in: et 2001, 399.

Schulze, Olaf; „Verpflichtung marktbeherrschender Netzbetreiber zum Netzausbau?", in: et 2001, 816.

Schwabe, Petra; Die deutsche Stromversorgungsstruktur und der EWG-Vertrag; Baden-Baden 1993, zugl. Univ. Diss. Westfalen 1992.

Schwarze, Jürgen; EU-Kommentar; Baden-Baden 2000.

Schwarze, Jürgen ; „Le service public: l'expérience allemande“, in: AJDA 1997, 150.

Schwarze, Jürgen; „Daseinsvorsorge im Lichte des europäischen Wettbewerbsrechts“, in: EuZW 2001, 334

Schwintowski, Hans-Peter; Ordnung und Wettbewerb auf deregulierten Erdgasmärkten; Baden-Baden 1998.

Schwintowski, Hans-Peter; „Der Zugang zu wesentlichen Einrichtungen“, in: WuW 1999, 842.

Schwintowski, Hans-Peter; „Grundlinien eines zukünftigen europäischen Energierechts“, in: ZNER 2000, 93.

Schwintowski, Hans-Peter; Klaue, Siegfrid; „Anwendbarkeit des Kartellrechts auf Energielieferverträge - die deutsche und die europäische Sicht“, in: BB 2000, 1901.

Senftleben, Mieke; „Diskriminierungsfreier Wettbewerb noch nicht gewährleistet“, in: WWE Januar 2001, 13.

Seidel, Michael; Weyand, Martin; „Netzzugang auf dem deutschen Erdgasmarkt“, in: et 1999, 603.

Shioshansi, Fereidoon; Auer, Hans; Haas, Reinhard; „Die kalifornische Stromkrise“, in: et 2001, 280.

Siebnaller, Emile; „Aspects statistiques de l'économie du gaz naturel en 1999“, in: Eurostat - Environnement et énergie, Theme 8 energie 17/2000 ; Redaktionsschluss 14. Juli 2000.

Sieling, Manfred; Meyer-Renschhausen, Martin; „Liberalisierung des Strommarktes-Wirkungen und Anpassungsstrategien der kommunalen Energieversorgungsunternehmen“, in: ZögU 1999, 115.

Simon, Denys; Le système juridique communautaire; 2. Auflage, Paris 1998.

Slabschi, Peter; Kunth, Bernd; „Zu den Folgen nichtiger Gebietsschutzabreden in Energielieferungsverträgen“, in: RdE 1997, 174.

Sodan, Helge; „Vorrang der Privatheit als Prinzip der Wirtschaftsverfassung“, in: DÖV 2000, 361.

Soergel, Th.; BGB Kommentar
Band 2, Allgemeiner Teil 2, §§ 104 - 240, 13. Auflage, Stuttgart, Berlin, Köln, Mainz 1999.
Band 4/1, Schuldrecht III/1, (§§ 516-651), 12. Auflage, Stuttgart, Berlin, Köln 1997.

Sonnenberger, Hans Jürgen; Autexier, Christian; Einführung in das französische Recht; 2. Auflage, Heidelberg 2000.

J. von Staudingers, Kommentar zum BGB
§§ 21 - 103, 13. Bearbeitung Berlin 1995;
§§ 164-240, Neubearbeitung 2001;
§§ 433-534, 13. Bearbeitung Berlin 1995;
§§ 631-651, 13. Bearbeitung Berlin 1994;
§§ 652-704, 13. Bearbeitung, Berlin 1995;
§§ 925-984, 13. Bearbeitung, Berlin 1995;
§§ 611-704, 11. Bearbeitung, Berlin 1958.

Stein/Jonas; Kommentar zur ZPO,
Band 3, §§ 253-259; 21. Auflage, Tübingen 1997.

Steindorff, Ernst; „Durchleitung von Gas im Binnenmarkt für Energie“, in: BB 1989, Beilage 1.

Steiner, Udo; Besonderes Verwaltungsrecht; 6. Auflage, Heidelberg 1999.

Stelkens, Paul; Bonk, Joachim; Sachs, Michael; Verwaltungsverfahrensgesetz; 6. Auflage, München 2001.

Stern, Klaus; Das Staatsrecht der Bundesrepublik Deutschland,
Band II Staatsorgane, Staatsfunktionen, Finanz- und Haushaltsverfassung, Notstandsverfassung; München 1980.

Streinz, Rudolf; Europarecht; 5. Auflage; Heidelberg 2001.

Ströbele, Wolfgang; Zur Verbändevereinbarung zum Netzzugang für Erdgas; Gutachten im Auftrag von BGW und VKU, Dezember 2000.

T

Tegethoff, Wilm; Büdenbender, Ulrich; Klinger, Heinz; Das Recht der öffentlichen Energieversorgung - Kommentar, Loseblattsammlung, Stand: 19. Ergänzungslieferung, Essen, Dezember 2000.

Tettinger, Peter J; "Grundlinien des Konzessionsvertragsrechts", in: DVBl 1991, 786.

Terré, François; Simler, Philippe; Droit civil - Les biens; 5. Auflage, Paris 1998.

Terré, François; Simler, Philippe; Droit civil - Les obligations; 7. Auflage, Paris 1999.

Theilacker, Dieter; Die Stellung der Energieversorgungsunternehmen als Daseinsvorsorgebetriebe im französischen Recht; Göttingen 1969.

Theobald, Christian; Nill-Theobald, Christiane; Grundzüge des Energiewirtschaftsrechts - Die Liberalisierung der Strom- und Gaswirtschaft; München 2001.

Theobald, Christian; Zenke, Ines; Grundlagen der Strom- und Gasdurchleitung - Die aktuellen Rechtsprobleme ; München 2001.

Theobald, Christian; Zenke, Ines; „Der Zugang zu Strom- und Gasnetzen: Eine Rechtsprechungsübersicht", in: WuW 2001, 19.

Theobald, Christian; Neveling, Stefanie; „Der Gesetzentwurf der Bundesregierung zur Änderung des EnWG-Eine erste kritische Bewertung der gaswirtschaftlichen Regelungen", in: ZNER 2001, 64.

Theobald, Christian; „Gesetzliche Ansprüche auf konkurrierenden Leitungsbau in der Strom- und Gaswirtschaft", in: VerwA 2001, 109.

Thomaschki, Kathrin; Martenczuk, Bernd; „Der Zugang zu Netzen zwischen allgemeinem Kartellrecht und sektorieller Regulierung", in: RTkom 1999, 15.

Thurnher, Viktor; „Energieliefervertäge im neuen Umfeld", in: ÖZW 1999, 97.

Tödtmann, Ulrich; „Kommunale Energieversorgungsunternehmen zwischen Gemeinderecht und Wetbewerb", in: RdE 2002, 6.

Trurnit, Christoph; Gersemann, Dieter; „Beendigung von Wegenutzungsverträgen und die Überlassung von Verteilungsanlagen gem. § 12 Abs. 2 Satz 2 EnWG", in: DVBl 2000, 1101.

von Troll, Bernd; Einflußnahme des Staates auf die öffentliche Energieversorgung; Düsseldorf 1973.

Tuot, Thierry; „La loi du 10 février 2000 un an après l'installation de la régulation du marché électrique", in: CJEG 2001, 51.

Turrini, Régis; „Privatisations et droit communautaire", in: RDAI 1993, 813.

U

Ule, Carl Hermann; Laubinger, Hans-Werner; Verwaltungsverfahrensrecht; 4. Auflage, Köln, Berlin, Bonn, München 1995.

Ungemach, Manfred; Weber, Thomas; „Verfahrensfragen des Netzzugangs bei Elektrizität und Gas", „Teil 1: Einschaltung der Kartellbehörden", in: RdE 1999, 11, „Teil 2: Zivilklage und einstweilige Verfügung", in: RdE 1999, 131.

V

Valette, Jean-Paul; Le service public à la française; Paris 2000.

Vedel, Georges; Delvolvé, Pierre; Droit administratif, Band 2; Paris 1992.

Verdier, Jean-Maurice; Coeuret, Alain; Souriac, Marie-Armelle; Droit du travail; Paris 1999.

Vincent, Jean; Guinchard, Serge; Matagnier, Gabriel; Varinard, André; La justice et ses institutions; 3. Auflage, Paris 1991.

Vogelsang, Ingo; „Analytische Kostenmodelle - ein notwendiges Übel", in: MMR 1998, 594.

Vykydal, Swen; Der kartellrechtliche Kontrahierungszwang - unter besonderer Berücksichtigung der leitungsgebundenen Energiewirtschaft; Baden-Baden 1997, zugl. Univ. Diss. Frankfurt (Main) 1996.

W

Walter, Karl Maria; von Keussler, Julia; „Der diskriminierungsfreie Zugang zum Netz: Reichweite des Anspruchs auf Durchleitung"; Teil 1 in: RdE 1999, 190; 223.

Weber, Thomas; Ungemach, Manfred; „Verfahrensfragen des Netzzugangs bei Elektrizität und Gas", „Teil 1: Einschaltung der Kartellbehörden", in: RdE 1999, 11, „Teil 2: Zivilklage und einstweilige Verfügung", in: RdE 1999, 131.

Wehr, Matthias; Knemeyer, Franz-Ludwig; „Die Garantie der kommunalen Selbstverwaltung nach Art. 28 Abs. 2 GG in der Rechtsprechung des Bundesverfassungsgerichts", in: VerwArch 2001, 317.

Weisbach, Kerstin; Keller, Bernhard; Matzke, Sandro; „Wie sieht der deutsche Mittelstand die Gasliberalisierung", in: et 2000, 816.

Weiß, Michael; Binder, Markus; Hannes, Berthold; Lanzdorf, Adolf; „Struktuveränderungen im liberalisierten Gasmarkt", in: et 2000, 830.

Weyand, Martin; Seidel, Michael; „Netzzugang auf dem deutschen Erdgasmarkt", in: et 1999, 603.

Weyer, Hartmut; Fleischer, Holger; „Neues zur „essential-facility"-Doktrin im europäischen Wettbewerbsrecht", in: WuW 1999, 350.

Wille, Wolfgang; „Zukunft der Stadtwerke in einem liberalisierten Energiemarkt", in: WWE 5/2000, 18.

Woehrling, Jean-Marie; „Die französische Verwaltungsgerichtsbarkeit im Vergleich mit der deutschen", in: NVwZ 1985, 21.

Wolf, Dieter; „Die Liberalisierung der europäischen Energiemärkte", in: BB 1998, 1433.

Wolff, Hans J.; Bachof, Otto; Stober, Rolf; Verwaltungsrecht Band 2; 6. Auflage, München 2000.

Wormser, Stéphanie; „Structure du marché gazier et transposition de la directive gaz en France", in: JCP-E, 17 février 2000, 258.

Wußing, Eva; Zander, Wolfgang; Borowka, Jürgen; „VV Gas - nur ein kleiner Schritt in Richtung Marktöffnung", in: et 2000, 712.

X / Y/ Z

Zabel, Annette; Hoff, Henning; „Liberalisierung des Türkischen Energiemarktes durch das neue Elektrizitätsmarktgesetz vom 20. Februar 2001", in: RdE 2002, 63.

Zacher, Manfred; Energiewirtschaftliche Konzessionsverträge; Frankfurt am Main 1982.

Zander, Wolfgang; Borowka, Jürgen; Wußing, Eva; „VV Gas - nur ein kleiner Schritt in Richtung Marktöffnung", in: et 2000, 712.

Zeise, Roland; Sauer, Erich; Energietransport, -speicherung und -verteilung; Kandel 1983.

Zenke, Ines; Genehmigungszwänge im liberalisierten Energiemarkt; Berlin 1998, zugl. Univ. Diss. HU Berlin 1997.

Ziegler, Sonja; Calmetta, Paolo Francesco; „Liberalisierung des italienischen Gasmarktes", in: et 2001, 656.

Zinow, Bernd-Michael; Le Nestour, Chantal; „Rechtsfragen des „Service public"", in: RdE 1994, 129, 170.

Zinow, Bernd-Michael; Rechtsprobleme der grenzüberschreitenden Durchleitung von Strom in einem EG-Binnenmarkt für Energie; Frankfurt am Main, Bern, New York, Paris, 1991, zugl. Univ. Diss. Mannheim 1991.

Zöller, Richard; Zivilprozessordnung Kommentar; 23. Auflage, Köln 2002.

Einleitung

Wäre der Rechtsstreit, den Flaminio Costa 1963/1964 gegen den italienischen Energieversorger und Monopolisten ENEL geführt hatte, vom EuGH entsprechend den Vorstellungen des Herrn Costa entschieden worden, wäre die Liberalisierung der deutschen und französischen Gasmärkte wohl kein aktuelles Thema. Denn Flaminio Costa hielt die Errichtung des italienischen Produktions- und Vertriebsmonopols für Elektrizität für gemeinschaftsrechtswidrig.[1] Der EuGH hatte den Rechtsstreit bekanntlich zum Anlass genommen, den Vorrang des Gemeinschaftsrechts zu begründen. Die Entscheidung darüber, ob die Errichtung des Monopols von ENEL mit dem unmittelbar anwendbaren Gemeinschaftsrecht vereinbar sei, hatte er dem die Vorlagefragen stellenden Giudice Conciliatore de Milan überlassen.[2] Erst 1997 entschied der EuGH im Rahmen eines von der Kommission unter anderem gegen Frankreich geführten Vertragsverletzungsverfahrens, dass ein nationales Produktions- und Importmonopol mit Art. 37 EGV unvereinbar sei. Zu einer Verurteilung kam es freilich nicht, da die Kommission nach Auffassung des EuGH nicht dargelegt hatte, dass die Gaz de France (GDF) und Électricité de France (EDF) auferlegten gemeinwirtschaftlichen Verpflichtungen im Sinne des Art. 86 Abs. 2 EGV auch in einem Wettbewerbsumfeld hätten erfüllt werden können.[3] Insofern war das Urteil auch ein politisches Urteil, da der EuGH die Bemühungen zur Öffnung der traditionell monopolistischen Märkte nicht torpedieren wollte.[4] Denn zum Zeitpunkt des Urteils stand die Liberalisierung der Energiemärkte unmittelbar bevor: Die Richtlinie 96/92/EG zur Öffnung der Elektrizitätsmärkte (in Zukunft: die Elektrizitätsrichtlinie) war bereits erlassen und die Richtlinie 98/30//EG zur Öffnung der Gasmärkte (in Zukunft: die Gasrichtlinie) stand vor ihrer Verabschiedung.

Die Liberalisierung der Energiemärkte führt zu einer Neuordnung der Energiemärkte in der Europäischen Gemeinschaft.[5] Vergleichbare Entwicklungen finden parallel auch in anderen globalen Märkten statt.[6] Diese Arbeit will der Frage nachgehen, wie die Gasrichtlinie die deutschen und französischen Gasmärkte verändert hat. Die Unterschiede in Ausgangslage und Methodik scheinen dabei groß zu sein und führen zu einer oftmals unsachlich geführten Debatte. Frankreich wird vorgeworfen, keinen politischen Willen zur Marktöffnung zu besitzen und seinem Staatsunternehmen GDF zu ermöglichen, sich unter dem Schutz des faktisch gesicherten Monopols zu einem internatinol verflochtenen Konzern umzustrukturieren. Deutschland zeigt sich gerne

[1] *EuGH*, 15.07.1964 - Rs. 6/64 (Costa / E.N.E.L) -, E 1964, 1251, [1260].
[2] *EuGH*, 15.07.1964 - Rs. 6/64 (Costa / E.N.E.L) -, E 1964, 1251, [1269ff., 1276].
[3] *EuGH*, 23.10.1997 – Rs. C-159/94 (Kommission / Frankreich) -, E 1997, I-5815.
[4] *Idot*-Vorlesung: droit communautaire de la concurrence, Sorbonne, 18.01.2000, persönliche Notizen.
[5] Vergleichend: *Percebois/Nyouki*-dérégulation, in: RE 1998, 369; Italien: *Di Gaspare*-italienischer Ordnungsrahmen, in: RdE 2000, 210; *Calmetta/Ziegler*-italienischer Gasmarkt, in: et 2001, 656; Österreich: *Lamprecht*-Gasrichtlinie, in: et 1999, 834; Spanien: *Rasines*-marché espagnol, in: RE 2000, 137;
[6] Vgl. nur zu Brasilien: *Kasperk*-Reform, in: ZfE 1999, 109; zur Türkei: *Zabel/Hoff*-türkischer Energiemarkt, in: RdE 2002, 63.

als Vorreiter einer angeblich vollständigen Liberalisierung unter Selbstregulierung des Marktes. Der Schein trügt. In ihrem Bericht zur Liberalisierung der europäischen Gasmärkte vom 1. Oktober 2002 hat die Kommission festgestellt, dass in Deutschland seit dem Beginn der Liberalisierung erst weniger als 2% der Kunden ihren Gaslieferanten gewechselt haben; in Frankreich waren es im gleichen Zeitraum bereits 20 bis 30% der zugelassenen Großabnehmer, was einer Gesamtöffnungsquote von 4 bis 6% entspricht.[7]

Schon diese Beobachtung verlangt eine differenzierte Betrachtung der Liberalisierung. Die Arbeit möchte dabei eine umfassende Bestandsaufnahme der Marktöffnung in beiden Ländern vornehmen. Ausgangspunkt bilden dabei die Gasrichtlinie und die Anforderungen, die der EuGH hinsichtlich der Umsetzung von Richtlinien entwickelt hat. Diese Betrachtungsweise ermöglicht zwar einen vergleichenden Überblick über beide Systeme vor dem Hintergrund des Gemeinschaftsrechts. Zu den Einzelthemen sind jedoch eine Vielzahl von Dissertationen in der Entstehung, so dass nur hierauf verwiesen werden kann.[8] Zum Zeitpunkt der Beendigung der Arbeit im März 2002 sind sowohl Frankreich als auch Deutschland ihrer Pflicht zur Umsetzung der Gasrichtlinie, die zum 10. August 2000 hätte erfolgen sollen, nicht nachgekommen. In beiden Ländern existieren lediglich Gesetzentwürfe. Nach Abschluss der Arbeit wurde die Gasrichtlinie in Frankreich durch das Gasgesetz vom 3. Januar 2003[9] und in Deutschland durch das Erste Gesetz zur Änderung des Gesetzes zur Neuregelung des Energiewirtschaftsrechts vom 20. Mai 2003[10] umgesetzt.

Die Arbeit gliedert sich in sechs Teile. Zwischen diesen Teilen kann insofern eine vergröbernde Unterteilung vorgenommen werden, als die Teile 1 bis 3 sowie 6 sich vornehmlich mit den öffentlich-rechtlichen Regulierungsmechanismen beschäftigen, während die Teile 4 und 5 die kartellrechtlichen Auswirkungen beleuchten. Überschneidungen sind dabei unvermeidbar. Im ersten Teil soll zunächst die Ausgangslage dargestellt werden. Dies ist besonders wichtig, da einerseits die wirtschaftliche Situation entscheidende Bedeutung für den Liberalisierungsprozess hat und andererseits die Monopolisierung der Gaswirtschaft eng mit den Begriffen der Daseinsvorsorge und des service-public verknüpft war. Das sind zwei Begriffe, die auch heute die Debatte prägen. Der zweite Teil der Arbeit beschäftigt sich mit den von der Richtlinie vorgegebenen und von ihr zugelassenen Anforderungen an die Unternehmen auf den liberalisierten Gasmärkten. Die Niederlassungs- und Dienstleistungsfreiheit bringt dabei eine gewisse Harmonisierung der Zulassungskriterien mit sich. Auf die umfangreichen Probleme, die sich im Zusammenhang mit der überörtlichen Betätigung

---

[7] Vgl. Zweiter Benchmarkingbericht über die Vollendung des Elektrizitäts- und Erdgasbinnenmarktes v. 1. 10. 2002, SEK (2002) 1038, Tabelle 11. Damit hat sich die Zahl der Versorgerwechsel in Frankreich dynamischer entwickelt als in Deutschland, vgl. Erster Kommissionsbericht über die Verwirklichung der Energiebinnenmärkte vom 03.12.2001, SEK (2001) 1957, S. 17, Tabelle 4.

[8] Allein am Fachbereich der Humboldt-Universität sind zum Zeitpunkt der Beendigung dieser Arbeit insgesamt 6 Dissertationen zum Energierecht und insgesamt 18 Dissertationen zum weiteren Recht der regulierten Netzindustrien in der Entstehung, vgl. www.rewi.hu-berlin.de/ewerk unter Dissertationen.

[9] Loi No. 2003-8 v. 3.1.2003 relative aux marchés du gaz et de l'électricité et au service public de l'énergie, JORFR.F. 4.1.2003, 265; dazu: *Lecheler/Püstow*-Liberalisierung, RdE 2003, 129.

[10] BGBl Teil 1 vom 23.05.2003, S. 686.

der Kommunen ergeben, soll nicht oder nur am Rande eingegangen werden. Zur Sicherung des Wettbewerbs stellt die Gasrichtlinie besondere Anforderungen an die Unternehmensstruktur. Im Interesse einer gemeinwohlverträglichen Liberalisierung der Märkte lässt sie auch eine Belastung der Unternehmen mit besonderen Verpflichtungen zu. Im dritten Teil wird dargestellt, wie die Gasmärkte für den Wettbewerb geöffnet wurden. Dabei kann zwischen dem Wettbewerb um Kunden und dem Wettbewerb um Netze unterschieden werden. Es wird gezeigt, unter welchen Voraussetzungen die schon im zweiten Teil beschriebenen Gemeinwohlverpflichtungen im Einzelfall auch eine Ausnahme von der Marktöffnung zulassen. Solche Ausnahmen sind in Frankreich Praxis und in Deutschland eine Forderung der Gemeinden. Im vierten Teil geht es schließlich um das Kerninstrumentarium der Öffnung von leitungsgebundenen Ökonomien, dem Netzzugangs- oder Durchleitungsanspruch. Den Ausführungen zum Durchleitungsanspruch wird eine Definition des Kernbegriff des Wettbewerbs, des Marktbegriffs, vorangestellt. Anschließend wird die Durchleitung in ihrer technischen und rechtlichen Dimension beschrieben. Anhand der derzeitigen Praxis soll vergleichend die Ausgestaltung der derzeit geltenden Netzzugangsbedingungen dargestellt und vor dem Hintergrund des nationalen und gemeinschaftsrechtlichen Wettbewerbsrechts sowie der Vorgaben der Gasrichtlinie bewertet werden. Entscheidend für die Effektivität des Durchleitungsanspruchs sind allerdings die Möglichkeiten seiner Verweigerung und die gerichtliche Durchsetzbarkeit des Anspruchs. Beides wird anhand der Rechtsprechung analysiert. Im fünften Teil wird die Auswirkung der Liberalisierung auf bestehende Vertragsbeziehungen aufgezeigt. Dieser Punkt hängt eng mit der Liberalisierung zusammen, weil sie historisch von langfristigen Lieferverträgen mit Gesamtbedarfsdeckungsklauseln und Demarkationsabreden geprägt ist. Hier gehen Frankreich und Deutschland völlig unterschiedliche Wege. Während in Frankreich das Gesetz die Unwirksamkeit der Verträge anordnet, wenn ein Kunde den Lieferanten wechseln möchte, muss in Deutschland eine Lösung über das allgemeine Wettbewerbsrecht gefunden werden. Im sechsten Teil beschäftigt sich die Arbeit mit der Regulierung an sich. Vor allem die Funktionsweise der französischen Regulierungsbehörde wird hier dargestellt.

1. Teil: Ausgangslage

Die Gaswirtschaft in Europa war lange Zeit überwiegend monopolistisch organisiert. Dies hat sie mit anderen netzabhängigen Wirtschaftszweigen wie Post, Telekommunikation, Eisenbahn- und Luftverkehr, Strom- und Wasserwirtschaft gemeinsam. Die Gründe dafür sind volkswirtschaftlicher und sozialer Art. Die genannten Wirtschaftszweige erbringen Dienstleistungen von fundamentaler Bedeutung. Es ist zu gewährleisten, dass alle Bürger Zugang zu diesen Leistungen haben und Nutzen aus ihnen ziehen können. Insbesondere nach dem Zweiten Weltkrieg wurde nicht für möglich gehalten, dass die Privatwirtschaft eine flächendeckende und kontinuierliche Erbringung der Grundversorgung gewährleisten könnte, denn dies erfordert langfristige und hohe Investitionen von höchst unterschiedlicher Rentabilität. Es wurde befürchtet, dass die Privatwirtschaft sich im Wettbewerb zum Nachteil der Allgemeinheit nur auf die rentabelsten Leistungen konzentrieren würde. Darum blieb auch die Gaswirtschaft in Deutschland und Frankreich weitestgehend dem Wettbewerb entzogen. Die Struktur der Märkte in den beiden Ländern war und ist freilich höchst unterschiedlich (unten **I.**). Die Schaffung von Monopolen stellte jedoch bald ein schweres Hindernis für die Vollendung des Gemeinsamen Marktes dar. Dies hat die Kommission dazu bewegt, letztlich auch für die Gaswirtschaft mehr Wettbewerb zu fordern. Die Gasrichtlinie ist nur der vorläufige Höhepunkt auf dem Weg zur Liberalisierung der europäischen Gaswirtschaft (unten **II.**).

I. Die Struktur der deutschen und französischen Gasmärkte vor ihrer Liberalisierung

Die Unterschiede zwischen der deutschen und französischen Gaswirtschaft sind wirtschaftlicher (unten **A.**) und rechtlicher Art (unten **B.**).

A. Die wirtschaftliche Struktur der Gasmärkte in Deutschland und Frankreich

Gas kommt in der Natur isoliert als Erdgas oder zusammen mit Ölvorkommen als Erdölgas vor. Bei Erdgas handelt sich um in der Erdkruste gelagerte, bei Normaldruck gasförmige mit anderen Gasen vermischte, Kohlenwasserstoffe.[11] Gas kann aber auch als „Stadtgas“ aus Kohle mit dem Nebenprodukt „Gaskoks“ erzeugt werden, als „Kokereigas“ als Nebenprodukt der Koksgewinnung anfallen oder in Ölraffinerien als „Raffineriegas“ gewonnen werden.[12] Die öffentliche Gasversorgung wird heute jedoch zu ca. 95% mit Erdgas bestritten.[13] Hinsichtlich seiner Zusammensetzung und seinem Brennwert unterscheidet sich Erdgas nach seiner Herkunft.[14] Das üblicherweise verwandte Gas lässt sich hinsichtlich seines Brennwertes in High- und Lowgas unterscheiden.[15]

---

[11] Dtv Lexikon in 20 Bänden, Stichwort "Erdgase", Mannheim und München 1997.
[12] *Hermes* - Infrastrukturverantwortung, S. 25.
[13] *Hermes* - Infrastrukturverantwortung, , S. 25.
[14] *Seidel/Weyand*-Netzzugang, in: et 1999, 603 [603f.].
[15] *EWI/Bet*-Gutachten, S. 34.

Die besonderen technischen Anforderungen vor allem aber die wirtschaftliche Bedeutung von Erdgas erklären die Selbstbeschränkung der Gasrichtlinie gemäß Art. 1 auf den Erlass gemeinsamer Vorschriften für die Fernleitung, die Verteilung, die Lieferung und die Speicherung von *Erdgas* (gaz naturel in der französischen Version). Die starke Importabhängigkeit der deutschen, vor allem aber der französischen Gaswirtschaft ist zum Verständnis einiger nationaler Vorschriften wichtig (dazu unten **1**). Die Struktur der wirtschaftlichen Akteure (dazu unten **2**) ist für das Verständnis der Marktorganisation von Bedeutung.

1) Die Importabhängigkeit der deutschen und französischen Gaswirtschaft

Obwohl Erdgas bisweilen als die Energiequelle des 3. Jahrtausends proklamiert wird, macht der Erdgasverbrauch zur Zeit nur 21,2% des Energieverbrauchs in der Europäischen Union aus.[16] Doch die Erdgasmärkte entwickeln sich dynamisch.[17] Seit Anfang der 90er Jahre hat der Gasverbrauch um 30% zugenommen. Die jährliche Steigerungsrate liegt weiter bei 3%.[18] In Frankreich wird bis zum Jahr 2020 bei insgesamt steigendem Energieverbrauch mit einem weiteren Zuwachs um 120% gerechnet,[19] in Deutschland bei sinkendem Energieverbrauch nur mit einem Zuwachs um knapp 10%.[20] Insgesamt wurden 1999 in der Europäischen Union 328,3 Mtoe[21] Erdgas verbraucht.[22] In der Bundesrepublik waren es ca. 72 Mtoe Gas,[23] die sich 1997 zu 28,8 % auf private Haushalte, zu 42,1 % auf Industrie, Handel und Kleingewerbe und zu 11,9 % auf öffentliche Kraftwerke sowie Heizwerke und Heizzentralen verteilten.[24] In Frankreich wurden 1999 mit 34,5 Mtoe weniger als die Hälfte des deutschen Volumens verbraucht.[25] Im Jahr 2000 entfielen 56 % des Verbrauchs auf private Haushalte, 33 % auf den industriellen Verbrauch und ca. 5 % auf die Elektrizitätsproduktion.[26]

Die Produktionsmenge bleibt sowohl in Deutschland als in Frankreich deutlich hinter der Verbrauchsmenge zurück. In der Bundesrepublik wurden 1999 mit leicht steigender Tendenz 17,8 Mtoe Erdgas gefördert.[27] Die Produktion in Frankreich war 1999

---

[16] *Dubuc*-Gaz libéralisation, in: ASP, 7/8 2000, S. 10. 21,7% des Energiebedarfs werden mit Elektrizität bestritten, 45,5% mit Erdöl.

[17] Vgl. *Schiffer*-Energiemarkt '99, in: et 2000, 114 ; *Schlesinger/Schulz*-Energiemarkt 2020, in: et 2000, 106; *Martin*-Energiewirtschaft, in: ZfE 1990, 224.

[18] *Dubuc*-Gaz: libéralisation, in : ASP, 7/8 2000, S. 10.

[19] Prognose der *DGEMP* vom 03. 2000, in: statisitques énergétiques France, 08. 2001, „Profections".

[20] *Schlesinger/Schulz*-Energiemarkt 2020, in: et 2000, 106 [107]. Dies bedeutet eine Zunahme des Anteils des Gasverbrauchs am gesamten Energieverbrauch von 24,1 % 1998 auf 26,4% in 2020.

[21] Million tonnes of oil equivalent. Eine Maßeinheit zur Berechnung von Energie. 1 Milliarde m³ Gas haben in etwa einen Brennwert von 1 Mtoe.

[22] *Kommission*-Energy&Transport in Figures 2001, Tabelle 2.2.1 ; Nach *Siebenaller*-Aspects statistiques, S. 2 sind es 364 Mtoe.

[23] *Kommission*-Energy&Transport in Figures 2001, Tabelle 2.2.1 ; Nach *Siebenaller*-Aspects statistiques, S. 2 sind es 79,6 Mtoe.

[24] Jahrbuch 2001 der europäischen Energie- und Rohstoffwirtschaft, S. 984, Tabelle H 24.

[25] *Kommission*-Energy&Transport in Figures 2001, Tabelle 2.2.1 ; nach *Siebenaller*-Aspects statistiques, S. 2, sind es 37,5 Mtoe Gas

[26] *Ministère de l'économie des finances et de l'industrie*-Statistiques énérgétiques France, 08. 2001.

[27] *Siebenaller*-Aspects statistiques, S. 2 ; 2000 bei leicht fallender Tendenz 15,2 Mrd m³, vgl. Jahrbuch 2002, S. 938, Tabelle H 4.

mit rückläufigen 1,7. Mtoe praktisch unbedeutend.[28] Zum Vergleich wurden im gleichen Zeitraum in Großbritannien bei stark steigender Tendenz 98,7 Mtoe Gas gefördert, in den Niederlanden bei fallender Tendenz 59,9 Mtoe³[29] und in Norwegen bei steigender Tendenz 47,2 Mrd. m³.[30] In der gesamten EU wurden 1999 204,6 Mtoe Erdgas gefördert.[31] Dies ist im weltweiten Vergleich auch noch bescheiden. In Russland wurden 490,5 Mrd. m³ gefördert, weltgrößter Erdgasproduzent sind aber die USA mit 500 Mrd. m³.[32] Die weltweiten Gasvorräte haben sich durch neue Entdeckungen im Jahr 2000 verdoppelt und betragen nach heutiger Kenntnis ca. 146.430 Gm³.[33]

Die schwache Produktionsleistung in Deutschland führte dazu, dass in Deutschland 2000 81% der Bedarfsmenge importiert werden musste.[34] 17% des Bedarfs wurden aus den Niederlanden importiert, 21% aus Norwegen und 37 % aus Russland.[35] In Frankreich wurden 1999 über 100% der Bedarfsmenge importiert.[36] In Europa liegt die Importquote bei derzeit 43%, bis zum Jahr 2020 wird gleichwohl mit einem Ansteigen auf 75% gerechnet.[37] Diese Importabhängigkeit der europäischen Gaswirtschaft ist von entscheidender Bedeutung für die Normierungen der Gasrichtlinie. Die Gewährleistung der Sicherheit der Energieversorgung verlangt eine besondere Berücksichtigung der für die Gaswirtschaft typischen langfristigen Bezugsverträge mit Abnahmeverpflichtung (take-or-pay Verträge).[38] Sie ist aber auch Argument für eine vereinfachte Interoperabilität der einzelnen (staatlichen) Netze. Vor diesem Hintergrund wird auch die Notwendigkeit von Investitionsverpflichtungen verständlich.[39]

Die unterschiedlichen Voraussetzungen der deutschen und französische Gaswirtschaft spiegeln sich in den Preisen nicht entscheidend wider. Die Nettopreise lagen 1999 für private Endkunden bei 26,5 €/MWh in Frankreich und bei 23,7 €/MWh in Deutschland.[40] Industrielle Endkunden haben in Frankreich netto 11,2 €/MWh und in Deutschland netto 14,2 €/MWh bezahlt.[41]

2) Die Akteure in der Gaswirtschaft vor ihrer Liberalisierung

Während das nationale Monopol vor allem der GDF in Frankreich alle Marktstufen der Gaswirtschaft prägt (unten **b.**), war die deutsche Gaswirtschaft durch unterschiedlich starke Konzentration auf den einzelnen Marktstufen gekennzeichnet (unten **a.**).

[28] *Siebenaller*-Aspects statistiques, S. 2.
[29] *Siebenaller*-Aspects statistiques, S. 2.
[30] Jahrbuch 2002 der europäischen Energie- und Rohstoffwirtschaft, S. 938, Tabelle H4.
[31] *Siebenaller*-Aspects statistiques, S. 2.
[32] Jahrbuch 2002 der europäischen Energie- und Rohstoffwirtschaft, S. 938, Tabelle H 4.
[33] *Jehl*-découvertes, in : RE 2001, 376.
[34] Jahrbuch 2002, S. 952, Graphik 9.
[35] Jahrbuch 2002, S. 952, Graphik 9.
[36] Nämlich 38 Mtoe, vgl. *Siebenaller*-Aspects statistiques, S. 2.
[37] *Dubuc*-Gaz: libéralisation, in : ASP, 7/8 2000, S. 10.
[38] vgl. dazu unten 4. Teil V.C.
[39] vgl. dazu unten 2. Teil III.B.
[40] Panorama des marchés auropéens du gaz, in: ASP, 7/8 2000.
[41] Panorama des marchés auropéens du gaz, in: ASP, 7/8 2000.

Die gesamte europäische Gaswirtschaft ist durch gegenseitige Sicherheiten und Allianzen umfassend miteinander verflochten.[42]

(a) Die Situation der deutschen Gaswirtschaft

Die deutsche Gaswirtschaft lässt sich in eine „öffentliche“ und eine „übrige“ Gaswirtschaft unterteilen. Die öffentliche Gaswirtschaft umfasst Erdgasförderunternehmen, Ferngasgesellschaften, Regional- und Ortsgasgesellschaften sowie Kokereien.[43] Es handelt sich um die Unternehmen, die private Haushalte, Handel, Industrie, Kraftwerke, Gewerbebetriebe und den Dienstleistungsbereich mit Gas beliefern. Als übrige Gaswirtschaft bezeichnet man die Eisenindustrie, die Mineralölindustrie und den Steinkohlebergbau, wo die Gaserzeugung als Kuppelproduktion erfolgt.[44] Nur die öffentliche Gaswirtschaft ist für diese Untersuchung von Interesse. Sie umfasst die Marktstufen Produktion bzw. Import, den Ferntransport, die Regionalgasstufe und die Ortsgasstufe.[45]

Die auf der Produktionsebene tätigen Unternehmen sind sämtlich auch als Erdölförderunternehmen aktiv.[46] Drei Unternehmen dominierten 1992/1993 mit rund 74 % der Fördermenge diesen Markt.[47] Die ca. 20 Unternehmen auf der Ferngasstufe[48] transportieren das importierte oder im Inland gewonnene Erdgas über die Hochdruckleitungen des Ferngasnetzes. Da die begrenzte Anzahl von Leitungen und Übergabepunkte kapazitätsbegrenzende „Nadelöhren“ darstellen, ist es zu parallelem Leitungsbau in der deutschen Gaswirtschaft gekommen.[49] Die Duplizität des Netzes ist damit nicht stets wirtschaftlich ausgeschlossen.

Die ca. 80 Regionalunternehmen[50] schlossen unter dem Schutz des ehemaligen § 103 GWB untereinander und mit dem Vorlieferanten Demarkationsverträge ab und wurden ab der Demarkationsgrenze von den Ferngasgesellschaften mit Erdgas beliefert. Die Unternehmen der Regionalstufe lieferten das Gas direkt zu den Endverbrauchern oder den Endverteilern, wie z.B. den Stadtwerken.[51] Die ca. 600[52] Ortsgasgesellschaften bzw. Stadtwerke[53] wurden von Ferngasgesellschaften und Regionalversor-

---

[42] Vgl. dazu *Baudru/Rigamonti*-stratégie des acteurs, in: RE 1998, 439 [443ff.], die eindrucksvoll mit Schaubildern die Verflechtung aufzeigen; für den deutschen Markt: *Neu*-Perspektiven, in: et 2000, 100 [104]; *Binder/Hannes/Lanzdorf/Weiß*-Strukturveränderungen, in: et 2000, 830ff..

[43] X. Hauptgutachten der Monopolkommission, Rn. 740.

[44] X. Hauptgutachten der Monopolkommission, Rn. 740.

[45] X. Hauptgutachten der Monopolkommission, Rn. 708, 741. In der Elektrizitätswirtschaft werden lediglich die Verbund- die Regional und die Lokalebene unterschieden, *Schiffer*-Energiemarkt BRD, S. 103 unterscheidet auch für den Gasmarkt nur diese 3 Stufen.

[46] X. Hauptgutachten der Monopolkommission, Rn. 743; *Schiffer*-Energiemarkt BRD, S. 113.

[47] *Schiffer*-Energiemarkt BRD, S. 107, 113. Es sind dies die Deutsche Shell AG, die Esso AG sowie die Mobil Oil GmbH.

[48] vgl. *Schiffer*-Energiemarkt BRD, S. 109ff..

[49] vgl dazu und zum prominenten Beispiel des Baus einer Ferngasleitung durch Wingas: X. Hauptgutachten der Monopolkommission, Rn. 762f..

[50] *Hermes*-Infrastrukturverantwortung, S. 27.

[51] X. Hauptgutachten der Monopolkommission, Rn. 750.

[52] *Hermes*-Infrastrukturverantwortung, S. 27; die Zahlen divergieren erstaunlich: 900: *Courivaud*-libertés communales, in: RIDE 2000, 405 [409].

[53] Zur Rolle der Stadtwerke, ihrer Entwicklung, Organisation und Stellung im Wettbewerb in einer interessanten französischen Darstellung: *Courivaud*-libertés communales, in: RIDE 2000, 405ff..

gern mit Gas beliefert und verteilten das Gas im Mittel- und Niederdrucknetz an die Endverbraucher.[54]

Die einzelnen Lieferstufen waren vertikal durch langfristige Lieferbeziehungen mit Abnahmeverpflichtungen (take-or-pay Verträge) aneinander gebunden und durch Kapitalverflechtungen oft auch miteinander verwoben.[55] Das dominante Unternehmen auf den deutschen Gasmärkten ist die Ruhrgas AG, die bei einem Jahresumsatz von 6,54 Mrd. Euro in 1999 60% der Endverbrauchernachfrage befriedigen konnte.[56]

(b) Die Situation der französischen Gaswirtschaft

Das Nationalisierungsgesetz von 1946 hat in Frankreich die Produktion, den Transport, den Vertrieb, den Import und den Export von Gas und Strom verstaatlicht.[57] Der Import und der Export von Gas unterlagen danach dem Monopol von GDF, während der Transport von der Compagnie française de Méthane, der Gaz du Sud-Ouest, der Elf Acquitaine de Réseau und der GDF durchgeführt wurde. GDF ist jedoch an den anderen Unternehmen beteiligt[58] und hat einen Anteil am Gesamtmarkt des Transports von ca. 80 %. Der Vertrieb obliegt den Kommunen, den collectivités territoriales. Sie sind aber nach dem Nationalisierungsgesetz verpflichtet, Konzessionen an GDF zu vergeben, soweit sie nicht ausnahmsweise ein von der Nationalisierung verschont gebliebenes Unternehmen betreiben.[59] Bei einem Jahresumsatz von 8,84 Mrd. Euro in 1999 befriedigte GDF somit 95% der Endverbrauchernachfrage.[60]

B. Die rechtliche Struktur der Gaswirtschaft

Es ist bereits signifikant festzustellen, dass man in Deutschland seit jeher von einem Energierecht spricht, ein vergleichbarer Begriff in Frankreich bisher jedoch nicht vorkommt.[61] Aber auch das deutsche Recht der leitungsgebundenen Energieversorgung stellt sich als heterogenes Rechtsgebilde dar, welches modifiziert Elemente der allgemeinen Regeln des Zivilrechts, Wettbewerbsrechts und des öffentlichen Rechts enthält (unten **1.**).[62] Von grundlegender Bedeutung für das Verständnis des Energierechts und der Liberalisierungsphilosophie ist die Konzeption der Rolle des Staats in der Energieversorgung. Sie erfährt in Frankreich eine besondere Ausprägung: Dort

---

[54] X. Hauptgutachten der Monopolkommission, Rn. 750.

[55] *Schiffer*-Energiemarkt BRD, S. 107ff. stellt die Erdgasförderung in Deuschland nach konsortialer Beteiligung für 1992 und 1993 dar.

[56] Panorama des marchés auropéens du gaz, in: ASP, 7/8 2000.

[57] Loi N° 46-628 du 8 04. 1946 sur la Nationalisation de l'Electricité et du Gaz, JORF vom 9. 04. 1946. Rect JORF des 17 04. et 3 05. 1946 ; Art. 1.

[58] Nach dem Bericht des CES, S. 8 hielt GDF noch im 10. 1999 55 % des Kapitals der Compagnie française du méthane (CFM) (die übrigen 45 % wurden von TotalFina-Elf gehalten); während Elf Aquitaine de réseau (SEAR) und Gaz du Sud-Ouest (GSO) mehrheitlich von Elf Aquitaine gehalten werden, wobei die Minderheitsbeteiligung ebenfalls von GDF gehalten wird.

[59] *Schmitz*-französisches Energierecht, S. 75. GDF hat damit heute ca. 96 % aller Konzessionen inne, vgl. *Wormser*-structure, in : JCP-E 2000, 258.

[60] Panorama des marchés auropéens du gaz, in: ASP, 7/8 2000.

[61] Damit setzt sich *Sablière*-droit de l'électricité, in: CJEG 1999, S. 1ff. auseinander. Auf Seite 20 stellt er fest: „Es gibt noch kein Energierecht im eigentlichen Sinne in Frankreich"; vgl. auch: *Frison-Roche*-Droit de l'énergie, in: RE 1999, S. 615.

[62] *Hermes*-Infrastrukturverantwortung, S. 31.

steht die Energiewirtschaft als service-public unter staatlicher Kontrolle. Wesentliche Bereiche bleiben dem Verwaltungsrecht zugeordnet (unten **2.**).

1) Die rechtliche Struktur in Deutschland

Nach der Beschreibung des Einflusses des Staates auf die Energieversorgung (unten **a**) erfolgt eine Analyse des Ordnungsrahmens bis zur Liberalisierung an (unten **b**).

(a) Die Rolle des Staats in der Energieversorgung

Die Kommunen haben die Auffassung vertreten, ihnen obliege die Erbringung der Energieversorgung als Teil der Daseinsvorsorge. Diese Tätigkeit sei Teil des von Art. 28 GG geschützten Bereichs ihrer Selbstverwaltungsgarantie. Gegen das neue EnWG haben sie daher Verfassungsbeschwerde erhoben, weil sie der Ansicht sind, in diesem Recht verletzt zu sein.[63] Eine etwaige Kompetenz der Gemeinden kann sich jedoch nicht aus Art. 28 GG ergeben.[64] Denn Art. 28 Abs. 2 GG begründet keine materielle Kompetenz, sondern regelt nur die organisatorische Kompetenzverteilung zwischen dem Bund und den Kommunen.[65] Dies ergibt sich auch aus der systematischen Stellung des Art. 28 Abs. 2 GG in dem Abschnitt II des GG "Der Bund und die Länder". Art. 28 Abs. 2 GG ist demnach ein Aufgabenverteilungsprinzip[66]. Die Definition der zu verteilenden Aufgabe als staatliche Aufgabe muss außerhalb von Art. 28 GG erfolgen (unten **aa**). Erst im Anschluss an diese materielle Zuordnung stellt sich die Frage der organisatorischen Zuordnung (unten **bb**).[67]

(aa.) Die Energieversorgung als materiellrechtliche hoheitliche Aufgabe

Es wäre unzureichend, die Energieversorgung pauschal als hoheitliche Aufgabe einordnen zu wollen. Bereits Jellinek hat erkannt, dass es neben exklusiven Staatsaufgaben auch konkurrierende Staatsaufgaben gibt.[68] Nach der Qualifizierung der Energieversorgung als staatlicher Aufgabe (unten **i**) muss also der Grad des staatlichen Einsatzes in seiner Erfüllung bestimmt werden (unten **ii**).

(i) Energieversorgung als staatliche Aufgabe[69]

Dem Sozialstaatsprinzip des Art. 20 Abs. 1 GG wird entnommen, dass der Staat für die Daseinsvorsorge der Bürger einzustehen hat.[70] Der Begriff der Daseinsvorsorge

---

[63] *BVerfG*, 09.09.1999 - 2 BvR 1646, 2257/98 -, NVwZ-RR 2000, 16.

[64] So auch der *RhPfVerfGH*, 28.03.2000 – VGH N 12/98 -, NVwZ 2000, 801 zu Art. 49 RhPfVerf.

[65] *Lecheler*-Energierecht, in: NVwZ 1995, 8 [10]; *Ossenbühl*-Energierechtsreform, S. 22f.; *Löwer*-Energieversorgung, in: RdE 1992, S. 85 [86f.]; *Leidinger*-Selbstverwaltungsgarantie, in: DÖV 1999, S. 861 [863]; *Berg*-kommunale Selbstverwaltung, in: WiVerw 2000, 141 [145ff.]; *Knemeyer/Wehr*-kommunale Selbstverwaltung, in: VerArch 2001, 317 [333].

[66] *BVerfG*, 23.11.1988 – 2 BvR 1619, 1628/33 -, BVerfGE 79, 127 [150]; *Tettinger*, in: Mangoldt/Klein/Starck, Art. 28 Abs. 2, Rn. 195; *Nierhaus*, in: Sachs, Art. 28, Rn. 31 spricht vom "Staatsaufbauprinzip".

[67] *Isensee*, in: Kirchhof/Isensee, Band III, § 57, Rn. 141, 147.

[68] *Jellinek*-Allgemeine Staatslehre, S. 263.

[69] *Isensee*, in: Kirchof/Isensee, Band III, § 57, Rn. 136f.. Isensee unterscheidet Staatsaufgaben von den öffentlichen Aufgaben. Eine öffentliche Aufgabe sei schlicht eine Aufgabe, die im öffentlichen Interesse liege. Eine Staatsaufgabe stelle einen Unterfall hiervon dar. Auf Staatsaufgaben greife der Staat nach Maßgabe bzw. in den Grenzen der Verfassung zu.

geht auf Ernst Forsthoff zurück. Er hat ihm zur dogmatischen Rechtfertigung des leistungsverwaltenden Handelns gedient. Soweit sich der Mensch in einer Lage sozialer Bedürftigkeit befände, soweit habe der Staat eine Daseinsverantwortung.[71] Soziale Bedürftigkeit versteht Forsthoff unter Bezugnahme auf Max Weber als die Lage, in der sich der einzelne die notwendigen Leistungen nicht selbst erwirtschaften kann, sondern sie sich im Wege der Approbation zugänglich machen muss. Die Befriedigung dieser Bedürfnisse sei daher eine Staatsaufgabe.

Das BVerfG greift diese Definition auf. Eine Leistung, derer der Bürger zur Sicherung einer menschenwürdigen Existenz bedarf, gehört danach zur Daseinsvorsorge.[72] Die Erbringung von Mindestleistungen hat der Staat zu garantieren.[73] Die Energieversorgung ist eine solche Leistung. Darüber herrscht in Literatur[74] und Rechtsprechung[75] Einigung. Soweit also festgestellt werden kann, dass die Energieversorgung eine staatliche Aufgabe ist, ist nunmehr der Umfang der staatlichen Kompetenz zu bestimmen.

(ii) Reichweite der materiellen Kompetenz

Die Frage nach der Reichweite der materiellen Kompetenz des Staates ist die Frage danach, ob der Staat die ihm obliegende Aufgabe der Gewährleistung der Daseinsvorsorge alleine zu erbringen hat oder nur ordnend, unterstützend, fördernd oder abwehrend hinzutritt.[76]

Forsthoff selbst deutete an, dass die staatliche Kompetenz zur Erbringung der Daseinsvorsorge eine exklusive sein könnte. Denn bei der Erbringung der Daseinsvorsorge komme es nicht nur auf das „ob“ sondern auch das „wie“ der Versorgung an. Dabei unterliege die Erbringung der Daseinsvorsorge als soziale Aufgabe Beschränkungen des Gewinnstrebens, welche der Wirtschaft fremd seien.[77] Im Ergebnis wird für Forsthoff damit aus dem Grundrecht auf wirtschaftliche Betätigung im Rahmen der Daseinsvorsorge ein Recht zur Teilhabe an der staatlich erbrachten Leistung.

Dem ist entgegenzutreten. Die Grundrechte gehören eben nicht der Geschichte an.[78] Der Staat muss sich bei seinem Handeln die bürgerlichen Freiheitsrechte entgegen-

---

[70] *Sommermann*, in: Mangoldt/Klein/Starck, Art. 20 Abs. 1, Rn. 106.
[71] *Forsthoff*-Verwaltung als Leistungsträger, S. 5ff..
[72] *BVerfG*, B. v. 20.03.1984, - 1 BvL 28/82 - , BVerfGE 66, 248, [258].
[73] Auf dem Gebiet des Rundfunkwesens: *BVerfG*, 04.11.1986 – 1 BvF 1/84 -, BVerfGE 73, 118 [157]; *BVerfG*, B.v. 24.03.1987 – 1 BvR 147, 478/86 -, BVerfGE 74, 297 [326].
[74] *Püttner*-Energieversorgung, in: RdE 1992, S. 92 [93]; *Forsthoff*-Verwaltung als Leistungsträger, S. 33f.; *Le Nestour/Zinnow*-service-public, in : RdE 1994, S. 129 [171].
[75] *BVerfG*, B.v. 20.03.1984 – 1 BvL 28/82 -, BVerfGE 66, 248 [258]; *BGH*, B. v. 15.04.1986 – KVR 6/85 – NJW-RR 1986, 880; *BVerfG*, 10.12.1974 – 2 BvK 1/73; 2 BvR 902/73 -, BVerfGE 38, 258 [270f.].; *BVerfG*, B.v. 16.05.1989 – 1 BvR 705/88 -, JZ 1990, 335.
[76] *Jellinek*-Allgemeine Staatslehre, S. 255 [263]. Ausschließliche Staatsaufgaben sind für Jellinek lediglich die Staatsverteidigung gegen äußere Angriffe, der Schutz seiner Integrität nach innen (Poilzei- und Strafrechtspflege) sowie die Fortbildung und die Aufrechterhaltung der Rechtsordnung. Die wirtschaftliche Verwaltungstätigkeit ordnet er den über seine exklusiven Aufgaben hinausgehenden Tätigkeiten zu (S. 258f.).
[77] *Forsthoff*-Daseinsvorsorge, S. 11ff..
[78] So aber *Forsthoff*-Verwaltung als Leistungsträger, S. 1. Forsthoff hat durch seine Thesen die Abschaffung der Grundrechte dadurch legitimiert, dass an ihre Stelle das Recht zur Teilhabe an der Daseinsvorsorge tritt (vgl. S. 45f.) und damit in unerträglicher Weise auch den totalen Machtanspruch des Nationalsozialismus theoretisch untermauert.

halten lassen. Ob jedes wirtschaftliche Handeln des Staates schon einen Eingriff in die Grundrechte der privaten Marktteilnehmer darstellt, ist umstritten.[79] Niemand freilich behauptet, dass dem Staat jede wirtschaftliche Betätigung untersagt wäre. Einigkeit besteht darüber, dass ihm eine wirtschaftliche Betätigung jedenfalls dann aus Gründen des Grundrechtsschutzes der Wettbewerber untersagt ist, wenn durch seine Tätigkeit die Wettbewerbsfreiheit in unerträglichem Maße eingeschränkt oder eine Monopolstellung der öffentlichen Hand begründet wird.[80] Denn das Verwaltungsmonopol darf als einschneidendes Mittel der Verwaltung nur dann gebraucht werden, wenn weniger einschneidende Mittel eine sinnvolle Erfüllung des verfolgten Verwaltungszweckes nicht gewähren können.[81] Trotzdem braucht die wirtschaftliche Betätigung des Staates auch unterhalb dieser Schwelle der Legitimation.[82] So ist ein rein an der Gewinnerzielung orientierte Tätigkeit öffentlicher Unternehmen unzulässig.[83] Seine Tätigkeit muss auch auf die Verwirklichung eines öffentlichen Zwecks abzielen.[84] Jedenfalls bedeutet die Qualifikation einer Aufgabe als eine solche der Daseinsvorsorge somit lediglich, dass der Staat für die Befriedigung der entsprechenden Bedürfnisse zu sorgen hat. Es bedeutet nicht, dass der Staat die notwendigen Dienste und Leistungen auch selbst anbieten muss.[85] Die Energieversorgung ist also keine exklusive Staatsaufgabe.[86] Als Teil der Daseinsvorsorge ist sie nur eine konkurrierende staatliche Aufgabe,[87] für deren Erbringung den Staat eine Gewährleistungsgarantie trifft.[88]

(bb) Die Energieversorgung als organisatorische Aufgabe der Gemeinden

Art 28 Abs. 2 GG verleiht den Gemeinden das Recht zur Wahrnehmung aller "Angelegenheiten der örtlichen Gemeinschaft". Das Bundesverfassungsgericht versteht darunter "diejenigen Bedürfnisse, die in der örtlichen Gemeinschaft wurzeln oder auf sie einen spezifischen Bezug haben, die also den Gemeindebürgern gerade als solchen gemeinsam sind, indem sie das Zusammenleben und -wohnen der Menschen in der

---

[79] Bejaht wird dies gerade in jüngster Zeit z.B. radikal von: *Hösch*-wirtschaftliche Betätigung, in: WiVerw 2000, 159 [177f.]; *Sodan*-Vorrang der Privatheit, in: DÖV 2000, 361 [371]; *Pielow*-Grundstrukturen, S. 514ff.; für marktinkonformes Verhalten: *Kluth*-Konkurrenz, in: WiVerw 2000, 184 [200ff.].

[80] *BVerwG*, 22.02.1972 – I C 24.69 - , BVerwGE 39, 329 [336f.]; *BVerwG*, 21.03.1995 – 1 B 211/94 (Mannheim) -, NJW 1995, 2938[2939]; *Arndt*-Wirtschaftsverfassung, in: Steiner-Besonderes Verwaltungsrecht, VII B, Rn. 143; *Tödtmann*-Kommunale Energieversorgungsunternehmen, in: RdE 2002, 6 [11]; *Schwarze*-service-public, in: AJDA spécial 1997, 150 [152f.].

[81] *Badura*-Verwaltungsmonopol, S. 334.

[82] *Pielow*-Grundstrukturen, S. 475ff.; *Knemeyer/Kempen*, in: Achterberg/Püttner/Würtenberger-Besonderes Verwaltungsrecht Band II, § 17, Rn. 45; *Kluth*-Konkurrenz, in: WiVerw 2000, 184 [192ff.]; *Britz*-kommunale Wirtschaftsunternehmen, NVwZ 2001, 380 [381f.]; *Hess VGH*, 21.12.1992 – 8 UE 3535/89 -, RdE 1993, 143 [144].

[83] *BVerfG*, 08.07.1982 – 2 BvR 1187/80 -, BVerfGE 61, 82 [107]; vgl. zur unzulässigen Durchführung von Elektroinstallationen durch ein Stadtwerk: *LG München*, 19.05.1999 – 1 HK = 3922/99 -, VW 2000, 179 [180].

[84] *Britz*-kommunale Wirtschaftsunternehmen, NVwZ 2001, 380 [381f.]; *Berg*-kommunale Selbstverwaltung, in: WiVerw 2000, 141 [149]; insofern gibt es durchaus eine parallele zum service-public, vgl. *Lecheler*-service-public, in: RdE 1996, 212 [215].

[85] *Rüfner*, in: Kirchhof/Isensee, Bd. III, § 80, Rn. 28.

[86] In diesem Sinne auch *Lecheler*-Energierecht, in: NVwZ 1995, 8 [9].

[87] *Isensee*, in: Kirchhof/Isensee, Bd. III, § 57, Rn. 139.

[88] *Pielow*-Grundstrukturen, S. 619ff.; *Tettinger*, in: Vandamme-services publics, 55 [64]; ähnlich: *Hösch*-wirtschaftliche Betätigung, in: WiVerw 2000, 159 [165]; *Schwintowski*-Grundlinien, in: ZNER 2000, 93 [94] beschreibt den Übergang des Staates vom Leistungsstaat zum Gewährleistungsstaat.

politischen Gemeinde betreffen". Zur näheren Bestimmung wird daran angeknüpft, ob zur Leistungserbringung die Nutzung der öffentlichen Verkehrswege notwendig ist,[89] ob die Aufgabe historisch von den Gemeinden erbracht wird[90] oder ob der Ort der Konsumtion gemeindlich ist.[91] Nach allen Kriterien ist die Energieversorgung in der Tat eine Aufgabe der örtlichen Gemeinschaft. Die Wahrnehmung der materiellen Kompetenz der Garantie der Daseinsvorsorge obliegt mithin den kommunalen Gebietskörperschaften.[92] Dies hat der BGH im Rahmen einer Untersuchung von Konzessionsverträgen auch ausdrücklich festgestellt:

> "Die Stadt entledigt sich damit der ihr im Rahmen der Daseinsvorsorge obliegenden Aufgabe einer ordentlichen und gesicherten Energieversorgung. Die Betroffene [hier das Energieversorgungsunternehmen] übernahm diese Aufgabe der Stadt. Sie war ihrerseits nun nach den Vorschriften des EnWG verpflichtet, eine sichere Versorgung des Stadtgebietes zu gewährleisten."[93]

Mit der gemeindlichen Aufgabe der Garantie der Daseinsvorsorge korrespondieren die Vorschriften der Gemeindeordnungen. Nach § 1 I 2 der GemeindeO von NRW etwa haben die Gemeinden "das Wohl der Bürger in freier Selbstverwaltung zu fördern". Daraus wird gefolgert, dass die Gemeinden nach den jeweiligen technischen und wirtschaftlichen Gegebenheiten diejenige Lösung zu finden haben, die dem Anspruch des Bürgers auf eine sichere Energieversorgung zu angemessenem Preis am Besten gerecht wird und der Gemeinde langfristig den notwendigen Einfluss auf das Versorgungssystem in ihrem Gebiet, sowie angemessene Einnahmen für den Haushalt (Konzessionsabgaben) sichert.[94] Einer eigenen wirtschaftlichen Tätigkeit der Gemeinden sind aber Grenzen gesetzt, da sie, wie bereits dargelegt, insbesondere aus Art. 28 Abs. 2 GG kein Recht zur Schaffung eines Versorgungsmonopols herleiten können. Im Gegenteil bedarf ihr Engagement als Versorger der Rechtfertigung.[95] Nach § 107 Abs. 1 der Gemeindeordnung von NRW etwa dürfen Gemeinden nur dann ein eigenes Versorgungsunternehmen gründen, wenn ein öffentlicher Zweck[96] das Unternehmen erfordert, die Betätigung nach Art und Umfang in einem angemessenen Verhältnis zu der Leistungsfähigkeit der Gemeinde und zum voraussichtlichen Bedarf steht und, bei einer Betätigung außerhalb der Gemeindegrenzen, der öffentliche Zweck durch andere Unternehmen nicht besser und wirtschaftlicher erfüllt werden kann. Im Rahmen der Liberalisierung sind die Voraussetzungen für die wirtschaftliche Betätigung der Gemeinden teilweise gelockert, teilweise aber auch verschärft worden.[97]

---

[89] *Leidinger*-Selbstverwaltungsgarantie, in: DÖV 1999, 861 [864].
[90] *BVerfG*, 10.12.1974 – 2 BvK 1/73; 2 BvR 902/73 -, BVerfGE 38, 258 [278f.]; *BVerwG*, 18.05.1995 – 7 C 58.94 -, RdE 1995, 240.
[91] Vgl. *Löwer*-Energieversorgung, in: RdE 1992, 85 [86].
[92] *BVerfG*, B. v. 16.05.1989 – 1 BvR 705/88 -, NJW 1990, 1783; *BVerwG*, 18.05.1995 – 7 C 58.94 -, RdE 1995, 240.
[93] *BGH*, B. v. 15.04.1986- KVR 6/85 -, RdE 1986, 115; ebenso *BGH*, B. v. 15.04.1986- KVR 5/85 -, RdE 1986, 118.
[94] *Morell/Steinhäuser/Münch*-Konzessionsverträge, S. 15f.
[95] *Löwer*-Energieversorgung, in: RdE 1992, 85 [90].
[96] Früher wurde ein dringender Zweck gefordert. Insoweit wurde die Gemeindeordnung schon an das Wettbewerbsumfeld angepasst, um den Gemeinden überhaupt eine wirtschaftliche Betätigung zu ermöglichen, vgl. *Nagel*-Norm und Markt, in: NVwZ 2000, 758 [759].
[97] In Rheinland-Pfalz etwa setzte das Tätigwerden der Gemeinden früher voraus, dass Private die Tätigkeit nicht besser und wirtschaftlicher erfüllen konnten. Nach der neu gefassten Subsidiaritätsklausel des § 85 Abs. 1 Nr. 3 RhPfGO ist

(b) Der Ordnungsrahmen bis zur Liberalisierung

Das deutsche Energierecht hat durch das Energiewirtschaftsgesetz von 1935 (EnWG 1935) seine erste umfassende staatliche Regelung erhalten.[98] Freilich werden auch die Normen des allgemeinen öffentlichen Rechts, Zivilrechts und Kartellrechts auf die Energiewirtschaft angewandt. So kontrahieren die privaten und öffentlichen Energieversorgungsunternehmen untereinander bzw. mit den Kunden nach den Regeln des allgemeinen Zivilrechts. Schon vor der Liberalisierung unterlagen die Beziehungen zwischen den Versorgungsunternehmen und den Sonderabnehmern den Regeln des allgemeinen Kartellrechts.[99] In Gestalt der Regeln des öffentlichen Planungsrechts fand schließlich auch das allgemeine öffentliche Recht auf die Energiewirtschaft Anwendung.[100] In wesentlichen Bereichen aber wurde das allgemeine Recht nur modifiziert auf die Energiewirtschaft angewandt. Auf der zivilrechtlichen Ebene findet auch heute noch insoweit eine Modifizierung statt, als die Lieferbeziehungen zwischen den Endkunden und den Versorgungsunternehmen durch die Verordnung über allgemeine Bedingungen für die Gasversorgung von Tarifkunden (AVBGasV)[101] geregelt werden. Sie stellt staatlich gesetzte allgemeine Geschäftsbedingungen dar.[102] Die Preise wurden über die Verordnung über allgemeine Tarife für die Versorgung mit Gas (BTOGas) reguliert.[103] Die BTOGas ist durch Art. 5 Abs.2 Nr. 4 ENWR-NRG aufgehoben worden. Für die Elektrizitätswirtschaft[104] und die Fernwärme[105] existieren entsprechende Verordnungen weiterhin.

Des weiteren wurde die Energiewirtschaft dadurch öffentlich-rechtlich privilegiert, dass das EnWG seit jeher die Möglichkeit einer Enteignung vorsah, wenn es dem Unternehmen nicht gelang, freihändig die ihm erforderlichen Flächen zu erwerben (§ 11 EnWG a.F.). Im Verfahren der Bauleitplanung besaßen die Energieversorgungsunternehmen den Status eines Trägers öffentlicher Belange, bzw. wurden im Außenbereich privilegiert.[106]

Schließlich wird das Energierecht seit jeher durch staatliche Aufsicht geprägt. Schon unter dem EnWG von 1935 standen die Unternehmen unabhängig von ihrer Rechtsform und ihren Eigentumsverhältnissen unter einer wirtschaftsverwaltungsrechtlichen

---

Voraussetzung nunmehr, dass private Dritte die Tätigkeit nicht ebenso gut und wirtschaftlich erbringen können. Diese Verschärfung der Subsidiaritätsklausel hat der rheinland-pfälzische Verfassungsgerichtshof - als Ausdruck der sozialen Marktwirtschaft - für landesverfassungskonform erklärt, *RhPfVerfGH*, 28.03.2000 – VGH N 12/98 -, NVwZ 2000, 801; vgl. auch: Art. 87 Abs. 1 Nr. 4 BayGO; § 68 Abs. 1 Nr. 3 MVKommVerf; § 71 Abs. 1 Nr. 3 S. 1 ThürKO, § 107 Abs. 1 Nr. 3 Gemeinde O NRW.

[98] Zu dessen Geschichte: *Kehrberg*-Entwicklung des Elektrizitätsrechts; vgl. auch: *T/B/K*-Einl EnWG, S. 2ff..

[99] *Büdenbender*-Kartellaufsicht, S. 120.

[100] vgl dazu erschöpfend: *Büdenbender, Heintschel von Heinegg, Rosin*, Energierecht I - Recht der Energienlagen, Berlin New York 1999.

[101] vom 21. 06. 1979, BGBl I Seite 676.

[102] *Hermes*-Infrastrukturverantwortung, S. 33f.

[103] Verordnung über allgemeine Tarife für die Versorgung mit Gas (BTOGas vom 10. 02. 1959, BGBl. I Seite 46, i.d.F. der Verordnung vom 26. 06. 1963 (BGBl. I. Seite 442) und vom 21. 06. 1979 (BGBl. I Seite 676). Vgl. auch: Bundestarifordnung Elektrizität (BTOElt) vom 18. 12. 1989, BGBl. I Seite 2255.

[104] Verordnung über Allgemeine Bedingungen für die Elektrizitätsversorgung von Tarifkunden (AVBEltV) vom 21. 06. 1979, BGBl I Seite 684; Bundestarifordnung Elektrizität (BTOElt) vom 18. 12. 1989, BGBl. I Seite 2255.

[105] Verordnung über Allgemeine Bedingungen für die Fernwärmeversorgung von Tarifkunden (AVBFernwärmeV) vom 20. 06. 1980, BGBl I Seite 742, geändert durch Verordnung vom 19.01.1989, BGBl I Seite 112.

[106] *Hermes* - Infrastrukturverantwortung, S. 35.

Aufsicht.[107] Diese wurde gewährleistet durch einen Genehmigungsvorbehalt hinsichtlich der Ausübung der Tätigkeit, einer Anschluss- und Versorgungspflicht für die ein Gebietsmonopol besitzenden Versorgungsunternehmen (§ 6 EnWG 1935), eine staatliche Investitionskontrolle (§ 4 EnWG 1935), sowie durch die Möglichkeit der Betriebsuntersagung (§ 8 EnWG 1935).[108]

Wegen ihrer Spezialität und Bedeutung sollen der Konzessionsvertrag zwischen Gemeinden und Energieversorgungsunternehmen über die Wegenutzung (unten **aa**) und die kartellrechtliche Freistellung unter § 103 GWB a.F. (unten **bb**) einer besonderen Betrachtung unterzogen werden.

(aa) insbesondere: Der Konzessionsvertrag

Im Rahmen ihrer Versorgungstätigkeit sind Energieversorgungsunternehmen auf die Benutzung fremder Grundstücke angewiesen. Dies gilt vor allem innerhalb der geschlossenen Siedlungsgebiete, wo die Leitungen in erster Linie in den öffentlichen Verkehrsräumen verlegt werden.[109] Das Recht zur Nutzung des gemeindeeigenen Bodens im Sinne eines Wegesondernutzungsrechts wird den Energieversorgungsunternehmen von den Gemeinden durch den Konzessionsvertrag erteilt,[110] wofür sie als Gegenleistung die Zahlung einer Konzessionsabgabe verlangen.[111] In diesen Konzessionsverträgen werden die Energieversorgungsunternehmen regelmäßig zur Aufnahme des ausschließlichen Versorgungsbetriebs und zur Kontrahierung mit jedermann auf der Grundlage allgemeingültiger Bedingungen verpflichtet. Es handelt sich mithin um einen gemischten Vertrag sui generis.[112]

Der Vertrag ist im Ergebnis dem Privatrecht zuzuordnen. Sterns Argument für die Bejahung eines öffentlichen Charakters des Vertrages beruhte auf der Annahme, die Einräumung eines Wegenutzungsrechts bedürfe des Aktes der Widmung und damit eines Hoheitsaktes.[113] Dies wird seit der Neuregelung des Bundesfernstraßengesetzes (FStrG) nicht mehr vertreten.[114] Denn die Inanspruchnahme der öffentlichen Straßen durch die Errichtung und den Betrieb von Versorgungsleistungen stellt sich heute als erlaubnisfreie Benutzung des Straßeneigentums im Sinne des § 8 Abs. 10 FStrG dar und ist regelmäßig keine erlaubnispflichtige Sondernutzung im Sinne des § 8 Abs. 1 bis 9 FStrG. Diese Nutzung des Straßenlandes untersteht damit auch nach Auffassung des BGH[115] und BVerwG[116] dem bürgerlichen Recht und der freien Vereinbarung der Beteiligten. Die Gemeinden verfügen also nur über das in ihrem Privateigentum stehende Eigentum an öffentlichen Sachen. Auch die Konzessionsabgabenklausel ist als synallagmatisches Gegenstück zur Einräumung des Wegerechts dem Privatrecht zu-

---

[107] *Hermes* - Infrastrukturverantwortung, S. 35f..
[108] vgl. auch: *T/B/K*-Einl EnWG, S. 5ff..
[109] *Morell/Steinhäuser/Münch* - Konzessionsverträge, S. 14.
[110] *Immesberger* - Konzessionsabgaben, I-2.2.
[111] Zum Wandel des Begriffs und seinen verschiedenen Ausformungen: *Scholtka* - Konzessionsabgabenrecht, S. 45ff..
[112] *Tettinger* - Konzessionsvertragsrecht, in: DVBl 1991, 786 [787].
[113] *Stern* - Konzessionsvertrag, in: AöR 1959 137 [158ff.], 273 [323].
[114] Vgl. *Zacher* - Konzessionsvertrag, S. 193f..
[115] *BGH*, 02.04.1998 – III ZR 91/95 -, BGHZ 138, 266 [274].
[116] *BVerwG*, 29.03.1968 - IV C 100.65 - BVerwGE 29, 249 mit ausführlicher Begründung.

zuordnen. Soweit der Vertrag eine Kontrahierungspflicht für den Anschluss der Allgemeinheit begründet, ergibt sich diese bereits aus § 10 EnWG (§ 6 EnWG 1935). Der Konzessionsvertrag bestätigt lediglich eine bestehende Pflicht. Im übrigen ist dieser Rechtssatz nicht ausschließlich Hoheitsträgern zugeordnet, denn jedermann kann sich darauf berufen.[117]

Die von Hermes offenbar vertretene Auffassung, der Konzessionsvertrag unterliege jedenfalls teilweise dem öffentlichen Recht, da der Staat in Erfüllung seiner staatlichen Infrastrukturverantwortung tätig werde,[118] verkennt, dass die Gemeinde verpflichtet ist, die begehrte Konzession zu erteilen und damit kein Raum für ein eingeständiges Entscheidungsprogramm verbleibt. Letztlich ist darauf abzustellen, dass den Unternehmen durch den Konzessionsvertrag weder Hoheitsrechte verliehen noch eine gewerbepolizeiliche Genehmigung oder eine Versorgungserlaubnis erteilt wird.[119] Auch bleibt die staatliche Pflicht der Gewährleistung der Daseinsvorsorge als Garantie unberührt.

Damit liegt nicht nur der Schwerpunkt[120] des Konzessionsvertrages weiterhin in der zivilrechtlichen Einräumung des Wegerechts. Mehr noch, es gibt auch keinen Anlass für eine differenzierte Betrachtung wegen vermeidlicher Vielschichtigkeit.[121]

(bb) insbesondere: Die kartellrechtliche Freistellung

Von weitreichender Bedeutung war vor der Liberalisierung die Modifizierung des Wettbewerbsrechts. Diese war getragen von der Sorge, eine sichere dauerhafte und günstige Versorgung mit Energie sei unter den Bedingungen des Wettbewerbs nicht möglich. Rechtstechnisch stellte § 103 Absatz 1 GWB a.F. die Ausnahmevorschrift dar, die eine Nichtanwendung des Kartellrechtes auf weite Teile der Energiewirtschaft ermöglichte. § 103 Absatz 1 GWB a.F. lautete:

> "Die §§ 1, 15 und 18 finden keine Anwendung auf
> 1. Verträge von Unternehmen der öffentlichen Versorgung mit Elektrizität, Gas oder Wasser (Versorgungsunternehmen) mit anderen Versorgungsunternehmen oder mit Gebietskörperschaften, soweit sich durch sie ein Vertragsbeteiligter verpflichtet, in einem bestimmten Gebiet eine öffentliche Versorgung über feste Leitungswege mit Elektrizität, Gas oder Wasser zu unterlassen;
>
> 2. Verträge von Versorgungsunternehmen mit Gebietskörperschaften, soweit sich durch sie eine Gebietskörperschaft verpflichtet, die Verlegung und den Betrieb von Leitungen auf oder unter öffentlichen Wegen für eine bestehende oder beabsichtigte unmittelbare öffentliche Versorgung von Letztverbrauchern im Gebiet der Gebietskörperschaft mit Elektrizität, Gas oder Wasser ausschließlich einem Versorgungsunternehmen zu gestatten;
>
> 3. Verträge von Versorgungsunternehmen mit Versorgungsunternehmen der Verteilungsstufe, soweit sich durch sie ein Versorgungsunternehmen der Verteilungsstufe verpflichtet, sei-

---

[117] *Stern* - Konzessionsvertrag, in: AöR 1959, 273 [321].
[118] *Hermes* - Infrastrukturverantwortung, S. 465.
[119] *Immesberger* - Konzessionsabgaben, I-2.2.
[120] *Kopp/Ramsauer*-VwVfG, § 54, Rn. 29ff. für die Zuordnung eines Vertrages zum öffentlichen Recht oder zum Privatrecht.
[121] So *Stern* - Konzessionsvertrag, in: AöR 1959, 273 [323].

ne Abnehmer mit Elektrizität, Gas oder Wasser über feste Leistungswege nicht zu ungünstigeren Preisen oder Bedingungen zu versorgen, als sie das zuliefernde Versorgungsunternehmen seinen vergleichbaren Abnehmern gewährt;

4. Verträge von Versorgungsunternehmen mit anderen Versorgungsunternehmen, soweit sie zu dem gemeinsamen Zweck abgeschlossen sind, bestimmte Versorgungsleistungen über feste Leitungswege ausschließlich einem oder mehreren Versorgungsunternehmen zur Durchführung der öffentlichen Versorgung zur Verfügung zu stellen."

Im Ergebnis bedeutete dies eine gesetzliche Freistellung für Demarkationsverträge zwischen Versorgungsunternehmen, sowie zwischen Versorgungsunternehmen und Gebietskörperschaften (Nr. 1), für Ausschließlichkeitsbindungen in Konzessionsverträgen zwischen kommunalen Gebietskörperschaften und Versorgungsunternehmen (Nr. 2), für Verträge von Versorgungsunternehmen mit Versorgungsunternehmen der Verteilungsstufe über vertikale Preisbindungen (Nr. 3) und für Verbundverträge zwischen Versorgungsunternehmen über die ausschließliche Zurverfügungstellung von bestimmten Versorgungsleistungen (Nr. 4). § 103 Absatz 5 Satz 2 GWB a.F. sah eine spezielle Missbrauchsaufsicht über die Abnehmerpreise und -bedingungen vor. § 103 GWB a.F. ist im Zuge der Reform vom 26. August 1998[122] ersatzlos aufgehoben und die Energiewirtschaft somit dem allgemeinen Kartellrecht unterstellt worden.

2) Die rechtliche Struktur in Frankreich

Das Nationalisierungsgesetz von 1946 gab der sich bis dahin entwickelnden Theorie des service-public (unten **a**) für die Energiewirtschaft eine rechtliche Struktur (unten **b**).

(a) Die Theorie vom service-public

Die französische Theorie vom service-public ist ein ideologisches und philosophisches Konzept,[123] das sich am Besten aus seiner staatsphilosophischen Entstehungsgeschichte (unten **aa**) erklärt, bevor sein eigentlicher Gehalt dargestellt werden soll (unten **bb**).

(aa) Die Entstehung der Theorie vom service-public

Bis zur Nationalisierung der Energiewirtschaft wurde die Energieversorgung in Frankreich überwiegend von privaten Unternehmen gewährleistet.[124] Den Gebietskörperschaften war es durch im Geiste des Liberalismus entstandene Gesetze aus dem Jahre 1791[125] verwehrt worden, sich konkurrierend am Wirtschaftsleben zu beteiligen. Erst am Anfang des 20. Jahrhunderts wurde diese Gegenüberstellung von Staat und Gesellschaft aufgegeben. Léon Duguit (1859 - 1928) versuchte sich an einer Neudefinition des Staates in bewusster Abgrenzung zur Staatsrechtslehre Jherings

---

[122] Bekanntmachung vom 26. 08. 1998, BGBl. I S. 2546. Geltung seit dem 1.1.1999.
[123] *Oberdorff*-notion de service-public, in colloque CEDECE, S. 88 [81].
[124] *Schmitz*-Energiewirtschaft in Frankreich, S. 37.
[125] Loi du 02 03. 1791 und Loi du 17 03. 1791; zitiert bei: *Braibant/Strin*-droit administratif, S. 144.

und Jellineks.[126] Jhering hatte den Staat als die Gesellschaft welche zwingt beschrieben.[127] Das Verhältnis vom Staat zu jedem anderen Rechtssubjekt sei ein Unter- Überordnungsverhältnis. Die Staatsgewalt sei im Besitz der höchsten, jeder anderen Macht überlegenen Gewalt und alle andere Anforderungen an den Staat würden hinter diesem Anspruch auf das Gewaltmonopol zurücktreten.[128] Duguit hingegen sah die Legitimation staatlichen Handelns nicht in dessen Allmächtigkeit. Seine Handlungen seien dann autoritär, wenn sie einem objektiven Recht entsprächen.[129] Die Erfüllung von Aufgaben der öffentlichen Daseinsvorsorge (service-public) sei Teil des objektiven Rechts. Der service-public seien all jene Aktivitäten, die der Staat zu erbringen habe, da ihre Erfüllung für das soziale Zusammenleben unerlässlich sei und die ohne staatliche Intervention nicht zu erbringen seien.[130] Gaston Jèze kommt der Verdienst zu, die Theorie vom service-public seiner hegelschen objektiven Freiheitskonzeption entledigt zu haben, indem er erkannte, dass das Allgemeininteresse kein allgemeiner, sondern ein vom Staat zu bestimmender Begriff ist.[131] Damit räumt er aber auch dem Staat ein Ermessen hinsichtlich seines Eingreifens in das Wirtschaftsleben ein. Chevallier beschreibt das Konzept des service-public folgerichtig als Grundlage und Begrenzung staatlicher Macht.[132]

Das Recht öffnete sich diesen Konzeptionen zunächst vorsichtig. Ein décret-loi aus dem Jahr 1926 ermächtigte die Gebietskörperschaften, sich am Wirtschaftsleben, auch an der Energieverteilung, zu beteiligen. Die Voraussetzungen erinnern an die Bedingungen, die die deutschen Gemeindeordnungen an die wirtschaftliche Betätigung der Gemeinde stellen: Die Privatinitiative musste danach außer Stande sein, die erforderlichen Leistungen selbst zu erbringen und die Tätigkeit der Gemeinde musste sich auf die Erfüllung der Bedürfnisse der Gemeindebewohner beschränken. Unter diesen Einschränkungen bestätigte 1930 auch der Conseil d'État den staatlichen Eingriff in das Wirtschaftsleben.[133] Das war der Durchbruch für die Theorie des service-public, die sich durch immer weiterreichende staatliche Eingriffe bis zu einem "socialisme municipal" entwickelte, dem auch das Dezentralisierungsgesetz von 1982[134] Rechnung trug.[135] Heute wird die Theorie vom service-public als Grundstein des französischen Verwaltungsrechts bezeichnet.[136]

---

[126] *Valette*-service-public, S. 32.
[127] *Jhering*-Der Zweck im Recht, Bd. 1, Seite 240f..
[128] *Jhering*-Der Zweck im Recht, Bd. 1, S. 242f..
[129] *Duguit*-droit constitutionnel, Bd. 2, S. 36.
[130] *Duguit*-droit constitutionnel, Bd. 2, S. 55.
[131] *Valette*-service-public, S. 35f..
[132] *Chevallier*-évolution, in: AJDA spécial 1998, 98 [11].
[133] *C.E.* sect., 30.5.1930, Chambre syndicale du commerce en détail de Nevers, Leb. 583, S. 1931.3.73..
[134] Loi du 2 03. 1982.
[135] *Braibant/Stirn*- droit administratif, S. 144f..
[136] *Oberdorff*-service-public; in: colloque CEDECE, Tome I, S. 89 [90].

(bb) Die Reichweite der Theorie vom service-public

Zu unterscheiden ist zwischen der Qualifikation einer Tätigkeit als service-public und sich den daraus ergebenden Folgen.

(i) Voraussetzungen des service-public

Die Theorie des service-public ist nicht nur eine Rechtfertigung staatlicher Leistungsverwaltung, sondern bietet dieser darüber hinaus feste rechtliche Formen.[137] Es mag daher verwundern, dass es eine präzise Definition des service-public nicht gibt. Teilweise wird er umschrieben als eine Aktivität von allgemeinem Interesse, die von der öffentlichen Hand erbracht wird oder mit deren Erbringung eine unter öffentlicher Kontrolle stehende Privatperson, die einem besonderen Rechtsregime unterworfen wird, betraut wird.[138] Damit hat der Begriff des service-public jedenfalls einen materiellen und einen formellen Inhalt.

Materiell wird das Vorliegen einer Dienstleistung im allgemeinen Interesse verlangt. Damit steht – wie im deutschen Recht – der öffentliche Zweck im Mittelpunkt der Leistungsgewährung.[139] Der Begriff der Dienstleistung im allgemeinen Interesse kennt keine allgemeingültige Definition und ist variabel.[140] Hinsichtlich der nationalen "services-publics" scheint die Definition des allgemeinen Interesses einzig dem Staat zu obliegen. Vedel/Delvolvé bemerken in ihrem Standardwerk lapidar: "les mission dont sont investies les personnes morales de droit public sont des missions d'intérêt général."[141] Ist ein privates Unternehmen mit der Erbringung eines service-public betraut, käme es einzig auf den Umfang der staatlichen Kontrolle an.[142] Damit aber wird der materielle Gehalt des Begriffs beinahe vollständig aufgegeben und hängt seinerseits von der formellen Ausgestaltung des service-public ab. Douence spricht sogar davon, dass die Frage des Vorliegens eines Allgemeininteresses (im nationalen Recht) keine Rechtsfrage sei.[143]

Teilweise wird auch die Voraussetzung eines service-public mit seinen Rechtsfolgen vermischt, wenn der Begriff des allgemeinen Interesses mit der dauerhaften, gleichartigen aber anpassungsfähigen Leistungserbringung (zu diesen „Gesetzen des service-public" sogleich unten) definiert wird.[144]

Formell verlangt der Begriff des service-public eine Kontrolle durch den Staat, was die Erbringung durch eine Person des Privatrechts nicht ausschließt. Erbringt der Staat bzw. die Gemeinde den service-public selbst, spricht man von einer "Regie".[145] Der service-public kann aber auch von einer anderen juristischen Person des öffentli-

[137] *Forsthoff*-Verwaltungsrecht, S. 46f..
[138] *Rougevin-Vaville/Denoix de Saint Marc/Labetouille*-Leçons de droit administratif, S. 215.
[139] *Lecheler*-Versorgung mit Strom und Gas, in: RdE 1996, 212 [215].
[140] *Bazex*-service-public, in: Vandamme-service public, S. 117 [121].
[141] *Vedel/Delvolvé*-Droit administratif, Bd. 2, S. 724 : „Die Aufgaben, mit denen eine Person des öffentlichen Rechts betraut ist, sind Aufgaben im allgemeinen Interesse".
[142] *Vedel/Delvolvé*-Droit administratif, Bd. 2, S. 724.
[143] *Douence*-incidences, in: AJDA, spécial 1997, 113 [121].
[144] *Mirabel/Percebois/Poudou*-financement, in: RE 2001, 433 [434f.].
[145] *Vedel/Delvolvé*-Droit administratif, Bd. 2, S. 757.

chen Rechts erbracht werden, etwa einem verstaatlichten Unternehmen, wobei die Erfüllung des öffentlichen Zwecks gewährleistet bleiben muss.[146] Deshalb wird das Unternehmen mit der Erbringung der service-public Aufgabe betraut. Die Betrauung kann entweder durch einen individuellen Akt erfolgen, etwa im Wege einer Konzession,[147] oder durch einen regulatorischen Rahmen.[148]

Das französische Verwaltungsrecht unterscheidet seit dem Urteil Bac d'Eloka[149] zwischen dem service-public administratif und dem service-public administratif et commercial. Die services publics administratifs werden gemeinhin in Abgrenzung zu den services publics industriels et commerciaux als die Tätigkeiten definiert, die keinen industriellen und wirtschaftlichen Zwecken dienen, sich nicht über ihre Tätigkeit selbst finanzieren und nicht den Kriterien der Rentabilität und der ausgeglichenen Bilanz unterworfen sind.[150] Ein service-public industriel et commercial liegt im Wesentlichen dann vor, wenn seine Erbringung der Tätigkeit eines privaten Unternehmen ähnelt, in Gewinnerzielungsabsicht erfolgt und die Tätigkeit sich selbst finanziert.[151] Während auf die Tätigkeiten und Nutzungen der services-publics administratifs öffentliches Recht anzuwenden ist,[152] gilt für die services-publics industriels et commerciaux ein differenzierteres Regime. Dieses soll nunmehr unten dargestellt werden, da es sich bei der Energieversorgung auf jeden Fall um einen service-public industriel et commercial handelt.

(ii) Folgen der Qualifizierung einer Tätigkeit als service-public industriel et commercial

Um dem allgemeinem wirtschaftlichen Interesse genüge zu tun, werden gewisse Anforderungen an die Art und Weise der Erbringung des Dienstes gestellt. In den 20er Jahren hat Louis de Rolland diese Anforderungen formuliert;[153] sie werden nunmehr als die "lois de Rolland" bezeichnet. Danach muss ein service-public unter Respekt der Prinzipien der Dauerhaftigkeit ("continuité"), der Anpassungsfähigkeit ("adaptation") und der Gleichheit ("égalité") erbracht werden. Die Dauerhaftigkeit besagt, dass ein service-public ohne Unterbrechung erbracht werden muss. So muss beispielsweise auch im Streikfall ein Minimum an Service erbracht werden.[154] Das Prinzip der Anpassungsfähigkeit besagt, dass der service-public stets auf geänderte Bedingungen reagieren muss. Der rechtliche Rahmen des service-public kann damit für das betraute Unternehmen keinen Vertrauenstatbestand schaffen.[155] Das Prinzip der Gleichheit schließlich verlangt, dass gleiche Situationen gleich behandelt werden müssen. Hieraus resultiert etwa, dass sich die Preise für die Inanspruchnahme eines service-public nicht an den realen Kosten orientieren, sondern dass ein Gleichgewicht

---

[146] *Lecheler*-Versorgung mit Strom und Gas, in: RdE 1996, 212 [215].
[147] *Laubadère/Venezia/Gaudemet*-droit administratif, Bd. 1, Rn. 1124ff..
[148] *Vedel/Delvolvé*-Droit administratif, Bd. 2, S. 757.
[149] *Tribunal des Conflits*, 22.01.1921, Société Commerciale de l'Ouest Africain -, D. 1921, 3, 1.
[150] *Braibant/Stirn*-droit administratuf, S. 149.
[151] Vgl. *Laubadère/Venezia/Gaudemet*-droit administratif, Bd. 1, Rn. 1171.
[152] *Laubadère/Venezia/Gaudemet*-droit administratif, Bd. 1, Rn. 1167f..
[153] *Louis Rolland*-Droit administratif.
[154] *Laubadère/Venezia/Gaudemet*-droit administratif, Bd. 1, Rn. 1161.
[155] *Laubadère/Venezia/Gaudemet*-droit administratif, Bd. 1, Rn. 1162.

zwischen den gleichartigen aber verschieden kostenintensiven Leistungen vorzunehmen ist.

Wird der service-public industriel et commercial durch eine Person des öffentlichen Rechts erbracht, unterliegt ihr Statut dem öffentlichen Recht.[156] Die mit einem service-public betraute Person des Privatrechts ist von ihrem Statut her eine Person des Privatrechts, sie unterliegt aber einer dem Verwaltungsrecht zuzuordnenden Kontrolle durch die Gemeinden ("la tutelle").[157] Diese Kontrolle wird regelmäßig durch den Konzessionsvertrag und das damit verbundene Lastenheft ("cahiers des charges") instauriert.[158] Das Rechtsverhältnis zwischen dem mit dem serice public betrauten Unternehmen und seinen Vertragspartnern unterliegt zunächst dem Privatrecht.[159] Eine wichtige Ausnahme gilt für den Fall, dass das Unternehmen eine Konzession zur Errichtung einer öffentlichen Infrastruktur erhalten hat. Die Errichtungsarbeiten unterliegen dann als „travaux public" dem öffentlichen Recht.[160] Wegen der beschränkten zeitlichen Wirkung der Konzession fällt das durch die Arbeiten geschaffene Eigentum nach Ablauf der Konzesison an die Gemeinde zurück.

Der service-public ist regelmäßig im Monopol zu erbringen und bleibt a priori vom Wettbewerb verschont.[161] Das heisst aber nicht, dass die Tätigkeiten des service-public dem Wettbewerbsrecht, insbesondere der Missbrauchskontrolle, entzogen sind. Denn Art. L 410-1 des code de commerce bestimmt, dass die Wettbewerbsregeln auch auf die Tätigkeiten der Produktion und Verteilung und Dienstleistungen auch der öffentlichen Hand anwendbar sind. Seit der Rechtsprechung Million et Marais von 1997[162] wird die Missbrauchskontrolle auch auf service-public Tätigkeiten angewandt.[163] Eine Ausnahme wird nur für den Fall gemacht, dass die in Frage stehende Tätigkeit unmittelbar mit der Ausübung einer hoheitlichen Tätigkeit zusammenhängt.[164]

Die Energiewirtschaft ist ein Paradebeispiel für die Entwicklung der service-public national. Der erste entscheidende regulatorische Eingriff des Staates in die Energiewirtschaft war das Gesetz über die Energieverteilung vom 15. Juni 1906,[165] welches die Erteilung eines Wegenutzungsrechts für bestimmte Leitungen der Elektrizitätsversorgung erforderlich machte. Diese Wegenutzungsrechte wurden von den Gemeinden verliehen. Sie stellten aber kein Mittel zur Kontrolle dar, sondern waren eher den Konzessionsverträgen des deutschen Rechts vergleichbar. Erst durch das Gesetz über die Erzeugung, die Fortleitung und die Verteilung von Gas vom 15. Februar

---

[156] *Braibant/Stirn*-droit administratif, S. 158.
[157] *Braibant/Stirn*-droit administratif, S. 161.
[158] *Vedel/Delvolvé*-Droit administratif, Bd. 2, S. 774f..
[159] *Laubadère/Venezia/Gaudemet*-droit administratif, Bd. 1, Rn. 1178ff.; *Braibant/Stirn*-droit administratif, S. 160.
[160] *Vedel/Delvolvé*-Droit administratif, Bd. 2, S. 768f.; *Braibant/Stirn*-droit administratif, S. 161f..
[161] *Oderdorff*-notion de service-public, in: colloque CEDECE, S. 88 [99].
[162] *CE*, 03.11.1997 – Société Million et Marais, AJDA 1997, 1012.
[163] vgl. dazu *Charbit*-secteur public, S. 16ff.
[164] *Charbit*-secteur public, S. 27ff.; vgl. *Pielow*-Grundstrukturen, S. 240ff..
[165] Loi sur les distributions d'énergie du 15 06. 1906. Das Gesetz ist noch in Kraft, soweit es nicht im Widerspruch zum Nationalisierunggesetz steht. Zu den Problemen einer derartigen Wirksamkeitsbeschränkung vgl. *Sablière*-droit de l'électricité, CJEG 1999, 1ff..

1941[166] wurde die Gaswirtschaft im Bereich der öffentlichen Versorgung der technischen, finanziellen und wirtschaftlichen Kontrolle des zuständigen Ministers unterstellt.

(b) Die rechtliche Struktur des service-public de gaz naturel nach dem Zweiten Weltkrieg

Am Ende des Zweiten Weltkrieges lag die französische Energiewirtschaft darnieder. Zu ihrem Wiederaufbau vertraute man nicht in die Kraft der Privatwirtschaft.[167] Schon die Verfassung der Vierten Republik vom 27. Oktober 1946 sah daher in ihrer (weiterhin gültigen) Präambel vor: "jedes Gut, jedes Unternehmen, dessen Betrieb den Charakter eines nationalen service-public oder eines natürlichen Monopols hat oder erlangt, kann Eigentum der Nation werden."[168] Dementsprechend sah das Nationalisierungsgesetz von 1946[169] (NatG) die Verstaatlichung der Produktion, des Transports, des Vertrieb sowie des Im- und Exports von Gas und Strom vor und damit auch die Verstaatlichung der 615 Unternehmen,[170] die Stadtgas herstellten und vertrieben (Art. 1 NatG).[171] Die Aktiva der Gasunternehmen wurden auf die neu gegründete „Gaz de France" übertragen (Art. 6 NatG). Von der Verstaatlichung gab es kleinere Ausnahmen.[172] So im Bereich der Gaswirtschaft z.B.

- für die Produktion und den Transport von Gas, wobei der Transport von einer Gesellschaft zu erbringen war, die zu mindestens 30 % im Staatseigentum steht (Art. 8 Abs. 3 Nr. 1; NatG);

- für Gaserzeugungsanlagen mit einem Produktionsvolumen von bis zu durchschnittlich 6 Millionen Kubikmetern Gas im Jahre 1942 und 1943 (Art. 8 Abs. 3 Nr. 2 NatG); - für Verteilerunternehmen, in denen der Staat Mehrheitsgesellschafter war (Art. 23 NatG). Letztere mussten sich jedoch auch in die Verteilungs- und Absatzorganisation von GDF eingliedern, womit sie technisch den örtlichen Verteilungsstellen der GDF gleichgestellt waren. Sie unterlagen der Fachaufsicht durch GDF;[173]

- für Regiebetriebe, die sich aus den kommunalen Gebietskörperschaften konstituieren (Art. 23 NatG). Diese Regiebetriebe durften fortbestehen, die Kommunen und

---

[166] Loi relative à l'organisation de la production, du transport et de la distribution du gaz du 15 02 1941.
[167] *Martin*-französische Energiewirtschaft, in: ZfE 1990, 224 [228].
[168] Im Original heisst es: "Tout bien, toute entreprise, dont l'exploitation a ou acquiert les caractères d'un service-public national ou d'un monopole de fait peut devenir la propriété de la Nation".
[169] vgl. Fn. 57.
[170] *Martin*-Energiewirtschaft, in: ZfE 1990, 224 [228].
[171] Für die Elektrizitätswirtschaft nennt Ficquet folgende Zahlen für 1956: 54 Elektrizitätserzeugergesellschaften mit 86 Wärmekraftwerken und 100 Gesellschaften mit 300 Wasserkraftwerken. 86 Gesellschaften des Ferntransports und 1150 Verteilergesellschaften, *Ficquet*-rechtlicher Rahmen, S. 88.
[172] *Ficquet* betont die Diversität der Akteure auf den französischen Energiemärkten, vgl. etwa: et 1992, S. 554 oder in Baur, Neue Strukturen der Energieverorgung, S. 87ff.. Gleichwohl muss auch er einräumen, dass diese Ausnahmen letztlich darauf beruhen, dass die jeweiligen Dienstleistungen für den service-public von untergeordneter Bedeutung sind, vgl. et 1992, S. 554 [555].
[173] *Schmitz*-Energiewirtschaft in Frankreich, S. 48.

Kommunalverbände waren jedoch nicht autorisiert, neue Regiebetriebe zu gründen oder die alten zu erweitern.[174]

GDF sollte nach Art. 3 NatG in eine Zentral- und eine Regionalverwaltung mit jeweils eigener Rechtspersönlichkeit aufgeteilt werden. Die "GDF, Service National" sollte als Zentralverwaltung die Aufsicht über regionale Produktions- und Verteilerunternehmen ausüben und selbständig die Großerzeugung von Gas und deren Fernleitung verwalten. Die übrige Produktion, der Transport und die Verteilung sollten sechzehn regionalen selbständigen öffentlich-rechtlichen Anstalten "GDF, Services de Production et de Distribution - Ortsname". De facto gibt es zwar die Bezirksverwaltungen, sie sind jedoch ohne eigene Rechtspersönlichkeit[175] und die Trennung zwischen Service National und Services Regionaux damit Illusion geblieben. Die GDF (Zentral-) Verwaltung wird gemäß Art. 20 NatG von einem 18-köpfigen Verwaltungsrat geleitet, der aus 6 Vertretern des Staats, aber auch 6 Vertretern der Belegschaft, zwei Vertretern der Gemeinden, drei Fach- und einem Verbrauchervertreter besteht. Der Staat hat darüber hinaus die Kontrolle über GDF auf vielschichtige Art und Weise ausgeübt: Ihm oblag etwa die Finanzaufsicht, die Rechnungsprüfung sowie die Fachaufsicht.[176]

Für den Transport von Gas mittels einer Pipeline bestimmte das Dekret 85-1108 vom 15. Oktober 1985[177] drei verschiedene Formen der Autorisierung für den Bau oder Betrieb einer neuen Infrastruktur. Dabei wurde zwischen der einfachen Wegenutzungserlaubnis und der Konzession unterschieden.[178] Gemäß Art. 1 und 2 des Dekrets bedarf demnach der Transport von Gas mittels einer Pipeline einer Konzession des Energieministers nach den Art. 5 bis 14. Bei lokalen oder wenig bedeutenden Transportvorhaben unterlag das Vorhaben lediglich der Erlaubnis gemäß den Art. 15 bis 22 und in den in Art. 2 ennumerativ aufgeführten Einzelfällen nur der Erklärung gemäß den Artikeln 23 bis 28. Sowohl die Konzession als auch die Erlaubnis und die Erklärung gaben ihrem Inhaber gemäß Art. 30 ein Wegenutzungsrecht. Gemäß Art. 29 konnte auch der öffentliche Nutzen ("utilité publique")[179] der Konstruktionsarbeiten erklärt werden. Das Verfahren richtet sich hierfür nach dem Dekret 70-492 vom 11. Juni 1970.

Das Eigentum an den Infrastrukturen des Transportnetzes stand in jedem Fall dem Staat zu. Denn in dem Konzessionssystem sahen die Pflichtenhefte bisher vor, dass die auf öffentlichem Boden errichteten Bauwerke nach Ablauf der Konzession in das öffentliche Eigentum übergingen.[180]

---

[174] "Commune la Réole", CJEG 1990, 26; Grenoble, 16. 05. 1990 - "Commune Vonneville", CJEG 1991, 211; Orléans, 16. 02. 1991 - "Régie de Dreux", CJEG 1991, 162.
[175] *Theilacker*-Energieversorgungsunternehmen, S. 4; *Mathis* -Neuorientierung, et 1995, 54.
[176] Vgl. *Theilacker*-Energieversorgungsunternehmen, S. 24 bis 56; *Troll*-Einflußnahme, S. 45 bis 99.
[177] Décret 85-1108 du 15 10. 1985 relatif au régime des transports de gaz compustibles par canalisation.
[178] Vgl. *Schmitz*-Energiewirtschaft in Frankreich, S. 74ff..
[179] vgl. oben 1. Teil I.B.2)(a)(bb).
[180] Vgl. *Chapus*-droit administratif général, Bd 2, Rn. 393

Die Transportkonzession wurde darüber hinaus mit einem cahiers de charge verbunden.[181] Dies ist der entscheidende Unterschied zum deutschen Konzessionswesen. Denn durch das cahiers de charge wird dem Staat der Einfluss auf den Konzessionsinhaber garantiert. Von daher kann man davon sprechen, dass eine staatliche Aufgabe auf den Konzessionsinhaber delegiert wird.[182] Dieses Lastenheft begründete etwa eine Anschluss- und Versorgungspflicht der durch die Transportleitung versorgten Verteilungssysteme unter Zugrundelegung allgemeiner Tarife und Konditionen.[183] Das Verfahren der Konzessionserteilung ist langwierig und verlangt eine umfangreiche Konzertierung beteiligter Gruppen. Die Autorisierung und die Erklärung erforderten ein deutlich weniger umfangreiches Verwaltungsverfahren. Obwohl das Nationalisierungsgesetz dem Gastransport nicht ausdrücklich den Charakter als service-public verlieh, wurde dieser von Lehre[184] und Rechtsprechung[185] bejaht.

Die Konzessionen für die Verteilung wurden und werden gemäß Art. 36 NatG von den Gemeinden vergeben, oftmals für eine Dauer von 40 Jahren.[186] Sie können diese Konzession de facto nur an GDF vergeben.[187] GDF muss sich auch dafür dem Lastenheft unterwerfen, welches gemäß Art. 37 NatG per Dekret festgelegt wurde.[188] Auch wenn die allgemeinen Lastenhefte von 1961 heute keine verbindliche Wirkung mehr haben,[189] werden sie gleichwohl in der Regel angewandt bzw. durch ein neues Lastenheft entsprechend ministeriellem Vorschlag ersetzt.[190] Aufgrund Art. 17 des Lastenhefts von 1961 hat der Konzessionär, in der Regel GDF, eine Anschluss- und Versorgungspflicht unter strikter Beachtung des Gleichheitsgrundsatzes gegenüber jedermann im Konzessionsgebiet. Die Gasverteilung wurde seit jeher als service-public verstanden.[191] Gemäß Art. 36 NatG sind die Gemeinden die Eigentümer der Infrastrukturen und konzedieren nur deren Nutzung. Am Ende der Laufzeit des Konzessionsvertrag ist ihnen der Besitz wieder kostenlos zu übertragen. Gemäß Art. L 2333-84 des Code général des collectivités territoriales haben die Gemeinden grundsätzlich einen Anspruch auf eine Abgabe für die Nutzung öffentlicher Wege durch Infrastruktureinrichtungen der Energieversorgung.

---

[181] vgl. Décret 52-77 vom 15.01.1952 portant approbation du cahier des charges type des transports de gaz à distance par canalisations en vue de la fourniture de gaz combustile, modifié, JORF 02.02.1952.
[182] *Pielow*-Liberalisierung "light", in: RIW 2001, 351 [352].
[183] *Lombart*-service-public du gaz, in: AJDA 1998, 873 [876].
[184] *Lombart*-service-public du gaz, in: AJDA 1998, 873.
[185] *CE*, Stellungnahme vom 28.09.1995, in: Rapport public 1995, EDCE n° 47, 402.
[186] Vgl. *Carbonnier*-ouverture à la concurrence, in: RE 1998, 502 [503].
[187] *Schmitz* - Energieversorgung in Frankreich, S. 75.
[188] Décret n° 61-1191 vom 27.10.1961, JORF, 02.11.1961.
[189] Die Loi n° 82-623 vom 22.07.1982 (JORF vom 23.07.1982), welche die Loi n° 82-213 vom 02.03.1982 bezüglich der Rechte und Freiheiten der Kommunen, Départements und Regionen (JORF vom 02. 03. 1982) modifizierte, degradierte die Pflicht Lastenhefte zu Referenzmodellen.
[190] Instructions relatives à la mise en oeuvre du nouveau modèle de cahier des charges pour la concession d'une distribution publique de gaz, circulaire n° 726 vom 19.08.1944 des ministres de l'intérieur et de l'industrie.
[191] *Lombart*-service-public du gaz, in: AJDA 1998, 873; *CE*, Stellungnahme vom 28.09.1995, in: Rapport public 1995, EDCE n° 47, 402.

3) Ergebnis

Sowohl in Frankreich als auch in Deutschland ist die Gasversorgung als Aufgabe von Allgemeininteresse anerkannt. In Deutschland resultiert daraus eine Gewährleistungsverantwortung des Staates. Seine Rolle in der Leistungserbringung ist aber subsidiär zu den Initiativen der Privatwirtschaft.[192] Anders als das deutsche Modell der Daseinsvorsorge verlangt das französische service-public Modell prinzipiell eine hoheitliche Leistungserbringung[193] und begründet ein Aufgabenmonopols des Staates, welches dieser über service-public Konzessionen auf Private delegieren kann.[194] Dieser grundlegende Unterschied in der Konzeption der Rolle des Staates hat Konsequenzen für den Liberalisierungsansatz. Denn während die privatwirtschaftliche Betätigung in der Energiewirtschaft in Deutschland keine grundlegenden Probleme auffwirft, gerät sie in Frankreich zwangsläufig in Konflikt mit dem Konzept des service-public.[195]

Während in Deutschland die Anwendung wesentlicher Vorschriften des Wettbewerbsrechts auf die Energiewirtschaft ausgeschlossen war, verhindert die Verstaatlichung weiter Industriebereiche im Rahmen des französischen service-public du gaz mangels Wettbewerb wettbewerbsrechtliche Probleme. Durch die Verstaatlichung blieben Abwehrrechte betroffener Unternehmen weitestgehend ausgeschaltet.[196] Allerdings blieb insbesondere das Verbot der Ausnutzung einer marktbeherrschenden Stellung sowohl in Deutschland als in Frankreich gültiger Maßstab auch für die Energiewirtschaft. Die enge Kontrolle der privaten Unternehmen durch den Staat ist der juristisch-kulturelle Grund für die Schwierigkeiten der Franzosen, ihre Energiemärkte dem Wettbewerb zu öffnen. Denn man befürchtet, dadurch das Konzept des service-public in Frage zu stellen.

II. Der Weg zur Richtlinie 98/30

Im Jahre 1990 stellte die Kommission fest, dass „im aktuellen Stadium der wirtschaftlichen Integration die Gemeinschaft den schwierigsten Hindernissen auf den staatlichen reglementierten Märkten [begegnet]. So lange die Regeln des Wettbewerbs nicht effizient auf diese Märkte angewandt werden, wird die Schaffung eines wirklichen Binnenmarktes für diese Produkte verhindert werden."[197] Bis zu diesem Zeitpunkt war die Entwicklung des Gemeinschaftsrechts für Energie nur schleppend verlaufen (unten **A.**). Ab 1990 aber gewann die Deregulierungspolitik der Gemeinschaft eine neue Dynamik und führte zur Öffnung der Telekommunikationsmärkte,

---

[192] Vgl. *Lecheler*, Die Bedeutung des öffentlichen Rechts für das Energierecht, NVwZ 1995, 8 (9).

[193] Freilich kann der Staat die Aufgabenerfüllung auch auf Private delegieren, die dann aber ihrerseits einem öffentlich-rechtlichen Sonderregime unterworfen und in die Erfüllung staatlicher Angelegenheiten eingebunden sind, vgl. *Pielow*, Grundstrukturen öffentlicher Versorgung, S. 155ff., 395ff..

[194] Vgl. *Pielow*-Grundstrukturen, S. 155ff., 395ff.

[195] Vgl. hierzu *Lecheler*, Die Versorgung mit Strom und Gas als „service-public" und die Bedeutung der „service-public" Doktrin für Art. 90 Abs. 2 EGV, RdE 1996, 212; *Zinow/Le Nestour*, Rechtsfragen des Service-Public, RdE 1994, 129, 170.

[196] *Pielow*-Grundstrukturen, S. 535f.

[197] XX. Jahresbericht über die Wettbewerbspolitik der Kommission, Punkt 53.

Transportmärkte und schließlich der Energiemärkte. Die drei Transparenz- und Preisrichtlinien von 1990 bis 1994 (unten **B.**) konnten den Markt nicht gänzlich öffnen, zumal der EuGH den staatlichen Energiemonopolen den Schutz des Art. 86 Abs. 2 EGV gewährte (unten **C.**). Der Vorschlag für eine gemeinsame Richtlinie für Elektrizität und Gas von 1992 wurde nach langen Verhandlungen wieder aufgegeben und führte zur Elektrizitätsrichtlinie und zur Gasrichtlinie (unten **D.**). Ihr Umsetzungsprozesses in Deutschland und Frankreich ist noch nicht abgeschlossen (unten **E.**).

A. Die Entwicklung des Binnenmarktes für Energie bis 1990

Die Entwicklung des Binnenmarktes für Energie[198] erfuhr seinen ersten Anschub mit dem Weißbuch der Kommission an den Europäischen Rat über die Vollendung des Binnenmarktes.[199] Nach Ansicht der Kommission bedurfte es zur Erreichung dieses Ziels der Beseitigung der materiellen, technischen und steuerlichen Schranken zwischen den Mitgliedstaaten. Ausführungen zu den Energiemärkten enthielt das Weißbuch aber nicht.[200] Am 16. September 1986 verabschiedete der Rat der EGV eine Entschließung "über neue energiepolitische Ziele der Gemeinschaft für 1995 und die Konvergenz der Politik der Mitgliedstaaten".[201] Sie war jedoch mehr politischen denn rechtlichen Charakters und verschrieb sich vornehmlich der Schaffung zuverlässiger Versorgungsbedingungen. In ihrem Bericht "Der Binnenmarkt für Energie"[202] präzisierte die Kommission 1988 ihre eigenen Zielsetzungen aus dem Weißbuch für den Energiesektor.[203] Diese Ziele waren von der Heterogenität des Energiesektors geprägt. Denn als Ware[204] fällt die Energie in den Anwendungsbereich der Regeln über den freien Warenverkehr, aber hinsichtlich der Vermarktung sind die Regeln der Dienstleistungsfreiheit zu beachten. Der Bericht machte die monopolistische Organisationsstruktur als Hindernis aus und visierte ein differenziertes Vorgehen an. Bis 1990 war der europäische Binnenmarkt für Gas gleichwohl mehr Utopie denn Realität.[205]

---

[198] Vgl. zur Entwicklung der Energiepolitik der Gemeinschaften seit ihrer Gründung: *Faross*, in: G/T/E, Band 5, Anhang zum Kommentar: Die Energiepolitik der Europäischen Gemeinschaft.

[199] *Kommission*, "Vollendung des Binnenmarktes - Weißbuch der Europäischen Kommission an den Europäischen Rat", KOM (85) 310 endg. vom 14. 06. 1985.

[200] Sieht man davon ab, dass das Auftragsverfahren nunmehr auch auf den Energiesektor ausgedehnt werden sollte, vgl. *Kommission*-Vollendung des Binnenmarktes - Weißbuch der Europäischen Kommission an den Europäischen Rat", KOM (85) 310 endg. vom 14. 06. 1985, S. 27.

[201] Entschließung des Rates vom 16.09.1986, Abl. EG Nr. C 241/1 vom 25. 09. 1986.

[202] KOM (88) 238 endg. vom 2. 05. 1988.

[203] Vgl. dazu: *Steindorff*-Durchleitung von Gas, in: BB 1989, Beilage 1.

[204] Schon die Richtlinie 85/374/EWG vom 25. 07. 1985 definiert Elektrizität als Produkt. Diese Definition ist in das französische Recht durch den Art. 1386-3 des code civil übernommen worden (JORF vom 21. 05. 1988, S. 7744). Sie trifft heute auf keinen Widerspruch mehr: *EuGH*, 27.04.1992 - Rs. C-393/92 (Commune d'Almelo / NV Energiebedrijf Ijsselmif) -, E 1994, I-1477, Rn. 28; *EuGH*, 23.10.1997 - Rs. C-158/94 (Kommission/Italien) -, E 1997, I-5789, Rn 14ff.; *Leible*, in: Grabitz/Hilf, Art. 28 EGV, Rn. 45.

[205] Frei nach: *Lukes* (Herausgeber), Ein EWG-Binnenmarkt für Elektrizität - Realität oder Utopie, Vorträge und Diskussionsberichte einer wissenschaftlichen Tagung in Münster/W. am 29./30. 10. 1987.

B. Die Transit- und Transparenzrichtlinien

Der erste entscheidende Schritt zur Schaffung des Binnenmarktes für Energie waren die beiden Transitrichtlinien für Strom-[206] und Gaslieferungen[207] über große Netze von 1990 bzw. 1991,[208] welche auf der Grundlage von Art. 95 EGV adoptiert und durch eine Reihe von Entscheidungen der Kommission[209] präzisiert wurden, wie etwa durch die Einrichtung eines Sachverständigenrates für den Erdgastransit über große Netze (CETG).[210] Die Richtlinien sind weitestgehend inhaltsgleich. Die Gastransitrichtlinie definiert den Transit in Art. 2 als eine Beförderung von Gas zwischen zwei Verbundunternehmen der Gemeinschaft, bei der mindestens eine innergemeinschaftliche Grenze überschritten wird und die auch im Gemeinschaftsgebiet endet. Für derartige Transporte müssen die Parteien einen nicht diskriminierenden und angemessenen Vertrag aushandeln (Art. 3). Im Streitfall kann eine Schlichtungsstelle bei der Kommission angerufen, bzw. ein Missbrauchsverfahren eingeleitet werden (Art. 4). Gleichwohl statuiert die Richtlinie keinen echten Durchleitungsanspruch. Sie gilt zudem nur für die 32 im Anhang aufgelisteten Unternehmen und nicht für die Verteilermärkte. In Frankreich wurden die Transitrichtlinie durch die Übernahme ihrer Vorgaben in die Pflichtenhefte für Konzessionen umgesetzt.[211] In Deutschland wurden sie durch einen Vertrag zwischen der BRD und den Unternehmen der Gaswirtschaft umgesetzt.[212] Die beiden Transitrichtlinien sind weiterhin in Kraft, stehen aber in Konkurrenz zu den neuen Binnenmarktrichtlinien. Zur Schaffung einer klaren Rechtslage sieht der Vorschlag der Kommission zur Änderung der Richtlinien

---

[206] Richtlinie 90/547/EWG Abl. EG 1990 L 313, S. 13, geändert durch die Entscheidung der Kommission 95/162 (Abl. EG 1995 L 107, S. 86). Die Richtlinie ist durch Verträge zwischen der Bundesrepublik Deutschland mit den Verbundunternehmen der Elektrizitätswirtschaft ins deutsche Recht umgesetzt worden: Bekanntmachung des Bundesministeriums für Wirtschaft über den Abschluss eines Vertrages zwischen der Bundesrepublik Deutschland und den Verbundunternehmen der Elektrizitätswirtschaft zur Umsetzung der EG-Transitrichtlinie vom 29. 10. 1990 vom 11. 10. 1990, sowie: Bekanntmachung des Bundesministeriums für Wirtschaft über den Abschluss eines Vertrages zwischen der Bundesrepublik Deutschland und den Verbundunternehmen der Elektrizitätswirtschaft zur Umsetzung der EG-Transitrichtlinie vom 29. 10. 1990 vom 30. 05. 1995.

[207] Richtlinie 91/296/EWG, Abl. EG 1991 L 147, zuletzt geändert durch die Richtlinie 95/49 (Abl. EG 1995 L 233, S. 86).

[208] Vgl. zu den Vorschlägen der Kommission: *Hüffer/Ipsen/Tettinger*-Transitrichtlinien; sowie: *Eckert*-Erdgastransitrichtlinie, in: Baur/Müller-Graf/Zuleeg (Hrsg.), Festschrift für Börner, S. 523ff.

[209] Entscheidung Nr. 1254/96/EG des Europäischen Parlaments und des Rates über eine Reihe von Leitlinien betreffend die transeuropäischen Netze im Energiebereich vom 05. 06. 1996 (Abl. EG 1996 L 161, S. 147), geändert durch die Entscheidungen Nr. 1047/97/EG vom 29.05.1997 (Abl. EG 1997 L 152, S. 12) und Nr. 1741/1999/EG vom 29.07.1999 (Abl. EG 1999 L 207, S.1); Entscheidung der Kommission 97/584/EG zur Spezifikation der Vorhaben von gemeinsamem Interesse im Bereich der transeuropäischen Energienetze, die durch die Entscheidung Nr. 1254/96/EG des Europäischen Parlaments und des Rates ausgewiesen sind vom 11.07.1997 (Abl.EG 1997 L 225, S. 25); Entscheidung des Rates (96/291/EG) betreffend eine Reihe von Aktionen zur Schaffung günstigerer Rahmenbedingungen für den Ausbau transeuropäischer Netze im Energiebereich vom 28.03.1996 (Abl. EG 1996 L 161, S. 154).

[210] Beschluss der Kommission (95/539/EG) über die Einsetzung eines Sachveständigengremiums für den Erdgastransit über große Netze vom 08.12.1995, Abl. EG 1995 L 304, S. 57. Beschluss der Kommission (92/167/EWG) über die Einsetzung eines Sachveständigengremiums für den Elektrizitätstransit über große Netze vom 04.03.1992, Abl. EG 1992 L 74, S. 43.

[211] Décret vom 24.12.1994.

[212] Bekanntmachung des Bundesministeriums für Wirtschaft über den Abschluss eines Vertrages zwischen der Bundesrepublik Deutschland und Unternehmen der Gaswirtschaft zur Umsetzung der EG-Transitrichtlinie vom 12. 06.1991 in der Fassung vom 11. Novemeber 1994 vom 18. 05.1995, Bundesanzeiger Seite 6493. Der Vertrag übernimmt weitestgehend den Richtlinientext. Ob es sich um eine gemeinschaftsrechtskonforme Umsetzung handelt muss bezweifelt werden.

96/92/EG und 98/30/EG die Aufhebung der Richtlinien 90/547/EWG und 91/296/EWG mit Wirkung zum 1. Januar 2003 vor.[213]

Ebenfalls zur ersten Etappe der Schaffung des Binnenmarktes ist die Transparenzrichtlinie vom 29. Juni 1990 zu zählen,[214] welche auf der Grundlage von Art. 284 EGV verabschiedet wurde. Die Richtlinie bestimmt in Art. 1 insbesondere, dass Gas- und Stromversorgungsunternehmen der industriellen Endverbraucher dem statistischen Amt der EG (SAEG) ihre Preise und Bedingungen melden. Diese Daten können gemäß Art. 4 veröffentlicht werden, soweit keine Geschäftsgeheimnisse betroffen sind. Dieses Meldesystem dient gemäß Art. 5 vor allem der Schaffung einer Preistransparenz, damit die Mitgliedstaaten Anormalitäten auf Hinweis der Kommission gezielt entgegensteuern können. Die Transparenzrichtlinie wurde durch das Gesetz n° 93-914 vom 19. Juli 1993[215] und das Dekret n° 94-804 vom 13. September 1994[216] in das französische Recht umgesetzt. Die Richtlinie 94/22/EG vom 30. Mai 1994[217] enthält Vorgaben für die Genehmigungen bei der Gewinnung von Kohlenwasserstoffen und ist damit ebenfalls von Relevanz für die Gaswirtschaft.

Diese zaghaften Maßnahmen zur Öffnung des Binnenmarkts für Energie reichten jedoch nicht aus, um eine Wende herbeizuführen.[218] Auch der EuGH sah sich angesichts der zögerlichen Liberalisierung nicht in der Lage, der Schaffung des Binnenmarktes Unterstützung zu gewähren (dazu nunmehr **C.**).

C. Die zurückhaltende Rechtsprechung des EuGH

Die Kommission hat seit 1985 verstärkt versucht, staatliche Monopole durch eine rigorose Anwendung der Wettbewerbsregeln anzugreifen.[219] Ihr zunächst rein ökonomischer Ansatz unter extensiver Auslegung des Unternehmensbegriffs[220] hat dabei zu

---

[213] KOM (2001) 125 vorläufige Fassung; Mitteilung der Kommission an den Rat und das Europäische Parlament, Vorschlag für eine Richtlinie des Europäischen Parlaments und des Rates zur Änderung der Richtlinien 96/92/EG und 98/30/EG über gemeinsame Vorschriften für den Elektrizitätsbinnenmarkt und den Erdgasbinnenmarkt vom 13.03.2001, Art. 3.

[214] Richtlinie 90/457 Abl. EG 1990 L 313, S. 16, geändert durch die Richtlinie 93/87 (Abl. EG 1993 L 277), durch die Entscheidung 95/162 der Kommission (Abl. EG 1995 L 107, S. 53) und durch die Richtlinie 98/75 der Kommission vom 1. 10. 1998 zur Aktualisierung des Verzeichnisses der zuständigen Gesellschaften gemäß der Richtlinie 90/547/EWG Abl. EG 1998 L 276, S. 9).

[215] JORF vom 20. 07. 1993, S. 10199, CJEG 10. 1993, légilsation, S. 475.

[216] JORF vom 16. 09. 1994, S. 13284.

[217] Richtlinie 94/22/EG des Europaeischen Parlaments und des Rates vom 30. 05. 1994 über die Erteilung und Nutzung von Genehmigungen zur Prospektion, Exploration und Gewinnung von Kohlenwasserstoffen, Abl. EG 1994 L 164, S. 8.

[218] *Durach*-kompetitive Strukturen, S. 176 stellt Parallelen mit dem britischen Energy Act von 1983 fest, der ebenfalls gescheitert war.

[219] Der *EuGH* hatte in seinem Urteil vom 20.03.1985, Rs. 41/83, (Italien/Kommission [British Telecom]), E 1985, 873 der Kommission eine Überwachungsfunktion auf der Grundlage von Art. 86 Abs. 3 (ex 90 Abs. 3) EGV zuerkannt, mit welcher diese die Anwendung der Wettbewerbsregeln auf staatliche Monopole unter der Kontrolle des EuGH überprüfen könne und auf dessen Grundlage Entscheidungen gegen die Mitgliedstaaten ergehen können (Punkt 30 der Entscheidung).

[220] Der Begriff des Unternehmens umfasst nach der ständigen Rechtsprechung des EuGH seit dem Urteil *EuGH*, 23.04.1991 - Rs. 41/90 (Höfner und. Elser/Macroton GmbH), E 1991, I-1979 "jede eine wirtschaftliche Tätigkeit ausübende Einheit, unabhängig von ihrer Rechtsform und der Art ihrer Finanzierung". Der BGH bleibt dahinter nicht zurück. Nach *BGH*, 22.03.1976 - GSZ 2/75 („Autoanalyzer") -, BGHZ 67, 81 erfüllt jede Tätigkeit im geschäftlichen Verkehr den Unternehmensbegriff. Für ihn hat der Unternehmensbegriff des § 1 GWB lediglich Bedeutung für die Ausgrenzung des privaten Verbrauchs, der abhängigen Arbeit und des hoheitlichen Handels aus dem Anwendungsbe-

viel Verunsicherung und Empörung geführt.[221] Durch die Rechtsprechung des EuGH wurden dieser Praxis in der Folge mittelbar Beschränkungen auferlegt. In seiner Almelo Entscheidung[222] hielt er die Nichtanwendung der Art. 81 und 82 EGV auf ein Energieversorgungsunternehmen für möglich, soweit das Unternehmen gemäß Art. 86 Abs. 2 EGV mit Dienstleistungen von allgemeinem wirtschaftlichem Interesse betraut ist und diese Wettbewerbsbeschränkungen erforderlich sind, um diesem Unternehmen die Wahrnehmung seiner im allgemeinen Interesse liegenden besonderen Aufgabe zu ermöglichen. Zu diesem Zweck verwies der EuGH die Sache zurück an das vorlegende Gericht.[223] Auch in den Verfahren gegen die Ein- und Ausfuhrmonopole Frankreichs,[224] der Niederlande,[225] Italiens[226] und Spaniens,[227] hat der EuGH die Feststellung einer Vertragsverletzung abgelehnt, da die Kommission nicht den Nachweis erbracht hätte, dass die besonderen Verpflichtungen von allgemeinem wirtschaftlichem Interesse, mit denen die staatlichen Unternehmen betraut waren, unter Beachtung der Wettbewerbsregeln zu erfüllen gewesen wären.[228] Obwohl die Staaten ihren Unternehmen ausschließliche Ein- und Ausfuhrrechte zugestanden hatten, schloss der EuGH darüber hinaus nicht auf eine Beeinträchtigung des Handelsverkehrs in einem den Interessen der Gemeinschaft zuwiderlaufenden Maße im Sinne von Art. 86 Abs. 2 EGV.[229] Der Charakter der Energiewirtschaft als Daseinsvorsorge bedeutete somit wegen Art. 86 Abs. 2 EGV eine rechtliche Hürde bei der Liberalisierung.[230] Um so mehr war ein weitreichender europäischer Rahmen zur Schaffung eines einheitlichen Binnenmarkts für Energie notwendig.

D. Die Binnenmarktsrichtlinien

Während die Mitgliedstaaten zunächst eine gemeinsame Richtlinie für die Energiemärkte vorgesehen hatten, wurde schließlich wegen der Verschiedenheit der Strukturen ein differenziertes System gewählt (unten **1**). Die beiden Richtlinien sollen in ihrem Inhalt kurz verglichen werden (unten **2**).

---

reich des GWB, *BGH*, 16.12.1976 – KVR 5/75 („Architektenkammer") -, WuW/E BGH 1474 [1477]. Stadtwerke als Gebietskörperschaften öffentlichen Rechts sind damit ohne Zweifel Unternehmen, da sie mit Mitteln des Privatrechts am Wetttbewerb teilnehmen, vgl. *LG Mannheim*, 16.04.1999 - 7 O 372/98 (Kart) -, RdE 1999, 158.

[221] z.B. *Kovar*-peau de chagrin, in : Europe 07. 1992, S.1.

[222] *EuGH*, 27.04.1994, - Rs. C-393/92 (Commune d'Almelo / NV Energiebedrijf Ijsselmif) - E 1994, I-1477.

[223] *EuGH*, 27.04.1994, - Rs. C-393/92 (Commune d'Almelo / NV Energiebedrijf Ijsselmif) - E 1994, I-1477 Rn. 46ff..

[224] *EuGH*, 23. 10. 1997 -Rs C-159/94 (Kommission/Frankreich) -, E 1997, I-5815.

[225] *EuGH*, 23. 10. 1997 -Rs C-157/94 (Kommission/Niederlande) -, E 1997, I-5699.

[226] *EuGH*, 23. 10. 1997 -Rs C-158/94 (Kommission/Italien) -, E 1997, I-5789.

[227] *EuGH*, 23. 10. 1997 -Rs C-160/94 (Kommission/Spanien) -, E 1997, I-5851.

[228] *EuGH*, 23. 10. 1997 - Rs C-159/94 (Kommission/Frankreich) -, E 1997, I-581, Rn. 101ff..

[229] *EuGH*, 23. 10. 1997 - Rs C-159/94 (Kommission/Frankreich) -, E 1997, I-581, Rn. 112.

[230] So auch die Literatur, die die (Gebiets-)Monopole mit Art. 86 Abs.2 EGV zu rechtfertigen versuchte. Kritisch hingegen: *Schwabe*-Stromversorgungsstruktur, S. 122ff., die schon keine Betrauung erkennt.

1) Der gescheiterte Vorschlag für eine gemeinsame Energiebinnenmarktrichtlinie

Im März 1992 legte die Kommission einen Vorschlag für eine Richtlinie zur Schaffung des gemeinsamen Marktes für Gas und Elektrizität vor.[231] Er konnte sich nicht durchsetzen,[232] da man die Unterschiede zwischen den beiden Energieträgern für zu groß hielt. In technischer Hinsicht sind die Energiearten nicht vergleichbar, weil etwa Gas sich speichern lässt, nicht aber Elektrizität.[233] Nur Elektrizität wiederum, nicht aber Gas lässt sich als Sekundärenergie aus theoretisch allen Energieträgern gewinnen.[234] Auch gibt es zwischen Elektrizität abgesehen von Spannungsunterschieden keine Qualitätsunterschiede, während es bei Gas neben unterschiedlichem Gasdruck auch auf unterschiedlicher chemischer Zusammensetzung beruhende Qualitätsunterschiede gibt.[235] Auch in wirtschaftlicher Hinsicht sind die beiden Energieträger nicht vergleichbar, weil in den Mitgliedstaaten die Verbreitung von Gas als Energiequelle und die Importabhängigkeit von Elektrizität bzw. Gas deutlich unterschiedlich ausgeprägt sind. Im Mai 1994 legte die Kommission daher zwei getrennte Vorschläge für eine Elektrizitätsbinnenmarktrichtlinie einerseits[236] und eine Richtlinie für Gas andererseits[237] vor, die dann zur Elektrizitätsbinnenmarktrichtlinie 96/92/EG vom 19. Dezember 1996[238] und zur Erdgasbinnenmarktrichtlinie 98/30/EG vom 22. Juni 1998[239] geführt haben. Sie sollen nunmehr verglichen werden (dazu nun unten **2**).

2) Synopse und Vergleich der beiden Energierichtlinien

Beide Binnenmarktrichtlinien wurden auf Art. 95 EGV gestützt, ihre Reichweite ist jedoch unterschiedlich. Während die Elektrizitätsbinnenmarktrichtlinie sowohl die Liberalisierung der Elektrizitätserzeugung, des Transports und der Verteilung regelt, trifft die Erdgasbinnenmarktsrichtlinie keine Aussagen über die Erzeugung.[240]

Um ihre Ziele zu erreichen, sehen beide Richtlinien ein "**unbundling**" zwischen den einzelnen Aktivitäten vor. Die Elektrizitätsrichtlinie (Elt-RL) geht dabei jedoch deutlich weiter als die Gasrichtlinie (Gas-RL). Die Elektrizitätsrichtlinie sieht in Art. 7 die Bestellung eines Übertragungsnetzbetreibers für ein bestimmtes Gebiet vor. Soweit der Netzbetreiber nicht ohnehin unabhängig von der Erzeugung und Verteilung

---

[231] KOM (91) 548 endg. vom 21.02.1992, Abl. EG C 65 vom 14.03.1992, S. 4; vgl. dazu *Baur*-energiepolitische Ziele, in: RdE 1992, S. 165; *Ehlermann*-Binnenmarkt, in: EuZW 1992, 689ff.; *Hermann*-Konzeption, in: RdE 1992, 97.

[232] *Pluge*-Stand der Diskussion, in: RdE 1993, 169, berichtet von den Spannungen, die der erste Richtlinienvorschlag hervorrief. *Goehring-Crinon*-marché intérieur de l'énergie, in: CJEG 1995, 213 berichtet von den französischen Positionen.

[233] Eine Speicherung von Elektrizität setzt zunächst die Rückumwandlung in eine andere Energieart voraus; vgl. dazu nur: *Grathwol* - Energieversorgung, S. 184.

[234] *Hermes*-Infrastrukturverantwortung, S. 17.

[235] *Seidel/Weyand*-Netzzugang, in: et 1999, 603 [603f.].

[236] KOM (93) 643 final - COD 384, Abl. EG C 123 vom 4.05.1994, S. 1

[237] KOM (93) 643 final - COD 384, Abl. EG C 123 vom 4.05.1994, S. 26.

[238] Richtlinie 96/92/EGV des Europäischen Parlaments und des Rates vom 19.12.1996 betreffend gemeinsame Vorschriften für den Elektrizitätsbinnenmarkt, Abl. L 27 com 30.01.1997, Seite 20.

[239] Richtlinie 98/30/EGV des europäischen Parlaments und des Rates vom 22.06.1998 betreffend gemeinsame Vorschriften für den Erdgasbinnenmarkt, Abl L 204 vom 21. 07.1998, S. 1.

[240] Nach der Auffassung von *Hamom*-marché intérieur de l'énergie, in: AJDA 1998, S. 851 [853] ist dies nicht notwendig, da schon die Richtlinie 94/22 die entsprechenden Regelungen enthalte. Der wirkliche Grund liegt jedoch eher darin, dass die Struktur innerhalb der Mitgliedstaaten hier extrem unterschiedlich ist.

ist, muss er zumindest auf Verwaltungsebene unabhängig von den übrigen Tätigkeiten sein, die nicht mit dem Übertragungssystem zusammenhängen (Art. 7 Abs. 6 Elt-RL). Der Netzbetreiber hat sich jeder Diskriminierung zu enthalten (Art. 7 Abs. 5 Elt-RL) und sensible Informationen vertraulich zu behandeln (Art. 9 Elt-RL). Eine derartige Förderung der Trennung von Netzeigentum und Betrieb kennt die Gasrichtlinie nicht. Sie enthält lediglich Vorschriften hinsichtlich der buchhalterischen Entflechtung, die weitgehend denen der Elektrizitätsrichtlinie entsprechen. Nach Art. 13 der Gasrichtlinie und Art. 14 der Elektrizitätsrichtlinie haben die Unternehmen danach in ihrer Buchhaltung zur Vermeidung von Quersubventionierungen die unterschiedlichen Aktivitäten getrennt zu erfassen und auszuweisen. Neben den strukturellen Verpflichtungen gilt sowohl für die Elektrizitätswirtschaft als auch die Gaswirtschaft das Prinzip der Nichtdiskriminierung, welches sich durch beide Richtlinien zieht.

Darüber hinaus verpflichten die Richtlinien die Staaten, den Unternehmen gewisse **gemeinwirtschaftliche Verpflichtungen** aufzuerlegen. Die Betreiber des Übertragungsnetzes und des Verteilungsnetzes für Elektrizität haben die Sicherheit, Zuverlässigkeit und Leistungsfähigkeit ihrer Netze zu gewähren (Art. 6 Abs. 3, Art. 11 Abs. 1 Elt-RL). Für die Gaswirtschaft scheinen die Verpflichtungen noch weiter zu gehen, da hier davon die Rede ist, dass sichere, zuverlässige und leistungsfähige Infrastrukturen unter Beachtung des Umweltschutzes und wirtschaftlicher Aspekte zu betreiben, zu warten und auszubauen sind (Art. 7 Abs. 1, Art. 10 Abs. 1 Gas-RL). Darüber hinaus sind die Mitgliedstaaten frei, ihren Unternehmen auch weiterreichende gemeinwirtschaftliche Verpflichtungen aufzuerlegen. Sie können sich gemäß Art. 3 Abs. 2 der beiden Richtlinien auf die Sicherheit, die Qualität und den Preis der Lieferungen sowie den Umweltschutz beziehen. Den Mitgliedstaaten wird in Art. 10 Abs. 1 Elt-RL und Art. 9 Abs. 2 Gas-RL ausdrücklich gestattet, den Tarif für die Belieferung in einem bestimmten Gebiet festzulegen, um eine Gleichbehandlung der Kunden zu gewährleisten. Soweit die gemeinwirtschaftlichen Verpflichtungen nicht im Wettbewerb erbracht werden können, ist den Mitgliedstaaten in engen Grenzen gestattet, die entsprechenden Bereiche vom Wettbewerb auszunehmen. Während die Elektrizitätsrichtlinie diese Möglichkeit explizit für die Erzeugung und den Netzzugang vorsieht (Art. 3 Abs. 3 Elt-RL), lässt die Gasrichtlinie diese Wettbewerbshindernisse explizit nur für die Verteilung zu (Art. 3 Abs. 3 Gas-RL).

Das Mittel zur Schaffung von Wettbewerb ist für beide Energiearten angesichts des bestehenden Leitungseigentums und der Schwierigkeiten, die Leitungsnetze zu duplizieren, die Ermöglichung von **Durchleitungen**. Dies geschieht in der Weise, dass ein lieferndes Unternehmen seine Energie in das Netz eines Netzbetreibers einspeist und unter Nutzung dieses Netzes seine Kunden beliefert. Sowohl die Elektrizitätsrichtlinie als auch die Gasrichtlinie stellen es den Mitgliedstaaten frei, den Netzzugang auf der Basis individuell ausgehandelter Verträge zuzulassen (Art. 17 Abs. 1 bis 4 Elt-RL, bzw. Art. 15 Gas-RL) oder das System eines regulierten Netzzugangs zu wählen (Art. 17 Abs. 4 Elt-RL, Art. 16 Gas-RL). Bei letzterem werden von staatlicher Stelle allgemeine Tarife und Bedingungen des Netzzugangs definiert und veröffentlicht. Die Elektrizitätsrichtlinie sieht in Art. 18 des weiteren die Option eines Alleinabnehmersystems vor. Bei diesem Modell wird für ein bestimmtes Gebiet ein Alleinabnehmer benannt, der verpflichtet ist, den Strom zu kaufen, über welchen ein drittes Unternehmen mit einem Kunden einen Liefervertrag geschlossen hat. Diesen so gekauften Strom hat das Unternehmen dann über sein Netz unter Aufschlag seiner Kosten an den Kunden zu liefern. Ein hierfür allgemeingültiger Tarif ist zu veröffentlichen. Die Möglichkeiten, den Netzzugang zu verweigern, werden von beiden Richtlinien grundsätzlich restriktiv gehandhabt. Für die Gaswirtschaft gibt es einen besonderen Rechtfertigungsgrund. Da dort die Versorgungssicherheit aufgrund der starken Importabhängigkeit regelmäßig durch Abschluss langfristiger Lieferverträge mit Abnahmeverpflichtung garantiert wurde (take-or-pay Verträge), kann ein Unternehmen, welches aufgrund dieser Verträge in wirtschaftliche oder finanzielle Schwierigkeiten gerät, gemäß Art. 25 Gas-RL von der Verpflichtung den Netzzugang zu gewähren, freigestellt werden.

Die **Marktöffnung** wird in beiden Richtlinien nur sukzessive angestrebt. Dies geschieht dadurch, dass es den Mitgliedstaaten freisteht, den Netzzugangsanspruch auf die Belieferung bestimmter Kundenkreise zu beschränken (sogenannte zugelassene Kunden). Die Definition der zugelassenen Kunden muss derart erfolgen, dass für die Elektrizitätswirtschaft gemäß Art. 19 Abs. 1 Elt-RL eine "erhebliche" Öffnung eintritt, die innerhalb der ersten 6 Jahre progressiv zu erhöhen ist. Die nationale Marktöffnungsquote ist auf der Grundlage der Gemeinschaftsquote des Elektrizitätsverbrauchs von Endverbrauchern mit einem Jahresverbrauch von mehr als 40 GWh zu bestimmen. Die Marktquote wird anschließend stufenweise erhöht. Hierzu wird der Schwelle des Gemeinschaftsverbrauchs erst auf einen Jahresverbrauch von 20 GWh und schließlich 9 GWh gesenkt. Faktisch ergibt sich damit eine Marktquote von zunächst ca. 25 % , dann 28 % (2002) und schließlich 33% (2005) ergibt.[241] Für die Gaswirtschaft ist die Mindestöffnungsquote transparenter. Sie wird in Art. 18 Abs. 3 und 4 Gas-RL legal auf 20% für das Jahr 2000 festgelegt und steigt dann auf mindestens 28% (2005) und 33% (2010). Diese beschränkte Marktöffnung ist mit dem gemeinschaftlichen Primärrecht vereinbar. Denn wie bereits dargestellt konnte unter dem Primärrecht über Art. 86 Abs. 2 EGV sogar eine totaler Ausschluss von Wettbewerb gerechtfertigt werden.

Die Richtlinien schreiben nicht die Einrichtung einer **Regulierungsbehörde** vor. Gleichwohl sind gemäß Art. 22 der beiden Richtlinien geeignete Mechanismen zur Regulierung, Kontrolle und Sicherstellung von Transparenz sowie zur Einhaltung der Wettbewerbsregeln zu schaffen. Zur Schlichtung von Streitigkeiten hinsichtlich des Netzzugangs ist gemäß Art. 20 Abs. 3 Elt-RL und Art. 21 Abs. 2 Gas-RL ebenfalls eine zuständige Stelle zu benennen.

Die **Modifizierung** dieser Richtlinien steht auf der Tagesordnung der Gemeinschaft. Der Europäische Rat hat bei seinem Lissaboner Gipfel am 23. und 24. März 2000 dazu aufgerufen, die Liberalisierung auch der Energiewirtschaft zu beschleunigen.[242]

---

[241] Derart hat die Kommission gemäß Art. 19 Abs. 1 UA 3 Elt-Rl die den Marktöffnungsgrad bestimmende durchschnittliche Gemeinschaftsquote errechnet, Abl. EG C 334 vom 31.10.1998, S. 16.

[242] Punkt 17 der Schlussfolgerungen des Vorsitzes des Europäischen Rates vom 23. und 24.03.2000 in Lissabon.

Das Europäische Parlament forderte die Kommission auf, einen Zeitplan vorzulegen, innerhalb dessen es zu einer völligen Liberalisierung kommen müsse.[243] Auf der Tagung des Rates (der Energieminister) vom 30. Mai 2000 wurden die Zielsetzungen des Gipfels von Lissabon unterstrichen und die Kommission erneut aufgefordert, Vorschläge für weitere Maßnahmen vorzulegen.[244] Dieses tat die Kommission erstmals am 13. März 2001[245] mit einem Vorschlag zur Änderung der Richtlinien 96/92/EG und 98/30/EG.[246] In quantitativer Hinsicht wird in diesem Vorschlag eine vollständige Öffnung der Gas- und Elektrizitätswirtschaft zum 1. Januar 2005 angestrebt. In qualitativer Hinsicht wird nach diesem Vorschlag die vollständige rechtliche und funktionelle Trennung des Transports von Erdgas und Elektrizität von den übrigen Aktivitäten angestrebt. Daneben sollen die Mitgliedstaaten verpflichtet werden, jeweils unabhängige Regulierungsbehörde zu schaffen. Auf dem Europäischen Rat in Stockholm am 23. und 24. März 2001 wurden diese Vorschläge "zur Kenntnis genommen" und der Rat ersucht, sie alsbald zu untersuchen.[247] Die Zurückhaltung erklärt sich vor allem aus der Haltung Deutschlands und Frankreich. Frankreich befürchtet die Infragestellung seines service-public Konzeptes und fand in Deutschland einen politischen Partner. Hintergründig wird die deutsche Politik aber auch von den Interessen der Energiewirtschaft geleitet, die vor allem eine Regulierungsbehörde verhindern will. Unter der belgischen Ratspräsidentschaft wurde der Kommissionsvorschlage leicht überarbeitet.[248] Auf dem Europäischen Rat von Barcelona vom 15. und 16. März 2002 haben die Staats- und Regierungschefs die Liberalisierungsbemühungen aer durch eine Beschränkung der Marktöffnung auf gewerbliche Kunden und eine Aufweichung des Erfordernisses der Einrichtung einer Regulierungsstelle auf deutschen und französischen Druck abgeschwächt.[249]

E. Das Umsetzungsverfahren

Die Elektrizitätsrichtlinie war nach ihrem Art. 27 Abs. 1 bis zum 19. Februar 1999 und die Gasrichtlinie nach ihrem Art. 29 Abs. 1 in Verbindung mit Art. 30 bis zum 10. August 2000 in nationales Recht umzusetzen. Die Umsetzung der Elektrizitätsbinnenmarktrichtlinie[250] erfolgte in Deutschland durch das Artikelgesetz zur Neuregelung des Energiewirtschaftsrechts vom 24. April 1998.[251] Dadurch wurde vor allem das EnWG von 1935 geändert und eine theoretische Marktöffnung von 100% ermöglicht. Eine Regulierungsbehörde wurde nicht eingerichtet und die Vereinbarung über

---

[243] Entschließung "Liberalisierung der Energiemärkte" - A5-0180/2000 vom 06.07.2000.

[244] 2267. Tagung des Rates (Energie) am 30.05.2000 in Brüssel; Pressedokument: 186 - Nr: 8835/00.

[245] KOM (2001) 125 endgültig.

[246] Dazu: *05.re*-ouverture des marchés, in : RUE 2001, 451 ; vgl. auch : *Lecheler/Gundel*-staatliche Regulierung, in : EWS 2001, 249.

[247] Schlussfolgerungen des Vorsitzes des Europäischen Rats von Stockholm, Punkt 17.

[248] Vgl. überarbeitete konsolidierte Fassung des verfügenden Teils der Richtlinie 98/30/EGV, Interinstitutionelles Dossier 2001/0077 (COD) = Ratsdokument 13484/01 vom 06. 11. 2001. Inzwischen liegt auch schon der Entwurf einer Stellungnahme des Ausschusses für Recht und Binnenmarkt vor, der lediglich redaktionelle Änderungen vorschlägt, EP Dokument 2001/0077 (COD) vom 20.12.2001.

[249] Schlussfolgerungen des Vorsitzes des Europäischen Rats von Barcelona, Punkt 37.

[250] vgl. dazu auch die Übersicht über die Umsetzung in der Gemeinschaft: *Charbit/Carlton/Lamarca/Melchior/Sanchez/Wessely*-l'europe de l'électricité, in: GdP 1999, 789.

[251] Bundesgestzblatt 1998 Teil I Nr. 23 vom 28.04.1998.

den Netzzugang wurde den Elektrizitätsversorgungsunternehmen überlassen. Diese haben am 26. Mai 1998 eine erste Verbändevereinbarung geschlossen, welche am 13. Dezember 1999 durch die Verbändevereinbarung Strom II abgelöst wurde. Mittlerweile existiert mit der Verbändevereinbarung Strom II plus eine neuerliche Weiterentwicklung. Da das EnWG in weiten Teilen auch für die Gaswirtschaft von Bedeutung ist, soll seine Entstehungsgeschichte näher betrachtet werden. Zur Umsetzung der Gasrichtlinie muss es jedoch modifiziert werden, der Prozess ist noch nicht abgeschlossen (unten **1**). In Frankreich wurde die Elektrizitätsbinnenmarktrichtlinie mit Gesetz vom 10. Februar 2000 (EltG)[252] in nationales Recht umgesetzt.[253] Das Gesetz wies jedoch Defizite auf, vor allem da nach § 22 Abs. 3 Energielieferungsverträge eine Mindestlaufzeit von drei Jahren haben mussten. Die Kommission hatte daher am 13. Juni 2000 das Vertragsverletzungsverfahren gemäß Art. 226 EGV gegen Frankreich eingeleitet,[254] es nach Zugeständnissen Frankreichs aber wieder eingestellt.[255] Der Umsetzungsprozess der Gasrichtlinie ist ins Stocken geraten (unten **2**).

1) Die Umsetzung der Gasrichtlinie in Deutschland

Eine grundlegende Reform des EnWG von 1935 wurde schon lange vor Verabschiedung der EG-Richtlinien zum Energiebinnenmarkt diskutiert.[256] Gleichwohl war es der europäische Prozess, der die deutsche Diskussion dynamisierte. Gerade noch vor der Verabschiedung der Elektrizitätsbinnenmarktrichtlinie 96/92/EG am 19. Dezember 1996 beschloss das Bundeskabinett am 23. Oktober 1996 einen Regierungsentwurf eines Gesetzes zur Neuregelung des Energiewirtschaftsrechts (EnWR-NRG). Der Bundesrat nahm dazu am 19. Dezember 1996 Stellung und die Bundesregierung verabschiedete ihre Gegenäußerung am 18. März 1997.[257] Der Deutsche Bundestag beriet anschließend sowohl über den Gesetzentwurf der Bundesregierung als auch über die alternativen Entwürfe der Opposition.[258] Der Ausschuss für Wirtschaft empfahl am 12. November 1997 die Annahme des Gesetzesentwurfs der Bundesregierung in der durch die Beschlüsse des Ausschusses geänderten Fassung.[259] Die Beratungen des Deutschen Bundestages führten zu einer Weiterentwicklung des Gesetzentwurfs. Von großer Bedeutung war die Entscheidung, das Reformgesetz als Einspruchgesetz auszugestalten. Somit wurde auf jede Regelung des Verwaltungsverfahrens und die

---

[252] Loi n° 2000-108 du 10.02.2000 relative à la modernisation et au développement du service-public de l'électricité, JORF vom 11.02.2000, S. 2143.

[253] Vgl. hierzu insbesondere: *Lecheler/Gundel*-Umsetzung in Frankreich, in: RdE 2000, 165; *Batail*-nouvelle organisation électrique, in : RE 2000, 73 ; *Richer*-la loi du 10.02.2000, in: AJDA 2000, 239; *Robbe*-chronique, in: CJEG 2000, 211; *Martor*-droit français de l'électricité; in: LPA du 29.03.2000, S. 4, bzw. *Martor*-French Electricity Law in: IELTR 2000, 113; *Courivaud*-la loi n°2000-108, in : JCP-E, 1029 ; *Tuot*-un an après, in: CJEG 2001, 51 ; *Batail*-bilan, in : RE 2001, 289.

[254] Vgl. Pressemitteilung der Kommission vom 13.06.2000, IP/00/614.

[255] *Batail*-bilan, in: RE 2001, 289 [290].

[256] *T/B/K* - öffentliche Energieversorgung, Einl. EnWG, S. 13ff..

[257] Sämtliche Beschlüsse finden sich in der die Gesetzesmotive enthaltenen BT-Drs. 13/7274.

[258] Gesetzentwurf der Fraktion der SPD, BT-Drs. 13/7425; Gesetzentwurf der Abgeordneten Hustedt, Altmann, Eichstädt-Böhling, weiterer Abgeordneter und der Fraktion der Bündnis 90(Die Grünen, BT-Drs. 13/5352; Antrag der Abgeordneten Köhne, Bulling-Schröter, Dr. Gysi und der Gruppe der PDS, Bt-Drs. 13/8553.

[259] BT-Drs 13/9211. Neben den Änderungsvorschlägen des Ausschusses enthält die Drucksache den Bericht des Abgeordneten Gunnar Uldall (sogenannter Uldall-Bericht) zu den einzelnen Entwürfe, zu den Stellungnahmen der einzelnen Ausschüsse und zu den Erörterungen des Wirtschaftsausschusses im Besonderen.

Einrichtung von Länderbehörden im Sinne des Art. 84 Abs. 1 GG verzichtet.[260] Der Bundestag verabschiedete das Gesetz am 18. November 1997 zusammen mit einer Entschließung zu den Zielen der Reform.[261] Der Bundesrat hat am 19. Dezember 1997 den Vermittlungsausschuss angerufen. Das unechte Vermittlungsergebnis[262] wurde vom Deutschen Bundestag am 5. März 1998 zurückgewiesen. Der Bundesrat hielt das Gesetz für zustimmungsbedürftig und beschloss am 6. März 1998, ihm nicht zuzustimmen.[263] Entsprechend der Rechtsauffassung von Bundesregierung und Bundestag kam das Gesetz aber gemäß Art. 78 GG am 19. März 1998 zustande. Nach Gegenzeichnung durch Bundeswirtschaftsminister und Bundeskanzler wurde es vom Bundespräsidenten ausgefertigt und am 28. April 1998 im Bundesgesetzblatt veröffentlicht.[264] Damit trat das EnWR-NRG gemäß seinem Art. 5 Abs. 1 am 29. April 1998 in Kraft.

Das Gesetz enthält mit der Abschaffung der Freistellung der Energiewirtschaft vom Kartellrecht und des Rechts zur Vergabe exklusiver Konzessionen sowie gemeinsamer Regelungen hinsichtlich der Zulassung von Unternehmen bereits essentielle Elemente der Gasrichtlinie. Allerdings enthält das geänderte EnWG unter anderem keine Vorgaben zur buchhalterischen Trennung von Gasunternehmen und vor allem keine Regelungen zum Netzzugang. Gleichwohl versuchte die Bundesregierung sich ihrer Umsetzungspflicht der Gasrichtlinie zu entziehen. Sie erachtete vor allem die am 4. Juli 2000 verabschiedete Verbändevereinbarung Gas in Verbindung mit dem reformierten EnWG als hinreichenden Umsetzungsakt und notifizierte derart die Umsetzung an die Kommission. Die Kommission sah darin jedoch erwartungsgemäß keine fristgerechte Umsetzung der Erdgasbinnenmarktrichtlinie. Von der Einleitung eines Vertragsverletzungsverfahrens sah die Kommission zunächst nur deshalb ab, weil das Bundeskabinett am 20. Dezember 2000 einen Entwurf zur Änderung des Gesetzes zur Neuregelung des Energiewirtschaftsgesetzes beschloss.[265] Nachdem sich das Gesetzgebungsverfahren dann aber wieder verzögerte, leitete die Kommission das Vertragsverletzungsverfahren durch Übermittlung einer mit Gründen versehenen Stellungnahme am 6. Juni 2001 schließlich doch ein.[266]

2) Die Umsetzung der Richtlinie in Frankreich

Die Umsetzung der Gasrichtlinie in Frankreich gestaltet sich, wie auch schon die Umsetzung der Elektrizitätsbinnenmarktrichtlinie, als ein langwieriger Prozess unter Einbeziehung weiter politischer und gesellschaftlicher Teile. Schon ein Bericht der

---

[260] Vgl. *Cronenberg*-Energiewirtschaftsrecht, in: RdE 1998, 85

[261] Die Beschlussempfehlung des Ausschusses für Wirtschaft wurde übernommen, vgl. die Seiten 3 bis 5 der BT-Drs. 13/9211.

[262] BT-Drs. 13/10002.

[263] BR-Drs. 213/98.

[264] Gesetz zur Neuregelung des Energiewirtschaftsrechts vom 24. 04. 1998, BGBl. 1998, Teil I Nr. 23, Seite 730 vom 28. 04. 1998.

[265] Vgl Pressemitteilung der Kommission vom 21.12.2000, IP/00/1534.

[266] Vgl Pressemitteilung der Kommission vom 06.06.2001, IP/01/799. Am 16.10.2002 hat die Kommission schließlich vor dem EuGH Klage erhoben, vgl. IP/02/1495.

Nationalversammlung vom Februar 1997[267] setzte sich mit den Vorschlägen des Rates für die Schaffung eines Binnenmarktes für Erdgas von 1991 und 1993 auseinander. Der Bericht enthält eine Analyse der Marktbedingungen für Erdgas in Frankreich, einen Überblick über die Gaswirtschaft in England, Deutschland und in den Niederlanden, sowie erste Vorschläge zur Neugestaltung der französischen Gaswirtschaft.

Im Herbst 1999 leitete die Regierung durch die Veröffentlichung eines Weißbuchs eine öffentliche Diskussion über die Neugestaltung der Gaswirtschaft ein[268] und lud zur Abgabe von Stellungnahmen ein.[269] Von Bedeutung sind hierbei die Reaktion des Wirtschaftsrates (Conseil économique et social) vom 27. Oktober 1999[270], des Rates für Elektrizität und Gas (Conseil supérieur d'électricité et du gaz) vom 12. Oktober 1999[271] sowie des Conseil de la concurrence vom 5. Oktober 1999.[272] Die Rapports enthalten jeweils Vorschläge zur Umsetzung der Richtlinie bzw. reklamieren die Beachtung spezieller Interessen. An geeigneter Stelle wird im Rahmen dieser Arbeit darauf eingegangen werden. Zuvor hatte der Premierminister bei der Abgeordneten Madame Bricq einen Bericht über die Gasrichtlinie erbeten. Der Rapport Bricq vom Oktober 1999 enthält neben der Analyse der Richtlinie auch erste Umsetzungsvorschläge.[273] Im Februar 2000 veröffentlichte die Regierung eine Analyse über die in den anderen Mitgliedstaaten ergriffenen Umsetzungsmaßnahmen.[274] Ein weiterer Diskussionsbeitrag aus dem April 2000 stammt vom Commissariat Général du Plan und beschäftigt sich allgemein mit Gegenwart und Zukunft der leitungsgebundenen Wirtschaftszweige.[275]

Bereits am 19. November 1999 veröffentlichte die Regierung einen ersten Gesetzesvorentwurf, der weitestgehend dem schließlich am 17. Mai 2000 veröffentlichten Gesetzesentwurf entspricht. Wird er Gesetz ist der Umsetzungsprozess freilich noch nicht abgeschlossen. Denn diverse Dekrete müssen, wie zu sehen sein wird, einzelne Bestimmungen präzisieren. Diese Gesetzestechnik steht a priori nicht im Widerpruch zu den Anforderungen des Gemeinschaftsrechts an eine Richtlinienumsetzung.[276] GDF hat sich seinerseits unterdessen selbstverpflichtet, die Mindestanforderungen

---

[267] Assemblée Nationale Française; *A la veille d'une directive européenne sur le marché intérieur du gaz naturel*; Rapport d'information déposé par la délégation de l'Assemblée nationale pour l'Union européenne sur la proposition de directive du Conseil concernant des règles communes pour le marché intérieur du gaz naturel, présenté par M. le député Bernard Derosier, enregistré à la Présidence de l'Assemblée nationale le 18.02.1997, n° 3338.

[268] Ministère de l'économie, des finances et de l'industrie; Vers la future organisation gazière française; Livre blanc.

[269] Zum Weißbuch: *Batail*-future organisation gazière, in: RE 1999, 289.

[270] Conseil économique et social, Avis examiné au cours de sa séance du 27.10.1999 Sujet : " La future organisation gazière française "; Rapporteur M. Charles Fiterman, au nom de la section des Activités productives, de la recherche et de la technologie.

[271] Conseil supérieur de l'électricité et du gaz; Avis sur le futur système gazier; séance du 12.10.1999.

[272] Avis n°99-A-15 du 05.10.1999, nicht veröfentlicht, vgl aber den Jahresbericht 1999.

[273] Bricq, Nicole (Députée); Mission de réflexion et de concertation sur la transposition de la directive européenne sur le "marché intérieur du gaz", Rapport au Premier Ministre du 27 10. 1999.

[274] Analyse des conditions encadrant l'organisation du marché intérieur du gaz naturel dans quatre pays européens: Allemagne, Espagne, Pays-Bas, Royaume-Uni (Février 2000).

[275] Commissariat général du plan; Services publics en réseau: perspectives de concurrence et nouvelles régulations; Rapport du groupe présidé par Jean Bergougnoux; La documentation française, Paris 2000.

[276] *EuGH*, 15.03.1990 - Rs. 339/87 (Kommission/ Niederlande) -, E 1990, I-851; *EuGH*, 28.02.1991 - Rs. 131/88 (Kommission/ Deutschland) -, E 1991, I-825.

der Gasrichtlinie freiwillig zu garantieren. Wegen der aber de jure noch nicht einmal im Ansatz existierenden Umsetzung der Gasrichtlinie hat die Kommission, nachdem sie Frankreich zur Äußerung aufgefordert hatte, am 21. Dezember 2000 durch Abgabe einer mit Gründen versehenen Stellungnahme das Vertragsverletzungsverfahren nach Art. 226 EGV eingeleitet[277] und nach Ablauf der zweimonatigen Stellungnahmefrist am 8. Mai 2001 Klage vor dem EuGH erhoben.[278]

3) Die Unmittelbare Anwendbarkeit der Richtlinie

Gemäß Art. 249 Abs. 3 EGV sind Richtlinien nur für die Mitgliedstaaten selbst und nur hinsichtlich des zu erreichenden Zieles verbindlich. Im nationalen Recht entfalten sie dem Grundsatz nach erst durch den Umsetzungsakt Rechtswirkung. Dies macht die hohen Anforderungen des EuGH an eine korrekte Richtlinienumsetzung verständlich. Die Umsetzung muss hinreichend klar und bestimmt sein, damit der Einzelne Gelegenheit hat, von dem ihm durch die Richtlinie verliehenen Rechten Kenntnis zu erlangen.[279] Der EuGH erkennt jedoch seit langem an, dass das Gemeinschaftsrecht ohne praktische Wirksamkeit bliebe („effet utile"), wenn die Wirksamkeit des dem einzelnen Bürger durch die Richtlinie verliehenen Rechts einzig von dem Umsetzungsakt des Staates abhinge.[280] Auch sei es widersprüchlich, wenn der Staat dem Bürger die Berufung auf ein solches Recht verweigern könne, obwohl der Staat selbst durch Unterlassen der Umsetzung eine Rechtspflicht verletzt habe.[281] Voraussetzung für die unmittelbare Anwendbarkeit einer Richtlinie sind danach, dass die Umsetzungsfrist der Richtlinie abgelaufen ist und die Richtlinienbestimmung inhaltlich unbedingt und hinreichend genau ist. Von inhaltlicher Unbedingtheit spricht man, wenn die Richtlinie ein Recht oder eine Verpflichtung begründet, welches weder an eine Bedingung geknüpft ist, noch zu seiner Erfüllung oder Wirksamkeit einer Maßnahme der Gemeinschaftsorgane oder der Mitgliedstaaten bedarf.[282] Hinreichend genau ist eine Regelung nach dieser Rechtsprechung, wenn der der begünstigte und verpflichtete Personenkreis sowie der Inhalt des Rechtes durch Auslegung eindeutig ermittelt werden kann.[283]

Die Umsetzungsfrist der Gasrichtlinie war gemäß ihren Artikel 29, 30 bereits am 10. August 2000 abgelaufen. Einzelne Richtlinienbestimmung sind ohne weiteres inhaltlich unbedingt und hinreichend genau. Dies gilt z.B. für Vorschriften des Verwaltungsverfahrens, wie die transparente und diskriminierungsfreie Genehmigungserteilung. Dies gilt aber auch für Verpflichtungen der Marktteilnehmer, z.B. für zentrale

---

[277] Vgl Pressemitteilung der Kommission vom 21.12.2000, IP/00/1534.

[278] Vgl Pressemitteilung der Kommission vom 08.05.2001, IP/01/654.

[279] Vgl. nur *EuGH*, 11.08.1995 - Rs. C-433/93 (Kommission/ Deutschland) -, E 1995, I-2303, Rn. 18ff.; *EuGH*, 30.05.1991 - Rs. C-361/88 (Kommission/ Deutschland) -, E 1991, I-2567, Rn. 24.

[280] *EuGH*, 04.12.1974 - Rs. 41/74 (Van Duyn/ Home Office) -, E 1974, 1337, Rn. 12ff..

[281] *EuGH*, 05.04.1979 - Rs. 148/78 (Strafverfahren gegen Ratti) -, E 1979, 1629, Rn. 22f.; seit *EuGH*, 19.01.1982 - Rs 8/81 (Becker / Finanzamt Münster-Innenstadt) -, E 1982, 53, Rn. 6, stützt der EuGH sich sowohl auf den effet utile als das estoppel Prinzip. In Deutschland war diese Rechtsprechung lange Zeit umstritten, Die ablehende Rechtsprechung des BFH wurde vom *BVerfG* durch B.v. 8. 4. 1987 -2 BvR 687/85 („Kloppenburg") -, BVerfGE 75, 223 aufgehoben.

[282] *EuGH*, 23.02.1994 - Rs. C-236/92 (Comitato di coordinamento per la difesa della Cava/ Regione Lombardia u.a.) -, E 1994, I-483.

[283] *Endler*, in: Kuhla-Verwaltungsprozess, L 30.

Bestimmungen wie das Nichtdiskriminierungsgebot in den Art. 7 Abs. 2 und 10 Abs. 2 Gas-RL. Auch die Pflicht zur buchhalterischen Trennung bestimmt detailliert die Verpflichtungen der Gasunternehmen zu einer buchhalterischen Trennung. Schließlich entspricht auch die Pflicht der Netzbetreiber, diskriminierungsfreien Netzzugang zu gewähren den Voraussetzungen für die unmittelbare Anwendung.

Die Konsequenzen aus der unmittelbaren Anwendbarkeit sind jedoch unterschiedlicher Art, je nachdem ob das von der Richtlinie verpflichtete Unternehmen ein staatliches oder privates Unternehmen ist. Denn da die Richtlinie gemäß Art. 249 Abs. 3 EGV nur den Staat verpflichtet, lehnt es der EuGH ab, dass sich der Staat selbst gegenüber einer Privatperson[284] oder eine Privatperson sich gegenüber einer anderen Privatperson[285] auf eine Richtlinienbestimmung beruft. Damit gelten die jeweiligen Bestimmungen der Gasrichtlinie zunächst nur im Verwaltungsverfahren unmittelbar, soweit sie inhaltlich unbedingt und hinreichend genau sind.[286] In Deutschland kann aber der Staat von den privaten Gasunternehmen mangels entsprechender nationaler Gesetzesgrundlage etwa keine buchhalterische Trennung verlangen. Ein Durchleitungspetent wiederum kann sich gegenüber einem deutschen privaten Netzbetreiber nicht unmittelbar auf einen Durchleitungsanspruch aus der Gasrichtlinie stützen. Allerdings müssen die Gerichte, als unmittelbar durch die Richtlinie verpflichtete Organe des Staates, das nationale Recht auch zu Lasten Dritter richtlinienkonform auslegen.[287] Dadurch kann die Richtlinie auch vor ihrer Umsetzung in das nationale Recht mittelbare horizontale Wirkung haben.[288]

Staatsunternehmen hingegen werden durch die Richtlinie selbst unmittelbar verpflichtet. Denn der EuGH hat den Begriff des verpflichteten Staates im Sinne des Art. 249 Abs. 3 EGV weit ausgelegt. Er ist nach dieser Rechtsprechung auch dann verpflichtet, wenn er in Form einer Gesellschaft des Privatrechts tätig wird.[289] Damit ist insbesondere GDF seit dem 10. August 2000 unmittelbar verpflichtet, die inhaltlich unbedingten und hinreichend genauen Bestimmungen der Gasrichtlinie zu beachten. Durchleitungspetenten etwa können sich gegenüber GDF unmittelbar auf die Gasrichtlinie berufen. Das Staatsunternehmen hat diese Folgen erkannt und sich selbstverpflichtet, die Mindestanforderungen der Gasrichtlinie zu garantieren.

---

[284] *EuGH*, 11.06.1987 - Rs. 14/86 (Pretore di Salô/ X) -, E 1987, 2545; *EuGH*, 08.10.1987 - Rs. 80/86 (Strafverfahren gegen Kolpinghuis Nijmegen BV) -, E 1987, 3969.

[285] *EuGH*, 26.02.1986 - Rs. 152/84 (Marshall / Southampton and South-West Hampshire Area Health Authority - "Marshall I") -, E 1986, 723; *EuGH*, 14.07.1994, - Rs 91/92 (Facini Dori / Recreb Srl) -, E 1994, I-3325; *EuGH*, 07.03.1996 - Rs. C-192/94 (El Cortes Inglés/ Corina Blázquez Rivero) -, E 1996, I-1281.

[286] *Börner*-Umsetzung, in: RIW 1997, 475 [478].

[287] *EuGH*, 14.07.1994, - Rs 91/92 (Facini Dori/ Recreb Srl) -, E 1994, I-3325.

[288] *EuGH*, 22.06.1989 - Rs. 103/88 (Fratelli Costanzo/ Commune di Milano) -, E 1989, 1839.

[289] *EuGH*, 26.02.1986 - Rs. 152/84 (Marshall/ Southampton and South-West Hampshire Area Health Authority) -, E 1986, 723, Rn. 49f.; EuGH, 12.07.1990 - Rs. 188/89 (Foster/ British Gas plc.) -, E 1990, I-3313, Rn. 20.

2. Teil: Die Unternehmen auf den liberalisierten Gasmärkten

Voraussetzung für die Schaffung von Wettbewerb in der Gaswirtschaft ist zunächst, dass neue Wettbewerber ihre Leistungen überhaupt erbringen dürfen. Die Gasrichtlinie setzt die Möglichkeit der Zulassung von Wettbewerbern als selbstverständlich voraus. In Art. 4 Abs. 1 erkennt sie lediglich die Möglichkeit an, die Erbringung von Leistungen unter einen Genehmigungsvorbehalt zu stellen. In den Absätzen 2 bis 4 werden einige Voraussetzungen an die Erteilung solcher Genehmigungen definiert. Sowohl Frankreich als auch Deutschland machen in weitem Rahmen von der Möglichkeit des Genehmigungsvorbehalts Gebrauch (unten **I.**). Um zu verhindern, dass marktbeherrschende Stellungen ausgenützt werden oder in wettbewerbsbehindernder Weise verstärkt werden, schreibt die Gasrichtlinie in ihrem Kapitel V (Art. 12 und 13) die Entflechtung und Transparenz der Buchführung vor (unten **II.**).

I. Die Zulassung von Wettbewerbern auf den Gasmärkten

Soweit die Tätigkeiten in der Gaswirtschaft der Genehmigungspflicht unterliegen (unten **A.**), ist nach den Genehmigungsvoraussetzungen zu fragen (unten **B.**). Davon getrennt stellt sich die Frage, nach welchen Verfahrensvorschriften die Genehmigung zu erteilen bzw. zu entziehen ist und welche Möglichkeiten des Rechtsschutzes sich ergeben (unten **C.**). Schließlich ist die Reichweite der Genehmigung zu erörtern (unten **D.**)

A. Die Genehmigungspflichtigkeit

Nicht alle Tätigkeiten in der liberalisierten Gaswirtschaft unterliegen dem Genehmigungsvorbehalt. Die Richtlinie selbst verlangt einen solchen Genehmigungsvorbehalt für keine Tätigkeit, lässt andererseits aber einen Genehmigungsvorbehalt zu (unten **1.**). Die Unterwerfung einzelner Tätigkeiten unter die Genehmigungspflichtigkeit ist in Deutschland und Frankreich äußerst unterschiedlich gehandhabt. Während § 3 Abs. 1 EnWG pauschal die Genehmigungspflichtigkeit der Aufnahme der Energieversorgung anderer bestimmt (unten **2.**), differenziert der französische GasG-E nach den einzelnen Tätigkeiten (unten **3.**).

1) Der Regelungsbereich der Richtlinie

Die Genehmigungspflichtigkeiten von Tätigkeiten in der Gaswirtschaft stellen eine potentielle Behinderung der Grundfreiheiten dar. Der sich hieraus ergebende Regelungsbedarf (unten **a.**) wird von der Richtlinie dahingehend genutzt, dass sie abschließend regelt, welche Tätigkeiten einer Genehmigungspflicht unterworfen werden können (unten **b.**).

(a) Der Regelungsbedarf für eine Angleichung der Genehmigungsvoraussetzungen

Soweit die Erbringung einer Dienstleistung oder der Verkauf einer Ware einer Genehmigungspflicht unterliegt, ist dies stets mit einer Beeinträchtigung der unternehmerischen Freiheit verbunden. Denn für ein in der Gemeinschaft operierendes Unternehmen stellen eine Vielzahl von Genehmigungserfordernissen echte administrative Hindernisse seiner Wirtschaftstätigkeit dar. Gleichwohl bedeuten sie regelmäßig keine Verletzung des Tatbestands einer Grundfreiheit

Ein Genehmigungserfordernis stellt im Ergebnis keine Verletzung der von Art. 28 EGV geschützten Warenverkehrsfreiheit dar. Die Norm verbietet mengenmäßige Einfuhrbeschränkungen und Maßnahmen gleicher Wirkung. Eine Maßnahmen gleicher Wirkung ist nach der Dassonville-Rechtsprechung des EuGH[290] jede Handelsregelung der Mitgliedstaaten, die geeignet ist, den innergemeinschaftlichen Handel unmittelbar oder mittelbar, tatsächlich oder potentiell zu behindern. Dazu zählt zunächst auch ein Genehmigungsvorbehalt. Doch als verkaufs- und vertriebsbezogene Modalität fällt der Genehmigungsvorbehalt entsprechend der Keck-Rechtsprechung[291] nicht in den Anwendungsbereich von Art. 28 EGV,[292] soweit die Maßnahme nicht diskriminierend ist.[293] Schon deshalb ist es sinnvoll, die Anforderungen an die Genehmigungstatbestände zu harmonisieren, zumal die Mitgliedstaaten ohne eine sekundärrechtliche Harmonisierung in weitem Maße ermächtigt wären, die Genehmigungspflichtigkeit selbst zu bestimmen.

Etwas anderes gilt nur für Tätigkeiten, die der Dienstleistungsfreiheit nach Art. 49 EGV oder der Niederlassungsfreiheit nach Art. 43 EGV unterliegen. Denn sowohl die Dienstleistungs-[294] als auch die Niederlassungsfreiheit[295] beinhalten zwar ebenso wie die Warenverkehrsfreiheit ein allgemeines Beschränkungsverbot. Die Grundsätze der Keck-Rechtsprechung werden hingegen beim gegenwärtigen Stand des Gemeinschaftsrechts nicht übertragen.[296] Soweit eine Aktivität unter den Tatbestand der Dienstleistungs- bzw. Niederlassungsfreiheit fällt, erfüllt ein Genehmigungsvorbehalt somit zunächst den Anwendungsbereich dieser Normen. Er kann aber zulässig sein, soweit er nichtdiskriminierend angewandt wird, aus zwingenden Gründen des Allgemeinwohls erforderlich ist, sowie zur Erreichung der Gründe geeignet und angemessen ist.[297] In aller Regel werden diese Voraussetzungen bei der Genehmigungspflichtigkeit von Tätigkeiten in der Gaswirtschaft erfüllt sein. Denn durch die Genehmigungspflichtigkeit soll gewährleistet werden, dass die auf den Gasmärkten tätigen Unternehmen zur sicheren Leistungserbringung fähig sind. Damit dient die Geneh-

[290] *EuGH*, 11.07.1974 - Rs. 8/74 (Procureur du Roi / Dassonville) -, E 1974, 837.

[291] *EuGH*, 24.11.1993 - Rs. C-267,268/91 (Strafverfahren gegen Keck und Mithouard) -, E 1993, I-6097; *EuGH*, 15. 12. 1993 - Rs. C-292/92 (Hünermund/ Landesapothekenkammer Baden-Württemberg) -, E 1993, I-6787; *EuGH*, 06. 07. 1995 - Rs. C-470/93 (Verein gegen Unwesen in Handel und Gewerbe Köln / Mars) -, E 1995, I-1923.

[292] vgl. vor allem: *EuGH*, 30. 04. 1996 - Rs. C-194/04 (CIA Security International/ Signalson) -, E 1996, I-2201, Rn. 58.

[293] anders wohl: *Lux*, in: Lenz, EGV, Art. 28 EGV, Rn. 29.

[294] *EuGH*, 05. 10. 1994 - Rs. C-381/93 (Kommission/Frankreich), E 1994, I-5145, Rn. 17; *Holouobek*, in: Schwarze, EU, Art. 49 EGV, Rn. 46ff.

[295] *EuGH*, 30.11. 1991 - Rs. C-55/94, (Gebhard/ Consiglio dell'ordine degli Avvocati e Procuratori di Milano) -, E 1995, I-4165; *Schlag*, in Schwarze, EU, Art. 43, Rn. 45ff..

[296] für Art. 49: *EuGH*, 20. 05. 1995 - Rs. C-384/93 (Alpine Investment/Minister van Finacien) -, E 1995, I-1141, Rz. 33ff.; *Holoubek*, in: Schwarze, EU, Art. 49 EGV, Rn. 83. Für Art. 44 ist dies umstritten, vgl. *Schlag*, in: Schwarze, EU, Art. 43, Rn. 55.

[297] für Art. 49: *EuGH*, 30.11. 1991 - Rs. C-55/94, (Gebhard/ Consiglio dell'ordine degli Avvocati e Procuratori di Milano) -, E 1995, I-4165, Rn. 37.

migung dem anerkannten Interesse[298] des Schutzes der Leitungsnetze,[299] der Verbraucher[300] und der Umwelt.[301]. Auch insofern ergibt sich somit ein Harmonisierungsbedarf.

(b) Die Regelungsdichte der Richtlinie

Die Gasrichtlinie ermöglicht, bestimmte Tätigkeiten einer Genehmigungspflicht zu unterwerfen. Sie verpflichtet die Mitgliedstaaten jedoch nicht, bestimmte Tätigkeiten der Genehmigungspflicht zu unterwerfen, sondern eröffnet ihnen insofern ein Umsetzungsermessen. Der Begriff der Genehmigung wird dabei als Oberbegriff verwandt und gemäß Art. 4 Absatz 1 Satz 1 als Synonym z.B. für eine Lizenz, Erlaubnis, Konzession, Zustimmung oder Zulassung verwandt. Die Genehmigungserlaubnis ist abschließend (unten **cc.**) und bezieht sich auf den Bau und Betrieb von Leitungen (unten **aa.**) und gewisse Dienstleistungen (unten **bb.**).

(aa) Bau und Betrieb von Infrastrukturen

Die Möglichkeit der Mitgliedstaaten zur Beibehaltung oder Errichtung von Genehmigungspflichten für den Bau und den Betrieb von Gasanlagen ist umfassend. Denn der Begriff der Gasanlage wird weit verstanden, wie sich aus dem zweiten Halbsatz des Satzes 1 des Art. 4 Abs. 1 Gas-RL ergibt.[302] Er umfasst Anlagen, Leitungen und dazugehörige Einrichtungen. Der Begriff Anlage taucht in den Definitionen des Art. 2 Gas-RL bei der „Speicheranlage“ (Nr. 9), der „LNG-Anlage“ (Nr. 11) und dem „Netz“ (Nr. 12) auf. Der Leitungsbegriff ist enthalten in den Definition des „vorgelagerten Rohrleitungsnetzes“ (Nr. 2), der „Fernleitung“ (Nr. 3), der „Verteilung“ (Nr. 5), des „Netzes“ (Nr. 12), und der „Direktleitung“ (Nr. 14).

(bb) Lieferungstätigkeit und Großhändler

Neben der Tolerierung der Genehmigungspflichtigkeit des Satzes 1 regelt die Richtlinie in Satz 2 positiv:

> „Die Mitgliedstaaten oder eine von ihnen benannte zuständige Behörde können auf derselben Grundlage ferner Genehmigungen für die Lieferung von Erdgas, auch an Großhändler, erteilen.“

Der grammatikalisch unglückliche Satz bedeutet zunächst, dass auch die Liefertätigkeit durch (nicht: an) Großhändler der Genehmigungspflicht unterworfen werden kann. Der gesonderten Ermächtigung der Mitgliedstaaten zur Erteilung von Geneh-

---

[298] Zur Übertragbarkeit der zu Art. 28 EGV entwickelten Rechtsprechung: *Schlag*, in: Schwarze, Art. 43 EGV, Rn. 53; *Holoubek*, in: Schwarze, Art. 49 EGV, Rn. 98.

[299] für den Schutz des Telefonnetzes: *EuGH*, 13.12.1991 - Rs. C-18/88 (RTT / GB-Inno-BM) -, E 1991, I- 5941, Rn. 31.

[300] Der Schutz des Verbrauchers vor Gesundheitsrisiken ist bereits in Art. 30 EGV erfasst und daher nicht Gegenstand der cassis-de dijon Rechtsprechung zu den immanenten Tatbestandsbegrenzungen. Er wäre aber sicherlich auf Art. 43, 49 EGV anzuwenden.

[301] Vgl. nur *EuGH*, 20.09.1988 - Rs. 302/86 (Kommission/Dänemark [„Pfandflaschen“]) -, E 1988, 4607, Rn. 9; *EuGH*, 09.07.1992 - Rs. C-2/90 (Kommission/Belgien [„Wallonien“]) -, E 1992, I-4431, Rn. 32.

[302] So auch die Kommission: Meeting of Follow-up Group, 22. 10. 1998 - Authorisations for new distribution pipelines: "If so, "gas facility" should cover not only transmission, distribution and LNG facilities, but also the equipment which fall under the category of "ancillary services", including storage."

migungen für die Lieferung *an* Großhändler bedarf es nämlich schon gar nicht, da der Begriff der Lieferung die Lieferung an Großhändler beinhaltet. Zwar definiert die Richtlinie den Begriff der Lieferung nicht, er ist aber mit dem Begriff der Versorgung gleichzusetzen, wie sich aus einem Vergleich mit den anderen sprachlichen Versionen der Richtlinie ergibt, die die beiden Begriffe synonym verwenden.[303] Die Versorgung wiederum erfasst gemäß Art. 2 Nr. 7 der Gasrichtlinie auch die Lieferung von Erdgas an Großhändler.[304] Eine Differenzierung zwischen der Genehmigung für Lieferungen und der Genehmigung für Lieferungen an Großhändler bedarf es daher nicht.

Aus dem Vergleich mit den anderen sprachlichen Versionen der Richtlinie ergibt sich, dass die Tätigkeit von Großhändlern darüber hinaus ganz allgemein der Genehmigungspflicht unterworfen werden kann. Der französische Text lautet (auszugsweise): "autorisations pour la fourniture de gaz naturel et des autorisations à des clients grossistes". Der englische Text spricht von "authorisations [...] for the supply of natural gas and for wholesale customers." Der spanische Text nennt "autorizaciones para el suministro de gas natural y autorizaciones a clientes mayoristas". Korrekt übersetzt heißt dies also, dass die Mitgliedstaaten Genehmigungen für die Lieferung von Erdgas und (Genehmigungen) für die (Tätigkeit von) Großhändlern erteilen können. Deren Tätigkeitsbereich geht aber über die Lieferung von Gas hinaus. Denn Art. 2 Nr. 22 der Gasrichtlinie definiert die Großhändler als

> „alle natürlichen und juristischen Personen - soweit ihre Existenz von den Mitgliedstaaten anerkannt wird -, die Erdgas kaufen und verkaufen, ohne innerhalb oder außerhalb des Netzes, in dem sie eingerichtet sind, eine Fernleitungs- oder Verteilungsfunktion wahrzunehmen"

Von dieser Definition werden also auch Gashändler erfasst, die keiner Liefertätigkeit nachgehen. Auch diese Tätigkeit kann nach der Gasrichtlinie ergo der Genehmigungspflichtigkeit unterworfen werden.

(cc) Charakter des Genehmigungsvorbehalts

Die Mitgliedstaaten können nach der Gasrichtlinie den Großteil der Tätigkeiten in der Gaswirtschaft der Genehmigungspflicht unterwerfen. Gleichwohl ist der Regelungsbereich der Gasrichtlinie als abschließend zu betrachten. Soweit eine Tätigkeit nicht gemäß Art. 4 Abs. 1 der Gasrichtlinie der Genehmigungspflicht unterliegt, steht es den Mitgliedstaaten auch nicht frei, eine solche Genehmigungspflicht zu fordern. Denn gemäß Art. 1 der Gasrichtlinie werden von ihr die Kriterien und das Verfahren für die Erteilung von Fernleitungs-, Verteilungs-, Liefer- und Speichergenehmigungen geregelt. Es gibt somit keine Regelungslücke innerhalb welcher die Mitgliedstaa-

---

[303] Die französische Fassung benutzt in Art. 4 Abs. 1 Satz 2 den Begriff „fourniture", welcher in Art. 2 Nr. 7 definiert ist, wo in der deutschen Version der Begriff „Versorgung" definiert ist. Die englische Version benutzt das Wort „supply", welches ebenfalls in Art. 2 Nr. 7 definiert ist. Dies gilt auch für das zweimal verwendete spanische Wort „suministro".

[304] Dies ergibt sich zumindest aus dem französischen Text, der in Art. 4 Absatz 1 das Wort fourniture benutzt. „Fourniture" ist jedoch legal definiert in Art. 2 Nr. 7) und auf Deutsch mit Versorgung übersetzt: „Versorgung: die Lieferung und/oder den Verkauf von Erdgas, einschließlich verflüssigten Erdgases, an Kunden". Kunden sind gem Nr. 20): „Erdgasgroßhändler oder -endverbraucher und Erdgasunternehmen, die Erdgas kaufen."

ten frei wären, die Genehmigungspflichtigkeit eigenmächtig über den Regelungsgehalt der Richtlinie hinaus zu bestimmen. Dieser Aspekt ist bei der nunmehr vorzunehmenden Betrachtung der Genehmigungspflichtigkeit in Deutschland (unten **2.**) und Frankreich (unten **3.**) zu berücksichtigen.

2) Ein einheitlicher Tatbestand in Deutschland

Nach § 3 Abs. 1 EnWG bedarf die Aufnahme der Energieversorgung anderer der Genehmigung durch die Behörde. Für die Bundesregierung ist der Genehmigungsvorbehalt ein notwendiges Mittel, um im Wege besonderer präventiver staatlicher Aufsicht die Einhaltung der mit dem Energiewirtschaftsgesetz verfolgten Ziele, also eine möglichst sichere, preisgünstige und umweltverträgliche Strom- und Gasversorgung, zu gewährleisten.[305] Der neue Genehmigungstatbestand ist wesentlich enger ausgestaltet als der alte § 5 EnWG 1935.[306] Grundsätzlich enthält § 3 EnWG eine besondere Genehmigungspflicht für die Betriebsaufnahme (unten **a.**). Sie soll auf die Fälle beschränkt bleiben, in denen sie trotz des Wettbewerbs im öffentlichen Interesse und zum Schutz der Kunden für erforderlich gehalten wird.[307] Daher gibt es eine Reihe genehmigungsfreier Tätigkeiten (unten **b.**).

(a) Die Aufnahme der Energieversorgung anderer

Die Genehmigungspflicht trifft nur neue Marktteilnehmer. Dies ergibt sich aus dem Wortlaut der Norm, wonach nur die „*Aufnahme* der Energieversorgung anderer" der Genehmigungspflicht unterliegt. Die Unternehmen, die eine Genehmigung unter dem alten EnWG erhalten haben oder unter Befreiung von der Genehmigungspflicht tätig waren,[308] bedürfen keiner neuen Genehmigung. Insoweit kann man von Bestandsschutz sprechen.[309]

Wie schon § 5 EnWG 1935 knüpft auch der neue § 3 EnWG die Genehmigungspflicht nur an die Versorgung Dritter mit Gas und Elektrizität. Dritter in diesem Sinne ist jede juristische oder natürliche Person, die mit dem Energieversorgungsunternehmen nicht personengleich, also rechtlich selbständig ist.[310] Auch ein nur juristisch selbständiges Unternehmen und damit auch ein verbundenes Unternehmen im Sinne des § 15 AktG ist ein anderes Unternehmen im Sinne des § 3 Abs. 1 Satz 1 EnWG.[311] Für die Belieferung dieser Unternehmen greift jedoch der Ausnahmetatbestand des § 3 Abs. 1 Satz 2 Nr. 3 EnWG (vgl. unten b.).

---

[305] *Regierungsbegründung*, BT-Drs 13/7274, S. 15.
[306] *Danner*, in: Obernolte/Danner, § 3 EnWG, Rn. 1.
[307] *Regierungsbegründung*, BT-Drs 13/7274, S. 15.
[308] *Büdenbender*-Energieaufsicht, in: DVBl 1999, S. 7 [13]. Büdenbender weist daraufhin, dass viele große Energieversorgungsunternehmen aufgrund dieser Rechtslage tätig sind.
[309] *Büdenbender*-Energieaufsicht, in: DVBl 1999, S. 7 [13]; *Becker*-Betriebsaufnahmegenehmigung, in: RdE 2000, 7 [8].
[310] *Ehlers/Pünder*, in: Achterberg/Püttner/Würtenberger-Besonderes Verwaltungsrecht I, § 4 Energiewirtschaftsrecht, Rn. 34; anders: *Danner*, in: Obernolte/Danner, § 2 Rn. 29, der auf eine wirtschaftliche Betrachtungsweise abstellt. Die Genehmigungsfreistellung hierfür ergibt sich aber aus § 3 Abs. 1 Nr. 3, der bei der Ansicht Danners beschnitten wird.
[311] So auch *Saljé*-Neuregelung des Energiewirtschaftsrechts, in: NVwZ 1998, 916 [918].

Die Auslegung des zentralen Tatbestandsmerkmal des § 3 Abs. 1 EnWG, nämlich des Begriffs der „Energieversorgung“ bereitet Schwierigkeiten. Klar ist nur, dass der Begriff sowohl die Elektrizitätsversorgung als auch die Gasversorgung umfasst, da das Gesetz ansonsten zwischen den beiden Begriffen trennt, wie etwa im § 3 Abs. 2 Satz 2 EnWG.[312] Es ist auch völlig unstreitig, dass die Lieferung von Erdgas an die Kunden als klassische Versorgungstätigkeit eine genehmigungspflichtige Tätigkeit darstellt.[313] Fraglich ist aber, ob neuartige Aktivitäten der Genehmigungspflicht unterliegen.[314] Zu denken ist hierbei an die ausschließliche Betreibung eines Leitungsnetzes und den Gashandel. Gashändler kaufen und verkaufen Energie auf eigene Rechnung[315] beziehungsweise handeln mit Finanzkontrakten zum Zweck des Risikomanagements, sogenannten Differenzgeschäften im Sinne des § 764 BGB, §§ 53ff. BörsenG.[316] Daneben existieren noch Gasmakler, die Verträge nur auf Rechnung des Auftraggebers vermitteln. Die Reichweite der Genehmigungspflicht ist letztlich durch Auslegung des § 3 Abs. 1 EnWG zu ermitteln.

Die historischen Gesetzgebungsmaterialien lassen nicht erkennen, ob der Gesetzgeber die neuartigen Aktivitäten für genehmigungspflichtig hält. Aus Äußerungen des Bundeswirtschaftsministeriums verlautet lediglich der Wille, den Stromhandel der Genehmigungspflicht zu unterwerfen.[317]

Der Wortlaut "Energieversorgung" spricht angesichts seiner bereits oben aufgezeigten Nähe zum Begriff der Lieferung dafür, dass einzig die klassischen Liefertätigkeiten der Genehmigungspflicht unterliegen. Die Richtlinie definiert den Begriff der Versorgung in Art. 2 Nr. 7 ebenfalls als „die Lieferung und/oder [der] Verkauf von Erdgas, einschließlich verflüssigtes Erdgas, an Kunden“.

Die systematische Auslegung stellt diese enge Auslegung in Frage. Denn zur Auslegung des Begriffs "Energieversorgung", lassen sich Rückschlüsse aus dem Begriff des "Energieversorgungsunternehmens" ziehen. Diese sind in § 2 Abs. 4 EnWG definiert als alle Unternehmen bzw. Betriebe, die andere mit Energie versorgen oder ein Netz für die allgemeine Versorgung betreiben. Noch weiter geht die Begründung zu § 9a Absatz 3 EnWG. Dort heißt es, dass integrierte Gasversorgungsunternehmen solche Unternehmen sind, die in mehreren der Bereiche Gewinnung, Fernleitung, Verteilung, Lieferung, Kauf oder Speicherung von Erdgas tätig sind.[318] Auch der Gesetzgeber erkennt also an, dass Unternehmen in der Gasversorgung tätig sind, die jenseits der Tätigkeiten der Lieferung oder Netzbetreibung agieren. Der Begriff des Energie- bzw. Gasversorgungsunternehmens nähert sich so dem Begriff des Gasunternehmens der Gasrichtlinie an. Diese bezeichnet als Erdgasunternehmen gemäß Art. 2 Nr. 1 „eine natürliche oder juristische Person, die von den Funktionen

[312] Insoweit wohl unstreitig; vgl. *Büdenbender*-Energieaufsicht, in: DVBl 1999, 7 [14]. Daran kann auch die Tatsache nichts ändern, dass das Gesetz nunmehr auch teilweise von „Elektrizitäts- und Gasversorgungsunternehmen“ spricht, vgl. § 9 EnWG.
[313] Vgl. *Danner*, in: Obernolte/Danner, § 3 EnWG, Rn. 6.
[314] Ablehnend: *Schladebach*-neue Akteure, in: RdE 2002, 67ff..
[315] *Herrmann/Dick* - Kundenbündelung, in: BB 2000, 852 m.w.N..
[316] *Schulte-Beckhausen*-Stromhandel, in: RdE 1999, 51 [53ff.].
[317] *Schultze-Beckhausen*-Stromhandel, RdE 1999, 51 [55] zitiert eine Äußerung des Bundeswirtschaftsministeriums zur Auslegung des EnWG, leider jedoch ohne Quellenangabe.
[318] Vgl. *Regierungsbegründung* zu Art. 1 § 9a, BT-Drs. 14/5969, S. 10.

„eine natürliche oder juristische Person, die von den Funktionen Gewinnung, Fernleitung, Verteilung, Lieferung, Kauf oder Speicherung von Erdgas, einschließlich verflüssigtes Erdgas, mindestens eine wahrnimmt und die kommerzielle, technische und/oder wartungsbezogene Aufgaben im Zusammenhang mit diesen Funktionen wahrnimmt, mit Ausnahme der Endverbraucher". Legt man somit den Begriff des Energie- bzw. Gasversorgungsunternehmens der Auslegung des Begriffs Energieversorgung zu Grunde, dann erfasst letzterer nicht nur den reinen Betrieb eines Leitungsnetzes, sondern auch den (physischen) Handel mit Erdgas.

Die teleologische Auslegung des § 3 Abs. 1 EnWG führt zu weiteren Differenzierungen. Der Sinn der präventiven staatlichen Aufsicht über die Unternehmen ist die Gewährleistung einer möglichst sicheren, preisgünstigen und umweltverträglichen Gasversorgung. Denn dies sind gemäß § 1 EnWG der Zweck und die Ziele des Gesetzes, denen gemäß § 3 Abs. 2 EnWG die Antragsteller genügen müssen.[319] Soweit die Tätigkeit eines Gasversorgungsunternehmen diese Kriterien beeinflusst, ist es daher sinnvoll, seine Tätigkeit auch der Genehmigungspflicht zu unterwerfen. Die Tätigkeit des Betreibers eines Leitungsnetzes ist für die Erreichung von Zweck und Ziel des Gesetzes in jedem Fall relevant. Denn die Sicherheit der Gasversorgung hängt entscheidend von der Kapazität und technischen Sicherheit seines Leitungsnetzes ab. Die Netznutzungspreise beeinflussen entscheidend die Verbraucherpreise. Somit ergibt sich für den Netzbetreiber sowohl aus systematischer wie teleologischer Auslegung, dass seine Tätigkeit der Genehmigungspflicht des § 3 Abs. 1 EnWG unterliegt.[320]

Auch der physische Gashandel unterliegt nach dem Sinn und Zweck des § 3 Abs. 1 EnWG der Genehmigungspflicht. Denn der Gashändler hat eine Schlüsselstelle bei der Formung von Preisen. Seine finanziellen Kapazitäten sind für die Sicherheit einer dauerhaften Gasversorgung von entscheidender Bedeutung. Es kommt dabei nicht darauf an, inwieweit der Gashändler auch die vertragliche Pflicht übernimmt, das Gas unter Benutzung eigener oder fremder Netze zu liefern.[321] Richtig ist daran, dass die Auslegung von § 3 Abs. 1 EnWG seine Grenze am Wortlaut findet, welcher von „Versorgung" spricht. Dies schließt jene Tätigkeiten von der Genehmigungspflicht aus, die rein vermittelnden Charakter haben, wie die des Maklers.[322] Eine eigene Lieferpflicht scheint jedoch seitens des Stromhändlers nicht notwendig, um einen „Versorgungscharakter" anzunehmen. Es ist ausreichend, auf die unmittelbare Verpflichtung zur Bereitstellung des Gases an andere abzustellen. Insofern kann auch eine

---

[319] *Regierungsbegründung*, BT-Drs 13/7274, S. 15.

[320] So auch im Ergebnis: *Danner*, in: Obernolte/Danner, § 3 EnWG, Rn. 5; anders: *Schneider*, in: EnWG 1998, Art. 1 § 3, Pt. 2.2, der eine Gesetzeslücke annimmt.

[321] *Danner*, in: Obernolte/Danner, § 3 EnWG, Rn. 9; ähnlich: *T/B/K*, § 3 EnWG, Rn. 24.

[322] *Danner*, in: Obernolte/Danner, § 3 EnWG, Rn. 12; ebenso: *Becker*-Betriebsaufnahmegenehmigung, in: RdE 2000, S. 7 [9f.]; *T/B/K*, § 3 EnWG, Rn. 26; *Herrmann/Dick*-Kundenbündelung, in: BB 2000,. 852 [887]; zum Begriff des Maklers dieselben auf Seite 882.

Holschuld bestehen. Deshalb ist davon auszugehen, dass der Gasgroßhändler der Genehmigungspflicht letztlich unterliegt.[323]

Der reine Finanzhändler, der etwa Gasderivate oder ähnliche Produkte anbietet, sichert als Finanzdienstleister nur ein Risiko ab. Sein Bezug zu den Zielen des § 1 EnWG scheint nicht ausreichend eng, um ihn der Genehmigungspflicht unterwerfen zu können. Auch Energiebörsen unterliegen keiner Genehmigungspflicht nach dem EnWG. Sie ermöglichen den Kauf von Gas oder Strom zum sofortigen oder zu einem späteren Zeitpunkt und das Handeln mit Derivaten auf Strom- bzw. Gaspreise und Preisindizes[324] und dienen damit dem Ausgleich der Volatilität des Energiemarktes. In Deutschland konkurrierten bis Anfang 2002 die Leipziger Power Exchange[325] und die European Energy Exchange[326] in Frankfurt miteinander[327]. Mit Wirkung zum 01. Januar 2002 haben sich die beiden Börsen zur European Energy Exchange mit Sitz in Leipzig verschmolzen.[328] Für sie gilt das Börsenrecht, denn es handelt sich letztlich um Warenbörsen, vgl. § 1 VI BörsG iVm § 2 Abs. 2 Nr. 1 lit d) WpHG.[329]

(b) Die Ausnahme

§ 3 Abs. 1 Satz 2 EnWG nennt drei Fälle, in denen keine Genehmigungspflicht für die Aufnahme der Energieversorgung Dritter besteht. So ist die Einspeisung von Gas in das Netz eines Energieversorgungsunternehmens nach Nr. 1, anders noch als unter dem EnWG 1935,[330] nicht genehmigungsbedürftig. Zwar handelt es sich auch dabei um die Energieversorgung eines anderen, nämlich des Leitungsnetzbetreibers, der Gesetzgeber sah jedoch keinen Bedarf nach staatlicher Aufsicht, da das einspeisende Unternehmen lediglich in Kontakt zu einem anderen Unternehmen trete und unmittelbar keine Abnehmer versorge.[331] Dies verdeutlicht im Umkehrschluss erneut das Ziel der staatlichen Aufsicht, nämlich zuvörderst den Abnehmer zu schützen.

Nach § 3 Abs. Satz 2 Nr. 3 ist die Versorgung von verbundenen Unternehmen im Sinne des § 15 AktG ebenfalls genehmigungsfrei. Der Gesetzgeber hält eine Genehmigungspflicht angesichts der wirtschaftlichen Einheit der verbundenen Unternehmen für „unnötigen Bürokratismus".[332] Die Entbindung von der Genehmigungspflicht stellt aber vor allem einen Wettbewerbsvorteil des liefernden Unternehmens gegenüber konkurrierenden Versorgern dar und steht damit im Widerspruch zum Geist der Gasrichtlinie, die jede Bevorteilung integrierter Unternehmen vermeiden

---

[323] So auch *Herrmann/Dick*-Kundenbündelung, in: BB 2000, 852 [887]; im Ergebnis ebenso für den Stromhändler *Becker*-Betriebsaufnahmegenehmigung, in: RdE 2000, 7 [9]. Becker differenziert noch weiter. Der Verkauf von Gas an Gasunternehmen könne nach der Wertung des § 3 I Nr. 1 EnWG nicht der Genehmigungspflicht unterliegen.

[324] *Börner* - Strombörsenengagements, in: VW 2000, 245 [248].

[325] www.eex.de.

[326] www.lpx.de.

[327] Vgl. dazu auch *Barth*-Strombörse, in: RdE 2000, 139 [141f.].

[328] vgl. FAZ vom 01.03.2002 „Deutsche Strombörsen vollziehen Fusion", S. 21.

[329] zum rechtlichen Rahmen der Strombörsen: *Barth*-Strombörse, in: RdE 2000, 139ff.; *Börner*-Strombörsenengagement, in: VW 2000, 245ff..

[330] Nach § 2 III der 3. DVO zum EnWG 1935 idF vom 12.12.1985 (BGBl 1985 I, S. 2252), mussten jedoch gewisse Leistungswerte überschritten werden.

[331] *Regierungsbegründung* zu § 3, BT-Drs 13/7274, S. 15.

[332] *Regierungsbegründung* zu § 3, BT-Drs 13/7274, S. 15.

möchte. Richtiger ist die Rechtfertigung der Regelung durch Danner, der eine Genehmigungspflicht schon mangels Schutzbedürftigkeit des verbundenen Unternehmens verneint.[333] Insgesamt dürfte die Vorschrift (insbesondere für den Gassektor) vernachlässigbare ökonomische Bedeutung haben.

Schließlich ist nach 3 Abs. 1 Satz 2 Nr. 2 EnWG auch die Versorgung von Abnehmern außerhalb der allgemeinen Versorgung im Sinne von § 10 Abs. 1 EnWG genehmigungsfrei, sofern die Belieferung überwiegend aus Anlagen zur Nutzung erneuerbarer Energien, aus Eigenerzeugungskapazitäten oder aus Kraft-Wärme-Kopplungsanlagen erfolgt. Diese Norm hat jedoch nur für die Elektrizitätswirtschaft Bedeutung und bleibt hier unberücksichtigt.

3) Ein nach Tätigkeiten differenzierendes System in Frankreich

In Frankreich unterliegen die Aktivitäten im Bereich der Gaswirtschaft ebenfalls der Genehmigungspflicht. Der GasG-E kennt anders als das EnWG keinen einheitlichen Genehmigungstatbestand, sondern differenziert nach den Aktivitäten der Lieferung (unten **a.**), des Transports (unten **b.**) und der Verteilung von Gas (unten **c.**).

(a) Die Lieferung von Gas (la fourniture de gaz naturel)

Die Genehmigungspflicht („autorisation“) besteht gemäß Art. 7 Abs. 1 GasG-E für die „fourniture de gaz naturel“. In der Gasrichtlinie wird das französische Wort „fourniture“ sowohl für das deutsche Wort „Versorgung“,[334] als auch das Wort „Lieferung“[335] verwandt. Die präzise Übersetzung ist jedoch „Lieferung“, da der Begriff der „Versorgung“ besser von dem Wort „approvisionnement“ umschrieben ist, welches der GasG-E im Zusammenhang mit gemeinwirtschaftlichen Verpflichtungen ebenfalls verwendet.

Der GasG-E kennt keine Definition des Begriffs der Gaslieferung, so dass seine Bedeutung auch nach französischem Recht durch Auslegung zu ermitteln ist. Während die französische Methodenlehre im 19. Jahrhundert eine wortgetreue exegetische Auslegung verfolgt haben, ist sie im 20. Jahrhundert dazu übergegangen, den Text nach dem umfassenden modernen Methodenkanon der grammatikalischen, historischen, soziologischen, psychologischen und teleologischen Auslegung zu interpretieren.[336]

Der Wortlaut „fourniture ist mehrdeutig. Nach Art. 2 Nr. 7 der Gas-RL erfasst er sowohl die Lieferung, als auch den Verkauf von Gas. Aus dem GasG-E ergibt sich keine Präzisierung des Wortes. Die amtliche Begründung zu Art. 7 GasG-E lässt jedoch ein weites Verständnis des Gesetzgebers erkennen. Denn danach umfasst die Aktivität der „fourniture de gaz naturel“ die Abnahme von Erdgas aus dem Ausland, die Lieferung von Erdgas ins Ausland sowie den Ankauf von Erdgas im Hinblick auf den

---

[333] *Danner*, in Obernolte/Danner, § 3 EnWG, Rn. 7.
[334] Vgl. Art. 2 Nr. 7 der jeweiligen sprachlichen Fassungen der Richtlinie 98/30.
[335] Vgl. Art. 4 Abs. 1 der jeweiligen sprachlichen Fassungen der Richtlinie 98/30.
[336] *Sonnenberger/Autexier*-französisches Recht, Pt. 3.

Verkauf und die Lieferung von Gas an den Endkunden.[337] Diese Definition geht über die reine Versorgungstätigkeit hinaus. Indem also auch der Ankauf von Erdgas im Hinblick auf den Verkauf als „fourniture" verstanden wird, scheint auch der Gashandel der Genehmigungspflicht unterworfen zu sein.

Die Systematik spricht ebenfalls für eine weite Auslegung. Denn der physische überregionale Transport von Erdgas wird in Art. 20 GasG-E einer besonderen Genehmigungspflicht unterworfen. Die mit dem körperlichen Transport des Gases verbunden Risiken werden durch diese Genehmigung präzise erfasst. Hätte der Gesetzgeber auch hinsichtlich der Lieferung nur die mit dem physischen Transport verbunden Risiken erfassen wollen, hätte er einen einheitlichen Genehmigungstatbestand schaffen können.

Auch der Sinn und Zweck des Gesetzes spricht für die Erfassung des Gashandels. Der französische Gesetzgeber begreift die Genehmigungspflicht als Mittel zur präventiven Kontrolle der Lieferungstätigkeit in der Absicht, die gemeinwirtschaftliche Aufgabe der Gaswirtschaft zu gewährleisten und die staatliche Energiepolitik umzusetzen.[338] Zu diesen Aufgaben gehört nach Art. 3 Nr. 1 GasG-E nicht nur die Versorgung von Kunden („l'alimentation"), sondern nach Nr. 2 auch die Lieferung von Gas an die Verteilerunternehmen und die zugelassenen Kunden unter Gewährung der Beständigkeit („continuité") und unter Beachtung des Prinzips der Gleichheit („égalité") und der Anpassung („adaptabilité"). Gashändler können aber sowohl mit den Endkunden als auch mit den Verteilerunternehmen direkt Geschäfte schließen. Zumindest in der Exekution ihrer vertraglichen Pflichten leisten sie somit einen Beitrag zur Beständigkeit der Gasversorgung. Gashändler unterliegen somit auch nach französischem Recht der Genehmigungspflicht.

Einschränkungen hinsichtlich des Personenkreises, welcher eine Genehmigung erhalten kann, kennt der GasG-E nicht. Damit unterscheidet er sich an einem entscheidenden Punkt vom Elektrizitätsgesetz. Jenes sieht nämlich in Art. 22 Abs. 4 EltG vor, dass im Ergebnis nur Stromerzeuger auch Stromhandel betreiben können und selbst dies nur im eingeschränkten Maße.[339]

Die bisher in der Gaslieferung tätigen Unternehmen, also GDF und die nichtverstaatlichten Verteilerunternehmen sowie gewisse kommunale Verteilerunternehmen, unterliegen allerdings keiner Genehmigungspflicht. Dies ergibt sich im Umkehrschluss aus Art. 3 Abs. 2 GasG-E. Nach dieser Vorschrift sind die genannten Unternehmen mit den gemeinwirtschaftlichen Verpflichtungen der Lieferung betraut, während sich derartige Verpflichtungen für andere Unternehmen erst aus einer Genehmigung nach Art. 7 GasG-E ergeben. Soweit die traditionellen Unternehmen mit der Erbringung von gemeinwirtschaftlichen Leistungen betraut werden, macht dies nur Sinn, wenn

---

[337] Regierungsbegründung zu Art. 7. Der Text lautet genau: " La directive permet en effet l'encadrement de l'activité de fourniture de gaz naturel, c'est-à-dire la réception en provenance de l'étranger, l'expédition à destination de celui-ci, l'achat en vue de la revente et la fourniture de gaz naturel à un consommateur final, en particulier afin d'assurer la sécurité d'approvisionnement et la continuité de la fourniture de gaz naturel."

[338] *Regierungsbegründung* zu Art. 7.

[339] Vgl. Zu dieser Regelung und ihrer Vereinbarkeit mit dem Gemeinschaftsrecht: *Lecheler/Gundel* - Umsetzung der Elektrizitäts-Binnenmarktrichtlinie in Frankreich, in: RdE 2000, 165 [172f.].

das Gesetz davon ausgeht, dass sie nicht erst noch einer Genehmigung zur Lieferung von Erdgas bedürfen.

(b) Der Transport von Gas

Frankreich war zuletzt der einzige Mitgliedstaat der Europäischen Union, in welchem sich das Transportrohrsystem in staatlichem Eigentum befand.[340] Die vier traditionellen Transportunternehmen,[341] die den Aufbau des Netzes zum Teil selbst finanziert haben,[342] haben diese Netze betrieben und dafür regelmäßig erneuerte Konzessionen für den Transport von Erdgas erhalten. Obwohl die Gasrichtlinie es nicht vorschreibt, strebt der französische Staat die Privatisierung der Transportrohrsysteme an,[343] da er die Situation in der neuen Wettbewerbssituation als nachteilig für die Transportunternehmen gewertet. Denn für sie gibt es im Wettbewerb keine Gewähr mehr, eine Neuerteilung der Konzessionen zu erhalten.[344] Somit wird im Bereich des Transports der Übergang zu einem Genehmigungssystem angestrebt. Der neue Genehmigungstatbestand für den Bau und den Betrieb von Transportnetzen weist Unterschiede zur Genehmigung der Lieferung von Gas auf.

Nach Art. 20 Abs. 1 GasG-E unterliegt der Bau und der Betrieb von Direktleitungen der Genehmigungspflicht. Diese werden in Art. 20 Abs. 1 GasG-E als die Leitungen definiert, die ausschließlich dazu genutzt werden, einer vertraglichen Verpflichtung zur Lieferung von Erdgas an *einen* zugelassenen Kunden oder zum Export von Erdgas nachzukommen. Daneben unterliegt nach Art. 20 Abs. 1 lediglich der Bau und Betrieb solcher Leitungen der Genehmigungspflicht, mit Hilfe derer die Verteilungsnetze, andere Transportnetze, industrielle Kunden oder unterirdische Speicheranlagen beliefert werden sollen. Es handelt sich dabei vor allem um die überregionalen (Fern-) Leitungen. Einen Genehmigungstatbestand für die Errichtung von Verteilernetzen enthält der Gesetzentwurf nicht, da dieser Markt in Frankreich nicht für den Wettbewerb geöffnet wird (dazu sogleich **c.**)

Von der Genehmigungspflicht macht Art. 20 Abs. 1 GasG-E ähnlich wie § 3 EnWG eine Ausnahme für Fabrikleitungen, Gasleitungen in der „näheren Umgebung" unterirdischer Gasspeicheranlagen und Gasvorkommen sowie Leitungen, mit denen Gasvorkommen zu den Aufbereitungsanlagen transportiert werden. Die Genehmigungsfreistellung für verbundene Unternehmen, die § 3 EnWG aufstellt, kennt das französische Recht aber nicht.

Die aktuellen Transportunternehmen können von der Pflicht zur Beantragung einer Genehmigung freigestellt werden. Sofern sie nämlich von ihrem Vorkaufsrecht zum Erwerb der Rohrleitungen Gebrauch machen,[345] erhalten sie die Genehmigung gemäß Art. 24 Abs. 2 GasG-E kraft Gesetz. Gesetzestechnisch ist diese Regelung unglücklich, da die Zeit zwischen dem Inkrafttreten des Gesetzes und dem eventuellen Er-

---

[340] *CSEG*; Avis sur le futur système gazier; séance du 12.10.1999.
[341] Also: GDF, CFM, SEAR und GSO.
[342] *CES* - report, S. 22.
[343] Zu den damit verbundenen Problemen, vgl. unten 3. Teil II.B.
[344] *Bricq*-report, S. 14; CES-report S. 22; CSEG - report, titre IV chapitre 1er.
[345] Vgl. dazu unten 3. Teil II.B.1).

werb der Rohrleitungsnetze unberücksichtigt bleibt. Formal gesehen agieren die Transportunternehmen dann trotz grundsätzlicher Genehmigungspflicht ohne eine solche. Sofern man davon ausgeht, dass die Transportunternehmen sich für diese Zwischenzeit nicht um eine Genehmigung bemühen müssen, ist die Regelung sogar diskriminierend, da Wettbewerber sich gemäß Art. 24 Abs. 3 GasG-E bereits vor dem Erwerb eines Rohrleitungssystems um eine Genehmigung bemühen müssen. Die rechtlichen Probleme, die sich aus dieser Bewertung ergeben, sind dadurch vermeidbar, dass man die Konzession der traditionellen Transportunternehmen mit der Genehmigung gleichsetzt.

(c) Die Verteilung von Gas

Der französische Gesetzentwurf trifft keine Regelung über die Erteilung von Transport- oder Liefergenehmigungen für die örtliche Verteilung von Gas an Endkunden. Denn Frankreich macht hier von der in Art. 3 Abs. 3 der Gasrichtlinie vorgesehenen Möglichkeit Gebrauch, keine neuen Verteilerunternehmen zuzulassen, soweit dadurch die Erfüllung der den bereits tätigen Unternehmen auferlegten besonderen gemeinwirtschaftlichen Verpflichtungen gefährdet wird.[346]

Nichtsdestotrotz ist die Erteilung von Genehmigungen für die Errichtung von Verteilernetzen und deren Betrieb im Einzelfall unter den Voraussetzungen des Art. 50 Abs. 1 des Gesetzes D.D.O.E.F. 98-546 vom 2. Juli 1998[347] in Verbindung mit Art. 10 des Dekrets N° 99-278 vom 12. April 1999[348] möglich.[349] Die hieraus resultierende schwache Öffnung ist die Reaktion Frankreichs auf die seit 1992 vor der Europäischen Kommission gegen GDF geführte Beschwerde des Syndicat Professionnel des Entreprises Gazières Non-Nationalisées (SPEGNN).[350] Die Beschwerde richtete sich dagegen, dass die nicht verstaatlichten Unternehmen praktisch keine Möglichkeit hatten, eigene Versorgungsnetze aufzubauen und zu betreiben. Denn es wurde bereits dargestellt, dass die französischen Kommunen, denen die Energieverteilung eigentlich obliegt, diese Aufgabe faktisch exklusiv an GDF konzedieren müssen.[351] Andere Unternehmen haben damit keine Möglichkeit, die örtliche Verteilung wahrzunehmen, soweit ein Verteilungsnetz besteht. Aber selbst für den Fall, dass die Kommune gar kein Verteilungsnetz besitzt, was für 82 % der Kommunen gilt,[352] war Wettbewerbern der Aufbau eines solchen Netzes untersagt. Denn auch für den Aufbau dieser Netze hatte GDF ein Monopol.[353] Ein Verteilernetz durfte GDF jedoch erst errichten, wenn das Vorhaben eine gewisse Rentabilitätsgrenze erreichen würde.[354] Selbst in

[346] Diese Voraussetzungen liegen bei der gebotenen weiten Auslegung im Ergebnis vor, vgl. unten 3. Teil III.B.2).
[347] Loi n° 98-546 du 2.7.1998 relative à la desserte en gaz, JORF du 14.04.1999, S. 5483.
[348] Décret n° 99-278 du 12.04.1999 portant application de l'article 50 de la loi n° 98-546 du 2.07.1998 et relatif à la desserte en gaz, JORF de la République Française du 14.04.1999, S. 5483.
[349] Zu den Voraussetzungen vgl. im Einzelnen unten 2. Teil I.B.2)(c).
[350] *Levasseur*-desserte gazière, in: CPN 1999, n° 2, S. 34 kommentiert den Streit.
[351] Vgl. Oben 1. Teil I.B.2)(b).
[352] *Wormser*-marché gazier, in : JCP-E 2000, 258 ; bzw. 5.500 von 36.000 Kommunen (15, 3%) nach *Le Floch-Prigent* - Énergie, in: "Vers une notion européenne de service-public", colloque de l'Assemblée nationale le 24 01. 1995, p. 28.
[353] Dieses hatte es sich erstritten, weil es den Aufbau konkurrierender Netze als Widerspruch zu seinem Verteilermonopol ansah, vgl. *Levasseur*-desserte gazière, in : CPN 1999, n ° 2, 34.
[354] *Levasseur*-desserte gazière, in : CPN 1999, n ° 2, 34 [35].

den Fällen, in denen GDF den Ausbau des Verteilungsnetzes wegen Nichterreichen der Rentabilitätsgrenze ablehnen musste, war anderen Unternehmen ein Aufbau aber untersagt. Es lag ein klassischer Fall eines versagenden Monopols im Sinne von Art. 82 EGV vor.[355] Nach mehrjähriger Verhandlung erklärte sich die französische Regierung schließlich unter dem Druck der Kommission zu einer teilweisen Öffnung der Verteilungsebene für den Wettbewerb bereit. Durch das Gesetz D.D.O.E.F. vom 2. Juli 1998 wurden dafür die (engen) Voraussetzungen geschaffen (dazu sogleich im Rahmen der Genehmigungsfähigkeit unten **B.**).

B. Die Genehmigungsfähigkeit

Indem die Gasrichtlinie in Art. 4 Abs. 2 bestimmt, dass die Mitgliedstaaten, die über ein Genehmigungssystem verfügen, die Genehmigungserteilung objektiven und nicht diskriminierenden Kriterien zu unterwerfen haben, die bis spätestens zum 04. Februar 2001 zu veröffentlichen waren, nimmt sie Einfluss auf die nationalen Verwaltungsverfahren zur Genehmigungserteilung.

Von einem diskriminierungsfreien Genehmigungsverfahren darf für die Verteilung von Gas abgewichen werden. Zum einen sieht Art. 4 Abs. 4 vor, dass die Erteilung einer zweiten Genehmigung für den Bau und Betrieb einer Gasleitung in einem Gebiet verweigert werden darf, wenn in diesem Gebiet bereits entsprechende Leitungsnetze vorhanden sind oder geplant werden und die bestehenden oder geplanten Kapazitäten nicht ausgelastet sind. Zum anderen ermöglicht Art. 3 Abs. 3 der Gasrichtlinie den Mitgliedstaaten noch viel weitergehend, generell die in Art. 4 statuierte Pflicht zur Schaffung diskriminierungsfreier Genehmigungsverfahren in Bezug auf die Verteilung nicht anzuwenden, soweit die Anwendung dieser Regeln, und damit die Zulassung von Wettbewerbern die Erfüllung der den Erdgasunternehmen übertragenen gemeinwirtschaftlichen Aufgaben de jure oder de facto verhindern würde und soweit die Entwicklung des Handelsverkehrs nicht in einem Maße beeinträchtigt wird, das den Interessen der Gemeinschaft zuwider läuft. Von dieser faktischen Ausnahme der Gasverteilung von der Liberalisierung macht der französische Gesetzgeber Gebrauch (unten **2**). Der deutsche Gesetzgeber hat die Verteilung keiner Sonderregelung unterworfen, sondern etabliert einheitliche Kriterien für die Genehmigungsfähigkeit (und **1**).

1) Die Genehmigungsfähigkeit nach dem EnWG

§ 3 EnWG sieht erstmals Kriterien für die Vergabe von Genehmigungen vor. Sie sind in Abs. 2 in Form von Versagungsgründen negativ definiert. Damit will der Gesetzgeber den Vorgaben der Richtlinie genügen und reagiert auf die Kritik an dem kriterienlosen Genehmigungsvorbehalt des § 5 EnWG 1935.[356] Die einzelnen Genehmigungsvorbehalte konnten unter diesem nur unpräzise aus der Präambel des EnWG 1935 abgeleitet werden,[357] weswegen sich die Norm vereinzelt dem Vorwurf der Ver-

---

[355] *Levasseur*-desserte gazière, in: CPN 1999, n° 2, S. 34 [35].
[356] Zu diesem Begriff, vgl. *Gassner*-Genehmigungsvorbehalte, S. 41ff..
[357] *Büdenbender*-Energieaufsicht, in: DVBl 1999, 7 [9].

fassungswidrigkeit wegen Verstoßes gegen den Bestimmtheitsgrundsatz[358] bzw. wegen eines Verstoßes gegen Art. 12 Abs. 1 GG und 28 Abs. 2 GG ausgesetzt sah.[359] Die vormals vertretene und von Lehre[360] und Rechtsprechung[361] zu Recht[362] kritisierte Auffassung dürfte nunmehr nicht mehr aufrecht zu halten sein.[363]

Die von § 3 EnWG normierten Kriterien sind als Versagungsgründe ausgestaltet. A contrario kann aus ihnen abgeleitet werden, welche Voraussetzungen vorliegen müssen, damit die Genehmigung erteilt werden kann.[364] Aus § 3 Abs. 2 Nr. 1 ergibt sich das persönliche Kriterium, dass Energieversorgungsunternehmen eine dauerhafte Gewähr dafür bieten müssen, eine möglichst sichere, preisgünstige und umweltverträgliche Energieversorgung erbringen zu können und hierzu die persönliche, technische und wirtschaftliche Leistungsfähigkeit zu besitzen. Dies verlangt die Prognose der Genehmigungsbehörde darüber, ob der Antragsteller auf Dauer hinreichend qualifiziertes Personal und ausreichend Kapital besitzt, um eine Energieversorgung entsprechend den Zielen des § 1 EnWG zu gewährleisten.[365]

In struktureller Hinsicht kann die Genehmigung verweigert werden, wenn die Aufnahme der Elektrizitätsversorgung durch den Antragsteller die Versorgungsbedingungen insgesamt verschlechtern würde bzw. sich für bestimmte Versorgungsgebiete erhebliche Nachteile ergeben würden. Diese heftigst kritisierte[366] Bestimmung mit Bestandsschutzcharakter gilt hingegen nicht für den Gassektor, obwohl Art. 4 Abs. 3 der Richtlinie sie rechtfertigen könnte.[367]

Liegen keine Versagungsgründe vor, was von der Behörde aufzuklären und darzulegen ist,[368] muss sie die Genehmigung erteilen, denn nach § 3 Abs. 2 EnWG, darf die Genehmigung nur bei Vorliegen zumindestens eines Versagungsgrundes[369] versagt werden. Hinsichtlich des Versagens hat die Behörde in diesem Fall ein gebundenes Ermessen.[370] Liegen aber keine Versagungsgründe vor, ist die Behörde gebunden und

---

[358] *Gassner*-Genehmigungsvorbehalte, S. 251 nimmt einen Verstoß gegen den Bestimmtheitsgrundsatz an. Allerdings sei § 5 I EnWG einer bestimmtheitsgebotskonformen Auslegung zugänglich, S. 260. § 5 EnWG sei danach so auszulegen, dass die Genehmigung nur versagt werden könne, wenn dies erforderlich sei, um eine sichere und billige Energieversorgung zu gewährleisten.
[359] *Zenke*-Genehmigungszwänge, nimmt einen unverhältnismäßigen Eingriff in Art. 12 I GG an (S. 222) und sieht in der Norm auch eine unverhältnismäßige Einschränkung der kommunalen Selbstverwaltungsgarantie, S. 237.
[360] Vgl. im Einzelnen die Nachweise bei *Ludwig/Odental*; § 5 EnWG, Rn. 1. Und aus neuerer Zeit: *Danner*, in: Obernolte/Danner, § 3, Rn. 1; *Büdenbender*-Energieaufsicht, in: DVBl 1999, 7 [14].
[361] Vgl. v.a. *BGH*, 22.12.1955 - 2 ZR 1/54 -Rbeil 1956, 25.
[362] Sofern man einen Eingriff in die Verfassungsgüter bejaht, ist festzustellen, dass er jedenfalls gerechtfertigt wäre, da die Genehmigungspflicht auch unter dem alten EnWG der Sicherstellung der Ungefährlichkeit der Energieversorgung und somit dem Schutz von überragend wichtigen Gemeinschaftsgütern diente. Die gemeindliche Selbstverwaltungsgarantie steht zudem unter Gesetzesvorbehalt.
[363] *Zenke*-Genehmigungszwänge, S. 249 hingegen nimmt auch eine Verfassungswidrigkeit des neuen § 3 EnWG an.
[364] So stellt der Gesetzgeber auch in der Gesetzesbegründung fest: § 3 II „Nummer 1 bestimmt die Anforderungen, denen der Antragsteller genügen muss.", BT-Drs 13/7274, S. 15.
[365] *T/B/K*, § 3 EnWG, Rn. 45.
[366] *Büdenbender*-Energieaufsicht, in: DVBl 1999, 7 [15]; *Becker*-Betriebsaufnahmegenehmigung, in: RdE 2000, 7 [15] hält die Norm gar für verfassungswidrig. *Saljé*-Neuregelung des Energiewirtschaftsrechts, in: NVwZ 1998, 916 [919] hält die Norm jedenfalls für verfassungsmäßig.
[367] *Regierungsbegründung* zu § 3 Abs. 2 EnWG, BT-Drs. 13/7274, S. 15f.; *T/B/K*, § 3 EnWG, Rn. 48.
[368] Vgl. *Danner*, in: Obernolte/Danner, § 3 EnWG, Rn. 14.
[369] Vgl. *Schneider*, in: Böwing, EnWG 1998, Art. 1 § 3, Pt. 3.1.
[370] *T/B/K*, § 3 EnWG, Rn. 43f..

besitzt keinen Ermessensspielraum, so dass ein Rechtsanspruch auf Genehmigungserteilung gegeben ist.[371] Auch auf der Tatbestandsebene hat sie keinen Beurteilungsspielraum, ihre Entscheidung ist voll überprüfbar.[372]

2) In Frankreich

Entsprechend dem differenzierenden System der Genehmigungspflichtigkeit wird in Frankreich auch hinsichtlich der Genehmigungsfähigkeit differenziert.

(a) Die Kriterien für die Erteilung der Liefergenehmigung

Art. 7 Abs. 1 GasG-E sieht vor, dass die Lieferung von (juristischen) Personen erbracht werden kann, die ihren Sitz in einem der Mitgliedstaaten der Europäischen Gemeinschaft haben bzw. in einem anderen Staat, mit dem ein Abkommen besteht, welches eine Gleichbehandlung vorsieht.[373] Daraus ergibt sich umgekehrt die Möglichkeit der Verweigerung für Unternehmen aus Drittstaaten. Diese Beschränkung kennt das EnWG nicht.

Nach Art. 7 Abs. 2 ist Bedingung für die Erteilung einer Liefergenehmigung, dass der Antragsteller die nötigen technischen, wirtschaftlichen und finanziellen Voraussetzungen zur Erdgaslieferung vorweist. Des weiteren muss Einverträglichkeit mit den Prinzipien und Missionen des service-public, insbesondere mit der Sicherheit der Gasversorgung, der Dauerhaftigkeit der Lieferung und dem Schutz der Umwelt, bestehen. Es handelt sich hierbei um ein persönliches Kriterium, das sicherstellen soll, dass die Einhaltung der Gesetzesziele durch das beantragende Unternehmen gewährleistet wird. Zwar ließe der Wortlaut auch auf ein strukturelles Kriterium im Sine des Art. 4 Abs. 3 der Gasrichtlinie schließen, wonach eine Genehmigung versagt werden könnte, wenn die Aufnahme der Liefertätigkeit die Tätigkeit anderer Unternehmen nachteilig behindern würde. Nach der amtlichen Begründung der Regierung ist aber vor Erteilung der Genehmigung lediglich zu prüfen, ob die beantragenden Unternehmen die *Fähigkeit* besitzen, die gemeinwirtschaftlichen Ziele einzuhalten.[374] Diese restriktive Lesart ergibt sich auch aus der Verpflichtung der Staaten gemäß Art. 4 Abs. 2 der Gasrichtlinie zur Schaffung transparenter und nichtdiskriminierender Kriterien zur Genehmigungserteilung.

(b) Die Kriterien für die Erteilung der Transportgenehmigung

Das Verstaatlichungsgesetz von 1946 sah in Art. 8 Abs. 3 Nr. 1 vor, dass der Transport von Erdgas nur von Unternehmen erbracht werden durfte, an denen der französische Staat mindestens 30% des Kapitals hielt. Diese im eklatanten Widerspruch zu den Grundfreiheiten des EGV stehende Vorschrift wird durch Art. 31 Abs. 1 Nr. 2 GasG-E abgeschafft. Im Übrigen macht das Gesetz die Genehmigungserteilung nicht vom Sitz des Antragstellers abhängig.

---

[371] *Danner*, in: Obernolte/Danner, § 3 EnWG, Rn. 13; T/B/K, § 3 EnWG, Rn. 43f..

[372] anders *Danner*, in: Obernolte/Danner, § 3 EnWG, Rn. 13.

[373] Der letzte Halbsatz ist nicht in dem Gesetz erwähnt, seine Notwendigkeit ergibt sich jedoch aus Sinn und Zweck.

[374] Vgl. *Regierungsbegründung* zu Art. 7 Abs. 3.

Die inhaltlichen Anforderungen gehen über die Anforderungen an die Lieferungsgenehmigung insoweit hinaus, als nach Art. 21 GasG-E die Sicherheit und Zuverlässigkeit der Rohrleitungen sowie der sonstigen Transportinfrastrukturen bei der Erteilung der Genehmigung zu berücksichtigen sind. Darüber hinaus entsprechen die Genehmigungsvoraussetzungen denen zur Erteilung der Liefergenehmigung, sind aber per Dekret zu präzisieren.

(c) Die Kriterien für die Erteilung der Vertriebsgenehmigung

Die Genehmigungen für die Verteilung von Gas unterliegen einem speziellen diskriminierenden System. Frankreich macht insoweit Gebrauch von der in Art. 4 Abs. 3 der Gasrichtlinie vorgesehenen Möglichkeit, das Prinzip der nicht diskriminierenden Genehmigungserteilung nicht auf die Gasverteilung anzuwenden. Im Ergebnis kommt es dadurch nur zu einer minimalistischen Öffnung der Verteilung.[375]

Das Dekret vom 12. April 1999[376] ermöglicht die Vergabe von Genehmigungen für den Bau und den Betrieb von Verteilungsnetzen überhaupt nur, soweit GDF diese Gebiete nicht bereits versorgt und soweit die betreffenden Kommunen sich nicht in den dreijährigen Entwicklungsplan eingeschrieben haben (plan de desserte gazière). Damit ist ausgeschlossen, dass GDF in einem Versorgungsgebiet überhaupt dem Wettbewerb ausgesetzt ist. Die weiteren Genehmigungsvoraussetzungen des Art. 10 des Dekretes ähneln den Voraussetzungen für die Erteilung einer Liefergenehmigung mit zwei bedeutenden Unterschieden. Einerseits ist die Fähigkeit zur Erbringung von Leistungen des service-public nicht Genehmigungsvoraussetzung. Andererseits verlangt die Norm, dass das beantragende Unternehmen eine in das französische Handelsregister (registre du commerce et des sociétés) eingetragene Niederlassung in Frankreich haben muss. Dies wirft Bedenken angesichts der Freizügigkeitsregelungen des EGV auf.

Bei der Vertriebstätigkeit handelt es sich um eine gemischte Tätigkeit, die sowohl Dienstleistungselemente als auch Elemente des Warenverkehrs beinhaltet.[377] Auf welche Grundfreiheit abzustellen ist, hängt vom Schwerpunkt der Tätigkeit im Angesicht des Regelungsgehalt der Vorschrift ab. Soweit sie Bedingungen betrifft, die beim Vertrieb von Waren einzuhalten sind, sind die Vertragsbestimmungen über den freien Warenverkehr anzuwenden.[378] Betrifft sie Bedingungen der Art und Weise der Dienstleistungserbringung, sind die Regeln über die Dienstleistungsfreiheit anzuwenden. Die Unterscheidung ist hier von entscheidender Bedeutung.

Geht man davon aus, dass die Niederlassungspflicht die Gasversorgung schwerpunktmäßig in ihrer Warenbezogenheit betrifft, dann liegt ein Verstoß gegen Art. 28 EGV vor. Denn das Erfordernis, zur Erbringung dieser Tätigkeit eine Handelsniederlassung zu gründen und diese in das Handelsregister einzutragen, ist eine Maßnahme

---

[375] *Carbonnier*-ouverture à la concurrence; in: RE 1998, 502 [503] erwartet daraus zu optimistisch eine weitreichende Öffnung.
[376] Dekret n° 99-278 vom 12. 04. 1999 vgl. Fn. 348.
[377] Vgl. oben 2. Teil I.A.1)(a)(bb).
[378] *EuGH*, 30.04.1991 - Rs. C-239/90 (SCP Boscher u.a./SA British Motors Wright u.a.) -, E 1991, I-2023, Rn. 7ff..

gleicher Wirkung, die potentiell geeignet ist, den Warenverkehr mittelbar zu behindern.[379] Eine derartige Maßnahme erschwert einem mitgliedstaatlichen Verteilerunternehmen den Verkauf von Gas in Frankreich. Die Eintragung ins Handelsregister ist auch nicht durch zwingende Interessen des Allgemeinwohls gerechtfertigt. Insbesondere sind die Verbraucher unabhängig von der Eintragung des Unternehmens hinreichend geschützt. Vor allem können sie nach Art. 15, 16 der VO 44/2001[380] auch etwaige Ansprüche gegen das Unternehmen am Ort ihres Wohnsitzes geltend machen. Diese Rechtsprechung des EuGH wird auch nicht durch die Keck-Rechtsprechung[381] in Frage gestellt.[382] Nach richtiger Interpretation der Keck-Rechtsprechung des EuGH fallen nur solche nicht diskriminierenden Maßnahmen nicht in den Anwendungsbereich des Art. 28 EGV, die auf keinen produktbezogenen[383] aber auch auf keinen auf den zwischenstaatlichen Handel bezogenen Ordnungsvorschriften beruhen.[384] Zulässig sind also Vorschriften, die sich auf die Marktteilnahme beziehen; an Art. 28 EG zu messen sind Vorschriften, die sich auf den Marktzugang beziehen. VorschDas Erfordernis einer eingetragenen Handelsniederlassung ist zwar nicht unmittelbar produktbezogen, es regelt aber auch nicht nur eine Verkaufsmodalität. Das Erfordernis der Eintragung ins Handelsregister ist vielmehr eine Voraussetzung für den Verkauf als solchen und damit eine Ordnungsvorschrift.

Bezieht man die Niederlassungspflicht hingegen schwerpunktmäßig auf den Dienstleistungscharakter des Gasvertriebs, so liegt in Art. 10 des Dekrets vom 12. April 1999 keine Vertragsverletzung. Zwar stellt die Unterwerfung des Rechts zur Erbringung einer Dienstleistung unter eine Residenzpflicht eine unzulässige Beschränkung nach Art. 49 EGV dar,[385] doch dessen Anwendungsbereich wäre gar nicht eröffnet. In Abgrenzung zur Niederlassungsfreiheit ist vom Tatbestand der Dienstleistungsfreiheit nämlich nur die vorübergehende Erbringung einer Dienstleistung erfasst.[386] Von einer solchen kann bei einer dauerhaften Vertriebstätigkeit aber keine Rede sein. Wenn man also den Vertrieb von Gas als Dienstleistung qualifiziert, unterliegt diese dauerhaft in Frankreich erbrachte Dienstleistung der Niederlassungsfreiheit. Die Pflicht zur Eintragung ins Handelsregister stellt dann keinen Verstoß gegen Art. 43, 48 EGV dar, was auf der Hand liegt.

Es kommt also entscheidend darauf an, ob die Regelung des Dekrets schwerpunktmäßig den Vertrieb als Dienstleistung oder als Warenvertrieb erfasst. In einem Urteil

---

[379] *EuGH*, 28.02.1984 - Rs. 247/81 (Kommission/BRD) -, E 1984, 1111, Rn. 2ff.; *EuGH*, 30.04.1991 - Rs. C-239/90, (Boscher u.a. / SA British Motors Wright u.a.) -, E 1991, I-2023, Rn. 16ff.

[380] VO 44/2001 des Rates vom 22.12.2000 über die gerichtliche Zuständigkeit und die Anerkennung und Vollstreckung von Entscheidungen in Zivil- und Handelssachen, Abl. EG L 12 vom 16.02.2001, S. 1 (vormals: EuGVÜ).

[381] *EuGH*, 24.11.1993 - Rs. C-267, 268/91 (Strafverfahren gegen Keck und Mithouard) -, E 1994, I-6097, Rn. 16ff..

[382] *Müller-Graff*, in: G/T/E, Art. 30, Rn. 131. Vgl. auch Art. 2 Abs. 3 lit g) der Richtlinie 70/50/EWG; anders: *Becker*, in Schwarze, Art. 28 EGV, Rn. 72.

[383] *EuGH*, 06.07.1995 - Rs C-470/93 (Verein gegen Unwesen in Handel und Gewerbe Köln e.V./ Mars GmbH) -, E 1995, I-1936.

[384] *Müller-Graff*, in: G/T/E, Art. 30, Rn. 253.

[385] Vgl. *EuGH*, 09.03.2000 - Rs. C-358/98 (Kommission / Italien) -, E 2000, I-1255, Rn. 14; *Troberg*, in: G/T/E, Art. 59, Rn. 7; *Holoubek*, in: Schwarze, Art. 49, Rn. 68ff..

[386] vgl. nur *Lechler*-Europarecht, S. 273.

vom 28. Februar 1984 hat der EuGH ohne weiteres angenommen, dass die Formulierung des § 9 Abs. 2 Arzneimittelgesetz:

> "Arzneimittel dürfen im Geltungsbereich dieses Gesetzes nur durch einen pharmazeutischen Unternehmer in den Verkehr gebracht werden, der im Geltungsbereich dieses Gesetzes seinen Sitz hat"

in die Warenverkehrsfreiheit eingreift.[387] "Inverkehrbringen" bezeichnete nach § 4 Abs. 17 des Arzneimittelgesetzes "das Vorrätighalten zum Verkauf oder zu sonstiger Abgabe, das Feilhalten, das Feilbieten und die Abgabe an andere." In einem Urteil vom 30. April 1991 hatte der Gerichtshof befunden, dass eine französische Regelung, die Versteigerungen solchen Unternehmen vorbehielt, die seit mindestens zwei Jahren im örtlichen Handelsregister eingetragen waren, einen Verstoß gegen die Warenverkehrsfreiheit darstellen würde.[388]

Diese Rechtsprechung ist auf den Vertrieb von Gas nicht ohne Weiteres übertragbar. Denn bei dieser Tätigkeit wird Gas nicht lediglich zur Abgabe vorrätig gehalten, bzw. auf eine ganz bestimmte Art und Weise verkauft. Der Vertrieb von Gas umfasst vielmehr einerseits die Abgabe der Ware Gas an den Endverbraucher und zum Anderen den Betrieb des Versorgungsnetzes sowie die Verwaltung gegenüber dem Kunden und den Geschäftspartnern. Das Erfordernis der Niederlassung behindert aber, anders als im Fall des deutschen Arzneimittelgesetzes oder des französischen Versteigerungsgesetzes, nicht die Möglichkeit, Gas in den französischen Markt einzuführen. Denn ungeachtet der Niederlassungspflicht für Gasverteilerunternehmen kann weiterhin jedermann das Verteilerunternehmen oder zugelassene Kunden mit Gas beliefern. Das Dekret reglementiert also nicht den Import von Gas, sondern nur die Dienstleistung des Vertriebs, die gewissermaßen der Wareneinfuhr nachgelagert ist. Diese Dienstleistung ist zwangsläufig mit einer dauerhaften Niederlassung verknüpft, da ein kommunaler Gasvertrieb angesichts der Notwendigkeit, den Verkauf zu organisieren, ohne die Ansiedelung von Unternehmensteilen nicht denkbar ist. Das Dekret fällt also in den Anwendungsbereich von Art. 43 EGV. Die Maßnahme ist mithin nicht gemeinschaftsrechtswidrig.

C. Das Genehmigungsverfahren

Art. 4 Abs. 2 der Gasrichtlinie determiniert das nationale Verwaltungsverfahrensrecht weiterhin derart, dass die Mitgliedstaaten die Genehmigungen nach einem diskriminierungsfreien Verfahren zu erteilen haben, dessen Vorschriften sie (ebenfalls) bis zum 04. Februar 2001 veröffentlichen mussten (dazu unten **1.**). Gemäß Art. 4 Abs. 3 der Gasrichtlinie muss die Verweigerung der Genehmigung dem Antragssteller mitgeteilt werden und gegenüber der Kommission gerechtfertigt werden. Die Mitgliedstaaten haben Rechtsbehelfe zuzulassen (unten **3.**). Die Richtlinie enthält keine Angaben darüber, ob der Entzug einer erteilten Genehmigung möglich ist (unten **2.**).

---

[387] *EuGH*, 28.02.1984 – 247/81 (Kommission / Deutschland) -, E 1984, 1111, Rn. 4.
[388] *EuGH*, 30.04.1991 - Rs. C-239/90 (SCP Boscher u.a./SA British Motors Wright u.a.) -, E 1991, I-2023, Rn. 7ff..

1) Genehmigungserteilung

Die Genehmigungserteilung erfolgt sowohl in Deutschland (unten **a.**) als auch in Frankreich (unten **b.**) im Wesentlichen nach dem allgemeinen Verwaltungsrecht.

(a) In Deutschland

Die Genehmigung nach § 3 Abs. 1 EnWG ist ein mitwirkungsbedürftiger Verwaltungsakt im Sinne von § 35 Satz 1 VwVfG.[389] Hinsichtlich seiner Erteilung sind mithin gemäß §§ 1, 9 VwVfG in Ermangelung von Sonderregeln die Regeln der Verwaltungsverfahrensgesetze des Bundes bzw. der Länder anzuwenden. Das Fehlen einer Sonderregelung ist unbedenklich, da das Ziel der Richtlinie mit dem bestehenden Recht erreicht werden kann.[390]

Gemäß § 10 VwVfG ist das Genehmigungsverfahren an keine bestimmte Form gebunden. Sachlich zuständig ist in der Regel die Energieaufsichtsbehörde. Deren Bestimmung obliegt den Bundesländern im Rahmen ihrer Vollzugsaufgabe nach Art. 83 GG.[391] Örtlich zuständig ist die Behörde des Bundeslandes, in welchem das Unternehmen tätig werden möchte. In der Regel werden Energieversorgungsunternehmen aber nicht nur regional beschränkt tätig werden wollen. In diesem Fall ist es der Behörde nicht möglich, eine auf das einzelne Bundesland beschränkte Genehmigung zu erteilen, da schon die Richtlinie eine solche Beschränkung nicht vorsieht.[392] Die Genehmigung kann grundsätzlich bei jeder Landesbehörde beantragt werden, die die Genehmigung bei Nichtvorliegen der Versagungsgründe mit Geltung für das ganze Bundesgebiet erlässt.[393]

Gemäß § 24 VwVfG muss sie den Sachverhalt erforschen, wobei den Antragsteller als Beteiligter im Sinne des § 13 Abs. 1 Nr. 1 VwVfG eine Mitwirkungspflicht gemäß § 26 Abs. 2 VwVfG trifft. Die Behörde muss ihn gegebenenfalls zur Ergänzung seiner Angaben und Vorlage von Unterlagen auffordern.[394] Insbesondere obliegt es der Behörde im Rahmen der Amtsermittlung, das Vorliegen von Versagungsgründen darzulegen. Das antragstellende Unternehmen ist als Beteiligter anzuhören, §§ 28 Abs. 1, 13 Abs. 1 Nr. 1 VwVfG. Dritte können gemäß § 28 Abs. 2 VwVfG ebenfalls angehört werden, soweit sie durch den Ausgang des Verfahrens in ihren rechtlichen Interessen berührt sind. Erteilt eine Landesbehörde, wie es der Regelfall sein wird, eine Genehmigung mit Wirkung für die anderen Bundesländer, so sind die Behörden

---

[389] vgl. nur *T/B/K*, § 3 EnWG, Rn. 64.
[390] Eine Richtlinie braucht dann nicht durch ein innerstaatliches Gesetz umesetzt zu werden, wenn seine Rechtslage bereits dem durch die Richtlinie zu erreichenden Standard entspricht; vgl. *EuGH*, Rs. 248/83 (Kommission/Deutschland) - , E 1985; *EuGH*, 09.04.1987 - Rs. 363/85 (Kommission/ Italien) - E 1987, 1733; *Manin*-communautés européennes, Rn. 579ff; *Simon*-système juridique, Rn. 220.
[391] *Ehlers/Pünder*, in: Achterberg/Püttner/Würtenberger-Besonderes Verwaltungsrecht I, § 4 Energiewirtschaftsrecht, Rn. 25.
[392] vgl. zur Reichweite der Genehmigung unten 2. Teil I.D.1)(a).
[393] *Ehlers/Pünder*, in: Achterberg/Püttner/Würtenberger-Besonderes Verwaltungsrecht I, § 4 Energiewirtschaftsrecht, Rn. 25.
[394] *T/B/K*, § 3 EnWG, Rn. 65.

dieser Länder zwar nicht Beteiligte, aber gemäß § 13 Abs. 3, § 28 Abs. 1 VwVfG ebenfalls anzuhören.[395]

Der Verwaltungsakt selbst kann bei Vorliegen der materiellen Voraussetzungen formlos ergehen.[396] Wird die Genehmigung durch schriftlichen Verwaltungsakt verweigert, ist dieser gemäß § 39 VwVfG zu begründen. Darüber hinaus ergibt sich ein Recht auf eine Begründung für jeden versagenden Verwaltungsakt jedoch unmittelbar aus Art. 4 Abs. 3 der Gasrichtlinie, die insoweit unmittelbar anwendbar ist.

(b) In Frankreich

Das Gasgesetz und die in seiner Anwendung ergangenen Dekrete enthalten nur unvollständige Regelungen des Verwaltungsverfahrens (unten **aa.**). Ergänzend ist auf das allgemeine Verwaltungsverfahrensrecht zurückzugreifen (unten **bb.**).

(aa) Die Vorgaben des Energierechts

Für die Erteilung einer Liefergenehmigung bestimmt Art. 7 Abs. 1 GasG-E lediglich, dass der mit Energie beauftragte Minister die Liefergenehmigungen erteilt und gemäß Art. 7 Abs. 5 eine Liste mit den zugelassenen Lieferanten erstellen und veröffentlichen muss. Der Ablauf des Genehmigungsverfahrens bleibt damit offen. Hinsichtlich der Erteilung der Transportgenehmigung hat der Conseil d'État im Unterschied dazu die Regeln des Verfahrens im Einzelnen per Dekret zu bestimmen. Art. 21 GasG-E verpflichtet ihn im Einklang mit der Richtlinie, eine Begründungspflicht im Falle der Genehmigungsverweigerung zu verlangen.

Die Vertriebsgenehmigung wird gemäß Art. 5 des Dekrets 99-278 vom für Energie zuständigen Minister erteilt. Bei ihm ist ein Antrag auf Genehmigungserteilung zu stellen, der alle notwendigen Informationen einschließlich eines Berichts über die angestrebten Aktivitäten enthalten muss. Wenn der Minister nach Zugang des kompletten Antrags nicht innerhalb von 2 Monaten über den Antrag entscheidet, gilt die Genehmigung als erteilt.

(bb) Die Vorgaben des allgemeinen Verwaltungsverfahrensrechts

Soweit der Entwurf des Gasgesetzes das Verwaltungsverfahren nicht näher präzisiert, ist auf das allgemeine Verwaltungsverfahrensrecht zurückzugreifen. Ein geschriebenes Verwaltungsverfahrensrecht existiert in Frankreich nur rudimentär. Wichtige Regeln enthält das Gesetz n° 79-587 vom 11. Juli 1979[397] und das Dekret n° 83-1025 vom 28. November 1983.[398] Im übrigen haben sich die allgemeinen Regeln aber als case-law entwickelt.[399]

---

[395] *Knack*-VwVfG, § 13, Pt. 6; *Bonk/Schmitz*, in: Stelkens/Bonk/Sachs, § 13 VwVfG, Rn. 6.
[396] *T/B/K*, § 3 EnWG, Rn. 69.
[397] Loi n° 79-587 du 11.07.1979 relative à la motivation des actes administratifs et à l'amélioration des relationsentre l'administration et le public. Geändert durch die Loi 86-76 vom 17.01.1986.
[398] Décret n° 83-1025 du 28 11. 1983 concernant les relations entre l'administration et les usagers.
[399] *Brown/Bell*-French Administrative Law, S. 293ff..

Einer Schriftform bedürfen Handlungen der Verwaltungen danach nur, wenn das Gesetz dies vorschreibt.[400] Es ist davon auszugehen, dass die in Ergänzung zu Art. 7, 20 GasG-E ergehenden Dekrete diese Schriftform vorschreiben werden. Wird ein Genehmigungsantrag abgelehnt, nur unter Auflagen erteilt oder zurückgenommen, so ist diese Ablehnung gemäß Art. 1 des Gesetzes n° 79-587 vom 11. Juli 1979 individuell[401] zu begründen. Fehlt eine individuelle Begründung, so ist der Verwaltungsakt vom Verwaltungsgericht für nichtig zu erklären.[402]

Ergeht innerhalb einer Frist von vier Monaten nach Antragstellung keine Genehmigung, so gilt der Antrag als abgelehnt.[403] Da das französische Verwaltungsrecht keine Verpflichtungs- und Untätigkeitsklage kennt, wird durch diese Fiktion die Möglichkeit geschaffen, die stillschweigende Ablehnungsentscheidung gerichtlich anzugreifen.[404] Etwas anderes gilt gemäß Art. 22 Satz 1 des Gesetzes n° 2000-321 vom 12. April 2000[405] nur für den Fall, dass ein Dekret festlegt, dass das zweimonatige Schweigen der Verwaltung wie eine Bewilligung des Antrags gelten soll. Eine solche Regel gibt es gemäß Art. 5 des Dekrets 99-278 nur für Vertriebsgenehmigungen,[406] nicht jedoch für die Liefer- und Transportgenehmigungen.

Art. 5 des Gesetzes vom 11. Juli 1979 legt allerdings fest, dass die stillschweigend ergangene Entscheidung nicht allein dadurch rechtswidrig ist, dass sie keine Begründung enthält. Das betroffene Unternehmen muss vielmehr gemäß Art. 5 Satz 2 des Gesetzes vom 11. Juli 1979 zunächst binnen einer Frist von 2 Monaten nach der stillschweigenden Ablehnung einen Antrag auf nachträgliche Mitteilung der Ablehnungsgründe stellen. Spätestens nach Ablauf einer Begründungsfrist von einem Monat beginnt dann erneut die Rechtsmittelfrist von zwei Monaten zu laufen.[407] Eine erneute Untätigkeit des Ministers, die Gründe mitzuteilen, wird nicht als neue implizit ergangene Entscheidung gewertet, so dass der Bürger den ablehnenden Bescheid dann mit der Begründung der materiellen oder formellen Rechtswidrigkeit anfechten kann.[408]

Gemäß Art. 8 des Dekrets vom 28. November 1983 muss stets eine Anhörung des Antragstellers und der betroffenen Personen erfolgen, wenn gemäß Art. 1 Abs. 1 des Gesetzes vom 11. Juli 1979 für einen Verwaltungsakt eine Begründung erforderlich ist, wenn also etwa eine Genehmigung verweigert wird oder unter Auflagen erteilt wird. Der Antragsteller hat das Recht zur schriftlichen Äußerung, die betroffenen Personen sind lediglich zu hören.

---

400 *Laubadère/Venezia/Gaudemet*-droit administratif, Tome 1, Rn. 941.
401 *C.E.*, 18. 05. 1990, Association arménienne d'aide solciale, A.J.D.A. 1990, 722.
402 *Laubadère/Venezia/Gaudemet*-droit administratif, Tome 1, Rn. 944.
403 *Laubadère/Venezia/Gaudemet*-droit administratif, Tome 1, Rn. 942.
404 *Eisenberg*-Anhörung, S. 170.
405 Loi 2000-321 du 12.04.2000 relative aux droits des citoyens dans leurs relations avec les administrations.
406 Im Telekommunikationsrecht beispielsweise auch für die Genehmigung von Tarifen, vgl. Annex 17 Abs. 3 des Décret 96-1225 du 27.12.1996 portant approbation du cahier des charges de France Télécom.
407 *C.E.*, 29.3.1985, Testa, Rec. 93.
408 *Laubadère/Venezia/Gaudemet*-droit administratif, Tome 1, Rn. 944.

2) Der Entzug der Genehmigung

Die Gasrichtlinie hat den Entzug der Genehmigung nicht geregelt. Daraus kann jedoch nicht das Verbot des Genehmigungsentzugs geschlossen werden, denn dies widerspräche dem Sinn und Zweck der Gasrichtlinie. Soweit nämlich die Genehmigung an das Vorliegen gewisser Voraussetzungen geknüpft werden kann, muss umgekehrt auch der Entzug der Genehmigung möglich sein, wenn diese Voraussetzungen nicht mehr vorliegen.

Im deutschem Verwaltungsrecht richtet sich der Widerruf einer ursprünglich rechtmäßig erteilten Genehmigung nach § 49 Abs. 2 VwVfG.[409] Hier ist insbesondere von Bedeutung die Nr. 3, wonach der Verwaltungsakt auch dann widerrufen werden darf, wenn die Behörde aufgrund nachträglich eingetretener Tatsachen berechtigt wäre, den Verwaltungsakt nicht zu erlassen und wenn ohne den Widerruf das öffentliche Interesse gefährdet würde. Dies wäre der Fall, wenn das Gasversorgungsunternehmen im Laufe der Zeit persönliche, technische oder wirtschaftliche Defizite aufweisen würde, die ein Erreichen der Ziele des EnWG gefährden würden.

In Frankreich sieht Art. 18 Abs. 2 GasG-E ausdrücklich vor, dass die Genehmigung entzogen werden kann, wenn das Unternehmen gegen seine Obliegenheiten gemäß Art. 40 des Elektrizitätsgesetzes vom 10. Februar 2000 verstößt. Dies ist etwa der Fall, wenn das Unternehmen seiner Verpflichtung zur Gewährleistung von Netzzugang oder Veröffentlichung und Bereitstellung von Informationen nicht nachkommt. Der Widerruf der Genehmigung bedarf gemäß Art. 8 des Dekrets vom 28. November 1983 und Art. 1 Abs. 1 des Gesetzes vom 11. Juli 1979 der Begründung und der vorherigen Anhörung des betroffenen Unternehmens.

3) Rechtschutz

Die Rechtsschutzmöglichkeiten gegen die Genehmigungsverweigerung oder den Genehmigungsentzug weisen in Deutschland keine Besonderheiten auf (unten **a.**). Dies gilt im Prinzip auch für das französische Recht. Wegen seiner Unterschiede zum deutschen Recht soll es gleichwohl ausführlicher dargestellt werden (unten **b.**).

(a) In Deutschland

Die Versagung der Genehmigung ist im deutschen Recht mit der Verpflichtungsklage in Form der Versagungsgegenklage und der Genehmigungsentzug mit der Anfechtungsklage nach § 42 Abs. 1 VwGO anzugreifen. Zuvor ist jeweils das Widerspruchsverfahrens gemäß § 68 Abs. 1 und 2 VwGO innerhalb der Frist von einem Monat nach Erlass des betreffenden Bescheids (§ 70 Abs. 1VwGO) durchzuführen. Sofern die Behörde trotz des Antrags gänzlich untätig geblieben ist, kommt auch die Erhebung einer Untätigkeitsklage gemäß § 75 VwGO nach Ablauf von drei Monaten seit Antragstellung in Betracht. Einstweiliger Rechtsschutz kann im Wege der einstweiligen Anordnung in Form der Regelungsanordnung gemäß § 123 VwGO nur in-

---

[409] *Kühne*-Rolle des Staates, in: BB 2000, Beilage 6, 4 [8].

soweit gewährt werden, als eine Genehmigung vorläufig erteilt wird, denn die Hauptsache darf jedenfalls nicht vorweggenommen werden.[410]

Danner weist zu Recht darauf hin, dass eine Anfechtung eines Genehmigungsbescheids durch ein konkurrierendes Unternehmen mangels drittschützenden Charakters von § 3 EnWG nicht in Betracht kommt.[411]

(b) In Frankreich

In Frankreich ist im Falle der Versagung der Genehmigung bzw. des Entzugs der Genehmigung Rechtsschutz gemäß Art. L 211-1 des Verwaltungsgerichtsgesetzes[412] im Wege des "recours pour excès de pouvoir" vor den Verwaltungsgerichten zu suchen. Letztinstanzlich entscheidet der Conseil d'État über die Klage, vgl. Art. L 11-1 des Verwaltungsgerichtsgesetzes. Die der Anfechtungsklage entfernt verwandte Klageart ist auf die Aufhebung einer vollziehbaren Entscheidung durch den Verwaltungsrichter wegen deren Rechtswidrigkeit gerichtet. Rechtsfolge einer erfolgreichen Anfechtungsklage ist stets die ex tunc Nichtigkeit des angegriffenen Aktes.[413] Eine Verpflichtungsklage im eigentlichen Sinne kennt das französische Rechtsschutzsystem nicht. Da die Verwaltung jedoch bei der begründeten Anfechtungsklage verpflichtet ist, alles zu tun, um die Situation herzustellen, die bestünde, wenn der nichtige Verwaltungsakt nicht erlassen worden wäre, kann Rechtsfolge des Angriffs gegen einen versagenden Verwaltungsakt auch der Erlass des begünstigenden Verwaltungsaktes sein.[414] Wegen der Abweichungen zum deutschen Verwaltungsprozessrecht, sollen die Zulässigkeits- (unten **aa.**) und Begründetheitsvoraussetzungen (unten **bb.**) im Einzelnen dargestellt werden.

(aa) Zulässigkeitsvoraussetzungen

Der „recours pour excès de pouvoir“ kann gegen jedes Verwaltungshandeln erhoben werden, also auch gegen ministerielle Akte[415] und die stillschweigende Ablehnung einer Genehmigungserteilung.[416] Weitere Zulässigkeitsvoraussetzungen ist die „qualité d'agir“, die die Partei- und Prozessfähigkeit des Klägers betrifft. Diesbezüglich ist die Rechtsprechung sehr großzügig,[417] so dass ein belastetes Erdgasunternehmen stets Partei- und Prozessfähigkeit besitzt. Zu der „qualité d'agir“ zählt auch der „intérêt pour agir“ oder „intérêt froissé“[418], das Rechtsschutzinteresse. Dieser Begriff umfasst

---

[410] *Kopp/Schenke*, § 123 VwGO, Rn. 13.
[411] Vgl *Danner*, in: Obernolte/Danner, § 3 EnWG, Rn. 19.
[412] Geschaffen durch die Ordnonnance n° 2000-387du 4.05.2000 relative à la partie Législative du code de justice administrative.
[413] *Laubadère/Venezia/Gaudemet*-droit administratif, Rn. 745; *Debbasch/Ricci*-contentieux administratif, Rn. 885.
[414] Vgl auch: *Junker*-Verwaltungsakt, S. 147ff..
[415] Es handelt sich dann um einen "acte administratif émanant du ministre en tant que autorité administrative". Keiner Kontrolle unterliegen hingegen die sogenannten "actes de gouvernement". Das sind hoheitliche Handlungen, die aufgrund ihrer ihres politischen Charakters einzig der exekutiven Gewalt zugeordnet sind. Es ist die Rechtsprechung, die durch Begrenzung ihrer Kontrollbefugnisse den "acte de gouvernement" definiert hat. Vgl. *De Laubadère/Venezia/Gaudemet*-Droit administratif Tome 1, Rn. 676, 909ff..
[416] *De Laubadère/Venezia/Gaudemet*-Droit administratif Tome 1, Rn. 674f..
[417] *De Laubadère/Venezia/Gaudemet*-Droit administratif Tome 1, Rn. 685.
[418] *De Laubadère/Venezia/Gaudemet*-Droit administratif Tome 1, Rn. 686.

in Frankreich auch die „Klagebefugnis“[419] und dient der Abgrenzung zur Popularklage. Es ist dabei einer der wesentlichen Unterschiede zum deutschen Verwaltungsprozessrecht,[420] dass der Kläger im Rahmen der Zulässigkeit keine Verletzung eines subjektiven Rechts dartun muss,[421] sondern nur ein direktes und persönliches Interesse an der Aufhebung der gerügten Maßnahme.

Schließlich darf dem Kläger kein anderes Rechtsmittel zur Verfügung stehen, welches zum gleichen Ziel führt. Ein Widerspruchsverfahren etwa im Fall des Genehmigungsentzugs braucht aber nicht durchgeführt zu werden. Die Klage ist innerhalb einer Frist von zwei Monaten nach Bekanntgabe der Entscheidung, im Falle der Genehmigungsversagung durch Schweigen also sechs Monate nach dem Antrag, einzureichen.[422] Im Falle des Schweigens kann sich die Frist durch einen Antrag auf Abgabe einer Begründung um bis zu 3 Monate verlängern.[423]

Der „recours pour excès de pouvoir“ hat im Gegensatz zum deutschen Recht keinen Suspensiveffekt.[424] Die Verwaltungsgerichte können jedoch gemäß Art. L. 521-1ff. des Verwaltungsgerichtsgesetzes auf Antrag die Vollziehung von Anordnungen der Verwaltung, etwa des Genehmigungsentzugs, aussetzen.

(bb) Begründetheit

Administrative Akte unterliegen der formellen („légalité externe“) wie der materiellen Rechtmäßigkeitskontrolle („légalité interne“).[425] Im Rahmen der formellen Rechtmäßigkeit überprüft das Verwaltungsgericht die Zuständigkeit der Behörde und etwaige Verfahrensmängel. Im Rahmen der Verfahrensfehler wird zwischen absoluten („formalités substantielles“) und relativen Verfahrensmängeln („formalités accessoires“) unterschieden.[426] Nur ein absoluter Verfahrensmangel führt sofort zur Aufhebung des angegriffenen Aktes. Zu diesen absoluten Mängeln zählt die fehlende Begründung eines ausdrücklichen Verwaltungsaktes.[427] Für die stillschweigend ergangene Ablehnung gilt dies erst nach neuerlich verweigerter Begründung.[428]

Die materielle Prüfung umfasst eine Zweckmäßigkeitskontrolle („détournement de pouvoir“)[429] und eine Rechtmäßigkeitskontrolle im engeren Sinn.[430] Die Rechtmäßig-

---

[419] *Hübner/Constantineso*-französisches Recht, S. 103.
[420] Es sei angemerkt, dass die Anforderungen, die der EuGH an die Nichtigkeitsklage nach Art. 230 EGV stellt, von dem "intérêt pour agir" beeinflusst sind, vgl. Rengeling/Middeke/Gellermann-Rechtsschutz, Rn. 159.
[421] *Woehrling*-französische Verwaltungsgerichtsbarkeit, in: NVwZ 1985, 21ff.
[422] Schweigen gilt nach Ablauf von 4 Monaten als Verweigerung, vgl. *Laubadère/Venezia/Gaudemet*-droit administratif, Tome 1, Rn. 942.
[423] vgl. oben 2. Teil I.C.1)(b).
[424] *Hübner/Constantinesco*-französisches Recht, S. 101.
[425] *Vedel/Delvolvé*-droit administratif, Bd. 2, S. 295ff..
[426] *Debbasch/Ricci*-contentieux administratif, Rn. 856.
[427] *Debbasch/Ricci*-contentieux administratif, Rn. 859.
[428] Vgl. oben 2. Teil I.C.1)(b).
[429] Schlette präsentiert drei verschiedenen Formen dieser Zweckverfehlung, *Schlette*-verwaltungsgerichtliche Kontrolle, S. 181ff.: Zum einen, wenn ein nicht mehr im öffentlichen Interesse liegender Zweck verfolgt wird, zum anderen wenn die getroffene Maßnahme zwar abstrakt betrachtet zweckmäßig ist, aber nicht dem gesetzlichen Zweck entspricht und schließlich, wenn ein Verfahren zur Verfolgung eines Zwecks gebraucht wird, zu dem es nicht vorgesehen ist. Vgl. auch: *Debbasch/Ricci*-contentieux administratif, Rn. 861 ff..
[430] *Vedel/Delvolvé*-droit administratif, Bd. 2, S. 295ff..

keitskontrolle im engeren Sinne ist erneut zweigeteilt. Wenn die tatsächlich gesetzte Rechtsfolge nicht gesetzt werden durfte, weil sie einer geschriebenen oder ungeschriebenen höherrangigen Rechtsnorm widerspricht, ist der Verwaltungsakt rechtswidrig („violation directe de la règle de droit" oder „illégalité relative à l'objet de l'acte").[431] Von entscheidender Bedeutung ist aber die Rechtswidrigkeit der Beweggründe des Verwaltungsaktes („l'erreur de droit et l'erreur de fait" oder: „illégalité relative aux motifs de l'acte"). Hier wird geprüft, ob der Verwaltungsakt die rechtmäßige Rechtsfolge der tatsächlich gegebenen Tatbestandsvoraussetzungen ist.[432] Zum einen prüft das Verwaltungsgericht, ob die Behörde die Tatsachen richtig ermittelt hat („l'exactitude matérielle des faits"). Dann prüft es, ob die ermittelten Tatsachen den Tatbestand der Rechtsnorm bilden, aufgrund derer der Verwaltungsakt erlassen wurde („l'exactitude de la qualification juridique").[433] Eine Verhältnismäßigkeitsprüfung („l'adéquation de la décision aux motifs") findet nur ausnahmsweise, vor allem im Polizeirecht, statt.[434]

Ist der Behörde durch die Rechtsnorm ein Ermessen oder Beurteilungsspielraum eingeräumt worden („pouvoir discrétionnaire"), hat das Verwaltungsgericht nur eine eingeschränkte Prüfungskompetenz. Es prüft weiterhin vollumfänglich die formellen Rechtsmäßigkeitsvoraussetzungen, die Zweckmäßigkeit der Maßnahme und die Tatsachenermittlung. Die Prüfung der Tatbestandsvoraussetzungen und die Verhältnismäßigkeit der Rechtsfolge werden hingegen nicht überprüft.[435] Nur schwerwiegende und offensichtliche Beurteilungsfehler („erreur manifeste d'appréciation") werden mittlerweile überprüft.[436] Der französische Begriff des „pouvoir discrétionnaire" ist damit wesentlich weiter als der deutsche Begriff des Ermessens: er umfasst auch den Beurteilungsspielraum.[437]

Die französische Verwaltungslehre nimmt an, dass jegliche Unbestimmtheit einer Norm der Verwaltung ein „pouvoir discrétionnaire" gewährt.[438] Für die Genehmigungserteilung bzw. den Genehmigungsentzug bedeutet dies, dass das Gasgesetz der Verwaltung einen verwaltungsgerichtlich kaum überprüfbaren Entscheidungsspielraum einräumt. Denn Art. 7 GasG-E präzisiert zwar die Kriterien für die Erteilung einer Liefergenehmigung, bindet den Minister aber nicht. Art. 20 Abs. 1 GasG-E macht die Erteilung einer Transportgenehmigung von einer vorherigen verwaltungsgerichtlichen Prüfung abhängig, enthält aber auch keine bindenden Vorschriften. Gleich-

---

431 *Debbasch/Ricci*-contentieux administratif, Rn. 866; *Schlette*-verwaltungsgerichtliche Kontrolle, S. 188.

432 *Debbasch/Ricci*-contentieux administratif, Rn. 867ff.; *Hübner/Constaninesco*-Einführung, S. 117f..

433 *De Laubadère/Venezia/Gaudemet*-droit administratif I, Rn. 738; *Debbasch/Ricci*-contentieux administratif, Rn. 867ff.; Schlette - verwaltungsgerichtliche Kontrolle, S. 189ff..

434 *Debbasch/Ricci*-contentieux administratif, Rn. 867ff.; *Schlette*-verwaltungsgerichtliche Kontrolle, S. 218ff..

435 *De Laubadère/Venezia/Gaudemet*-droit administratif I, Rn. 739; *Debbasch/Ricci*-contentieux administratif, Rn. 873; *Schlette*-verwaltungsgerichtliche Kontrolle, S. 189ff. Die offensichtliche Unverhältnismäßigkeit der Rechtsfolge ist regelmäßig nur in beamtenrechtlichen Streitigkeiten von Bedeutung.

436 Eine Leitentscheidung gibt es nicht. Vergleiche zur Entwicklung der Rechtsprechung: *Schlette*-verwaltungsgerichtliche Kontrolle, S. 245ff..

437 *Schlette*-verwaltungsgerichtliche Kontrolle, S. 95ff. spricht vom Ausdruck einer autonomen Verwaltung.

438 *De Laubadère/Venezia/Gaudemet*-droit administratif I, Rn. 892: "En définitive, la vieille définition, souvent citée, donnée par Michoud demeure excellente: "Il y a pouvoir discrétionnaire, toutes les fois qu'une autorité agit librement, sans que la conduite à tenir lui soit dictée à l'avance par une règle de droit."" (Micoud, Étude sur le pouvoir discrétionnaire, Revue générale d'administration 1914, III, Seite 9.

wohl sind diese Normen gemeinschaftsrechtskonform auszulegen.[439] Gemäß Art. 4 Abs. 2 der Gasrichtlinie ist die Genehmigung zu erteilen, wenn die nichtdiskriminierenden und transparenten Genehmigungsvoraussetzungen erfüllt sind. Diesen Genehmigungsmaßstab werden auch die Verwaltungsgerichte zu berücksichtigen haben. Jedenfalls wenn die Genehmigung gegen die Richtlinie verstößt, muss damit auch nach französischem Recht eine Überprüfbarkeit des insoweit eingeschränkten Ermessens möglich sein.[440]

D. Die Reichweite der Genehmigung

Die Reichweite der Genehmigung kann hinsichtlich ihrer sachlichen (unten **1.**)und ihrer persönlichen Reichweite (unten **2.**) unterschieden werden.

1) Die sachliche Reichweite der Genehmigung

(a) Die sachliche Reichweite der Genehmigung nach § 3 Abs. 1 EnWG

Unter § 5 Abs. 1 EnWG 1935 wurde davon ausgegangen, dass ein Unternehmen, welches bereits im Bereich der Elektrizitäts- oder Gasversorgung tätig war, der Genehmigungspflicht unterlag, wenn es die Versorgungstätigkeit mit einer der anderen Energiequellen aufnehmen wollte.[441] Büdenbender ist jetzt der Auffassung, die für die „Energieversorgung" erteilte Genehmigung erstrecke sich sowohl auf die Elektrizitäts- wie auf die Gasversorgung und könne nur einheitlich ergehen.[442] Dies ergebe sich daraus, dass § 3 Abs. 1 EnWG hinsichtlich der Genehmigung nur auf die Energieversorgung abstellt, an anderer Stelle das Gesetz aber zwischen der Elektrizitäts- und der Gasversorgung differenziert. Richtigerweise ergibt sich die Möglichkeit der Behörde, eine differenzierende Genehmigung zu erteilen, aus der Tatsache, dass nach § 3 Abs. 2 EnWG an die Strom- und Gasversorgung unterschiedliche Genehmigungsanforderungen gestellt werden.[443]

Becker geht davon aus, dass die Genehmigungsbehörde auch typisierte Genehmigungen für einzelne Aktivitäten erlassen kann.[444] Dieses wäre nach dem Wortlaut des § 3 EnWG nur möglich, soweit die Genehmigung mit Auflagen versehen werden kann. Die Zulässigkeit von Nebenbestimmungen richtet sich mangels Bestimmungen des EnWG wegen des Charakters der Genehmigung als gebundene Entscheidung nach § 36 Abs. 1 VwVfG.[445] Danach kann die Genehmigungserteilung nur dann mit Nebenbestimmungen versehen werden, wenn sie anderweitig nicht erlassen werden könn-

---

[439] Zur richtlinienkonformen Auslegung: *CE* Ass. 22.12.1990 - Ministre du Budget / Cercle militaire mixte de la caserne Mortier, Rec. S. 271 = AJDA 1990, 328; CE 29.12.1995 - Sté Sudfer, Rec. S. 465; *TA Pau*, 02.12.1992 - Association France-Nature-Environnement et autres, RFDA 1993, 286; *Dal Farra*-invocabilité, in: RTDE 1992, 634 [664ff.].

[440] *Gundel*-französische Rechtsordnung, S. 426f..

[441] Vgl *Danner*, in: Obernolte/Danner, § 3 EnWG, Rn. 10.

[442] *Büdenbender*-Energieaufsicht, in: DVBl 1999, 7 [14]; so auch: *T/B/K*, § 3 EnWG, Rn. 30ff..

[443] *Becker*-Betriebsaufnahmegenehmigung, in: RdE 2000, 7 [12]; Ebenso *Danner*, in: Obernolte/Danner, Fn.306 , § 3 EnWG, Rn. 10.

[444] *Becker*-Betriebsaufnahmegenehmigung, in: RdE 2000, 7 [12].

[445] *Ule/Laubinger*, § 50 VwVfG, Rn. 18.

te,[446] wenn also etwa erst die Auflage gewährleistet, dass der Antragsteller die persönliche, technische oder wirtschaftliche Gewähr für eine sichere, preisgünstige und dauerhafte Versorgung der Kunden mit Gas bietet. Absolute Grenze ist dabei die Ausrichtung der Nebenbestimmung an dem Zweck des EnWG. Die von Becker erwogene Möglichkeit der Beschränkung der Genehmigung auf konkrete Aktivitäten (eine modifizierende Auflage) scheint nicht ausgeschlossen, da vorstellbar ist, dass eine Genehmigungserteilung auf die generelle Gasversorgung etwa daran scheitert, dass der Antragsteller nicht die ausreichende wirtschaftliche Risikoabdeckung für z.B. die Fernleitung von Gas mitbringt. Es sind jedoch insgesamt hohe Anforderungen an die Auflagenerteilung zu stellen. Die von Danner erwogene regionale Beschränkung der Genehmigung[447] ist angesichts des Ziels, die Gebietsmonopole aufzubrechen, nicht nur wenig zweckmäßig, sondern auch mit der Gasrichtlinie nicht vereinbar. Nach Art. 4 Abs. 1 der Gasrichtlinie haben Mitgliedstaaten die Genehmigungen nämlich für ihr Hoheitsgebiet zu erteilen.[448]

(b) Die sachliche Reichweite der Genehmigung in Frankreich

(aa) Die sachliche Reichweite der Liefergenehmigung

In Frankreich wird die Liefergenehmigung stets mit Auflagen erteilt. Sie ist von Anfang an auf bestimmte Kundengruppen reduziert, da sie gemäß Art. 7 Abs. 1 präzisieren muss, an welche Kunden der Genehmigungsinhaber zu liefern berechtigt ist. Diese Einschränkung korreliert mit der nur teilweisen Öffnung des französischen Gasmarktes. Diese Beschränkung steht nicht im Widerspruch zur Gasrichtlinie, da diese eine teilweise Marktöffnung zulässt. Darüber hinaus wird die Genehmigung stets mit einem Pflichtenheft verbunden (cahier des charges). Dieses Pflichtenheft enthält die zu erfüllenden gemeinwirtschaftlichen Verpflichtungen. Es wird vom Conseil d'État erstellt und ist je nach zu beliefernder Kundengruppe und der Art des Lieferanten unterschiedlich. Der Conseil d'État hat schon im Vorfeld Fallgruppen spezifische Pflichtenhefte zu erstellen.

(bb) Die sachliche Reichweite der Transportgenehmigung

Art. 23 Abs. 1 Satz GasG-E verschafft dem Inhaber der Transportgenehmigung das bisher durch die Konzession verliehene Recht zur Nutzung des öffentlichen Bodens (le droit d'occuper le domaine public). Art. 20 Abs. 4 GasG-E bestimmt im Sinne einer besonderen Eigentumsgarantie, dass die vom Genehmigungsinhaber errichteten Bauwerke sein Eigentum sind und bleiben.

Den Errichtungsarbeiten kommt gemäß Art. 23 Abs. 1 Satz 2 GasG-E kraft der Genehmigung der Charakter von „travaux publics" („öffentlichen Arbeiten") zu. Als travaux publics bezeichnet das französische Verwaltungsrecht normalerweise nur die-

---

[446] Anders *Kopp/Ramsauer*, § 36 VwVfG, Rn. 47, die § 36 Abs. 2 VwVfG in analoger Anwendung auch auf gebundene Entscheidungen erstrecken wollen. Dazu fehlt es aber bereits an der planwidrigen Regelungslücke.

[447] Vgl *Danner*, in: Obernolte/Danner, § 3 EnWG, Rn. 16.

[448] Gegen die territoriale Beschränkung auch : *T/B/K*, § 3 EnWG, Rn. 28. Eine Differenzierung wäre allenfalls hinsichtlich der Genehmigungen für die Verteilung denkbar.

jenigen Arbeiten, die für eine Person des öffentlichen Rechts durchgeführt werden. Eine Arbeit wird dann für eine Person des öffentlichen Rechts ausgeführt, wenn sie ein Gut betrifft, dass im öffentlichen Eigentum steht oder wenn es sich um die Konstruktion eines Gutes handelt, welches in das Eigentum des Staates fallen wird.[449] Die Arbeiten müssen im allgemeinen Interesse erbracht werden.[450] Arbeiten für das Gut einer Person des Privatrechts können nach der Rechtsprechung des Conseil d'État nur dann travaux publics sein, wenn sie vom Staat in Erfüllung eines service-public erbracht werden.[451]

Die Rechtsfolge der Qualifikation einer Arbeit als travail public ist, dass sie rechtlich, ebenso wie die zu ihrem Zweck geschlossenen Verträge und die sich aus ihrer Ausführung ergebenden Schäden dem Verwaltungsrecht und damit der Verwaltungsgerichtsbarkeit zugeordnet werden.[452] Die Verträge werden somit als öffentlich-rechtliche Verträge betrachtet.[453] Dieser Vertragstypus privilegiert die Verwaltung. Sie hat ein besonderes Kontroll- und Weisungsrecht, welches durch Pflichtenhefte umschrieben wird. Sie kann regelmäßig die Material- und Personalwahl kontrollieren und bestimmen,[454] den Ablauf der Arbeiten festlegen, sowie in gewissen Grenzen einseitig den Vertrag ergänzen und komplettieren.[455] Über die Regeln des normalen Zivilrechts hinaus hat die Verwaltung bei den travaux-publics ein besonderes vereinfachtes Sanktionsrecht. Neben der simplen Festlegung von schadensunabhängigen Vertragsstrafen, kommen die Ersatzvornahme im Wege der Régie und die Vertragsauflösung in Betracht.[456] Des weiteren hat derjenige, der ein travail public ausführt, das Recht zur Benutzung von privatem unbebauten Boden für einen Zeitraum von maximal 5 Jahren zum Zwecke der Ausführung des travail public gegen Entschädigung.[457]

In letzter Konsequenz bedeutet Art. 23 Abs. 1 Satz 2 GasG-E eine Verabschiedung vom bisherigen System der travaux publics, da nunmehr auch die Konstruktion von einer juristischen Person des Privatrechts für sich selbst (vgl. Art. 20 Abs. 4 GasG-E) als travail public klassifiziert wird. Damit wird ein Vertrag zwischen Privaten dem öffentlichen Recht zugeordnet. Diese Zuordnung ist dem französischen Verwaltungsrecht nicht fremd. Insbesondere wurde sie auch bisher für Rechtsstreitigkeiten hinsichtlich der Benutzung des öffentlichen Bodens vorgenommen, soweit der Nutzungsberechtigte Konzessionär eines service-public war.[458]

Nach Art. 23 Abs. 2 GasG-E kann der öffentliche Nutzen ("l'utilité publique") der Errichtung und des Betriebs von Transportleitung zur Gewährleistung der Versorgung

---

[449] *Chapus*-droit administratif général, Bd. 2, Rn. 588; *CE*, 10.5.1921, Commune de Monségur, D 1922.3.36.
[450] *Auby/Ducos-Ader*-droit administratif, Rn. 338.
[451] z.B. der Wiederaufbau kriegszerstörter Häuser durch den Staat für eine Privatperson: *TC*, 28.3.1955, Effimieff, S. 616, AJ 1955, 2, S. 332; vgl. die weiteren Beispiele bei *Chapus*-droit administratif général, Rn. 591.
[452] Sogenannter effet attractif *Chapus*-droit administratif, Rn. 609ff..
[453] *Chapus*-droit administrqatif, Rn. 639ff.; *Auby/Ducos-Ader*-droit administratif, Rn. 371ff..
[454] *Auby/Ducos-Ader*-droit administratif, Rn. 372.
[455] *Auby/Ducos-Ader*-droit administratif, Rn. 373ff..
[456] *Auby/Ducos-Ader*-droit administratif, Rn. 377ff..
[457] vgl. *Chapus*-droit administratif, Rn. 609ff..
[458] vgl. *Guiavarc'h*- nature juridique des contrats, in : RCDPS 2001 n° 13, 41 [52].

nicht zugelassener Kunden und der öffentlichen Verteilungsnetze erklärt werden. Die Erklärung kann auch für die Errichtung und den Betrieb von solchen Direktleitungen abgegeben werden, die der Versorgung derjenigen zugelassenen Kunden dienen, die keinen Zugang zum Netz Dritter erhalten haben. Die Erklärung des öffentlichen Nutzens gewährt dem Genehmigungsinhaber insbesondere das Recht, gegenüber Privatpersonen, gegen Entschädigung, Grunddienstbarkeiten zur Verlegung von unterirdischen Leitungen zu bestellen. Der Gesetzentwurf erklärt aber ausdrücklich, dass die Erklärung des öffentlichen Nutzens kein Recht zur Enteignung gewährt, im Gegensatz zu der regelmäßigen Rechtsfolge der Erklärung des öffentlichen Nutzens.[459] Die Erklärung des öffentlichen Nutzens erfolgt gemäß Art. 23 Abs. 2 GasG-E auf Antrag des Genehmigungsinhabers nach einem Prüfverfahren, dessen nähere Ausgestaltung einem Dekret des Conseil d'État vorbehalten bleibt.

Die Transportgenehmigung hat gemäß Art. 20 Abs. 3 GasG-E keine Konzentrationswirkung. Andere Genehmigungen, also etwa die Baugenehmigung oder die Genehmigung nach dem Immissionsschutzrecht, sind weiterhin einzuholen.

2) Persönliche Reichweite der Genehmigung

Die Liberalisierung der Gasindustrie wird deren Umstrukturierung mit sich bringen. Dies wirft die Frage nach der Übertragbarkeit oder Weitergeltung der Genehmigung auf. Nur das französische Gasgesetz regelt ausdrücklich den Fall, dass ein vom Genehmigungsinhaber verschiedenes Unternehmen die bisher vom Genehmigungsinhaber erbrachten Leistungen durchführt (unten **a.**). Weder das EnWG noch das französische Gasgesetz regeln jedoch den praktisch wichtigen Fall, dass das die Leistung erbringende Unternehmen seine Rechtsform ändert, etwa weil es mit einem anderen Unternehmen fusioniert oder sich ansonsten umwandelt (unten **b.**).

(a) Wechsel des Leistungserbringers

Soweit Unternehmen Versorgungsanlagen von Dritten übernehmen, unterliegen sie nach französischem Recht der Genehmigungspflicht. Denn gemäß Art. 7 Abs. 1 und 20 Abs. 2 GasG-E ist die Genehmigung persönlich und nicht übertragbar. Bei einem Wechsel des Betreibers („changement d'opérateur"), kann sie allerdings nach diesen Vorschriften mit Zustimmung des für Energie zuständigen Ministers übertragen werden.

Nach dem EnWG bedarf ein neuer Betreiber einer neuen Genehmigung, etwa wenn ein Unternehmen, das bisher nicht in der Gasversorgung aktiv war, die Gasversorgungstätigkeit eines anderen Unternehmens übernehmen möchte.[460] Denn die Genehmigung wird an ein Unternehmen, nicht aber für ein Netz erteilt.[461] Die Notwendigkeit einer neuen Genehmigung dürfte auch für den Fall bestehen, dass ein drittes Unternehmen als Subunternehmer beauftragt wird, bestimmte Leistungen der Ener-

---

[459] vgl. *Chapus*-droit administratif, Rn. 745ff..
[460] vgl. *T/B/K*, § 3 EnWG, Rn. 6.
[461] Vgl. *Danner*, in: Obernolte/Danner, § 3 EnWG, Rn. 9. Dies war auch unter dem EnWG 1935 unstreitig

gieversorgung für den Genehmigungsinhaber zu erbringen. Denn die Bevollmächtigung vermag eine Genehmigung nicht zu ersetzen.[462]

(b) Wechsel der Rechtsform des Genehmigungsinhabers

Weder das EnWG[463] noch das französische Gasgesetz treffen Regelungen zum Fortbestand einer Genehmigung, wenn sich die Rechtsform des Genehmigungsinhabers ändert.[464] Praktische Relevanz wird vor allem der Formwechsel bei einer abzusehenden Börseneinführung der Energieversorgungsunternehmen und der damit verbundenen Notwendigkeit der Umwandlung von Personengesellschaften (regelmäßig in der Form der GmbH und Co KG bzw. der SARL) in Kapitalgesellschaften haben oder bei der Fusion zweier Unternehmen unter Änderung der Rechtsform. Teilweise wird für das deutsche Recht darauf abgestellt, inwieweit der neue Träger der Energieversorgung im Kern das selbe Unternehmen sei, welches auch bisher die Versorgung übernommen habe.[465] Für eine derartige normative Betrachtung gibt es jedoch weder gesetzliche Anhaltspunkte noch eine Notwendigkeit. Denn die Anwendung der normalen Regeln des Gesellschaftsrechts führt zu befriedigenden Ergebnissen.

Das deutsche Umwandlungsgesetz ermöglicht in den §§ 191 ff. einen identitätswahrenden Formwechsel, das heißt den Erhalt einer neuen Rechtsform, unter Wahrung der alten Identität.[466] Angesichts der Identität der Rechtsträger ist davon auszugehen, dass öffentlich-rechtliche Erlaubnisse grundsätzlich erhalten bleiben.[467] Umstritten ist dies nur für personenbezogene öffentlich-rechtliche Erlaubnisse.[468] Die Genehmigung nach § 3 EnWG ist keine solche personenbezogene Erlaubnis. Zwar gehört zu den Voraussetzungen der Genehmigungserteilung, dass der Antragsteller die personelle, technische und wirtschaftliche Leistungsfähigkeit besitzt. Es handelt sich dabei jedoch im Unterschied zu den typischen gewerberechtlichen Voraussetzungen der Zuverlässigkeit, Leistungsfähigkeit oder Fachkunde nicht um Eigenschaften der Person des Antragstellers, die dieser anhaften würden.

Eine Umwandlung ist aber auch nach dem Modell der Verschmelzung, Spaltung oder der Vermögensübertragung denkbar. Für diese Fälle ordnet das Umwandlungsgesetz in § 20 Abs. 1 Nr. 1 mit Eintragung der Verschmelzung im Register des übernehmenden Rechtsträgers an, dass das Vermögen des übertragenden Rechtsträgers einschließlich der Verbindlichkeiten auf den übernehmenden Rechtsträger übergeht. Dadurch wird die Gesamtrechtsnachfolge des übernehmenden Rechtsträgers in die

---

[462] Dies ist im TKG anders geregelt. Nach § 9Abs. 2, 3. Alt ist die Überlassung der Lizenz, etwa im Wege des Betriebsführungsvertrages lediglich anzeigepflichtig, vgl. *Schütz*, in: Beck'scher TKG Kommentar, § 9 TKG, Rn. 18f.. Insofern ist aber das TKG mit dem EnWG gerade nicht vergleichbar. Denn die mit der Energieversorgung verbundenen Gefahren und Risiken sind höher einzustufen als die Risiken und Gefahren bei der Erbringung von Telekommunikationsdienstleistungen.

[463] Anders noch als § 2 EnWG 1935, wo die Rechtsform und die Eigentumsverhältnisse für den Begriff des Energieversorgungsunternehmens keine Rolle spielten.

[464] Anders etwa § 9 TKG.

[465] So *T/B/K*, § 3 EnWG, Rn. 7.

[466] *Schmidt*-Gesellschaftsrecht, S. 375.

[467] *Decher*, in: Lutter-UmwG, § 190, Rn. 3; *Dehmer*, UmwG, § 190, Rn. 5.

[468] gegen eine Fortgeltung er personenbezogenen Erlaubnisse: *Gaiser*-Umwandlung, in: DB 2000, 361 [363]; für eine Fortgeltung der personenbezogenen Erlaubnisse: *Eckert*-Formwechsel, in: ZIP 1998, 1950 [1953].

Rechtsposition des übertragenden Rechtsträgers unabdingbar angeordnet.[469] Bei der Spaltung ordnet § 131 Abs. 1 Nr. 1 UmwG die partielle Gesamtrechtsnachfolge an. Zu den derart übertragbaren Rechten gehört auch die Übertragung der Genehmigung und dies selbst dann, wenn das erwerbende Unternehmen eigentlich gar kein Energieversorgungsunternehmen ist.[470]

Neben der Umwandlung nach dem Umwandlungsgesetz ist jedoch auch der Formwechsel nach dem Anwachsungsmodell gemäß § 738 Abs. 1 Satz 1 BGB möglich.[471] Auch hier ist von der Figur der Gesamtrechtsnachfolge auszugehen. Das neue Rechtssubjekt bleibt damit Inhaber der Genehmigung, die dem Vorgänger gewährt wurde.

In Frankreich bereitet die gesellschaftsrechtliche Umwandlung ("la transformation de la société") kaum Probleme. Gemäß Art. 1844-3 des Code civil bedeutet die rechtmäßige Umwandlung einer bürgerlich-rechtlichen Gesellschaft in eine andere Gesellschaft nicht die Gründung einer neuen juristischen Person. Entsprechendes gilt auch für andere Gesellschaften, soweit ihr Unternehmenszweck ein Handelszweck ist. Dies gilt gemäß Art. 5 UA. 1 Satz 2 des Gesetzes vom 24. Juli 1966[472] auch für Handelsgesellschaften. Das sind gemäß Art. 1 des Gesetzes in jedem Fall Personengesellschaften, Kommanditgesellschaften, die société à responsabilité limitée ("S.A.R.L." entspricht der GmbH) und die société par action ("S.A." entspricht der AG). Besteht also die Rechtspersönlichkeit in der neuen Gesellschaft weiter, bestehen sämtliche unter der früheren Form eingegangenen Rechte und Pflichten der Gesellschaft fort.[473] Dies dürfte auch für die Genehmigungen nach dem Gasgesetz gelten. Somit ist das französische Recht umwandlungsfreundlich. Eine Ausnahme besteht nur für die Umwandlung von einem Groupement d'intérêt économique (G.I.E.)[474] in eine Kapitalgesellschaft, da sie eine Änderung der Rechtspersönlichkeit mit sich bringt.[475]

E. Ergebnis

Das EnWG wird bereits heute den Vorgaben der Gasrichtlinie hinsichtlich der Genehmigungserteilung gerecht, in Frankreich ist jedenfalls der Gesetzentwurf richtlinienkonform. Der große Unterschied besteht darin, dass in Frankreich Genehmigungen für den Bau- und Betrieb von kommunalen Versorgungsleitungen nur unter Einschränkungen erteilt werden. Frankreich gebraucht insofern die durch die Gasrichtlinie eröffnete Möglichkeit der Ausnahme der Gasverteilung von der Marktöffnung.

Unglücklich bleibt die fehlende Präzision der Genehmigungspflichtigkeit in Deutschland. § 3 EnWG beschreibt unzureichend, welche Tätigkeiten in der Energiewirt-

[469] *Grunewald*, in: Lutter, UmwG, § 20, Rn. 6.
[470] *Danner*, in: Obernolte/Danner, § 3, Rn. 12.
[471] Dies ist zulässig und gebräuchlich, *Schmidt*-Gesellschaftsrecht, S. 347.
[472] Loi n° 66-537 du 24 juillet 1966.
[473] *Merle*-droit commercial, Rn. 101ff..
[474] Die "wirtschaftliche Interessengemeinschaft" existiert seit 1967 und war Vorbild für die Europäische Wirtschaftliche Interessengemeinschaft. Es handelt sich um eine im Handelsregister eingetragene juristische Person mit einem wirtschaftlichen Zweck, Die Mitglieder haften persönlich, gesamtschuldnerisch und unbegrenzt mit ihrem Vermögen. Der Vorteil der G.I.E. ist, dass kein Gesellschaftsvermögen verlangt wird. Vgl. *Hübner/Constantineso*-Einführung, S. 224.
[475] *Merle*-droit commercial, Rn. 98.

schaft der Genehmigungspflicht unterliegen. Der Gesetzgeber hat hier, wie auch an anderen Stellen, kein Gespür für die Bedeutung der Liberalisierung bewiesen, die völlig neue Tätigkeitsfelder mit sich bringt. Das Fehlen einer Definition schmerzt um so mehr, als die Ausübung einer genehmigungspflichtigen Tätigkeit ohne Genehmigung gemäß § 19 Abs. 1 und 2 EnWG bei Vorsatz oder Fahrlässigkeit mit Geldbuße von bis zu 200.000 DM (102.258,38 Euro) bewehrt ist. Gängige Praxis ist es gegenwärtig, nicht nur die Tätigkeit klassischer Energieversorgungsunternehmen, sondern auch den physischen Handel einer Genehmigungspflicht zu unterwerfen. Auch der Betrieb eines Leitungsnetzes muss genehmigungspflichtig sein. Makler-, Broker- oder Finanzdienstleistungstätigkeiten in der Gaswirtschaft sind nach § 3 EnWG nicht genehmigungspflichtig.

Hinsichtlich des Verfahrens der Genehmigungserteilung, auf die ein Rechtsanspruch besteht soweit keine Versagensgründe vorliegen, gibt es keine Besonderheiten gegenüber dem allgemeinen Verwaltungsverfahrensrecht, das hierauf anwendbar ist. Entsprechendes gilt für den Rechtsschutz. Das französische Gasgesetz in seiner derzeitigen Entwurfsfassung bleibt hinsichtlich seines Genehmigungsverfahrens unbefriedigend, da wegen der Anwendbarkeit der allgemeinen Regeln der Anspruch auf Genehmigungserteilung unter Umständen erst nach langen Fristen geltend gemacht werden kann. Insoweit ergibt sich die Notwendigkeit, die im Gesetzentwurf vorgesehenen Präzisionen des Verwaltungsverfahrens durch Dekret auch vorzunehmen. Der Rechtsschutz leidet unter dem eingeschränkten Prüfungsmaßstab der Verwaltungsgerichte, der Ausdruck des französischen Verständnisses von der Gewaltenteilung ist.

Die Reichweite der Genehmigung in Frankreich überrascht, da hinsichtlich der Errichtung von Transportleitungen dem Genehmigungsinhaber schon mit der Genehmigung weitreichende Rechte zu Teil werden. Die Feststellung des öffentlichen Nutzens, die zur Inanspruchnahme privaten Bodens berechtigt, kann auf Antrag gewährt werden. Die Anforderungen hieran scheinen jedoch geringer als die Anforderungen an eine Enteignung nach § 12 Abs. 1 EnWG.

II. Die Anforderungen an die Unternehmensstruktur

Die Zulassung neuer Wettbewerber auf den bis dato monopolistisch organisierten Gasmärkten genügt für sich allein genommen noch nicht, um einen effektiven Wettbewerb entstehen zu lassen. Die traditionellen Unternehmen besitzen aufgrund ihrer Marktmacht erhebliche Wettbewerbsvorteile. Ihre vertikale Integration birgt die Gefahr versteckter Quersubventionen. Von daher sind strukturelle Maßnahmen zur Vermeidung von Wettbewerbsverzerrungen notwendig.[476] Hinter dem Erfordernis der Elektrizitätsrichtlinie, die einzelnen Aktivitäten der vertikal integrierten Unternehmen unternehmerisch zu trennen,[477] bleibt die Gasrichtlinie zurück. Sie verlangt lediglich die buchhalterische Trennung (unten **A.**), die durch die Pflicht der transparenten Buchhaltung (unten **B.**) und das Verbot der Weiterleitung sensibler Informationen innerhalb eines verbundenen Unternehmens (unten **C.**) flankiert wird. Diese weniger auf die unterschiedlichen Ansätze der Richtlinie, nämlich die Schaffung von Wettbewerb zwischen den Produzenten im Elektrizitätsmarkt und zwischen Lieferanten und Transporteuren im Gasmarkt, denn auf die effektivere Lobbyarbeit der Gasunternehmen zurückzuführende Unterscheidung[478] wird in Art. 7 Abs. 6 des Richtlinienentwurf der Kommission vom März 2001 aufgegeben.[479] Solange aber die Richtlinie kein volles Unbundling vorschreibt, ist auch der deutsche Gesetzgeber gehindert, dieses zu verlangen. Denn diese erhöhte Anforderung wäre mit dem Europarecht nicht vereinbar und würde eine Beeinträchtigung der Grundfreiheiten bedeuten, da die Erdgasunternehmen für ihre Aktivitäten auf dem deutschen Markt eine neue Struktur wählen müssten. Entgegen der Ansicht Pfletschingers[480] rechtfertigt Art. 22 der Gasrichtlinie ein Unbundling nicht. Diese Norm verlangt lediglich die Schaffung geeigneter Mechanismen für die Regulierung und ist nicht auf die strukturelle Umorganisation der Gaswirtschaft gerichtet. Dieser sind durch die speziellen Normen der Richtlinie Grenzen gesetzt.

A. Die Entflechtung der Buchführung

Nach Art. 13 Abs. 3 Satz 1 der Gasrichtlinie haben integrierte Erdgasunternehmen in ihrer Buchführung getrennte Konten für ihre Erdgasfernleitungs-, -verteilungs- und -speichertätigkeiten zu führen. Soweit sie auch außerhalb des Erdgassektors tätig sind, haben sie hierfür ebenfalls konsolidierte Konten zu führen. Dies muss so geschehen, als wenn die betreffenden Tätigkeiten von separaten Firmen ausgeführt würden. Als integrierte Gasunternehmen werden gemäß Art. 2 Nr. 15 der Gasrichtlinie sowohl vertikal als horizontal integrierte Unternehmen verstanden.[481] Gemäß Beweggrund 22 der Gasrichtlinie ist die Wiederverdampfung buchhalterisch als Teil der Fernleitungsleistung zu erfassen, während die Gewinnung von Kohlenwasserstoffen und damit verbundene Tätigkeiten buchhalterisch als Tätigkeiten außerhalb des Erdgassektors

[476] *Géradin*-entreprises de réseau, in: CDE 1999, 13 [35f.]; *Scarpa*-enhance efficiency, in: RE 1998, 400 [403ff.].
[477] Art. 7 Abs. 6 Elt-RL.
[478] so *Pfletschinger*-Besonderheiten beim Erdgas (Teil II); in: WWE 07./08. 2000, 15.
[479] KOM (2001) 125.
[480] *Pfletschinger*-Besonderheiten beim Erdgas (Teil II)", in: WWE 07./08. 2000, S. 15 [16].
[481] Die Begriffe werden von Art. 2 Nr. 16 und 17 der Richtlinie 98/30 definiert.

betrachtet werden können. In Deutschland präzisiert § 9a EnWG-E die Anforderungen an die getrennte Buchführung (unten **1.**), in Frankreich sind es die Art. 11 bis 15 GasG-E, die differenzierende Anforderungen stellen (unten **2.**).

1) § 9a EnWG-E

Gemäß § 9a Abs.1 EnWG-E haben Gasversorgungsunternehmen unabhängig von ihrer Rechtsform einen Jahresabschluss nach den für Kapitalgesellschaften geltenden Vorschriften des Ersten (§§ 264 - 289 HGB) und Dritten Unterabschnitts (§§ 316 - 324 HGB) des Zweiten Abschnitts des Dritten Buches des HGBs aufzustellen und prüfen zu lassen. Nach § 9a Abs. 2 EnWG ist eine buchhalterische Trennung der Gashandels- und -vertriebsaktivitäten von den jeweiligen Bereichen Fernleitung, Verteilung und Speicherung sowie den Aktivitäten außerhalb des Erdgassektors vorzunehmen. Aktivitäten im Elektrizitätsbereich sind von den Gasaktivitäten also in jedem Fall zu trennen.[482] Grundsätzlich sind die Aufwendungen und Erträge den einzelnen Aktivitäten direkt zuzuordnen. Dadurch soll sichergestellt werden, dass Netzzugangsentgelte für interne und externe Netznutzung in gleicher Weise berechnet werden.[483] Soweit eine direkte Zuordnung mit vertretbarem Aufwand nicht möglich ist, darf die Zuordnung durch nachvollziehbare Schlüssel erfolgen, das heißt sie muss der Inanspruchnahme durch die Aktivitäten weitestgehend Rechnung tragen.[484] Geschäfte „größeren Umfangs", die mit verbundenen oder assoziierten Unternehmen getätigt worden sind, sind gemäß § 9a Abs. 4 EnWG im Jahresabschluss gesondert aufzuführen.

§ 9a EnWG stellt damit eine weitgehend exakte Kopie des Art. 13 der Gasrichtlinie dar. Die Anforderungen an die Rechnungslegung entsprechen den Anforderungen, welche in § 9 EnWG an die Elektrizitätswirtschaft gestellt werden. Der Adressatenkreis des § 9a EnWG ist jedoch weiter als der des § 9 EnWG. Denn § 9 EnWG richtet sich nur an Elektrizitätsversorgungsunternehmen der allgemeinen Versorgung. Das Gesetz unterscheidet aber Energieversorgungsunternehmen bzw. Elektrizitätsversorgungsunternehmen[485] von solchen der allgemeinen Versorgung.[486] Unabhängig von der Frage nach der genauen Definition eines Elektrizitätsversorgungsunternehmens der allgemeinen Versorgung kann damit festgehalten werden, dass der letztere Begriff der engere Begriff ist. Die Energierichtlinien verlangen aber die getrennte Buchführung von allen Energieversorgungsunternehmen. Die einschränkende Differenzierung des § 9 EnWG, nicht aber der § 9a EnWG, steht somit im Konflikt zum Europarecht.

---

[482] *Ebeling/Schmidt*-Kontentrennung, in: VW 2001, 77.
[483] Vgl. Regierungsbegründung zu § 9a EnWG-E, BT-Drs 14/5969, S. 10.
[484] *Ebeling/Schmidt*-Kontentrennung, in: VW 2001, 77 [79ff.]; zu den praktischen Schwierigkeiten dabei: *Padberg/Padberg/Gubelt*-Segmentinformationen, in: VV 2001, 81.
[485] Das EnWG spricht von Elektrizitäts- bzw. Energieversorgungsunternehmen in den §§ 4 Abs. 1, 11 Abs. 1, 13 Abs. 2, 14 Abs. 1, 17, 18 Abs. 2.
[486] Von Unternehmen der allgemeinen Versorgung spricht das EnWG in den §§ 9 Abs. 1 und 2, 10 Abs. 1.

2) Die Rechnungslegung in Frankreich

Die getrennte Rechnungslegung der GDF ist eine Forderung, die der Conseil de la concurrence bereits in seiner Stellungnahme vom 10. Mai 1994[487] hinsichtlich der durch die Diversifizierung der Aktivitäten von GDF[488] und EDF hervorgerufenen Probleme aufgestellt hatte. In der Folge wurden die Unternehmen bereits zur getrennten Rechnungslegung verpflichtet, deren Einhaltung von dem „Observatoire de la diversification"[489] überwacht wurde. Diese buchhalterische Trennung entspringt jedoch einer anderen Logik als die von der Gasrichtlinie geforderte.[490] Während erstere ein Mittel gegen einen Marktmissbrauch der GDF durch Beeinträchtigung des Wettbewerbs auf einem Drittmarkt darstellt, richtet sich die buchhalterische Trennung nach der Gasrichtlinie gegen einen Marktmissbrauch durch Beeinträchtigung des Wettbewerbs (zumindest auch) auf dem beherrschten Markt.

Der französische Gesetzgeber sieht die Pflicht zur buchhalterischen Trennung in Art. 11 und 12 GasG-E vor und versteht sie als unerlässliches Mittel zur Regulierung der Gaswirtschaft.[491]. Sie wird allerdings nur von den traditionellen Unternehmen und solchen Unternehmen verlangt, die einen bestimmten Umsatz erreichen (unten **a.**). Diese Einschränkung ist bei näherer Betrachtung richtlinienkonform (unten **b.**).

(a) Je nach Marktstärke differenzierende Anforderungen

Gemäß Art. 11 Abs. 1 GasG-E besteht die Pflicht zur getrennten Rechnungslegung zunächst für die historischen Monopolisten, also GDF und die anderen ebenfalls im Transport und der Lagerung von Erdgas aktiven Verteilerunternehmen. Für sie stellt Art. 11 Abs. 1 GasG-E eine getreue Umsetzung des Art. 13 Abs. 3 der Gasrichtlinie dar. Die Rechnungslegung steht unter besonderer Kontrolle der CREG. Ihr sind gemäß Art. 11 Abs. 3 GasG-E die Regeln zu übermitteln, nach welchen die Bilanz erstellt wird. Gemäß Art. 11 Abs. 4 GasG-E genehmigt sie nach Stellungnahme durch den Conseil de la concurrence diese Regeln und deren Modifizierung. Gemäß Art. 14 GasG-E haben der Wirtschafts- und Energieminister sowie die CREG auch ein Recht zur Kontrolle der Buchführung der Gasunternehmen und das Recht zur Einsicht in die wirtschaftlichen, finanziellen und sozialen Informationen, die dafür notwendig sind. Dieses Kontrollrecht ist durch ein Dekret genauer zu bestimmen.

Neben ihren buchhalterischen Verpflichtungen müssen die oben bezeichneten Unternehmen gemäß Art. 11 Abs. 2 GasG-E für jede Aktivität auch einen „bilan social" erstellen, sofern ihre Mitarbeiterzahl die Schwelle des Art. L 438-1 des code du travail übersteigt.[492] Damit müssen diese Unternehmen jährlich einen Bericht über das

---

[487] Avis n° 94-A-15 du Conseil de la concurrence vom 10. 05. 1994, vgl. RFDA 1994, 1158.

[488] Diese Diversifizierung betrifft im Wesentlichen den Wärmemarkt. GDF besitzt hier einen Marktanteil von ca. 5% und ist damit der drittstärkste Marktteilnehmer nach den beiden dominierenden Unternehmen, die zusammen 75% des Marktes beherrschen; vgl. Ministre de l'industrie, "La diversification d'EDF et de GDF".

[489] *Ministre de l'industrie*, "La diversification d'EDF et de GDF".

[490] *Robbe*-l'adaptation du service-public, in: CJEG 2000, 211 [230] sieht hingegen offensichtlich eine Parallele.

[491] "*outil indispensable à l'exercice de la régulation du secteur du gaz naturel*" Regierungsbegründung: titre III chapitre 1er.

[492] Zur Zeit ist danach der "bilan social" zu erstellen, sobald ein Unternehmen gewöhnlich mehr als 300 Mitarbeiter hat.

Lohnniveau, die Arbeitsbedingungen, die Sicherheit, die Hygiene und die Weiterbildungsmaßnahmen präsentieren.[493]

Den Unternehmen in der Elektrizitätswirtschaft hat die CRE Empfehlungen zur Rechnungslegung erteilt,[494] die auch für die Gaswirtschaft von Bedeutung sind. So empfiehlt sie, für jede Aktivität getrennt eine Eröffnungsbilanz erstellen, welche nach Aktiv- und Passivelementen trennt. Sie rät weiter zu einer Trennung der Belastungen und aufgewendeten Mittel ("charges et produits"), je nachdem ob es sich um Kontakte zu zugelassenen oder nicht-zugelassenen Kunden handelt. Dies ist von erheblicher Bedeutung, um die im Wettbewerb stehenden Leistungen von den übrigen Leistungen rechnerisch trennen zu können. Schließlich empfiehlt die CRE, „Finanzprotokolle" zu erstellen, welche den Kapitalfluss zwischen den verschiedenen Aktivitäten nachvollziehbar machen. Dadurch könne eine Transparenz über geleistete Dienste, Trennungen, oder Darlehen erreicht werden. Diese Leistungen müssen zu angemessenen, marktgerechten Preisen vergütet werden.

Die Verpflichtungen nach Art. 11 GasG-E treffen die anderen integrierten Gasunternehmen gemäß Art. 12 GasG-E nur dann, wenn sie in der Gaswirtschaft Umsätze erzielen, die oberhalb eines von Wirtschaftsminister per arrêté festgelegten Niveaus liegen oder wenn das Unternehmen in einem Bereich außerhalb der Gaswirtschaft nach Ansicht des Conseil de la concurrence ein Monopol bzw. eine marktbeherrschende Stellung besitzt. Unternehmen, die weder ein ehemaliger Monopolist im Sinne des Art. 11 GasG-E noch marktbeherrschend im Sinne des Art. 12 GasG-E sind, unterliegen also nicht der Pflicht zur getrennten Rechnungslegung. Es fragt sich, ob diese Differenzierung europarechtskonform ist (nunmehr unten **b**.).

(b) Vereinbarkeit mit der Richtlinie

Nach einer wörtlichen Auslegung der Gasrichtlinie wäre die französische Differenzierung unzulässig, da die Richtlinie hinsichtlich der Entflechtung der Buchführung nicht nach der Rolle der Unternehmen auf dem Markt differenziert. Eine andere Lesart der Richtlinie ist jedoch möglich. Denn die buchhalterische Trennung ist kein Selbstzweck, sondern erfolgt nach Art. 13 Abs. 3 und dem Erwägungsgrund 22 der Gasrichtlinie zur Vermeidung von Diskriminierungen, Quersubventionen und Wettbewerbsverzerrungen. Es zeigt sich bei genauerer Betrachtung, dass davon einzig das Kriterium der Quersubventionierung von Relevanz ist. Dieses wiederum wird nur als Fall des Marktmachtmissbrauchs geächtet.

Die buchhalterische Trennung ist nur am Rande ein Mittel zur Vermeidung von Diskriminierungen. Denn ob eine Diskriminierung vorliegt, lässt sich nur dadurch feststellen, dass die den Endkunden oder sonstigen Vertragspartner gewährten Konditionen miteinander verglichen werden. Dieses Ziel kann auch ohne buchhalterische Trennung, etwa durch erhöhte Preistransparenz, erreicht werden. Die Vermeidung

---

[493] Vgl. *Verdier/Coeuret/Souriac*-Droit du travail, S. 193. Der Bilan social soll die sozialen Bedingungen in dem Unternehmens darstellen und somit einen Beitrag zum sozialen Dialog leisten.

[494] Empfehlung der CRE vom 12.07.2000: „Recommandation de la Commission sur la dissociation comptable", zu finden auf der Internet Seite der CRE : www.cre.fr.

von Wettbewerbsverzerrungen durch die buchhalterische Trennung hat gegenüber der Vermeidung von Quersubventionierung keinen eigenständigen Anwendungsbereich. Denn Wettbewerbsverzerrungen im Zusammenhang mit der Zuordnung von Geldmitteln entstehen erst durch Quersubventionierungen. Als Quersubventionierung bezeichnet man den Fall, dass ein Unternehmen die in einem räumlichen oder sachlichen Markt anfallenden Kosten ganz oder teilweise auf einen anderen räumlichen oder sachlichen Markt abwälzt.[495]

Quersubventionierungen wiederum werden nicht stets vom Wettbewerbsrecht geächtet. Wettbewerbsrechtlich stellen sie eine Fallgruppe des Marktmachtmissbrauchs dar, wenn sie zu Preisbildungen führen, die nicht denen des freien Wettbewerbs entsprechen.[496] Dies ist der Fall bei extrem überhöhten, vor allem aber bei predatorischen Preisen.[497] Preise eines marktbeherrschenden Unternehmens, die unterhalb der variablen Kosten liegen, sind stets als Missbrauch einer marktbeherrschenden Stellung zu sehen. Preise die unterhalb der Gesamtkosten, aber oberhalb der variablen Kosten liegen, sind nur dann missbräuchlich, wenn ein wettbewerbsfeindliches Verhalten nachgewiesen werden kann.[498] Entscheidendes Kriterium zur Berechnung der Angemessenheit der Preise ist aber die Kostenzuweisung und – verrechnung,[499] die durch die buchhalterische Trennung transparent gemacht werden kann. Auch das französische[500] und das deutsche Wettbewerbsrecht verbieten Niedrigpreise nur, soweit sie von einem dominanten Unternehmen in wettbewerbswidriger Weise praktiziert werden.[501] De facto dient die buchhalterische Trennung somit dazu zu vermeiden, dass integrierte Gasunternehmen die auf einem beherrschten Markt erzielten Profite in die Tätigkeit auf einem anderen Markt umleiten, um dort ihre Marktmacht auszubauen.[502] Denn der Missbrauch kann nach dem Gemeinschaftsrecht auch auf ei-

[495] So die Definition der Kommission in ihrer Bekanntmachung über die Anwendung der Wettbewerbsregeln auf den Postsektor und über die Bewertung bestimmter staatlicher Maßnahmen bezüglich der Postdienste definiert, Abl EG C 39 vom 06.02.1998, S. 2 (Punkt 3.1 der Mitteilung).

[496] Vgl. ausführlich: *Nolte*-Quersubventionen, S. 91ff., der im Ergebnis jede Quersubvention eines marktbeherrschenden Unternehmens als Missbrauch einer marktbeherrschenden Stellung ansieht, (S. 136).

[497] *Hancher/Buendia Sierra* - Cross-subsidization, in: CMLR 1998, S. 901 [912f.].

[498] *EuGH*, 03. 07. 1991 - Rs. C-62/86 (Akzo Chemie/ Kommission) -, E 1991, I-2259; *EuG*, 06.10.1994 - Rs. T-83/91 (Tetra Pak International SA/ Kommission) -, E 1994, II-755; *EuGH*, 14.11.1996 - Rs. C-333/94 (Tetra Pak International/ Kommission) -, E 1996, I-5951. Damit unterscheidet sich die europäische Praxis von der amerikanischen Praxis. Dort wird auch darauf abgestellt, ob der Markt strukturelle Barrieren kennt, die einen Zutritt von Wettbewerbern ermöglicht und dem Unternehmen somit ermöglicht, die Verluste wieder zurückzugewinnen; vgl. *Hancher/Buenda Sierra*-Cross-subsidization, in: CMLR 1998, S. 901 [915f.].

[499] *Eilmansberger*-Quersubventionen, in: RIW 2001, 902 [910].

[500] Das französische Wettbewerbsrecht kann predatorische Preise unter Beachtung der Akzo Rechtsprechung anhand von Art. L 420-2 des Code de commerce (ex. Art. 8 der ordonnance de 86) beurteilen. Gleichwohl hielt es der Gesetzgeber für notwendig einen besonderen Tatbestand zu schaffen. Art L-420.5 des Code de commerce (ex Art. 10-1 der ordonnance de 86) verbietet predatorische Preise, soweit ihr Ziel oder ihre potentielle Wirkung die Verdrängung eines Wettbewerbers vom Markt, bzw. die Behinderung des Marktzugangs ist.

[501] Das deutsche Recht verbietet predatorische Preise ebenfalls nicht a priori. Sie können jedoch gemäß § 1 UWG und § 20 Abs. 4 GWB untersagt werdent sie von marktbeherrschenden Unternehmen praktiziert werden; vgl. Rittner - Kartellrecht, S. 48. Das Bundeskartellamt hat in dem Verfahren ALDI-Nord, WAL-MART und LIDL erstmals den Verkauf zu Dumpingpreisen untersagt: *BKartA*, 01 09. 2000 - B9 74/00 (Wal-Mart), 84/00 (Lidl), 85/00 (Aldi-Nord).

[502] *Robbe*-l'adaptation du service-public, in: CJEG 2000, S. 211[228]. Robbe beschäftigt sich mit der Umsetzung der Elektrizitätsbinnenmarktrichtlinie. Die Überlegungen sind jedoch auf den Gassektor übertragbar.

nem Markt ausgeübt werden, der nicht der beherrschte Markt ist.[503] Somit lässt sich festhalten, dass Art. 13 Abs. 3 der Gasrichtlinie vornehmlich[504] ein strukturelles Mittel zur Vermeidung des Missbrauchs einer marktbeherrschenden Stellung ist. Es ist nicht davon auszugehen, dass die Gasrichtlinie Quersubventionierungen über das bisher übliche Maß hinaus unterbinden will.

Wenn Robbe meint, dass die buchhalterische Trennung hinsichtlich horizontal integrierter Unternehmen auch dem Ziel diene, zu vermeiden, dass die Erlöse aus Bereichen außerhalb der Energiewirtschaft zur Steigerung der Wettbewerbsfähigkeit auf dem Energiemarkt verwendet würden,[505] scheint er jede Beeinflussung des sensiblen Wettbewerbs auf dem liberalisierten Markt zurückweisen zu wollen. Das Wettbewerbsrecht und auch die Gasrichtlinie verlangen eine solche Strenge jedoch nicht. Eine Quersubventionierung von außen in den Energiemarkt ist vielmehr zuzulassen, soweit sie nicht von einem Unternehmen stammt, das auf irgendeinem Markt marktbeherrschend ist und lediglich seine Marktmacht verlagern will. Die Quersubventionierung durch marktschwache Unternehmen hingegen ist oftmals deren einziges Mittel, sich auf einem neuen Markt zu etablieren. Integrierten Gasunternehmen, die auf keinem Markt marktbeherrschend sind, unterliegen somit nach Sinn und Zweck der Gasrichtlinie nicht der Pflicht der buchhalterischen Trennung, da von ihnen veranschlagte quersubventionierte Niedrigpreise ohnehin nicht wettbewerbswidrig wären. Insofern ist das französische Gesetz richtlinienkonform.

B. Die Transparenz der Buchhaltung

Die Gasrichtlinie verlangt seitens der Gasunternehmen ein Minimum an Transparenz hinsichtlich der Offenlegung ihrer Buchführung. Gemäß Art. 13 Abs. 1, Abs. 2 sind sie verpflichtet, ihre Jahresabschlüsse unabhängig von ihrer Rechtsform zu veröffentlichen und im Einklang mit den in Umsetzung der Vierten Richtlinie 78/660/EWG des Rates[506] erlassenen nationalen Rechtsvorschriften über die Jahresabschlüsse von Gesellschaften prüfen zu lassen. Soweit die Unternehmen nicht zur Veröffentlichung verpflichtet sind, müssen sie gemäß Art. 13 Abs. 2 der Gasrichtlinie für die Öffent-

---

[503] Dies ist seit der Entscheidung *EuGH*, 21. 2. 1973 - Rs. 6/72 (Europemballage Corp und Continental Can Co. / Kommission) -, E. 1973, S. 215 anerkannt. In der Entscheidung *EuGH*, 03. 07. 1991 - Rs. C-62/86 (Akzo Chemie/ Kommission) -, E 1991, I-2259 hat der Gerichtshof entschieden, dass ein Verhalten auf einem anderen als dem beherrschten Markt, der jedoch Auswirkungen auf den beherrschten Markt hat, ein Missbrauch einer marktbeherrschenden Stellung sein kann. In den Entscheidung *EuGH*, 06.03.1974 Rs. 6, 7/73 (ICI und Commercial Solvents / Kommission - "Zoja") -, E 1974, 223 und *EuGH*, 03.10.1985 - Rs. 311/84 (Telemarketing / Cie luxembourgeoise de télédiffusion SA) -, E 1985, 3261 hat der Gerichtshof entschieden, dass ein Verhalten auf dem beherrschten Markt, welches sich auf anderen Märkten auswirkt, ebenfalls ein Missbrauch einer marktbeherrschenden Stellung sein kann. In dem Urteil *EuGH*, 14.11.1996 - Rs. C-333/94 (Tetra Pak International/ Kommission) -, E 1996, I-5951 hat er entschieden, dass ein Missbrauch auch darin liegen kann, dass ein Verhalten auf einem nichtbeherrschten Markt, welches sich auch ausschließlich dort auswirkt, ebenfalls ein Missbrauch einer marktbeherrschenden Stellung sein kann. Zwar bedürfe es einer Kausalität zwischen der marktbeherrschenden Stellung und dem missbräuchlichen Verhalten, doch eine Konnexität zwischen der marktbeherrschenden Stellung und dem Verhalten genügt ihm zur Annahme der Kausalität.

[504] Sie erleichtert darüber hinaus auch die Identifizierung von staatlichen Beihilfen. So auch: *Mator/Ribot*-l'heure de la concurrence, in: LPA 22/11/99, S. 13 [15].

[505] *Robbe*-l'adaptation du service-public, in: CJEG 2000, S. 211 [230].

[506] Richtlinie 78/660/EWG des Rates vom 25. 07. 1978 aufgrund von Art. 54 Absatz 3 Buchstabe g) des Vertrages über den Jahresabschluss von Gesellschaften bestimmter Rechtsformen; ABl. EG 1978 L 222, S. 11. Richtlinie zuletzt geändert durch die Richtlinie 94/8/EG (ABl. EG 1994 L 82, S. 33).

lichkeit eine Ausfertigung des Jahresabschlusses in ihrer Hauptverwaltung bereithalten. Anders als die Elektrizitätsrichtlinie[507] verlangt die Gasrichtlinie jedoch keine Veröffentlichungspflicht für Sparten- und Bereichsbilanzen, was mit der besonderen Abhängigkeit der europäischen Gaswirtschaft vom Außenhandel und erhöhten Geheimhaltungsbedürfnissen begründet wird.[508] Insoweit hat die getrennte Buchführung nur intern zu erfolgen.

In Deutschland richtet sich die Pflicht zur Offenlegung der Jahresabschlüsse beim Handelsregister gemäß § 9a Abs. 1 EnWG nach den §§ 325 bis 329 HGB. In Frankreich richtet sich die Pflicht zur Offenlegung beim Handelsregister der Jahresabschlüsse für Personengesellschaften (société en nom collectif) und einfache Kommanditgesellschaften nach Art. 13-1 des Dekrets n° 67-236 vom 23. März 1967,[509] für SARL's nach Art. 44-1 des Dekrets und für Aktiengesellschaften nach Art. 293 des Dekrets. Die Veröffentlichung kann gemäß Art. 54 des Dekrets n° 84-406 vom 30. Mai 1984[510] auch elektronisch erfolgen. Gemäß Art. 14 GasG-E ist ein Exemplar des Jahresabschlusses in der Hauptverwaltung bereitzuhalten, soweit die Veröffentlichungspflicht nicht besteht.

C. Anforderungen an die Vertraulichkeit

Bei vertikal integrierten Gasunternehmen besteht die Gefahr, dass sie ihren erleichterten Zugang zu geschäftlichen Informationen zum missbräuchlichen Ausbau ihrer Markstellung nutzen.[511] Erfährt das integrierte Unternehmen etwa im Rahmen seiner Transporttätigkeit von Lieferengpässen oder -risiken des Geschäftspartners, könnte es gezielt versuchen, Kunden abzuwerben. Deswegen verlangen sowohl die Elektrizitätsrichtlinie als auch die Gasrichtlinie in den Art. 8 Abs. 1 und 11 Abs. 1 von den Energieunternehmen die Gewährleistung der Vertraulichkeit der bei der Ausübung der Geschäftstätigkeit erlangten Informationen. Die von der Elektrizitätsrichtlinie vorgeschriebene Trennung der einzelnen Aktivitäten auf Verwaltungsebene schließt einen unfairen Informationsaustausch noch viel weitgehender aus. [512]

Die Gasrichtlinie kennt diese Trennung nicht. Sie schreibt den Mitgliedstaaten jedoch in den Art. 8 Abs. 2 und 11 Abs. 2 vor, den Gasunternehmen zu untersagen, die im Zusammenhang mit der Gewährung von Netzzugang oder bei Verhandlungen hier-

---

507 Vgl. Art. 14 III S. 2 der Richtlinie 96/92/EG.

508 *Meeting of Follow-up Group*, 22.10.1998, Unbundling of accounts, Punkt 2.1.

509 Décret n° 67-236 du 23 Mars 1967 sur les sociétés commerciales.

510 Décret n° 84-406 du 30 05. 1984 relatif au registre du commerce et des sociétés.

511 Robbe-l'adaptation du service-public, in: CJEG 2000, 211[228].

512 Gleichwohl kann die Teilung der Verwaltung innerhalb derselben juristischen Person natürlich auch keine Garantie für die Wahrung geschäftlicher Geheimnisse und Überparteilichkeit garantieren; *Robbe*-l'adaptation du service-public, in: CJEG 2000, 211[229]. Dies wäre erst möglich, wenn die unterschiedlichen Aktivitäten von gänzlich unabhängigen Unternehmen ausgeführt würden. Für den Transport von Elektrizität entspricht dies der Forderung des Conseil de la concurrence in seiner "Stellungnahme n°98-A-05 vom 28. 04. 998 zu den zu respektierenden Prinzipien oder zu schaffenden Vorschriften zur Sicherung des Wettbewerbs auf dem Elektriztitätsmarkt im Rahmen der Umsetzung der Richtlinie 98/92".

über erlangten wirtschaftlich sensiblen Informationen beim Verkauf oder Erwerb von Erdgas durch sie selbst oder verbundene Unternehmen zu missbrauchen.[513]

Der französische Gesetzgeber hat mit Art. 13 Abs. 1 GasG-E ein Modell entworfen, wie diese "Trennung des Wissens" in der Praxis kontrolliert werden könnte. Danach müssen alle Transporteure, Verteiler, Betreiber von Gas-Infrastrukturen und Konzessionäre von Gaslagern eine Abteilung einrichten, welche die Verhandlungen mit dritten Unternehmen über die Nutzung des Netzes, des Speichers oder der Infrastruktur übernimmt. Ihre personelle Zusammensetzung ist der CREG zu notifizieren. Gemäß Art. 13 Abs. 1 2 GasG-E wird diese Abteilung verpflichtet, die wirtschaftlichen, kommerziellen, industriellen, finanziellen oder technischen Informationen, deren Weitergabe wettbewerbsbehindernd oder diskriminierend wäre, vertraulich zu behandeln. Der Conseil d'État hat eine Liste der betroffenen Informationen per Dekret zu etablieren. Die Weitergabe solcher Informationen, soweit sie nicht zum Funktionieren der betreffenden Infrastruktur notwendig ist, steht unter der Androhung einer Geldbuße von 100.000 FF (ca. 15.245 Euro).

Der deutsche Gesetzgeber nimmt diese Trennung weniger ernst. Zwar enthält § 6a Abs. 7 EnWG-E ein an die Gasrichtlinie angelehntes Verbot der Weitergabe von Informationen, es ist jedoch nicht sanktionsbewehrt. Zu einer Sanktion kann es nur kommen, wenn einer zuvor erfolgten Untersagungsanordnung der Energieaufsichtsbehörde nicht Folge geleistet wird, §§ 19 Abs. 1 Nr. 2, 18 Abs. 1 EnWG. Es ist damit fraglich, ob diese Umsetzung in hinreichend effektivem Maße die Einhaltung der Wissenstrennung gewährleistet.[514]

III. Die Auferlegung von Gemeinwohlverpflichtungen

Dem Wunsch nach der Schaffung eines europäischen Binnenmarktes für Gas steht die Befürchtung gegenüber, der Wettbewerb könne die sichere und zuverlässige Versorgung der Gemeinschaft mit Gas zu einem niedrigen Preis gefährden.

Die Elektrizitäts- und die Gasrichtlinie bewahren den Mitgliedstaaten deshalb die Möglichkeit, ihren Unternehmen Gemeinwohlverpflichtungen aufzulegen, was Alain Ficquet als die Versöhnung Europas mit dem service-public bezeichnet.[515] Die Gasrichtlinie verpflichtet die Mitgliedstaaten teilweise direkt, den Gasunternehmen Gemeinwohlverpflichtungen aufzuerlegen, etwa indem sie in Art. 7 Abs. 1 und Art. 10 Abs. 1 Mindeststandards für den Betrieb der Infrastrukturen und deren Ausbau verlangt. Vor allem aber gewährt sie den Mitgliedstaaten, den Gasunternehmen eigenmächtig bestimmte Gemeinwohlverpflichtungen im Allgemeininteresse aufzuerlegen, die Art. 3 Abs. 2 der Gasrichtlinie katalogartig bestimmt. Die Verpflichtungen können sich demnach auf die Sicherheit, die Regelmäßigkeit, die Qualität und den Preis

---

[513] Hierdurch wird den Unternehmen auch nicht mittelbar die Pflicht auferlegt, für Transport- und Verteilertätigkeiten neue Gesellschaften zu gründen, vgl. Erklärung 86/98 des Rates zu Art. 8 Abs. 2 und 11 Abs. 2 der Richtlinie 98/30/EG.

[514] Dies ist ein Erfordernis einer effektiven Richtlinienumsetzung, vgl. *EuGH*, 10.04.1984 - Rs. 14/83 (Von Colson und Kamann/ Nordhein-Westfalen) -, E 1984, 1891.

[515] *Ficquet*-reconciliation, in: AJDA 1998, 804.

der Lieferungen sowie auf den Umweltschutz beziehen. Sie haben jedoch klar definiert, transparent, nichtdiskriminieren und überprüfbar sein. Für diese Verpflichtungen kommt unter den genaueren Voraussetzungen des Art. 3 Abs. 3 der Gasrichtlinie eine Befreiung von gewissen Bestimmungen der Richtlinie in Betracht.

Im Rahmen der Rechtfertigung von Befreiungen kommt es darauf an, inwieweit es sich um Verpflichtungen besonderer Qualität handelt. Das bedeutet aber nicht, dass die Mitgliedstaaten den Unternehmen nur besondere Verpflichtungen in diesem Sinne auferlegen dürfen. An dieser Stelle soll der Frage nachgegangen werden, inwieweit die Mitgliedstaaten den Unternehmen auch allgemeine Verpflichtungen auferlegen können. Auch wenn die Gasrichtlinie es nicht bestimmt, so muss es den Mitgliedstaaten doch - a maiore ad minus - möglich sein, ihren Unternehmen allgemeine Verpflichtungen aufzuerlegen, wenn sie ihnen schon besondere Verpflichtungen auferlegen können. Dies präjudiziert freilich noch nicht die Bewertung unter § 3 Abs. 3 der Gasrichtlinie.[516] Der Vergleich der Situation der Bindung der Unternehmen an Gemeinwohlverpflichtungen in Deutschland und Frankreich zeigt erhebliche Unterschiede.

A. Die Bindung der Unternehmen an allgemeine Zielbestimmungen

1) In Frankreich

Der erste Titel des Entwurfs des Gasgesetzes ist dem service-public gewidmet und beinhaltet eine Reihe von Zielbestimmungen allgemeiner Art, die gleichzeitig jedoch das spezielle Konzept des französischen service-publics widerspiegeln. Wie schon beim Elektrizitätsgesetz kann man von einer bis dato Definition des service-public in einem Gesetz sprechen.[517] So erkennt man in der Bindung des „service-public du gaz naturel“ durch Art. 1 Abs. 3 an die Prinzipien der Gleichheit, der Dauerhaftigkeit und der Anpassungsfähigkeit unter Gewährleistung der bestmöglichen Sicherheit, Qualität, Effizienz zu dem bestmöglichen Preis die "Gesetze des service-public" wieder.

Nach Art. 1 Abs. 1 und 2 GasG-E ist es Aufgabe der Gaswirtschaft, die Versorgung mit Gas, die Entwicklung der Versorgungsdichte und die Lieferung von Gas zu gewährleisten sowie zum Schutz der Umwelt, zu einer rationellen Energienutzung und zur Wettbewerbsfähigkeit der Wirtschaftstätigkeit beizutragen und am sozialen Zusammenhalt, dem Kampf gegen Ausschließungen und einer ausgeglichenen regionalen Entwicklung, sowie am technischen Fortschritt mitzuwirken.

2) In Deutschland

§ 3 Abs. 2 Nr. 1 EnWG macht die Genehmigungserteilung davon abhängig, dass die Energieversorgungsunternehmen in der Lage sind, eine Energieversorgung entsprechend den Zielen des EnWG auf Dauer zu gewährleisten. Ziel des EnWG ist eine möglichst sichere, preisgünstige und umweltverträgliche leitungsgebundene Versorgung mit Elektrizität und Gas im Interesse der Allgemeinheit, wie sich aus seinem in

[516] Dazu unten 3. Teil III.B.2)(a).
[517] *Richer*-La loi du 10.02.2000, in: AJDA 2000, 239 [244].

§ 1 normierten Zweck ergibt. Konkrete Pflichten ergeben sich hieraus nicht.[518] Allerdings ist daran zu denken, dass einem Unternehmen die Genehmigung wieder entzogen werden könnte, wenn es die Einhaltung der Ziele nicht mehr gewährleisten kann.

B. Die Investitionsverpflichtungen

Die Gasrichtlinie selbst verlangt von den Mitgliedstaaten, ihren Unternehmen Investitionsverpflichtungen aufzuerlegen (unten **1.**). Dies wird nicht in der französischen (unten **2.**), aber in der deutschen Umsetzung verkannt (unten **3.**).

1) Die Vorgaben der Gasrichtlinie

Die Gasrichtlinie verlangt von den Mitgliedstaaten in Art. 7 Abs. 1 und Art. 10 Abs. 1, die Fernleitungs-, Speicher und/oder LNG-Unternehmen sowie Verteilerunternehmen zu verpflichten, unter wirtschaftlichen Bedingungen und unter gebührender Beachtung des Umweltschutzes sichere, zuverlässige und leistungsfähige Fernleitungs-, Speicher-, LNG-Anlagen und Gasnetze zu betreiben, zu warten und auszubauen.[519]

Einerseits werden damit gewisse Verpflichtungen hinsichtlich der Art und Weise des Betriebs, der Wartung und des Ausbaus statuiert. Andererseits aber wird eine Betriebs-, Wartungs- und vor allem Ausbaupflicht[520] begründet. Diese Ausbaupflicht ergibt sich aus dem Wortlaut selbst,[521] wird aber vor allem durch den Sinn und Zweck der Richtlinie bestätigt. Denn neben der Schaffung eines Binnenmarktes ist die Gewährleistung der Versorgungssicherheit eines der wichtigsten Ziele der europäischen Energiepolitik. In ihrem Grünbuch zur Energieversorgungssicherheit Europas hat die Kommission festgestellt, dass es zur Stärkung der Energieversorgung Europas nicht ausreicht, sich langfristig auf stabile Weise und zu angemessenen Preisen Energieressourcen zu verschaffen, sondern dass auch ein Versorgungsnetz gewährleistet sein muss, welches ausreichende Sicherheitsgarantien aufweist.[522] Dies zeigt auf eindrucksvolle Weise die kalifornische Energiekrise. Sie war maßgeblich dadurch geprägt, dass wegen mangelnder Investitionen in Produktions- und Transportkapazitäten bei steigender konjunktureller Nachfrage ein der Nachfrage entsprechendes Angebot an Energie nicht mehr gewährleistet werden konnte.[523] Während die Elektrizitätskrise in Kalifornien vor allem durch Produktionsengpässe charakterisiert war, hängt die Versorgungssicherheit mit Gas in Europa von der Gewährleistung der Importe ab. Um die erforderliche Importquote von ca. 75 % im Jahr 2020 erreichen zu

---

[518] *Danner*, in Obernolte/Danner, § 1 EnWG, Rn. 4.

[519] Nach dem Richtlinienentwurf der Kommission zur Änderung der Gasrichtlinie gilt diese Verpflichtung gemäß Art. 7 Abs. 2 lit. a für die Betreiber dieser Anlagen.

[520] So auch *Pfletschinger*-Besonderheiten beim Erdgas (Teil II); in: WWE 07./08. 2000, 15.

[521] Auch die anderen sprachlichen Fassungen sprechen für eine Ausbaupflicht. Der französische Text lautet: "Chaque entreprise de transport, de stockage et/ou de GNL exploite, entretient et développe, dans des conditions économiquement acceptables, des installations de transport, de stockage et/ou de GNL sûres, fiables et efficaces, en accordant toute l'attention requise au respect de l'environnement." "Im englischen Text heisst es: "Each transmission, storage and/or LNG undertaking shall operate, maintain and develop under economic conditions secure, reliable and efficient transmission, storage and/or LNG facilities, with due regard to the environment."

[522] Grünbuch der Kommission "Hin zu einer europäischen Strategie für Energieversorgungssicherheit" vom 29. 11. 2000, KOM(2000)769 endgültig, Seite 105.

[523] *Collin-Sisteron*-crise d'électricité, RE 2001, 238 [239f.] ; *Haas/Auer/Shioshami*-Stromkrise, et 2001, 280 [282f.].

können, werden die notwendigen Investitionen in Transportsysteme, Speicheranlagen und Verteilernetze von der Internationalen Gas Union in den nächsten drei Jahrzehnten in Europa auf bis zu 500 Milliarden Euro geschätzt.[524] Auch die Wettbewerbsöffnung verlangt eine Neugestaltung der Netze. Denn durch eine engere Vermaschung können die Transaktionskosten erheblich gesenkt werden.[525] Dass der Ausbau der Leitungsnetze ein gemeinschaftliches Ziel ist, ergibt sich ergänzend auch aus dem Richtlinienänderungsvorschlag der Kommission. In dem neu vorgesehenen Art. 3 Abs. 3 sollen die Mitgliedstaaten zur Erreichung der Ziele des sozialen und wirtschaftlichen Zusammenhalts, des Umweltschutzes und der Versorgungssicherheit verpflichtet werden, die notwendigen Maßnahmen zu ergreifen.[526] Dazu soll insbesondere auch der Bau und die Wartung der nötigen Netzinfrastruktur einschließlich der Verbindungskapazitäten gehören. Der Änderungsvorschlag bekräftigt damit die Verpflichtung zum Netzausbau und ermächtigt die Mitgliedstaaten im Wege einer Generalklausel, noch weitere Maßnahmen zu treffen.

Diese Interpretation der Art. 7 und 10 der Gasrichtlinie steht nicht im systematischen Widerspruch zu ihrem Art. 17 Abs. 2. Nach dieser Vorschrift steht es den Mitgliedstaaten frei, die Erdgasunternehmen im Falle der Verweigerung des Netzzugangs für Dritte mangels Kapazität zum Netzausbau zu verpflichten, soweit dies wirtschaftlich vertretbar ist oder wenn ein potentieller Kunde bereit ist, hierfür zu zahlen. Art. 17 Abs. 2 der Gasrichtlinie ermächtigt die Staaten insoweit, die bereits nach Art. 7 bzw. 10 Abs. 1 generell bestehende Ausbauverpflichtung für den Fall des konkreten des Kapazitätsengpasses im Einzelfall zu verschärfen.

2) Investitionsverpflichtungen in Frankreich

Gemäß Art. 2 Abs. 1 Nr. 3 GasG-E müssen Transportunternehmen im Rahmen ihrer Versorgungspflicht auf dem französischen Territorium Transportleitungen, Interkonnektoren mit den Nachbarstaaten sowie LNG Anlagen bauen. Obwohl die Verpflichtungen extrem vage gehalten sind, liegt darin kein Verstoß gegen das Transparenzgebot der Gasrichtlinie, da die Pflichten noch durch die Pflichtenhefte konkretisiert werden. Hinsichtlich der Speicherung verlangt Art. 2 Abs. 1 Nr. 2 GasG-E von den jeweiligen Konzessionsinhabern neben dem Betreiben der Speicher auch deren Ausbau. Die Versorgungspflicht bedeutet für die Verteilungsunternehmen keine Veränderungen gegenüber der bisherigen Gesetzeslage. Daraus ergibt sich insbesondere die Pflicht für GDF, in den Kommunen ein Versorgungsnetz aufzubauen, die in dem dreijährigen staatlichen Versorgungsplan benannt sind.[527] In diesem Plan sind alle jene Kommunen erfasst, die die Aufnahme beantragt haben und für die festgestellt wurde, dass die Errichtung eines Versorgungsnetzes jedenfalls zu einer Nullrentabilität möglich ist.

---

[524] zitiert bei: *Czakainski*-Liberalisierung, in: et 2000, 718.
[525] Vgl. *Schulze*-Netzausbau, in: et 2001, 816.
[526] KOM (2001) 125 endgültig.
[527] vgl. oben 2. Teil I.A.3)(c).

3) Investitionsverpflichtungen in Deutschland

Unter dem EnWG 1935 unterlagen die Investitionen staatlicher Regulierung. § 4 Abs. 2 EnWG sah vor, dass der Bau, Betrieb, die Erneuerung, Erweiterung und Stilllegung von Energieanlagen der Energieaufsichtsbehörde anzuzeigen waren, die die Vorhaben aus Gründen des Allgemeinwohls untersagen konnte.[528] Die Vorschriften wurden abgeschafft, da sich der Markt selber regulieren soll. § 4a Abs. 1 EnWG-E sieht lediglich vor, dass Gasversorgungsunternehmen zu einem Betrieb ihres Versorgungsnetzes verpflichtet sind, der eine Versorgung entsprechend den Zielen des § 1 EnWG sicherstellt. Die sich daraus ergebende Pflicht zur sicheren Energieversorgung kann sowohl als Pflicht zur technisch sicheren Versorgung als auch zur Sicherung der Versorgung als solcher verstanden werden. Denn unter dem Begriff der Versorgungssicherheit des § 1 EnWG ist die stets ausreichende und ununterbrochene Befriedigung der Nachfrage nach Energie zu verstehen.[529] Saljé legt folglich § 4 EnWG dahingehend aus, dass die Energieversorgungsunternehmen zu einer Gewähr ihrer Leistungserbringung verpflichtet wären.[530] Hierin kann im Extremfall auch die Verpflichtung zum Netzausbau gesehen werden. Die Argumentation, dass eine derartige Verpflichtung im Widerspruch zur juristischen Kultur der Bundesrepublik stünde,[531] ist, abgesehen davon, dass dies angesichts der gemeinschaftsrechtlichen Vorgaben ohne Belang wäre, falsch. Eigentum wird nur im Rahmen des gesetzlichen Ordnungsrahmens gewährleistet. Eine Verpflichtung, mit seinem Eigentum in einer bestimmten Weise zu verfahren ist dem Eigentumsbegriff bereits immanent.[532] Im Restitutionsrecht ist die Investitionspflicht sogar so weit gegangen, dass der Gesetzgeber investiven Vorhaben gemäß § 1 Investitionsvorranggesetz einen Vorrang vor der Eigentumsrückübertragung gegeben hat.[533] Sogar das Energiewirtschaftsrecht selbst legt dem Netzbetreiber im Rahmen seiner Anschlusspflicht nach § 10 Abs. 1 EnWG eine Ausbaupflicht auf.[534] Auch die Anwendung des allgemeinen Kartellrechts hat schon dazu geführt, den Unternehmen Investitionsverpflichtungen aufzuerlegen. In seiner Entscheidung zum Hafen von Puttgarden[535] hat das Bundeskartellamt den Hafenbetreiber verpflichtet, diesen auszubauen, bzw. den Ausbau zuzulassen, um Wettbewerbern den Zugang zu ermöglichen.[536] Auch das BVerfG hat entschieden, dass die Indienstnahme Privater für öffentliche Aufgaben als solche nicht verfassungswidrig ist.[537] Somit ist § 4a Abs. 1 EnWG richtlinienkonform so zu interpretieren, dass die Norm auch eine Investitionsverpflichtung beinhaltet. Hieraus kann sich unter Umständen über

---

[528] ein typischer Fall staatlicher Wirtschaftsregulierung, vgl. *Kuxenko*-Liberalisierung, in: DÖV 2001, 141 [144].
[529] *Schneider*, in Böwing-EnWG 1998, Art. 1 § 1, Rn. 4.2.
[530] *Saljé*-Neuregelung des Energiewirtschaftsrechts, in: NVwZ 1998, 916 [917].
[531] *Pfletschinger*-Besonderheiten beim Erdgas (Teil II); in: WWE 07./08. 2000, 15.
[532] Vgl. *Bryde*, in: von Münch/Kunig, Art. 14, Rn. 50.
[533] Auch wenn Art. 14 GG auf diese Situationen wegen Art. 143 GG nicht unmittelbar anwendbar war, waren dessen verfassungsrechtliche Anforderungen gleichwohl zu berücksichtigen, vgl. zu der Problematik: *Söfker*, in: Rodenbach/Söfker/Lochen-InVorG, § 1 Rn. 13ff..
[534] siehe unten 2. Teil III.D.2).
[535] *BKartA*, 21.12.1999 - B 9-63220-T-199/97/16/98 (DFO/Puttgarden) -, WuW/E DE-V 153; *OLG Düsseldorf*, - (Puttgarden I) -, WuW/E DE-R 472; *OLG Düsseldorf*, - (Puttgarden II) -, WuW/E DE-R 569 [572].
[536] Vgl. die Kritik bei *Schulze*-Netzausbaupflicht, in: et 2001, 816, der allerdings an keiner Stelle auf § 4 EnWG eingeht.
[537] *BVerfG*, 16.03.1971 - 1 BvR 52, 665, 667, 754/66 -, BVerfGE 30, 292 für einen Fall der Bevorratungspflicht für Erdölerzeugnisse.

die Wartungspflicht hinaus die Pflicht des Netzbetreibers zum Ausbau etwa von Interkonnektoren oder Kapazitäten ergeben. Die Investitionsverpflichtung ist freilich durch die Grundsätze der Verhältnismäßigkeit und Wertgarantie begrenzt.

C. Die Versorgungssicherheit

1) In Frankreich

Art. 2 Abs. 1 Nr. 1 GasG-E sieht vor, Gaslieferanten zu verpflichten, für eine Diversifizierung ihrer Bezugsquellen zu sorgen. Die Vorschrift ist von der Sorge geleitet, dass eine einseitige Versorgung zu großer Abhängigkeit führen kann.[538] Durch Art. 7 Abs. 4 GasG-E soll der Energieminister sogar ermächtigt werden, einem Unternehmen im Einzelfall aufzuerlegen, seine Bezugsquellen zu erweitern. Geschieht dies nicht, kann jeder Importvertrag dieses Lieferanten für den verlängerbaren Zeitraum von zunächst einem Jahr der Genehmigungspflicht durch den Minister unterworfen werden. Im Extremfall kann die Genehmigung gemäß Art. 18 GasG-E entzogen, vorübergehend für ungültig erklärt oder eine Geldstrafe verhängt werden.

2) In Deutschland

§ 17 EnWG enthält eine Ermächtigungsgrundlage für das Bundesministerium für Wirtschaft zum Erlass von Rechtsverordnungen zur Sicherung der Energieversorgung. Durch entsprechende Rechtsverordnungen können unter anderem die Produzenten von Flüssiggas verpflichtet werden, Vorräte in einem einem Umfang vorzuhalten, die erforderlich sind, um ihre Gasabgabeverpflichtungen 30 Tage lang erfüllen zu können. Auf der entsprechenden Norm des EnWG 1935 wurde die Verordnung über die Brennstoffbevorratung von Kraftwerken (KraftBeV) vom 11. Februar 1991 verabschiedet, die mittlerweile jedoch wieder aufgehoben wurde.[539] Diese KraftBeV, wie auch der Wortlaut des § 17 EnWG gehen zurück auf die Richtlinie 75/339/EWG des Rates,[540] die allerdings die Bevorratung von Flüssiggas nicht vorgesehen hatte. Die Erweiterung der Verordnungsermächtigung auch für Gas geht zurück auf die negativen Erfahrungen, die in der Ölkrise 1973/1974 bei der Flüssiggasversorgung gemacht wurden.[541] Das BVerfG hat ausgesprochen, dass die Bevorratungspflicht für Erdölerzeugnisse als Berufsausübungsregel verfassungsmäßig ist.[542] Eine ausdrückliche Verpflichtung zur Gewährleistung der Versorgungssicherheit mit Erdgas gibt es in Deutschland gleichwohl nicht.

---

[538] Vgl. zu diesem Problem den *Bricq*-rapport, S. 10f.

[539] Verordnung zur Aufhebung der Kraftwerksbevorratungsverordnung vom 08.09.1999, BGBl. I, 1934.

[540] Richtlinie 75/339/EWG des Rates vom 20.05.1975 zur Verpflichtung der Mitgliedstaaten Mindestvorräte an fossilen Brensstoffvorräten bei den Wärmekraftwerken zu halten, Abl. EG L 153 vom 13.06.1975 S. 35.

[541] Vgl. *Danner*, in: Obernolte/Danner, § 17 EnWG, Rn. 4.

[542] *BVerfG*, 16.03.1971 - 1 BvR 52, 665, 667, 754/66 -, BVerfGE 30, 292 [313ff.].

D. Die Lieferpflicht

1) Die Lieferpflicht in Frankreich (la mission de fourniture)

Die Lieferpflicht der Lieferunternehmen besteht gemäß Art. 3 Abs. 1 Nr. 1 GasG-E darin, die nicht zugelassenen Kunden, also die Kunden, für die der Wettbewerb mangels Netzzugangsanspruchs nicht geöffnet wurde, mit Gas zu versorgen. Gemäß Art. 3 Abs. 2 obliegt diese Pflicht GDF, den nicht verstaatlichten Unternehmen und den Vertriebsunternehmen im Sinne des sechsten Unterabsatzes des Art. 50 des Gesetzes vom 2. Juli 1998 in ihrer jeweiligen Vertriebszone. Lieferunternehmen, die eine Genehmigung gemäß Art. 7 GasG-E erhalten haben, sind nur zur Belieferung jener zugelassenen Kunden verpflichtet, die an die von ihnen betriebenen Hochdrucktransportleitungen angeschlossen sind.

Weiter werden die Lieferunternehmen gemäß Art. 3 Abs. 1 Nr. 2 GasG-E zum Zwecke der Gewährleistung der Dauerhaftigkeit der Lieferung, zur Belieferung der Verteilerunternehmen, sowie der sensible Kunden verpflichtet. Sensible Kunden sind solche, für die ein öffentliches Interesse der Versorgung aufgrund ihres Beitrags zur Erfüllung grundlegender Bedürfnisse der Nation im Sinne von Art. 1 des Energiespargesetzes 74-908 vom 29. Oktober 1974 anerkannt wurde. Es handelt sich hierbei vor allem um die Bedürfnisse Gesundheit, Verteidigung und Sicherheit. Diese Lieferverpflichtung besteht allerdings nur im Rahmen der Verträge. Die Lieferunternehmen werden somit öffentlich-rechtlich zur Erfüllung ihrer privatrechtlichen Verträge verpflichtet.

2) Die Pflicht zur allgemeinen Versorgung in Deutschland

Gemäß § 10 Abs. 1 Satz 1 EnWG, der sich großteils mit § 6 EnWG 1935 deckt, sind die Energieversorgungsunternehmen, die in Gemeindegebieten die allgemeine Versorgung von Letztverbrauchern durchführen, verpflichtet, zu allgemeinen Konditionen jedermann an ihr Versorgungsnetz anzuschließen und zu versorgen. Wegen der weiten Auslegung des Begriffs des Energieversorgungsunternehmens ist bereits fraglich, welche Unternehmen durch § 10 Abs. 1 EnWG verpflichtetet werden können (unten **a**). Auch der Begriff der allgemeinen Versorgung wird vom EnWG nicht definiert und bleibt diffus[543] (unten **b**).

(a) Das verpflichtete Unternehmen

§ 10 Abs. 1 Satz 1 EnWG begründet eine Anschluss- und Versorgungspflicht im Sinne eines Kontrahierungszwangs für gewisse Energieversorgungsunternehmen, die Letztverbraucher versorgen. Letztverbraucher sind solche Energiebezieher, die einen eigenen unmittelbaren Energiebedarf haben,[544] die also Energie selbst konsumieren. Damit sind Adressaten des § 10 Abs. 1 EnWG in jedem Fall solche Energieversorgungsunternehmen, die sowohl ein Netz betreiben als auch Letztverbraucher versor-

[543] *Gersemann/Trurnit* - Beendigung von Wegenutzungsverträgen, in: DVBl 2000, 1101 [1104, 1105].
[544] *Danner*, in: Obernolte/Danner, § 10 EnWG, Rn. 6; *Hempel*, in: Böwing, Art. 1 § 10, Pt 2.1.2; *LG Wuppertal*, 28.11.1984 - 8 S 77/84 - RdE 1985, 47.

gen.[545] Energieversorgungsunternehmen, die lediglich Wiederverkäufer beliefern, fallen damit nicht in den Anwendungsbereich des § 10 Abs. 1 EnWG.

Im Ergebnis unterliegt aber auch der reine Netzbetreiber, der nicht auch selber Energie liefert, dem Kontrahierungszwang des § 10 Abs. 1 EnWG.[546] Dass auch der Netzbetreiber Energieversorgungsunternehmen im Sinne des EnWG ist, ergibt sich aus § 2 Abs. 3 EnWG. Zwar führt der Netzbetreiber selbst keine Versorgung von Letztverbrauchern durch, doch ist § 10 Abs. 1 EnWG weit auszulegen. Dies ergibt sich aus der Systematik. Es wurde bereits dargestellt, dass die Aufnahme des reinen Netzbetriebs einen Fall der Aufnahme der Energieversorgung darstellt.[547] Schon wegen der Kohärenz des EnWG ist daher auch der Netzbetrieb Teil der Versorgung von Letztverbrauchern mit Gas. Dies ergibt sich auch aus dem Sinn und Zweck der Norm. Die Versorgung von Gas setzt das Vorhandensein einer Gasleitung zwingend voraus. Der Gesetzgeber hat § 10 Abs. 1 EnWG aufrecht erhalten, da er im Interesse der Allgemeinheit jedermann nicht nur die Versorgung, sondern eben auch den Anschluss an ein Gas- und Elektrizitätsnetz zu allgemein gültigen Bedingungen ermöglichen wollte.[548] Dieses Gesetzeszieles wäre gefährdet, wenn die Anschlusspflicht letztlich von der Organisationsform der Energiewirtschaft abhängig sein würde. Denn durch die Trennung von Netzbetrieb und Gashandel könnte sich ein Energieversorgungsunternehmen sonst einfach der Anschlusspflicht entziehen.

Es gibt auch ein Bedürfnis zur weiten Auslegung des § 10 Abs. 1 EnWG.[549] Zwar können sich Kontrahierungszwänge auch aus § 20 Abs. 1 GWB[550] sowie aus § 826 BGB[551] ergeben. Diese Ansprüche sind jedoch dem Anspruch aus § 10 Abs. 1 EnWG nicht gleichwertig. Auf § 20 Abs. 1 GWB können sich nur Unternehmen gegenüber einem marktbeherrschenden Unternehmen stützen. § 826 BGB wiederum setzt voraus, dass die Nichtleistung einen Verstoß gegen die guten Sitten darstellt. Die Verweigerung der Belieferung mit Energie bzw. des Anschlusses an ein Versorgungsnetz kann aber nicht ohne weiteres als sittenwidrig erachtet werden. Vielmehr bedarf es einer Abwägung der Umstände des Einzelfalls.[552] Zwar wird man mit Vykydal annehmen müssen, dass ein Kontrahierungszwang sich auch aus der Wertentscheidung des EnWG ergibt, dass Gas als öffentliches Gut jedermann zustehen muss.[553] Denn damit darf derjenige, der die Versorgung mit Gas übernommen hat, niemanden willkürlich von der Versorgung ausschließen.[554] Allerdings ist das Kriterium der Willkürlichkeit im Rahmen des Anspruch aus § 826 BGB von dem Anspruchsinhaber nachzuweisen. Dabei wäre auch nachzuweisen, dass ein Rechtfertigungsgrund für eine Leistungsverweigerung nicht vorliegt. Die Beweislastverteilung im Rahmen von § 10

545 *Danner*, in: Obernolte/Danner, § 10 EnWG, Rn. 5.
546 Anders: *Danner*, in: Obernolte/Danner, § 10 EnWG, Rn. 5; *Hempel*, in: Böwing-EnWG 1998, Art. 1, § 10, Pt. 2.1.1.
547 vgl. oben: 2. Teil I.A.2)(a).
548 vgl. *Regierungsbegründung* zu § 4 EnWG, BT-Drs. 13/7274, S.16f..
549 Anders unter Verweis auf den Kontrahierungszwang nach BGB und Kartellrecht: *Hempel*, in Böwing - EnWG 1998, Art. 1 § 10, Rn. 2.1.1.
550 Vgl. *Scholz*-Kontrahierungszwang, S. 95ff.; *Vykydal*-Kontrahierungszwang, S. 166ff. und 227ff..
551 *Scholz*-Kontrahierungszwang, S. 199ff.; *Vykydal*-Kontrahierungszwang, S. 140ff..
552 *Scholz*-Kontrahierungszwang, S. 241f..
553 Eine Differenzierung zwischen Elektrizität und Gas scheint jedoch nicht per se ausgeschlossen.
554 *Vykydal* - Kontrahierungszwang, S. 165.

Abs. 1 EnWG hingegen ist umgekehrt. Auch dort kann das verpflichtete Unternehmen nach Satz 2 die Leistungserbringung verweigern, sofern der Anschluss aus wirtschaftlichen Gründen nicht zumutbar ist, trägt jedoch selbst die Beweislast für diesen Umstand. Dieser wichtige Unterschied in der Beweislastverteilung genügt, um § 10 Abs. 1 EnWG in entsprechender Anwendung auch auf eine Anschlusspflicht von Netzbetreibern auszudehnen. Schon wegen der Normenhierarchie ist unbeachtlich, dass die AVBGasV in Verkennung der Veränderung der Strukturen der Gaswirtschaft von der Einheit des Anschluss- und Versorgungsvertrages ausgeht.[555]

Soweit Unternehmen nur Versorger, nicht aber auch Netzbetreiber sind, gibt es ihnen gegenüber natürlich keinen Anschlussanspruch. Hinsichtlich des Anspruchs auf Abschluss eines Belieferungsvertrages besteht jedoch gemäß § 10 Abs. 1 EnWG analog ebenfalls ein Kontrahierungszwang für diese Unternehmen.[556] Büdenbender hingegen meint, der Kunde habe auch gegenüber dem unternehmerisch entbündelten Netzbetreiber und (oder?) Gashändler einen Anspruch auf einen all-inclusive Vertrag.[557]

Der Kontrahierungszwang ist ohne Vorteil für die Sonderkunden. Denn diese sind nicht an dem Abschluss von Verträgen zu allgemeinen Bedingungen interessiert, weiter allerdings reicht der Anspruch aus § 10 Abs. 1 EnWG nicht.[558] Für sie bleibt der Rückgriff auf die Ansprüche aus § 20 Abs. 1 GWB bzw. § 826 BGB von Bedeutung.

(b) Der Begriff der allgemeinen Versorgung

Die Anschluss- und Versorgungspflicht besteht nach § 10 Abs. 1 EnWG nur für die allgemeine Versorgung. Die Auslegung des Begriffs der allgemeinen Versorgung birgt besondere Untiefen. Es handelt sich um einen Begriff aus der Zeit regionaler Monopole, als der Inhaber des exklusiven Konzessionsvertrages der alleinige Versorger war.[559] Nachdem nunmehr Demarkationsverträge und exklusive Konzessionsverträge unzulässig geworden sind, bleibt jedenfalls zu hoffen, dass die Tätigkeitsfelder der Energieversorgungsunternehmen sich nicht mehr an Gemeindegrenzen orientieren und es zum echten Infrastrukturwettbewerb kommen wird. Die dringend notwendige Definition des Begriffs der allgemeinen Versorgung ist entgegen dem Drängen des Bundesrates[560] unterblieben. Mangels praktikabler Definition muss durch Auslegung ermittelt werden, was mit der allgemeinen Versorgung gemeint ist.

Da nach § 13 Abs. 2 EnWG Konzessionen zur Verlegung und zum Betrieb von Leitungen zur Durchführung der allgemeinen Versorgung erteilt werden können, sind jedenfalls die Inhaber einer solchen Konzession Adressaten des § 10 Abs. 1 EnWG. Ein hierauf beschränktes Begriffsverständnis bliebe aber tautologisch, denn dadurch

---

[555] So ein Argument Hempels gegen die Begründung der Anschlusspflicht für Netzbetreiber, *Hempel*, in: Böwing-EnWG 1998, Art. 1 § 10, Pt. 2.1.1..
[556] ebenso offenbar *Hempel*, in: Böwing-EnWG 1998, Art. 1 § 10, Pt. 2.2.1.3.; anders: *Danner*, in: Obernolte/Danner, § 10 EnWG, Rn. 5.
[557] *Büdenbender*-Entwicklung des Energierechts, in: DVBl 2001, 952 [966].
[558] *Vykydal*-Kontrahierungszwang, S. 93.
[559] *Kühne /Scholtka*-Das neue Energiewirtschaftsrecht, in: NJW 1998, 1902 [1903].
[560] BT-Drucks. 13/9545, Nr. 14.

wird nicht die Frage beantwortet, wann eine Konzession zur allgemeinen Versorgung zu erteilen ist.

Nach Auffassung des LG Dortmund trifft die Pflicht zur allgemeinen Versorgung nur das Unternehmen, welches seine Versorgungstätigkeit so aufgebaut hat, dass es das gesamte Versorgungsgebiet abdeckt.[561] Der Umfang des Leitungsnetzes ist aber nur schwer geeignet, eine allgemeine Versorgung zu begründen. Zwar wird der Gesetzgeber daran gedacht haben, als allgemeine Versorger die Betreiber der Netze der ehemaligen Monopolisten zu bezeichnen. Er übersieht jedoch, dass in Zukunft denkbar ist, dass ein Unternehmen entweder ein konkurrierendes Leitungsnetz aufbaut[562] oder ein Leitungssystem in einem bisher nicht versorgten Gebiet aufbaut oder dass ein Leitungsnetz teilweise verkauft wird. Außerdem bleibt völlig offen, was der Bezugsrahmen des Umfangs des Leitungsnetzes sein soll. Es erscheint wenig sinnvoll, dass etwa der Betreiber B des ehemals monopolistisch betriebenen Versorgungsnetzes in der Gemeinde X das innerhalb des Gemeindegebietes liegende Dorf D anschließen soll, obwohl die Leitungen des Konkurrenten K in der Gemeinde Y wesentlich näher an D liegen. Insofern ist auch die Marktmacht kein geeignetes Konzept zur Bestimmung des zur allgemeinen Versorgung verpflichteten Unternehmens, [563] denn die räumlichen Märkte werden bislang entsprechend der Ausdehnung des eigenen Netzes definiert, bestehen aber jedenfalls rechtlich unabhängig von den Gemeindegrenzen. Auch die bestehende flächendeckende Versorgung ist kein Kriterium zur Annahme der allgemeinen Versorgung, denn dann ließe sich nicht erklären, wie bisher nicht versorgte Personen außerhalb des Versorgungsgebiets von dem Kontrahierungsanspruch des § 10 EnWG profitieren könnten.[564]

Sobald der Durchleitungswettbewerb funktioniert, stellt sich des weiteren die Frage, inwieweit der überregionale Versorger ohne eigenes Netz allgemeiner Versorger werden kann. Verlangt man weiterhin eine räumliche Begrenzung, kann dies praktisch niemals der Fall sein.

Die Frage danach, ob ein Unternehmen ein Unternehmen der allgemeinen Versorgung ist, ist damit nicht nach objektiven Gegebenheiten zu ergründen, sondern danach, ob das Unternehmen Leistungen anbietet, die sich an die Allgemeinheit richten.[565] Keine allgemeine Versorgung liegt danach vor, wenn ein Energieversorgungsunternehmen ausschließlich Direktleitungen zu Sondervertragskunden betreibt bzw. ausschließlich Sondervertragskunden versorgt.[566] Denn das Gesetz knüpft an die allgemeine Versorgung die Pflicht, alle Kunden zu allgemeinen Bedingungen zu versorgen. Sondervertragskunden hingegen werden von vornherein als solche Kunden

---

[561] *LG Dortmund*, 26.01.2000 - 20 O 7/00, VW 2000, 133 [134].

[562] Abwegig: *Ortlieb*-Konzessionsverträge, in: Festschrift für Wolf Büttner, S. 329 [382], die offensichtlich davon ausgeht, dass eine Gemeinde nur zum Abschluss eines Konzessionsvertrages zum Bau von Stichleitungen verpflichtet ist. Das ist angesichts der Abschaffung der Exklusivrechte unvertretbar.

[563] So aber die *Regierungsbegründung* zu § 4, BT-Drs. 13/7274. Aber die Motive des Gesetzgebers sind nur insoweit für die Auslegung bindend, als sie sich im Gesetzesrext widerspiegeln, BVerfG, 16.02.1983 - „ BvE 1,2,3,4/83 -, BVerfGE 62, 1 [45].

[564] Vgl. *Busche*-Kontrahierungszwang, S. 418.

[565] Vgl. auch *Hempel*, in: Böwing-EnWG 1998, Art. 1 § 10, Pt. 2.2.2.2.

[566] Vgl. *Regierungsbegründung*, BT-Drucks. 13/7274, S. 16f..

definiert, welche aufgrund besonderer Lieferverträge und nicht aufgrund allgemeiner Tarife und allgemeiner Bedingungen versorgt werden.[567] Es handelt sich in aller Regel um Großkunden.

Wenn andererseits ein Energieversorgungsunternehmen die von ihm erbrachten Leistungen zu allgemeinen Konditionen und Bedingungen erbringt, ist dies ein Indiz für eine allgemeine Versorgung.[568] Entscheidend ist, ob die von einem Energieversorgungsunternehmen erbrachte Leistung sich nach außen hin derart darstellt, dass sie sich in einem bestimmten Gebiet als invitatio ad offerendum für jedermann darstellt. Insofern genügt schon die nach außen kundegegebene Bereitschaft des Unternehmens, die Versorgung eines Gebietes zu allgemeinen Konditionen zu übernehmen.[569] In Abgrenzung zur individuellen Versorgung muss es sich um eine Versorgung handeln, bei der die Kunden nicht selektiv gewählt werden, sondern die nach allgemeinen Kriterien jedermann zukommt. Ist dies der Fall, liegt ein Fall der allgemeinen Versorgung vor. Auf die Anzahl der versorgten Kunden kann es dabei nicht ankommen.[570]

Zur wichtigen Frage wird damit die Abgrenzung des Gebiets, in dem die allgemeine Versorgung erbracht wird.[571] § 10 Abs. 1 EnWG spricht von Gemeindegebieten. Es ist daher davon auszugehen, dass sich die allgemeine Versorgung auf ein zusammenhängendes Gebiet beziehen muss, welches gleichwohl nicht kongruent mit dem Gemeindegebiet sein muss. Für welches Gebiet also die allgemeine Versorgung erbracht wird, hängt wieder von der Auslegung des Verhaltens der Energieversorgungsunternehmen am Empfängerhorizont ab. Bei reinen Lieferanten, die nicht nur Sonderkunden beliefern, dürfte dies in der Regel keine Probleme bereiten. Soweit sie nicht (konkludent) ihre Tätigkeit auf ein bestimmtes Gebiet beschränken, wie etwa Stadtwerke, sind sie überall allgemeine Versorger. Damit dürften Lieferanten in der Regel einem grundsätzlichen Kontrahierungszwang unterliegen. Umgekehrt stellt sich die Situation für Netzbetreiber und den Anschlusszwang dar. Soweit sich hier nicht aus den Äußerungen etwas anderes ergibt, ergibt die Auslegung des Verhaltens, dass ihr Leistungsgebiet von ihrem Leitungsnetz begrenzt ist. Anschlusszwänge bestehen für außerhalb dieses Versorgungsgebietes liegende Orte nur in den Grenzen des § 10 Abs. 1 Satz 1 EnWG.

Der Begriff der allgemeinen Versorgung ist damit kein exklusiver Begriff. Mehrere Energieversorgungsunternehmen können auf einem Gebiet allgemeiner Versorger sein.[572] Hinsichtlich der Lieferungspflicht sind Gaslieferunternehmen in der Regel überall allgemeine Versorger, es sei denn sie beschränken nach außen ihr Betätigungsfeld. Hinsichtlich der Anschlusspflicht kann es durch die Konstruktion konkur-

---

[567] *Scholtka*-Konzessionsabgabenrecht, in: RdE 1999, 184 [189].
[568] *Kühne/Scholtka*-Das neue Energiewirtschaftsrecht, in: NJW 1998, 1902 [1904].
[569] *Busche*-Kontrahierungszwang, S. 419.
[570] Die Regierungsbegründung zu § 4 EnWG, BT-Drs. 13/7274, S. 10f. ist insofern freilich missverständlich. Danach soll die Versorgung einzelner, bestimmter Abnehmer ausserhalb des Versorgungsgebiets keine allgemeine Versorgung darstellen. Nach der hier vertretenen Auffassung ist diese Aussage schon in sich widersprüchlich, da es keine Versorgung ausserhalb des Versorgungsgebietes gibt.
[571] Vgl. dazu *Hempel*, in: Böwing-EnWG 1998, Art. 1 § 10, Pt. 2.2.2.2.
[572] Vgl. dazu *Hempel*, in: Böwing-EnWG 1998, Art. 1 § 10, Pt. 2.2.2.2 (S. 197)..

rierender Netze dazu kommen, dass es in bestimmten Gebieten mehrere Unternehmen gibt, die als allgemeine Versorger in Betracht kommen.

Dann stellt sich die Frage, ob von allen Unternehmen der Anschluss an das Leitungsnetz verlangt werden kann. Nach dem Wortlaut des § 10 Abs. 1 EnWG ist dies der Fall. Die Norm muss jedoch grundgesetzkonform ausgelegt werden. Die Kontrahierungspflicht stellt einen Eingriff in die Berufsausübungsfreiheit der Unternehmen aus Art. 12 Abs. 1 GG dar. Dieser Eingriff ist nur insoweit verhältnismäßig, als der Gesetzeszweck einer möglichst breiten Versorgung nicht auch auf weniger einschneidende Weise erreicht werden kann. Dies ist der Fall, wenn man § 10 Abs. 1 EnWG so auslegt, dass die Anschlusspflicht nur gegenüber dem Unternehmen besteht, für welches der Anschluss weniger kostenintensiv ist.[573] Gerade in diesem Beispiel zeigt sich, dass die Auffassung des Gesetzgebers, die Anschlusspflicht treffe das in einem bestimmten Gemeindegebiet marktbeherrschende Unternehmen, nicht haltbar ist.

E. Die Preisbindung

§ 3 Abs. 2 der Gasrichtlinie ermächtigt die Mitgliedstaaten, den Gasunternehmen Gemeinwohlverpflichtungen hinsichtlich der Preisbildung für Erdgas aufzuerlegen. § 9 Abs. 2 der Richtlinie bestimmt darüber hinaus ausdrücklich, dass den Verteiler- und Versorgungsunternehmen auferlegt werden kann, Kunden in einem bestimmten Gebiet zu festgelegten Preisen zu beliefern.

1) In Frankreich

Gemäß Art. 4 Abs. 3 und 1 GasG-E soll der Energieminister, nach Stellungnahme der CREG, die Preise für den Verkauf von Erdgas festlegen. Art. L 410-2 Abs. 2 des Code de commerce (ehemals Art. 1 Abs. 2 der ordonnance 86-1243), der eine Ausnahme vom Prinzip der freien Preisbildung ermöglicht, wird insoweit für anwendbar erklärt. Die Preise werden gemäß Art. 4 Abs. 1 GasG-E aufgrund der realen Kosten der Lieferung bestimmt. Dieses Modell ist hinsichtlich der Entwicklung eines wettbewerbsfähigen Netzbetriebes enttäuschend. Ein an den Kosten der effizienten Leistungsbereitstellung sich orientierendes Preisschema würde den Investitionsanreiz erhöhen.[574]

Für GDF ist hinsichtlich der Preisregulierung ein besonderes Regime vorgesehen. Nach Art. 4 Abs. 2 GasG-E versorgt Gaz de France nämlich die nicht zugelassenen Kunden in seinen jeweiligen Versorgungszonen nur zu „harmonisierten“ Preisen. Dies lässt nur den Rückschluss zu, dass die staatlich verordneten Preise für die Leistungen von GDF gerade nicht gelten. Dadurch wird es GDF ermöglicht, die Mehrkosten für die Leistungserbringung aufgrund der Verpflichtung zur Erbringung der Versorgungsleistung an alle nichtzugelassenen Kunden in der jeweiligen Versorgungszo-

---

[573] Ebenso: *Saljé*-Neuregelung des Energiewirtschaftsrechts, in: NVwZ 1998, 916 [918]

[574] Dieses Modell wurde für die Entgeltregulierung im Rahmen des TKG gewählt, vgl. § 27 TKG.

ne auf die Preise umzulegen.[575] Dies stellt eine Abweichung von dem im service-public angelegten Prinzip der Preisgleichheit[576] dar. Art. 5 des GasG-E sieht vor, GDF von den ihr entstehenden Mehrkosten durch die service-public Verpflichtungen für die Belieferung von sensiblen Kunden teilweise zu entlasten. Zwischen GDF und den anderen in Art. 4 Abs. 2 GasG-E genannten nicht verstaatlichten Verteilern soll hierfür ein Kostenausgleichsfonds geschaffen werden. Einen solchen Ausgleich zwischen den Unternehmen kennt die Gasrichtlinie im Gegensatz etwa zur Telekommunikationsrichtlinie 96/19/EG[577] nicht. Gleichwohl scheint Art. 5 GasG-E gemeinschaftsrechtskonform. Denn da der Gasmarkt in Übereinstimmung mit der Richtlinie gar nicht für den Wettbewerb geöffnet ist, kann die Maßnahme auch in keiner Weise den Wettbewerb behindern.

2) Die Preisbindung in Deutschland

Im Rahmen der allgemeinen Versorgung sind die Unternehmen gemäß § 10 EnWG verpflichtet, ihre Leistungen zu allgemeinen Tarifen und Bedingungen zu erbringen. Die auf Grundlage des § 7 EnWG 1935 ergangene Bundestarifordnung Gas[578] reglementierte zuvor allgemein die Tarife der Gasversorgungsunternehmen. Im Gegensatz zur Bundestarifordnung Elektrizität,[579] für die in § 11 Abs. 1 EnWG auch noch weiterhin eine Ermächtigungsgrundlage besteht, ist die BTOGas mitsamt ihrer Ermächtigungsgrundlage durch Art. 5 Abs. 2 Nr. 4 ENWR-NRG abgeschafft worden. Die Kontrolle der Gaspreise kann damit einzig über die kartellrechtlichen Vorschriften der §§ 19 Abs. 4 und 20 Abs. 2 GWB erfolgen.[580] Die AVBGasV stellt lediglich eine Vereinheitlichung des Versorgungsvertrages dar, ohne aber den Preis zu beeinflussen.

F. Ergebnis

In Frankreich werden den Unternehmen in weit größerem Umfang Gemeinwohlverpflichtungen auferlegt als in Deutschland. Insbesondere die Investitionsverpflichtungen, die für eine zuverlässige und dauerhafte Energieversorgung von entscheidender Bedeutung sind, sind aber auch im französischen Gesetzentwurf nur rudimentär ausgeprägt und unterliegen der Präzisierung durch das Energieministerium im Zusammenhang mit der Genehmigungserteilung. In Deutschland gibt es überhaupt keine gesetzlichen Investitionsverpflichtungen. In richtlinienkonformer Auslegung lassen sie sich jedoch in § 4a EnWG-E hineinlesen. Der Umfang bleibt freilich unklar. Erstaunlich weitgehend sind die französischen Anforderungen an die Versorgungssicherheit, die den Unternehmen auferlegen, für eine Diversifizierung ihrer Bezugsquellen zu sorgen. Die Lieferverpflichtungen für GDF an alle nicht zugelassenen Kunden ver-

---

[575] Dieser Kostenausgleich wurde GDF unter der vormaligen Gesetzeslage nicht abverlangt, entsprach jedoch der Praxis. *Assemblée nationale*-directive européenne S. 31. Aber nach *Le Floch-Prigent*-Énergie, S. 28 wurde er weitestgehend praktiziert.

[576] *Rodrigues*-service-public, Band II, S. 755.

[577] Vgl z.B. Art. 4d der Richtlinie 90/388/EWG in seiner durch die Richtlinie 96/19/EG geänderten Fassung.

[578] Verordnung über allgemeine Tarife für die Versorgung mit Gas (BTOGas vom 10.02.1959, BGBl. I Seite 46, i.d.F. der Verordnung vom 26.06.1963 (BGBl. I. seite 442) und vom 21.06.1979 (BGBl. I Seite 676).

[579] Bundestarifordnung Elektrizität vom 19.12.1989, Bundesgesetzblatt Teil I, 1989, Nr. 59 vom 22.12.1989.

[580] Vgl. *Pohlmann*-Aufsicht über Stromabgabepreise, in: RdE 1998, 57; *Hamacher*-kartellrechtliche Preismissbrauchsaufischt, in: RdE 1998, 225; *Lutz*-Missbrauchsaufischt über HuK-Gaspreise, in: RdE 2000, 62.

wundern hingegen nicht. Dem Umfang der Aufgabe trägt der Umstand Rechnung, dass GDF im Gegensatz zu anderen Versorgern nur harmonisierte, nicht aber vereinheitlichte Preise anbieten muss. Dadurch ist der Ausgleich unterschiedlicher Kosten möglich. Inwieweit dies in Deutschland möglich ist, ist unklar. Der Gesetzgeber hat versäumt, das EnWG an einem entscheidenden Punkt den neuen Marktverhältnissen anzupassen. § 10 Abs. 1 EnWG ist zum konturenlosen Paragraphen geworden, der eine Anschluss- und Versorgungspflicht zu allgemeinen Konditionen begründet, ohne klare Tatbestandsvoraussetzungen zu haben.

3. Teil: Die Zulassung von Wettbewerb

Der Wegfall der (regionalen) Monopole ist die notwendige Ergänzung zur Zulassung neuer Wettbewerber auf den Gasmärkten. Der Erfolg des Wettbewerbs um die Kunden (unten **I.**) hängt in wesentlichem Maße davon ab, ob sich auch im Bereich der Infrastrukturen ein echter Wettbewerb entfalten kann (unten **II.**). Die Sorge, dass der Wettbewerb die Erfüllung gemeinwirtschaftlicher Funktionen der Gasversorgung gefährde, hat insbesondere auf französischen Druck dazu geführt, dass die Gasrichtlinie zur Sicherung der Erfüllung von service-public Verpflichtungen Bereichsausnahmen zulässt (unten **III.**). Nur am Rande sei bemerkt, dass die Wettbewerbsöffnung auch dazu führt, dass die öffentliche Hand im wettbewerblichen Umfeld bei der Beschaffung von Gas dem Vergaberecht unterworfen ist.[581]

I. Der Wettbewerb um Kunden

Angesichts der unterschiedlichen politischen und volkswirtschaftlichen Traditionen der Mitgliedstaaten ermöglicht die Gasrichtlinie eine schrittweise Einführung des Wettbewerbs in der Gaswirtschaft. Während die progressive Einführung des Wettbewerbs in anderen Wirtschaftszweigen durch die schrittweise Öffnung des Wettbewerbs für bestimmte Produkte ermöglicht wurde,[582] erfolgt dies für die Energiewirtschaft mangels Abgrenzbarkeit der Ware gemäß Art. 18 Abs. 1 der Gasrichtlinie durch die Öffnung des Wettbewerbs für zunächst nur ausgewählte, sogenannte zugelassene Kunden.[583] Die Definition der zugelassenen Kunden obliegt den Mitgliedstaaten. Art. 18 Abs. 3 der Gasrichtlinie verpflichtet aber, zu gewährleisten, dass die Definition der zugelassenen Kunden jedenfalls zu einer Marktöffnung von mindestens 20% des jährlichen Gesamtgasverbrauchs auf dem einzelstaatlichen Gasmarkt führt. Diese absolute Untergrenze wird gemäß Art. 18 Abs. 4 Gasrichtlinie ab 2003 auf 28% und ab 2008 auf 33 % festgesetzt. Darüber hinaus sind Endverbraucher mit einem Jahresverbrauch von mindestens 25 Millionen Kubikmeter Gas je Verbrauchsstätte in jedem Fall als Kunden zuzulassen, wobei dieses Kriterium degressiv ist.[584] Die Betreiber von gasbefeuerten Stromerzeugungsanlagen werden insoweit privilegiert, als sie in der Regel als zugelassene Kunden betrachtet werden. Allerdings können die Mitgliedstaaten hier auch Schwellenwerte einführen.[585] Diese Privilegierung der Technik der Elektrizitätsgewinnung durch gasbefeuerte Kraft-Wärmekopplungsanlagen dient der Förderung dieser vielversprechenden Form der

---

[581] Vgl. hierzu bejahend: *Matharan/Pintat*-mise en concurrence, in: CJEG 2001, 431

[582] *Géradin*-entreprises de réseau, in: CDE 1999, 13 [15f.] stellt die unterschiedlichen Herangehensweisen dar.

[583] Art. 18 der Gasrichtlinie und Art. 19 der Elektrizitätsrichtlinie.

[584] Gemäß Art 18 Abs. 2 müssen diejenigen Endkunden, die mehr als 25 Millionen Kubikmeter pro Jahr und Verbrauchsstelle konsumieren, zugelassene Kunden sein. Nach Abs. 6 wird dieser Schwellenwert im Jahre 2003 auf 15 Millionen Kubikmeter und 2008 auf 5 Millionen Kubikmeter abgesenkt. Das Schwellenkriterium kann de facto zu einer Mindestmarktöffnung von über 20% führen. Für diesen Fall hält Art. 18 Abs. 5 Sonderregeln parat.

[585] Art. 18 Abs. 2 Nr. 1 der Gasrichtlinie. Die Mitgliedstaaten können jedoch zum Schutz ihrer Elektrizitätswirtschaft einen Schwellenwert vorsehen, der jedoch nicht höher sein darf als der von der Richtlinie für die Endkunden vorgegebene Mindestschwellenwert. Entscheiden sich die Mitgliedstaaten, Schwellenwerte zu definieren, müssen diese an die Kommission notifiziert werden.

Elektrizitätsgewinnung, die grundsätzlich eine höhere Effizienz und eine bessere Umweltbilanz als die Öl- oder Kohlebefeuerung besitzt.[586]

Frankreich orientiert sich bei seiner Marktöffnung mit einigen wenigen Ausnahmen strikt an den Minimalvorgaben der Richtlinie (unten **A**). Neben Großbritannien ist die Bundesrepublik das einzige Land mit einer jedenfalls theoretisch 100%igen Marktöffnung[587] (unten **B**).

A. Eine schrittweise Öffnung in Frankreich

Die schwache Marktöffnung der Gaswirtschaft in Frankreich verwundert nicht, wenn man sich vergegenwärtigt, dass die niedrigen Schwellen auf französischen Einfluss zurückgehen.[588] Eine zurückhaltende Öffnung liegt nach Ansicht des Conseil économique et social im Interesse Frankreichs, da seine Versorgungssicherung auf langfristigen Lieferverträgen basiere und den nationalen Unternehmen genügend Zeit zu Anpassung gegeben werden müsse.[589] Der rapport Bricq forderte ebenfalls eine langsame Öffnung.[590] Diese protektionistische Argumentation überzeugt angesichts fehlender französischer Besonderheiten und der Aktivität von GDF auf den Weltmärkten nicht. Bei aller Kritik ist zu berücksichtigen, dass in Frankreich die kulturelle Bedeutung des Konzepts des service-public einen Rückzug des Staates aus der Wirtschaft erschwert. Den gesellschaftlichen und politischen Forderungen aus dem eigenen Land nach einer Minimalöffnung trägt der GasG-E im Prinzip Rechnung (unten **1.**). Die Regeln für die Elektrizitätserzeugung und die Verteilung weisen jedoch kleine Abweichungen auf (unten **2.**). Das Konzessionssystem bleibt, anders als in Deutschland, von der Öffnung unberührt (unten **3.**)

1) Die restriktive Definition des zugelassenen Kunden

Art. 6 GasG-E sieht vor, dass per Dekret festgelegt wird, ab welchem Jahresverbrauch je Verbrauchsstätte ein Endverbraucher als zugelassener Kunde („client éligible“) anzuerkennen ist. In diesem Dekret ist auch ein Verfahren über die Anerkennung der Zulassung festzulegen. Dabei sind jedoch gewisse Mindestanforderungen zu beachten: Art. 6 GasG-E kopiert insofern die Anforderungen der Richtlinie. Danach ist ein Endverbraucher mit folgendem Verbrauch in jedem Fall ein zugelassener Kunde:

- ab dem 10. August 2000: 25 Millionen Kubikmetern
- ab dem 10. August 2003: 15 Millionen Kubikmetern
- ab dem 10. August 2008: 05 Millionen Kubikmetern.

---

[586] *Bricq*-rapport, S. 12.
[587] Les Échos, "Gaz: le marché européen s'ouvre aujourd'hui à la concurrence", D.C., Donnerstag 10, 08. 2000, S. 8. Hier wird eine Übersicht präsentiert, die auf Angaben der Kommission beruht. Danach beträgt die durchschnittliche Marktöffnung 78 %.
[588] *CES*-rapport, S. 19.
[589] *CES*-rapport, S. 19.
[590] *Bricq*-rapport, S. 12.

Gleichzeitig bestimmt das Gesetz, das es zu einer Marktöffnung von mindestens

- ab dem 10. August 2000: 20 %
- ab dem 10. August 2003: 28%
- ab dem 10. August 2008: 30%

des jährlichen Gesamtgasverbrauchs Frankreichs kommen muss. Damit hat Frankreich gemeinschaftsweit die theoretisch geringste Marktöffnungsquote.[591]

Der Begriff des zugelassenen Kunden ist insoweit irreführend, als die Zulassung nicht personenbezogen, sondern verbrauchsstättenbezogen ist.[592] Ein Endverbraucher kann also für einige Verbrauchsstätten zugelassener Kunde sein und für andere nicht. Praktisch bedeutet dies, dass in Frankreich zunächst ca. 150 industrielle Verbrauchsstätten für den Wettbewerb geöffnet werden. 2008 werden es nach derzeitigem Stand ca. 300 Stätten sein.[593] In Ermangelung einer fristgerechten Umsetzung der Gasrichtlinie hat sich GDF ab August 2000 bereiterklärt, denjenigen Stromerzeugern, Endkunden und Weiterverteilern ein Netzzugangsrecht zu gewähren, deren Verbrauch pro Verbrauchsstelle bei hochkalorigem Gas jährlich über 267,5 Millionen kwh und bei niedrigkalorigem Gas über 237,5 Millionen kwh beträgt.[594] So sehr diese schwache Marktöffnung enttäuschend sein mag, steht sie gleichwohl insoweit im Einklang mit der Gasrichtlinie. Es bleibt jedoch zu hoffen, dass die Marktöffnung ähnlich wie für die Elektrizitätswirtschaft beschleunigt wird.[595]

2) Die Besonderheiten

Hinsichtlich der Zulassung der Elektrizitätserzeuger (unten **a.**) und der Verteilungsunternehmen (unten **b.**) ging Frankreich leicht über die Forderungen der Gasrichtlinie hinaus.

(a) Die Elektrizitätserzeuger

Art. 6 Abs. 1 UA 2 des GasG-E, welcher Art. 18 Abs. 2 Spiegelstrich 1 der Gasrichtlinie umsetzen soll, sieht vor, die Betreiber von gasbefeuerten Stromerzeugungsanlagen, unabhängig von ihrem jährlichen Verbrauch hinsichtlich der für die Stromerzeugung notwendigen Gasmenge, als zugelassene Kunden anzuerkennen. Strittig war im Vorfeld des Gesetzgebungsprozesses, inwieweit von der Möglichkeit der Richtlinie Gebrauch gemacht werden sollte, einen konsumabhängigen Schwellenwert für die Zulassung der Betreiber von Kraft-Wärmekopplungsanlagen einzuführen.[596]

Letztlich differenziert der Gesetzentwurf danach, ob eine Kraft-Wärmekopplungsanlage von einer Abnahmeverpflichtung gemäß Art. 10.2 des Elekt-

[591] Nämlich 20%, danach kommt Dänemark mit 30%. vgl. Erster Kommissionsbericht zur Energiebinnenmarktliberalisierung, SEK (2001) 1957, Tabelle 4, S. 17.

[592] Die Kriterien genügen auch den konkreten Forderungen des CES. Dieser hatte verlangt, dass die Zulassung der Kunden jeweils pro Verbrauchsstätte zu erfolgen habe; *CES*-Report, S. 19.

[593] *Gallois*-Le marché européen du gaz, in: Le Monde vom Freitag, dem 11. 08. 2000, S. 12.

[594] *Lauriol/Cagniart*-Recent Developments, in: IELTR 2001, 75.

[595] Die Regierung hatte Mitte 2000 entschieden, die für 2003 vorgesehene 34%ige Marktöffnung auf Ende 2000 vorzuziehen; vgl. "Électricité: La France va accélerer l'ouverture du marché français", Les echos vom 23. 06. 2000.

[596] *Bricq*-rapport, S. 12 hatte die Einführung eines Schwellenwertes von 15 Millionen cm^3 vorgeschlagen.

rizitätsgesetzes profitiert, nach der EDF und einige nichtverstaatlichte Verteilerunternehmen die von diesen Anlagen produzierte Elektrizität unter bestimmten Voraussetzungen kaufen müssen.[597] Ist dies nicht der Fall, so ist der Betreiber der gasbefeuerten Kraft-Wärmekopplungsanlage hinsichtlich des betreffenden Gasverbrauchs nach Art. 6 Abs. 1 UA 2 Satz 1 GasG-E ungeachtet der Verbrauchsmenge als zugelassener Kunde anzuerkennen.[598] Kraft-Wärmekopplungen, die von der Abnahmeverpflichtung profitieren, werden hingegen gemäß Art. 6 Abs. 1 UA 2 Satz 2 GasG-E nur dann als zugelassene Kunden anerkannt, wenn ihr Verbrauch einen per Dekret zu fixierenden Schwellenwert überschreitet.[599] Dieser Wert soll nach dem Willen der Regierung der gleiche sein, wie er auch für die übrigen Verbraucher gilt.[600] Sofern der Wert jedoch überschritten ist, gilt der Kunde als zugelassener Kunde für seinen gesamten Gasverbrauch.

(b) Die Vertriebsunternehmen

Nach Art. 6 Abs. 2 GasG-E soll ein Verteilerunternehmen als zugelassener Kunde anerkannt werden, wenn sein Kaufvolumen die Schwelle des per Dekret festgelegten Verbrauchswertes überschreitet. Daneben ist das Unternehmen auch in dem Maße als zugelassener Kunde zu betrachten, als die von ihm belieferten Kunden zugelassene Kunden sind. Die Unterscheidung ist sinnvoll, weil vorstellbar ist, dass ein Verteilerunternehmen insgesamt nicht die Verbrauchswerte überschreitet, aber trotzdem zugelassene Kunden beliefert, etwa Stromproduzenten mit geringem Verbrauch.

Für die 17 nichtverstaatlichten Verteilungsunternehmen wird diese Regelung als Überlebenschance betrachtet.[601] Denn es ist für sie die einzige Möglichkeit, Gas zu wettbewerbsfähigen Preisen zu kaufen. Eine Auslegung der Richtlinie, nach der die Verteilerunternehmen jedenfalls dann als zugelassene Kunden zu betrachten sind, wenn sie mindestens die oben genannten Schwellenwerte erreichen, wäre nicht zwingend gewesen und war im Laufe des Gesetzgebungsverfahrens umstritten.[602] Die Gasrichtlinie schreibt nur eine Zulassung von *Endverbrauchern* vor, die einen gewissen Jahres*verbrauch* an Gas haben.[603] Endverbraucher sind nach Art. 2 Nr. 21 der Gasrichtlinie jedoch nur Verbraucher, die Erdgas für den Eigenbedarf kaufen, was Verteilerunternehmen nicht tun. Sie verbrauchen Erdgas nicht, sondern verteilen es nur. Soweit Art. 18 Abs. 8 der Gasrichtlinie von Verteilerunternehmen spricht, „die nicht bereits als zugelassene Kunden nach Absatz 1 benannt sind", ermöglicht dies

---

[597] Danach profitieren gasbefeuerten Kraft-Wärmekopplungsanlagen von einer Kaufverpflichtung nur, wenn ihre Leistung 12 MW nicht übersteigt und soweit diese Installationen keine Kunden zu wirtschaftlich akzeptablen Bedingungen finden können.

[598] *Bricq*-rapport (S.12f.) hatte gefordert, die Zulassung für diese Gruppe von der Überschreitung eines Mindestverbrauchs von 15 Millionen Kubikmeter Gas abhängig zu machen, um die Elektrizitätsmärkte nicht zu sehr zu beeinträchtigen.

[599] Der rapport Bricq und der CES hatten gefordert, diesen Anlagen die Anerkennung als zugelassene Kunden gänzlich zu verweigern. Dies hätte nicht im Einklang mit der Direktive gestanden; *CES*-rapport, S. 19; *Bricq*-rapport, S. 12.

[600] *Regierungsbegründung* zu Art. 6.

[601] *Martor/Ribot*-l'heure de la concurrence", in: LPA, 22 11. 1999, S. 13 [14].

[602] *CES*-rapport, S. 38; *Bricq*-rapport, S. 13; *Martor/Ribot*-l'heure de la concurrence, in: LPA, 22 11. 1999, 13 [14] sehen hierin eine enge Auslegung der Richtlinie.

[603] Der französische Text spricht von "clients finals consommant plus de 25 millions de mètres cubes de gaz par an et par site de consommation".

nicht den Schluss, dass Verteilerunternehmen Endverbraucher im Sinne der Gasrichtlinie seien, denn natürlich können auch solche Kunden zugelassene Kunden sein, die keine Endverbraucher sind.

3) Das Konzessionssystem für die Gasverteilung

Die Gemeinden bleiben weiterhin kompetent, die Konzessionen für die Gasverteilung zu erteilen. Dies bestimmt der durch Art. 17 des Elektrizitätsgesetzes eingefügte Art. L 2224-31 des code général des collectivités territoriales. Danach haben die Gemeinden die Konzessionen zu verhandeln und die entsprechenden Verträge zu schließen. Die Erfüllung der service-public Verpflichtungen erfolgt durch die von ihnen den Unternehmen auferlegten Pflichtenhefte. Wegen der fehlenden Zulassung neuer Unternehmen sind sie weiterhin verpflichtet, die Konzessionsverträge mit GDF abzuschließen.

B. Die radikale Marktöffnung in Deutschland

Die Marktöffnung war in Deutschland rechtstechnisch gesehen so einfach wie die Schaffung der regionalen Monopole: einerseits wurde die kartellrechtliche Freistellung aufgehoben (unten **1.**) und andererseits wurden exklusive Konzessionen verboten (unten **2.**). Sowohl die Anpassung des Konzessionsabgabenrechts an die Wettbewerbsbedingungen als auch der Wettbewerb an sich haben allerdings verfassungsrechtliche Bedenken heraufbeschworen (unten **3.**)

1) Die Unterwerfung des Sektors unter das allgemeine Wettbewerbsrecht

Nach § 103 Absatz 1 GWB a.F. wurde die Gaswirtschaft von den wesentlichen Bestimmungen des Kartellrechts freigestellt und exklusive Konzessionsverträge zwischen Gemeinden und Energieversorgungsunternehmen wurden ausdrücklich zugelassen. Durch Art. 2 des Gesetzes zur Neuregelung des Energiewirtschaftsrechts wurde nach § 103a GWB folgender § 103b GWB eingeführt:

> „Die §§ 103 und 103a sind auf die Versorgung mit Elektrizität und Gas nicht mehr anzuwenden. Für die Versorgung mit Wasser gelten sie bis zur Aufhebung durch Bundesgesetz fort."

Die Neufassung des GWB ab dem 1.1.1999 enthält die §§ 103, 103a, 103b GWB nicht mehr. § 131 Abs. 8 GWB bestimmt heute:

> „Soweit sie die öffentliche Versorgung mit Wasser regeln, gelten die §§ 103, 103a und 105, sowie die auf sie verweisenden anderen Vorschriften des Gesetzes gegen Wettbewerbsbeschränkungen in der in Absatz 1 genannten Fassung [*d.h. in der vor dem 1.1.1999 geltenden Fassung; Anm. von mir*] fort. Das gilt insoweit auch für die Vorschriften, auf welche die genannten Vorschriften verweisen."

Durch die Nichtanwendbarkeit der §§ 103 und 103a GWB sind die Energieversorgungsunternehmen allen übrigen Wirtschaftsbereichen, für die keine Bereichsausnahmen bestehen (§§ 99-104 GWB), gleichgestellt. Nach § 1 GWB sind danach horizontale Wettbewerbsbeschränkungen zwischen Energieversorgungsunternehmen, wie etwa Demarkationsverträge, verboten. Nach § 14 GWB sind Preisabsprachen zwischen den Unternehmen verboten und nach § 16 GWB können vertikale Wettbewerbsbeschränkungen untersagt werden. Der Definition der zugelassenen Kunden bedarf es somit nicht. Nach dem Wegfall der regionalen Monopole richtet sich die Möglichkeit der Kunden, von einem Unternehmen ihrer Wahl beliefert zu werden, nach einfachem Zivilrecht.

Zu Recht wird die Unterstellung der Gaswirtschaft unter das allgemeine Kartellrecht somit als das Kernelement der Liberalisierung in Deutschland bezeichnet.[604] Schon an dieser Stelle muss allerdings darauf hingewiesen werden, dass die theoretisch 100%ige Marktöffnung in der Praxis nicht erreicht wird. In ihrem Bericht über die Öffnung der Gasmärkte vom 03. Dezember 2001 hat die Kommission festgestellt, dass in Deutschland erst weniger als 5 % der Kunden den Gasversorger gewechselt haben.[605] Private Endkunden und kleine Unternehmen haben danach sogar nur in weniger als 1% der Fälle den Versorger gewechselt. Der Gasmarkt ist für private Endkunden de facto erst seit kurzer Zeit für den Wettbewerb geöffnet. Denn technisch bedarf es zum Zugang zum Endkunden der Netznutzung des bisherigen regionalen Monopolisten im Wege der Durchleitung. Diese war lange Zeit nur für leistungsgemessene Kunden möglich.[606] Erst der 2. Nachtrag zur Verbändevereinbarung Gas vom 21. September 2001[607] hat ihre Belieferung durch die Zugrundelegung von Lastprofilen theoretisch ermöglicht,[608] in der Praxis aber auch nicht zu einer Belebung des Wettbewerbs geführt.

2) Die Anpassung des Rechts der Konzessionen

Der BGH hatte bereits in einem Beschluss vom 15. April 1986 festgestellt, dass ausschließliche Wegenutzungsrechte im allgemeinen den Tatbestand des § 1 GWB erfüllen.[609] Daher sind mit Aufhebung der Freistellung der Gaswirtschaft vom Kartellverbot sämtliche Exklusivklauseln in Konzessionsverträgen nichtig. Wegen der ausdrücklichen Anordnung des Art. 4 § 1 ENWR-NRG bleiben die laufenden Konzessionsverträge von der Nichtigkeit unberührt. Parallel zur Unterwerfung der Gaswirtschaft unter das GWB verpflichtet § 13 Abs. 1 EnWG die Gemeinden, ihre öffentlichen Verkehrswege für die Verlegung und den Betrieb von Leitungen zur unmittelbaren Versorgung von Letztverbrauchern im Gemeindegebiet diskriminierungsfrei zur Verfügung zu stellen (unten **a.**). Damit hat jedes Unternehmen einen Anspruch auf Abschluss eines Wegenutzungsvertrags. Die Unternehmen bleiben jedoch zur Zahlung einer Konzessionsabgabe verpflichtet (unten **b.**).

---

[604] *Regierungsbegründung*, BT-Drs 13/7274, S. 23.

[605] Erster Energiebinnenmarktsbericht der Kommission vom 03.12.2001, SEK (2001) 1957, S. 17.

[606] vgl. *Richmann*-Gas Mahnung, in: WWE 11/2000, 10 [12]; Nach der "*Anlage Stufenplan zur unverzüglichen Weiterbehandlung der Verbändevereinbarung bei Erdgas*" sollte dies umgehend geschehen.

[607] Entsprechend der Regelung: „Einbeziehung der Haushaltskunden in den Gas-zu-Gas-Wettbewerb / Verfahren zur Anwendung von Lastprofilen".

[608] zu den Einzelheiten unten 4. Teil.

[609] *BGH*, 15.04.1986 - KVR 6/85 („Wegenutzungsrecht"), WuW/E BGH 2247 [2249f.]; dagegen: *Immenga*-Konzessionsverträgen WuW 1985, 453.

(a) Die diskriminierungsfreie Konzessionsvergabe

Die Pflicht zur diskriminierungsfreien Konzessionsvergabe bedeutet für die Gemeinden im Ergebnis einen Kontrahierungszwang (unten **aa.**). Nur in Ausnahmefällen sind die Gemeinden berechtigt, den Vertragsabschluss zu verweigern (unten **bb.**)

(aa) Der Kontrahierungszwang

§ 13 Abs. 1 EnWG begründet die Pflicht der Gemeinden, „ihre öffentlichen Verkehrswege für die Verlegung von Leitungen einschließlich Fernleitungen zur Netzsteuerung und Zubehör zur unmittelbaren Versorgung von Letztverbrauchern im Gemeindegebiet diskriminierungsfrei durch Vertrag zur Verfügung zu stellen." Dies ist das Korrelat zum Verbot der exklusiven Gestaltung der Konzessionsverträge. Die Norm schafft einen echten Anspruch auf Abschluss eines Nutzungsvertrages.[610] Nach dem Wortlaut gilt dieser Kontrahierungszwang nur für die Verlegung von Leitungen zum Zwecke der unmittelbaren Versorgung von Letztverbrauchern im Gemeindegebiet.[611] Für alle anderen Fälle des Leitungsbaus und -betriebs ergibt sich der Anspruch auf diskriminierungsfreie Zurverfügungstellung von öffentlichen Verkehrswegen unmittelbar aus dem Kartellrecht.[612]

Es gibt keinen Anlass, den Kontrahierungsanspruch aus § 13 Abs. 1 EnWG nur auf den Bau von Stichleitungen zu beschränken.[613] Der Hinweis von Theobald, Art. 4 Abs. 4 der Gasrichtlinie ermögliche es, den Leitungsbau oder Betrieb dort, wo bereits konkurrierende Leitungen bestehen und nicht ausgelastet sind, nicht zuzulassen,[614] ist für die Konzessionserteilung ohne Belang, denn dieser privatrechtliche Vertrag ist nicht mit der von Art. 4 Abs. 4 der Gasrichtlinie einzig erfassten Genehmigungserteilung gleichzusetzen. Im übrigen eröffnet die Norm den Mitgliedstaaten eine Option, legt ihnen aber keine Verpflichtung auf. Für das Argument Theobalds, die Verpflichtung zum Abschluss eines Vertrages über die allgemeine Versorgung ergäbe sich aus § 13 Abs. 2 EnWG und nicht aus § 13 Abs. 1 EnWG,[615] gibt der Wortlaut der Norm nichts her. Vielmehr handelt es sich dabei um eine Bestimmung über die Laufzeit und das Schicksal des Konzessionsvertrags über Leitungen der allgemeinen Versorgung.

Wegenutzungsverträge von Gemeinden mit Energieversorgungsunternehmen über die Nutzung öffentlicher Verkehrswege für die Verlegung und den Betrieb von Leitungen zur Durchführung der allgemeinen Versorgung im Gemeindegebiet haben gemäß § 13 Abs. 2 EnWG eine Höchstlaufzeit von 20 Jahren.[616] Diese Höchstlaufzeit fand sich früher in § 103 a GWB a.F.. Angesichts der Unklarheit des Begriffs der „allge-

---

[610] *Böwing*, in: Böwing-EnWG 1998, § 13, Punkt 1; *Danner*, in: Obernolte/Danner, § 13, Rn. 7.

[611] *Böwing*, in: Böwing-EnWG 1998, § 13, Punkt 2.5.1, sowie *Danner*, in: Obernolte/Danner, § 13, Rn. 7 gehen davon aus, dass es ausreichend ist, dass über eine Leitung auch Kunden versorgt werden, was in der Regel bei Mittelspannungsanlagen der Fall sei.

[612] vgl. *Büdenbender*-Energierechtsreform, in: JZ 1999, 62 [66].

[613] So aber: *Theobald*-konkurrierender Leitungsbau, in: VerwArchiv 2001, 109 [112ff.].

[614] vgl. *Theobald*-konkurrierender Leitungsbau, in: VerwArchiv 2001, 109 [113f.].

[615] *Theobald*-konkurrierender Leitungsbau, in: VerwArchiv 2001, 109 [112].

[616] *Mattera*-communication interprétative, in: RUE 2000, 253 [275] deutet an, dass eine lange Vertragslaufzeit eine Beihilfe im Sinne des Art. 87 Abs. 1 EGV darstellen könnte.

meinen Versorgung" und der Möglichkeit seiner Wandlung, gilt die gesetzliche Laufzeitbeschränkung von vornherein nur für solche Konzessionsverträge, welche als Verträge über den Betrieb und die Verlegung von Leitungen zur Durchführung der allgemeinen Versorgung bezeichnet wurden.[617]

Sollte ein Netz zur allgemeinen Versorgung teilweise verkauft werden, dürfte sich an der Laufzeit der Konzession nichts ändern. Insbesondere verliert es durch seine Zerstückelung nach der hier zu Grunde gelegten weiten Definition nicht den Charakter eines Netzes der allgemeinen Versorgung, soweit mit seiner Hilfe weiterhin Kunden nach allgemeinen Kriterien versorgt werden.

(bb) Ein eingeschränktes Recht zur Verweigerung des Vertragsschlusses

Nach § 13 Abs. 1 Satz 3 EnWG können Gemeinden den Abschluss von Wegenutzungsverträgen gegenüber einem Elektrizitätsversorgungsunternehmen verweigern, wenn dieses die Zahlung von Konzessionsabgaben in Höhe der Höchstsätze nach § 14 Abs. 2 EnWG verweigert hat und eine Einigung über die Höhe der Konzessionsabgaben noch nicht erzielt wurde. Gegenüber Gasunternehmen ist ein entsprechender Verweigerungsgrund nicht vorgesehen. Der Grund für diese Differenzierung liegt nach Böwing darin, dass im Gassektor aufgrund der erschwerten Kalkulation der Wirtschaftlichkeit, die tatsächlich vereinbarten Konzessionsabgaben oftmals unter den zulässigen Höchstgrenzen liegen.[618] Dies erklärt jedoch noch nicht, warum der Abschluss des Konzessionsvertrages vom Gesetzgeber dann nicht zumindest von der Einigung über die Höhe der Konzessionsabgabe abhängig gemacht wurde. Praktisch bedeutet die derzeitige Regelung einen uneingeschränkten Kontrahierungszwang für die Gemeinde. Denn mangels spezieller Vorgaben des Gesetzes besteht der insofern allgemeine Anspruch auf Kontrahierung zunächst unabhängig von einer Einigung über die Gegenleistung.[619] Obgleich diese essentialia negotii ist, wird bei mangelnder Einigung zur Durchsetzung der gesetzlich gewollten Kontrahierung dem Anspruch beim Vorliegen der übrigen Voraussetzungen stattgegeben. Die Bestimmung der Gegenleistung muss dann gemäß §§ 315, 316 BGB später durch den Verpflichteten, mithin die Gemeinde, erfolgen.[620] Sie hat die Gegenleistung gemäß § 315 Abs. 1 BGB nach billigem Ermessen zu bestimmen.[621] Hält das Gasversorgungsunternehmen die Forderung für unangemessen, kann es die Zahlung verweigern und auf eine Bestimmung des Umfangs der Gegenleistung gemäß § 315 Abs. 3 durch die Gerichte drängen. Wegen der Vorgaben der KAV erscheint im Ergebnis aber jede Konzessionsabgabe, die sich in dem von der KAV vorgegebenen Rahmen hält, als billig.

Fehlt es gänzlich an einem Konzessionsvertrag, nimmt das Energieversorgungsunternehmen aber gleichwohl öffentlichen Raum in Anspruch, so hat die Gemeinde einen Anspruch auf Zahlung einer Entschädigung nach dem Recht der Leistungskondiktion

---

[617] Vgl auch: *Böwing*, in: Böwing-EnWG 1998, § 13, Pt 5.1.2.
[618] Zur Begründung dieser Differenzierung: *Böwing*, in: Böwing-EnWG 1998, § 13, Pt. 3.1.
[619] *Busche* - Kontrahierungszwang, S. 248.
[620] *Busche*-Kontrahierungszwang, S. 255ff..
[621] vgl. *Heinrichs*, in: Palandt, § 315, Rn. 19.

gemäß § 812 Abs. 1 Satz 2, 2. HS BGB.[622] Der nach § 818 Abs. 2 BGB zu leistende Wertersatz für die rechtsgrundlos erlangte Leistung hat sich dann am objektiven Verkehrswert des Erlangten zu orientieren, das heißt an der Höhe der Konzessionsabgabe, die üblicherweise vereinbart worden wäre.[623]

Nach der Regierungsbegründung soll die Gemeinde im Recht sein, den Abschluss eines Konzessionsvertrages aus sachlichen Gründen ablehnen zu dürfen.[624] Als Beispiel wird der Fall genannt, dass der Straßenkörper zusätzliche Leistungen nicht mehr aufnehmen kann.[625] Streng genommen handelt es sich dabei aber um einen Unmöglichkeitsgrund. Darüber hinausgehende echte sachliche Verweigerungsgründe sind im Ergebnis auch abzulehnen, weil sie den als Kontrahierungszwang ausgestatteten Anspruch aushöhlen würden. Insbesondere darf die Abschlussverweigerung weder mit wirtschaftlichen Interessen der Gemeinde noch mit dem Hinweis auf bestehende Leitungen verweigert werden.

Unberührt bleiben die Voraussetzungen, die an die Genehmigungspflichtigkeit des Anlagenbaus selbst zu stellen sind.[626]

(b) Die Konzessionsabgabe

Konzessionsabgaben sind nach ihrer Legaldefinition des § 14 Abs. 1 EnWG

> „Entgelte, die Energieversorgungsunternehmen für die Einräumung des Rechts zur unmittelbaren Versorgung von Letztverbrauchern im Gemeindegebiet mit Energie mittels Benutzung öffentlicher Verkehrswege für die Verlegung und den Betrieb von Leitungen entrichten.“

Sie stellen also die synallagmatische Gegenleistung für die Einräumung der Wegenutzungsrechte dar. Sie tragen mit einem Gesamtvolumen von 3,32 Milliarden Euro zur Finanzierung der gemeindlichen Haushalte bei[627] und haben damit eine wichtige Bedeutung für die finanzielle Autonomie der Gemeinden. § 14 Abs. 2 EnWG ermächtigt den Bundesminister für Wirtschaft, durch Rechtsverordnung mit Zustimmung des Bundesrates die Zulässigkeit und Bemessung der Konzessionsabgaben zu regeln. Mit der Konzessionsabgabenverordnung (KAV) existiert eine solche Rechtsverordnung bereits.[628] Diese Regelungen haben zu Streit darüber geführt, wann (unten **aa.**) und gegenüber wem (unten **bb.**) ein Anspruch der Gemeinde auf eine Konzessionsabgabe entsteht.

---

[622] vgl. zu einem solchen Fall: *OLG Rostock*, 06.09.2000 -9 U 4/99 -, ZNER 2000, 210; *BGH*, 21.03.1996 - III ZR 245/94 -, RdE 1996, 191.
[623] *BGH*, 03.07.2001 – KZR 10/00 -, in: RdE 2002, 18 [19]; *BGH*, - 21.03.1996 -, III ZR245/94 BGHZ 132, 198 [209]. Das *OLG Rostock*, 06.09.2000 -9 U 4/99 -, ZNER 2000, 210 [211f.] hat im Wege der freien Betragsschätzung nach § 287 Abs. 2 ZPO auf 90% des Höchstsatzes der Konzessionsabgabe erkannt.
[624] *Regierungsbegründung* zu § 8 RegE, BT-Drs. 13/7274, S. 21.
[625] *Regierungsbegründung* zu § 8, BT-Drs 13/7274, S. 21; *Böwing*, in: Böwing-EnWG 1998, § 13, Pt2.5.1.
[626] Dazu *Büdenbender*-Energierecht I, Rn. 1468ff..
[627] Nach *Scholtka*-Konzessionsabgabenrecht, in: RdE 1999, 184.
[628] Konzessionsabgabenverordnung für Strom und Gas vom 9.01.1992 (BGBl I S. 12, ber. S.407) (BGBl. III 752-1-12). Die KAV hat trotz des Wegfalls der Ermächtigungsgrundlage aus dem alten EnWG weiter bestand; Scholtka, Fn. 627, S. 184 [185s.]. Die KAV wurde zuletzt geändert durch die "Erste Verordnung zur Änderung der Konzessionsabgabenverordung", BGBl I, 1669 vom 30.07.1999 und ist am 31.07.1999 in Kraft getreten.

(aa) Tatbestand für die Fälligkeit einer Konzessionsabgabe

Nach § 1 Abs. 3 KAV fallen Konzessionsabgaben für die Einräumung des Rechts der Belieferung von Letztverbrauchern im Gemeindegebiet mit Gas an. Nach § 2 Abs. 1 KAV werden Höchstbeträge in Cent, je gelieferter kwh vereinbart. Daraus lässt sich entnehmen, dass die Konzessionsabgabe mit der konkreten Gaslieferung fällig wird.

Wegen der Beschränkung der Konzessionsabgabe gemäß § 14 Abs. 1 EnWG und § 1 KAV auf Letztverbraucher war zunächst fraglich, ob auch die Belieferung von Weiterverteilern einen Anspruch der Gemeinde auf eine Konzessionsabgabe auslösen würde. Der durch die Erste Verordnung zur Änderung der KAV[629] eingefügten § 2 Abs. 8 der KAV bejaht dies nunmehr:

> „Wird ein Weiterverteiler über öffentliche Verkehrswege mit Strom und Gas beliefert, der diese Energien ohne Benutzung solcher Verkehrswege an Letztverbraucher weiterleitet, so können für dessen Belieferung Konzessionsabgaben bis zu der Höhe vereinbart oder gezahlt werden, in der dies auch ohne seine Einschaltung zulässig wäre. [...]"

Durch die Norm soll vermieden werden, dass z.B. Wohnungsbaugesellschaften den Strom für Mieter „bündeln" und nach Erhalt einer Genehmigung selbst als Energieversorgungsunternehmen auftreten, ohne jedoch Wegerechte der Gemeinde in Anspruch zu nehmen.[630] Das BVerfG hat die Verfassungsmäßigkeit dieser Norm nicht beanstandet.[631] Es ist jedoch zweifelhaft, ob sie von der Ermächtigungsgrundlage des § 14 Abs. 1 EnWG gedeckt war. Nach dessen bisherigen Wortlaut durften Konzessionsabgaben nämlich nur für die „unmittelbare Versorgung" von Letztverbrauchern erhoben werden. Um eine solche handelt es sich aber gerade nicht, wenn Weiterverteiler beliefert werden. Hier liegt eine Unterbrechung der Versorgerkette vor.[632] Anderer Ansicht ist der Bundesminister für Wirtschaft und Technologie. Dass eine unmittelbare Versorgung von Letztverbrauchern im Gemeindegebiet selbst auch dann vorliege, wenn die Belieferung von Letztverbrauchern im Gemeindegebiet erfolge, ergäbe sich bereits aus dem Gedanken des § 14 Abs. 3 EnWG.[633] § 14 Abs. 3 EnWG erfasst jedoch Fälle von Durchleitung, eine Belieferung an Weiterverteilern ist aber kein solcher Fall der Durchleitung. Der Gesetzgeber hat dies letztlich erkannt. Die Bundesregierung beabsichtigt, dem Vorschlag des Bundesrates zu folgen und in § 14 Abs. 1 EnWG-E eine richtige Ermächtigungsgrundlage für die KAV zu schaffen.[634]

Problematisch ist des Weiteren, dass die KAV hinsichtlich der Höhe der Konzessionsabgaben nach Tarifkunden und Sondervertragskunden differenziert.[635] Für die Belieferung von Tarifkunden werden gemäß § 2 Abs. 2 Nr. 2 KAV Höchstbeträge für

---

[629] Erste Verordnung zur Änderung der Konzessionsabgabenverordung", BGBl I, 1669 vom 30.07.1999.

[630] *Scholtka*-Konzessionsabgabenrecht, in: RdE 1999, 184 [189].

[631] *BVerfG*, 27.04.2000 - 2 BvR 801/99 -, Rn. 37.

[632] Vgl dazu der *Bundesrat* selbst in seiner Stellungnahme zum Regierungsentwurf für die erste KAV, BR-Drs. 686/91, S. 15; ebenso: *Scholtka*-Konzessionsabgabenrecht, in: RdE 1999, 184 [187].

[633] Vgl. *Regierungsbegründung* zu § 2 Abs. 8, BR-Drs. 358/99.

[634] Vgl. Äußerung des Bundesrates und Gegenäußerung der Bundesregierung, in: BT-Drs. 14/5969, S. 13, 17.

[635] Sonderabnehmer haben deutlich niedrigere Konzessionsabgaben als Tarifabnehmer zu zahlen. Die Abgrenzung nimmt der BGH danach vor, ob die Preisgestaltung eines Energieversorgungsunternehmen öffentlich für jedermann angeboten wird (dann: Tarifabnehmer) oder eine Preisgestaltung nur für einzelne Gruppen erfolgt (dann: Sonderabnehmer), *BGH*, 12.12.1984 - VIII ZR 295/83 -, RdE 1985, 101 [102f.]. Regelmäßig werden Kunden zu Sonderkonditionen beliefert, soweit ihre Nachfrage ein gewisses Volumen überschreitet.

die Belieferung mit Gas fixiert, welche mit der Zahl der Einwohner der belieferten Gemeinde steigen.[636] Für Sondervertragskunden gelten deutlich niedrigere Höchstpreise.[637] Für Lieferungen an solche Sondervertragskunden, die gemäß § 2 Abs. 5 KAV pro Jahr und Abnahmefall mehr als 5 Millionen Kilowattstunden abnehmen und deren Durchschnittspreis einen gewissen Grenzwert unterschreitet,[638] dürfen keine Konzessionsabgaben gezahlt werden. Damit war fraglich, wann ein Anspruch auf eine Konzessionsabgabe für die Belieferung von Tarifkunden und wann eine Konzessionsabgabe für die Belieferung von Sondervertragskunden anfallen würde. Die Gemeinden befürchteten, dass Energieversorger ihre Kunden durch Bündelung zu Sondervertragskunden machen würden und die Versorger dadurch nur noch deutlich verringerte Konzessionsabgaben zu zahlen hätten.[639] Die dadurch voraussehbare Verringerung des Konzessionsabgabenaufkommens sei ein Eingriff in die durch Art. 28 Abs. 2 GG geschützte Selbstverwaltungsgarantie,[640] weswegen hiergegen Verfassungsbeschwerde erhoben wurde.[641]

Der Bundesminister für Wirtschaft und Technologie hat auf die Befürchtungen der Gemeinden mit der Einführung des neuen § 2 Abs. 7 KAV für Stromlieferungen reagiert. Danach gelten konzessionsabgabenrechtlich Stromlieferungen aufgrund von Sonderkundenverträgen aus dem Niederspannungsnetz (bis 1 kV) als Lieferungen an Tarifkunden, es sei denn, die gemessene Leistung des Kunden überschreitet in mindestens zwei Monaten des Abrechnungsjahres 30 kW und der Jahresverbrauch beträgt mehr ls 30.000 kWh, wobei auf die Belieferungen der einzelnen Betriebsstätte oder Abnahmestelle abzustellen ist. Nach dem Bundesminister für Wirtschaft und Technologie ist eine Bestimmung von Leistungsgrenzen zur Abgrenzung von konzessionsrechtlichen Sonderkundenverträgen und Tarifkundenverträgen für die Gaswirtschaft nicht möglich.[642] Im übrigen sei es in den Gaskonzessionsverträgen ohnehin vertragliche Praxis zu vereinbaren, ob die Heizgasversorgung als Tarif- oder Sondervertragslieferung auszugestalten sei. In seinem Beschluss vom 27. April 2000 geht das BVerfG davon aus, dass die Einführung des § 2 Abs. 7 KAV der Sorge der Kommunen über verringerte Einnahmen ausreichend Rechnung trägt und lehnte auch aus diesem Grund den Antrag der Stadt Duisburg auf Erlass einer einstweiligen Anordnung über die Aussetzung der Anwendbarkeit einiger Teile des EnWG ab.[643]

---

[636] Für Gas ausschliesslich zum Kochen und zur Warmwasseraufbereitung zwischen 1,01 Pf/kwh (bis 25.000 Einwohner) und 1,82 Pf./kwh (über 500.000 Einwohner). Für Gas bei sonstigen Tariflieferungen zwischen 0,44 Pf/kwh (bis 25.000 Einwohner) und 0,79 Pfennige (über 500.000 Einwohner).

[637] Nach § 2 Abs. 3 0,06 Pf/kwh.

[638] Für Gasunternehmen, die bis 1992 keine Sonderkunden versorgt haben, ist als Basis der Duschnittserlös aus den Lieferungen an alle Letztverbraucher gemäß amtlicher Statistik m Jahr der Aufnahme der Versorgung von Sonderkunden maßgebend (vgl. § 2 Abs. 5 Nr. 2 Satz 2 KAV). Dieser Durchschnittserlös betrug 1999 3,52 Pf. kw/h; VW 2001, 47.

[639] Vgl. dazu *Hermann/Dick*-Kundenbündelung, in: BB 2000, 885, [888ff., 890ff.].

[640] Vgl Stellungnahme des Bundesrates, BT-Drs. 13/7274, S. 27.

[641] Vgl. *BVerfG*, B.v. 27.04.2000 – 2 BvR 801/99, Rn. 5.

[642] Vgl. *Regierungsbegründung* zu § 2 Abs. 7, BR-Drs. 358/99.

[643] *BVerfG*, 27.04.2000 - 2 BvR 801/99, Rn. 37; vgl. Pressemitteilung 60/2000 vom 09.05.2000.

(bb) Schuldner der Konzessionsabgabe

Unsicherheiten wirft die Frage auf, wer zur Zahlung von Konzessionsabgaben verpflichtet ist. § 14 Abs. 3 EnWG hat insoweit die Vorkehr getroffen, dass Konzessionsabgaben auch für Gas zu zahlen sind, welches im Wege der Durchleitung an Letztverbraucher im Gemeindegebiet geliefert wird. Schuldner einer solchen Konzessionsabgabe ist angesichts der §§ 14 Abs. 1 EnWG und § 1 Abs. 2 der KAV gleichwohl der Inhaber der Konzession, da das Entgelt für die Wegeinanspruchnahme durch den Leitungsinhaber zu zahlen ist.[644] Dies gilt auch, sofern der Konzessionsinhaber selbst gar keine Endkunden mit Gas versorgt.[645] Der Anspruch der Gemeinde auf Zahlung von Konzessionsabgaben entsteht dem Grunde nach nämlich bereits durch die Einräumung des *Rechts* zur unmittelbaren Versorgung von Letztverbrauchern im Gemeindegebiet mittels der Benutzung öffentlicher Wege für die Verlegung und den Betrieb von Leitungen. Inhaber dieses Rechts ist aber der Versorgungsnetzbetreiber, soweit er Partei eines Wegenutzungsvertrages ist unabhängig davon, welche Menge Energie er selbst verteilt.

Eine Schuldübernahme des durchleitenden Unternehmens für die durch seine Durchleitung entstehenden Konzessionsabgaben ist jedoch denkbar. Dies geschieht entweder durch Schuldübernahme gegenüber der Gemeinde nach § 414 BGB oder durch Schuldübernahme gegenüber dem Inhaber der Konzession, welche freilich der Genehmigung durch die Gemeinde gemäß § 415 Abs. 1 BGB bedürfte.[646] Der Verordnungsgeber ist jedoch davon ausgegangen, dass das durchleitende Unternehmen sich gegenüber dem Netzbetreiber und Konzessionsinhaber verpflichtet, diesem die Konzessionsabgabe rückzuvergüten. § 2 Absatz 6 S. 2 KAV ermöglicht, die von dem Konzessionsinhaber für das durchgeleitete Gas zu entrichtenden Konzessionsabgaben dem Durchleitungsentgelt hinzuzurechnen, wobei nach Satz 3 dem durchleitenden Unternehmen der Nachweis ermöglicht werden muss, dass tatsächlich niedrigere Konzessionsabgaben entstanden sind, als geltend gemacht werden.

3) Verfassungsrechtliche Probleme der Marktöffnung

Die Öffnung der Energiewirtschaft für den Wettbewerb hat verfassungsrechtliche Bedenken hinsichtlich seiner Vereinbarung mit der durch Art. 28 Abs. 2 GG geschützten kommunalen Selbstverwaltungsgarantie hervorgerufen. Durch die Schwächung der Rolle der kommunalen Unternehmen sowie den Verlust der Kontrolle über die Konzessionserteilung[647] werde den Gemeinden eine grundgesetzlich geschützte Aufgabe zugunsten Privater entzogen.[648] In der Tat sind die Stadtwerke im Wettbewerb vor allem deshalb gefährdet, weil sie von ihrer Größe her rein betriebswirtschaftlich nicht in der Lage sind, ähnlich effizient zu wirtschaften wie große überre-

---

644 Anderer Ansicht: *Schulz-Jander*, in Böwing, EnWG-1998, § 14, Pt. 2.3.1. Die Gemeinden seien frei, mit dem Netzbetreiber eine Vereinbarung über die Person des Schuldners zu treffen.
645 Im Ergebnis so auch *Scholtka*-Konzessionsabgabenrecht, in: RdE 1999, 184 [188f.]
646 *Scholtka*-Konzessionsabgabenrecht, in: RdE 1999, 184 [187f.] verkennt die Möglichkeit der Schuldübernahme.
647 *Theobald*-konkurrierender Leitungsbau, in: VerwArchiv 2001, 109 [124ff.].
648 *Friauf*-kommunale Selbstverwaltung, in: Baur/Friauf - Rechtsgutachten , S. 55 [91].

gionale Versorger. Sie sind überdies regelmäßig verhindert, eine betriebswirtschaftlich effiziente Größe zu erreichen, da sie als kommunale Unternehmen schon durch die Gemeindeordnungen[649] räumlich beschränkt sind.[650] Obgleich umstritten ist, inwieweit die örtliche Begrenzung der Tätigkeit kommunaler Unternehmen sich schon aus Art. 28 Abs. 2 GG ergibt,[651] sind die Länder teilweise bereits dazu übergegangen, ihre Gemeindeordnungen dem veränderten Wettbewerbsumfeld anzupassen und die überörtliche Betätigung der kommunalen Unternehmen zu erleichtern.[652] Durch eine Anpassung ihrer Unternehmensstrategien an das neue Wettbewerbsumfeld kann es Stadtwerken trotz der Schwierigkeiten gelingen, im Wettbewerb zu bestehen.[653] Ungeachtet dessen haben im Juni 1998 drei Bundesländer, sowie 242 Bundestagsabgeordnete einen Normenkontrollantrag beim Bundesverfassungsgericht eingereicht. 14 Städte haben mit einer Kommunalverfassungsbeschwerde gemäß Art. 93 Abs. 1 Nr. 4b GG ebenfalls das BVerfG angerufen. Letztere hatten den Erlass einer einstweiligen Anordnung zum Zwecke der teilweise Aussetzung des EnWG bis zum 10. August 2000 (Tag des Inkrafttretens der Gasrichtlinie) gemäß § 32 BVerfGG, beantragt, worüber das BVerfG am 9. September 1999 ablehnend entschieden hat.[654] Zwar sei die Verfassungsbeschwerde nicht offensichtlich unbegründet,[655] der von den Gemeinden behauptete Nachteil sei jedoch nicht hinreichend dargetan worden und würde somit nicht den Erlass einer einstweiligen Anordnung tragen können.

Verfassungswidrig wäre das Gesetz nur, soweit den Gemeinden eine gemeindliche Aufgabe entzogen würde, ohne dass dies aus Gründen des Gemeininteresses gerechtfertigt wäre[656] (unten **a.**). Auch die Art und Weise der Aufgabenerledigung darf der Bund durch Gesetze nur insoweit regeln (unten **b.**). Grenze ist in beiden Fällen stets der Kern der Selbstverwaltungsgarantie.

(a) Kein Entzug von Aufgaben der Selbstverwaltung, ...

Im ersten Teil dieser Arbeit wurde bereits festgestellt, dass die Daseinsvorsorge mit Energie als Teil der Daseinsvorsorge eine materiellrechtlich staatliche Aufgabe ist, deren Erfüllung gemäß Art. 28 GG organisatorisch den Gemeinden zukommt.[657] Durch die Neuregelung des Energiewirtschaftsrechts entzieht der Bundesgesetzgeber

---

[649] Für die kommunalen Energieversorgungsunternehmen in den Stadtstaaten gilt dies freilich nicht, da es dort schon keine Gemeindeordnungen gibt, die ihnen Beschränkungen auferlegen würden; vgl. *Tödtmann*-Kommunale Energieversorgungsunternehmen, in: RdE 2002, 6 [11].

[650] Leistungen an Gebietsfremde dürfen nur ausnahmsweise außerhalb des Gemeindegebiets erbracht werden *Oebbecke* - kommunaler Wirtschaftstätigkeit, in: ZHR 2000, 375 [392].

[651] vgl. dazu *Tödtmann*-Kommunale Energieversorgungsunternehmen, in: RdE 2002, 6 [9f.]; *Oebbecke*-Begrenzung, in: ZHR 2000, 375 [385ff.]; restriktiv:*Heintzen*-Gebietsgrenzen, in: NVwZ 2000, 743 [744ff.].

[652] vgl. dazu: *Nagel*-Norm und Markt, in: NVwZ 2000, 758 [759]; *Tödtmann*-Kommunale Energieversorgungsunternehmen, in: RdE 2002, 6 [9f.].

[653] Vgl. zur Anpassungsfähigkeit der Stadtwerke: *Hartung*-Stadtwerke, in: et 1999, 298; *Wille*-Stadtwerke, in: WWE 5/2000, 18; *Meyer-Renschhausen/Sieling*-Anpassungsstrategien, in: ZögU 1999, 115 [127ff., 132]

[654] *BVerfG*, 09. 09. 1999 - 2 BvR 1646, 2257/98 und BVerfG 27. 04. 2000 - 2 BvR 801/99.

[655] Anders: *Pielow*-Grundstrukturen, S. 728f., da der Verlust der Wettbewerbsfähigkeit der Gemeindeunternehmen Ergebnis einer prozesshaften Entwicklung sei und nicht unmittelbare Folge eines gesetzgeberischen Eingriffs.

[656] *BVerfG*, 23. 11. 1988 - 2BvR 1628/83 -, BVerfGE 79, 127 [143, 150ff.].

[657] vgl. oben 1. Teil I.B.1)(a)(ii).

den Gemeinden diese Aufgabe nicht, denn ihnen obliegt weiterhin die Gewährleistung der Energieversorgung.

(aa) ... weder durch den Verlust des Einflusses bei der Konzessionsvergabe, ...

Es ist schon zweifelhaft, ob die Gemeinden durch die Neuregelung des § 13 Abs. 1 EnWG de facto die Möglichkeit verlieren, steuernd auf die Energieversorgung einzuwirken. Denn in einem wesentlichen Bereich, nämlich der Neuvergabe der Leitungen der allgemeinen Versorgung nach Ablauf der Konzessionsverträge haben sie weiterhin Einflussmöglichkeiten.[658]

In seinem Nichtannahmebeschluss vom 07. Januar 1999 hinsichtlich der gegen § 50 TKG gewandten Kommunalverfassungsbeschwerde entschied das Bundesverfassungsgericht[659], dass selbst der totale Verlust der Gemeinden, über die Einräumung von Wegerechten für Telekommunikationslinien entscheiden zu dürfen, kein Entzug örtlicher Aufgaben sei. Es sei schon zweifelhaft, ob es sich insoweit überhaupt um eine selbständige Verwaltungsaufgabe handelt. Jedenfalls habe der Gesetzgeber diese Aufgabe verfassungsrechtlich unbedenklich im Rahmen seiner Einschätzungsprärogative als staatliche Angelegenheit einordnen dürfen. Die Art und Weise der Aufgabenerfüllung sei nicht in spezifischer Weise betroffen, da eine spezifische Betroffenheit verlange, dass der Gesetzgeber unmittelbar regelnde Vorgaben für die Art und Weise der Aufgabenerfüllung setze oder zielgerichtet auf die Erfüllung der Aufgaben Einfluss nehme. Diese Rechtsprechung ist ohne weiteres auf die Gaswirtschaft übertragbar.

(bb) ... noch durch Schwächung der kommunalen Unternehmen.

Teilweise wird argumentiert, dass es zu den von Art. 28 Abs. 2 GG geschützten Aufgaben der Gemeinde gehört, grundsätzlich eigene Energieversorgungsleistungen anzubieten, welche wegen der privaten Konkurrenz nunmehr bedroht seien.[660] Dem widerspricht bereits, dass von über 14.000 Kommunen noch 1997 nur 550 in der Stromverteilung tätig waren.[661] Dem ist aber vor allem entgegenzuhalten, dass die materielle Kompetenz der Gemeinden sich nicht aus Art. 28 Abs. 2 GG ergibt. Denn die hoheitliche Kompetenz der Energieversorgung ist nur eine Gewährleistungskompetenz.[662] Auch das BVerwG erkennt, dass die Energieversorgung zwar zu den Angelegenheiten der örtlichen Gemeinschaft gehört, die Durchführung selbst jedoch von einem pluralen Nebeneinander von privaten, kommunalen und gemischtwirtschaftlichen Unternehmensformen gekennzeichnet sei.[663]

Soweit das Argument damit gestützt wird, die Daseinsvorsorge könne de facto nur durch gemeindliches wirtschaftliches Engagement erfüllt werden, geht sie von der

---

[658] Die Beschneidung der Möglichkeit zur ausschließlichen Wegerechtsvergabe ist kein Aufgabenentzug, vgl. *Pielow*-Grundstrukturen, S. 724f..

[659] *BVerfG*, 07. 01. 1999 - 2 BvR 529/97 -, in: Rtkom 1999, 26 [28].

[660] *Friauf* - kommunale Selbstverwaltung, in: Baur/Friauf - Rechtsgutachten , S. 55 [86].

[661] *Ossenbühl* - kommunale Selbstverwaltung, S. 33f..

[662] vgl. oben 1. Teil I.B.1)(a)(ii).

[663] *BVerwG*, 18.05.1995 – 7 C 58.94 („MEAG“) -, BVerwGE 98, 273 [275].

unhaltbaren Hypothese aus, dass die Daseinsvorsorge nicht durch private Unternehmen zu gewährleisten sei. Es ist jedoch grundsätzlich davon auszugehen, dass private Unternehmen sehr wohl in der Lage sind, Leistungen der Daseinsvorsorge zu erbringen. Durch die präventive Energieaufsicht im Rahmen der Genehmigung wie auch durch die den Unternehmen obliegenden gemeinwirtschaftlichen Verpflichtungen kann dies öffentlich-rechtlich gewährleistet werden. Selbst Friauf ist der Auffassung, dass privatwirtschaftlich organisierte Energieversorgung nicht in jedem Fall unzulänglicher oder unsozialer als eine durch Kommunen wahrgenommene Energieversorgung ist.[664] Eine gegenteilige Auffassung ist auch nicht erkennbar.[665]

(b) Keine verfassungswidrige Beeinträchtigung der Gemeinden in der Führung ihrer Geschäfte

Grundsätzlich obliegt den Gemeinden das Ob, Wie und Wann der Selbstverwaltungsaufgaben.[666] Insofern wird argumentiert, damit sei auch die eigene wirtschaftliche Betätigung grundgesetzlich geschützt, sofern sie zur Erfüllung der Gewährleistung der Daseinsvorsorge erbracht werde. Selbst wenn davon ausgegangen wird, dass die Neuregelung des Energiewirtschaftsrechts die Freiheit der Gemeinden in der Art und Weise der Aufgabenerbringung beeinträchtigt, kann es sich dabei allenfalls um eine mittelbare Beeinträchtigung handeln. Sogar wenn der Schutzbereich des Art. 28 EG-mittelbare Beeinträchtigungen erfassen sollte, ist dieser Eingriff in die Selbstverwaltungsgarantie zulässig, da er jedenfalls mit überwiegenden Gemeinwohlbelangen zu rechtfertigen ist.[667] Denn der Gesetzgeber hat die Öffnung der Energiewirtschaft mit dem Ziel begründet, neue Arbeitsplätze zu schaffen[668] sowie eine möglichst sichere, preisgünstige und umweltverträgliche Energieversorgung zu gewährleisten.[669] Des weiteren dient die Neufassung der Umsetzung des Europarechts. Allein diese Herstellung von richtlinienkonformem Recht dürfte ein Belang des Gemeinwohls sein. Denn die Umsetzung von harmonisierendem Gemeinschaftsrecht stellt einen Beitrag zur Verwirklichung des in der Präambel und in Art. 23 Abs. 1 GG zum Ausdruck gebrachten Ziels, der Einheit Europas, dar.

Verfassungsfest ist einzig der Kernbereich der gemeindlichen Selbstverwaltung. Friauf ordnet die Daseinsvorsorge, soweit sie die existentiell notwendige Versorgung betreffe, zu diesem unantastbaren Kernbereich.[670] In seinem Rastede-Beschluss[671] stellt das BVerfG fest, dass zum Wesensgehalt der gemeindlichen Selbstverwaltung kein gegenständlich bestimmter oder nach feststehenden Merkmalen bestimmbarer Aufgabenkatalog gehört.[672] Friauf ist der Auffassung, dass diese Formulierung eine

[664] *Friauf* - kommunale Selbstverwaltung, in: Baur/Friauf - Rechtsgutachten , S. 55 [86].
[665] Vgl. auch: *Rüfner*, in: Kirchhof/Isensee, Bd. III, § 80, Rn. 34.
[666] *Dreier*, in: Dreier, GG, Band II, Art. 28, Rn. 106.
[667] Vgl. *Leidinger*-Verfassungsmäigkeit des EnWG, in: DÖV 1999, 861 [867]. Das Übermaßverbot ist ebenfalls zu beachten: *Tettinger*, in: Mangoldt/Klein/Starck, GG Kommentar, Art. 28 Abs. 2, Rn. 194.
[668] *Regierungsbegründung*, BT-Drs 13/7274, S. 9.
[669] *Regierungsbegründung*, BT-Drs 13/7274, S. 13.
[670] *Friauf* - kommunale Selbstverwaltung, in: Baur/Friauf - Rechtsgutachten , S. 55 [85].
[671] *BVerfG*, 23. 11. 1988 - 2BvR 1628/83 -, BVerfGE 79, 127.
[672] *BVerfG*, 23. 11. 1988 - 2BvR 1628/83 -, BVerfGE 79, 127 [146].

konkrete und nicht nur abstrakte Bestimmung des Kernbereichs zulassen kann,[673] da das BVerfG an seiner Rechtsprechung festhält, nach welcher die Bestimmung des Kernbereichs in besonderer Weise der geschichtlichen Entwicklung und den verschiedenen Erscheinungsformen der Selbstverwaltung Rechnung zu tragen hat.[674] Angesichts des historischen pluralen Nebeneinander von privaten, kommunalen und gemischt-wirtschaftlichen Unternehmen in der Energiewirtschaft[675] kann die Leistungserbringung der Gemeinschaft aber auch bei dieser Auslegung nicht dem Kernbereich der gemeindlichen Tätigkeit zugeordnet werden.

Aber selbst wenn die Gewährleistung der Daseinsvorsorge zum Kernbereich zählen würde, läge ein Eingriff nur dann vor, wenn positiv festzustellen wäre, dass den Gemeinden nach einem Eingriff in den Aufgabenbestand kein Raum mehr zur Betätigung ihrer Selbstverwaltungsautonomie bleibt.[676] Denn unzulässig ist nicht die Antastung des Kernbereichs, sondern dessen Aushöhlung.[677] Dies kann man durch die Regelungen des EnWG nicht annehmen. Denn den Gemeinden bleiben weiterhin Betätigungsfelder im Rahmen der kommunalen Energieversorgung.

In jedem Fall wäre Art. 28 Abs. 2 GG auch vor dem Hintergrund der Richtlinie auszulegen.[678] Diese verlangt ein Minimum an Wettbewerb, selbst wenn die Gasverteilung vom Wettbewerb faktisch ausgenommen werden könnte. Zumindest zugelassene Kunden hätten das Recht, sich von dem Gaslieferanten ihrer Wahl versorgen zu lassen.

C. Ergebnis

Die Sorge Frankreichs um die Rolle des Staates bei der Erfüllung von Aufgaben der Daseinsvorsorge wird in Deutschland durchaus geteilt, aber aus anderer Perspektive vorgetragen. Während in Frankreich die Rolle des Zentralstaates in der Leistungserbringung gesichert werden soll, sind es in Deutschland die Kommunen, die ihre Rolle in der Energiewirtschaft gefährdet sehen. Die deutsche Debatte um die Verfassungsmäßigkeit der Liberalisierung wird in Frankreich aufmerksam beobachtet,[679] dort aber nicht rezipiert. Courivaud sieht den Grund darin, dass in Frankreich die Dezentralisierung nicht verfassungsrechtlich verankert ist.[680]

Während in Frankreich nur eine Mindestmarktöffnung in Höhe von theoretisch 20% unter Ausklammerung des Gasvertriebes vorgenommen wurde, um die staatliche Leistungsgewährung in der Versorgung nicht zu gefährden, wurde in Deutschland der Markt zu theoretisch 100% geöffnet. Den Bedenken der Kommunen wurde vom Bund kaum Rechnung getragen. Er ist ihnen dabei lediglich insoweit entgegenge-

---

[673] *Friauf* - kommunale Selbstverwaltung, in: Baur/Friauf - Rechtsgutachten , S. 55 [81].
[674] *BVerfG*, 23. 11. 1988 - 2BvR 1628/83 -, BVerfGE 79, 127 [146].
[675] *BVerwG*, 18.05.1995 – 7 C 58.94 -, E 98, 273 [275].
[676] *BVerfG*, 23. 11. 1988 - 2BvR 1628/83 -, BVerfGE 79, 127 [148].
[677] *BVerfG*, 23. 11. 1988 - 2BvR 1628/83 -, BVerfGE 79, 127 [146]; *Ossenbühl* - kommunale Selbstverwaltung, S. 29.
[678] Der Vorrang des Gemeinschaftsrechts gilt auch vor dem Verfassungsrecht, vgl. *EuGH*, 11.01.2000 – C-285/98 (Kreil / Deutschland) -, E 2000, I-95 , Rn. 19.
[679] *Courivaud*-collectivités locales, in: CJEG 2001, 411; *Courivaud*-libertés locales, in: RIDE 200, 405; *Magnin*-collectivité locale, in: RE 1998, 466.
[680] *Courivaud*-collectivités locales, in: CJEG 2001, 411 [420].

kommen, als er den Gemeinden durch die Anpassung der Konzessionsabgabenverordnung weiterhin hohe Einnahmen garantiert. Daneben haben die Länder selbst durch eine Anpassung ihrer Gemeindeordnungen teilweise die Voraussetzungen dafür geschaffen, dass die kommunalen Unternehmen Gemeindegrenzen übergreifend in den Wettbewerb eintreten können. Die unterschiedliche Marktöffnung in Frankreich und Deutschland ist im Ergebnis nur theoretischer Natur. Wegen der Ineffizienz des deutschen Rechts ist die faktische Marktöffnung in Frankreich sogar leicht höher als in Deutschland.

II. Der Wettbewerb um Netze

Das EnWG schafft einen Wettbewerb um die Leitungsnetze der allgemeinen Versorgung obwohl dies von der Gasrichtlinie nicht vorgesehen ist(unten **A.**). In Frankreich wurde zur Steigerung der Wettbewerbsfähigkeit der Unternehmen das überregionale Transportnetz in privates Eigentum übertragen (unten **B.**).

A. Der Wettbewerb um die Leitungen zur Durchführung der allgemeinen Versorgung in Deutschland

Wenn die Gemeinden Wegenutzungsverträge nach der Höchstlaufzeit von 20 Jahren nicht verlängern, ist nach § 13 Abs. 2 Satz 2 EnWG „das bisher versorgende Unternehmen verpflichtet, seine für die allgemeine Versorgung im Gemeindegebiet notwendigen Verteilungsanlagen dem neuen Energieversorgungsunternehmen gegen Zahlung einer wirtschaftlich angemessenen Vergütung zu überlassen." Dies gilt gemäß § 13 Abs. 4 auch für die Eigenbetriebe der Gemeinden.[681]

Die Norm ist äußerst ungenau gefasst. Es ist bereits fraglich, was unter einer Leitung zur Durchführung der allgemeinen Versorgung zu verstehen ist[682] und was mit dem Wort „überlassen" gemeint ist (unten **1.**). Schließlich bleibt das Verfahren der Neuvergabe von Wegenutzungsrechten nach § 13 Abs. 3 EnWG unklar (unten **2.**).

1) „Überlassen"

Nach einer am Wortsinn verhafteten Auslegung soll § 13 Abs. 2 Satz 2 EnWG nur eine Pflicht zur Einräumung eines Besitzrechts bedeuten. Der bisherige Versorger müsse dem neuen Versorger nur die Nutzung seines Netzes überlassen. Jedenfalls hätten die Parteien oder der neue Konzessionsinhaber[683] ein Wahlrecht zwischen Kauf und einem Nutzungsrecht, etwa der Pacht.[684] Eine objektive Auslegung des

---

[681] anders: *Ortlieb*-Konzessionsverträgen, in: Festschrift für Wolf Büttner, S. 379 [390], die in Verkennung von Abs. 4 annimmt, die Gemeinde könne Konzessionsverträge mit ihren Unternehmen beliebig verlängern.

[682] Vgl. oben 3. Teil I.B.2)(a).

[683] Nach *Böwing*, in: Böwing - EnWG 1998, § 13, Punkt 5.2.4. hat freilich im Zweifel der bisherige Versorger das Wahlrecht.

[684] So: *Böwing*, in: Böwing, - EnWG 1998, § 13, Punkt 5.2.4; ebenso, mit Bezug auf ersteren: *Danner*, in: Obernolte/Danner, § 13, Rn. 11; *Gersemann/Trurnit*-Beendigung von Wegenutzungsverträgen, in: DVBl 2000, 1101 [1105], ebenfalls unter Verweis auf Böwing; *Säcker/Jaecks*-Netzüberlassungspflicht, in: BB 2001, 997 [998].

Wortes „überlassen" führt aber in Wirklichkeit nicht weiter. Denn der Begriff ist mehrdeutig. Es umfasst in jedem Fall auch die Bedeutung „verkaufen".[685]

Die historische Auslegung spricht dafür, dass § 13 Abs. 2 EnWG eine Netzübertragungspflicht statuiert. Denn unter dem alten Energiewirtschaftsrecht war der Eigentümer des Leitungsnetzes nach Ablauf des Konzessionsvertrages regelmäßig verpflichtet, das Eigentum an die Gemeinde zu übertragen. Geregelt wurde dies in den Konzessionsverträgen der Gemeinden, die üblicherweise eine Endschaftsbestimmung enthielten, nach welcher die Gemeinde als Eigentümerin des Straßengrundes einen Übertragungsanspruch für das Netz im Falle der Nichtverlängerung hatte.[686] In sprachlicher Hinsicht waren diese Verträge nicht wesentlich anders gestaltet, als der § 13 Abs. 2 S. 2 EnWG. Ein vom BGH zu beurteilender Vertrag[687] sah beispielsweise vor, dass die Gemeinde im Falle der Nichtverlängerung des Vertragsverhältnisses mit dem Energieversorger verpflichtet war, "alle Versorgungs- und sonstigen Betriebsanlagen zu übernehmen." Überlassen ist genau das gegensätzliche Wort zu übernehmen. Daran, dass damit die Kaufverpflichtung gemeint war, ließ der BGH (obiter dictum) keinen Zweifel. Selbst soweit der Eigentumsübertragungsanspruch nicht ausdrücklich vertraglich geregelt war, wurde ein solcher Anspruch im Wege der ergänzenden Vertragsauslegung gewonnen[688] bzw. aus dem Rechtsgedanken des §§ 547a, 997 Abs. 2 BGB hergeleitet.[689]

Die Bundesregierung spricht in ihrer Gesetzesbegründung trotz der Verwendung des Wortes „überlassen" davon, dass „ein Versorgerwechsel auch nicht an prohibitiv hohen Kaufpreisen für das Netz scheitern" darf und geht damit wie selbstverständlich davon aus, dass „überlassen" wie „übereignen" zu verstehen sei.[690] Offener ist freilich der Bericht des Wirtschaftsausschusses des Deutschen Bundestages. Dieser versteht § 13 Abs. 2 EnWG so, dass „nach Satz 2 dieser Vorschrift [...] der bisherige Versorger zur Herausgabe der Netze und sonstigen Verteilungsanlagen [...] verpflichtet"[691] sei. Zwar ist das Wort der Herausgabe eng mit dem Eigentum verknüpft (vgl. nur § 985 BGB), wird vom Zivilrecht aber auch für Besitzansprüche verwandt.[692]

Für eine Eigentumsübertragungspflicht spricht der Bedeutungszusammenhang des Gesetzes. Denn eine Trennung von Eigentum und Nutzungsrechten macht keinen Sinn, weil § 13 Abs. 2 Nr. 2 EnWG nach Ablauf von 20 Jahren eine Überlassungspflicht für „das bisher versorgende Unternehmen" statuiert. Versorgendes Unternehmen ist immer der Konzessionsinhaber. Soweit er nicht Eigentümer des Netzes ist, kann er aber der Verpflichtung aus § 13 Abs. 2 Nr. 2 EnWG nicht nachkommen, da

[685] Davon geht ja auch Böwing aus, wenn er aus der "Überlassungspflicht" ein Wahlrecht zwischen dem Kauf und einem sonstigen Nutzunsrecht ableitet, *Böwing*, in: Böwing - EnWG 1998, § 13, Punkt 5.2.4; vgl. auch Brockhaus Wahrig: "jmdm. etwas billig, käuflich, für einen bestimmten Preis überlassen, *verkaufen*".
[686] *Reimann/Decker*-§ 13 EnWG, in: RdE 2000, 16 [18]. Dieser Anspruch wurde darüber hinaus auch aus §§ 547a, 997 BGB abgeleitet.
[687] *BGH*, 16. 11. 1999 - KZR 12/97 -, BB 2000, 269.
[688] Dies war freilich umstritten; vgl. *Hüffer/Tettinger*-Versorgerwechsel, S. 31ff..
[689] *OLG Frankfurt*, 11.02.1997 - 11 U 38/96 -, RdE 1997, 146 [148], a.A. *LG Frankfurt*, 17.05.1999 - 3 O 234/98 -, RdE 2000, 28 [30].
[690] Regierungsbegründung, BT-Drs. 13/7274, S. 21.
[691] Uldall-Bericht, BT-Drucks. 13/9211, S. 25.
[692] Z.B. in § 1007 BGB.

er weder über das Netz selbst noch über das Nutzungsrecht an diesem verfügen und auch keinen Vergütungsanspruch dafür haben kann. Die Norm geht daher davon aus, dass Konzessionsinhaber und Netzeigentümer dieselbe Person sind.

Die Trennung von Netzeigentum und Konzession stünde ferner im Widerspruch zu den Zielen des EnWG einer sicheren und preisgünstigen Energieversorgung. Denn soweit Netzeigentum und Konzession auseinander fallen, kann der Netzeigentümer ohne Wegenutzungsrecht seiner Wartungs- und Investitionsverpflichtung nach § 4a EnWG iVm Art. 7 Abs. 1 und Art. 10 Abs. 1 der Gasrichtlinie[693] rechtlich gar nicht nachkommen. Nach §§ 582, 1041 BGB geht nur die Wartungspflicht qua Gesetz auf den Netzbetreiber über. Dies gilt für die Ausbaupflicht gemäß § 1037 Abs. 1 BGB nicht. Zwar könnte sich der Netzeigentümer privatautonom das Recht einräumen lassen, den Netzausbau unter Abtretung des Wegenutzungsrechts einräumen zu lassen. Insofern ist ein Auseinanderfallen von Netzeigentum und Konzession auch nicht schlechthin untersagt. Allerdings kann das Gesetz diese zusätzliche Unsicherheit nicht fördern wollen. Schließlich bliebe durch eine Trennung von Eigentum und Nutzungsrecht völlig offen, was im Falle einer Vertragsstörung des Konzessionsvertrages oder des Pachtvertrages passieren würde. Das hieraus entstehende Unsicherheitspotential und Schadensersatzrisiko steht im Widerspruch zu einer sicheren und preisgünstigen Energieversorgung. Im übrigen dürfte der Eigentümer in der Regel kein Interesse an einem Ausbau der Leitungen (etwa: Vergrößerung des Rohrdurchmessers) haben, wenn er nicht auch wirtschaftlichen Nutzen daraus ziehen kann.

Diese Auslegung ist auch angesichts der verfassungsrechtlichen Eigentumsgarantie aus Art. 14 GG zu rechtfertigen. Zwar stellt § 13 Abs. 2 EnWG einen Eingriff in die Eigentumsposition von Energieversorgungsunternehmen dar, welche vor Inkrafttreten der Norm Netze errichtet hatten.[694] Denn soweit sich die Energieversorgungsunternehmen in der Praxis dazu verpflichtet haben, ihr Eigentum an ihren Netzen bei Auslaufen des Konzessionsvertrags zu übertragen, beruhte dies auf einem privatautonomen Entschluss, nicht aber an einer einheitlichen hoheitlichen Regel. Als abstrakte generelle Regelung stellt die Regelung des § 13 Abs. 2 EnWG aber eine Inhalts- und Schrankenbestimmung des Eigentums dar,[695] welche auch verhältnismäßig ist. Sie ist nämlich geeignet, erforderlich und angemessen, um die Ziele des EnWG zu erreichen, nämlich eine sichere und preisgünstige Energieversorgung im Interesse der Allgemeinheit unter Förderung des Wettbewerbs zu erreichen. Die Maßnahme ist insbesondere angemessen im engeren Sinne, da nur die Übereinstimmung von Konzessionsrecht und Eigentum gewährleistet, dass der Netzbetreiber Investitionen in sein Leitungsnetz tätigt. Die Angemessenheit wird weiter dadurch gewahrt, dass der Netzinhaber bei Übertragung seines Eigentums eine angemessene Vergütung[696] erwarten kann.[697]

---

[693] vgl. dazu oben 2. Teil III.B.3).
[694] So: *Säcker/Jaecks*-Netzüberlassungspflicht, in: BB 2001, 997 [1001]; anders: *Reimann/Decker*-§ 13 EnWG, in: RdE 2000, 16 [19f.].
[695] *Säcker/Jaecks*-Netzüberlassungspflicht, in: BB 2001, 997 [1001f.].
[696] In Anlehnung an die Rechtsprechung des BGH darf die Vergütung den Ertragswert des Netzes nicht erheblich übersteigen, so dass die Übernahme der Versorgung durch einen nach den Maßstäben wirtschaftlicher Vernunft handelnden

Das LG Rostock[698] hat den Überlassungsanspruch des § 13 Abs. 2 S. 2 EnWG ebenfalls als Übertragungsanspruch verstanden.[699] Es hatte geprüft, ob die Stadt Rostock gegen ein Energieversorgungsunternehmen nach Ablauf eines Konzessionsvertrages einen Anspruch auf Übertragung von dessen Eigentum an Versorgungsanlagen hat. Nach Auffassung des LG Rostock ergebe sich dieser Anspruch grundsätzlich aus § 13 EnWG. Im konkreten Fall hatte es aber an einem Verfahrensfehler, nämlich der öffentlichen Bekanntgabe des Ablaufs des Konzessionsvertrages, gemangelt.

2) Der Abschluss neuer Wegenutzungsverträge

Das EnWG gibt nur einen groben Rahmen für das Verfahren vor Abschluss eines neuen Wegenutzungsvertrages vor. Hinweise ergeben sich jedoch aus dem Gemeinschaftsrecht (unten **a.**). Die Rechtsschutzmöglichkeiten des übergangenen Unternehmens bleiben in jedem Fall unbefriedigend (unten **b.**).

(a) Das Verfahren vor Abschluss eines Wegenutzungsvertrages

Das EnWG gibt hinsichtlich des Verfahrens über den Abschlusses eines neuen Wegenutzungsvertrages für Leitungen der allgemeinen Versorgung lediglich vor, dass zwingend ein zweistufiges Verfahren durchzuführen ist, auf den das VwVfG wegen des privatrechtlichen Charakters des Konzessionsvertrages[700] nicht anwendbar ist (unten **aa.**). Daneben ist das Vergabeverfahren nicht anwendbar, denn dafür ist gemäß §§ 97, 98 GWB ein Beschaffungsvorgang der öffentlichen Hand Voraussetzung.

Auch stellt der Wegenutzungsvertrag keine Dienstleistungskonzession im Sinne des Vergaberechts dar,[701] abgesehen davon, dass Dienstleistungskonzessionen im Ergebnis nicht vom normierten Vergaberecht erfasst werden,[702] wie der EuGH mittlerweile für die Sektorenrichtlinie 93/38/EG[703] mit Hinweis auf die Ablehnung des gegenteiligen Entwurfs der Kommission durch den Rat festgestellt hat.[704] Diese Argumentation gilt entsprechend auch für die Dienstleistungsvergaberichtlinie 92/50/EWG.[705] Allerdings haben die Gemeinden allgemeine Grundsätze des Gemeinschaftsrechts zu beachten, wie sie die Kommission in ihrer Mitteilung zu Auslegungsfragen im Bereich

---

anderen Versorger ausgeschlossen wäre, vgl. *BGH*, 16.11.1999 – KZR 12/97 -, in: BB 2000, 269 [270ff.]. Der Sachzeitwert kann insofern die falsche Bemessungsgrundlage bilden.

[697] anders: *Säcker/Jaecks* -Netzüberlassungspflicht, in: BB 2001, 997 [1002].

[698] *LG Frankfurt*, 17. 05. 1999 - 3 O 234/98 -, RdE 2000, 28 [30].

[699] So auch *Reimann/Decker*- § 13 EnWG, in: RdE 2000, 16 [17].

[700] Vgl. oben: 1. Teil I.B.1)(b)(aa).

[701] Das ist ein Vertrag, bei dem die Vergütung eines staatlichen Auftrags nicht gegen Entgelt erfolgt, sondern dadurch, dass das Recht gewährt wird, die eigene Leistung zu nutzen oder entgeltlich zu verwerten, vgl. *Boesen*-Vergaberecht, § 99 GWB, Rn. 32.

[702] *Boesen*-Vergaberecht, § 99 GWB, Rn. 34, m.w.N..

[703] Richtlinie 93/38/EWG des Rates vom 14. 06. 1993 zur Koordinierung der Auftragsvergabe durch Auftraggeber im Bereich der Wasser-, Energie- und Verkehrsversrogung sowie im Telekommunikationssektor; Abl. EG Nr. L 199 vom 9.8.1993, S. 84.

[704] *EuGH*, 07.12.2000 - Rs. C-324/98 (Teleaustria Verlags GmbH u.a./ Telekom Austria AG) -, E 2000, I-10745, Rn. 46ff..

[705] Richtlinie 92/50/EWG des Rates vom 18. 06. 1992 über die Koordinierung der Verfahren zur Vergabe öffentlicher Dienstleistungsaufträge (Abl. EG Nr. L 209 vom 24.7.1992, S. 1.

der Konzessionen im Gemeinschaftsrecht vom 12. April 2000[706] präzisiert hat (unten **bb.**).

(aa) Die Vorgabe eines zwingenden zweistufigen Verfahrens

§ 13 Abs. 3 EnWG legt den Rahmen für das Verwaltungsverfahren fest, welches einen transparenten Wettbewerb um die Netze faktisch überhaupt erst möglich macht. Das Verfahren läuft danach in zwei Phasen. Zunächst hat die Gemeinde den Ablauf von Wegenutzungsverträgen für die Verlegung und den Betrieb von Leitungen zur Durchführung der allgemeinen Versorgung spätestens zwei Jahre vor deren Ablauf in geeigneter Form bekannt zu geben. In einer zweiten Phase hat sie bei mehreren Angeboten eine Auswahl zwischen den Wettbewerbern zu treffen. Die tragenden Gründe ihrer Entscheidung muss die Gemeinde schließlich offen bekannt geben. Trotz ihrer Relevanz bleibt die Vorschrift des Absatzes 3 kryptisch.

Eindeutig ist jedenfalls, dass eine Ausschreibung zwingend stattzufinden hat. Sie darf auch nicht durch eine antizipierte Verlängerung des Vertragsverhältnisses mit dem aktuellen Netzeigentümer unter Missachtung der zweijährigen Veröffentlichungspflicht umgangen werden.[707] Ansonsten wäre § 13 Abs. 2 Satz 1 EnWG seines Sinns entleert, da die Höchstlaufzeit von 20 Jahren für Wegenutzungsverträge für die allgemeine Versorgung rein theoretisch wäre und beliebig unterlaufen werden könnte.[708] § 13 Abs. 3 EnWG soll gerade garantieren, dass nach Ablauf dieser Zeit ein Wettbewerb um die Netze entstehen kann.[709] Weitere Anhaltspunkte für das Verfahren gibt § 13 Abs. 3 EnWG jedoch nicht. Die Schwäche des Gesetzes an diesem Punkt ist umso bedauerlicher, als die Vorschrift des § 13 Abs. 2 und 3 EnWG gemäß Abs. 4 auch für die Eigenbetriebe der Gemeinden gilt und die Missbrauchsgefahr sehr stark ist.

(bb) Die Vorgaben des Gemeinschaftsrechts

Auch wenn das Vergaberecht im eigentlichen Sinne nicht auf die Vergabe des Wegenutzungsrechts für die Leitungen der allgemeinen Versorgung anwendbar ist, darf gleichwohl nicht verkannt werden, dass die Gemeinde durch die Vergabe einer Konzession zur allgemeinen Versorgung als alleiniger Rechtsinhaber des Wegerechts in erheblichem Maße in das Wirtschaftsleben eingreift. Dies kann nicht der Willkür überlassen werden. Auch der EuGH hat angenommen, dass Verträge, die nicht vom Anwendungsbereich des Vergaberechts erfasst sind, doch nur unter Beachtung der Grundregeln des EG-Vertrages im Allgemeinen und des Verbots der Diskriminierung aus Gründen der Staatsangehörigkeit im besonderen geschlossen werden können.[710] Dies schließt die Verpflichtung zur Transparenz ein, die ein Mindestmaß an Öffentlichkeit garantiert und eine Nachprüfung des Vergabeverfahrens ermöglicht.[711] Damit

---

[706] Mitteilung der Kommission zu Auslegungsfragen im Gemeinschaftsrecht, Abl. EG C 121 vom 29. 04. 2000, S. 2; siehe NVwZ Beilage III 7/2000.
[707] so aber: *Böwing*, in Böwing - EnWG 1998, § 13, Punkt 5.4.3.
[708] so auch: *Gersemann/Trurnit*-Beendigung von Wegenutzungsverträgen, in: DVBl 2000, 1101 [1105].
[709] vgl. *Regierungsbegründung*, BT-Drucks. 13/7274, Seite 21.
[710] *EuGH*, 07.12.2000 - Rs. C-324/98 (Telaustria Verlags GmbH u.a./ Telekom Austria AG) -, I-10745, Rn. 60.
[711] *EuGH*, 18.11.1999 - Rs. C-275/98 (Unitron Scandinavia u.a.) -, E 1999, I-8291, Rn. 31; *EuGH*, 07. 12. 2000 - Rs. C-324/98 (Telaustria Verlags GmbH u.a./ Telekom Austria AG), E 2000, I-10745, Rn. 61f..

bestätigt der EuGH indirekt die von der Kommission in ihrer Mitteilung vom 12. April 2000 entworfenen Auslegungsregeln im Bereich Konzessionen im Gemeinschaftsrecht. Diese Auslegungsgrundsätze hat die Kommission gemäß Punkt 2.4 der Mitteilung entwickelt für:

> „dem Staat zurechenbare Akte, durch die eine Behörde einem Dritten entweder vertraglich oder durch einen einseitigen Akt mit Zustimmung dieses Dritten die vollständige oder teilweise Durchführung von Dienstleistungen überträgt, die grundsätzlich in seine Zuständigkeit fallen und für die der Dritte die Nutzung trägt."

Der Konzessionsvertrag hinsichtlich von Leitungen für die allgemeine Versorgung fällt nicht unter diese Definition. Zwar fällt die Gewährleistung der allgemeinen Versorgung in die Zuständigkeit der Gemeinde, da ihr die tatsächliche Erbringung der Energieversorgung wegen ihrer Gewährleistungsgarantie obliegen würde, wenn sie von keinem privaten Unternehmen durchgeführt werden würde. Aber durch die Einräumung eines Wegerechts überträgt die Gemeinde nicht direkt eine gemeindliche Aufgabe. Denn der Konzessionsvertrag ist ein privatrechtlicher Wegenutzungsvertrag. Gleichwohl kann wegen dessen vielschichtiger Struktur nicht verkannt werden, dass die Gemeinde jedenfalls mittelbar durch die Einräumung einer Konzession einen Beitrag zur Gewährleistung der Energieversorgung leistet. Da der Begriff des staatlichen Aktes möglichst weit zu verstehen ist,[712] sind die Grundsätze der Mitteilung der Kommission daher mittelbar auf Konzessionsverträge über Leitungen der allgemeinen Versorgung anwendbar.[713] Dies gilt umso mehr, als sie nur eine Anwendung der allgemeinen Rechtsprechung des EuGH darstellen und mithin allgemeine Prinzipien des Gemeinschaftsrechts für einen speziellen Fall präzisieren.[714] Sie schafft freilich keine verbindlichen Regeln, stellt aber, wie alle interpretativen Mitteilungen, einen wesentlichen Beitrag zur Weiterentwicklung des Gemeinschaftsrechts dar.[715]

Der aus dem Grundsatz der Nichtdiskriminierung entwickelte Grundsatz der Transparenz[716] verlangt zwingend, dass die Gemeinde ihre Absicht, eine neue Konzession zu vergeben, kundtut.[717] Diesem Kriterium entspricht § 13 Abs. 3 EnWG. Nach dem Gemeinschaftsrecht hat die Bekanntgabe derart zu erfolgen, dass Bewerber aus anderen Mitgliedstaaten von der Absicht der Gemeinde Kenntnis erlangen können. Die entsprechende Veröffentlichung muss die notwendigen Informationen enthalten, die die potentiellen Bewerber benötigen, um zu entscheiden, ob sie sich an der Ausschreibung beteiligen wollen. Dazu zählen der Gegenstand der Konzession sowie Art

---

[712] so die Fußnote 23 der Mitteilung, vgl. zu der Kritik dieser Interpretation der Mitteilung durch sich selbst: *Fouassier*-droit communautaire des concessions, in: RTDE 2000, 675 [680].

[713] Im Ergebnis ebenso: *Ortlieb*-Konzessionsverträge, in: Festschrift Büttner, S. 379 [387]; vgl. auch: *Rodig*-Energiekonzessionsverträge, in: et 1999, 774 [775f.].

[714] *Mattera*-communication interprétative, in: RUE 2000, 253 [306]; *Fouassier*-concessions, in: RTDE 2000, 675 [690f.].

[715] *Fouassier*-concessions, in: RTDE 2000, 675 [699ff.].

[716] *Mattera*-communication interprétative, in: RUE 2000, 253 [282].

[717] Mitteilung der Kommission zu Auslegungsfragen im Gemeinschaftsrecht, NVwZ Beilage III 7/2000, S. 12; *EuGH*, 18.11.1999 - Rs. C-275/98 (Unitron Scandinavia u.a.) -, E 1999, I-8291, Rn. 31; *EuGH*, 07.12.2000 - Rs. C-324/98 (Telaustria Verlags GmbH u.a. / Telekom Austria AG), Rn. 61f..

und Umfang der vom Konzessionär erwarteten Leistungen.[718] Nicht zwingend dazu gehören die Auswahlkriterien.[719]

Der sich schon aus dem Primärrecht ergebende Grundsatz der Nichtdiskriminierung impliziert den Grundsatz der Gleichbehandlung.[720] Der daraus von der Konzessionsmitteilung gezogene Schluss, dass die Wahl der Konzessionäre auf objektiver Grundlage erfolgt und etwaige Verfahrensbestimmungen und Auswahlkriterien eingehalten werden müssen,[721] gilt daher auch außerhalb ihres Anwendungsbereichs. Die Festlegung der Art und Weise des Auswahlverfahrens bleibt jedoch offen. Unzulässig ist lediglich die Auswahl nach unverhältnismäßigen Kriterien. Aus dem zu beachtenden Grundsatz der Verhältnismäßigkeit[722] ergibt sich lediglich, dass bei der Auswahl der Bewerber keine technischen, fachlichen oder finanziellen Fähigkeiten verlangt werden, die in Bezug auf den Gegenstand der Konzession unverhältnismäßig sind.[723] Die hoffnungsvolle Erwartung des deutschen Gesetzgebers, dass alleine die höhere Transparenz sowie eine bessere Nachvollziehbarkeit der gemeindlichen Entscheidung dazu beitragen, dass die Auswahl nach rationalen Kriterien erfolgt,[724] wird somit durch das Gemeinschaftsrecht zur bindenden Pflicht. Auch die Laufzeit der Konzession darf nicht unverhältnismäßig kurz, aber auch nicht unverhältnismäßig lang sein, um einerseits den Wettbewerb nicht zu stark zu beeinträchtigen und andererseits dem Konzessionsnehmer ein wirtschaftliches Arbeiten zu ermöglichen. Mit der Beschränkung der Laufzeit der Konzessionsverträge für die allgemeine Versorgung auf 20 Jahre dürfte diesem Kriterium genüge getan sein.[725]

Schließlich verlangt die Kommission eine Begründung ablehnender Entscheidungen, jedenfalls soweit sie in die Grundfreiheiten eingreifen, das heißt einen Bewerber aus einem anderen Mitgliedstaat betreffen. Dem abgelehnten Bewerber muss der Rechtsweg gegen diese Entscheidungen offen stehen.[726]

(b) Rechtsschutzmöglichkeiten übergangener Bewerber

Wird ein Wegenutzungsvertrag unter Verstoß gegen die Formvorschrift des § 13 Abs. 3 Satz 1 EnWG abgeschlossen, gestaltet sich der Rechtsschutz für übergangene Dritte nur äußerst unbefriedigend. Wenn die Publizitätspflicht nicht eingehalten wird, ist der

[718] Mitteilung der Kommission zu Auslegungsfragen im Gemeinschaftsrecht, NVwZ Beilage III 7/2000, S. 12.
[719] Mitteilung der Kommission zu Auslegungsfragen im Gemeinschaftsrecht, NVwZ Beilage III 7/2000, S. 11; anders: *Ortlieb*-Konzessionsverträge, in: Festschrift Büttner, S. 379 [389].
[720] Vgl. *Mattera*-communication interprétative, in: RUE 2000, 253 [279f.].
[721] Mitteilung der Kommission zu Auslegungsfragen im Gemeinschaftsrecht, NVwZ Beilage III 7/2000, S. 11.
[722] Zum Kriterium der Verhältnismäßigkeit als allgemeinem Grundsatz des Gemeinschaftsrechts: *EuGH*, 11.07.1989 - Rs 265/87 (Schräder Kraftfutter GmbH & Co KG) -, E 1989, 2237, Rn. 21.
[723] Mitteilung der Kommission zu Auslegungsfragen im Gemeinschaftsrecht, NVwZ Beilage III 7/2000, S. 12.
[724] vgl. *Regierungsbegründung*, BT-Drucks. 13/7274, Seite 21.
[725] So auch: *Ortlieb*-Konzessionsverträge, in: Festschrift Büttner, S. 379 [389].
[726] Mitteilung der Kommission zu Auslegungsfragen im Gemeinschaftsrecht, NVwZ Beilage III 7/2000, S. 14; *EuGH*, 07.05.1991 - Rs. C-340/89 (Vlassopoulou/ Justizministerium Baden-Württemberg) -, E 1991, I-2357, Rn. 22; *EuGH*, 15.10.1987, Rs. 222/86 (Unectef / Heylens) -, E 1987, 4097, Rn. 14.

verlängerte oder neu abgeschlossene Vertrag nicht automatisch rechtswidrig, da § 13 EnWG insoweit kein Verbotsgesetz im Sinne des § 134 BGB ist.[727]

Sofern man in § 13 Abs. 3 Satz 1 eine drittschützende Norm sieht, kommt bei Verletzung dieser Vorschrift ein Anspruch des übergangenen Unternehmens gegen den Staat aus § 839 BGB, Art. 34 GG in Betracht. Unabhängig von der Frage, ob durch die Nichtbeachtung überhaupt ein Schaden entstehen kann, wird die Kausalität zwischen der Verletzung der Amtspflicht und dem Eintritt eines etwaigen Schadens nur schwer zu begründen sein. Denn soweit auch ein pflichtgemäßes Verhalten zu dem „Schaden" geführt hätte, fehlt es an der Kausalität.[728] Gemäß § 13 Abs. 3 Satz 2 EnWG ist die Gemeinde in der Auswahl des Vertragspartners aber weitestgehend frei. Das gleiche gilt für einen etwaigen Anspruch aus § 823 Abs. 2 BGB iVm § 13 Abs. 3 Satz 1 EnWG.

Hält man die allgemeinen Vergabegrundsätze des Gemeinschaftsrechts für anwendbar, so ergibt sich der Anspruch auf einen effektiven Rechtsschutz aber unmittelbar aus dem Gemeinschaftsrecht. Denn dieses verlangt, das jedes sich aus dem Gemeinschaftsrecht ergebende Recht justiziabel ist.[729] Dann muss, im Zweifel unter Umdeutung des Vergabeaktes,[730] dem übergangenen Dritten die Möglichkeit gewährt werden, die Konzessionsvergabe inhaltlich überprüfen zu können. Die effektivste Möglichkeiten bietet hierfür der Verwaltungsrechtsweg, der im Übrigen wegen des privatrechtlichen Charakters des Konzessionsvertrages nicht anwendbar wäre.

Vor Abschluss eines neuen Konzessionsvertrages hat ein Unternehmen jedoch gegenüber der Gemeinde einen Anspruch aus Art. 3 GG bzw. unmittelbar aus § 13 Abs. 3 EnWG, in das Auswahlverfahren mit aufgenommen zu werden.

B. Der Wettbewerb um Transportnetze in Frankreich

Im Zuge der Liberalisierung der Gaswirtschaft verabschiedet sich Frankreich von seinem Konzessionssystem für den Betrieb der Transportleitungen, die bis dato in staatlichem Eigentum standen. Diese sollen nunmehr in Privateigentum übertragen werden. Über gelegentliche Bedenken, die Verstaatlichungsvorschrift aus Absatz 9 der Präambel der Verfassung von 1946 verbiete derartige Privatisierungen,[731] setzt sich der Gesetzgeber damit hinweg. Dabei sieht das Gasgesetz ein Vorkaufsrecht für die bisherigen Konzessionsinhaber vor (unten **1.**), welches erhebliche Zweifel hinsichtlich seiner Vereinbarkeit mit dem Gemeinschaftsrecht aufwirft (unten **2.**).

1) Ein Vorkaufsrecht für die traditionellen Unternehmen

Art. 24 Abs. 1 des GasG-E sieht vor, dass die zur Zeit der Veröffentlichung des Gesetzes gültigen Erdgastransportkonzessionen aufgelöst werden. Gemäß Art. 24 Abs. 2

---

[727] so auch: *Böwing*, in Böwing, EnWG 1998, § 13, Punkt 5.4.3; *Danner*, in: Obernolte/Danner, § 13, Rn. 12. Beide fassen jedoch nicht die Angreifbarkeit des Vertrages durch Dritte ins Auge.

[728] *Papier*, in: MüKo, § 839, Rn. 274.

[729] *EuGH*, 15.05.1986 - Rs. 222/84 (Marguerite Johnston/ Chief Constable of the Toyal Ulster Constabulary) -, E 1986, 1651, Rn. 17ff.; *EuGH*, 15.10.1987 - Rs. 222/86 (Unectef/ Heylens) -, E 1987, 4097, Rn. 14.

[730] *EuGH*, 03.12.1992 – C-97/91 (Oleificio Borelli/ Kommission) -, E 1992, I-6313, Rn. 15

[731] dazu: *Pielow*-Grundstrukturen, 211ff..

UA 1 GasG-E sollen die im Eigentum des Staates stehenden konzedierten Leitungen kostenpflichtig auf die Inhaber der Konzession übertragen werden können.

Für die vorzeitige Auflösung der Konzessionsverträge sollen die Konzessionsinhaber entschädigt werden. Den Umfang der Entschädigung wird gemäß Art. 24 Abs. 2 UA 2 GasG-E innerhalb von 6 Monaten nach der Veröffentlichung des Gesetzes durch eine Spezialkommission unter dem Vorsitz eines Richters des Rechnungshofes (Cour des comptes) festgelegt. Die Verwendung des Wortes „Festlegung“ („détermination“) spricht dafür, dass dieser Preis nicht mehr verhandelbar ist. Diese Kommission hat innerhalb der gleichen Frist ebenfalls den Preis für die zu übertragenden Güter zu evaluieren. Die Verwendung des Wortes „Evaluierung“ („évaluation“) spricht dafür, dass der hier ermittelte Preis nur eine Verhandlungsgrundlage bietet.

Der Verkaufswert der Netze wird den Konzessionsinhabern mitgeteilt. Diese haben gemäß Art. 24 Abs. 2 UA 3 GasG-E ab Zustellung eine dreimonatige Frist, den für Energie zuständigen Minister über ihre Absicht zu informieren, die Infrastruktur zeitgleich mit der Auflösung der Konzession zu erwerben. Ist dies der Fall, wird die Konzession umgehend aufgelöst und das Eigentum übertragen. Nach dem Wortlaut des Gesetzes genügt die Anzeige der Übernahmebereitschaft innerhalb der Drei-Monats-Frist. Nur soweit der bisherige Konzessionsinhaber seine Übernahmeabsicht nicht bekundet, besteht gemäß Art. 24 Abs. 3 GasG-E für Wettbewerber die Möglichkeit, die Transportleitungen zu dem von der Spezialkommission ermittelten Preis zu erwerben. Zuvor müssen sie freilich erst eine Transportgenehmigung erhalten haben. Soweit das Gesetz hier plötzlich von einem „festgelegten Preis“ spricht, darf dies keine versteckte unzulässige Differenzierung zu der Preiseinigung bei Ausübung des Vorkaufsrechts beinhalten. Es ist davon auszugehen, dass der "evaluierte" Verkaufspreis auch hier nur eine Verhandlungsgrundlage darstellt.

2) Die Vereinbarkeit der Maßnahme mit dem Europarecht

Durch Ausübung seines Vorkaufsrechts kann sich vor allem das Staatsunternehmen GDF seine quasi-monopolistische Stellung im Transportbereich auf Dauer auch im Wettbewerb sichern. Es ist offensichtlich, dass dies nicht den Zielen der Gasrichtlinie entspricht. Allerdings kennt diese keine Regeln über den Verkauf der Infrastrukturen. Inwieweit die Einräumung eines solchen Vorkaufsrechts mit dem Gemeinschaftsrecht vereinbar ist, muss also anhand einer umfassenden Betrachtung ermittelt werden. Dabei soll die Vereinbarkeit des Vorkaufsrechts mit Art. 86 Abs. 1 EGV (unten **a.**), mit dem Diskriminierungsverbot (unten **b.**) und dem Beihilferecht geprüft werden (unten **c.**).

(a) Vereinbarkeit des Vorkaufsrechts mit Art. 86 Abs. 1 EGV

Art. 86 Abs. 1 EGV untersagt den Mitgliedstaaten, in Bezug auf öffentliche Unternehmen Maßnahmen zu treffen, die zu den Vorschriften des EGV, insbesondere den Art. 12 EGV und 81 bis 89 EGV im Widerspruch stehen. Zwar ist GDF ein öffentliches Unternehmen, dessen marktbeherrschende Stellung durch die Einräumung des Vorkaufsrechts verstärkt wird, doch ist die Einräumung von Sonderrechten nicht a priori konträr zu Art. 82 EGV.[732] Denn Art. 82 EGV untersagt nicht jede marktbeherrschende Stellung, sondern nur deren missbräuchliche Ausnutzung. Nach der Rechtsprechung des EuGH verstößt ein Mitgliedstaat nur dann durch die Einräumung von Sonderrechten gegen Art. 86 Abs. 1 iVm Art. 82 EGV, wenn ein Missbrauch durch die staatliche Regelung begünstigt wird[733] oder wenn die einfache Anwendung des Sonderrechts zwangsläufig zu einem Missbrauch führt, was insbesondere der Fall ist, wenn das Unternehmen nicht in der Lage ist, seine Aufgabe zu erfüllen.[734] Durch die Einräumung des Vorkaufsrechts für GDF wird ein Marktmachtmissbrauch der GDF noch nicht begünstigt. Insbesondere bleibt das Unternehmen zur Gewährung von Netzzugang verpflichtet. Es liegt auch kein Fall des versagenden Monopols vor, soweit GDF die Nachfrage nach Gastransporten befriedigen kann.

(b) Vereinbarkeit des Vorkaufsrechts mit dem Diskriminierungsverbot

Das Vorkaufsrecht begegnet jedoch ernsthaften rechtlichen Bedenken in Anbetracht des Diskriminierungsverbotes des Art. 3 Abs. 1 der Gasrichtlinie und des Art. 12 EGV. Nach diesen Vorschriften ist eine auf der Staatsangehörigkeit fußende Ungleichbehandlung im Anwendungsbereich des Vertrages ausgeschlossen. Durch das Vorkaufsrecht werden einzig französische Unternehmen begünstigt. Das Vorkaufsrecht steht ihnen zwar nicht aufgrund ihrer französischen Staatszugehörigkeit, sondern aufgrund ihrer Stellung als Konzessionäre zu, jedoch verbietet das Gemeinschaftsrecht auch mittelbare Diskriminierung.[735] Eine mittelbare Diskriminierung liegt danach vor, wenn die betreffende Regelung durch die Anwendung anderer Unterscheidungsmerkmale tatsächlich zu dem gleichen Ergebnis führt wie eine offene Diskriminierung.[736] Da davon auszugehen ist, dass das Netz, jedenfalls soweit es wirtschaftlich vertretbar betrieben werden kann, vollständig von den traditionellen Unternehmen gekauft wird, besteht für ausländische Unternehmen praktisch keine Möglichkeit mehr, ein bestehendes Netz zu erwerben. De facto werden sie daher gegenüber den französischen Unternehmen ungleich behandelt.

Gegen die Anwendung des Diskriminierungsverbots spricht auch nicht die Tatsache, dass durch den EGV gem. Art. 295 EGV die Eigentumsordnung der Mitgliedstaaten unberührt belassen werden soll. Denn Art. 295 EGV verbietet nur den Eingriff in die Kompetenz der Mitgliedstaaten zur Reglementierung in Eigentumsfragen, unterwirft aber die Art und Weise der Ausübung dieser mitgliedstaatlichen Kompetenz dem Gemeinschaftsrecht.[737] So sind die Mitgliedstaaten beispielsweise nicht ermächtigt, im Zuge von Privatisierungen die (Kapital-) Beteiligung von EG-Ausländern zu beschränken.[738]

---

[732] *EuGH*, 30.04.1974 - Rs. 155/73 (Guiseppe Sacchi) -, E 1974, 409, Rn. 14.
[733] *EuGH*, 16.11.1977 - Rs. 13/77 (GB-INNO-BM/ ATAB) -, E 1977, I-2115, Rn. 30ff..
[734] *EuGH*, 23.04.1991, Rs. 41/90 (Höfner und Elser/ Macroton GmbH) E 1991, I-1979, Rn. 21.
[735] *Holoubek*, in : Schwarze Art. 12 EGV, Rn. 41, 49ff..
[736] *EuGH*, 29.10.1980 - Rs. 22/80 (Boussac Saint Frères SA/ Brigitte Gerstenmeier) -, E 1980, 3427, Rn. 9.
[737] *Mackel*, in: Léger-Commentaire, Art. 295, Rn. 2.
[738] *Turrini*-privatisations, in: RDAI 1993, 813 [821f.].

In anderen Sektoren zeigt sich die europarechtliche Kontrolle der Privatisierung noch deutlicher. Im Telekommunikationsrecht sieht Art. 9 Abs. 1 der Richtlinie 97/13[739] vor, dass individuelle Lizenzen etwa für den Zugang zu bestimmten Funkfrequenzen[740] nur in nichtdiskriminierender Weise nach einem offenen und transparenten Verfahren vergeben werden können. Die Situation ist insoweit mit der Privatisierung der Leitungsnetze vergleichbar, als die Funkfrequenzen in staatlichem Eigentum stehen, ebenso wie im vorliegenden Fall die Rohrleitungen. Darüber hinaus handelt es sich um wesentliche Einrichtungen, die zur Erbringung von Dienstleistungen notwendig sind.

Tatbestandliche Ungleichbehandlungen sind aber nur insoweit verboten, als sie nicht objektiv gerechtfertigt sind.[741] Dies bleibt zweifelhaft. Denn immerhin haben die französischen Unternehmen bereits einen Teil des Netzes selber finanziert.[742] Man könnte insofern an ein Anwartschaftsrecht denken.

(c) Vereinbarkeit mit dem Beihilfenrecht

Ein weiteres Konfliktfeld mit dem Europarecht birgt die Entschädigungsregel für die vorzeitige Auflösung der Konzessionsverträge. Eine unverhältnismäßig hohe Entschädigungsregel oder ein unverhältnismäßig niedriger Verkaufspreis könnten eine verbotene versteckte Beihilfe im Sinne des Art. 87 EGV darstellen. Denn eine Beihilfe ist jede einseitige selektive Maßnahme, durch die der Staat ein finanzielles Opfer erleidet[743] und die die Belastung vermindert, die ein Unternehmen normalerweise zu tragen hat, oder die eine Leistungsgewährung an dieses Unternehmen darstellt.[744] Der Kommission obliegt hinsichtlich der Frage, ob eine Beihilfe mit dem Gemeinsamen Markt vereinbar ist, ein Prüfungsmonopol. Alle tatbestandlichen Beihilfen sind ihr gemäß Art. 88 Abs. 3 EGV zu notifizieren.

Soweit der Verkaufspreis für die Leitungsnetze nicht ihrem tatsächlichen Wert oder die Entschädigungsklausel nicht dem Schaden der Unternehmen entspricht, läge tatbestandlich eine Beihilfe vor. Sie wäre aller Voraussicht nach auch nicht gemäß Art. 87 Abs. 1 EGV mit dem Gemeinsamen Markt vereinbar. Denn sie drohte durch eine Vermögensaufwertung den Wettbewerb zu verfälschen.

C. Ergebnis

Der in der Gasrichtlinie nicht angelegte Wettbewerb um Leitungsnetze findet in Deutschland und Frankreich auf ganz unterschiedliche Weise statt. In Frankreich fin-

---

[739] Richtlinie 97/13 des Europäischen Parlamentes und des Rates vom 10.04.1997 über einen gemeinsamen Rahmen für Allgemein- und Einzelgenehmigungen für Telekommunikationsdienste, Abl. EG 1997 L 117, S. 15.

[740] Art. 7 Abs. 1: Die Mitgliedstaaten dürfen Einzelgenehmigungen nur zu folgenden Zwecken erlauben : a) um dem Genehmigungsträger Zugang zu Funkfrequenzen oder Nummern zu erlauben.

[741] *EuGH*, 13.12.1984 - Rs. 106/83 (Sermide SpA/ Cassa Congualio Zucchero u.a.) -, E 1984, 4209, Rn. 28ff.; *EuGH*, 10.02.1994 - Rs. C-398/98 (Mund & Fester/ Firma Hatrex International Transport) -, E 1994, I-467, Rn. 17.

[742] Diesen Zusammenhang stellt auch *Carbonnier*-ouverture à la concurrence, in: RE 1998, 502 [504] her.

[743] *S/T/P/I*-droit européen des affaires, S. 353. Dieses finanzielle Opfer kann eine finanzielle Belastung sein (wie hier eine vom Staat zu zahlende Entschädigung) oder eine Verringerung der staatlichen Einnahmen (wie hier etwa ein unangemessen niedriger Verkaufspreis).

[744] *EuGH*, 23.02.1961 - Rs 30/59 (De Gezamenlijke Steenkolenmijnen in Limburg/ Hohe Behörde) -, E 1961, 1 [43].

det bei der Privatisierung der Transportnetze ein einmaliger Wettbewerb statt, der die nationalen Unternehmen gegenüber ihren Wettbewerbern begünstigt und ihre marktbeherrschende Stellung verstärken wird. In Deutschland wird sich ein Wettbewerb um die kommunalen Leitungsnetze entwickeln. Unsicher ist freilich noch, ob es sich um einen Wettbewerb um Eigentumsrechte oder Nutzungsrechte handelt. Sowohl in Frankreich, als in Deutschland sind die Verfahrensregeln unzureichend ausgeprägt. Während sie in Frankreich zu einer offenen mittelbaren Diskriminierung führt, die möglicherweise durch Anwartschaftsrechte der nationalen Unternehmen gerechtfertigt ist, drohen in Deutschland wegen der undurchsichtigen Regelungen versteckte mittelbare Diskriminierungen.

III. Der service-public Vorbehalt

Soweit die Mitgliedstaaten Unternehmen gemeinwirtschaftliche Verpflichtungen im Allgemeininteresse auferlegen, können sie diese Unternehmen zum Schutze der Erfüllung dieser Verpflichtungen teilweise vom Anwendungsbereich der Gasrichtlinie ausnehmen.[745] Insbesondere können die Mitgliedstaaten gemäß Art. 3 Abs. 3 der Gasrichtlinie die Gasverteilung von der Öffnung für den Wettbewerb ausnehmen, soweit die Anwendung der Wettbewerbsregeln die Erfüllung der den Erdgasunternehmen übertragenen gemeinwirtschaftlichen Verpflichtungen de jure oder de facto verhindern würde und soweit die Entwicklung des Handelsverkehrs durch diese Ausnahme nicht in einem Ausmaß beeinträchtigt wird, das den Interessen der Gemeinschaft zuwiderläuft.[746] Die Mitgliedstaaten haben einen weiten Ermessensspielraum hinsichtlich der Definition der Dienstleistungen von allgemeinem wirtschaftlichen Interesse[747] und können dabei die Ziele ihrer nationalen Politik berücksichtigen.[748] Doch ist zumindest für Art. 86 Abs. 2 EGV heute anerkannt, das es sich bei dem Begriff der besonderen Dienstleistungen im allgemeinen wirtschaftlichen Interesse um einen Begriff des Gemeinschaftsrechts handelt,[749] der der Kontrolle durch den EuGH unterliegt. Dies muss auch für den Begriff des „Allgemeininteresses“ oder „service-public“ des Art. 3 Abs. 2 der Gasrichtlinie gelten.[750] Denn Art. 3 Abs. 2 Satz 2 der Gasrichtlinie verlangt selbst, dass die den Unternehmen auferlegten Verpflichtungen im Allgemeininteresse kontrollierbar sein müssen. Die von der Richtlinie ausdrück-

---

[745] Nach Art. 17 Abs. 1 der Gasrichtlinie können die Erdgasunternehmen den Netzzugang verweigern, wenn sie wegen der Durchleitung fremden Gases daran gehindert wären, die ihnen auferlegten gemeinwirtschaftlichen Verpflichtungen zu erfüllen (dazu 4. Teil V.C.). Gemäß Art. 25 Abs. 3 lit. b der Gasrichtlinie sind gemeinwirtschaftliche Verpflichtungen auch bei der Entscheidung zu berücksichtigen, ob ein Unternehmen aufgrund wirtschaftlicher Schwierigkeiten im Zusammenhang mit take-or-pay Verträgen von der Pflicht zur Durchleitung vorübergehend freigestellt werden kann (Dazu 4. Teil V.C.).

[746] Dazu 2. Teil I.A.3)(c).

[747] So die Kommission auch ganz allgemein zu der Gestaltungsfreiheit der Mitgliedstaaten bei der Definition von Leistungen der Daseinsvorsorge: Mitteilung der Kommission zu Leistungen der Daseinsvorsorge in Europa, KOM (2000) 580 endgültig vom 20. 09. 2000, Rn. 22.

[748] *EuGH*, 23.10.1997 – Rs. C-159/94 (Kommission / Frankreich) -, E 1997, I-5815, Rn. 56.

[749] Dies war zeitweise bestritten worden. *Rodrigues*-service-public, S. 153ff. fasst die Debatte zusammen. Vgl. auch *Lagondet*-directive Électricité", in: Europe 05/1997, 4 [7]; *Gazin*-intérêt général communautaire, 49 [50ff.], die die Wandlung des Begriffs aufzeigt.

[750] *Rodrigues*-service-public, S. 184.

lich zugelassene Möglichkeit, den Unternehmen Verpflichtungen im Allgemeininteresse aufzuerlegen, darf jedoch nicht durch eine zu strenge Kontrolle konterkariert werden. Insofern muss die Prüfungsdichte der Gemeinschaftsorgane hinsichtlich der Definition dessen, was besondere Gemeinwohlverpflichtungen sind, auf die Kontrolle offenkundiger Fehler beschränkt bleiben.[751]

Bei der Auslegung des Art. 3 Abs. 3 der Gasrichtlinie werden sich die Gemeinschaftsorgane an Art. 86 Abs. 2 EGV zu orientieren haben.[752] Schon Art. 3 Abs. 2 Satz 1 der Gasrichtlinie bestätigt die Geltung des Art. 86 Abs. 2 EGV für die Gasunternehmen. In Erwägungsgrund 15 der Gasrichtlinie heißt es, dass die Mitgliedstaaten unter voller Geltung des Art. 86 Abs. 2 EGV *insbesondere* die Möglichkeit erhalten, Art. 4 der Gasrichtlinie nicht auf diese Unternehmen anzuwenden. Für die Geltung der Maßstäbe des Art. 86 Abs. 2 EGV spricht auch, dass die Anforderungen, die in Art. 3 Abs. 2 der Gasrichtlinie an die auflegbaren Gemeinwohlverpflichtungen gemacht werden, an das Almelo-Urteil des EuGH[753] zu Elektrizitätsunternehmen und Art. 86 Abs. 2 EGV erinnern. Es sollen daher zunächst die zu Art. 86 Abs. 2 EGV dargestellten Auslegungsmaßstäbe aufgezeigt werden (unten **A.**), um anschließend zu prüfen, inwieweit nach diesen Maßstäben in Frankreich aber auch in Deutschland eine Befreiung der Unternehmen vom Wettbewerbsrecht möglich ist (unten **B.**).

A. Die Praxis zu Art. 86 Abs. 2 EGV

Art. 86 Abs. 2 EGV ermöglicht im Ergebnis nur eine Befreiung solcher Unternehmen vom Anwendungsbereich des Vertrages, die mit Dienstleistungen von allgemeinem wirtschaftlichen Interesse betraut sind (unten **1.**). Voraussetzung für die Befreiung ist, dass sie notwendig und verhältnismäßig ist, damit das Unternehmen seine ihm übertragene besondere Aufgaben erfüllen kann (unten **2.**).

1) Besondere Dienstleistungen von allgemeinem wirtschaftlichen Interesse

Das Tatbestandsmerkmal der Dienstleistungen von allgemeinem wirtschaftlichen Interesse ist in Wirklichkeit zweigliedrig. Zunächst ist Voraussetzung, dass es sich um Tätigkeiten im Allgemeininteresse handelt. Die Betrauung der Unternehmen mit diesen führt jedoch nur dann zur Eröffnung des Anwendungsbereichs des Art. 86 Abs. 2 EGV, soweit mit ihnen *besondere* Gemeinwohlverpflichtungen verknüpft werden.[754] Dies ergibt sich schon aus dem Wortlaut des Art. 86 Abs. 2 EGV. Denn sein Anwendungsbereich ist erst eröffnet, wenn ohne Ausnahme vom Vertrag die Erfüllung der *besonderen* Aufgabe behindert wäre. Dies ergibt sich auch aus der Definition der Dienstleistung von allgemeinem wirtschaftlichen Interesse in der Mitteilung der Kommission über die Leistungen der Daseinsvorsorge.[755] Die Kommission definiert

---

[751] So die Kommission auch ganz allgemein zu der Gestaltungsfreiheit der Mitgliedstaaten bei der Definition von Leistungen der Daseinsvorsorge: Mitteilung der Kommission zu Leistungen der Daseinsvorsorge in Europa, KOM (2000) 580 endgültig vom 20. 09. 2000, Rn. 22.

[752] Vgl. *Baur*-Art. 90 Abs. 2 EGV, in: RdE 1999, 85 [89]; *Pielow*-Grundstrukturen, S. 93.

[753] *EuGH*, 27.04.1992 - Rs. C-393/92 (Commune d'Almelo/ NV Energiebedrijf Ijsselmif) -, E 1994, I-1477.

[754] insoweit verkürzend: *Baur*-Art. 90 Abs. 2 EGV, in: RdE 1999, 85 [86].

[755] Zu der Mitteilung vgl. *Ennuschat* - Mitteilung, in: RdE 2001, 46.

diese Dienstleistungen als marktbezogene Tätigkeiten, die im Interesse der Allgemeinheit erbracht werden und daher von den Mitgliedstaaten mit besonderen Gemeinwohlverpflichtungen verbunden werden.[756]

Auch die Analyse der Rechtsprechung ergibt, dass beim heutigen Stand der Dogmatik zu Art. 86 Abs. 2 EGV das entscheidende Kriterium der Anwendbarkeit der Norm die Frage ist, ob an die Betrauung mit Dienstleistungen von allgemeinem wirtschaftlichen Interesse auch die Übertragung von besonderen Aufgaben geknüpft wird.[757] In der ersten Phase der Rechtsprechung war diese Unterscheidung noch nicht zu Tage getreten. Denn die Rechtsprechung war zunächst durch eine pragmatische Auslegung des Begriffs gekennzeichnet. Fallweise wurde eine Dienstleistung von allgemeinem wirtschaftlichem Interesse etwa in der Verwaltung eines Hafens,[758] nicht aber in der Tätigkeit einer Bank[759] oder der GEMA[760] erkannt. In einer späteren Phase ist der Begriff jedoch präzisiert worden. Erstmals in seinem Urteil FFSA vom 27. Februar 1997[761] differenziert der EuG zwischen der Tätigkeit im allgemeinen wirtschaftlichen Interesse und der besonderen Aufgabe. Unter Punkt 66 des Urteils heißt es zunächst, es sei "unstreitig, dass La Poste mit Dienstleistungen von allgemeinem wirtschaftlichen Interesse im Sinn von Art. 90 Abs. 2 des Vertrages [nunmehr Art. 86 Abs. 2 EGV] betraut ist". Unter Punkt 72 heißt es:

> "Dieser für La Poste bestehende Zwang, das gesamte Inland zu bedienen und einen Beitrag zur Raumordnung zu leisten, insbesondere die Verpflichtung, Postämter und unrentable öffentliche Dienstleistungen in ländlichen Gebieten aufrechtzuerhalten, sind als besondere Aufgabe im Sinne von Art. 90 Abs. 2 des Vertrages [Art. 86 Abs. 2 EGV] zu betrachten."

In dem Urteil des EuGH vom 23. Oktober 1997 tritt die Differenzierung noch stärker hervor:

> "Weiter können Verpflichtungen eines mit Dienstleistungen von allgemeinem wirtschaftlichem Interesse betrauten Unternehmens nur dann Teil der besonderen Aufgabe sein, mit der es betraut ist, wenn sie mit dem Ziel der jeweiligen Dienstleistung von allgemeinem wirtschaftlichem Interesse in Zusammenhang stehen und unmittelbar zur Befriedigung dieses Interesses beitragen sollen." [762]

Bereits aus diesen Urteilen wird deutlich, dass das Prüfungsprogramm der Gerichte sich im wesentlichen auf die Frage konzentriert, was eine "besondere Aufgabe" ist, und nicht so sehr auf die Tätigkeit im Interesse der Allgemeinheit. Der letzterer Begriff ist sehr weit zu definieren. Höhere Anforderungen werden an die "besondere Aufgabe" gestellt.

---

756 Mitteilung der Kommission - Daseinsvorsorge, KOM 2000 (580) endgültig, S. 42.

757 *Rodrigues*-service-public, S. 184 ; *Kovar*-La Cour de justice, in: Europe, 07/1994, S. 4. Der jedoch nicht klar zwischen der "mission particulière" und dem "service d'intérêt économique général" differenziert.

758 *EuGH*, 14.07.1971 - Rs. 10/71 (Staatsanwaltschaft von Luxemburg/ Madeleine Muller [„Hafen von Mertert]) -, E 1971, 723, ; *EuGH*, 10.12.1991 - Rs. C-179/90 (Merci convenzionali porto di GenovaSpA/ Siderurgica Gabrielli) -, E 1991, I-5889.

759 *EuGH*, 14.07.1981 - Rs. 172/80 (Gerhard Züchner/ Bayerische Vereinsbank AG) -, E 1981, 2021, Rn. 7.

760 *EuGH*, 18.10.1979 - Rs. 125/78 (GEMA/ Kommission)-, E 1979, 3173.

761 *EuG*, 27. 02.1997 - Rs. T-106/95 (FFSA u.a./ Kommission, E 1997, II-229, Rn. 66 und 72.

762 *EuGH*, 23.10.1997 – Rs. C-159/94 (Kommission / Frankreich) -, E 1997, I-5815, Rn. 68.

Das Erfordernis der Erfüllung einer besonderen Aufgabe wird auch deutlich in der 13. Erklärung zu dem Vertrag von Amsterdam, in der es heißt, dass die Vorschriften des Art. 7D [jetzt: 16 EGV] unter uneingeschränkter Beachtung der Rechtsprechung des Gerichtshofs, u.a. in Bezug auf die Grundsätze der Gleichbehandlung, der Qualität und der Dauerhaftigkeit solcher Dienste umgesetzt werden. Diese Kriterien sind diejenigen, die eine besonderen Aufgabe im Allgemeininteresse von einer (einfachen) Aufgabe im Allgemeininteresse unterscheiden. Sie erinnern im Übrigen an die loi du service-public und zeigen seinen Einfluss auf die Dogmatik des Gemeinschaftsrechts.[763]

Auch die Erdgas- und die Elektrizitätsrichtlinie werden dieser Unterscheidung zwischen Allgemeininteresse und besonderer Aufgabe gerecht, indem sie in ihren Art. 3 Abs. 2 von *gemeinwirtschaftlichen* Interessen im Allgemeininteresse statt einfach nur Dienstleistungen von allgemeinem wirtschaftlichen Interesse sprechen[764] und damit die Zweigliedrigkeit deutlich nennen.[765]

2) Die Notwendigkeit und Verhältnismäßigkeit der Ausnahme

Aus Art. 86 Abs. 2 EGV ergibt sich a contrario, dass die Vertragsregeln auf mit besonderen Dienstleistungen von allgemeinem wirtschaftlichen Interesse betraute Unternehmen dann nicht anwendbar sind, wenn ihre Anwendung die Erfüllung der besonderen Aufgabe rechtlich oder tatsächlich verhindern würde. Die Nichtanwendung muss also notwendig sein. Gleichzeitig darf dadurch die Entwicklung des Handelsverkehrs nicht in einem Ausmaß beeinträchtigt werden, dass dem Interesse der Gemeinschaft zuwiderläuft. Die Freistellung muss also auch verhältnismäßig sein.

Das Kriterium der Notwendigkeit wird vom EuGH restriktiv interpretiert. Danach ist die Nichtanwendung der Vertragsregeln nicht erst dann notwendig, wenn die Anwendung der Wettbewerbsregeln zum Verschwinden des Unternehmens führen würde, es genügt, dass die Erbringung der besonderen Aufgabe von allgemeinem wirtschaftlichem Interesse erschwert würde.[766] Die Beweislast hierfür liegt in der Regel bei dem Unternehmen. Im Rahmen eines Vertragsverletzungsverfahrens liegt die Beweislast allerdings bei der Kommission.[767]

Hinsichtlich der Verhältnismäßigkeit ist eine Entwicklung der Rechtsprechung des EuGH zu beobachten. Während er früher großzügig eine unverhältnismäßige Beschränkung des Handelsverkehrs angenommen hat,[768] hat er dieses Kriterium in dem Urteil vom 23. Oktober 1997 gar nicht angesprochen, obgleich Gegenstand des Vertragsverletzungsverfahrens ein Im- und Exportmonopol war.[769] Gleichwohl können

---

[763] *Simon*-mutations des services publics, in: colloque CEDECE, S. 65 [85].
[764] Im französischen ist es noch deutlicher: „obligation de service-public dans l'intérêt général" statt einfach nur„services d'intérêt économique général".
[765] *Ficquet*-reconciliation, in: AJDA 1998, 804 [811].
[766] *EuGH*, 23.10.1997 – Rs. C-159/94 (Kommission / Frankreich) -, E 1997, I-5815.
[767] *EuGH*, 23.10.1997 – Rs. C-159/94 (Kommission / Frankreich) -, E 1997, I-5815.
[768] *EuGH*, 30.04.1974 - Rs. 155/73 (Sacchi/Kommission) -, E 1974, 409.
[769] *EuGH*, 23.10.1997 – Rs. C-159/94 (Kommission / Frankreich) -, E 1997, I-5815.

hiervon keine allgemeinen Schlüsse abgeleitet werden, da es sich, unmittelbar vor der Öffnung der Elektrizitätsmärkte, um ein stark politisch geprägtes Urteil handelte.

Auch die Richtlinie enthält diese Kriterien der Notwendigkeit und der Verhältnismäßigkeit. Die Formulierung der Notwendigkeit ist jedoch genau umgekehrt formuliert wie im EG-Vertrag. Während dort formuliert ist, dass die Regeln des Vertrages für die mit gemeinwirtschaftlichen Verpflichtungen betrauten Unternehmen grundsätzlich gelten, soweit dies nicht die Erfüllung der ihnen übertragenen Aufgaben verhindert, heißt es in der Richtlinie, dass die Nichtanwendung des Art. 4 der Richtlinie grundsätzlich möglich ist, soweit dadurch nicht Gemeinschaftsinteressen verletzt werden. Die gleiche Formulierung in der Elektrizitätsrichtlinie war die erste positive Referenz an Gemeinwohlverpflichtungen in einer Norm des Gemeinschaftsrechts, in welchem diese Verpflichtungen bis dato nur als negativ formulierte Ausnahmevorschriften vorgekommen waren.[770] Die praktische Bedeutung dürfte jedoch gering sein. Insbesondere dürfte diese Formulierung nicht zu einer Beweislastumkehr zum Vorteil der Mitgliedstaaten führen.

B. Die Möglichkeit der Berufung auf Art. 3 Abs. 3 der Richtlinie

Die Unternehmen und auch die Mitgliedstaaten können sich nur insoweit auf Art. 3 Abs. 3 der Gasrichtlinie und Art. 86 Abs. 2 EGV berufen, als sie ihren Unternehmen *besondere* gemeinwirtschaftliche Verpflichtungen im Sinne dieser Ausnahmevorschriften auferlegt haben. Diese Voraussetzungen sind nur in Frankreich erfüllt (unten **1.**). Gleichwohl ist zweifelhaft, ob die dort vorgesehene Nichtöffnung des Verteilermarktes gerechtfertigt ist (unten **2.**).

1) Die Auferlegung besonderer Gemeinwohlverpflichtungen

Die Ausnahmevorschriften des Art. 3 Abs. 3 der Gasrichtlinie und des Art. 86 Abs. 2 EGV beziehen sich nicht auf allgemein gehaltene Gemeinwohlverpflichtungen, sondern nur auf „besondere" (unten **a.**). Diese Gemeinwohlverpflichtungen müssen den Unternehmen „auferlegt" sein. (unten **b.**).

(a) Die besonderen Gemeinwohlverpflichtungen

Die Gemeinwohlverpflichtungen, die gemäß Art. 3 Abs. 3 der Gasrichtlinie eine Bereichsausnahme begründen können, orientieren sich an dem in Art. 3 Abs. 2 der Gasrichtlinie beschriebenen Katalog.[771] Wegen der Parallelität zu Art. 86 Abs.2 EGV muss es sich gleichzeitig um besondere Gemeinwohlverpflichtungen handeln. Soweit das deutsche EnWG die Unternehmen zur Einhaltung der Ziele des EnWG verpflichtet und soweit das französische Gasgesetz die Unternehmen verpflichtet, zur Förderung des Umweltschutzes und des sozialen Zusammenhalts beizutragen, handelt es sich um allgemein formulierte Bedingungen, die keine besonderen Gemeinwohlverpflichtungen im Sinne der Rechtsprechung des EuGH sind. In seinem Urteil vom 23. Oktober 1997 hat er präzisiert:

---

[770] *Rodrigues*-fourniture de l'énergie électricque, in: colloque du CEDECE, S. 323 [333f.].

[771] *Geneste*-libéralisation, in : R.A.E-L.E.A 1997, 146 [154].

"Weiter können Verpflichtungen eines mit Dienstleistungen von allgemeinem wirtschaftlichem Interesse betrauten Unternehmens nur dann Teil der besonderen Aufgabe sein, mit der es betraut ist, wenn sie mit dem Ziel der jeweiligen Dienstleistung von allgemeinem wirtschaftlichem Interesse in Zusammenhang stehen und unmittelbar zur Befriedigung dieses Interesses beitragen sollen.

So verhält es sich bei Umwelt- und Raumordnungsverpflichtungen von Unternehmen, die mit der Versorgung des Landes mit Elektrizität und Gas betraut sind, nicht, soweit es sich nicht um Verpflichtungen handelt, die für diese Unternehmen und ihre Tätigkeit spezifisch sind".[772]

Soweit jedoch den Verteilerunternehmen in Deutschland gemäß § 10 EnWG und in Frankreich gemäß Art. 3 GasG-E eine Anschluss- und Versorgungspflicht und die Pflicht zur Anwendung gleicher Preise obliegt, ist eine differenziertere Betrachtung angebracht. Denn diese Pflicht dient dem gemeinwirtschaftlichen Allgemeininteresse der Versorgung breiter Teile der Bevölkerung zu raisonablen Konditionen, steht mit diesem Ziel im engen Zusammenhang und dient unmittelbar seiner Erfüllung. Es handelt sich daher um eine Aufgabe, die a priori in den Anwendungsbereich der Ausnahmevorschriften fällt. Auch in seinem Almelo Urteil hat der EuGH angenommen, dass die Pflicht eines Energieversorgungsunternehmens, für alle Abnehmer im gesamten Konzessionsgebiet eine ununterbrochene Stromversorgung zu einheitlichen Tarifen und Bedingungen in den jeweils geforderten Mengen sicherzustellen, eine besondere Aufgabe von allgemeinem Interesse sei (mission particulière).[773] Ohne entsprechend zu differenzieren, hatte die Kommission schon in ihrer Entscheidung „Jahrhundertvertrag“ angenommen, dass die Elektrizitätsunternehmen unter den Anwendungsbereich des Art. 86 Abs. 2 EGV fallen, soweit sie die Elektrizitätsversorgung der Allgemeinheit garantieren.[774]

Dies wird auch nicht dadurch in Frage gestellt, dass die Gasunternehmen in Deutschland wie in Frankreich nur im Rahmen ihres geographischen Tätigkeitsfeldes der Anschlusspflicht unterliegen. Der Umstand, dass GDF in Frankreich nur 18% der Haushalte mit Gas versorgt,[775] erschwert dessen Qualifikation als service-public im nationalen Recht, da das Prinzip der Gleichheit dort eigentlich das Recht aller auf Zugang zur Leistung beinhaltet. Das Prinzip der Gleichheit ist zwar auch im Rahmen des Art. 86 Abs. 2 EGV anerkannt, der EuGH lässt es zur Bejahung einer besonderen Verpflichtung jedoch genügen, wenn eine Anschlusspflicht nur im jeweiligen Versorgungsgebiet besteht.[776]

(b) Die Übertragung von bzw. Betrauung mit Gemeinwohlverpflichtungen

Im Rahmen von Art. 86 EGV müssen die Unternehmen mit den besonderen gemeinwirtschaftlichen Verpflichtungen *betraut* sein, im Rahmen von Art. 3 Abs. 3 der Gasrichtlinie müssen sie ihnen *übertragen* sein. Diese sprachliche Unterscheidung fällt

---

[772] *EuGH*, 23.10.1997 – Rs. C-159/94 (Kommission / Frankreich) -, E 1997, I-5815, Rn. 68f..
[773] *EuGH*, 08.02.1994 - Rs. C-393/92 (Gemeente Alemelo u.a./ Energiebedrijf Ijsselmij NV)-, E 1994, I-1477, Rn. 47ff..
[774] Entscheidung der Kommission n° 93/126, Abl. EG L 1 50 vom 02.03.1993, S. 22, Rn. 28
[775] *ormser*-marché gazier, in : JCP-E 2000, 258 ; bzw. 5.500 von 36.000 Kommunen (15, 3%) nach *Le Floch-Prigent* - Énergie, in: "Vers une notion européenne de service-public", colloque de l'Assemblée nationale le 24 01. 1995, S. 28.
[776] *EuGH*, 23.10.1997 – Rs. C-159/94 (Kommission / Frankreich) -, E 1997, I-5815.

auf. Denn der EuGH hat zu dem Wort "betrauen" eine anspruchsvolle Rechtsprechung gebildet, die vom Wortlaut geleitet war. Nur dann sei von einer Betrauung zu sprechen, wenn einem Unternehmen die Erfüllung der Aufgabe durch staatlichen Hoheitsakt ausdrücklich auferlegt wurde,[777] wobei es zwar keines Gesetzes, zumindest aber eines Vertrages bedarf.[778] Entscheidend ist das Vorliegen eines als solchen individualisierbaren Betrauungsaktes der öffentlichen Gewalt. Die Genehmigung einer Tätigkeit genügt nicht diesen Anforderungen an einen öffentlich-rechtlichen Betrauungsakt.[779] Auch die tatsächliche Erbringung von besonderen Aufgaben im Allgemeininteresse genügt noch nicht, um auf eine Betrauung zu schließen, selbst wenn das Unternehmen dabei von der öffentlichen Gewalt überwacht wird.[780]

Wenn nunmehr im Rahmen von Art. 3 Abs. 3 der Gasrichtlinie ein anderer Begriff verwandt wird, legt dies zunächst nahe, dass der Rat und das Parlament sich von der Rechtsprechung des EuGH zum Wort „betrauen“ abgrenzen wollten.[781] Allerdings unterscheiden sich „Betrauung“ und „Übertragung“ vom Wortsinn her kaum. Beide Begriffe setzen eine Betrauungs- bzw. Übertragungshandlung voraus. Im Fall der Übertragung muss es sich dabei wie im Fall der Betrauung um eine hoheitliche Handlung handeln. Denn es heißt in der Richtlinie, dass die Mitgliedstaaten die Verpflichtungen auferlegen bzw. übertragen können. Auch spricht der weitere Zusammenhang dafür, dass es sich um einen identifizierbaren individuellen Akt handeln muss. Denn die Richtlinie stellt hohe Anforderungen an die Transparenz der Gemeinwohlverpflichtungen und verlangt deren Notifizierung. Somit unterscheiden sich im Ergebnis der Begriff der Betrauung und der Begriff der Übertragung nicht. Eine Ausnahme der Unternehmen vom Anwendungsbereich der Richtlinie sowie vom EGV kommt mithin nur dann in Betracht, wenn dem Unternehmen durch einen hoheitlichen Akt die Erfüllung einer besonderen Aufgabe im allgemeinen Interesse auferlegt worden ist. Dies beurteilt sich nach den tatsächlichen Umständen im Einzelfall.

In Frankreich besteht an der Übertagung bzw. Betrauung der Unternehmen mit der mission de fourniture und der mission d'approvisionnement kein Zweifel. Zum einen entspricht dies dem Verständnis des Gesetzgebers selbst, zum anderen liegt mit dem Pflichtenheft, durch das die Regierung die gemeinwirtschaftlichen Aufgaben der Unternehmen präzisiert, ein individualisierbarer Betrauungsakt vor.

Die Bundesregierung sieht (zu Unrecht) in der Bindung der Gasunternehmen an die Ziele des EnWG eine besondere gemeinwirtschaftliche Verpflichtung, „ohne dass damit eine Betrauung mit Dienstleistungen von allgemeinem wirtschaftlichen Interesse im Sinne von Art. 90 Abs. 2 [jetzt: Art. 86 Abs. 2] verbunden wäre.“[782] Der Gesetzgeber, der hier ein Opfer der Begriffsvielfalt ist, scheint damit zum Ausdruck bringen zu wollen, dass er die Eröffnung des Anwendungsbereichs der Ausnahme-

---

[777] *EuGH*, 30.01.1974 - Rs. 127/73 (BRT/SABAM) -, E 1974, 313.
[778] *EuG*, 12.12.1991 - Rs. T-39/90 (SEP/ Kommission) -, E 1991, II-1497; ebenso: *EuGH*, 23.10.1997 – Rs. C-159/94 (Kommission / Frankreich) -, E 1997, I-5815.
[779] *EuGH*, 14.07.1981 - Rs, 172/80 (Züchner/ Bayerische Vereinsbank) -, E 1981, 2021.
[780] *Hochbaum*, in: G/T/E, Art. 90, Rn. 57.
[781] So auch: *Britz*-Elektrizitätsbinnenmarktrichtlinie, in: RdE 1997, 85 [92].
[782] *Regierungsbegründung*, BT-Drs.13/7274, S. 37.

vorschriften in jedem Fall vermeiden möchte. Relevant ist diese Frage nur hinsichtlich der in § 10 EnWG normierten allgemeinwirtschaftlichen Verpflichtungen. Sie stellen letztlich keine Auferlegung im Sinne des Art. 3 der Gasrichtlinie dar, denn es mangelt an einem individuellen hoheitlichen Akt. Aufgrund ihres privatrechtlichen Charakters stellen die Konzessionsverträge selbst keinen Hoheitsakt dar.[783] Eine Übertragung erfolgt auch nicht durch § 10 EnWG selbst.[784] Denn das EnWG setzt lediglich Rahmenbedingungen für eine grundsätzlich jedermann offenstehende unternehmerische Versorgertätigkeit.[785] Somit fehlt es in Deutschland an der für den Akt der Übertragung notwendigen individuellen hoheitlichen Maßnahme.[786]

2) Die Rechtfertigung der Ausnahme des Gasvertriebs vom Wettbewerb

Die Rechtfertigung der Ausnahme der Gasverteilung von der Wettbewerbsöffnung in Frankreich setzt voraus, dass diese Ausnahme zur Erbringung des service-public der Gasverteilung notwendig (unten **a.**) und verhältnismäßig (unten **b.**) ist.

(a) Die Notwendigkeit der Bereichsausnahme

Nach der oben dargestellten Rechtsprechung zu Art. 86 Abs. 2 EGV ist eine Bereichsausnahme von den Wettbewerbsregeln für eine Dienstleistung im allgemeinwirtschaftlichen Interesse schon dann „notwendig“, wenn ansonsten die Erbringung der Dienstleistung gefährdet wäre. Auf die Bedrohung des wirtschaftlichen Überlebens des Unternehmens kommt es nach der neueren Rechtsprechung des EuGH nicht an.[787]

Ließe man neben den bisherigen Verteilerunternehmen weitere Unternehmen auf dem französischen Verteilermarkt zu, würde die Logik des Marktes dazu führen, dass die neuen Konkurrenten nur die jeweils profitabelsten Dienstleistungen anbieten würden. Die französischen Verteilerunternehmen, allen voran GDF, sind jedoch derzeit gemäß Art. 2 Abs. 1 Nr. 4 GasG-E verpflichtet, ihre Aktivitäten in Abhängigkeit vom nationalen Versorgungsplan zu erbringen. Auf diesem sind, wie bereits dargestellt, all diejenigen Gemeinden verzeichnet, die eine Gasversorgung beantragt haben[788] und bei denen eine Rentabilität von mindestens 0 % zu erwarten ist.[789] Ein wirtschaftlich handelndes Unternehmen würde bei einer Nullrentabilität nicht tätig werden.[790] Dies wiederum würde bedeuten, dass ein nicht mit dieser besonderen gemeinwirtschaftlichen Verpflichtung belastetes Unternehmen wegen einer jedenfalls durchschnittlich höheren wirtschaftlichen Rentabilität Wettbewerbsvorteile besäße. Diese Wettbewerber könnten etwa GDF mit ihren Preisen unterbieten. Würde GDF in den Wettbewerb

---

[783] Vgl. *Rinne*-Energiewirtschaft, S. 82 für den Tatbestand der Betrauung.
[784] *Hochbaum*, in: G/T/E, Art. 90, Rn. 85; Anders: *Rinne*-Energiewirtschaft, S. 82ff. [S. 93].
[785] *BKartA*, B. v. 18.4.1995 - B8-822000-N-139/93 (Ruhrgas - Thyssengas II) -, WuW/E BKartA 2777 [2786].
[786] So auch im Ergebnis für Art. 86 Abs. 2 EGV: *Theobald/Zenke*-Durchleitung, S. 44ff..
[787] *EuGH*, 23.10.1997 – Rs. C-159/94 (Kommission / Frankreich) -, E 1997, I-5815, Rn. 95.
[788] Artikel 1 des Dekrets 99-278.
[789] Artikel 2 des Dekrets 99-278. Eine solche Nullrentabilität ist gegeben, wenn die Einnahmen höher als oder gleich der Ausgaben sind, vgl. Circulaire vom 21.04.1999.
[790] Eine Investition ist in der Regel nur dann wirtschaftlich sinnvoll, wenn ihre erwartete Rentabilität höher ist als die Verzinsung des Kapitals.

eintreten, um jedenfalls auch einige profitable Gemeinden versorgen zu können, würde das Unternehmen wegen geringerer Gewinnspannen unter Umständen weniger Reserven zur Erbringung seiner Ausbaupflicht des Gasnetzes in weniger profitablen Gegenden haben.[791]

GDF und den nichtverstaatlichten Gasunternehmen würde auch der zulässige Preisausgleich erschwert werden. Bisher können die Mehrkosten für wenig rentable Aktivitäten auf die rentablen Aktivitäten derart umgelegt werden, dass hier eine Quersubventionierung zugelassen wird.[792] Eine derartige Quersubventionierung wäre im Wettbewerb nur noch schwerlich möglich, da neue Wettbewerber mit niedrigen Preisen auf den Markt drängen würden, was keinen Spielraum für eine Verteuerung zum Zwecke der Quersubventionierung zuließe.

Es wären jedoch weniger einschneidende Maßnahmen denkbar, mit denen trotz Marktöffnung die Sicherung des service-public gewährleistet werden könnte. So könnten die neu eintretenden Unternehmen dazu verpflichtet werden, selber service-public Dienstleistungen zu erbringen oder aber einen gewissen Betrag ihres Umsatzes in einen Ausgleichsfonds zu zahlen. Ein solcher Ausgleichsfonds existiert für Leistungen, die gemäß Art. 3 Abs. 1 Nr. 2 GasG-E an die Verteilernetze und solche Kunden gewährt werden müssen, deren Versorgung für notwendig erklärt wurde.[793] Im Gegensatz zur Elektrizitätswirtschaft[794] existiert ein derartiger Fond jedoch nicht hinsichtlich der Versorgung der sonstigen nicht zugelassenen Kunden.

Es ist jedoch fraglich, ob das Kriterium der Notwendigkeit so zu verstehen ist, dass jeweils die am wenigsten einschneidende Maßnahme zu wählen ist. Die Kommission definiert das Kriterium der Notwendigkeit im Sinne der deutschen Verhältnismäßigkeitsdogmatik als erforderliche Maßnahme. Sie will jede Ausnahme vom Anwendungsbereich der Richtlinie daran überprüfen, ob die service-public Verpflichtung gerechtfertigt ist und ob die getroffene Maßnahme die am wenigsten belastende vernünftige Maßnahme zur Erreichung der gemeinwirtschaftlichen Ziele ist.[795] Eine solche enge Auslegung würde jeden Spielraum der Mitgliedstaaten einengen. Es scheint aber, dass das Prinzip der Subsidiarität gerade hier den Staaten einen gewissen Freiraum hinsichtlich der Wahl der Mittel lässt, die sie für angemessen halten.

Art. 3 Abs. 3 der Gasrichtlinie lässt nach seinem Wortlaut eine Bereichsausnahme bereits zu, wenn die Zulassung von Wettbewerbern unmittelbar[796] die Erbringung der

---

[791] *Hamon*-marché intérieur, in: AJDA 1998, 851 [858] deutet das Problem unter dem Blickwinkel der zugelassenen Kunden an.

[792] Vgl. Oben 2. Teil III.E.1).

[793] vgl. oben: 2. Teil III.D.1).

[794] dort findet auch ein Ausgleich für die strukturell bedingten Mehrkosten ruraler Netze statt, vgl. *Mirabel/Percebois/Poudou*-financement, in: RE 2001, 433 [436f.]. Angesichts dieser Finanzierungsform des service-public ist überaus fraglich, inwieweit dort eine Ausnahme der Elektrizitätsverteilung vom Wettbewerb gerechtfertigt ist.

[795] 2nd meeting of Follow-up Group, 29. 04. 1999 - Public Service Obligation: "The Commission consider that the appropriate application test in relation to possible applications for derogation may be boiles down to two stages, answering the following questions: I) ist the objective of a public service obligation justified? Ans ii) ist the proposed measure the least restrictive reasonably available to achieve the objective in question?"

[796] So auch die Kommission, Meeting of Follow-up Group 22. 10. 1998 - Authorisations for new distribution pipelines, "Then, there should be a direct link between the difficulty to perfom such obligations and the application of article 4,

besonderen gemeinwirtschaftlichen Verpflichtungen behindern würde. Auf Alternativen zur Vermeidung der Beeinträchtigung stellt die Gasrichtlinie insofern nicht ab. Notwendig bedeutet demnach geeignet im Sinne der deutschen Grundrechtsdogmatik. Die Grenze bildet nur die Verhältnismäßigkeit (unten **b**). Insofern ist jedenfalls die französische Bereichsausnahme eine notwendige Ausnahme im Sinne der Gasrichtlinie.

(b) Die Verhältnismäßigkeit der Bereichsausnahme

Die Bereichsausnahme vom Wettbewerb darf die Entwicklung des Handelsverkehrs nicht in einem Ausmaß beeinträchtigen, das den Interessen der Gemeinschaft zuwiderläuft, wozu gemäß Art. 3 Abs. 3 der Gasrichtlinie insbesondere der Wettbewerb um zugelassene Kunden zählt. Gemäß Art. 8 GasG-E sind aber auch die Verteilerunternehmen verpflichtet, den Netzzugang für die Durchleitung von Gas an zugelassene Kunden zu gewähren. Ein Direktleitungsbau zu solchen Kunden ist ebenfalls zugelassen. Weiterhin ist nunmehr bezüglich der nicht im nationalen Versorgungsplan aufgeführten Gemeinden ein Wettbewerb möglich. Insofern behindert das Verteilungsmonopol nicht den Wettbewerb um die Belieferung von zugelassenen Kunden und beschränkt sich hinsichtlich des Monopols auf die versorgten Gebiete. Die Maßnahme ist damit verhältnismäßig.

C. Ergebnis

Die den Mitgliedstaaten von Art. 3 Abs. 3 der Gasrichtlinie gewährte Möglichkeit, die Verteilung vom Wettbewerb auszunehmen, soweit ihre Anwendung die Erfüllung der den Erdgasunternehmen auferlegten gemeinwirtschaftlichen Verpflichtungen de jure oder de facto verhindern würde, ist voll justiziabel und vor dem Hintergrund der Maßstäbe des Art. 86 Abs. 2 EGV auszulegen. Gemeinwirtschaftliche Verpflichtungen in diesem Sinne liegen nur dann vor, wenn es sich um besondere Verpflichtungen im Allgemeininteresse handelt. Dies lässt sich für die Anschluss- und Versorgungspflicht sowohl im deutschen wie im französischen Recht bejahen. Allerdings liegt nur im französischen Recht eine „Auferlegung“ dieser Pflichten im Sinne einer hoheitlichen Übertragung vor. Sie rechtfertigt im Ergebnis auch die Bereichsausnahme. Denn wegen der Pflicht der GDF, auch unrentable Leistungen zu erbringen, wäre diese Leistungserbringung im Wettbewerb gefährdet. Es kommt nicht darauf an, ob mildere Maßnahmen vorstellbar wären, da die Gasrichtlinie den Mitgliedstaaten insoweit einen Beurteilungsspielraum belässt.

i.e. the granting of authorisations to build and operate distribution pipelines would obstruct, in law or in fact, the performance of the public service obligations imposend on gas undertaking."

4. Teil: Die Durchleitung von Gas

Schon in ihrem Bericht über die Wettbewerbspolitik von 1991 hatte die Kommission das Dilemma der Liberalisierung der Netzwirtschaften aufgezeigt. Es genüge nicht, in den reglementierten Märkten den Wettbewerb einzuführen. Die Schaffung eines freien, gleichberechtigten Zugangs zu Netzen und anderen Schlüsseleinrichtungen, die von marktbeherrschenden Unternehmen kontrolliert würden, sei eine notwendige Voraussetzung für einen *wirksamen* Wettbewerb.[797] In der Tat wird durch diese Infrastruktureinrichtungen der Zugang zu den nachgelagerten Märkten kontrolliert, die gerade für den Wettbewerb geöffnet werden sollen. Sie sind zwar theoretisch auch über neu zu errichtende Netze erreichbar, die Duplizität der Netze ist in der Regel aber volkswirtschaftlich unerwünscht, da der Innovationsdruck verhältnismäßig gering und die Erneuerung auch durch sinkende Netzeffizienz extrem teuer ist. Die Netze werden daher auch als natürliche Monopole bezeichnet.[798] Diese Feststellung wird für die Gaswirtschaft teilweise bestritten. Unter anderem wird dabei verwiesen auf eine neue Hochdruckleitung von Wingas, die parallel zu bestehenden Netzen errichtet wurde. Jedenfalls aber für die Verteilung wird man sagen können, dass angesichts niedriger Leitungskapazitäten eine Verdoppelung ökonomisch nicht sinnvoll ist, solange die vorhandenen Kapazitäten genügen, um den Bedarf zu decken. Im Ergebnis würde die Duplizierung einer Gasleitung durch die Umlegung der Investitionskosten zu einer Erhöhung der Gaspreise führen, die schon heute maßgeblich von den hohen Transportkosten beeinflusst sind.[799]

Mit dieser Erkenntnis war die gemeinschaftsrechtliche Schaffung eines Anspruchs auf Zugang zu den Gasnetzen bereits vorgezeichnet (unten **III.**). Der Sache nach handelt es sich um einen Kontrahierungszwang. Auch wenn die Durchleitung nur in Ausnahmefällen verweigert werden darf (unten **V.**) bereitet vor allem die Bestimmung des Inhalts des Durchleitungsvertrages Probleme (unten **IV.**). Von besonderer Bedeutung ist daher die streitige Durchsetzbarkeit des Durchleitungsanspruchs (unten **VI.**). Zum Verständnis der Durchleitungsproblematik hilft eine bessere Kenntnis ihrer technischen und rechtlichen Bedingungen Voraussetzung (unten **II.**). Den Ausführungen vorangestellt werden soll aber in einem Exkurs die Bestimmung des Marktbegriffs in der Gaswirtschaft, da dies wiederum für die Anwendung der Wettbewerbsregeln von entscheidender Bedeutung ist (unten **I.**).

I. Exkurs: Der Marktbegriff im liberalisierten Gassektor

Auf die liberalisierte Gaswirtschaft sind die Regeln des Wettbewerbsrechts vollumfänglich anwendbar.[800] Das Recht kann dabei aber nur die Voraussetzungen für eine wettbewerbliche Struktur schaffen. Die tatsächliche Entwicklung des wirtschaftlichen

---

797 XXI. Bericht über die Wettbewerbspolitik 1991, Rdn. 16.

798 Vgl. *Martenczuk/Thomaschki*-Zugang zu Netzen, in: Rtkom 1999, 15 [16f.].

799 dazu *Commissariat Général du Plan*-services publics, S. 76ff..

800 Diese Feststellung bezeichnet Möschel, zu recht, als trivial. *Möschel*-liberalisierte Wirtsschaftssektoren, in: WuW 1999, 832 [833].

Wettbewerbs bleibt ein Prozess, der nur sukzessive zu Marktveränderungen führen wird.[801] In seiner Anwendung muss das Wettbewerbsrecht die Entwicklung des Wettbewerbs fördern, aber auch berücksichtigen. Dies gilt insbesondere auch für die Entwicklung des Marktbegriffs im Bereich der Gaswirtschaft. Der Schlüsselbegriff des Wettbewerbsrechts wird sachlich (unten **A.**) als auch räumlich definiert (unten **B.**).

A. Der sachliche Markt

Im Grundsatz stimmen die Kommission,[802] die französische[803] und deutsche Praxis[804] überein, dass sich der sachliche Markt nach der funktionellen Austauschbarkeit aus der Sicht des Abnehmers bestimmt (Bedarfsmarktkonzept). Die Bestimmung von Nachfragemärkten erfolgt spiegelbildlich nach dem Kriterium der Austauschbarkeit aus Sicht der Anbieter.[805] Auch die Kriterien zur Bestimmung der Austauschbarkeit unterscheiden sich nicht wesentlich. Zum sachlich relevanten Markt gehören alle Waren bzw. Dienstleistungen, die sich nach Eigenschaften, Verwendungszweck und Preislage so nahe stehen, dass der verständige Verbraucher sie als für die Deckung seines bestimmten Bedarfs gleichermaßen geeignet ansieht.[806] Ökonomische Analysen werden dabei zur Bestimmung der Austauschbarkeit immer bedeutender.[807] Die Austauschbarkeit muss ohne weiteres gegeben sein, das heißt ohne besondere sachliche oder psychologische Anpassungsleistung des Abnehmers. Schon daraus folgt, dass Gas und Elektrizität nicht schon deshalb untereinander austauschbar sind, weil sie beide geeignet sind, den Bedarf an Raumwärme zu decken. Denn sie erfordern unterschiedliche Heizungssysteme und somit eine Umstellung bei einem Wechsel von einer Energieart zur anderen.[808] Gas und Elektrizität befinden sich damit nach ganz herrschender Meinung auf zwei verschiedenen sachlich relevanten Märkten.[809]

---

[801] vgl. *Bunte*, in: Langen/Bunte, Anhang zum Fünften Abschnitt, Rn. 86.

[802] Bekanntmachung der Kommission über die Definition des relevanten Marktes im Sinne des Wettbewerbsrechts der Gemeinschaft vom 09.12.1997, Abl. EG 1997 C 372, 5, Rn. 13ff..

[803] Rapport du Conseil de la concurrence 1992, 53; *CA Paris*, 17.06.1992, RJDA 1992, n° 843.

[804] *KG*, 18.02.1969 – Kart V 34/67 („Handpreisauszeichner")-, WuW/E OLG 995 [996]; *BGH*, 28.04.1992 – KVR 9/91 („Kaufhof/Saturn") -, WuW/E BGH 2771 [2772].

[805] *BGH*, 23.02.1988 – KZR 17/86 („Sondierungsverfahren")-, WuW/E BGH 2483 [2487f.]; *KG*, 05.11.1986 - Kart. 15/84 („Coop Wandmaker") -, WuW/E OLG 3917 [3927f.].

[806] Bekanntmachung der Kommission über die Definition des relevanten Marktes im Sinne des Wettbewerbsrechts der Gemeinschaft vom 09.12.1997, Abl. EG 1997 C 372, 5, Rn. 36fff..; *BGH*, 16.12.1976 – KVR 2/76 („Valium") -, WuW/E BGH 1445 [1447]; *BGH*, 25.05.1985 – KVR 3/84 („Edelstahlbestecke") -, WuW/E BGH 2150 [2153], für Frankreich: *Ripert/Roblot*-droit commercial, Rn. 830.

[807] Insbesondere die Kreuzpreiselastizität. Dabei wird nach dem Vorbild des amerikanischen Snipp Tests überprüft, ob Verbraucher bei der Erhöhung des Preises für das fragliche Produkt um 5 bis 10% auf ein Alternativprodukt ausweichen. Ist dies nicht der Fall, ist dies ein Indiz für fehlende Austauschbarkeit, vgl. dazu: Bekanntmachung der Kommission über die Definition des relevanten Marktes im Sinne des Wettbewerbsrechts der Gemeinschaft vom 09.12.1997, Abl. EG 1997 C 372, 5, Rn. 39; Rapport du Conseil de la concurrence 1992, 53.

[808] In der Entscheidung *Kommission*, 20.01.1999 - IV/M.1402 (GDF/BEWAG/GASAG), Rn. 24 hat die Kommission sich schon deswegen nicht näher mit der Substituierbarkeit von Gas und Strom auseinandergesetzt, weil die Substituierbarkeit im Wesentlichen nur für Kochzwecke und Raumheizungen in Betracht käme. Gas und Strom werden aber nur zu jeweils ca. 2% zu Kochzwecken aufgewandt, und Strom nur zu ca. 4% für Heizzwecke.

[809] *KG*, 28.12.1984 – Kart. 6/84 („Energieversorgung Schwaben/Technische Werke Stutgart)-, WuW/E OLG 3443 [3445]; *BKartA*, 09.03.1976 – B 8 – 822000 U-119/75 („Erdgas Schwaben")-, WuW/E BKartA 1647; *Ruppelt*, in: Langen/Bunte, § 19, Rn. 11; *Hamacher*-kartellrechtliche Preismissbrauchsaufsicht, in: RdE 1998, S. 225 [226]; *Fernandez-Salas*-Long-term supply agreements, CPL 06. 2000, S. 55 [56] stellt die Position der Kommission dar, die in den Fällen

Innerhalb des sachlichen Marktes „Gas" sind nach dem Bedarfsmarktkonzept noch weitere Märkte zu unterscheiden. Die Rechts- und Verwaltungspraxis hat hierzu noch keine einheitlichen Definitionen entwickelt. Die Abgrenzung erfolgt im Wesentlichen nach drei Kriterien. Zum einen werden die sachlichen Märkte danach unterschieden, an welchen Adressaten sich eine Leistung richtet. Zum anderen wird danach unterschieden, welche Dienstleistung an die Ware Gas geknüpft wird und schließlich findet die vertikale Struktur der deutschen Gaswirtschaft auch bei der sachlichen Abgrenzung ihren Widerhall. Von existierendem Durchleitungswettbewerb hängt die Annahme eines Marktes nicht ab.[810]

Soweit die Mitgliedstaaten die zugelassenen Kunden definieren, liegt es auf der Hand, dass die zugelassenen Kunden und die nicht zugelassenen Kunden zwei verschiedene sachliche Märkte bilden. Denn die nicht zugelassenen Kunden haben keine Möglichkeit, ihr Vertragsunternehmen frei zu wählen. Die auf dem freien Markt angebotenen Dienste sind für diese Kunden also nicht austauschbar.[811] Das Bundeskartellamt[812] und die Gerichte[813] differenzieren die Gasmärkte bzw. Strommärkte weiterhin danach, ob das Gas an einen Wiederverkäufer geliefert wird oder an einen Endkunden. Der Endkundenmarkt wird weiter in einen sachlichen Markt für industrielle und einen sachlichen Markt für (private) Haushalts- und Kleingewerbekunden (HuK-Kunden) unterteilt.[814] Dies rechtfertige sich aus den erheblichen Unterschieden zwischen dem Nachfrageverhalten der Abnehmergruppen. Industrielle Sondervertragskunden hätten bessere Möglichkeiten den Anbieter zu wechseln als „normale" Endverbraucher. Sie seien preissensibler und verfügten über professionelle Verhandlungsführer sowie über eine bessere Verhandlungsposition aufgrund ihrer Abnahmemenge.

Die Kommission und das Bundeskartellamt unterscheiden die Märkte weiter danach, welche Leistung mit dem Produkt Gas verknüpft wird. Somit werden unterschieden die sachlichen Märkte für die Lieferung,[815] den Transport oder die Verteilung[816] von

---

Gas natural/ Endesa vom 27. 03. 2000, der Entscheidung n° M.493, Tractebel/Distrigaz vom 01. 09. 1994, der Entscheidung n° M.931, Neste/Ivo vom 2. 05. 1998 und der Entscheindung n° M.1383 Exxon/Mobil vom 29. 09 1999 ebenfalls zwei verschiedene Märkte für Gas und Elektrizität ausgemacht hat.

[810] So schon: *BKartA*, B.v. 19.06.1992 - B8-822000-VN-214/91-, RdE 1992, 197.

[811] *Kommission*, EDF/Louis Dreyfus, IV/M.1557; Entscheidung vom 07. 02. 2000, COMP/M.1803, Electrable/EPON und die Entscheidung vom 27. 03. 2000 im Fall Gas Natural.

[812] z.B. *BKartA*, B. v. 26. 01. 2001 - B8-40000-U-202/00 (EnBW/Stadtwerke Schwäbisch Gmünd GmbH/Stadt Schwäbisch Gmünd), Rn. 22; *BKartA*, B.v. 14.11.2001 - B8-40100-U-110/01 (Thüga AG/Harz Energie/Stadt Rode), Pt III, 1. Das LG Düsseldorf hat auch im Rahmen von § 20 GWB einen sachlichen Markt für die Belieferung von Letztverbrauchern mit Strom festgestellt: *LG Düsseldorf*, 29.09.1999 - 12 O 412/99 -, ZNER 2000, 136 [137].

[813] Das *OLG Düsseldorf*, 07.11.2001 - U (Kart.) 31/00 -, ZNER 2001, 255 [257] hat im Rahmen von § 19 GWB einen sachlichen Markt für die Belieferung von Weiterverteilern angenommen. Das LG Düsseldorf hat auch im Rahmen von § 20 GWB einen sachlichen Markt für die Belieferung von Letztverbrauchern mit Strom festgestellt: *LG Düsseldorf*, 29.09.1999 - 12 O 412/99 -, ZNER 2000, 136 [137]. Vgl. ebenfalls für Strom *LG Leipzig*, 08.06.2001 - 02 HK O 3151/01 -, RdE 2002, 24 (im Sachverhalt!).

[814] vgl. zu dieser Teilung: *BKartA*, 03. 07. 2000 - B8-40000-U-309/99 (RWE-VEW), Rn. 168s; *BKartA*, B. v. 04. 09. 2000, B8-40200-U-132/00, E.ON HEIN GAS HEW, Pt. 13. ; *BKartA*, B.v. 18. 05. 2001 - B8-291/00 (Trienekens Niederrhein GmbH & Co KG / Stadtwerke Viersen / Stadt Viersen), Rn. 16; *BKartA*, B.v. 14.11.2001 - B8-40100-U-110/01 (Thüga AG/Harz Energie/Stadt Rode), Pt III, 1.

[815] *BKartA*, 14 10. 1999 - B-8-40200-U-141/99 (Westfälische Ferngas) - WuW 2000, 185 [187].

[816] für alle drei Differenzierungen : *Kommission*, 07.02.2000 - COMP/M.1803 (Electrable/EPON), Rn. 9; *Kommission*, 17.03.1998, IV/M. 1107 (EDFI/ESTAG), Rn. 8,9.

Energie.[817] Die Kommission hat auch jeweils einen eigenen sachlich relevanten Markt für den Handel mit Elektrizität[818] und für die Speicherung von Erdgas ausgemacht.[819]

Die Kommission differenziert für Deutschland die sachlichen Märkte darüber hinaus in Anlehnung an die vertikale Struktur der Gaswirtschaft. Sie unterscheidet die Belieferung von Endkunden sowie einen Transportmarkt, der sich seinerseits in einen Markt für überregionale und einen Markt für regionale Transporte unterteilt.[820]

Diese enge Abgrenzung der sachlichen Energiemärkte entspricht einer allgemeinen Tendenz der Behörden, die Märkte immer präziser zu definieren. Je enger die Marktdefinition ist, desto leichter lassen sich marktbeherrschende Stellungen feststellen und desto höher wird die Kontrolldichte der Wettbewerbsaufsicht. Die Fragilität des jungen Wettbewerbs rechtfertigt diese enge Marktdefinition. Es ist festzuhalten, dass es keine wesentlichen Unterschiede in der Praxis der gemeinschaftlichen wie der nationalen Behörden und Gerichte gibt. Diese Beobachtung gilt für die räumliche Marktabgrenzung nur mit Einschränkungen (unten **B.**).

B. Die räumlichen Märkte

Die Bestimmung der räumlichen Märkte erfolgt nach der deutschen[821] und französischen[822] Praxis wie auch die Bestimmung der sachlichen Märkte nach der Maßgabe der Austauschmöglichkeiten aus der Sicht der Abnehmer, wobei hier auf die räumliche Austauschbarkeit abgestellt wird. Präziser erscheint aber der Definitionsversuch der Kommission,[823] auch wenn sich im Ergebniss wenig Unterschiede ergeben dürften. Entscheidendes Kriterium für die Bestimmung des räumlichen Marktes ist für die Kommission die Homogenität der Märkte. Der räumliche Markt ist somit das Gebiet, in dem die Unternehmen ihre Produkte und Dienstleistungen zu objektiv gleichen Bedingungen ohne bedeutende wirtschaftliche Schranken vertreiben können. Auch die Bestimmung der Reichweite des geogaphischen Marktes bedarf der ökomische Betrachtung. Dabei wird insbesondere überprüft, ob wirtschaftliche Schranken, wie geographischer Besonderheiten oder hoher Transportkosten zu einer fehlenden Austauschbarkeit/Homogenität führen.[824]

---

[817] vgl. auch *BKartA*, 30.08.1999, B8 - 40100 - T - 99/99 („Berliner Stromdurchleitung")-, WuW DE-V, 148.
[818] *Kommission*, 16.08.1999 - IV/M.1557 (EdF/Louis Dreyfus); *Kommission*, 13.06.2000 - COMP/M.1673 (VEBA/VIAG). In der Entscheidung vom 30.11.1999 - COMP/JV.28 (Sydkraft/ HEW/ Hansa Energy Trading) ließ die Kommission die Frage offen, ob der Markt für den Handel von Elektrizität weiter in einen Markt für den körperlichen Handel mit dem Produkt Elektrizität und einen Markt für den finanziellen Handel mit Elektrizität unterteilt werden müsste, deutete eine solche Unterscheidung gleichwohl an (Punkte 17ff.).
[819] *Kommission*, 20.01.1999 - IV/M.1402 (GDF/BEWAG/GASAG), Rn. 12; *Kommission*, 29.09.99 - IV/M.1383 (Exxon-Mobil), Rn. 69.
[820] *Kommission*, 29.09.99 - IV/M.1383 (Exxon-Mobil), Rn. 70; *Kommission*, 13.06.2000 - COMP/M.1673 (VEBA/VIAG), Rn. 180f..
[821] *Ruppelt*, in Langen/Bunte, § 19 GWB, Rn. 25; *Möschel*, in: Immenga/Mestmäcker-GWB, § 19, Rn. 35.
[822] *CA Paris*, 17.06.1992, RJDA 1992, n° 843.
[823] Bekanntmachung der Kommission über die Definition des relevanten Marktes im Sinne des Wettbewerbsrechts der Gemeinschaft vom 09.12.1997, Abl. EG 1997 C 372, 5, Rn. 8.
[824] Bekanntmachung der Kommission über die Definition des relevanten Marktes im Sinne des Wettbewerbsrechts der Gemeinschaft vom 09.12.1997, Abl. EG 1997 C 372, 5, Rn. 44ff., 50; *BGH*, 23.10.1979 - KVR 3/78 („Zementmahlan-

Vor der Liberalisierung bereitete die Bestimmung des räumlich relevanten Gasmarktes keine Schwierigkeiten. Aufgrund der Monopolstellung der einzelnen Akteure in ihrem jeweiligen Tätigkeitsbereich war seine Dimension zwangsläufig identisch mit der Dimension des jeweiligen Netzes.[825] Mit fortschreitender Liberalisierung ist jedoch eine Entwicklung des Marktbegriffes zu beobachten. In einer ersten Phase wurde von den Behörden[826] und Gerichten[827] zunächst die alte räumliche Marktabgrenzung mit der Begründung beibehalten, dass die Liberalisierung nur schrittweise zu echtem Wettbewerb führe und dass zunächst zumindest de facto die Netze eine Monopolstellung begründen würden. Durch zunehmenden Durchleitungswettbewerb wurde aber auch die Begrenzung der Marktdefinition auf das Leitungsnetz aufgeweicht.[828] Es war die Kommission, die in dem Fusionskontrollverfahren VEBA/VIAG unter Berufung auf die dynamische Entwicklung der Elektrizitätsmärkte in Deutschland den Markt für den überregionalen Transport von Elektrizität national und damit unabhängig von der Größe des Netzes definiert hat.[829] Die Kommission hat im Zuge einer nur im Fusionsverfahren zulässigen dynamischen Betrachtung[830] darauf abgestellt, dass die Grundlagen für einen offenen Netzzugang bereits gelegt seien. Für die Gaswirtschaft hat die Kommission in der gleichen Entscheidung festgestellt, dass die Öffnung der deutschen Gasmärkte für den Wettbewerb noch weit hinter der Öffnung der Elektrizitätsmärkte zurückbleibe und die Frage offengelassen, ob auch von der Existenz eines überregionalen deutschen Transportmarktes für Gas auszugehen sei.[831] Das Bundeskartellamt folgt dieser Differenzierung. Seit seiner Entscheidung RWE/VEW vom 03. Juli 2000 grenzt es die räumlich relevanten Strommärkte grundsätzlich national ab.[832] Nur im Hinblick auf den Markt für die Belieferung von letztverbrauchenden Kleinkunden geht das Bundeskartellamt weiterhin von regional abzugrenzenden, auf das jeweilige Versorgungsgebiet begrenzten Strommärkten aus, wenn die beteiligten Unternehmen Wechselgebühren oder sonstige vergleichbare Entgelte erheben.[833] In dem Verfahren Thüga/Harz Enerige/Stadtroda[834] hat sie die

---

lage II") -, WuW/E BGH 1655 [1658]; *Ruppelt*, in: Langen/Bunte, § 19 GWB, Rn. 27; *Cour de Cassation*, 29.06.1993, RJDA 1993, n° 1056.

825 *Kommission*, 25.11.1996 - IV/M.713 (RWE/Thyssengas); *Kommission*, 17.03.1998 - IV/M 1107 (EDFI/ESTAG), Rn. 9ff.; *BGH*, 15.07.1997 - KVR 33/96 (Stromversorgung Aggertal) - BGHZ 136, 268; *BGH*, 15.07.1997 - KVR 21/96 (Stadtwerke Garbsen) = NJW 1998, 2444.

826 *Kommission*, 20.01.1999 - IV/M.1402 (GDF/BEWAG/GASAG) = WUW 2000, 96; *BKartA*, 14. 10. 1999 - B8-40200-U-141/99 (Westfälische Erdgas) = WUW 2000, 185 [188].

827 *LG Düsseldorf*, 29.09.1999 - 12 O 412/99 -, ZNER 2000, 136 [137].

828 Auf den Zusammenhang zwischen Durchleitungswettbewerb und Marktdefinition hatte das Bundeskartellamt schon anlässlich der „Berliner Gasdurchleitung" Entscheidung hingewiesen, vgl. Sprechzettel von Präs. Wolf zur Pressekonferenz vom 01.09.1999.

829 *Kommission*, 13.06.2000 - COMP/M.1673 (VEBA/VIAG), Rn. 32ff., 43. Diese Entscheidung kündigte sich schon in der Entscheidung *Kommission*, 30.11,1999 - COMP/JV.28 (Sydkraft/HEW/Hansa Energy Trading) an (Rn. 21).

830 *Möschel*, in: Immenga/Mestmäcker-EGV Wetbewerbsrecht, Art. 56, Rn. 48.

831 *Kommission*, 13.06.2000 - COMP/M.1673 (VEBA/VIAG), Rn. 185f.

832 *BKartA*, 03.07.2000 - B8-40000-U-309/99 (RWE-VEW), Rn. 83; *BKartA*, 11. 10. 2000 - B8-40000-U-109/00 (Contigas Stadtwerke Heide Stadt Heide), Rn. 15.

833 *BKartA*, 15.12.2000 - B 8 40100-U-170/00 (HEW/Bewag), Rn. 20.

834 *BKartA*, B.v. 14.11.2001 - B8-40100-U-110/01 (Thüga AG/Harz Energie/Stadtroda), Pt III, 2.

Existenz eines bundesweiten Strommarktes für Haushalts- und Kleinkunden wegen der tatsächlichen Entwicklung des Wettbewerbs wieder insgesamt in Frage gestellt.[835]

Für die Gaswirtschaft hält das Bundeskartellamt bislang an seiner regionalen räumlichen Marktabgrenzung entsprechend der Größe der Leitungsnetze fest.[836] In seinem Beschluss vom 04. September 2000 entschied das Bundeskartellamt, das insbesondere auch die Verbändevereinbarung Gas innerhalb des Prognosezeitraums nicht in der Lage sei, den für die überregionale Marktabgrenzung erforderlichen Durchleitungsautomatismus herzustellen.[837] Daran ändere auch das Vorhandensein anderer Leitungsnetze innerhalb des Tätigkeitsbereichs der Unternehmen nichts.[838] Auch die Nachträge zur Verbändevereinbarung vom 15. März 2001[839] und vom 21. September 2001[840] änderten nichts an dieser Marktabgrenzung, da auch sie noch keinen prognostizierbaren Durchleitungswettbewerb schaffen. Das OLG Düsseldorf ist dem BKartA auch für die Bestimmung des räumlichen Marktes im Rahmen von § 19 GWB gefolgt.[841]

Während das Bundeskartellamt und der Conseil de la concurrence von vornherein darauf beschränkt sind, die Märkte national zu definieren, kann die Kommission auch Märkte von europäischer oder gar globaler Dimension definieren. Gleichwohl sehen sowohl die Kommission als auch das Bundeskartellamt die räumliche Dimension der Energiemärkte derzeit auf die Landesgrenzen beschränkt.[842] Die Konstruktion neuer „Interkonnektoren" jedenfalls wird die zwischenstaatlichen Infrastrukturen deutlich verbessern und somit auch zwischenstaatlichen Wettbewerb ermöglichen.[843] Damit scheint auch die Definition multinationaler Märkte, jedenfalls durch die Kommission, für die Zukunft nicht ausgeschlossen.

II. Die rechtliche Einordnung der Durchleitung

Die rechtliche Erfassung der Durchleitung bereitet vor allem wegen ihrer technischen Bedingungen Probleme. Denn anders als beim herkömmlichen Warenverkehr, ist das Gut Gas bei der Durchleitung nicht identifizierbar (unten **A.**). Die Vermi-

---

[835] Auch das LG Leipzig geht bei § 19 Abs. 4 GWB offensichtlich von dem räumlich auf das eigene Leitungsnetz beschränkten sachlichen Markt für die Belieferung von Haushaltskunden mit Strom aus, *LG Leipzig*, 08.06.2001 - 02 HK O 3151/01 -, RdE 2002, 24 (im Sachverhalt!).

[836] *BKartA*, 26.01.2001, B 8-40000-U-202/00 (EnBW/Stadtwerke Schwäbisch Gmünd GmbH/Stadt Schwäbisch Gmünd), Rn. 24f.; *BKartA*, 03.07.2000 - B8-40000-U-309/99 (RWE-VEW), Rn. 173. In seinem Beschluss *BKartA*, 23. 04. 1999 - B7.64200-U-35/99 ist das Bundeskartellamt sogar so weit gegangen, den räumlichen Markt für Breitbandkabelnetze der Netzebene 4 auf den einzelnen Endkunden zu beschränken (Seite 4 des Beschlusses).

[837] *BKartA*, 11.10. 2000 - B8-40000-U-109/00 (Contigas/ Stadtwerke Heide/ Stadt Heide), Rn. 16; *BKartA*, 04.09.2000 - B8-40200-U-132/00 (E.ON/ HEIN GAS/ HEW), Rn. 16.

[838] *BKartA*, 04.09.2000 - B8-40200-U-132/00 (E.ON/ HEIN GAS/ HEW), Rn. 16, 18.

[839] *BKartA*, 28.02.2001 - B8-40000-U-279/00 („easyplus GmbH"), Rn. 22; *BKartA*, 03.04.2001 - B8-40000-U-263/00 (Neckarwerke Stuttgart AG/ Stadtwerke Reutlingen GmbH), Rn. 21; *BKartA*, 18.05.2001 - B8-291/00 (Trienekens Niederrhein GmbH & Co KG/ Stadtwerke Viersen GmbH / Stadt Viersen), Rn. 17.

[840] Hierzu: *BKartA*, 14.11.2001 - B8-40100-U-110/01 (Thüga AG/ Harz Energie/ Stadtroda), Pt III, 3.

[841] *OLG Düsseldorf*, 07.11.2001 - U (Kart.) 31/00 -, ZNER 2001, 255 [257].

[842] *Kommission*, - IV/M.1557 (EDF/Louis Dreyfus); *Kommission*, 07.02.2000 - COMP/M.1803 (Electrable/EPON); *Kommission*, 13.06.2000 - COMP/M.1673 (VEBA/ VIAG), Rn. 43f.. *Kommission*, 27.03.2000 - (Gas Natural). Kritisch, für Österreich: *Thurnher*-Energielieferverträge, in: ÖZW 1999, 97 [100].

[843] *Kommission*, 13.06.2000 - COMP/M.1673 (VEBA/ VIAG), Rn. 29; *Fernández-Salas*-Long term supply agreements, CPL, 06. 2000, 55 [56]; *Schwintowski*-Grundlinien, in: ZNER 2000, 93 [95].

schung des Gases macht die sachenrechtliche Einordnung der Gasdurchleitung problematisch (unten **B.**). Diese wiederum hat Konsequenzen für die rechtliche Qualifizierung des Durchleitungsvertrages (unten **C.**). Diese Einordnung ist entscheidend für die spätere Analyse seines Vertragsinhalts und der Durchsetzung des Zugangsanspruchs.

A. Die technischen Bedingungen der Durchleitung

Erdgas wird ganz überwiegend durch Rohrleitungen transportiert.[844] Anders als in Stromnetzen gibt es in Gasnetzen eine stoffliche Lieferung.[845] Der Transport erfolgt mittels Verdichter, die das eintreffende Gas verdichten und damit auch in Bewegung setzen. Das Gas fließt deshalb in den Rohrsystemen.[846] In einem großen Rohrsystem kann die Einspeisung auch von verschiedenen Seiten mit verschiedener Flussrichtung erfolgen. Die Gasströme treffen sich dann im sogenannten Nullpunkt, der von der Einspeisemenge und der jeweiligen Entnahmemenge abhängt. Bei dieser Form sinken jedoch die Transportkapazitäten.[847] Durch Erhöhung des Gasdrucks kann das Rohrsystem in einem begrenzten Umfang als Speichermedium benutzt werden, im Grundsatz aber ist ein Gleichgewicht zwischen Gasentnahme und Zufuhr herzustellen.[848] In der Praxis erfolgt der Transport derart, dass möglichst gleichzeitig mit der Einspeisung von Erdgas an einem Ende des Netzes an einem anderen Ende des Netzes Erdgas entnommen wird.[849] Der Begriff der Durchleitung von Erdgas ist dabei irreführend. Denn der technische Transport von Erdgas erfolgt nicht auf einem bestimmten Pfad. Es ist unmöglich zu gewährleisten, dass das an einer Stelle eingespeiste Erdgas mit dem andernorts entnommenen Erdgas identisch ist. Weder Strom noch Gas können physikalisch von A nach B "durchgeleitet" werden. Saljé beschreibt den Durchleitungsvorgang plastisch: Man muss "sich die Abwicklung von Einspeisungssachverhalten am ehesten als Einfüllen von Wasser in einen großen Teich vorstellen [...], wobei die Abnehmer unterhalb der Wasseroberfläche in vereinbarter Kapazität und Druck Wasser abzapfen, so dass zur Aufrechterhaltung des Teichniveaus immer wieder neue Einfüllvorgänge erforderlich werden."[850]

Angesichts dieser technischen Besonderheiten genügt es nicht, dass das "durchleitende" Unternehmen sein Leitungsnetz zur Verfügung stellt. Vielmehr muss es eine Reihe von Leistungen erbringen. Vor allem muss es gewährleisten, dass der Vertragskunde des Durchleitungspetenten von dem Netzbetreiber die gewünschte Menge Gas in der gewünschten Qualität zum gewünschten Zeitpunkt erhält.

---

844 *Sauer/Zeise*-Energie, S. 51. Die Alternative ist die Umwandlung von Erdgas in Flüssiggas (LNG-Liquified Natural Gas). Dabei wird das Erdgas bei einem Druck von 1055 N/m² und einer Temperatur von 112 K verflüssigt und hat nur noch 1/600 des Volumens im gasförmigen Zustand, vgl. *Grathwohl*-Energieversorgung, S. 135.

845 Vielmehr herrscht in den Stromnetzen eine zunächst konstante elektrische Spannung. Wird aus diesem Stromnetz Strom entnommen, sinkt die Netzspannung und muss dadurch ausgeglichen werden, dass an anderer Stelle die Spannung erhöht wird. Die Einspeisung von Strom in Stromnetze hängt also von der Entnahmemenge ab und folgt ihr. *Zinow*-Durchleitung von Strom, S. 23ff.; *Arndt*-Common Carrier, RIW Beilage 7 zu Heft 10/1989, S. 2.

846 Mit einer Geschwindigkeit von ca. 1 bis 1,2 m/s, vgl. *Sauer/Zeise*-Energie, S. 60.

847 *Börner*-Durchleitung, in Venergr, 1981, 77 [97].

848 *Arndt*-Common Carrier, RIW Beilage 7 zu Heft 10/1989, S. 2f..

849 vgl. *Ludwig/Odenthal*, Band 3, Begriffsdefinitionen "Durchleitung".

850 *Saljé*-Durchleitungsvertrag, in: RdE 1998, 169 [170].

B. Die eigentumsrechtliche Einordnung der Durchleitung

Angesichts der Vermischung des durchzuleitenden Gases mit anderem Gas und der Entnahme von Gas am Entnahmepunkt, welches vom eingeleiteten Gas verschieden ist, fragt sich, was mit dem Eigentum des Durchleitungspetenten an dem durchzuleitenden Gas geschieht.

Nach deutschem Recht hängt dies von der sachenrechtlichen Einordnung der Durchleitung ab. Sowohl Gas als auch Strom sind Waren im Sinne des Art. 28 EGV.[851] Hingegen ist lediglich Gas,[852] nicht aber Strom[853] eine Sache im Sinne von § 90 BGB. Der Eigentumswechsel vollzieht sich mithin bei Gas nach den §§ 929ff. BGB. Wird Gas in das Leitungssystem eines Dritten eingespeist, kommt es zur Vermischung, so dass der Leitungseigentümer gemäß §§ 947, 948 BGB Eigentümer des Gases wird. Wegen des vergleichbar geringen Anteils des eingeleiteten Gases an der Gesamtgasmenge im Netz des Netzbetreibers wird der bisherige Sacheigentümer auch nur in den seltensten Fällen Miteigentum an der Gesamtgasmenge erwerben, der Netzbetreiber wird vielmehr gemäß § 948, 947 Abs. 2 BGB Alleineigentümer.[854] Die Rechtsfolge der §§ 947, 948 BGB ist dabei zwingend und kann nicht abgedungen werden.[855] Will das durchleitende Unternehmen im Endeffekt einen dritten Kunden beliefert wissen und ihm Eigentum an dem Gas verschaffen, muss sich der Netzbetreiber verpflichten, diesem Kunden Erdgas zu übereignen.

Auch nach dem französischen Recht kann Gas Gegenstand von Eigentumsrechten sein. Denn Objekte von Rechten können körperlich bewegliche und unbewegliche Güter sein.[856] Gemäß Art. 714 CC sind nur das Wasser, die Luft, das Meer und fließende Gewässer Gemeinschaftsgut und dem Privateigentum entzogen.[857] Hinsichtlich des Eigentumsübergangs unterscheidet das französische Recht nicht zwischen schuldrechtlichem und dinglichem Vertrag.[858] Der Eigentumserwerb vollzieht sich nach Art. 711 CC durch einen schuldrechtlichen Vertrag.[859] Beim Kaufvertrag vollzieht sich der Eigentumswechsel gemäß Art. 1583 CC[860] durch den Abschluss selbst. Er wirkt allerdings nur inter partes, die Drittwirkung ergibt sich gemäß Art. 2279, 1141 CC

---

[851] Schon die Richtlinie 85/374/EWG vom 25. 07. 1985 definiert Elektrizität als Produkt. Diese Definition ist in das französische Recht durch den Art. 1386-3 des code civil übernommen worden (JORF vom 21. 05. 1988, S. 7744). Sie trifft heute auf keinen Widerspruch mehr: *EuGH*, 27.04.1992 - Rs. C-393/92 (Commune d'Almelo/ NV Energiebedrijf Ijsselmif)-, E 1994, I-1477, Rn. 28; *EuGH*, 23. 10. 1997 - Rs. C-158/94 (Kommission/Italien)-, E 1997, I-5789, Rn 14ff.; *Leible*, in: Grabitz/Hilf, Art. 28 EGV, Rn. 45.

[852] *Heinrichs*, in: Palandt, § 90, Rdn. 1; *Dilcher*, in Staudinger, § 90, Rdn. 9.

[853] *Heinrichs*, in: Palandt, § 90, Rdn. 2; *Holch*, in MüKo, § 90, Rdn. 23; *Dilcher*, in: Saudinger, § 90, Rdn. 10.

[854] Vgl. *Wiegand*, in: Staudinger, § 948, Rdn. 6ff.; *Quack*, in: MüKo, § 948, Rdn. 4.

[855] *Wiegand*, in: Staudinger, § 948, Rdn. 8; *Quack*, in MüKo, § 948, Rdn. 7.

[856] Das französische Recht definiert den Begriff der Sache nicht. Der Begriff des "bien" in Art. 516 CC erfasst sowohl das Recht selbst als auch das Objekt des Rechts. Der Code civil bezeichnet das Rechtsobjekt als "chose", vgl. *Ferid/Sonnenberger*-Französisches Zivilrecht, Bd. 2, 3A6f., 3A32ff..

[857] *Terré/Simler*-les biens, Rn. 14.

[858] *Hübner/Constantinesco*-französisches Recht, S. 204.

[859] Art. 711 CC: "La propriété des biens s'acquiert et se transmet par succession, par donation entre vifs ou testamentaire, et par l'effet des obligations".

[860] Art. 1583: "Elle [la vente, Art. 1582] est parfaite entre les parties, et la propriété est acquise de droit à l'acheteur à l'égard du vendeur, dès qu'on est convenu de la chose et du prix quoique la chose n'ait pas encore été livrée ni le prix payé."

erst durch die Besitzerlangung.[861] Wie das deutsche Recht kennt auch das französische Recht einen Eigentumswechsel kraft Gesetz. So erstreckt sich das Eigentum gemäß Art. 546, 551 CC grundsätzlich auch auf seine Zuwächse. Art. 566 regelt die Verbindung, die sich vom deutschen Recht dadurch unterscheidet, dass die Sachen ihre Selbständigkeit nicht verlieren, sondern wieder teilbar sind. Hier wird derjenige Eigentümer, dessen Gegenstand als Hauptsache bezeichnet werden kann, im Regelfall also der Netzbetreiber. Er ist jedoch nach dieser Norm dem anderen zur Entschädigung verpflichtet. Bei der Vermischung behält nach Art. 573 S. 1 CC derjenige, dessen Sache mit der anderen vermischt wurde, einen Anspruch auf Teilbarkeit, wenn die Sachen ungefähr gleichwertig waren. Ist, wie bei der Gasdurchleitung im Regelfall, eine Sache der anderen in Menge und Wert überlegen, erwirbt der Eigentümer dieser Sache gemäß Art. 574 CC Gesamteigentum und ist verpflichtet, den anderen zu entschädigen. Im Unterschied zum deutschen Recht sind die Regeln des gesetzlichen Eigentumswechsel jedoch gemäß Art. 565 CC subsidiär zur vertraglichen Einigung der Parteien.[862] Deswegen können Durchleitungsverträge so interpretiert werden, dass sich das Eigentum des Durchleitungspetenten an dem durchzuleitenden Gas an dem ausgespeisten Gas fortsetzt.

C. Die schuldrechtliche Einordnung des Durchleitungsvertrages

Der Durchleitungsvertrag darf nicht mit dem Energieliefervertrag verwechselt werden. Beim Energielieferungsvertrag verpflichtet sich der Lieferant, dem Endkunden Gas zu verschaffen. Rechtsprechung[863] und Literatur[864] qualifizieren ihn nach deutschem Recht seit jeher als Kaufvertrag.[865] Beim Durchleitungsvertrag geht es aber jedenfalls vordergründig nicht um die Verschaffung von Eigentum am Gas, sondern um den (theoretischen) Gastransport. Die schuldrechtliche Einordnung der Gasdurchleitung ist überaus umstritten, aber von Relevanz für die Bestimmung des Haftungsumfangs und der Bestimmung des Entgelts. Die meisten Untersuchungen kommen zu dem Ergebnis, dass der Durchleitungsvertrag jedenfalls auch von Elementen des Werkvertrags geprägt ist.

Als Mietvertrag gemäß § 535 BGB, Art. 1709 CC[866] kann der Durchleitungsvertrag nicht qualifiziert werden, weil im Rahmen der Durchleitung schon gar nicht der zeitweilige Gebrauch einer Sache gegen Entgelt gewährt wird.[867] Die Mitbenutzung durch Einspeisung führt nicht bereits zum erstrebten Erfolg der Belieferung des Vertragspartners, denn hierdurch ist noch nicht dem Umstand Rechnung getragen, dass Gas auch wieder entnommen werden muss.[868] Schließlich ist völlig unklar, was ge-

---

[861] *Sonnenberger/Autexier*-französisches Recht, S. 144.
[862] Vgl. *Ferid/Sonnenberger*-Französisches Zivilrecht, Bd. 2, 3B 121.
[863] *RG*, 28.03.1930 - 534/29 VII (Berlin) -, JW 1930, S. 1924; *BGH*, 02.07.1969 - VIII ZR 172/68 (Frankfurt) -, NJW 1969, 1903 [1905]; *BGH*, 29.09.1993 - VIII ZR 107/93 -, RdE 1994, 70 [72].
[864] *Köhler*, in: Staudinger, § 433, Rn. 41.
[865] vgl. umfassend: *Theobald/Theobald*-Grundzüge, S. 103ff..
[866] Art.1709 CC: "Le louage des choses est un contrat par lequel l'une des parties s'oblige à faire jouir l'autre d'une chose pendant un certain temps, et moyennant un certain prix que celle-ci oblige de lui payer."
[867] Vgl. zu dieser Definition: *Voelskow*, in MüKo, §§ 535,536 BGB, Rdn. 1.
[868] *Saljé*-Durchleitungsvertrag, in: RdE 1998, 169 [170f.].

mietet wird, da das Gas sich im fremden Leitungsnetz nicht nachvollziehbar verbreitet und im Übrigen auch für unbestimmte Dauer im Netz bleibt.

Die Qualifizierung des Durchleitungsvertrags als Kombination eines Kaufvertrags im Sinne von § 433 BGB mit einem Vertrag zugunsten Dritter gemäß § 328 BGB ist denkbar aber unpraktikabel. Hiernach würde der Endkunde unmittelbar das Recht erhalten, die Lieferung von Erdgas vom Netzbetreiber zu verlangen. Der Netzbetreiber würde dann selber an den Durchleitungspetenten zahlen, statt von ihm bezahlt zu werden. Dies macht die Konstruktion noch nicht unsinnig,[869] denn insoweit könnte man etwa an eine Abtretung der Kaufpreisansprüche des Durchleitungspetenten an den Netzbetreiber denken. Es scheint aber nicht interessengerecht zu sein, dem Netzbetreiber das Insolvenzrisiko des Endkunden aufzubürden. Auch steuerliche Überlegungen sprechen gegen diese Konstruktion. Gemäß § 22 MinöStG ist der Bezieher von Erdgas, das aus einem Mitgliedstaat in das deutsche Steuergebiet verbracht wird, Steuerschuldner der Mineralölsteuer. Als Bezieher wird man sinnvollerweise nicht den sachenrechtlichen Besitzer des Gases bezeichnen dürfen, denn dann wäre der Netzbetreiber im Fall der Durchleitung stets Steuerschuldner.[870] Bezieher kann damit nur der vertragliche Bezieher des Gases sein. Soll aber der Netzbetreiber dieser vertragliche Bezieher des Gases sein, hätte er die anfallende Steuerlast zu tragen. Auch hier ließe sich freilich wieder an eine Konstruktion denken, wonach der Durchleitungspetent den Netzbetreiber für die Steuerlast entschädigt. Praxistauglich scheint dieses Konstrukt und diese Risikoverteilung aber nicht zu sein.

Der Durchleitungsvertrag wird vielmehr stark von Elementen des Werkvertrages gemäß § 631 BGB, Art. 1710 CC[871] gekennzeichnet.[872] Denn der Netzbetreiber verpflichtet sich, zu einem bestimmten Zeitpunkt eine bestimmte Menge Erdgas an einen bestimmten Empfänger zu liefern. Insofern wird, werkvertragstypisch,[873] ein Erfolg und in Abgrenzung zum Dienstleistungsvertrag nicht nur eine Leistung geschuldet. Die Haftungsregeln des Werkvertrages setzen an der entgeltlichen Wertschöpfung an.[874] Sie besteht bei der Gasdurchleitung darin, dass erreicht wird, dass Kunden des Durchleitungspetenten mit Gas beliefert werden. Die Leistung des Netzbetreibers besteht darin, zu gewährleisten, dass der Endkunde Gas aus seinem Netz erhält, wenn er

[869] Mit dieser Argumentation lehnt Saljé die von ihm in die Diskussion eingeführte Konstruktion ab, vgl. *Saljé*-Durchleitungsvertrag, in: RdE 1998, 169 [172].
[870] Dass hier nicht auf das Sachenrecht abgestellt werden darf, ergibt sich weiter daraus, dass dann der Steuertatbestand möglicherweise selten erfüllt wäre, da es wegen der oben dargestellten physischen Besonderheiten gar nicht zum tatbestandsmäßigen Grenzübertritt des Gases kommt. Auch insoweit ist auf die Vertragskonstruktion und nicht die tatsächliche Lage abzustellen.
[871] Art. 1710: "Le louage d'ouvrage est un contrat par lequel l'une des parties s'engage à faire quelque chose pour l'autre moyennant un prix convenu entre elles." Der Werkvertrag wird im französischen Recht, wie in anderen romanischen Rechtsordnungen, als Unterfall der locatio conductio begriffen, vgl. *Ferid/Sonnenberger*-Französisches Zivilrecht, Bd. 2, 2 K 101.
[872] So auch obiter dictum: *Köhler*-Durchleitungsanspruch, in: BB 2002, 584 [589].
[873] Dies gilt auch für das französische Recht, wo der Werkvertrag als konsensualer gegenseitiger Vertrag zur Herstellung eines materiellen oder immateriellen Werkes angesehen wird: *Ferid/Sonnenberger*-Französisches Zivilrecht, Bd. 2, 2 K 102.
[874] *Soergel*, in: MüKo, § 631, Rdn. 5; *Putzo*, in: Palandt, Einf v § 631, Rdn. 1; *BGH*, 10.03.1983 - VII ZR 302/82 (Frankfurt) -, NJW 1983, 1489.

es benötigt. Dafür muss er zu den vereinbarten Abnahmezeiten die notwendigen Kapazitäten vorhalten.

Saljé[875] qualifiziert den Durchleitungsvertrag unter teilweiser Zustimmung von Literatur[876] und Rechtsprechung[877] als Geschäftsbesorgungsvertrag mit Werkvertragscharakter gemäß § 675 BGB. Er begründet dies damit, dass der Netzbetreiber eine selbständige Tätigkeit wirtschaftlicher Art für den Durchleitungspetenten und in dessen Interesse übernehme. Dieses Tatbestandsmerkmal wird jedoch - beinahe im Sinne der überkommenen Einheitstheorie[878] - zu weit ausgelegt. Von einer wirtschaftlichen Tätigkeit kann, anders als beim weiten Auftragsbegriff des § 662 BGB nur dann die Rede sein, wenn die Tätigkeiten primär für das Vermögen des Geschäftsherrn vorgenommen werden.[879] Hiervon kann man aber beim Durchleitungsvertrag nicht sprechen. Ansonsten wäre jeder Werkvertrag ein Geschäftsbesorgungsvertrag.

Andere Autoren sehen daher im Durchleitungsvertrag einen gesetzlich nicht geregelten Werklieferungsvertrag[880] oder einen Vertrag sui generis,[881] auf den sowohl Vorschriften des Kaufrechts, Mietrechts, Werkvertragsrechts und Auftragsrechts Anwendung finden. Dafür spreche im Wesentlichen, dass der Durchleitungsvertrag von einer Reihe von Spezialregelungen über die technische Durchführung der Durchleitung geprägt ist.[882] Deswegen ist auch die Herausbildung eines eigenen Vertragstypus nicht abwegig.[883] Festzuhalten bleibt aber, dass auch diesen die Regeln des Werkvertrages nach dem Gesagten dominieren werden.

III. Der Anspruch auf den Zugang zum Netz

Dem Anspruch des Durchleitungspetenten auf Netzzugang entspricht die Verpflichtung des Netzbetreibers zur Kontrahierung. Diesen Kontrahierungszwang beschreibt Nipperdey als "die auf Grund einer Norm der Rechtsordnung einem Rechtssubjekt ohne seine Willensbildung im Interesse eines Begünstigten auferlegte Verpflichtung, mit diesem einen Vertrag zu bestimmten oder von unbestimmter Seite zu bestimmenden Inhalt abzuschließen."[884] Wie zu sehen sein wird ergibt sich diese Kontrahierungspflicht schon nach allgemeinen Regeln mittelbar[885] aus dem Verbot des Missbrauchs einer marktbeherrschenden Stellung (unten **A.**). Während sich unter Umständen eine Öffnung der Gasmärkte auch über eine Anwendung dieser allgemeinen

---

[875] *Saljé*-Durchleitungsvertrag, in: RdE 1998, 169 [172ff.].
[876] *Walter/Keussler*-Zugang zum Netz, in: RdE 1999, 190 [193]; *Ungemach/Weber*-Verfahrensfragen, in: RdE 1999, 131 [132].
[877] *OLG Dresden*, 08.02.2001 - U 2978/00 (Kart.) -, RdE 2001, 144 [148].
[878] so noch: *Nipperdey*, in: Staudinger-11. Auflage, § 675 BGB, Rn. 2ff; aber auch: *Seiler*, in MüKo, § 675, Rdn. 2; anders die h.M.: *Martinek*, in: Staudinger, § 675, A 13.
[879] Vgl. *Larenz*-Schuldrecht II/1, S. 422.
[880] *Börner*-Durchleitung, in: VEnergie (48) 1981, 77 [88ff.].
[881] *Büdenbender*-Schwerpunkte, Rn. 255; 165; *Recknagel*, in: EnWG 1998, § 6, Rdn. 2.2f.; *Danner*, in: Obernolte/Danner, § 6 EnWG, Rdn. 6, Fn. 2.
[882] *Büdenbender*-Schwerpunkte, Rn. 255.
[883] Vgl. *Recknagel*, in: EnWG 1998, Punkt 2.3.
[884] *Nipperdey*-Kontrahierungszwang, S. 7.
[885] Der Kontrahierungszwang kann sich unmittelbar oder mittelbar aus einer Norm ergeben. vgl. *Busche*-Privatautonomie, S. 117ff..

Missbrauchsregeln bewerkstelligen ließe (sog. "light-handled-regulation"),[886] wurde wegen der Schwächen dieser Lösung in der Gemeinschaft auch für die Gaswirtschaft ein spezieller darüber hinausgehender sekundärrechtlicher Netzzugangsanspruch geschaffen (unten **B.**).

A. Der allgemeine Anspruch auf Zugang zu Gasnetzen

Der Anspruch auf den Zugang zum Gasnetz ist die sekundärrechtliche Ausprägung eines Verbots des Missbrauchs einer strukturellen Marktmacht, die als essential-facility-doctrine bezeichnet wird. Sie wurde zunächst im amerikanischen Recht entwickelt und hat dort den Charakter eines eigenen Rechtsinstituts[887] (unten **1.**). Später wurde die Theorie auch im Gemeinschaftsrecht verhalten rezipiert (unten **2.**). Gleichwohl bringt der allgemeine Anspruch auf Netzzugang Unzulänglichkeiten mit sich (unten **3.**), die die Einführung eines spezialgesetzlichen Netzzugangsanspruchs erforderlich gemacht haben.

1) Die amerikanischen Ursprünge der essential-facility-doctrine

Der Sherman-Act von 1890 kennt in Sec. 1 ein Art. 81 EGV ähnelndes Kartellverbot.[888] Daneben enthält Sec. 2 des Shermann-Acts ein dem europäischen, deutschen und französischen Kartellrecht unbekanntes Monopolisierungsverbot.[889] Nach diesem ist der Erwerb und die Aufrechterhaltung einer marktbeherrschenden Stellung wettbewerbswidrig.[890] Es handelt sich also a priori um ein rein strukturelles Verbot der marktbeherrschenden Stellung. Es ist in dieser Radikalität in der Praxis freilich nie durchgesetzt worden.[891] Zur Eindämmung des weiten Anwendungsbereichs der Sec. 2 Sherman-Act wird neben der faktischen Marktmacht von der Rechtsprechung auch noch die generelle Absicht der Erhaltung bzw. des Erwerbs der Marktmacht geprüft (intent to monopolize).[892] Unabhängig von dieser Theorie hat sich daneben[893] die es-

---

[886] Auf diese Weise wurde etwa in Neuseeland der Telekommunikationsmarkt geöffnet, vgl. *Möschel*-liberalisierte Wirtsschaftssektoren, WuW 1999, 832 [838].

[887] Vgl. *Möschel*, in: Immenga/Mestmäcker - GWB, § 19, Rdn. 178.

[888] Sec. 1 Satz 1 des Sherman-Act lautet: "Every contract, combination in the form of trust or otherwise, or conspiracy, in restraint of trade or commerce among the several States, or with foreign nations, is declared to be illegal."

[889] Sec. 2 1. Halbsatz des Shermann-Act lautet: "Every person who shall monopolize, or attempt to monopolize, or combine or conspire with any other person or persons, to monopolize any part of the trade or commerce among the several States, or with foreign nations, shall be deemed guilty of a felony [...]."

[890] Der Sherman act meint mit der "possession of monopoly power" aber den Besitz einer marktbeherrschendenStellung und nicht etwa ein echtes Monopol. Denn monopoly power wird definiert als die Macht, Preise zu kontrollieren oder den Wettbewerb auszuschließen ("The power to control prices or exclude competition", US vs. Grinnell Corp., 284 U.S. 563, 571 S. Ct. 1698, 1704, 16 L. Ed. 2d 778, 786 (1966); Kintner - FAL Vol II, S. 350) und kann schon bei einerm hohen Marktanteil vermutet werden (Kintner - FALVol II, S. 351), wobei es freilich keine der dem § 19 Abs. 2 GWB entsprechende Vermutungsregel gibt.

[891] *Klaue*-efd, in: RdE 1996, 51 [52].

[892] Vgl. Kintner, FAL-Vol. II, p. 362; "A general intent to monopolize is all that is ordinarily requested in monopolization cases. A specific intent to restrain competition or achieve a monopoly is not required." - *U.S. District Court*, Southern District of Florida, Consolidated Gas Company of Florida vs. City Gas Company of Florida, Case No. 83-1010-CIV-MARCUS, Trade Cases 1987, 67, 741; United States v. Grifith, Trade Cases 1948-1949, 62, 246; United States vs. Grinnell Corp., 384 U.S. 563, 570-571 (1966). "A general intent to monopolize is all that is ordinarily requested in monopolization cases. A specific intent to restrain competition or achieve a monopoly is not required."

[893] In der Rechtsprechungspraxis werden beide Theorien nebeneinander angewandt: *U.S. Court of Appeals*, Seventh Circuit, Nos. 80-2171 and 80-2288, MCI Communications Corp. and MCI Telecommunications Corp vs. American Telephone and Telegraph Co., Trade Cases 1983, 65, 137; *U.S. District Court*, Southern District of Florida,

sential-facility-doctrine zur Begrenzung der Reichweite der Sec. 2 Sherman-Act entwickeln können.[894] Im Unterschied zur Absichtstheorie stellt sie bei der Prüfung, ob ein Verstoß gegen Sec. 2 Sherman-Act vorliegt, nicht auf den Vorsatz des Unternehmens ab, sondern auf die Auswirkungen des Verhaltens auf die Wettbewerber.[895] Danach ist die Weigerung eines Unternehmens, das den Zugang zu einer wesentlichen Einrichtung (essential-facility) kontrolliert, die den einzig sinnvollen Zugang zu einem nachgelagerten Markt bietet ("bottleneck") und aus praktischen oder vernünftigen Gründen nicht duplizierbar ist, missbräuchlich, wenn die Nutzungsgewährung dem marktbeherrschenden Unternehmen zumutbar ist.[896] Als solche essential-facility wurde von den amerikanischen Gerichten etwa erachtet die einzige bestehende Eisenbahnbrücke für den Eisenbahnverkehr nach St. Louis,[897] der einzige bestehende Frucht- und Gemüsemarkt in Providence,[898] das einzige bestehenden System lokaler Teilnehmeranschlusstelefonleitungen[899] und vor allem auch das einzige regionale Stromverteilungs-[900] und Gasnetz.[901]

Unklar bleibt die Verortung der Markmacht nach amerikanischem Recht. Teilweise haben die amerikanischen Gerichte zu erkennen gegeben, dass die essential-facility selbst den dominierten Markt darstellen könnte.[902] Gerade in jüngerer Zeit prüfen die Gerichte aber die marktbeherrschende Stellung des Inhabers der essential-facility auf einem vor- oder nachgelagerten Markt.[903] Diese Tendenz in der amerikanischen Rechtsprechung führt teilweise zu einem Missverständnis bei der Anwendung des spezialgesetzlichen Netzzugangsanspruchs in der Gaswirtschaft, wie sogleich zu zeigen sein wird.

Consolidated Gas Company of Florida vs. City Gas Company of Florida, Case No. 83-1010-CIV-MARCUS, Trade Cases 1987, 67, 741.

[894] Als ihre Geburtsstunde gilt die Terminal Road Entscheidung aus dem Jahre 1912: United States vs. Terminal Road Association 224 U.S. 383 (1912).

[895] Byars vs. Bluff City News Co., 609 F. 2d 843 (6th Cir. 1979).

[896] Diese vier Voraussetzungen der Anwendbarkeit der essential-facility-doctrine werden von den Gerichten geprüft seit den Urteilen MCI vc. AT&T (*U.S. Court of Appeals*, Seventh Circuit, Nos. 80-2171 and 80-2288, MCI Communications Corp. and MCI Telecommunications Corp vs. American Telephone and Telegraph Co., Trade Cases 1983, 65, 137) und Consolidated Gas Company of Florida (*U.S. District Court*, Southern District of Florida, Consolidated Gas Company of Florida vs. City Gas Company of Florida, Case No. 83-1010-CIV-MARCUS, Trade Cases 1987, 67, 741).

[897] United States vs. Terminal Road Association 224 U.S. 383 (1912).

[898] Gamco Inc. vs. Providence Fruit & Produce Building Inc., 344 US 817 (1952).

[899] *U.S. Court of Appeals*, Seventh Circuit, Nos. 80-2171 and 80-2288, MCI Communications Corp. and MCI Telecommunications Corp vs. American Telephone and Telegraph Co., Trade Cases 1983, 65, 137.

[900] *U.S. Supreme Court*, United States vs. Otter Tail Power Co., 410 U.S. 366 (1973).

[901] *U.S. District Court*, Southern District of Florida, Consolidated Gas Company of Florida vs. City Gas Company of Florida, Case No. 83-1010-CIV-MARCUS, Trade Cases 1987, 67, 741.

[902] United States vs. Terminal Road Association 224 U.S. 383 (1912); Gamco Inc. vs. Providence Fruit & Produce Building Inc., 344 US 817 (1952).

[903] *U.S. District Court*, Southern District of Florida, Consolidated Gas Company of Florida vs. City Gas Company of Florida, Case No. 83-1010-CIV-MARCUS, Trade Cases 1987, 67, 741; Cyber Promotions Inc. vs. America Online 1997-1 Trade Cases § 71, 675 78 (E.D. Pennsylvania 1996); Delaware Healthcare Inc. vs. MCD Holding Co, 1998-1 Trade Cases § 72, 079, 81, 492ff. (D.Delaware 1997), vgl. die Analyse bei *Hohmann*-efd, S. 38f..

2) Der allgemeine Zugang zu wesentlichen Einrichtungen im Gemeinschaftsrecht

Einen Kontrahierungszwang für marktbeherrschende Unternehmen gibt es im Gemeinschaftsrecht seit jeher unter zwei Voraussetzungen. Bietet das Unternehmen eine Leistung bereits auf einem Markt an, dann ist es gemäß Art. 82 lit. c) EGV verpflichtet, jedem aktuellen[904] und auch potentiellen Wettbewerber[905] die Leistung diskriminierungsfrei anzubieten.[906] Soweit ein Unternehmen eine Leistung noch nicht auf dem Markt anbietet, ist es nach Art. 82 EGV kontrahierungspflichtig, wenn es auf Grund seiner beherrschenden Stellung den Zugang zum relevanten Markt derart kontrollieren kann, dass es dritten Unternehmen den Zugang zu diesem versperren kann.[907] Denn in diesen Fällen missbraucht das Unternehmen seine marktbeherrschende Stellung dadurch, dass es die strukturellen Bedingungen des Wettbewerbs beeinflusst.[908]

Gleichwohl haben die Kommission[909] und der EuG[910] in ihrer Entscheidungspraxis wiederholt auf die essential-facility-doctrine rekurriert, um einen Zugang zu einer Infrastruktur zu begründen. Der EuGH hingegen hat das Wort essential-facility in seinen Urteilen noch nicht benutzt. Auch in den zwei Entscheidungen, die in der Literatur bisweilen des essential-facility-doctrine zugeordnet werden, nämlich der Magill-Entscheidung[911] und der Oscar Bronner-Entscheidung[912] hat der EuGH keinen Bezug auf die essential-facility-doctrine genommen. Auch der Generalanwalt Jacobs, der sich in seinem Schlussantrag zur Oscar Bronner-Entscheidung ausführlichst mit der essential-facility-doctrine beschäftigt hatte, hat seine Begründung im Kern nicht auf sie gestützt. Diese Rechtsprechungspraxis des EuGH bestätigt, dass es der essential-facility-doctrine im Gemeinschaftsrecht und auch im nationalen Recht als Rechtsinstitut nicht bedarf.[913] Dies ergibt sich schon daraus, dass die Tatbestandsvoraussetzungen des Art. 82 EGV wesentlich weiter sind als die des Sec. 2 des Sherman-Act.

---

904 Dies ergibt sich schon aus dem Wortlaut des Art. 82 lit c) EGV bzw. § 20 Abs. 1 GWB.

905 Dies ergibt sich nicht unmittelbar aus dem Wortlaut von Art. 82 lit c). Richtigerweise wird man die Vorschrift aber weit auslegen müssen, vgl. *Kommission*, 02.06.1971 (Gema I), Abl EGV 1971 L 134, 15 [21], *Kommission*, 29.10.1981 "GVL" Abl. EG 1981 L 370, 40 [55ff.]. Nach anderer Auffassung ergibt sich diese Form des Diskriminierungsverbots unmittelbar aus Art. 82 Satz 1 EGV, vgl. *Dirksen*, in: Langen/Bunte, Art. 82 EGV, Rdn. 141, 178; *Möschel*, in Immenga/Mestmäcker - EGV, Art. 86, Rdn. 243. Nach dem GWB ergibt sich diese weit gefasste Nichtdiskriminierungspflicht unmittelbar aus § 20 GWB.

906 Was die Schaffung eines sachlich gerechtfertigten selektiven Vertriebssystems im Einzelfall nicht ausschliesst.

907 Es handelt sich um den Fall der Lieferverpflichtung. *EuGH*, 06.03.1974 - Rs. 6, 7/73 (ICI und Commercial Solvents / Kommission ["Zoja"])-, E 1974, 223; *EuGH*, 30.04.1974 - Rs. (Sacchi)-, E 1974, 409 [431]; *EuGH* 03.10.1985 - Rs. (CBEM-Télémarketing)-, E 1985, 3261, 3278; *Kommission*, 04.11.1988 (London European-SABENA), Abl. EG 1988 L 317, 47ff.; *Kommission*, 14.01.1998 - IV/34.801 (FAG - Flughafen Frankfurt/05.n AG), Abl. EG 1998 L 72, 30; vgl. *Dirksen*, in: Langen/Bunte, Art. 82, Rdn. 172ff..

908 *S/T/B/I*-droit européen des affaires, S. 253.

909 *Kommission*, 11.06.1992 (B & I Line/Sealink Harbours [betr. Den Hafen von Holyhead]), 5 CMLR 255; *Kommission*, 21.12.1993 (Sea Containers/Stena Sealink [betr. den Hafen von Holyhead]), Abl. EG 1994, L 15, 8; *Kommission*, 21.12.1993 (Hafen von Rodby), Abl. EG 1994 L 55, 52.

910 *EuG*, 15.09.1998 - T374, 375, 384, 388/94 (European Night Services Ltd u.a / Kommission) -, E 1998, II-3141, Rdn. 208ff..

911 *EuGH*, 06.04.1995 – C-241, 242/91 P (Radio Telefie Eireann und Independent Television Publications Ltd. / Kommission [„Magill"]) -, E 1995, I-743.

912 *EuGH*, 26.11.1998 - Rs. C-7/97 (Oscar Bronner GmbH & Co KG/ Mediaprint Zeitungs- und Zeitschriftenverlang GmbH & Co KG, u.a.) -, E 1998, I-7791.

913 vgl. *Markert* - wesentliche Einrichtungen, in: WuW, 1995, 560 [564f., 570f.].

Über dessen Strukturkontrolle hinaus kennen sie auch eine Verhaltenskontrolle.[914] Denn nach der ständigen Rechtsprechung des EuGH[915] erfasst der (im Gegensatz zum amerikanischen Recht) *objektive* Begriff der missbräuchlichen Ausnutzung einer marktbeherrschenden Stellung "die Verhaltensweisen eines Unternehmens in beherrschender Stellung, die die Struktur eines Marktes beeinflussen können, auf dem der Wettbewerb gerade wegen der Anwesenheit des fraglichen Unternehmens bereits geschwächt ist, und die die Aufrechterhaltung des auf dem Markt noch bestehenden Wettbewerbs oder dessen Entwicklung durch die Verwendung von Mitteln behindern, welche von den Mitteln eines normalen Produkt- oder Dienstleistungswettbewerbs auf der Grundlage der Leistungen der Marktbürger abweichen." Der Missbrauch kann dabei auch auf einem Markt auftreten, der von dem beherrschten Markt verschieden ist. Voraussetzung ist einzig eine Kausalität zwischen der Marktbeherrschung und dem Missbrauch, der vermutet wird, wenn die betreffenden Märkte zwar unterschiedlich, aber konnex sind.[916] Die Fälle aus dem amerikanischen Recht lassen sich damit sämtlich durch Anwendung des Kartellverbots des Art. 81 EGV, § 1 GWB, Art. L 420-1 Code de commerce oder des Diskriminierungsverbots nach Art. 82 lit c) EGV, § 20 GWB sowie des Verbots des Behinderungsmissbrauchs nach Art. 82, § 19 Abs. 4 Nr. 1 GWB, Art. L 420-2 Code de commerce befriedigend lösen.[917]

Methodisch lässt sich der Zugang zu wesentlichen Einrichtungen über die Anwendung des allgemeinen Kartellrechts erreichen, wenn man hinsichtlich des beherrschten Marktes auf die Infrastruktur selbst abstellt und nicht auf den abgeleiteten Markt. Die Kommission und der EuGH haben wiederholt festgestellt, dass auch eine einzige Infrastruktur ein wesentlicher Teil des gemeinsamen Marktes im Sinne des Art. 82 EGV sein kann.[918] Hat man eine Einrichtung als eigenen Markt definiert, kommt es nur noch darauf an, ob das beherrschende Unternehmen dem Petenten durch seine Zugangsverweigerung den Zugang zu einem vor- oder nachgelagerten Markt verwehrt. Dies wird man wohl immer dann annehmen können, wenn die Infrastruktur für den Zugang zu diesem Markt wesentlich ist. Diese Erkenntnis ist das eigentliche Verdienst der essential-facility-doctrine für das Gemeinschaftsrecht. In ihrem Wett-

---

914 Diese beiden Elemente vermischen sich in dieser Norm: *EuGH*, 21.02.1973 - Rs. 6/72 (Continental Can Company & Euro Emballage/Kommissio)-, E 1973, 215, Rdn. 20f..

915 seit *EuGH*, 13.02.1979 - Rs. (Hoffmann-La Roche/Vitamine) - E 1979, 461, Rdn. 91.

916 Dies ist seit der Entscheidung *EuGH*, 21.02.1973 - Rs. 6/72 (Europemballage Corp und Continental Can Co. / Kommission) -, E. 1973, S. 215 anerkannt. In der Entscheidung *EuGH*, 03.07.1991 - Rs. C-62/86 (Akzo Chemie / Kommission) -, E 1991, I-2259 hat der Gerichtshof entschieden, dass ein Verhalten auf einem anderen als dem beherrschten Markt, der jedoch Auswirkungen auf den beherrschten Markt hat, ein Missbrauch einer marktbeherrschenden Stellung sein kann. In den Entscheidung *EuGH*, 06.03.1974 - Rs. 6, 7/73 (ICI und Commercial Solvents/ Kommission - "Zoja") -, E 1974, 223 und *EuGH*, 03.10.1985 - Rs. 311/84 (Telemarketing / Cie luxembourgeoise de télédiffusion SA) -, E 1985, S. 3261) hat der Gerichtshof entschieden, dass ein Verhalten auf dem beherrschten Markt, welches sich auf anderen Märkten auswirkt, ebenfalls ein Missbrauch einer marktbeherrschenden Stellung sein kann. In dem Urteil *EuGH*, 14.11.1996 - Rs. C-333/94 (Tetra Pak International / Kommission) -, E 1996, I-5951 hat er entschieden, dass ein Missbrauch auch darin liegen kann, dass ein Verhalten auf einem nichtbeherrschten Markt, welches sich auch ausschließlich dort auswirkt, ebenfalls ein Missbrauch einer marktbeherrschenden Stellung sein kann. Zwar bedürfe es einer Kausalität zwischen der marktbeherrschenden Stellung und dem missbräuchlichen Verhalten, doch eine Konnexität zwischen der marktbeherrschenden Stellung und dem Verhalten genügt ihm zur Annahme der Kausalität.

917 Vgl. *Klaue*-efd, in: RdE 1996, 51 [52ff.]; *Schwintowski*-wesentliche Einrichtungen, in: WuW 1999, 842 [843ff.]; *Markert*-Verweigerung, in: WuW 1995, 560 [570f.].

918 Vgl. nur *EuGH*, 10.12.1991 - Rs. C-179/90 (Merci convenzionali porto di GenovaSpA/ Siderurgica Gabrielli) -, E 1991, I-5889.

bewerbsbericht aus dem Jahr 1993 begann die Kommission dem Begriff der essential-facility eine Kontur zu geben, indem sie feststellte, dass eine Eisenbahnanlage genau wie ein Hafen oder ein Flughafen eine essential-facility sei.[919] In seiner European Night Services-Entscheidung[920] hat der EuG, festgestellt, dass Erzeugnisse oder Dienstleistungen nur dann wesentlich für den Zugang zu einem nachgelagerten Markt sind, wenn die Konkurrenten des Unternehmens vom Zugang zum Markt ausgeschlossen wären, weil die Infrastruktur, das Erzeugnis oder die Dienstleistung den Zugang zum Markt gewährt, nicht "austauschbar" ist und es wegen seiner besonderen Eigenschaften und insbesondere der prohibitiven Kosten seiner Bereitstellung und/oder der vernünftigerweise hierzu erforderlichen Zeit keine gangbaren Alternativen für die möglichen Konkurrenten des Unternehmens gibt.

Der entscheidende Unterschied des Gemeinschaftsrechts zum amerikanischen Recht[921] besteht nunmehr darin, dass die Beherrschung einer essential-facility nach europäischem Recht stets einen Kontrahierungszwang begründet. Einer marktbeherrschenden Stellung des Beherrschers der Infrastruktur auf einem vor- oder nachgelagerten Markt bedarf es gar nicht.[922] Das europäische Recht ist insofern auf die positiv-gestaltende Schaffung von Wettbewerb gerichtet.[923] Nach amerikanischem Recht besteht der Kontrahierungszwang, soweit dadurch Marktmacht von einem Markt auf einen anderen übertragen werden soll. Dieses Missverständnis findet sich in den Auslegungen des kodifizierten Zugangsanspruchs bisweilen wieder. Da der Zugangsanspruch nach nationalem und Gemeinschaftsrecht sich nicht erst aus der essential-facility-doctrine ergibt, ist es unzulässig, aus dieser Theorie auf das Erfordernis zu schließen, dass eine marktbeherrschende Stellung auf einem der wesentlichen Einrichtung vor- oder nachgelagerten Markt bestehen muss.[924]

3) Die Unzulänglichkeiten des allgemeinen Netzzugangsanspruchs

Weder nach der amerikanischen essential-facility-doctrine noch dem Zugangsanspruch nach allgemeinem Kartellrecht besteht hingegen ein unmittelbarer Anspruch auf Netzzugang. Dieser ergibt sich vielmehr erst aus einer qualifizierten Vertragsverweigerung durch den Anbieter.[925] Erst die Nichtgewährung des Netzzugangs kann als das missbräuchliche Verhalten erkannt werden, welches dann durch Gewährung abzustellen ist. Problematisch ist, dass die allgemeinen Regeln nicht definieren, unter welchen Voraussetzungen eine qualifizierte Vertragsverweigerung vorliegt. Hier

---

[919] XXIII. Wettbewerbsbericht 1993, Rn. 142.

[920] *EuG*, 15.09.1998 - T374, 375, 384, 388/94 (European Night Services Ltd u.a. / Kommission) -, E 1998, II-3141, Rdn. 208ff..

[921] Ähnlich: *Hohmann*-efd, S. 65.

[922] *EuGH*, 06.04.1995 - Rs. C-241, 242/91 P (Radio Telefis Eireann und Independent Television Publications Ltd / Kommission [„Magill"]) -, E 1995, I-743, vgl. Analyse der Kommissionsentscheidungen zum Hafen von Holyhead (s.o. Fn. 909) durch GA Jacobs in seinem Schlussantrag vom 28.5.1998 in der Rechtssache C-7/97 (Oscar Bronner GmbH & Co KG / Mediaprint Zeitungs- und Zeitschriftenverlang GmbH & Co KG u.a.) -, E 1998, I-7791, Rdn. 50. vgl. *Fleischer/Weyer*-essential-facilities, in: WuW 1999, 350 [354]; anders: *Hohmann*-efd, S. 60, der damit seiner Aussage auf S. 65 widerspricht.

[923] Vgl. *Deselaers*-essential facilities, in: EuZW 1995, 563 [565f.]; ablehnend aber unhaltbar: *Schnelle*-Öffnung, in: EuZW 1994, 556 [558].

[924] so tut es aber *Hohmann*-efd, S. 182.

[925] Vgl. *Busche*-Privatautonomie, S. 241f., 398; *Nipperdey*-Kontrahierungszwang, S. 101, 113.

bestimmen letztlich die Wertungen und Interessen des Rechtsanwenders über den Inhalt des Anspruchs. Dies führt in erheblichem Maße zu Rechtsunsicherheiten und Beweisführungsproblemen, die eine rasche Marktöffnung verlangsamen würden. Daher war die spezialgesetzliche Regelung des Zugangs zum Gasnetz notwendig (dazu nunmehr **B.**).

B. Die spezialgesetzliche Regelung des Zugangs zum Gasnetz

Die Einführung eines Netzzugangsanspruchs in der Gaswirtschaft ist kein Sonderfall sondern ein allgemeines Charakteristikum der Liberalisierungspolitik der Gemeinschaft und findet sich auch in den Vorschriften über die übrigen liberalisierten Netzwirtschaften.[926] An dieser Stelle sollen nur die Voraussetzungen des Anspruchs auf Netzzugang nach der Gasrichtlinie (unten **1.**), deutschem (unten **2.**) und französischen Recht (unten **3.**) beschrieben werden.

1) Die spezialgesetzliche Ausgestaltung durch die Richtlinie

Die Gasrichtlinie stellt es in das Ermessen der Mitgliedstaaten, den Netzzugang auf zwei Weisen zu regeln: durch den verhandelten Netzzugang nach Art. 15 oder den regulierten Netzzugang nach Art. 16 der Gasrichtlinie. Beide Systeme werden in Art. 14 gleichgestellt (unten **a.**). Auf dieser Grundlage gibt es auch einen begrenzten Anspruch auf Zugang zu Speicheranlagen (unten **b.**). Für den Zugang zu vorgelagerten Rohrsystemen gilt Art. 23 der Gasrichtlinie (unten **c.**).

(a) Der Zugang zu den allgemeinen Leitungsnetzen

Nach Art. 15 der Gasrichtlinie können die Mitgliedstaaten das System des verhandelten Netzzugangs wählen. Hierbei müssen sie die Vertragsparteien dazu verpflichten, den Netzzugang nach dem Grundsatz von Treu und Glauben auszuhandeln. Wählen die Mitgliedstaaten den regulierten Netzzugang nach Art. 16 der Gasrichtlinie, sind sie hingegen verpflichtet, selbst die erforderlichen Maßnahmen zu treffen, um den Erdgasunternehmen und den zugelassenen Kunden, die sich innerhalb oder außerhalb des Verbundnetzgebietes befinden, auf der Grundlage veröffentlichter Tarife und/oder sonstiger Bedingungen und Verpflichtungen für die Nutzung der Netze ein Netzzugangsrecht zu gewähren. Nach ihrem Wortlaut begründet die Gasrichtlinie damit nur für den Fall des regulierten Netzzugangs nach Art. 16 die Pflicht für die Mitgliedstaaten, ein echtes Netzzugangsrecht, mithin auch einen Netzzugangsanspruch, zu schaffen. Wegen der Gleichstellung der beiden Systeme in Art. 14 der Gasrichtlinie ist aber auch der verhandelte Netzzugang nach Art. 15 der Gasrichtlinie so zu verstehen, dass dem Durchleitungspetenten ein Netzzugangsanspruch geschaf-

---

[926] Vgl. auch allgemein: *Knieps*-Zugang zu Netzen, in : MMR 1998, 275; im Telekommunikationsrecht: Richtlinie 97/33 über die Zusammenschaltung in der Telekommunikation im Hinblick auf die Sicherstellung eines Universaldienstes und der Interoperabilität durch Anwendung der Grundsätze für einen offenen Netzzugang, Abl. EG 1997 L 199, 32; für den Eisenbahntransport: Richtlinie 2001/14 über die Zuweisung von Fahrwegkapazitäten der Eisenbahn, der Erhebung von Entgelten für die Nutzung von Eisenbahninfrastruktur und die Sicherheitsbescheinigung, Abl. EG 2001 L 75, 29; im Postwesen: Richtlinie 97/67 über gemeinsame Vorschriften für die Entwicklung des Binnenmarktes der Postdienste der Gemeinschaft und die Verbesserung der Dienstequalität, Abl. EG 1998 L 15, 14.

fen werden muss. Dies ergibt sich auch aus Art. 17 der Gasrichtlinie. Denn dort werden die Verweigerungsgründe für den Vertragsschluss abschließend geregelt. Bei Nichtvorliegen dieser Verweigerungsgründe, so der einzig mögliche Umkehrschluss, ist die Durchleitung zu ermöglichen.

Das Gemeinschaftsrecht geht aber nicht so weit, den Netzzugangsanspruch als gesetzliches Schuldverhältnis etwa der Art zu gestalten, dass sich unmittelbar aus einer Norm ein Anspruch auf Herstellung einer physischen Verbindung ergibt. Der verhandelte Netzzugang nach Art. 15 der Gasrichtlinie verlangt lediglich die Schaffung eines Anspruchs auf Aushandlung des Netzzugangs nach dem Grundsatz von Treu und Glauben. Aber auch beim regulierten Netzzugang verlangt Art. 16 der Gasrichtlinie lediglich das Treffen geeigneter Maßnahmen zur Gewährleistung des Netzzugangs auf Grundlage der regulierten Konditionen.

Von entscheidender Bedeutung ist, dass der in der Gasrichtlinie angelegte Anspruch auf Zugang zum Netz für sämtliche Netzbetreiber gilt, ungeachtet ihrer Stellung auf vor- oder nachgelagerten Märkten.[927] Sie geht damit über die amerikanische essential-facility-doctrine hinaus.

(b) Der Zugang zu Speicheranlagen

Inwieweit der allgemeine Netzzugangsanspruch auch einen Anspruch auf Zugang zu den Speicheranlagen umfasst ist umstritten. Der Richtlinienvorschlag der Kommission vom 13. März 2001[928] sieht einen solchen Zugangsanspruch mittlerweile jedenfalls vor. Dadurch soll sichergestellt werden, dass das Angebot von Erdgas flexibel auf die starken Nachfrageschwankungen reagieren kann.[929]

In ihrer Begründung zu dem Änderungsvorschlag führt die Kommission aus, dass der Zugang zu den Speicheranlagen als Teil des Erdgasnetzes bereits in der Richtlinie 98/30 vorgesehen sei.[930] Diese Darstellung ist im Ergebnis etwas verkürzt. Denn die Richtlinie verlangt nach ihrem Wortlaut nur die Gewährung von Netzzugang. Das Netz umfasst nach Art. 2 Nr. 12 der Gasrichtlinie neben Fernleitungs- und Verteilungsnetzen und LNG-Anlagen auch Anlagen, die zu Hilfsdiensten eingesetzt werden und die Anlagen, die für den Zugang zur Fernleitung und Verteilung erforderlich sind. Der Rat und die Kommission haben hierzu erklärt, dass der Netzzugang zu Erdgasspeichern nicht den Zugang zu solchen Erdgasspeichern erfasst, die unabhängig vom Netzbetrieb seien.[931] Etwas anderes gelte nur, wenn dieser Netzzugang technisch notwendig sei, um einen effizienten Zugang zu Transport- oder Verteilungsnetzen zu gewährleisten. In den Unterlagen zur Vorbereitung der Follow-up Group[932] wird der Zugang zu Gasspeichern als ein wesentliches Instrument zur Ausgleichung der Differenzen zwischen Produktion und Nachfrage genannt und als notwendiges Instrument zur effizienten Nutzung der Gasleitungen für den Netzbetreiber und den Durchlei-

[927] *Böhnel*-Durchleitungen, S. 125f.
[928] KOM (2001) 125 endgültige Fassung.
[929] *05.re*-marché du gaz, in: RUE, 2001, 451 [463].
[930] Erwägungsgrund 14 des Richtlinienvorschlags KOM (2001) 125 endgültige Fassung.
[931] Statements in the minutes of the Council released in may 1998, Statement 81/98 Re Article 2 (12).
[932] Meeting of Follow-up Group, 22.10.1998 "The role of storage or similar services in a competitive gas market".

tungspetenten dargestellt. Damit ist aber ein isolierter Speicherzugang nach der Gasrichtlinie nicht vorgesehen. Dies belastet neue Wettbewerber ohne eigene Speicherkapazitäten mit dem Nachteil, in Zeiten schwacher Nachfrage nicht günstig Erdgas einkaufen zu können, um es bei starker Nachfrage gewinnbringend weiterverkaufen zu können.[933]

(c) Der Zugang zu den vorgelagerten Rohrnetzen

Für den Zugang zu vorgelagerten Rohrnetzen enthält die Gasrichtlinie in Art. 23 eine Spezialregelung. Als vorgelagerte Rohrnetze werden gemäß Art. 2 Nr. 2 der Gasrichtlinie Rohrleitungen oder ein Netz von Rohrleitungen verstanden, deren Betrieb und/oder Bau Teil eines Öl- oder Gasgewinnungsvorhabens ist oder die dazu verwendet werden, Erdgas von einem oder mehreren solcher Vorhaben zu einer Aufbereitungsanlage, zu einem Terminal oder zu einem an der Küste gelegenen Endanlandeterminal zu leiten. Der in den Art. 14ff. Gasrichtlinie verwandte Begriff des Netzes, erfasst diese Leitungen nach seiner Legaldefinition in Art. 2 Nr. 12 nicht. Grund für die Differenzierung ist, dass vorgelagerte Netze die Verbindung zwischen den Produktionsstätten und den Verbundnetzen herstellen und somit eng mit der Produktion verknüpft sind, die ihrerseits gemäß Art. 1 der Gasrichtlinie nicht Gegenstand der Liberalisierung ist. Über Art. 23 der Gasrichtlinie soll im Ergebnis aber sichergestellt werden, dass neugewonnenes Erdgas zu den Veredlungsfabriken geleitet werden kann.[934] Die Netzzugangsansprüche sind freilich etwas strenger gestaltet als nach dem allgemeinen Netzzugangsanspruch. Gemäß Art. 23 Abs. 1 der Gasrichtlinie haben die Mitgliedstaaten die erforderlichen Maßnahmen zu treffen, um auch den zugelassenen Kunden einen Zugang zu den vorgelagerten Rohrleitungsnetzen zu gewähren. Hierzu haben sie gemäß Abs. 2 Rechtsinstrumentarien zu schaffen, die gemäß Abs. 1 der Kommission zu notifizieren sind. Der Katalog der Verweigerungsgründe kann dabei aber deutlich umfangreicher gestaltet werden als der Katalog der Verweigerungsgründe für den Zugang zum normalen Netz. Über Art. 17 der Gasrichtlinie hinaus darf danach ein Netzzugangsverweigerungsrecht geschaffen werden, wenn technische Spezifikationen nicht auf zumutbare Art und Weise miteinander in Übereinstimmung gebracht werden können, wenn Schwierigkeiten entstehen, die die Kohlenwasserstoffgewinnung beeinträchtigen können oder wenn der Eigentümer oder Betreiber des Netzes gebührend belegte und angemessene Erfordernisse zur Wahrung seiner oder anderer Nutzer Interessen geltend macht.

(d) Informationspflicht

Art. 7 Abs. 3 und Art. 10 Abs. 3 der Gasrichtlinie verlangen eine Verpflichtung der Netzbetreiber oder Betreiber von Flüssiggasanlagen, jedem anderen Netzbetreiber oder Flüssiggasanlagenbetreiber ausreichend Informationen zu erteilen, um dadurch eine sichere und leistungsfähige Interoperabilität der Netze zu gewährleisten. Im französischen Recht sieht keine Vorschrift die konkrete Umsetzung dieser Verpflich-

[933] *De Rijke/Sching*-Liberalisation, in: ULR 2001, n° 12, 3 [6].
[934] *05.re*-marché du gaz, in: RUE, 2001, 451 [463].

tung vor. Art. 13 GasG-E verpflichtet die Infrastrukturunternehmen lediglich, eine Abteilung zu benennen, die für die Kontakte mit anderen Unternehmen zuständig ist. In richtlinienkonformer Auslegung der Richtlinie umfasst die Aufgabe dieser Abteilung auch die Versorgung der anderen Unternehmen mit den nach der Richtlinie geforderten Informationen.[935] Im deutschen Recht ergibt sich die Verpflichtung zur Bereitstellung besagter Informationen unmittelbar aus § 4a Abs. 2 EnWG.

2) Die Ausgestaltung des Anspruchs nach deutschem Recht

Deutschland ist das einzige Land, das das System des verhandelten Netzzugangs gewählt hat. Die Schaffung eines echten Durchleitungsanspruchs begegnete vor dem Hintergrund von Art. 14 GG verfassungsrechtlichen Bedenken. Aber das Eigentumsrecht des Netzeigentümers ist im Ergebnis nicht durch seine Pflicht zur Durchleitung verletzt (unten **a.**). Die Ausgestaltung des Durchleitungsanspruchs für Gas ist im deutschen Recht durch seine Vielfalt gekennzeichnet. Schon durch die vierte GWB Novelle[936] war mit § 103 Abs. 5 Satz 2 Nr. 4 a.F.[937] ein eigener Durchleitungstatbestand geschaffen worden.

In seiner Gasdurchleitung-Entscheidung[938] gelang es dem BGH aber trotz dieser Grundlage nicht, Kriterien für einen Anspruch auf Durchleitung zu nennen. Der BGH befand, dass es sich bei § 103 Abs. 5 S. 2 Nr. 4 GWB um einen Missbrauchstatbestand handele, der die damals noch bestehende Möglichkeit geschlossener Versorgungsgebiete nicht ausschließen wolle. Das Versorgungsunternehmen sei nicht im Regelfall zur Durchleitung verpflichtet, sondern nur dann, wenn die Durchleitungsverweigerung vor diesem Hintergrund als unbillig darstelle. Der Gesetzgeber habe die Möglichkeit geschlossener Versrogungsgebiete nicht grundsätzlich ausschließen wollen. Deshalb sei von ausschlaggebender Bedeutung, dass der Netzbetreiber im Rahmen seiner durch Art. 12 GG geschützten Berufsfreiheit selber entscheiden könne, ob er mit der Leistung „Durchleitung" am Markt auftreten wolle und dass ihn die

---

[935] Die Pflicht zur richtlinienkonformen Interpretation entsteht, wenn der Wortlaut des nationalen Rechts nicht mit den Vorgaben des Gemeinschaftsrechts übereinstimmt, *EuGH*, 10.04.1984 - Rs. 14/83 (Von Colson und Kamann/ Nordhein-Westfalen) -, E 1984, 1891. Faktisch kann dies zu einer mittelbaren horizontalen Anwendung der Richtlinie führen, *EuGH*, 07.03.1996 - Rs. C-192/94 (El Corte Inglés)-, E 1996, I-1281; *EuGH*, 14.07.1994 - Rs. C-91/92 (Faccini Dori)-, E 1994, I-3325.

[936] Viertes Gesetz zur Änderung des GWB vom 26.04.1980, BGBl. I-458.

[937] Die Norm lautete:
"Ein Missbrauch im Sinne des Satzes 1 Nr. 1 liegt insbesondere vor, wenn
4. ein Versorgungsunternehmen ein anderes Versorgungsunternehmen oder ein sonstiges Unternehmen im Absatz oder im Bezug von Elektrizität oder Gas (Energie) dadurch unbillig behindert, dass es sich weigert, mit diesen Unternehmen Verträge über die Einspeisung von Energie in sein Versorgungsnetz und eine damit verbundene Entnahme (Durchleitung) zu angemessenen Bedingungen abzuschließen. Bei der Beurteilung der Unbilligkeit sind die Auswirkungen der Durchleitung auf die Marktverhältnisse, insbesondere auch auf die Versorgungsbedingungen für die Abnahmer des zur Durchleitung verpflichteten Versorgungsunternehmens, zu berücksichtigen." Die Einschränkung des Satzes 3 der Nr. 4 lautete:
"Die Verweigerung ist in der Regel nicht unbillig, wenn die Durchleitung zur Versorgung eines Dritten im Gebiet des Versorgungsunternehmens führen würde."
Sie wurde durch das Fünfte Gesetz zur Änderung des GWB vom 22.12.1989 (BGBl. I, 2486) gestrichen, da eine Prüfung im Einzelfall erfolgen sollte.

[938] *BGH*, 15.11.1994 - KVR 29/93 („Gasdurchleitung") -, WuW/E 2953 [2962ff.]. Der Beschluss des BGH bestätigte den Beschluss des *KG Berlin* vom 09.06.1993 – Kart 19/92 -, RdE 1994, 20ff., der seinerseits den vorangegangenen Beschluss des *BKartA*, 29.06.1992 – B 8 – 822000 – VN – 214/91 -, RdE 1992, 197ff. bestätigte.

Nutzung seiner Leitungsnetze durch Dritte ihm in seinem durch Art. 14 GG geschützten Eigentum berühre.[939] Insoweit macht diese Rechtsprechung auch nach Abschaffung des § 103 GWB a.F. die Schwäche des allgemeinen Kartellrechts bei der Erzwingung von Durchleitungen deutlich.[940]

Der durch die GWB-Novelle zum 01. Januar 1999 neu geschaffene Regeltatbestand des Missbrauchs einer marktbeherrschenden Stellung gemäß § 19 Abs. 4 GWB stellt eine Normierung der amerikanischen essential-facility-doctrine im deutschen Recht dar.[941] Diese allgemeine Regelung sollte zunächst eine für schädlich gehaltene[942] sektorielle Regelung des Durchleitungsanspruchs für die Energiewirtschaft überflüssig machen.[943] Die ersten Entwürfe des EnWG enthielten folglich auch keinen speziellen Durchleitungstatbestand. Neben § 19 Abs. 4 Nr. 4 GWB vertraute der Gesetzgeber auf die freiwillige Entwicklung eines Durchleitungswettbewerbs. Er wollte vermeiden, die deutschen Energiemärkte weiter als die europäischen Märkte zu öffnen.[944] Erst nach dem Vorstoß der Gemeinschaft und einer entsprechenden Empfehlung des Wirtschaftsausschusses[945] wurde auch ein echter Durchleitungsanspruch in das Gesetz aufgenommen. Dieser galt jedoch zunächst nur für Elektrizität, die Normierung des Anspruchs für Gas sollte der weiteren Entwicklung vorbehalten bleiben.[946]

Im Zuge der Umsetzung der Gasrichtlinie wiederholte sich die Diskussion um die Notwendigkeit eines spezialgesetzlichen Durchleitungsanspruchs. Wieder wurde die Selbstregulierung der Gaswirtschaft durch die Verbändevereinbarung Gas im Zusammenspiel mit § 19 Abs. 4 GWB für ausreichend erachtet. Nicht zuletzt auf Druck der Kommission[947] wird nunmehr doch die Aufnahme eines § 6a in das EnWG erwartet (unten **d.**). Er entspricht weitgehend dem in § 6 EnWG normierten Durchleitungsanspruch für Elektrizität. Der Zugang zu Speicheranlagen ist nicht ausdrücklich vorgesehen, kann aber gemäß § 6a Abs. 8 EnWG-E durch Rechtsverordnung geregelt werden. Die spezialgesetzliche Normierung des Netzzugangsanspruchs ist notwendig, da weder die Verbändevereinbarung (unten **b.**) noch § 19 Abs. 4 GWB (unten **c.**) den Anforderungen an die Richtlinie entsprechen. Die teilweise parallele Geltung von § 6a EnWG und § 19 Abs. 4 GWB wirft Abgrenzungsprobleme auf (unten **e.**). Verweigert das Transportunternehmen nur einzelnen Versorgern die Durchleitung ist auch an eine Durchsetzung des Anspruchs über § 20 Abs. 1 GWB zu denken.[948]

---

[939] Vgl. aus der Literatur zu dieser Rechtsprechung insbesondere: *Klaue*-sogenannter Netzzugang, in: BB 1992, 1937; *Klaue*-noch einmal sogenannter Netzzugang, in: BB 1993, 740; *Markert*-Unbilligkeit der Verweigerung, in: BB 1993, 1023; *Markert*-Durchleitung von Strom und Gas, in: BB 1994, 1645, *Markert*-Verweigerung, in: WuW 1995, 560.
[940] *Markert*-Sonderregelung, in: BB 1997, 1421 [1422, 1425].
[941] *Bechthold*-Kartellgesetz, in: NJW 1998, 2769 [2772]. Freilich zeigen sich hier wieder die Unterschiede zum amerikanischen Recht. Denn § 19 Abs. 4 GWB präzisiert nur den Missbrauchsbegriff des § 19 Abs. 1 GWB.
[942] "Die Erwartung des Bundeskartellamts an die 6. GWB-Novelle - Mehr Konvergenz mit Europäischem Recht", Rede des Präsidenten des Bundeskartellamtes Dieter Wolf vom 15./16. 05. 1997, zitiert von *Martenczuk/Thomaschki* – Netzzugangs, in: RTkom 1999, 15 [16].
[943] *Möschel*, in: Immenga/Mestmäcker - GWB, § 19, Rdn. 188.
[944] *Regierungsbegründung*, BT-Drs 13/7273, S. 11, S. 30, S. 36.
[945] Bt-Drs. 13/9211.
[946] Empfehlungen des *Ausschuss für Wirtschaft*, BT-Drs. 13/9211, p. 25.
[947] "Ein Rüffel aus Brüssel für Deutschland", FAZ, 10. 08. 2000, S 17.
[948] *Markert*-Direktbelieferung, in: ZNER 2000, 111 [113f.].

(a) Die Durchleitungsverpflichtung als Inhalts- und Schrankenbestimmung im Sinne von Art. 14 GG

Zwar stellt die Durchleitung von Gas keine Beschränkung des Sacheigentums am Leitungsnetz als solchem dar, betrifft aber die Verfügungsbefugnis darüber.[949] Da die Verfügungsbefugnis zu den Kernelementen des Eigentumsbegriffs zählt,[950] unterliegt auch die Nutzung der eigenen Gasleitungen dem Schutzbereich von Art. 14 Abs. 1 GG.[951] Auf diesen Eigentumsschutz können sich juristische Personen des öffentlichen Rechts[952] ebenso wie juristische Personen des Privatrechts, soweit öffentlich-rechtliche Träger alleinige[953] oder mehrheitliche[954] Anteilseigner sind, nicht berufen.[955] Stadtwerke sind mithin größtenteils schon gar nicht grundrechtsfähig.[956]

Hermes geht noch viel weiter. Er spricht allen Netzeigentümern in der Energiewirtschaft den Grundrechtsschutz aus Art. 14 GG ab. Ausgehend von der These, dass Infrastruktureinrichtungen nur unter dem Druck von Enteignungen geschaffen werden könnten, überträgt er die zur Enteignung notwendige Allgemeinwohlbindung aus Art. 14 Abs. 3 GG auf den Netzbetreiber.[957] Die zu errichtende Infrastruktur sei gänzlich zum Allgemeinwohl zu betreiben, was einen Eigentumsschutz des Netzbetreibers ausschließe. Selbst wenn man Hermes' These der Allgemeinwohlbindung des Eigentums folgt, geht es zu weit, dem Netzbetreiber Grundrechtsschutz absprechen zu wollen. Dies verkennt den Mehrwert, den die Leistung des Betriebs einer Infrastruktur gegenüber dem bloßen materiellen Netz mit sich bringt. Aber schon seine Grundthese ist nicht haltbar. Hermes lässt unberücksichtigt, dass es in vielen Fällen der Errichtung einer Gasleitung gar nicht zu einer Enteignung kommen muss, sondern begnügt sich mit der Möglichkeit der Enteignung. Hermes lässt weiter außer Betracht, dass der Netzbetreiber für die Enteignung eine Gegenleistung in Form der Entschädigung erbringt. Es scheint aber systemwidrig zu sein, ihm dafür nicht auch eine rechtswerte Position zukommen lassen zu wollen.

Schließlich gibt es auch gar keine Notwendigkeit für das von Hermes begründete Modell der Einschränkung der Eigentumsfreiheit des Netzbetreibers. Es ignoriert die seit der Nassauskiesungsentscheidung des BVerfG[958] anerkannte Eigentumsdogmatik.[959] Denn für alle Netzbetreiber stellt die Pflicht zum Abschluss eines Durchlei-

---

[949] *Schmidt-Preuß*-Verfassungskonflikt, in: RdE 1996, 1 [3].

[950] *BVerfG*, 14.02.1989 – 1 BvR 308, 336, 356/88 -, BVerfGE 79, 292 [304]; *BVerfG*, 22.11.1994 – BvR 3 51/91 -, BVerfGE 91, 294 [308].

[951] *BGH*, 15.11.1994 - KVR 29/93 („Gasdurchleitung") -, WuW/E BGH 2953; *Depenheuer*, in: Magoldt/Klein/Starck, Art. 14, Rdn. 140.

[952] *BVerfG*, B.v. 02.05.1967 – 1 BvR 578/63 -, BVerfGE 21, 362ff.; *BVerfG*, B.v. 14.04.1987 – 1 BvR 775/84 -, BVerfGE 75, 192ff.

[953] *BVerfG*, B.v. 07.06.1977 – 1 BvR 108, 424/73 und 226/74 -, BVerfGE 45, 63 [80]; *BVerfG*, 20.12.1979 - 1 BvR 834/79 -, NJW 1980, 1093.

[954] *BVerfG*, B.v. 16.05.1989 - 1 BvR 705/88 -, NJW 1990, 1783; a.A. *Schmidt-Preuß*-Verfassungskonflikt, in: RdE 1996, 1 [3].

[955] Vgl. nur *Papier*, in M/D/H/S, Art. 14, Rdn. 204ff..

[956] Auf Gemeinschaftsgrundrechte hingegen können sich öffentliche Unternehmen berufen, was hier freilich nicht von Belang ist. Vgl. *Schnelle*-Öffnung, in: EuZW 1994, 556 [559].

[957] *Hermes*-Infrastrukturverantwortung, S. 380ff..

[958] *BVerfG*, 15.07.1981 – 1 BvL 77/78 -, BVerfGE 58, 300 [322ff.].

[959] *Pielow*-Rechtsstatus, in: RdE 2000, 45 [51] spricht von einer mit den immanenten Schranken der Inhaltsbestimmung des Eigentums unvereinbaren Fiktion; vgl. auch: *Pielow*-Grundstrukturen, S. 644ff..

tungsvertrages nur insoweit einen Eingriff in das Eigentum dar, als dies nicht durch eine generell-abstrakten Inhalts- und Schrankenbestimmung im Sinne von Art. 14 Abs. 2 GG beschränkt ist.[960] Inhalts- und Schrankenbestimmungen sind damit Ausdruck des Steuerungsmechanismus Recht, durch das der Gesetzgeber demokratisch getroffenen Wertungsentscheidungen Geltung schafft.[961] Das Grundgesetz hat dem Bund in Art. 74 Nr. 11 die Befugnis zur Ordnung dieses Wirtschaftsbereichs gegeben. Durch die Wahrnehmung dieser Ordnungsaufgabe zieht der Gesetzgeber privatem Handeln konkret seine verfassungsmäßigen Grenzen.[962] Sowohl der alte § 103 Abs. 5 Satz 2 Nr. 4 GWB als auch der neue § 6 und § 6a EnWG sowie § 19 Abs. 4 Nr. 4 GWB sind Ausdruck eines allgemeinen Ordnungskonzepts, nachdem an Stelle geschützter monopolistischer Versorgungsgebiete nunmehr eine Energieversorgung im Wettbewerb unter Benutzung fremder Netze treten soll. Die Vorschriften stellen damit eine solche Inhalts- und Schrankenbestimmungen im Sinne des Art. 14 Abs. 2 GG dar. Ein Durchleitungsanspruch kann daraus jedoch nur dann begründet werden, soweit dies von dem Gesetz gedeckt ist, wobei die Auslegung der Norm die Eigentumsgarantie berücksichtigen muss und auch in seiner Auslegung zweckmäßig, geeignet, erforderlich und angemessen ist.[963]

Unter der alten Regelung war die Verfassungsmäßigkeit des Durchleitungsanspruchs auf Grundlage des § 103 Abs. 5 Satz 2 Nr. 4 GWB höchst umstritten.[964] Denn der Gesetzgeber hatte zum Ausdruck gebracht, dass bracheninterner Wettbewerb schädliche volkswirtschaftliche Auswirkungen habe. Damit konnte der Netzeigentümer dem Durchleitungspetenten entgegenhalten, dass eine Auslegung des § 103 Abs. 5 Satz 2 Nr. 4 GWB einen unverhältnismäßigen Eingriff in das Eigentum darstellen würde, wenn der Netzeigentümer sich durch Befolgung des Durchleitungsbegehrens eine eigene Konkurrenz auf dem nachgelagerten Markt schaffen würde.[965] Obwohl der Eingriff in die Eigentumsfreiheit des Netzeigentümers durch den neuen Durchleitungsanspruch nach dem EnWG noch stärker ist als nach § 103 Abs. 5 Satz 2 Nr. 4 GWB, ist er durch die Inhalts- und Schrankenbestimmung der §§ 6, 6a EnWG verfassungsrechtlich gerechtfertigt.[966] Denn durch den Wandel der gesetzgeberischen Einschätzung dahingehend, dass bracheninterner Wettbewerb dem Allgemeinwohl förderlich ist, ist nunmehr der Durchleitungsanspruch geeignetes Mittel zur Erreichung des legitimen Ziels der Förderung des Wettbewerbs auf strukturell verfestigten Märk-

---

[960] im Sinne der neuen Eigentumsdogmatik seit *BVerfG*, 15.07.1981 – 1 BvL 77/78 -, BVerfGE 58, 300 [322ff.]; *BVerfG*, 08.04.1987 - 1 BvR 564, 684, 877, 886, 1134, 1636, 1711/84 -, BVerfGE 75, 78 (97); *BVerfG*, 15.07.1987 - 1 BvR 488, 628, 1220, 12278/86, 1 BvL 11/86, BVerfGE 76 220 [238]

[961] vgl. zur Steuerungsfunktion des Rechts: *Binder*-Kernenergie, in: DÖV 2001, 1025.

[962] *Lecheler*-Energierecht, in: NVwZ 1995, 8 [9].

[963] *Büdenbender*-Eigentumsschutz, in: WuW 2000, 119 [121].

[964] Vgl. *Pfeifer*, S. 58ff.; *Arndt*-Common Carrier, S. 23ff.; *Bergmann*, S. 116ff.; *Schmidt-Preuß*, in: RdE 1996, 1; *Papier*-Durchleitung, in: BB 1997, 1213 [1216].

[965] Vgl. im Einzelnen *Schmidt-Preuß*, in: RdE 1996, 1 [4ff.]; anderer Ansicht *Papier*-Durchleitung, in: BB 1997, 1213 [1216, 1219]; in seiner Gasdurchleitung Entscheidung verwies der BGH nur pauschal auf den Eingriff in den Schutzbereich von Art. 14 GG, *BGH*, 15.11.1994 - KVR 29/93 („Gasdurchleitung") -, WuW/E BGH 2953 [2964].

[966] Vgl. *Theobald/Zenke*-Durchleitung, S. 30ff., die im Anschluss an Hermes sogar an eine staatliche Pflicht zur Schaffung von Durchleitungstatbeständen denken.

ten.[967] Insbesondere die Verpflichtung des Durchleitungspetenten zur Zahlung eines angemessenen Entgelts lässt die Durchleitungsbestimmungen im Grundsatz verhältnismäßig erscheinen.[968]

Die Pflicht zur Durchleitung stellt auch einen Eingriff in die unternehmerische Dispositionsfreiheit und damit einen Eingriff in die Berufsfreiheit nach Art. 12 Abs. 1 GG dar. Der Grundrechtsschutz des Art. 12 Abs. 1 GG reicht bei der Durchleitung jedoch nicht weiter als der über Art. 14 Abs. 1 GG vermittelte Grundrechtsschutz und ist jedenfalls als verhältnismäßige Berufsausübungsregel gerechtfertigt.[969]

(b) Ungenügende Regelung des Netzzugangsanspruchs durch die Verbändevereinbarung

Der Gesetzgeber folgt bei der Liberalisierung der Energiemärkte dem Leitgedanken, dass die Marktkräfte selbst die Herstellung von Wettbewerb ermöglichen können. Sowohl für die Elektrizitätswirtschaft als auch die Gaswirtschaft wurden daher interessierte Parteien eingeladen, Vorschläge zur Regelung des Netzzugangs zu unterbreiten. Im einzelnen waren es für die Gaswirtschaft Vertreter des Bundesverbandes der Deutschen Industrie e.V. (BDI), des Verbandes der Industriellen Energie- und Kraftwirtschaft e.V. (VIK), des Bundesverbandes der deutschen Gas- und Wasserwirtschaft e.V. (BGW) und des Verbandes kommunaler Unternehmen (VKU). Sie nahmen im Herbst 1999 die Verhandlungen über eine Verbändevereinbarung Gas auf und verabschiedeten am 17. März die Eckpunkte für eine Verbändevereinbarung zum Gasnetzzugang. Am 4. Juli 2000 wurde dann die Verbändevereinbarung zum Netzzugang bei Erdgas (VV-Gas I) unterzeichnet. Diese wurde am 15. März 2001 durch einen ersten Nachtrag und am 21.September 2001 durch einen zweiten Nachtrag präzisiert und ergänzt. Die VV-Gas ist kein geeignetes Mittel zur Umsetzung der Gasrichtlinie, da es ihr schon an rechtlicher Verbindlichkeit fehlt (unten **aa.**). Sie steht sogar im Verdacht, ein unzulässiges Kartell darzustellen (unten **bb.**).

(aa) Keine richtlinienkonforme Umsetzung des Netzzugangsanspruchs durch die VV-Gas

Die VV-Gas I versteht sich nach ihrer eigenen Einleitung als Konkretisierung der Organisation des verhandelten Netzzugangs nach Maßgabe der Erdgasrichtlinie. Die Bundesregierung sah in ihr zunächst gar eine gültige Umsetzung der Erdgasrichtlinie. Ohne auf die Einzelheiten der VV-Gas I eingehen zu müssen, ist diese Annahme irrig. Der Bundesgesetzgeber hat insoweit die Anforderungen an die Umsetzung einer Richtlinie verkannt.[970] Denn die Richtlinien sind von den Mitgliedstaaten in einer Weise umzusetzen, die den Erfordernissen der Eindeutigkeit und der Bestimmtheit des Rechts voll gerecht werden.[971] Die Richtlinie muss daher in verbindliches natio-

---

[967] *Möschel*, in: Immenga/Mestmäcker - GWB, § 19, Rdn. 187; *Büdenbender*-Eigentumsschutz, in: WuW 2000, 119 [120].
[968] *Möschel*, in: Immenga/Mestmäcker - GWB, § 19, Rdn. 187; *Böhnel*-Durchleitungen, S. 129ff.
[969] *Böhnel*-Durchleitungen, S. 138.
[970] Vgl. dazu *Bleckmann*-Europarecht, Rn. 442.
[971] *EuGH*, 06.05.1980 - Rs. 102/79 (Kommission/Belgien) -, E 1980, 1473, Rn. 11.

nales Recht umgesetzt werden.[972] Insbesondere genügt auch eine tatsächliche (Verwaltungs-) Praxis nicht den Anforderungen an eine richtlinienkonforme Umsetzung.[973]

Die VV-Gas I genügt diesen Anforderungen an eine bindende Regelung nicht. Zunächst ist festzustellen, dass die Parteien der VV-Gas I nicht ermächtigt waren, Regelungen normativen Charakters zu erlassen, wie dies etwa Tarifvertragsparteien nach den § 1ff. Tarifvertragsgesetz möglich ist. Die VV-Gas I hat lediglich privaten Charakter. Als solche kann sie von vornherein allenfalls Wirkung zwischen den beteiligten Parteien entfalten. Diese umfassen noch nicht einmal die gesamte deutsche Gaswirtschaft. So war z.B. die European Federation of Energy Traders (EFET) trotz entsprechenden Wunsches nicht an der Verabschiedung der ersten VV-Gas beteiligt. Aber auch zwischen den Mitgliedern der beteiligten Verbände hat die Verbändevereinbarung keine verbindliche Wirkung.[974] Es kann schon bezweifelt werden, ob die Verbände überhaupt ermächtigt gewesen wären, für ihre Mitglieder verbindliche Regelungen zu treffen. Der unverbindliche Charakter ergibt sich jedenfalls aus der Bezeichnung als "Vereinbarung", der hinter der Bezeichnung als "Vertrag" zurückbleibt.

Vor allem aber sind die einzelnen Regelungen der Verbändevereinbarung bei genauerer Betrachtung unverbindlich formuliert. An entscheidenden Punkten wie der Frage des Anspruchs auf Netzzugang oder der Vertragslaufzeit oder des Entgelts bleiben die Regelungen vage und unbestimmt. Hinsichtlich des Netzzugangs heißt es unter Punkt 3 lediglich: "Der Netzzugang wird [...] im Regelfall gewährt". Die Vertragslaufzeit soll nach Punkt 4 "im Regelfall ein zusammenhängendes Jahr" betragen. Die Entgeltberechnung bleibt völlig vage, da sie vor allem von den spezifischen Leistungspreise für bestimmte Leitungsgruppen bestimmt wird, deren Berechnung jedoch nicht näher dargelegt wird (vgl. Punkt 6ff.). Schließlich bleibt die VV-Gas I ausdrücklich für Veränderungen offen und schafft damit gerade keine ausreichend klare und bestimmte Regelung.

Die Verbändevereinbarung wird somit zu Recht als eine Absichtserklärung, eine Empfehlung an die Mitgliedsunternehmen[975] oder eine Musterregelung charakterisiert, ihr Charakter ist jedenfalls unverbindlich.[976] Allenfalls durch ihre Beachtung über einen längeren Zeitraum kann sie zum Handelsbrauch gemäß § 346 HGB werden und dadurch verbindlichen Charakter erreichen.[977] Nach den bisherigen Erfahrungen mit der VV-Gas I kann davon freilich keine Rede sein. Entscheidende Vertragsbestimmungen, wie etwa die Veröffentlichung von Netznutzungsbedingungen

---

[972] *EuGH*, 25.05.1982 - Rs. 96/81 (Kommission/ Niederlande) -, E 1982, 1791, Rn. 12; *EuGH*, 03.03.1988 - Rs. 116/86 (Kommission/ Italien) -, E 1988, 1323, Rn. 15.

[973] *EuGH*, 01.03.1983 - Rs. 300/81 (Kommission/ Italien) -, E 1983, 449, Rn. 10; *EuGH*, 30.05.1991 - Rs. 361/88 (Kommission/ Deutschland) -, E 1991, I-2567, Rn. 15ff.

[974] Vgl. *Arbeitsgruppe Netzzugang*-Bericht, S. 6.

[975] *Kühne/Scholtka*-Energiewirtschaftsrecht, in: NJW 1998, 1906; *Bunte*, in: Langen/Bunte, Anhang zum Fünften Abschnitt, Rdn. 26.

[976] *Lukes*-Liberalisierung, in: Beilage 12 zu BB 1998, S. 11f.. In seinem Schreiben vom 28.05. 1998 bezeichnet das BKartA die VV-Strom I als "eine Empfehlung an die Mitgliedsunternehmen ohne bindende Festlegung der Netzbetreiber".

[977] *Börner*-private Normierungen, in: RdE 2000, 55.

(Punkt 3) wurden nicht oder nur zögerlich eingehalten.[978] Auch die starken Unterschiede bei der Höhe der Netznutzungsentgelte sprechen gegen eine einheitliche Anwendung der Verbändevereinbarung. Das Gemeinschaftsrecht kann sich mit einer derartigen Umsetzung keinesfalls zufrieden geben.

(bb) Die Verbändevereinbarung als Kartell

Die Verbändevereinbarung fällt in den Anwendungsbereich des Kartellverbots des Art. 81 Abs. 1 EGV, sowie der §§ 22 und 1 GWB. Sie muss sich auch am Verbot des Missbrauchs einer kollektiven marktbeherrschenden Stellung gemäß Art. 82 EGV messen lassen (unten **i.**). Eine Freistellung vom Kartellverbot ist jedoch bei abstrakter Betrachtung angebracht (unten **ii.**).

(i) Anwendbarkeit der Kartellvorschriften

Die Verbändevereinbarung ist nach dem Gemeinschaftsrecht unter Art. 81 und 82 zu beurteilen, nach deutschem Recht unter §§ 1, 22 GWB.

- *Art. 81, 82 EGV*

Art. 81 Abs. 1 EGV verbietet alle Vereinbarungen von Unternehmen, Beschlüsse von Unternehmensvereinbarungen und aufeinander abgestimmte Verhaltensweisen, welche den Handel zwischen den Mitgliedstaaten zu beeinträchtigen geeignet sind und eine Verfälschung des Wettbewerbs innerhalb des Gemeinsamen Marktes bezwecken oder bewirken.

Obwohl Art. 81 EGV den Begriff der Vereinbarung nur Unternehmen zuordnet und den Begriff des Beschlusses den Unternehmensvereinigungen, können auch Unternehmensvereinigungen verbotene Vereinbarungen nach Art. 81 EGV treffen.[979] Diese Unterscheidung ist im Ergebnis aber ohne große Bedeutung, da die Begriffe im Wesentlichen nur an strukturelle Unterscheide im Meinungsfindungsprozess anknüpfen.[980] Der Begriff der Vereinbarung ist polymorph und umfasst alle Formen der Abrede,[981] während der Beschluss die aufgrund organisationsrechtlicher Verfahrensregeln zustande gekommene Bildung des Gesamtwillens durch das zuständige Willensbildungsorgan ist.[982] Beide Begriffe werden weit verstanden. Insbesondere muss weder die Abrede noch der Beschluss juristisch bindend sein.[983] Es ist ausreichend, dass die Parteien ihren Willen zum Ausdruck gebracht haben, sich auf dem Markt auf eine bestimmte Art und Weise zu verhalten.[984] Auch Empfehlungen werden von dem Kartellverbot erfasst.[985]

---

[978] vgl. *Schulze*-Auskunftspflicht, in: et 2001, 399 [400f.].; "Die Durchleitungspreise werden nur zögernd bekanntgegeben", hal, FAZ, 10. 08. 2000, S. 19.
[979] *S/T/B/I*-droit européen des affaires, S. 231.
[980] Vgl. *Roth/Ackermann*, in: FK, Art. 81 EGV - Grundfragen, Rn. 102.
[981] *S/T/B/I*-droit européen des affaires, S. 229.
[982] Vgl. *Roth/Ackermann*, in: FK, Art. 81 EGV - Grundfragen, Rn. 103.
[983] Vgl. *Roth/Ackermann*, in: FK, Art. 81 EGV - Grundfragen, Rn. 81ff., 106f..
[984] *S/T/B/I*-droit européen des affaires, S. 231.
[985] Vgl. *Roth/Ackermann*, in: FK, Art. 81 EGV - Grundfragen, Rn. 109.

Durch die Verbändevereinbarung wollen die Unternehmensvereinigungen eine Harmonisierung gewisser Verhaltensmuster von Netzbetreibern in der Gaswirtschaft erreichen. Es liegt damit eine klassische horizontale Vereinbarung vor. Soweit der VV-Gas Folge geleistet wird, kann es sich auch um eine verbotene aufeinander abgestimmte Verhaltensweise handeln.[986] Eine genaue Einordnung in die eine oder andere Kategorie ist nach der Rechtsprechung des EuGH, die diese Differenzierung nicht vornimmt, unnötig.[987] Die in der VV-Gas enthaltene Empfehlung an die Mitgliedsunternehmen wird damit als Form der Verhaltenskoordinierung in jedem Fall vom Tatbestand des Art. 81 Abs. 1 EGV erfasst.

Börner erwägt, dass die VV-Gas aufgrund ihres reglementatorischen Charakter der Anwendbarkeit der Art. 81, 82 EGV entzogen sei.[988] Beim gegenwärtigen Stand verkennt dies, dass die VV-Gas wie dargestellt überhaupt gar keine reglementatorische Geltung beanspruchen kann. Sofern ihr allerdings in Zukunft eine solche Geltung haben sollte,[989] läge sehr wohl ein Verstoß gegen Art. 81 Abs. 1 EGV vor. Denn nach der Rechtsprechung des EuGH verstößt ein Mitgliedstaat durch eine normative Regelung jedenfalls dann gegen seine Pflicht aus Art. 81, 82, 3 g), 10 EGV, wenn er privaten Unternehmen die normalerweise in staatliche Kompetenz fallende horizontale (Selbst-) Regulierung überträgt, ohne Einfluss auf die Entscheidung der beteiligten Unternehmen nehmen zu können.[990] Diese Voraussetzung für die Anwendung von Art. 81 EGV wäre erfüllt, da der Wirtschaftsminister offenbar keinen Einfluss auf den Inhalt der VV-Gas nehmen konnte.

Obwohl die Verbändevereinbarung nur den deutschen Gasmarkt betrifft, ist sie gleichwohl geeignet, den Handel zwischen den Mitgliedstaaten zu beeinträchtigen. Im Rahmen der Prüfung der Anwendbarkeit des Art. 81 EGV ist dieses Merkmal weit auszulegen und lediglich zu fragen, ob die Vereinbarung mit hinreichender Wahrscheinlichkeit erwarten lässt, dass sie eine direkte oder indirekte, mittelbare oder unmittelbare Auswirkung auf den Handelsverkehr zwischen den Mitgliedstaaten hat.[991] Dies ist hier der Fall, da die VV-Gas schon bei abstrakter Betrachtung den Marktzutritt durch ausländische Unternehmen erschwert. Denn diese werden in ihrer Verhaltensautonomie de facto beschränkt.[992] Dies wird noch deutlicher bei konkreter Be-

---

[986] Mit einer abgestimmten Verhaltensweise meint Art. 81 Abs. 1 EGV jede Form der willentlichen Koordinierung unternehmerischen Verhaltens am Markt ohne faktische oder gar rechtliche Bindungskraft, vgl. *Emmerich*, in: Immenga/Mestmäcker-EGV Wettbewerbsrecht, Art. 85 Abs. 1, Rn. 109.

[987] *EuGH*, 08.07.1999 - Rs. C-49/92 P (Kommission/ Anic Partecipazioni SpA) -, E 1999, I-4125, Rn. 112f.. Die Unterscheidung der Einordnung einer Verhaltensweise als Vereinbarung oder als abgestimmte Verhaltensweise kann im Einzelfall von Bedeutung sein. Denn während die Vereinbarung per se verboten ist, bedarf es bei aufeinander abgestimmten Verhaltensweisen eines materiellen Elementes. Nach der Rechtsprechung des EuGH genügt allerdings, das die Verhaltensabstimmung kausal für das Verhalten des Unternehmens am Markt ist, ohne dass es allerdings bereits zu Wettbewerbsbeschränkungen gekommen sein muss.

[988] *Börner*-private Normierungen, in: RdE 2000, 94 [100].

[989] Vgl. die Diskussionen im BMWI, FAZ vom 19.03.2002, S. 16 „Kartellamt sieht die Aufsicht in Gefahr".

[990] *EuGH*, 16.11.1977 - Rs. 13/77 (GB-INNO-BM/ ATAB) -, E 1977, 2115; *EuGH*, 21.09.1988 - Rs. 267/86 (Van Eycke/ ASPA)-, E 1988, 4769, Rn. 16; *EuGH*, 01.10.1998 - Rs. C-38/97 (Autotrasporti Librandi/ Cuttica spedizioni e servizi internationali) -, E 1998, I-5955.

[991] *EuGH*, 30.06.1966 - Rs. 56/65 (Société Technique Minière/ Maschinenbau Ulm GmbH) -, E 1966, 281.

[992] Die Rechtsprechung zu diesem Kriterium ist ausufernd. Für die Auswirkungen eines Preiskartells: *EuGH*, 17.10.1972 - Rs. 8/72 (Vereeniging Van Cementhandelaren/ Commission)-, E 1972, 977.

trachtung. Die Verbändevereinbarung sieht ein Zonenpreismodell und eine Mindestlaufzeit der Durchleitungsverträge vor. Dadurch wird der Marktzutritt für ausländische Unternehmen, die Gas durch mehrere Zonen leiten müssen, teurer. Durch die lange Vertragslaufzeit sind sie in ihrer strategischen Freiheit beschränkt. Der Tatbestand des Art. 81 Abs. 1 EGV ist freilich erst dann erfüllt, wenn die VV-Gas den Wettbewerb auf dem Gemeinsamen Markt spürbar[993] beeinträchtigt. Auch hiervon ist auszugehen. Denn die von der Kommission definierten de minimis Regeln[994] nehmen nur solche horizontalen Vereinbarungen vom Anwendungsbereich des Art. 81 Abs. 1 EGV aus, die lediglich 5% des Marktes erfassen. Die Notifizierung der VV-Gas gegenüber dem Bundeskartellamt und der Kommission ist die logische Konsequenz dieser Beobachtung.[995]

Die VV-Gas bzw. ihre Anwendung durch die Mitglieder der Verbände kann darüber hinaus auch einen kollektiven Missbrauch einer marktbeherrschenden Stellung im Sinne des Art. 82 EGV darstellen. Die Voraussetzungen der Anwendbarkeit des Art. 82 EGV sind gegeben. Denn die Unternehmen haben gemeinsam zweifelsohne eine marktbeherrschende Stellung auf nahezu allen Gasmärkten in Deutschland, mithin einem wesentlichen Teil des Gemeinsamen Marktes. Sie sind als Kollektiv zu betrachten,[996] da sie untereinander nicht nur ökonomisch, sondern auch strukturell verbunden sind.[997] Diese strukturelle Verknüpfung ergibt sich zwar noch nicht aus der Vereinbarung selbst, wohl aber aus ihrer Umsetzung.[998] Auch das Bundeskartellamt hat darauf hingewiesen, dass die Entgeltkalkulation[999] einen Marktmachtmissbrauch darstellen kann.

- *§§ 1, 22 GWB*

Vor der Neufassung des GWB waren empfehlende Beschlüsse von Unternehmensvereinigungen lediglich unter dem nach dem Teerfarbenfall[1000] eingeführten § 25 GWB a.F. (jetzt in § 1 GWB integriert) prüfbar, der aufeinander abgestimmte Verhaltensweisen verbot. Das Kartellverbot verlangte nämlich einen ausdrücklichen Vertrag

---

993 Dieses Kriterium hat der *EuGH* in der Rechtssache Völk aufgestellt: *EuGH*, 09.07.1969 - Rs. 5/69 (Völk/ J. Vervaecke) -, E 1969, 295.

994 Bekanntmachung der Kommission über Vereinbarungen von geringer Bedeutung, die nicht unter Art. 85 Abs. 1 des Vertrages zur Gründung der Europäischen Gemeinschaft fallen, Abl EG 1997, C 372, S. 13.

995 vgl. *Kühne*-Gas directive, in : IELTR 2000, 241 [244].

996 *Courvivaud*-adaptation, in: RE 2001, 296 [303ff.].

997 Ob es überhaupt einer strukturellen Verknüpfung zur Bejahung eines kollektiven Maktmachtmissbrauchs bedarf ist umstritten. Die Kommission hält dieses Element für unnötig, vgl. Mitteilung der Kommission über die Anwendung der Wettbewerbsregeln auf Zugangsvereinbarungen im Telekommunikationsbereich - Rahmen, relevante Märkte und Grundsätze, Abl. EG 1998 C 265, S. 2, Rn. 76ff., insbesondere 79; Auch der *EuG* hält ein strukturelles Element für überflüssig.*EuG*, 25.03.1999 - Rs. T-102/96 (Gencor Ltd/ Kommission) -, E 1999, II-753, Rn. 208; anders der *EuGH*, 16.03.2000 - Rs. C-395, 396/96P (Compagnie maritime belge transports SA u.a./ Kommission) - E 2000, I-1365, Rn. 41ff..

998 *EuGH*, 16.03.2000 - Rs. C-395, 396/96P (Compagnie maritime belge transports SA u.a./ Kommission) - E 2000, I-1365, Rn. 43f.

999 so das Bundeskartellamt in seinem Schreiben an den VDEW vom 28.05.1998, B8-185/97, abgedruckt bei: *Rüdiger*-Neuregelungen, Rn. 49.

1000 *BGH*, 17.12.1970 - KRB 1/70 ["Teerfarben"] - BGHSt 24, 54.

im zivilrechtlichen Sinne zwischen den Unternehmen.[1001] Im Zuge der Reform des GWB durch die 6. GWB Novelle wurde § 1 GWB neu gefasst, da der Gesetzgeber den deutschen Text an Art. 81 Abs. 1 EGV anlehnen wollte.[1002] Die rein sprachliche Anlehnung macht keinen Sinn, wenn nicht auch die Bedeutung übernommen werden soll.[1003] Deshalb sind analog zu Art. 81 EGV auch empfehlende Beschlüsse ohne bindenden Charakter unter den Begriff der Vereinbarung zu fassen, wenn sie nur mit dem Ziel abgegeben werden, dass daraus eine einheitliche Praxis folgen soll.[1004] Die VV-Gas ist damit auch vom Kartellverbot des § 1 GWB erfasst.

Verneint man dies, wird die VV-Gas jedenfalls von § 22 Abs. 1 GWB erfasst. Diese Norm enthält ein Verbot für Empfehlungen, die eine Umgehung der im GWB ausgesprochenen Verbote bewirken. Als Empfehlung definiert der BGH eine Erklärung, durch die jemand einem anderen etwas als für ihn gut oder vorteilhaft bezeichnet und es ihm deshalb anrät, nahe legt oder vorschlägt.[1005] Die Empfehlung ist also unverbindlich, hat aber zum Ziel, den Willen des Adressaten in einem bestimmten Sinn zu beeinflussen.[1006] Dies ist auch Anliegen der VV-Gas. Da es sich dabei auch um keine Empfehlung von Vereinigungen kleiner oder mittlerer Unternehmen im Sinne des § 22 Abs. 2 GWB handelt, war die VV-Gas auch schon aus diesem Grund unabhängig von der Freistellungsmöglichkeit gemäß § 22 Abs. 4 GWB beim BKartA anzumelden.

In seinem comfort-letter zur VV-Strom hat das Bundeskartellamt die Verbändevereinbarung lediglich als Empfehlung im Sinne von § 38 Abs. 1 Nr. 11 GWB a.F. (§§ 22 Abs. 1 GWB n.F.) beurteilt. Die Anwendbarkeit der §§1 a.F., 25 Abs. 1 a.F. GWB (des § 1GWB n.F.) wurde aber ausdrücklich offengelassen.[1007]

(ii) Freistellung vom Kartellverbot

Die Frage ob die VV-Gas vom Anwendungsbereich des Kartellverbots ausgenommen werden kann, ist nur nach ihrer eingehenden Analyse möglich. Denn eine Freistellung von Art. 81 EGV kommt gemäß Art. 81 Abs. 3 EGV in Betracht, wenn die ökonomische Bilanz der Vereinbarung positiv ist. Dies ist der Fall, wenn sie einerseits dem Verbraucher und dem technischen oder wirtschaftlichen Fortschritt dient und andererseits den betroffenen Unternehmen keine unnötigen Beschränkungen auferlegt und nicht den Wettbewerb für einen wesentlichen Teil der betreffenden Waren ausschaltet.

Bei rein abstrakter Betrachtung lässt sich jedoch feststellen, dass die VV-Gas dem wirtschaftlichen Fortschritt insoweit dienlich ist, als sie den Netzzugang erleichtert. Denn ohne eine Harmonisierung der Netzzugangsregeln stünden Durchleitungspeten-

---

[1001] *BGH*, 17.12.1970 - KRB 1/70 ["Teerfarben"] - BGHSt 24, 54 [61f.]; *Rittner*-Kartellrecht, S. 197; *Börner*-private Normierungen, in: RdE 2000, 94 [96].

[1002] Regierungsbegründung, BT-Drs. 13/9720, S. 31.

[1003] vgl. *Bunte*, in: Langen/Bunte, § 1, Rn. 59; Anders *Rittner*-Kartellrecht, S. 197, widersprüchlich insoweit, dass er hinsichtlich der abgestimmten Verhaltensweisen die EuGH Rechtsprechung beachten will, S. 213.

[1004] *EuGH*, 08.07.1999 - Rs. C-49/92 P (Kommission/ Anic Partecipazioni SpA) -, E 1999, I-4125.

[1005] *BGH*, 17.12.1970 - KRB 1/70 ["Teerfarben"] -, BGHSt 14, 55.

[1006] *Rittner*-Kartellrecht, S. 321.

[1007] "comfort letter" an den VDEW, B8 - 185/97 vom 28. 05. 1998, abgedruckt bei: *Rüdiger*-Neuregelungen, Rn. 49.

ten einem noch unübersichtlicheren System gegenüber und könnten möglicherweise eine Durchleitung erst gerichtlich erreichen.[1008] Insofern dient die Vereinfachung des Netzzugangs mittelbar auch dem Verbraucher. Bei der Beurteilung der Verbändevereinbarung ist weiterhin ihr reiner Empfehlungscharakter positiv zu berücksichtigen. Dementsprechend hat das Bundeskartellamt gegen die VV-Strom mangels öffentlichen Interesses kein Verfahren eingeleitet. In einer summarischen Prüfung wurde festgestellt, dass die positiven Aspekte der VV-Strom die Bedenken überwiegen.[1009]

(c) Art. 19 Abs. 4 GWB

Der durch § 19 Abs. 4 Nr. 4 GWB eingeführte kartellrechtliche Anspruch auf Zugang zu den eigenen Netzen ist in den meisten Fällen geeignet, einen Anspruch auf Netzzugang zu begründen, der den Vorgaben der Richtlinie entspricht. Es verbleiben jedoch Zweifel an einer korrekten Umsetzung.

Adressat der Pflicht zur Gewährung von Netzzugang sind gemäß § 19 Abs.4 Nr. 4 GWB nur marktbeherrschende Unternehmen als Anbieter oder Nachfrager einer bestimmten Art von Waren oder gewerblichen Leistungen. Relevanter Markt im Sinne des § 19 Abs. 4 Nr. 4 GWB ist der Markt für die Gewährleistung der Netznutzung. Die Existenz eines solchen Marktes hat das BKartA in seiner Bewag-Entscheidung aus dem Durchleitungsanspruch nach § 6 Abs. 1 Satz 1 des EnWG hergeleitet.[1010] Aber auch solange § 6a EnWG-E noch nicht in Gesetzeskraft erwachsen ist, ist nach dem Willen des Gesetzgebers im Rahmen des § 19 Abs. 4 Nr. 4 GWB selbst bei Fehlen von Gasdurchleitungen gleichwohl von einem Markt für die Gewährleistung von Netzzugang für Gasdurchleitungen auszugehen.[1011] Soweit das BKartA die räumliche Dimension dieses Durchleitungsmarktes für Gas weiterhin auf die Dimension des jeweiligen Leitungsnetzes beschränkt, ist jeder Netzbetreiber marktbeherrschendes Unternehmen und § 19 Abs. 4 Nr. 4 GWB stets auf ihn anwendbar. Es ist aber zu erwarten, dass auch für Gas die räumliche Dimension jedenfalls des Marktes für den Ferntransport von Gas national definiert wird. Ein Netzzugangsanspruch könnte dann gegenüber dem nicht marktbeherrschenden Unternehmen[1012] nicht auf § 19 Abs. 4 Nr. 4 GWB gestützt werden. In jedem Fall brächte diese Entwicklung den Nachteil mit sich, dass der Anspruchsinhaber die marktbeherrschende Stellung des Netzbetreibers nachweisen müsste.[1013] Für die Durchleitung zum privaten Endkunden hingegen wird § 19 Abs. 4 Nr. 4 GWB in der Regel einen Durchleitungsanspruch begründen können, da der Markt der Versorgung von Endkunden durch die Dimension des jeweiligen Netzes beschränkt bleiben wird. Der private Endkunde wird nämlich in aller Regel nur an ein Versorgungsnetz angeschlossen sein.

[1008] So auch das Bundeskartellamt hinsichtlich der Verbändevereinbarung Strom I in ihrem "comfort letter" an den VDEW, B8 - 185/97 vom 28. 05. 1998, abgedruckt bei: *Rüdiger*-Neuregelungen, Rn. 49.

[1009] "comfort letter" an den VDEW, B8 - 185/97 vom 28. 05. 1998, abgedruckt bei: *Rüdiger*-Neuregelungen, Rn. 49.

[1010] *BKartA*, 30.08.1999, B8 - 40100 - T - 99/99 („Berliner Stromdurchleitung")-, WuW DE-V, 148 [153ff.].

[1011] Vgl. Regierungsbegründung, BT-Drs. 13/9720, S. 51f; vgl. auch schon *BKartA*, B.v. 19.06.1992 - B8-822000-VN-214/91-, RdE 1992, 197.

[1012] Wie bereits dargestellt, ließe sich freilich argumentieren, dass jedes einzelne Netz, soweit es sich um eine essential-facility handelt, einen eigenen Durchleitungsmarkt darstellt, vgl. oben 4. Teil III.A.2). Dies würde den Anwendungsbereich von § 19 GWB deutlich ausdehnen.

[1013] *Martenczuk/Thomaschki*–Netzzugang, in: RTkom 1999, 15 [16] gehen von einer rein formellen Kontrolle aus.

Eine weitere Beschränkung des Anspruchs auf Netzzugang nach § 19 Abs. 4 Nr. 4 GWB ergibt sich daraus, dass der Anspruch nur gegenüber solchen Unternehmen geltend gemacht werden kann, die mit dem Anspruchsinhaber auf einem vor- oder nachgelagerten Markt im Wettbewerb stehen.[1014] Teilweise wird sogar verlangt, dass der Anspruchsgegner auf dem vor- oder nachgelagerten Markt ebenfalls eine markbeherrschende Stellung innehaben muss,[1015] wofür das Gesetz aber keinen Anhaltspunkt gibt.[1016] Schon aus dem Erfordernis eines Wettbewerbsverhältnisses ergibt sich, dass es unter § 19 Abs. 4 Nr. 4 GWB keinen Netzzugangsanspruch gegenüber dem Netzbetreiber gibt, der in dem regionalen Markt, zu welchem der Antragsteller Zugang begehrt, gar keine eigenen Versorgungsleistungen erbringt.[1017] Hingegen ergibt sich ein Netzzugangsanspruch gegenüber dem entbündelten "reinen" marktbeherrschenden Netzbetreiber zwar nicht aus § 19 Abs. 4 Nr. 4 GWB, in aller Regel aber aus § 20 Abs. 1 GWB.[1018]

Schließlich knüpft § 19 Abs. 4 Nr. 4 GWB den Netzzugangsanspruch noch daran, dass ohne Netzbenutzung ansonsten der Zugang zu dem nachgelagerten Markt unmöglich sei. Damit ist im Einzelfall die Zugangsverweigerung mit dem Verweis auf die Möglichkeit des parallelen Netzbaus denkbar.[1019] Dieses Erschwernis steht im Widerspruch zur Gasrichtlinie, die den Netzzugang unabhängig von der Möglichkeit zur Errichtung solcher Parallelleitungen vorsieht.

§ 19 Abs. 4 Nr. 4 GWB stellt eine Umsetzung der amerikanischen essential-facility-doctrine dar.[1020] Die Beispiele zeigen eindrücklich, dass der mittels dieser Theorie erreichbare Netzzugang hinter den Anforderungen der Gasrichtlinie zurück bleibt. Während jene nämlich eine regulatorisches Gemeinwohlanliegen verfolgt, dient § 19 Abs. 4 Nr. 4 GWB nur dem Wettbewerbsschutz.[1021] Soweit § 6a EnWG-E noch nicht in Gesetzeskraft erwachsen ist, ist § 19 Abs. 4 Nr. 4 GWB richtlinienkonform auszulegen. Diese Möglichkeit der richtlinienkonformen Auslegung ändert freilich nichts daran, dass die Vorschrift keine ordnungsgemäße Umsetzung der Richtlinie ist. Denn das Gebot der wirksamen vollständigen[1022] und eindeutigen[1023] Umsetzung der Richtlinie wird nicht dadurch erreicht, dass das nationale Recht richtlinienkonform interpretiert wird. Denn hierdurch besteht für den Begünstigten noch nicht die Möglichkeit sein Recht zu erkennen und es verbleibt Rechtsunsicherheit bei der Anwendung der Norm.

[1014] Das wird nicht bestritten, vgl. *Lutz*-Durchleitung, in: RdE 1999, 102 [107]. *Martenczuk/Thomaschki*-Netzzugang, in: RTkom 1999, 15 [23]; *Kühne*-Netzzugang, in: RdE 2000, 1 [5].

[1015] *Martenczuk/Thomaschki*-Netzzugang, in: RTkom 1999, 15 [23]; *Haus*-Stromdurchleitung, in: WuW 1999, 1190.

[1016] Offengelassen: *BKartA*, 30.08.1999, B8 - 40100 - T - 99/99 („Berliner Stromdurchleitung")-, WuW DE-V, 148, II 2 a 1) (S. 8 der PDF Datei).

[1017] vgl. *Lutz*-Durchleitung, in: RdE 1999, 102 [107].

[1018] Soweit Unternehmen unter § 20 Abs. 1 GWB gestattet ist, verbundene Unternehmen bevorzugt zu behandeln, gilt dies für die Gaswirtschaft wegen § 7 Abs. 2, § 10 Abs. 2 der Gasrichtlinie nicht und eine richtlinienkonforme Auslegung wäre notwendig. Dies übersieht *Lutz*-Durchleitung, in: RdE 1999, 102 [109].

[1019] Vgl. *Lutz*-Durchleitung, in: RdE 1999, 102 [107].

[1020] *Bechtold*-Kartellgesetz, in: NJW 1998, 2769 [2772].

[1021] vgl. *Oechsler*-Durchleitung, in: ZHR 2000, 479 [490].

[1022] *EuGH*, 28.02.1991 - Rs. C-360/87 (Kommission/ Italien)-, E 1991, I-791, Rn. 19.

[1023] *EuGH*, 01.03.1983 - Rs. 300/81 (Kommission/ Italien)-, E 1983, 449, Rn. 10; *EuGH*, 28.02.1991 - Rs. C-360/87 (Kommission/ Italien)-, E 1991, I-791, Rn. 12f..

(d)§ 6a EnWG-E

§ 6a Abs. 2 EnWG-E sieht einen besonderen energierechtlichen Anspruch auf Zugang zu den Gasnetzen vor. Sowohl der Anspruchsumfang (unten **aa.**) als auch der Anspruchsinhalt (unten **bb.**) sind umstritten.

(aa) Anspruchsumfang

Anspruchsinhaber des Durchleitungsanspruchs nach § 6a Abs. 2 EnWG-E sind sämtliche Durchleitungsinteressenten. Verpflichtet sind sämtliche Netzbetreiber, unabhängig von ihrer Marktstellung. Im Unterschied zu Recknagel[1024] und Kühne[1025] gibt es keinen Anlass, dem Gesetzgeber zu unterstellen, er habe die Tatbestandsvoraussetzungen der Marktbeherrschung im Rahmen des § 6 (a) Abs. 2 EnWG-E unwiderleglich vermutet. Zum einen wäre damit der Anwendungsbereich des § 6a Abs. 2 EnWG-E gegenüber § 19 Abs. 4 Nr. 4 GWB erheblich reduziert, zum anderen wäre diese Auslegung auch nicht mehr richtlinienkonform. Denn jedenfalls die Kunden, für die die Richtlinie einen Netzzugang in jedem Fall verlangt, wie etwa größere Stadtwerke, hätten dann keinen garantierten Durchleitungsanspruch mehr gegenüber einem nicht marktbeherrschenden Netzbetreiber.

Der Netzzugangspruch gilt hinsichtlich des Zugangs zu den Versorgungsnetzen. Dieser Begriff ist weit auszulegen und umfasst auch sämtliche Transportnetze. Dies ergibt sich aus einer gebotenen kohärenten Auslegung des Begriffs der Gasversorgung. Aus § 6a Abs. 5 EnWG-RegE ergibt sich, dass der Zugangsanspruch gleichermaßen auch für den Zugang zu den vorgelagerten Netzen gilt. Denn § 6a Abs. 5 EnWG-RegE will erkennbar nur eine Differenzierung zwischen den Verweigerungsgründen für den Zugang zu diesen Netzen schaffen, nicht aber hinsichtlich der Voraussetzung. § 6a EnWG enthält richtlinienkonform auch einen beschränkten Anspruch auf Zugang zu Erdgasspeichern, soweit dieser technisch notwendig ist, um einen effektiven Zugang zu den Gasnetzen zu ermöglichen. Dies ergibt sich schon aus der Definition des Gasnetzes in § 2Abs. 3 EnWG-E. Denn dieser erfasst Speicheranlagen, „soweit sie in technischer Hinsicht für den wirksamen Netzzugang erforderlich sind.“ Durch Rechtsverordnung kann das Bundesministerium für Wirtschaft und Technologie gemäß § 6a Abs. 8 EnWG-E den Zugang zu Gasversorgungsnetzen und Erdgasspeichern regeln, wenn ein wirksamer Wettbewerb unter anderem wegen Verweigerung des Speicherzugangs nicht entstehen kann.[1026] Der Einwand des Bundesrates, durch diese Möglichkeit ginge der Gesetzgeber zu Unrecht über das Ziel der Gasrichtlinie hinaus, da so das Entstehen eines eigenständigen Speicherangebotsmarkts mit neuen Speicheranlagen behindert würde,[1027] wurde von der Bundesregierung zurückgewiesen.[1028] Wie zu sehen sein wird, teilt der französische Gesetzgeber die Bedenken des Bundesrates.

1024 *Recknagel*, in: Böwing EnWG 1998, § 6 Erl. 14.5.
1025 *Kühne*-Netzzugang, in: RdE 2000, 1 [5].
1026 Regierungsbegründung zu § 6a Abs. 8 EnWG-E, BT-Drs. 14/5969, S. 10.
1027 Stellungnahme des Bundesrates zu § 6a Abs. 8 EnWG-E, BT-Drs. 14/5969, S. 12.
1028 Gegenäußerung der Bundesregierung zu § 6a Abs. 8 EnWG, BT-Drs. 14/5969, S. 16.

(bb) Anspruchsinhalt

Es ist umstritten, ob der Anspruch auf Netzzugang nach § 6a Abs. 2 EnWG-E einen auf den Abschluss eines Durchleitungsvertrages gerichteten Kontrahierungszwang begründet oder bereits selbst ein gesetzliches Schuldverhältnis im Sinne eines unmittelbar aus der Norm resultierenden Anspruchs auf Herstellung der physischen Voraussetzung der Durchleitung darstellt. Weitgehende Einigkeit besteht darüber, dass § 6a Abs. 2 Satz 1 EnWG-RegE wie auch § 6 Abs. 1 EnWG nicht lediglich einen Anspruch auf die Aufnahme von Vertragsverhandlungen über den Abschluss eines Durchleitungsvertrages begründet.[1029]

Nach Auffassung des OLG Dresden,[1030] dem die Rechtsprechung[1031] und die Literatur[1032] teilweise folgt, begründet § 6 EnWG einen unmittelbaren Anspruch auf Netzzugang. Für ein gesetzliches Schuldverhältnis spricht zunächst die grammatikalische Auslegung, denn der in § 6a Abs. 1 Satz 1 EnWG-RegE beinhaltete Hauptsatz lautet: "Betreiber von Gasversorgungsnetzen haben das Versorgungsnetz für Durchleitungen zur Verfügung zu stellen." Der Hinweis auf die Bedingungen ist lediglich ein Komplementär und mithin nachrangig. Auch die historische Auslegung spricht für ein gesetzliches Schuldverhältnis, da der Ausschuss für Wirtschaft, der die Einführung des jetzigen § 6 EnWG gefordert hatte, die Norm als Rechtsanspruch auf Zugang zu den Stromnetzen verstand.[1033] Europarechtlich ist die Auslegung des § 6a EnWG-E als gesetzliches Schuldverhältnis nicht geboten, da die Bestimmungen der Gasrichtlinie auch die Möglichkeit der Verpflichtung des Netzbetreibers zum Abschluss eines Zugangsvertrages ermöglicht bzw. im Rahmen des verhandelten Netzzugangs nach Art. 15 Abs. 1 voraussetzt.[1034] Geht man davon aus, dass die Durchleitung wegen §§ 6, 6a EnWG keines Vertrages bedarf, dann wird die nähere Vertragsgestaltung über eine extensive Anwendung des § 315 BGB erreicht.[1035] Die Abwicklung faktisch abgewickelter Lieferbeziehungen müsste über §§ 812ff. BGB erfolgen. Der Weg wäre theoretisch gangbar, aber kaum sachgerecht.[1036] Denn die Durchleitung von Energie ist ein komplexer technischer Vorgang, der jedenfalls der Absprache über die zu transportierende Energiemenge, ihre Beschaffenheit und den Zeitpunkt des Transports be-

[1029] So aber: *Lukes*-Neuregelung, in: BB 1998, 1217 [1219]; *Lukes*-Netzbenutzungen, in: RdE 1998, 49ff. [52]; unter Bezugnahme auf diesen: *Meyer-Renschhausen/Sieling*-Anpassungsstrategien, in: ZögU 1999, 115 [120].

[1030] *OLG Dresden*, 08.02.2001 - U 2978/00 (Kart.), ZNER 2001, 168 [169].

[1031] *LG Potsdam*, 02.02.2000 - 51 O 2/00 -, RdE 2000, 203 [205]; *LG Potsdam*, 04.07.2001 - 2 O 362/00 -, ZNER 2001, 173.

[1032] *Walter/Keussler*, in: RdE 1999, 190 [192]; *Theobald/Zenke*-Zugang, in: WuW, 2001, 19 [24]; *Bunte*, in: Langen/Bunte, GWB Kommentar, Anhang zum Fünften Abschnitt, Sonderbereich Energiewirtschaft, Rn. 21; *Horstmann*-Netzzugang, S. 37ff.; widersprüchlich *Hohmann*-efd, S. 76 einerseits und 77 andererseits; *Säcker-Boesche*-Energievertragsrecht, in: DB 2002, 27 [29]; wohl auch: *Kasper*-Durchleitung, S. 44ff. der freilich die Alternative des Anspruchs auf Vertragsabschluss nicht erkennt.

[1033] Vgl. Beschlussempfehlung des Ausschusses für Wirtschaft, BT-Drs. 13/9211, S. 24.

[1034] Siehe oben: 4.Teil III.B.1)(a)

[1035] Vgl. *Büdenbender*-Anmerkung OLG Dresden, in RdE 2001, 149 [150].

[1036] *BGH*, 02.04.1964 – KZR 10/62 -, BGHZ 41, 271 [275]; *BGH*, 19.01.1983 – VIII ZR 81/82 (Oldenburg)-, NJW 1983, 1777; *BGH*, 02.10.1991 – VIII ZR 270/90 (Oldenburg) -, RdE 1992, 74.

darf.[1037] Angesichts der Komplexität der Durchleitung ist deshalb eine Festlegung der Durchleitungsbedingungen im Verhandlungswege sachgerechter.

Die gegenteilige Meinung in Literatur[1038] und Rechtsprechung[1039] geht deswegen im Prinzip davon aus, dass der Anspruch aus §§ 6, 6a EnWG auf den Abschluss eines Durchleitungsvertrages gerichtet ist. Dem entspricht auch die Theorie vom allgemeinen Kontrahierungszwang. Denn der allgemeine Kontrahierungsanspruch ist auf die Beseitigung der Vertragsverweigerung als Störungsquelle gerichtet, mithin auf Vertragsabschluss.[1040] Auch die amerikanische essential-facility Theorie geht nicht soweit, aus dem Missbrauch der marktbeherrschenden Stellung einen gesetzlichen Anspruch auf Zugang herzuleiten. In der Otter Tail-Entscheidung hatte das Ausgangsgericht unter Bestätigung des Supreme Courts geurteilt:[1041]

> "The defendant shall not be compelled by the Judgement in this case to furnish wholesale electric service or wheeling service to a municipality except at rates which are compensatory and under terms and conditions which are filed with and subject to approval by the Federal Power Commission."

Der Kontrahierungsanspruch ist also nicht mit dem Leistungsanspruch gleichzusetzen sondern geht ihm voraus. Dies zeigt auch die Parallele zum Telekommunikationsrecht. Die Zusammenschaltungspflicht des Netzbetreibers in § 33 Abs. 1 TKG ähnelt dem Anspruch nach §§ 6, 6a EnWG. § 36 TKG normiert aber ausdrücklich eine Verhandlungspflicht für die Parteien. Ohne Vertragsabschluss ist eine Zusammenschaltung nur durch Zusammenschaltungsanordnung der RegTP nach § 37 Abs. 1 TKG möglich. Sie ist jedoch subsidiär zu der Verhandlungspflicht gemäß § 36 TKG.[1042] Ergeht die Zusammenschaltungsanordnung, dann überwindet sie den Dissens zwischen den Parteien und tritt an diesem Punkt an Stelle des privatrechtlichen Vertrages und hat insofern eine privatrechtsersetzende Funktion.[1043]

Der gesetzliche Kontrahierungszwang begründet bereits mit der Geltendmachung des Durchleitungsbegehrens gemäß § 311 Abs. 2, § 241 Abs. 2 BGB ein vorvertragliches Schuldverhältnis zwischen dem Kontrahierungspflichtigen und dem Kontrahierungspetenten.[1044] Aus diesem vorvertraglichen Schuldverhältnis können bei der unberechtigten Verweigerung des Abschlusses eines Durchleitungsvertrages nach § 280

[1037] Darauf weisen sowohl *Büdenbender*-Anmerkung OLG Dresden, RdE 2001, 149 [150] und *Becker*-Anmerkung OLG Dresden, ZNER 2001, 172 [172f.] hin.

[1038] *Kühne*-Netzzugang, in: RdE 2000, 1 [2]; *Becker*-Anmerkung OLG Dresden, in: ZNER 2001, 172 [172f.]; *Büdenbender*-Anmerkung OLG Dresden, in: RdE 2001, 149 [150]; *Böhnel*-Durchleitungen, S. 275; *Köhler*-Durchleitungsanspruch, in: BB 2002, 584 [585].

[1039] *LG Rostock*, 15.06.2001 - 5 O 130/99 -, ZNER 2001, 176 [181]; LG Leipzig, B.v. 03.07.2000 - 05 O 3364/00, in: NJWE-WettbR 2000, 279 [280]; obiter dictum *LG Berlin*, 27.06.2000 - 16 O 652/99 -, RdE 2000, 237 [239f.]; so im Prinzip auch: *LG Dortmund*, 12.04.2001 - 13 O 36/01 -, ZNER 2001, 101; für § 19 Abs. 4 Nr. 4 noch offengelassen von *LG Dortmund*, 01.09.2000 - 13 O 134/00 -, BB 2000, 2325; *LG Magdeburg*, 14.04.2000 - 7 O 8/00 -, RdE 2000, 207.

[1040] *Busche*-Privatautonomie, S. 247ff..

[1041] *U.S. Supreme Court*, 22.02.1973 - N° 71-991 (Otter Tail Power Co. vs. United States)-, Trade Regulation Reports 74, 373 [93, 712, 716].

[1042] *Piepenbrock*, in: Beck'scher TKG Kommentar, § 37, Rn. 1.

[1043] Vgl. *Kleinlein/Binder*, in: MMR 2001, 569 [571], unter Verweis auf RegTP B.v. 98.09.2000 - BK 4a-00-018, S. 25.

[1044] Zum vorvertraglichen Schuldverhältnis nach den Grundsätzen der culpa in contrahendo: *BGH*, 18.04.1974 - KZR 6/73 (Stuttgart) -, NJW 1974, 1903 [1904]; *Kühne* - Netzzugang, in: RdE 2000, 1 [2]; *Bork*, in: Staudinger, vor § 145, Rdn. 31.

Abs. 1 BGB Schadensersatzansprüche entstehen.[1045] Dieser Schadensersatzanspruch kann damit auch den entgangenen Gewinn des Durchleitungspetenten wegen der nicht erfolgten Durchleitung erfassen.

(e) Das Verhältnis der Normen zueinander

Die Netzzugangsregelung des § 6a EnWG-E geht §§ 19, 20 GWB nicht als Spezialnorm vor. § 6 Abs. 1 Satz 3 EnWG und zukünftig auch § 6a Abs. 2 Satz 3 EnWG-E sehen vor, dass §§ 19 und 20 GWB unberührt bleiben. Dasselbe bestimmt § 130 Abs. 3 GWB. Von einem Redaktionsversehen kann mithin nicht gesprochen werden.[1046] Damit aber stehen die Normen in echter Normenkonkurrenz zueinander, ohne dass es eine nationale Konfliktregelung gäbe.[1047] Dies birgt jedenfalls theoretisch das Risiko der uneinheitlichen Rechtsanwendung, da die Vorschriften im Einzelnen unterschiedliche Tatbestandsvoraussetzungen haben und die Kartellämter lediglich zur Anwendung von § 19 Abs. 4 Nr. 4 GWB und § 20 GWB berechtigt sind, wohingegen die Zivilgerichte sowohl § 6a EnWG-E als auch die §§ 19, 20 GWB anwenden können. Die Energieaufsichtbehörden nach § 18 Abs. 1 EnWG wiederum und die Streitschlichtungsstelle nach § 6a Abs. 2 Satz 4 EnWG-E wären nur zu einer Anwendung des § 6a EnWG ermächtigt.

Der Konflikt ist nicht lösbar, wenn man beiden Normen nicht nur eine formale Anwendungsautonomie, sondern eine materielle Geltungsautonomie zu Teil werden lässt. Mittelbar ergibt sich die Konfliktregel aber aus dem Vorrang des Gemeinschaftsrechts. Da nur die §§ 6, 6a EnWG sich als richtlinienkonforme Umsetzung von Gemeinschaftsrecht darstellen, genießen sie Vorrang vor dem Anspruch aus § 19 Abs. 4 Nr. 4 GWB. Daher ist § 19 Abs. 4 Nr. 4 GWB im Lichte des § 6a Abs. 2 EnWG und der Gasrichtlinie auszulegen.[1048] Diesen Weg ist auch das BKartA in seinem Bewag-Beschluss gegangen[1049] und hat § 19 Abs. 4 Nr. 4 GWB eine sektorenspezifische Auslegung gegeben. Ein anderer Weg wäre, § 19 Abs. 4 Nr. 4 GWB unmittelbar richtlinienkonform auszulegen.[1050] Dieser gemeinschaftsrechtlich mögliche Weg würde freilich die Gefahr der Differenz zwischen §§ 6, 6a EnWG und § 19 Abs. 4 Nr. 4 GWB nicht beseitigen.

3) Die Ausgestaltung des Anspruchs nach französischem Recht

Ein Durchleitungsanspruch soll in Frankreich in Art. 8 GasG-E ausdrücklich geregelt werden (unten **2.**). Dieser Anspruch ergibt sich aber auch schon aus der traditionellen

---

[1045] Vgl. noch zur alten Regelung als Fall der culpa in contrahendo: *Heinrichs*, in: Palandt, § 276, Rdn. 100f.; *BGH*, 18.04.1974 - KZR 6/73 (Stuttgart) -, NJW 1974, 1903 [1904].

[1046] So aber; *Börner*-Verhandelter Stromnetzzugang , in: VW 1999, 77 [83].

[1047] Dies ist die einheitliche Auffassung in der Rechtsprechung: *Kühne* - Netzzugang, in: RdE 2000, 1 [5]; *Büdenbender*-Energierechtsreform, in: JZ 1999, 62 [70]; *Cronenburg*-Energiewirtschaftsrecht, in: RdE 1998, 85; *Martenczuk/Thomaschki*–Netzzugang, in: RTkom 1999, 15 [25]; *Saljé*-Neuregelung, in: NVwZ 1998, 916 [920].

[1048] So im Ergebnis auch *Büdenbender*-Energierechtsreform, in: JZ 1999, 62 [71]; *Kühne* - Netzzugang, in: RdE 2000, 1 [5], die das Ergebnis mit der Notwendigkeit der Herstellung von Kohärenz begründen.

[1049] *BKartA*, 30.08.1999, B8 - 40100 - T - 99/99 („Berliner Stromdurchleitung")-, WuW DE-V, 148 [152ff.].

[1050] In diesem Fall bedürfte die Norm wiederum der teleologischen Reduzierung. Diese folgt jedenfalls aus dem Gemeinschaftsrecht, welches die weitreichenden Verweigerungsgründe des GWB für die Durchleitung von Energie nicht anerkennt. Vgl. auch *Kühne*-Netzzugang, in: RdE 2000, 1 [6].

Anwendung der Marktmissbrauchskontrolle nach Art. L 420-2 des Code de commerce (unten **1.**).

(a) Art. L 420-2 Code de commerce

Art. L 420-2 des Code de commerce, verbietet die missbräuchliche Ausnutzung einer marktbeherrschenden Stellung eines Unternehmens oder einer Gruppe von Unternehmen, soweit sie eine Wettbewerbsbeschränkung oder -verfälschung bezweckt oder bewirkt. Der Wortlaut der Norm unterscheidet sich nicht wesentlich von Art. 82 EGV.[1051] Der Conseil de la concurrence hat auf dieser Grundlage die amerikanische essential-facility-doctrine mit der Entscheidung Héli-Inter Assistance[1052] ins französische Recht übertragen. Der exklusive Betreiber einer Hubschrauberstation hatte einer Gesellschaft für Hubschrauberkrankentransporte den Zugang zu dem Landeplatz verweigert. Der Conseil de la concurrence entschied, dass der monopolistische Betreiber einer wesentlichen Infrastruktur, der gleichzeitig potentieller Wettbewerber eines Unternehmens auf einem nachgelagerten Markt ist, welches zur Ausübung seiner Tätigkeit den Zugang zu der Infrastruktur bedarf, seine marktbeherrschende Stellung missbräuchlich ausnutzt, wenn er diesen Zugang nicht gewährt. Man erkennt hierin die vier Kriterien der klassischen essential-facility-doctrine wieder. In späteren Entscheidungen hat der Conseil de la concurrence einen solchen Missbrauch über die Fallgruppe der totalen Leistungsverweigerung auch dann angenommen, wenn der Betreiber der wesentlichen Infrastruktur ungerechtfertigte Preise für den Zugang zur Infrastruktur verlangt hat.[1053]

Mithin lässt sich nach französischem Recht auch ohne spezielle Normierung der essential-facility-doctrine ein Anspruch auf Netzzugang in einer Vielzahl von Fällen schon aus dem allgemeinen Missbrauchsverbot einer marktbeherrschenden Stellung ableiten. Allerdings gilt auch hier, dass dieser Anspruch im Ergebnis hinter den Anforderungen der Gasrichtlinie zurück bleibt.

(b) Art. 8 des Gasgesetzes

Die spezialgesetzliche Normierung des Durchleitungsanspruchs ergibt sich aus Art. 8 GasG-E. Dessen Umfang (unten **aa.**) und Inhalt (unten **bb.**) sind näher zu bestimmen.

(aa) Umfang des Netzzugangsanspruchs

Verpflichteter des Durchleitungsanspruchs ist gemäß Art. 8 GasG-E grundsätzlich jedes Gasunternehmen, dass eine Transportleitung, eine Verteilerleitung oder Flüssiggasanlagen betreibt. Auf die Marktmacht des Unternehmens stellt Art. 8 GasG-E nicht ab. Den Anspruchsinhaber bestimmt Art. 8 GasG-E nicht. Aber aus dem Umfang des Anspruchs ergibt sich, dass sowohl Endkunden als auch Lieferanten Anspruchsinhaber sind. Denn der Durchleitungsanspruch wird gewährt für die Beliefe-

---

[1051] Vgl. Lamy- Droit économique 2000, Rn. 679.

[1052] *Cons-conc*, 03.09.1996 – décision n° 96-D-51 (SARL Héli Inter Assistance), bestätigt durch CA Paris, 1ere chambre, 09.09.1997, D. affaires 1997, n° 43, S. 1416, RTD civil 1998, 102.

[1053] *Cons. Conc*, 10.12.1996 – décision n° 96-D-80 (EDF), bestätigt durch *CA Paris*, 1ère chambre, 27.01.1998, D. affaires 1998, n° 106, S. 326 = JCP-E 1998, 392.

rung von zugelassenen Kunden durch Dritte. Diese Beschränkung steht im Einklang mit der von der Gasrichtlinie gegebenen Möglichkeit der restriktiven Marktöffnung. Ein Durchleitungsanspruch besteht darüber hinaus zur Durchführung von Transporten zwischen den unterschiedlichen Hochdruckleitungen im europäischen Wirtschaftsraum, was eine Verpflichtung aus der Richtlinie 91/296/EG ist.

Einen ausdrücklichen Anspruch auf den Zugang zu Speicheranlagen regelt der Regierungsentwurf nicht. Art. 30 GasG-E legt den Speicherunternehmen lediglich auf, die Speicheranlagen derart zu betreiben, dass die technische Funktion der angeschlossenen Gasleitungen sowie die Erfüllung der service-public Aufgaben gewährt ist. Dieser beschränkte Zugang entspricht den Regelungen der Gasrichtlinie. Diese wie in Deutschland minimalistische Öffnung der Speicher für Dritte wurde im Vorfeld teilweise damit begründet, dass die französischen Gasunternehmen den Wettbewerbsvorteil aus ihrer strategischen Wahl, in Speicherkapazitäten investiert zu haben, behalten müssten.[1054] Die Regierung und der CSEG lehnen einen Anspruch auf Zugang zu den Gasspeichern mit dem Argument ab, dass im Interesse der Versorgungssicherheit die Konstruktion neuer Gasspeicher gefördert werden müsse[1055] und die Entwicklung eines Marktes für Speicherleistungen wünschenswert sei. In diesem Punkt trifft sich die Auffassung des Bundesrates mit der der französischen Regierung.

(bb) Inhalt des Netzzugangsanspruchs

Art. 8 Satz 2 GasG-E sieht vor, dass zum Zwecke des Netzzugangs Verträge zwischen den Netzbetreibern und den Nutzern zu schließen sind, die gemäß Art. 8 Satz 6 GasG-E der CREG zu notifizieren sind. Damit ist der gesetzliche Netzzugangsanspruch nicht als gesetzliches Schuldverhältnis ausgestaltet, sondern als Verpflichtung zum Abschluss eines Durchleitungsvertrages. Es wird sich hier auch im französischen Recht um einen Kontrahierungszwang handeln. Der Kontrahierungszwang ist im französischen Recht insbesondere im Rahmen des service-public und legalen Monopols bekannt[1056] und erfährt hier eine Ausweitung.[1057]

C. Ergebnis

Die amerikanische Judikatur hat die essential-facility-doctrine als Beschränkung des weiten Tatbestandes der Sect. 2 des Sherman Acts ausgearbeitet. Nicht jede Marktbeherrschung ist nach dieser Rechtsprechung missbräuchlich, sondern nur jene, die auf einem Willen des Unternehmens fußt (intent to monopolize) und jene, bei der das Unternehmen den einzig ökonomisch sinnvollen Zugang zu diesem Markt beherrscht und den Wettbewerbern die Nutzung dieser wesentlichen Einrichtung trotz Zumutbarkeit nicht gestattet. Die amerikanische essential-facility-doctrine setzt damit die Beherrschung eines dieser Infrastruktur nachgelagerten Marktes voraus. Nach europäischem Recht kann die wesentliche Einrichtung selbst als sachlicher und räumli-

---

1054 *CES*-rapport, S. 21; Vor allem *Bricq*-rapport, S. 17.
1055 *CSEG*-rapport; *Regierungsbegründung* zu Art. 30.
1056 vgl. *Terré/Simler/Lequette*-Les obligations, Rn. 119, 195.
1057 Schon bislang war jenseits des Marktmachtmissbrauchs umstritten, inwieweit der faktische Monopolist einem Kontrahierungszwang unterlag, vgl. die Nachweise bei *Terré/Simler/Lequette*-Les obligations, Rn. 119.

cher Markt definiert werden. Die Nichtzulassung der Nutzung ist schon dann missbräuchlich, wenn sie die Wettbewerbsstruktur objektiv beeinflusst, ohne dass es auf einen Vorsatz des Unternehmens ankommt. Die amerikanische essential-facility-doctrine hat daher in der Rechtsprechung des EuGH keinen Widerhall gefunden. Gleichwohl kommt ihr der Verdienst zu, durch die Definition einer wesentlichen Einrichtung die Voraussetzungen dafür genannt zu haben, dass der Ausschluss eines Dritten von der Nutzung einer beherrschten Infrastruktur missbräuchlich ist. Obwohl das allgemeine Kartellrecht damit einen Ansatzpunkt für den wettbewerbsöffnenden Zugang zu Gasnetzen kennt, ist dieser allgemeine kartellrechtliche Anspruch nicht geeignet, eine zügige Marktöffnung zu garantieren. Denn die Berufung auf den allgemeinen kartellrechtlichen Anspruch verlangt die Darlegung seiner Anspruchsvoraussetzungen.

Die Gasrichtlinie hat einen eindeutigen Netzzugangsanspruch geschaffen, der für jedermann gegenüber jedem Netzbetreiber gilt. Der Anspruch umfasst auch einen begrenzten Zugang zu Speicheranlagen, soweit dieser Zugang notwendig ist, um die Durchleitung zu ermöglichen. Im deutschen und französischen Recht fehlt es bislang an einer Umsetzung. Die vorgesehenen § 6a EnWG-E und Art. 8 GasG-E genügen den Anforderungen an die Richtlinie. Wegen der Besonderheiten des Durchleitungsvertrages begründen sie keinen gesetzlichen Anspruch auf Durchleitung, sondern nur einen Anspruch auf Vertragsschluss. Die bisherigen Mechanismen zur Garantie eines Durchleitungsanspruch genügen den Vorgaben der Richtlinie hingegen nicht. Die Verbändevereinbarung schafft in Deutschland schon gar keine verbindlichen Regelungen. Die allgemeinen Vorschriften des Wettbewerbsrechts, wie § 19 Abs. 4 Nr. 4 GWB und Art. L 420-2 des Code de commerce stellen zu hohe Anforderungen an den Durchleitungsanspruch. Soweit sie von den Kartellbehörden angewandt werden, sind sie auch schon vor der Umsetzung richtlinienkonform auszulegen.

IV. Die Ausgestaltung des Durchleitungsvertrages

Der Netzzugang kann auch dadurch faktisch verweigert werden, dass der Zugang nur zu untragbaren Konditionen angeboten wird. Die Gasrichtlinie trifft keine speziellen Vorgaben über die Konditionen des Netzzugangs. Allerdings bestimmt sie in Art. 14, dass sowohl der geregelte als auch der verhandelte Netzzugang nach objektiven, transparenten und nichtdiskriminierenden Kriterien zu handhaben sind. In Frankreich stehen sie unter der regulatorischen Aufsicht der Regulierungsbehörde CREG (unten **A.**). Hinsichtlich der inhaltlichen Gestaltung der Netznutzungsverträge kann man zwischen der Preisgestaltung (unten **B.**) und den sonstigen Vertragsbedingungen (unten **C.**) unterscheiden. Dazu geben die Gasrichtlinie und die nationalen Normen insgesamt nur wenige Anhaltspunkte. Präzisierungen insbesondere zur Tarifierung ergeben sich aus dem Papier der Kommission zum Treffen der Follow-up Group.[1058] Weitere Präzisierungen ergeben sich aus dem Bericht einer französischen Expertengruppe

---

[1058] Meeting of *Follow-up Group* 22.10.1998 "Access charges".

zur Tarifierung des Netzzugangs bei Gas vom 30. April 2001[1059] und mittelbar auch aus dem Bericht der Arbeitsgruppe Netznutzung Strom der Kartellbehörden des Bundes und der Länder vom April 2001[1060] sowie dem Bericht der französischen Expertengruppe über die Tarifierung des Netzzugangs bei Strom vom Januar 2000.[1061] Wichtige Anhaltspunkte für eine wettbewerbskonforme Ausgestaltung der Netznutzungsverträge ergeben sich des weiteren aus der Praxis der Kartellbehörden im Rahmen von Fusionsentscheidungen in der Gaswirtschaft, die regelmäßig mit Auflagen zum Netzzugang erteilt wurden. Weitere Erkenntnisse können aus den Zugeständnissen gewonnen werden, die Thyssengas im November 2001 an die Kommission gemacht hat, um erfolgreich die Einstellung des Missbrauchsverfahrens im Zusammenhang mit der Verweigerung des Netzzugangs für den norwegischen Lieferanten Marathon zu erreichen.[1062] Wettbewerbskommissar Mario Monti wünscht sich, dass die Zusagen von Thyssengas zum Standard in der Bundesrepublik werden.[1063]

A. Der regulatorische Rahmen in Frankreich

Art. 10 GasG-E sieht die Preisregulierung für die Gaswirtschaft vor. Dies stellt eine Abweichung von dem in Art. L 410-2 Abs. 1 des Code de commerce verankerten Prinzip der marktwirtschaftlichen Preisbestimmung dar, die gemäß Art. L 410-2 Abs. 2 des Code de commerce für gewisse monopolistische Bereiche zulässig ist. Das französische Regulierungssystem enthält sowohl Elemente des verhandelten Netzzugangs nach Art. 15 der Gasrichtlinie sowie Elemente des regulierten Netzzugangs nach Art. 16 der Gasrichtlinie. Diese Mischform war vom CES vorgeschlagen[1064] und von der Regierung bevorzugt worden, da sie am besten der Diversität der Betreiberstruktur gerecht werde.[1065]

Nach Art. 10 GasG-E müssen die Betreiber von Transportleitungen, Vertriebsleitungen und Flüssiggasanlagen der CREG einen eigenen Vorschlag für jede neue oder geänderte Tarifordnung vorlegen, die den vom Gesetz vorgegebenen Kriterien zur Preisfindung zu entsprechen hat (siehe dazu unten). Gleichzeitig sind die wesentlichen Vertragsbedingungen nachvollziehbar darzustellen. Die CREG überprüft gemäß Art. 10 GasG-E in Verbindung mit Art. 40 Nr. 1 EltG die Vereinbarkeit der Tarifordnung mit den gesetzlichen Regeln zum Netzzugang. Gelangt sie zu der Auffassung, dass die Vorschläge nicht im Einklang mit dem Recht stehen, so kann sie die Unternehmen gemäß Art. 10 GasG-E in Verbindung mit Art. 40 Abs. 1 EltG auffordern, diesen Einklang herzustellen ("mise en demeure"). Folgt ein Unternehmen der Aufforderung nicht, so kann die CREG gemäß Art. 10, 17 Abs. 2 Nr. 5 GasG-E in Verbindung mit Art. 40 Nr. 1 EltG eine Sanktion gegen das Unternehmen verhängen.

1059 *Rapport du groupe d'experts* sur la tarification de l'acces au reseaux de transport et de distribution de gaz du 30 04. 2001; zu finden auf der Homepage der Regulierungsbehörde: www.cre.fr.

1060 veröffentlicht auf der Hompeage des BKartA: www.bundeskartellamt.de

1061 *Rapport Champsaur* sur la tarification des reseaux de transport et de distribution electriques du 27 01. 2000, zu finden auf der Homepage der CRE: www.cre.fr.

1062 www.thyssengas.de.

1063 Vgl. Presseerklärung der Kommission vom 23.11.2001, IP/01/1641.

1064 *CES*-rapport, S. 20; *Bricq*-rapport, S. 16 hatte für die Anfangszeit einen rein regulierten Netzzugang vorgeschlagen, um gleiche Netzzugangsbedingungen herzustellen.

1065 *Regierungsbegründung* zu Art. 10.

Gemäß Art. 10 GasG-E genehmigt die CREG die Tarife und veröffentlicht ihre Entscheidung im Rahmen einer per Dekret zu bestimmenden Frist. Auch wenn das Gesetz die Genehmigungsvoraussetzungen nicht ausdrücklich erwähnt, so ergibt sich doch aus dem Zusammenhang und dem Sinn und Zweck, dass sie nur solche Tarife und Konditionen genehmigen darf, die den gesetzlichen Anforderungen entsprechen. Soweit die Tarife und Konditionen genehmigt sind, haben die Betreiber diese zu veröffentlichen und für die Nutzer bereit zu halten. Diese Bedingung entspricht den Anforderungen der Gasrichtlinie an den verhandelten Netzzugang in Art. 15 Abs. 2, wonach die Netzbetreiber ihre Vertragsbedingungen zu veröffentlichen haben. GDF, CFM und GSO haben ihre Bedingungen bereits zum 10. August 2000 im Internet veröffentlicht.[1066]

Ob die Unternehmen ihre neuen Tarife und Bedingungen auch schon vor einer Genehmigung nutzen dürfen, bestimmt das Gesetz nicht. Es ergibt sich allerdings richtigerweise schon aus dem Sinn und Zweck der Genehmigung, dass diese konstitutiv für die Verwendung der Preise und Genehmigung ist. Dafür spricht auch die Sanktionsmöglichkeit für den Fall, dass keine genehmigungsfähigen Tarife vorgelegt werden. Die Nutzung neuer Tarife auch ohne ausdrückliche Genehmigung kommt, anders als im Telekommunikationsrecht,[1067] auch für den Fall nicht in Betracht, dass die CREG in der per Dekret gesetzten Frist nicht äußert. Denn in Ermangelung einer gegenteiligen Vorschrift gilt der allgemeine Verwaltungsgrundsatz, dass Schweigen Ablehnung bedeutet.[1068]

B. Die Durchleitungsentgelte

Die Gestaltung der Durchleitungsentgelte ist von entscheidender Bedeutung für die Entwicklung von Wettbewerb einerseits und die Sicherung von Investitionstätigkeiten andererseits. Dies gilt umso mehr, als die Transportkosten in der Gaswirtschaft ausserordentlich hoch sind. Sie machen teilweise mehr als 50% der Nettolieferkosten an die Kunden aus.[1069] Die Berechnung der Durchleitungsentgelte ist zunächst ein schwieriges betriebswirtschaftliches Problem.[1070] Es hat gleichwohl eine juristische Dimension. Denn der Kostenbegriff ist anhand seines Zwecks normativ zu bestimmen. Soweit Durchleitung gegen ein angemessenes Entgelt gewährt werden muss, ist das Entgelt also so zu bestimmen, dass es dem Zweck der Durchleitung, nämlich der Erweiterung wettbewerblicher Handlungsspielräume, gerecht wird. Damit ist von der Vielzahl der möglichen Berechnungs- und Zuordnungsmethoden diejenige zu wählen, die den größten Wettbewerbsbezug aufweist und dem Wettbewerb am meisten dient.[1071] Es sollen zunächst die Methoden der innerbetrieblichen Entgeltberechnung (unten **1.**) und Zuordnung zu der Durchleitungsleistung (unten **2.**) analysiert werden. Dadurch erhält man ein Bild der Realkosten. Ob dies auch die Kosten sind, die den

---

[1066] Vgl. Les Échos vom 10.08.2000.
[1067] Vgl. *Frison-Roche*-tarifs de télécommunications, in: Le Monde vom 24.06.2000, S. 25.
[1068] Vgl. dazu bereits oben: 2. Teil I.C.1)(b)(bb).
[1069] *Schulze*-Auskunftspflicht, in: et 2001, 399.
[1070] vgl. z.B.: *Perner/Riechmann*-Netzzugangsregimes, in: ZfE 1999, 209.
[1071] *Arbeitsgruppe Netzzugang*-Bericht, S. 30; *BGH*, 16.11.1999 –KZR 12/97 („Endschaftsbestimmung") -, WuW/E DE-R 409 [417].

Wettbewerbern in Rechnung gestellt werden dürfen, ist angesichts möglicher Ineffizienzen fraglich und in einem dritten Schritt zu prüfen (unten **3.**). Schließlich ist die Art und Weise der Gestaltung der Entgelte zu überprüfen, da die Preisarchitektur versteckte Marktzugangsbarrieren beinhalten kann (unten **4.**).

1) Kostenermittlung

Weder die Gasrichtlinie noch die deutschen und französischen Gesetze oder die Verbändevereinbarung definieren den Begriff der Kosten eines Unternehmens.[1072] Zu ihnen wird man grundsätzlich neben den Kapitalkosten für den Netzbetrieb auch eine Vergütung für die von dem Netzbetreiber erbrachten Leistungen für die Qualitätssicherung der Gasbeschaffenheit, der Drucksteuerung, der Wartung und des Ausbaus des Netzes, der Bereitstellung von Sicherheitsreserven und die Kosten für die Ermittlung und Verrechnung dieser Leistungen zählen können.[1073] Zu den fixen "inkrementellen" Kosten[1074] gehören die Investitionskosten und Abschreibungskosten sowie Steuern und Personalkosten. Unklar ist, bei welcher Auslastung ihre durchschnittliche Höhe ermittelt werden kann.[1075] Zu den variablen Kosten gehören die Kosten für den Betrieb und die Unterhaltung des Netzes.

Die Arbeitsgruppe Netznutzung Strom hat dargestellt, dass bei Ermittlung der Kosten für die Netznutzungsentgelte bei Strom in gewissem Maße auf die zu § 12 BTOElt entwickelten Kriterien und Maßstäbe zurückgegriffen werden könne.[1076] Diese sind insbesondere in dem Beschluss des Bund-Länder-Ausschusses "Arbeitsanleitung zur Darstellung der Kosten- und Erlösentwicklung in der Stromversorgung" vom 10./11. Juni 1997[1077] ("Arbeitsanleitung Kosten") niedergelegt. Anhaltspunkte ergeben sich auch aus den Arbeitsunterlagen der Follow-up-Group und dem französischen Expertenbericht für die Tarifierung des Netzzugangs bei Strom. Danach sind die wichtigsten Grundsätze für die Kostenberechnung für Netznutzungsentgelte:

- Die Begrenzung des Zinsaufwandes für zinspflichtiges Fremdkapital auf ein Niveau, das sich bei günstiger Fremdkapitalbeschaffung am Markt erzielen lässt;[1078]
- Ertragssteuern dürfen als Kosten grundsätzlich nicht angesetzt werden;[1079]
- Die Verzinsung des eingesetzten Eigenkapitals, einschließlich einer Komponente für Risiko und der Ausgleich zur Substanzerhaltung wird der Ergebnis- bzw. Ertragssphäre zugeordnet.[1080] Nach Auffassung der Kommission[1081] und der französischen Expertengruppe zum Netzzugang bei Strom[1082] kann dieser Zinsaufwand hingegen auch in die Kostenrechnung mit eingehen.

1072 Zur Kritik: *Zander/Borowka/Wußing*; „VV-Gas", in: et 2000, 712 [715f.].
1073 *Neu*-Perspektiven, in: et 2000, 100 [101].
1074 *David/Mirabel*-tarification gaz, in: RE 1998, 420 [425].
1075 Hierzu, freilich ohne Antwort: *Ströbele*-Gutachten, S. 30.
1076 *Arbeitsgruppe Netzzugang*-Bericht, S. 27.
1077 Mit Erläuterungen und Begründungen abgedruckt bei *Obernolte/Danner*, EnPrR III C 1.3, C 1.4.
1078 *Arbeitsgruppe Netzzugang*-Bericht, S. 32; Arbeitsanleitung Kosten D 5.
1079 *Arbeitsgruppe Netzzugang*-Bericht, S. 32f.; Arbeitsanleitung Kosten D 6.
1080 *Arbeitsgruppe Netzzugang*-Bericht, S. 33; Arbeitsanleitung Kosten E - G.
1081 Meeting of Follow-up Group "Acces chargees", vorbereitet von DGXVII/A3/B3.
1082 *Champsaur*-Rapport, S. 72ff..

- Der kalkulatorische Restwert des Anlagevermögens muss Abschreibungen erfassen und darf nicht zu einem Wiederaufleben der Restwerte bei Änderungen der Nutzungsdauern führen.[1083]

Keine Berücksichtigung bei der Ermittlung der Kosten dürfen die Verluste finden, die die Netzbetreiber dadurch erleiden, dass ihnen der Durchleitungspetent einen Kunden wegnimmt. Kalkulationsmodelle, die dies vorsehen, wie etwa die "Efficient Component Pricing Rule", übersehen, dass dies jedenfalls für solche Unternehmen ein Marktzugangshindernis darstellt, deren Effizienz nicht bedeutend unter der des ehemaligen Versorgers liegt.[1084] Damit erscheint ein solches Kalkulationsmodell bereits einen Marktmachtmissbrauch nach Art. 82 EGV darzustellen. Die Maßnahme stünde auch im Widerspruch zu der Leitentscheidung des Art. 16 der Gasrichtlinie, wonach der Verlust eines Kunden die Netzbetreiber nicht berechtigt, den Netzzugang zu verweigern oder gegenüber anderen Durchleitungspetenten zu diskriminieren. Die Schaffung von Wettbewerb auf diesem Markt für Endverbraucher ist ja gerade das Ziel der Liberalisierung.

In Frankreich wurden dem Übertragungsnetzbetreiber in der Elektrizitätswirtschaft, der GRT, auch die Kosten für die Erbringung von Dienstleistungen im allgemeinwirtschaftlichen Interesse in die Kostenkalkulation einbezogen. Allerdings hat der Bericht der Expertenkommission zur Tarifierung klargestellt, dass diese Kosten nicht mehr auf die Transportleistungen umgelegt werden dürfen.[1085]

2) Kostenallokation

Die einmal ermittelten Kosten des Unternehmens müssen dann der Leistung "Durchleitung" verursachungsgemäß zugeordnet werden. Eine Kostenverteilung danach, welche Kosten vom Markt getragen werden, ist ebenso unzulässig[1086] wie eine Mischkalkulation, die zu unzulässigen Quersubventionierungen führen würde.[1087] Damit ist die buchhalterische Trennung eine Grundvoraussetzung dafür , dass eine Allokation der Kosten eines vertikal integrierten Unternehmens auf die Transportaktivität möglich ist.[1088]

Technisch funktioniert die Kostenzuordnung so, dass zunächst eine Zuordnung der Kosten zu der jeweiligen Dienstleistung erfolgt.[1089] Nach Art. 10 GasG-E gehören zu den Kosten des Kostenträgers "Durchleitung" die Kosten des Betreibens, der Forschung, der notwendigen Weiterentwicklung der Sicherheit des Netzes und der Sicherung der Qualität der Versorgung. Aus Punkt 3 der Verbändevereinbarung Gas lässt sich ableiten, dass zu den entgeltrelevanten Kosten jedenfalls die Kosten für Erstel-

---

[1083] *Arbeitsgruppe Netzzugang*-Bericht, S. 33f.; Arbeitsanleitung Kosten G 1.1.

[1084] *David/Mirabel*-tarification gaz, in: RE 1998, 420 [432f.].

[1085] in der Elektrizitätswirtschaft handelt es sich dabei vor allem um die Kosten für die Elektrizitätsproduktion auf Korsika und in den überseeischen Gebieten sowie für Sozialtarife. Diese Kosten schlagen mit 1 Centime je transportierter kw/h zu Buche, vgl. *Champsaur*-rapport, S. 80.

[1086] *Arbeitsgruppe Netzzugang*-Bericht, S. 38f..

[1087] *Büdenbender*-Durchleitungsentgelte, in: ZIP 2000, 2225 [2236]; *BGH* , B.v. 06.05.1997 - KVR 9/96 -, RdE 1998, 24 [26]; *Hamacher*-Preissmissbrauchsaufsicht, in: RdE 1998, 225 [229].

[1088] *David/Mirabel*-tarification gaz, in: RE 1998, 420 [430].

[1089] *Arbeitsgruppe Netzzugang*-Bericht, S. 27ff.; Meeting of Follow-up Group "Acces chargees", vorbereited von DGXVII/A3/B3, Pt. 3-2..

lung, Betrieb und Instandhaltung des technischen Netzzugangs sowie auch die dazugehörigen Mess-, Regelungs- und Übertragungseinrichtungen gehören.

Soweit die Kosten nicht eindeutig diesem Kostenträger zugeordnet werden können, sind sie als Gemeinkosten der kostenverursachenden Organisationseinheit des Betriebes zuzuordnen (Kostenstellenrechnung) und davon ausgehend weiter aufzuschlüsseln.[1090]

3) Kostenprüfung

Auch wenn die Gasrichtlinie entgegen dem ursprünglichen Richtlinienentwurf von 1992[1091] über das allgemeine Diskriminierungsverbot keinen Prüfungsmaßstab für die Entgelte bereithält, muss deren Angemessenheit überprüfbar sein. Denn da der Durchleitungspetent in der Regel keine Wahl zwischen verschiedenen Netzbetreibern hat, kommt der Wettbewerb als natürlicher Regulator von Netznutzungsentgelten nicht in Betracht.[1092] Die vom BGH in seiner Gaspreis Entscheidung anerkannte Preisgestaltungsfreiheit[1093] ist im geöffneten Markt nunmehr eng am Missbrauchstatbestand zu messen. Nach deutschem Recht ist in der Energiewirtschaft nur eine individuelle ex post Einzelfallprüfung der Entgelte möglich[1094] (unten **a.**). In Frankreich erfolgt zumindest im Strombereich eine abstrakte ex-ante Prüfung im Price-Cap-Verfahren anhand vorher festgelegter Produktionsfortschritte (unten **b.**).

(a) Einzelfallbetrachtung im deutschen Recht

Grundproblem der Kostenprüfung ist, dass die Kostenermittlung und -allokation den Unternehmen gewaltige Spielräume eröffnet, die ihnen ermöglicht, eigene Kosten nahezu beliebig zu produzieren und nachzuweisen.[1095] Die Kostenprüfung ist daher auf den Vergleich der vom Unternehmen geltend gemachten Kosten mit objektiven Maßstäben angewiesen (unten **aa.**). Zur Berücksichtigung der Besonderheiten des Unternehmens ist eine subjektive Korrektur vorzunehmen (unten **bb.**).

(aa) Die objektive Maßstabsbildung

Nach § 6a Abs. 1 Satz 1 EnWG-E müssen die Netznutzungsentgelte nichtdiskriminierend sein. Zur Überprüfung der Nichtdiskriminierung wird die sogenannte Subtraktionsmethode angewandt, bei der ein Vergleich mit den unternehmensintern veranschlagten Kosten vorgenommen wird (unten **i.**). § 19 Abs. 4 Nr. 4 GWB sieht einen Missbrauch immer dann gegeben, wenn der Netzzugang nicht gegen angemessenes Entgelt gewährt wird. Im Kartellrecht wird dies nach der Vergleichsmarktmethode

---

[1090] *Arbeitsgruppe Netzzugang*-Bericht, S. 27f..

[1091] Dieser hatte gefordert, dass das Entgelt sich an den langfristigen zusätzlichen Kosten unter Berücksichtigung einer angemessenen Verzinsung des eingesetzten Kapitals orientieren sollte.

[1092] *Arbeitsgruppe Netzzugang*-Bericht, S. 9.

[1093] *BGH*, B.v. 06.05.1997 – KVR 9/96 („Gaspreis") -, WuW/E 3140 [3143].

[1094] Dies gilt wiederum für andere regulierte Netzwirtschaften nicht. § 2 TEntgV etwa schreibt dem marktbeherrschenden Unternehmen auf Telekommunikationsmärkten vor, seine Kostenunterlagen zur Prüfung einzureichen.

[1095] *Piltz*-Netznutzungsentgelte, in: WuW 2001, 552 [558].

bestimmt. Auch die VV-Gas verlangt in Punkt 6, dass sich die Netzzugangsentgelte am internationalen Vergleichsmarkt orientieren müssen (unten **ii.**).

(i) Subtraktionsmethode

Durch die Subtraktionsmethode lassen sich bei vertikal integrierten Energieversorgungsunternehmen Rückschlüsse auf die Kosten der Durchleitung ziehen. Dabei werden von dem Bruttoverkaufspreis für Gas die gesetzlichen Abgaben und die nach Marktpreisen ermittelten Kosten für die Gasbeschaffung abgezogen, so dass man die Kosten für den Vertrieb erhält, den sich das Unternehmen selbst berechnet.[1096] Liegt dieses betriebsintern veranschlagte Entgelt unterhalb der von den Wettbewerbern verlangten Entgelte, liegt in dieser Ungleichbehandlung in jedem Fall ein Preismissbrauch,[1097] so dass sich eine weitere Prüfung erübrigt.[1098]

(ii) Vergleichsmarktbetrachtung

Die Preismissbrauchskontrolle durch Vergleichsmarktbetrachtungen ist ein in Art. 82 lit. a) EGV,[1099] § 19 Abs. 4 Nr. 2 GWB angelegtes Instrument der allgemeinen Preismissbrauchskontrolle. Dabei werden auf objektiver Ebene die Entgelte auf vergleichbaren zeitlichen, räumlichen oder sachlichen Märkten analysiert. Der Maßstab ist auch zur Bestimmung angemessener Entgelte im Rahmen des § 19 Abs. 4 Nr. 4 GWB bzw. § 6a EnWG geeignet.[1100]

In der Gaswirtschaft ist wegen hinreichender Aussagekraft auf das räumliche Vergleichsmarktkonzept zurückzugreifen.[1101] Hierbei wird der Preis der zu vergleichenden Dienstleistung auf einem anderen räumlichen Markt festgestellt.[1102] Es kann sich dabei um einen inländischen oder um einen ausländischen Teilmarkt,[1103] jedenfalls um einen durch wirksamen Wettbewerb gekennzeichneten Markt handeln. Fehlt es, wie in der Gaswirtschaft,[1104] an einem Wettbewerbsmarkt, kann sich der Vergleich aber auch auf Monopolbetriebe in anderen räumlichen Märkten beziehen.[1105]

Wegen der Koordinierung der Unternehmen untereinander durch die Verbändevereinbarung hat der rein innerstaatliche Vergleich keine besonders hohe Aussagekraft. Für die Stromwirtschaft haben die Arbeitsgruppe Netzzugang Strom und die Kartellbehörden des Bundes und der Länder als Vergleichsmärkte insbesondere Schweden,

---

[1096] vgl. zur Substraktionsmethode im Rahmen der Missbrauchskontrolle, *Arbeitsgruppe Netzzugang*-Bericht, S. 25f..

[1097] zu einer gescheiterten Unterlassungsklage, die auf einer ähnlich gelagerten Beweisführung basierte, jedoch, jedenfalls nach dem übermittelten Sachverhalt, keine Ausführungen zu den Strombeschaffungspeisen enthielt: *LG Dortmund*, 26.01.2000 - 20 O 7/00 -, in: VW 2000, 133 [135].

[1098] *Fischer-Zernin/Ende*-Rechtsprobleme, in: ZUR 1999, 205 [208] gehen von einem substantiierten Vortrag aus.

[1099] Vgl. dazu *Dirksen*, in: Langen/Bunte, Art. 82 EGV, Rn. 97f..

[1100] *Büdenbender*-Durchleitungsentgelt, in: ZIP 2000, 2225 [2229f.]; anders: *Schlack*-Preishöhenkontrolle, in ZNER 2001, 129 [132f.], der die Vollkosten iRd Prüfung unter § 19 Abs. 4 Nr. 4 GWB, anders als unter § 19 Abs. 4 Nr. 2 GWB, als einzig gültigen Maßstab zugrundelegen will. Kiritsch: *Klaue*-Liberalisierung, in: BB 2002, 162f..

[1101] *Arbeitsgruppe Netzzugang*-Bericht, S. 10.

[1102] *Schultz*, in: Langen/Bunte, § 19 GWB, Rn. 98.

[1103] *Schultz*, in: Langen/Bunte, § 19 GWB, Rn. 98.

[1104] *Arbeitsgruppe Netzzugang*-Bericht, S. 10.

[1105] *BGH*, 21.10.1986 - KVR 7/85 ("Glockenheide") -, WuW/E BGH 2309 [2311]; *Schultz*, in: Langen/Bunte, § 19 GWB, Rn. 98.

Norwegen, Finnland, Dänemark, England/Wales und die Niederlande in Betracht gezogen. Denn diese Länder zeichnen sich durch fortgeschrittene Liberalisierung, ähnliche Berechnungsmethoden und ähnliche strukturelle Bedingungen wie in Deutschland aus.[1106]

Die Task Force Netzzugang im Bundeswirtschaftsministerium beabsichtigt die Veröffentlichung der Netznutzungsentgelte der Stromnetzbetreiber. Ziel ist, dass sich die Unternehmen an den Durchschnittspreisen orientieren.[1107] Es handelt sich um eine Art vorweggenommener Vergleichsmarktanalyse.

(bb) Die subjektive Kostenprüfung

Die im Wege der objektiven Maßstabsbildung ermittelten Entgelte können nicht ohne Zu- oder Abschläge auf das untersuchte Unternehmen übertragen werden. Vielmehr muss dessen Besonderheiten Rechnung getragen werden (unten **i.**). Das Bundeskartellamt hat angedeutet, dass die Entgelthöhe aber auch durch die Kosten einer effizienten Leistungsbereitstellung beschränkt sein könnte (unten **ii.**).

(i) Korrekturzuschläge

Die Vergleichskonzepte müssen mit der konkreten Situation des untersuchten Unternehmens verglichen werden. Die Rechtsprechung berücksichtigt die strukturellen Marktunterschiede, die zu spezifischen unternehmensunabhängigen Kosten führen, durch Zu- und Abschläge.[1108] Gerade in der Energiewirtschaft bereitet diese Korrektur wegen der jeweils unterschiedlichen Abnehmer- und Versorgungsdichte sowie unterschiedlicher geologischer Faktoren erhebliche Schwierigkeiten.[1109] Als strukturelle Unterschiede müssen auch unterschiedlich starke Investitionskosten berücksichtigt werden, sofern sie zu einer effizienten Kapazitätserweiterung führen. Ein Missbrauch liegt nicht erst dann vor, wenn das verlangte Entgelt *erheblich* über dem durch die korrigierte Vergleichsmarktbetrachtung ermittelten angemessenen Entgelt liegt.[1110] Die gegenteilige Rechtsprechung des BGH[1111] ist auf die Gaswirtschaft nicht anzuwenden, da wegen des faktischen Monopols der Gasunternehmen in ihrem jeweiligen Leitungsnetz strengere Maßstäbe anzulegen sind.[1112]

(ii) Orientierung an den Kosten der effizienten Leistungsbereitstellung

Grundsätzlich ist dem Monopolunternehmen aufzuerlegen, seine Kosten auf ein effizientes Niveau zu drücken. Danach wäre unbillig, die Wettbewerber mit den Mono-

---

[1106] *Arbeitsgruppe Netzzugang*-Bericht, S. 12f..

[1107] "Strom-Wettbewerb per Gesetz regeln", FAZ vom 16.01.2002, S. 14.

[1108] *BGH*, 31.05.1972 – KVR 2/71 („Stromtarife") -, WuW/E BGH 1221 [1224]; *BGH*, 21.10.1986 - KVR 7/85 ("Glockenheide") -, WuW/E BGH 2309 [2311f.].

[1109] *Möschel*, in: Immenga/Mestmäcker, § 19 GWB, Rn. 163.

[1110] *BGH*, 21.02.1995 – KVR 4/94 („Strompreis Schwäbisch Hall") -, WuW/E BGH 2967 [2974]; *Arbeitsgruppe Netzzugang*-Bericht, S. 19.

[1111] *BGH*, B.v. 22.07.1999 – KVR 12/98 („Flugpreisspaltung") -, WuW/E DE-R 375 [379f.].

[1112] *Arbeitsgruppe Netzzugang*-Bericht, S. 19, anders wohl *Schultz*, in: Langen/Bunte, in: § 19 Rn. 104, der insbesondere die Entscheidung des *BGH* , 21.02.1995 - KVR 4/94 („Strompreis Schwäbisch Hall") WuW/E 2967 [2974] nur auf den nach § 103 Abs. 1 GWB a.F. freigestellten Markt bezieht; anders auch: *Büdenbender*-Durchleitungsentgelt, in: ZIP 2000, 2225 [2232].

polineffizienzen zu belasten.[1113] Ein regulatorisch geschaffener Effizienz- und Innovationsdruck ist auch volkswirtschaftlich sinnvoll. Methodisch kann er dadurch erreicht werden, dass sich die Entgelte an den Kosten der effizienten Leistungsbereitstellung orientieren müssen. Dies ist der Weg, der im deutschen Telekommunikationsrecht beschritten wird. Gemäß § 24 Abs. 1 Nr. 1 TKG haben sich die Entgelte des marktbeherrschenden Unternehmens an den Kosten der effizienten Leistungsbereitstellung zu messen. § 3 Abs. 1 TEntgV konkretisiert diesen Begriff. Danach ergeben sich

> "Die Kosten der effektiven Leistungsbereitstellung [...] aus den langfristigen zusätzlichen Kosten der Leistungsbereitstellung und einem angemessenen Zuschlag für leistungsmengenneutrale Gemeinkosten, jeweils einschließlich einer angemessenen Verzinsung des eingebrachten Kapitals, soweit diese Kosten jeweils für die Leistungsbereitstellung notwendig sind."

Die Preismissbrauchskontrolle nach deutschem Recht enthält Elemente einer solchen Effizienzorientierung. Der im Rahmen der Vergleichsmarktbetrachtung ermittelte Wettbewerbspreis ist für den monopolistischen Netzbetreiber nämlich auch dann bindend, wenn die von ihm geltend gemachten Kosten darüber liegen. Etwas anderes gilt nur, wenn er die Abweichung sachlich rechtfertigen kann. Dies ist nur dann der Fall, wenn auch bei ordnungsgemäßer Kostenzuordnung und Ausschöpfung etwaiger Rationalisierungsreserven Einnahmen erzielt würden, die die Selbstkosten nicht decken.[1114]

Zur Überprüfung, ob die Kosten der Unternehmen der rationellen Betriebsführung entsprechen, erwägen die Kartellbehörden Benchmarking-Methoden nutzbar zu machen.[1115] Dabei wird im Rahmen der Vergleichsmarktbetrachtung ein Effizienzvergleich der Unternehmen im Hinblick auf ihre Kosten- und Leistungsstruktur unter Korrektur um strukturelle Unterschiede, die sie nicht zu verantworten haben, durchgeführt.[1116] Durch ökonomische Vergleichsmethoden können die strukturell bedingten Effizienzgrenzen der jeweiligen Unternehmen ermittelt werden. In diesem Rahmen berücksichtigt die Vergleichsmarktbetrachtung dann die individuellen Effizienzpotentiale der Unternehmen. Als Methode eines solchen Benchmarking wird die ökonometrische Stochastic Frontier Analysis oder die nicht parametrische Data Envelopment Analyse (DEA)[1117] herangezogen. Dabei werden zunächst die effizientesten Unternehmen identifiziert. Dann werden alle weiteren Unternehmen mit einem virtuellen Unternehmen mit identischen Strukturbedingungen verglichen. Diese virtuellen Unternehmen werden aus einer Linearkombination der zuvor effizientesten strukturell vergleichbaren Unternehmen bestimmt. Riechmann hat durch Anwendung der

---

[1113] *Schultz*, in: Langen/Bunte, § 19 GWB, Rn. 108.

[1114] *Arbeitsgruppe Netzzugang*-Bericht, S. 21, kritisch: *Böhnel*-Netznutzungsentgelt, in: RdE 2001, 176 180f.] und *Klaue*-Liberalisierung, in: BB 2002, 162 [164].

[1115] *Arbeitsgruppe Netzzugang*-Bericht, S. 14.

[1116] *Arbeitsgruppe Netzzugang*-Bericht, S. 14.

[1117] *Burns/Davies/Riechmann*-Benchmarking, in: ZfE 1999, 285; *Huggins/Riechmann*-Wettbewerb zwischen den Netzen, in: WWE 02. 2001, 11 [13]; *Riechmann*-Kostensenkungsbedarf, WWE 6/2000, 6 [8]; *Arbeitsgruppe Netzzugang*-Bericht, S. 14.

Data Envelopment Analyse für die Stromverteilungswirtschaft ein Kostensenkungspotential von durschnittlich 15%, teilweise bis zu 40% errechnet.[1118]

Im Telekommunikationsrecht wird zur Berechnung der Kosten der effizienten Leistungsbereitstellung darüber hinaus auch auf analytische Kostenmodelle zurückgegriffen. Diese simulieren durch Berechnung der Kosten für den Aufbau einer effizienten Infrastruktur für die begehrte Leistung (bottom-up Ansatz) oder durch Herauslösung der einzig für die gefragte Dienstleistung notwendigen Kosten aus den Kosten des Netzbetreibers unter Zugrundelegung von Effizienzmaßstäben (top-down Ansatz) die Kosten der effizienten Leistungsbereitstellung.[1119] Das Erstellen analytischer Kostenmodelle erscheint gleichwohl angesichts der Vielzahl von Netzbetreibern als schwieriges Unterfangen.

Mit der Orientierung der Entgelte an den Kosten der effizienten Leistungsbereitstellung geht das Risiko einher, dass die Gasunternehmen ihre Investitionstätigkeiten reduzieren. In Kombination mit der Auferlegung von Investitionspflichten gemäß § 4a EnWG-E ist daher stets darauf zu achten, dass die Preismissbrauchskontrolle Investitionen honoriert.[1120] Der französische Regulator versucht dem durch ein differenziertes Price-Cap Verfahren gerecht zu werden.

(b) Price-Cap

In Frankreich wird jedenfalls in der Elektrizitätswirtschaft dem Netzbetreiber „GRT" in der Anfangsphase ermöglicht, seine Realkosten über die Netznutzungsentgelte abzudecken.[1121] Ein Effizienzdruck soll durch die Anwendung eines Price-Cap Verfahrens nur für die Zukunft erfolgen. In der Gaswirtschaft scheint denkbar, dass ein ähnliches Modell gewählt werden wird, denn auch dort sind nach Art. 10 GasG-E die Realkosten des Unternehmens Ausgangspunkt der Entgeltregulierung.

Beim Price-Cap-Verfahren wird behördlicherseits für eine bestimmte Leistung eine Preisobergrenze festgelegt. Diese entwickelt sich unter Berücksichtigung der Preissteigerungsrate entsprechend einer festgelegten Produktivitätsrate mit der Zeit degressiv. Bleibt das regulierte Unternehmen mit seinen Kosten unterhalb der im Price-Cap Verfahren festgesetzten Höchstgrenze, kann es die Differenz als Gewinn behalten. Ähnlich funktioniert das in den Niederlanden praktizierte Yardstick Competition Verfahren.[1122]

Der französische Expertenbericht zur Tarifierung der Netzentgelte in der Elektrizitätswirtschaft schlägt ein differenziertes Price-Cap-Verfahren vor, um die Investitionstätigkeit des Netzbetreibers nicht zu bremsen. Danach sollen die Netzentgelte für Betrieb und Wartung sowie für die Investitionstätigkeit unterschiedlich reguliert werden. Die auf den Betrieb und die Wartung des Netzes entfallenden Kosten unterliegen danach einer Price-Cap-Regulierung. Die Regulierung soll grundsätzlich für 5 Jahre

---

[1118] vgl. *Riechmann*-Kostensenkungsbedarf, in: WWE 6/2000, 6f.
[1119] vgl. z.B.: *Vogelsang*-Analytische Kostenmodelle in: MMR 1998, 511.
[1120] Zu diesem Konflikt: *Scarpa*-enhance efficiency, in: RE 1998, 400 [404f.].
[1121] *CRE*-rapport Champsaur S. 125.
[1122] *Huggins/Riechmann*-Wettbewerb zwischen den Netzen, in: WWE 02. 2001, 11 [12f.].

erfolgen, in einem ersten Schritt jedoch nur für 3 Jahre, um anschließend durch ein Benchmarking die erreichbare Produktivitätsfortschrittsrate besser bestimmen zu können.[1123] Die Vergütung der Investitionskosten hingegen soll jährlich nach einem "cost-plus"-Verfahren neu bestimmt werden. Dabei wird das tatsächlich eingesetzte Kapital nach den oben beschriebenen Methoden evaluiert, auf die einzelnen Dienstleistungen repartiert und auf die Netznutzungsentgelte umgeschlagen.[1124]

4) Die Entgeltarchitektur

Die Frage der zulässigen Preisarchitektur hängt eng mit der Frage der Angemessenheit der Entgelte zusammen. Zunächst fragt sich, wie transaktionsabhängige und transaktionsunabhängige Kosten geltend gemacht werden können (unten **a.**). Weiter fragt sich angesichts des nicht zu berechnenden Gasflusses, wie die vertraglich vereinbarte Entfernung zwischen Ein- und Ausspeisepunkt im Entgelt berücksichtigt wird (unten **b.**).

(a) Entfernungsunabhängiges Entgeltschema

Einige Kosten des Gastransports fallen mengenabhängig an, während andere transaktionsabhängig anfallen. Die Tarifschemata werden dem in unterschiedlicher Weise gerecht. GDF beispielsweise[1125] berechnet die Transportkosten auf dem Ferntransportnetz im Wesentlichen mengenabhängig und verlangt darüber hinaus ein pauschales jährliches Netzzugangsentgelt. Auf dem regionalen und lokalen Netz werden nur mengenabhängige Entgelte erhoben.

Nach der VV-Gas wird beim Fern- und Regionaltransport gemäß der Punkte 6.1 und 6.2 ein mengenabhängiges Entgelt und ein Entgelt für Systemdienstleistungen erhoben. Allerdings ist auch das Entgelt für die Systemdienstleistungen mengenabhängig. Die Differenzierung dient nur dazu, die Kalkulation transparenter zu gestalten, insbesondere wenn verschiedene Netzteile mit verschiedener Entgelthöhe benutzt werden. Auf der Verteilerebene wird noch ein zusätzliches Arbeitsentgelt erhoben.

Unterschiedlich gehandhabt wird auch die Aufsplittung der fixen und der variablen Kosten. Die französische Expertenkommission beziffert den Anteil der fixen Kosten mit zwischen 80 bis 90 % der Gesamtkosten, während die variablen Kosten den Rest einnehmen.[1126] Die Wiedergabe dieses Verhältnisses im Tarifschema geschieht bei der GDF dadurch, dass die reservierte Kapazität zu 80% das Entgelt bestimmt, und die mit einem anderen Faktor berechnete tatsächlich durchgeleitete Energie zu 20%.[1127] In Deutschland findet diese Differenzierung nicht statt. Nach der VV-Gas bestimmt sich das Durchleitungsentgelt ausschließlich nach der reservierten Kapazität. Unterstellt man die Richtigkeit der Analyse der französischen Expertenkommission erscheint dies missbräuchlich. Denn dem Durchleitungspetenten werden für den

---

[1123] *CRE*-rapport Champsaur, S. 125.
[1124] *CRE*-rapport Champsaur, S. 125.
[1125] vgl. dazu http://transport.gazdefrance.com/offre/offres-fr.pdf. Stand: 30.01.2002.
[1126] *CRE*-tarification gaz, S. 45; http://transport.gazdefrance.com/offre/offres-fr.pdf. Stand: 30.01.2002
[1127] *CRE*-tarification gaz, S. 45; http://transport.gazdefrance.com/offre/offres-fr.pdf. Stand: 30.01.2002.

Fall, dass er nicht die gesamte Reservierungskapazität in Anspruch nimmt, Kosten auferlegt, die dem Netzbetreiber teilweise, also in Höhe von 10-20%, gar nicht entstanden sind. Diese Kosten können nicht angemessen sein.

(b) Entfernungsabhängige Entgeltkomponente

Hinsichtlich der Berücksichtigung des Weges des Gastransportes kommen in der Gaswirtschaft unterschiedliche Modelle parallel zur Anwendung. Es sind das sogenannte „Briefmarkenmodell", das nach der VV-Gas in Deutschland auf der regionalen und lokalen Ebene zur Anwendung gelangen soll (unten **bb.**), das entfernungsabhängige Modell, welches in Frankreich generell und in Deutschland für Ferntransporte zur Anwendung kommt (unten **cc.**), sowie ein nach Ein- und Ausspeisepunkten differenzierendes Modell, welches vor allem in England gewählt wurde (unten **dd.**). Unzulässig ist jedenfalls ein viertes sogenanntes Zonenpreismodell, wie es in der Stromwirtschaft zeitweise praktiziert wurde (unten **aa.**).

(aa) Zonenpreissystem

Durch Punkt 2.2.4 der VV-Strom II wurden in Deutschland eine nördliche und eine südliche Handelszone gebildet, die in ihrem jeweiligen Umfang den Übertragungsnetzen der großen Stromtransportunternehmen entsprach. Alle Netzkunden wurden einer Handelszone zugeordnet. Bei einem Energieaustausch zwischen den Handelszonen war für den viertelstündigen Saldo der ausgetauschten Energiemengen ein Transportentgelt von 0,25 Pf/kWh zu zahlen (T-Komponente). Analoge Entgelte sollten an den Kuppelstellen des deutschen Netzes von und zum Ausland erhoben werden. Die T-Komponente war als Zuschlag zu dem regulären Transportentgelt gedacht. Dadurch wurden die Energieversorgungsunternehmen dazu verleitet, ihre jeweiligen Aktivitäten auf ihre Handelszone zu beschränken. Die Regelung hatte den Charakter einer Marktaufteilung und sah sich daher von Anfang an der Kritik der Kartellbehörden ausgesetzt.[1128] Die Fusionen VEBA-VIAG[1129] und RWE/VEW[1130] wurden daraufhin von der Kommission bzw. dem Bundeskartellamt nur unter der Auflage des Verzichts auf die Erhebung der T-Komponente freigegeben. In der Folge wurde die T-Komponente dann für ganz Deutschland aufgegeben.

(bb) Briefmarkensystem

Bei dem Briefmarkensystem wird der Erdgastransport durch eine entfernungsunabhängige Pauschale vergütet. Die VV-Gas sieht eine solche Tarifierung für den regionalen und lokalen Gastransport vor. Gemäß Punkt 6.2 der VV-Gas definieren die Netzbetreiber für die in ihrem Eigentum stehenden Netze eine oder mehrere Ausspeiseregionen. Diese können sich an dem tatsächlichen physischen Gasfluss oder unterschiedlichen Gasbeschaffenheiten orientieren, dürfen aber nicht willkürlich definiert werden. Für Transporte innerhalb der Ausspeiseregionen wird unter Berücksichti-

---

[1128] Dies hatte das BKartA bei der VV-Strom II kritisiert, "Die Überarbeitung der Verbändevereinbarung stösst auf Probleme", FAZ vom 02.09.1999, S. 26.

[1129] *Kommission*, 13.06.2000 - COMP/M.1673 (VEBA/ VIAG).

[1130] *Bundeskartellamt*, 03.07.2000 - B8-40000-U-309/99 (RWE/VEW).

gung der möglichen Entfernungen ein pauschaler Leistungspreis je transportiertem m^3/h festgelegt („Regionalbriefmarke"), zu dem ein mengenabhängiger Preis für Systemdienstleistungen hinzukommt.

Eine weiteres pauschaliertes Entgelt wird gemäß Punkt 6.3 für die Endverteilung erhoben. Diese „Kommunalbriefmarke" setzt sich zusammen aus einem Arbeitsentgelt, einem Leistungsentgelt und einem Entgelt für Systemdienstleistungen, welches auf Grundlage der durchschnittlichen Kosten gebildet werden soll. Durch den ersten Nachtrag zur Verbändevereinbarung wurde das Tarifschema dahingehend modifiziert, dass bei Transporten durch verschiedene Netze keine Addition von Regionalbriefmarken auf der selben Entgeltstufe erfolgen soll. Auch in Frankreich hat GDF mittlerweile für regionale und lokale Transporte ein Briefmarkenmodell gewählt.[1131]

Der französische Bericht zur Tarifierung des Netzzugangs in der Gaswirtschaft beurteilt das Briefmarkenmodell grundsätzlich positiv hinsichtlich seiner Einfachheit, Transparenz, Nichtdiskriminierung, Kostengerechtigkeit bei kleinen Regionen sowie der Entwicklung eines Sekundärmarktes. Kritisiert wird der Effekt der Regionalbriefmarke als Eintrittsbarriere, der die Kompatibilität mit anderen Entgeltsystemen in Frage stelle.[1132]

(cc) Punkt-zu-Punkt Entgeltmodell

Das Punkt-zu-Punkt Entgeltmodell ist streng entfernungsabhängig. Hierbei wird das Entgelt unter Zugrundelegung der Distanz des vertraglich vereinbarten Transports zwischen dem Ein- und Ausspeisepunkt berechnet (Kontraktpfad). Nach Punkt 6.1 der VV-Gas wird dieses System für die überregionale Ferngasversorgung gewählt. Das Entgelt (€/Jahr) für die vereinbarte Transportkapazität entspricht dem Produkt zwischen dem spezifischen Leistungspreis der jeweiligen nennweitenspezifischen Leitungsgruppe (€/(m^3_N/h)/km/a) mit der maximal nutzbaren Stundenleistung (m^3_N/h) und mit der tatsächlichen Leitungsstrecke (km) zwischen Einspeisung und Ausspeisung. Zur Vereinfachung werden die Leitungen in fünf Leitungsgruppen zusammengefasst. Hinzu kommt ein Entgelt für Systemdienstleistungen.

GDF berechnet in Frankreich das Entgelt für Ferntransporte nach einer Kombination zwischen einem entfernungsabhängigen Modell mit einem Briefmarkenmodell. Die Transportentgelte werden dabei nicht streng auf der Basis der realen Entfernungen zwischen Ein- und Ausspeisepunkt, sondern auf der Basis der Anzahl durchlaufener Streckenabschnitte berechnet, in die GDF sein Transportnetz eingeteilt hat. Dabei wird jedem Streckenabschnitt ein Faktor zugeordnet, der mit einer Grundgebühr je MWh zu multiplizieren ist, um das Entgelt für den jeweiligen Streckenabschnitt zu ermitteln.

Die Kommission kritisiert das streng entfernungsabhängige Entgeltmodell, da es unberücksichtigt ließe, dass die so ermittelten Entgelte wegen des tatsächlichen Gas-

---

[1131] Vgl. http://transport.gazdefrance.com/offre/offres-fr.pdf. Stand: 30.01.2002.
[1132] *CRE*-tarification gaz, S. 86ff., 95.

flusses oftmals nicht den realen Kosten entsprechen.[1133] Würde man aber auf den physischen Fluss abstellen, was technisch kaum möglich wäre, wären die Resultate unangemessen. Denn dann müssten Transportleistungen über lange Distanzen wegen der unter Umständen faktisch nur kurzen Gasflussstrecken ähnlich fakturiert werden wie Transportleistungen über kurze Distanzen. Das würde letztlich zu einem Einheitstarif führen würde.

Ein im Auftrag des Bundeswirtschaftsministeriums erstelltes Gutachten weist auf die Schwierigkeiten im Zusammenhang mit der Vertragsabwicklung bei der Berechnung entfernungsabhängiger Entgelte hin.[1134] Denn hierbei muss für jedes in Anspruch genommene Netzteil eine Reservierung erfolgen und die Ein- und Ausspeisemenge kontrolliert werden. Deswegen wird sich bei einem derartigen Entgeltsystem auch kein effektiver Sekundärmarkt entwickeln können.[1135] Etwas anderes würde nur gelten, wenn die Unternehmen darauf verzichten würden, das Entgelt für spezifische Einzelleistungen wie Streckenabschnitte oder Nennweiten zu erheben.[1136]

Das streng entfernungsabhängige Entgeltmodell führt zu komplizierten Vertragsverhandlungen, hohen Transaktionskosten und macht ein Massegeschäft kaum möglich.[1137] Insbesondere ist der Börsenhandel von Energie in diesem System unmöglich, da die Transaktionskosten nicht im vornherein hinreichend transparent berechenbar sind und die Anonymität des Börsenhandels nicht gewahrt werden kann.[1138] So hat in der Stromwirtschaft erst die auf einem transaktionsunabhängigen Punktmodell aufbauende VV-Strom II die Voraussetzungen für den für die Flexibilität der Unternehmen und damit letztlich für die Versorgungssicherheit wichtigen Börsenhandel geschaffen.[1139]

(dd) Einspeise- Ausspeise-Modell

Bei dem in Großbritannien und Irland angewandten Einspeise-/Ausspeise-Modell wird ein spezifisches volumenabhängiges Entgelt für einen Einspeisepunkt und entsprechend für einen Ausspeisepunkt erhoben.[1140] Die Distanz zwischen Ein- und Ausspeisepunkt spielt hierbei unmittelbar keine Rolle,[1141] so dass die Tarife eine gewisse Pauschalisierung erfahren. Teilweise wird argumentiert, dass dieses Modell nur bei einem engmaschigen Netz die realen Kosten wiederspiegele und bei einem Gassystem mit stark unterschiedlichen Fließrichtungen zu Verzerrungen führe.[1142] Den strukturellen Besonderheiten kann jedoch durch unterschiedliche Preisgestaltung für bestimmte Ein- und Ausspeisepunkte in gewisser Weise Rechnung getragen werden,

---

[1133] Schreiben der Kommission an den VDEW vom 03.08.1998 (Az: IV/E-r/36.887), zitiert von *Börner*-private Normierungen, in : RdE 2000, 94 [96], so auch: *Riechmann*-Gasliberalisierung, in: et 2001, 776 [777],
[1134] *EWI/Bet*-Gutachten-Kurzfassung, S. 4
[1135] vgl. *CRE*-tarification gaz, S. 94.
[1136] *EWI/Bet*-Gutachten-Kurzfassung, S. 5.
[1137] *Zander/Borowka/Wußing*-VV-Gas, in: et 2000, 712 [715].
[1138] Zu diesen Voraussetzungen, *Barth*-Strombörse, in: RdE 2000, 139 [142f.].
[1139] vgl. *Barth*-Strombörse, in: RdE 2000, 139 [144].
[1140] Vgl. *CRE*-tarification gaz, S. 42.
[1141] *Soergel*-Gutachten, S. 35ff., 39.
[1142] *CRE*-tarification gaz, S. 93.

so dass das Modell wegen seiner Einfachheit und Transparenz insgesamt viele Vorteile aufweist.[1143]

C. Die allgemeinen Vertragsbedingungen

Auch die Bedingungen, zu denen der Netzzugang erfolgen muss, werden von der Gasrichtlinie nicht erläutert. Beurteilungsmaßstab muss hier zunächst wiederum das Prinzip des freien Netzzugangs sein. Weitere Beurteilungsmaßstäbe ergeben sich aus der Figur des Konditionenmissbrauchs im Sinne des Art. 82 lit. a) EGV sowie der § 19 Abs. 4 Nr. 2 und Nr. 3 GWB bzw. Art. L 420-2 Code du commerce.

1) Transparenz und Zustandekommen von Verträgen

§ 6a Abs. 6 EnwG-E beabsichtigt, die Gasunternehmen zu verpflichten, ihre wesentlichen geschäftlichen Bedingungen für den Netzzugang zu veröffentlichen. Derselben Verpflichtung unterliegen die Gasversorgungsunternehmen in Frankreich hinsichtlich der genehmigten Tarife gemäß § 10 UA 2 GasG-E. Die Veröffentlichungspflicht nach § 6a Abs. 6 EnWG-E besteht, anders als in der Stromwirtschaft, nicht nur jährlich. Aus § 6a EnWG-E iVm § 242 BGB besteht in jedem Fall die Pflicht zur unverzüglichen Mitteilung des Netznutzungsentgelts im Einzelfall.[1144]

Nach Punkt 3 der Verbändevereinbarung sind die wesentlichen geschäftlichen Bedingungen sowie die Anhaltswerte zur Bestimmung der Entgelte regelmäßig zu veröffentlichen. Nach dem Verständnis der Verbände und der Unternehmen sollen aber selbst diese zu veröffentlichenden Netzzugangskonditionen nicht verbindlich sein, sondern lediglich den Ausgangspunkt für Einzelfallverhandlungen darstellen.[1145]

Durch das Diskriminierungsverbot der §§ 19 Abs. 4 Nr. 3, 20 Abs. 1 GWB sowie der Art. L 420-2 Code de commerce und Art. 82 EGV, sind der unterschiedlichen Behandlungen zwar Grenzen gesetzt, wegen der zu erwartenden Berufung auf individuelle Konstellationen sind diese im Einzelfall aber schwierig nachzuweisen. Das Fehlen von Standardverträgen trägt in erheblichem Maße zur Verlangsamung der Marktöffnung bei. Deswegen hat sich Thyssengas gegenüber der Kommission verpflichtet, Standardverträge für den Netzzugang zu entwickeln und die Netzzugangsentgelte in einer vereinfachten computergestützten Form transparent darzustellen.[1146] GDF gewährleistet diese Bedingungen ebenfalls. Auf ihrer Homepage werden Standardverträge und demnächst eine Software zur Berechnung der Netzzugangsentgelte bereitgehalten.[1147] Auch das Bundeskartellamt hat in seinen Fusionskontrollentscheidungen die Freigabe stets mit der Auflage versehen, dass die beteiligten Unternehmen ihre Standardkonditionen, -tarife und Berechnungsmethoden öffentlich bekannt geben.[1148]

[1143] *Riechmann*-Gasliberalisierung, in: et 2001, 776 plädiert für die Anwendung des Modells auch in Deutschland.
[1144] *Schulz*-Auskunftspflicht, in: et 2001, 399 [401f.] mit Verweis auf Rechtsprechung.
[1145] Vgl. *EWI/BGT*-Gutachten, S. 5.
[1146] *Thyssengas*-Verpflichtungszusage, Punkte A 1, B7.
[1147] http://transport.gazdefrance.com.
[1148] *BKartA*, 28.05.2001 - B8-40000-U-29/01 (EnBW Stadt Schramberg); *BKartA*, 18.05.2001 - B8 - 291/00 (Trienkens Niederrhein/Stadtwerke Viersen); *BKartA*, 03.04.2001 - B8-40000-U-263/00 (Neckarwerke Stuttgart/Stadtwerke Reutlinen) *BKartA*, 26.01.2001 - B8-40000-U-202/00 (EnBW/ Stadtwerke Schwäbisch Gmünd); *BKartA*, 11.10.2001 - B8-

Zur Erhöhung der Transparenz hat der BGW in Erfüllung einer Selbstverpflichtung aus Punkt 3 der VV-Gas eine Gasnetzkarte veröffentlicht, die sich zur Zeit auf dem Stand vom 01.01.1994 befindet.[1149] Diese stellt unter Bezeichnung der Netzbetreiber, Nenndurchmesser, des Nenndrucks und der Verbindungsstellen das Erdgasleitungssystem mit Ausnahme der Endverteilung dar. In den Fusionskontrollentscheidungen hat das Bundeskartellamt die beteiligten Unternehmen darüber hinaus zum Teil zwecks Erhöhung der Transparenz zur Veröffentlichung individueller detaillierter Gasnetzkarten verpflichtet.[1150] Auch Thyssengas hat sich gegenüber der Kommission zur Veröffentlichung einer solchen detaillierten Karte verpflichtet.[1151] GDF behält auf seiner Homepage[1152] zwar auch Netzzugangskarten vor, sie sind jedoch schematisch, dienen lediglich der Entgeltkalkulation und ermöglichen keine Erkenntnisse über die Eigenschaften des Netzes.

Zur Beschleunigung des Vertragsabschlusses sieht die VV-Gas in Punkt 3 vor, dass eine Netznutzungsanfrage innerhalb von 12 Tagen nach Eingang der vollständigen Unterlagen beantwortet werden soll. Sind die Unterlagen nicht vollständig, soll der Netzbetreiber innerhalb von 5 Tagen die notwendigen Vervollständigungen nachfragen. Thyssengas geht hierüber noch insofern hinaus, als das Unternehmen sich zur Entwicklung von zum download bereit stehenden Standardformularen verpflichtet hat und eine Netznutzungsanfrage innerhalb von 12 Tagen nach Eingang der ersten Anfrage beantworten will.[1153]

2) Die Vertragslaufzeit

Die VV-Gas sieht in Punkt 4 vor, dass die Netzzugangsverträge im Regelfall ein zusammenhängendes Jahr oder ein ganzzahliges Vielfaches davon betragen, jeweils beginnend am 01.04. oder am 01.10. eines Jahres. Bei kürzeren Vertragslaufzeiten sollen spezielle Preisvereinbarungen entsprechend der Entgeltmodelle getroffen werden. Auch GDF sieht eine mindestens einjährige Vertragslaufzeit für ihre Netznutzungsverträge vor.

Derartig lange Vertragslaufzeiten sind wettbewerbsbehindernd, da sich der Durchleitungspetent die Vorteile des Wettbewerbs während der langen Vertragslaufzeit nicht zu nutze machen kann. Insbesondere wenn die Vertragslaufszeit, wie von der VV-Gas vorgeschlagen, nur für bestimmte Perioden gelten würde, käme es in dieser Zeit zu einer Erstarrung des Wettbewerbs. Die lange Vertragslaufzeit lässt des weiteren unberücksichtigt, dass es am Markt auch Bedürfnisse für wesentlich kürzere Lieferungen geben mag, etwa wenn ein Kraftwerk kurzfristig Gas für einen Peak-Bedarf einkaufen muss. Aus diesem Grund ist Art. 22 Abs. 3 des französischen Elektrizitätsgesetz, der sogar eine Mindestvertragslaufzeit von 3 Jahren für Netzzugangsverträge

---

400000-U-109/00 (Contigas/Stadtwerke Heide); *BKartA*, 09.08.2000 - B8-40200-U-132/00 (E.ON/ Hein Gas); *BKartA*, 14.10.1999 - B8-40200-U-141/99 (Westfälische Ferngas/ VEW).

[1149] www.gasnetzkarte.de.

[1150] *BKartA*, 09.08.2000 - B8-40200-U-132/00 (E.ON/Hein Gas).

[1151] *Thyssengas*-Verpflichtungszusage, Punkt A 1.

[1152] http://transport.gazdefrance.com.

[1153] *Thyssengas*-Verpflichtungszusage, Punkte B1 - 6.

von zugelassenen Kunden vorsieht, Gegenstand eines Vertragsverletzungsverfahrens der Kommission gewesen.[1154] Auch die Gasrichtlinie beschränkt den Netzzugang in keiner Weise zeitlich.

Die CRE betont in ihren Vorschlägen zur Tarifierung des Netzzugangs bei Elektrizität, dass eine einjährige Vertragslaufzeit gerechtfertigt sein könnte, da eine sehr kurze Vertragslaufzeit wegen ständig wechselnder Netzauslastung die Kosten unkalkulierbar werden ließe.[1155] Dies gilt freilich nur, wenn es eine Vielzahl von kurzfristigen Verträgen gäbe, durch die die Netzauslastung ständig erheblich verändert werden würde. Das ist aber kaum zu erwarten, weswegen die Annahme theoretisch bleibt. Soweit kurzfristige Verträge im Einzelfall zu höheren Kosten führen, wäre dies über ein höheres Durchleitungsentgelt abzudecken. Grundsätzlich aber muss der marktbeherrschende Netzbetreiber auch kurzfristige Verträge anbieten. Entsprechend hat sich auch Thyssengas gegenüber der Kommission verpflichtet, Durchleitungsverträge mit einer Laufzeit ab einem Tag anzubieten.[1156]

3) Bündelung von Verträgen / Verkauf von Kapazitäten

Die Bündelung von Verträgen ist in der VV-Gas nicht ausdrücklich vorgesehen. Thyssengas hat sich hingegen gegenüber der Kommission verpflichtet, seinen Kunden zu gestatten, die erworbenen Durchleitungsrechte zu ihrem eigenen Nutzen in Form eines Kapazitätsportfolios zu verwenden. Dies kann geschehen, indem bei Kapazitätsbuchungen der Bedarf mehrerer Kunden gebündelt wird oder der eigene Kapazitätsbedarf mit dem anderer Lieferanten zusammengefasst wird.[1157] Analog dazu hat sich Thyssengas verpflichtet, auch den Handel mit Durchleitungsrechten zu ermöglichen.[1158]

4) Die Vertragsstrafenregelung

In den Durchleitungsverträgen wird in der Regel zunächst eine bestimmte Transportkapazität für einen bestimmten Zeitpunkt und eine bestimmte Leitung reserviert. Überschreitet der Kunde die vereinbarte maximale Stundenleistung um mehr als 2%, so sieht die VV-Gas in den Punkten 6.1, 6.2, 6.3 vor, dass hierfür ein Entgelt auf der Basis des erhöhten bzw. mehrfachen Leistungspreises berechnet wird. Auch GDF sieht eine solche Vertragsstrafe vor. Nach Art. 5.1, 5.2 des Standard-Netznutzungsvertrages (contrat d'acheminement) wird eine Vertragsstrafe aber erst bei einer Überschreitung der maximalen Stundenleistung um mehr als 10%, bzw. der maximalen täglichen Leistung um mehr als 3% fällig. Je höher die Abweichung ist, desto gewichtiger wird die Vertragsstrafe. In den Monaten Dezember bis Februar wird ein zusätzlicher Aufschlag berechnet.

[1154] Vgl. *Kommission*, Pressemitteilung vom 13. 06. 2000, IP/00/614, das Verfahren wurde nach Zusagen Frankreichs wieder eingestellt vgl. *Batail*-bilan, in: RE 2001, 289 [290].
[1155] www.cre.fr
[1156] *Thyssengas*-Verpflichtungszusage Punkt B 10.
[1157] *Thyssengas*-Verpflichtungszusage, A6.
[1158] *Thyssengas*-Verpflichtungszusage, C3.

Die wettbewerbsrechtliche Beurteilung hängt davon ab, wie wahrscheinlich die Überschreitung der reservierten Kapazität ist. Die CRE hat in einer Pressemitteilung vom 06. September 2000 für den Transport von Elektrizität mitgeteilt, dass die dort vom Netzbetreiber vorgesehene Toleranzschwelle von 5% Schwankung wegen ihrer wettbewerbsbehindernden Wirkung sofort auf 10% ausgedehnt werden müsse.[1159] Erst oberhalb dieser Schwelle könne RTE ein erhöhtes Transportentgelt verlangen. Zwar mag diese Beurteilung nicht ohne weiteres auf die Gaswirtschaft übertragbar sein, doch scheint jedenfalls das undifferenzierte System der VV-Gas unangemessen.

5) Der Bilanzausgleich

Um die Druckverhältnisse in den Gasnetzen stabil zu halten und keine Engpässe zu erzeugen, wird grundsätzlich eine zeitgleiche Ein- und Ausspeisung in Gasnetze angestrebt. Im Bereich des Verteilernetzes tritt das Problem nicht auf, da es wegen der dort üblichen Drucksteuerung nicht zu einer Übernahme von Mehrmengen kommt,[1160] das heisst, das Netz nimmt nur die Menge Gas auf, die auch entnommen wird. Dadurch wird das Bilanzierungsproblem hier auf die Transportstufe verlagert. Nach der Anlage „Bilanzausgleich" der VV-Gas und Art. 6 des Standard-Netznutzungsvertrages von GDF geht die Einhaltung des Gleichgewichts von Ein- und Ausspeisung mittels eines Bilanzausgleichs zu Lasten des Kunden.

Im Rahmen der VV-Gas wird ihm eine kumulierte Schwankung von 15% der vereinbarten maximalen Stundenleistung zugestanden. Sie kann sowohl aus einer im Vergleich zur Ausspeisung höheren Einspeisung als auch aus einer im Vergleich zur Einspeisung höheren Ausspeisung bestehen. Die maximal nutzbaren Stundenleistungen dürfen dabei in keinem Fall überschritten werden. Werden die Flexibilitätsgrenzen überschritten, so hat der Durchleitungspetent die Differenz mit einem vertraglich zu vereinbarten Entgelt zu vergüten. Durch den ersten Nachtrag zur Verbändevereinbarung wurde vorgeschlagen, dem Durchleitungspetenten bei einer höheren Bilanzdifferenz den Bilanzausgleich mittels eines (virtuellen) kostenpflichtigen Speicherzugangs zu ermöglichen.

In Frankreich fällt die Behinderungswirkung durch die Flexibilitätsgrenzen schwächer aus, da die Bilanzierung täglich und transaktionsungebunden für die gesamte Liefermenge eines Lieferanten erfolgt. Die Toleranzschwelle liegt dabei für Lieferungen bis zu 1000 MWh/Tag bei 20% und für die darüber hinausgehende Menge bei 5%.[1161] Hinzu tritt ein kumulierter monatlicher Bilanzausgleich. Er darf die nach obiger Berechnung bestimmte maximal tolerierte Abweichung nicht um mehr als das dreifache überschreiten. Die darüber hinausgehenden Mengen sind gesondert zu vergüten.

Die Einhaltung der Flexibilitätsmargen ist überhaupt nur dann möglich, wenn bei den zu beliefernden Kunden eine zeitnahe Messung und Erfassung der Einspeise- und

[1159] *CRE*-Pressemitteilung vom 06.09.2000, « La Commission de Régulation de l'Électricité annonce de nouvelles mesures pour faciliter l'accès au réseau électrique de transport », , http://www.cre.fr.

[1160] Vgl. 2. Nachtrag zur VV-Gas, Anlage Einbeziehung der Haushaltskunden, a.E.

[1161] Transport.gazdefrance.com

Ausspeisewerte erfolgen kann und die Einspeisung hieran angepasst wird.[1162] Bei Haushaltskunden ist das schon gar nicht möglich. In dieser Erkenntnis wurde durch den zweiten Nachtrag zur VV-Gas vereinbart, dass die Abwicklung der Netzzugangsbegehren von nicht-leistungsgemessenen Kunden für die Heizperiode 2001/2002 auf der Basis von Standard-Lastprofilen erfolgen soll.

Die wettbewerbsrechtliche Beurteilung der Bilanzierungsregel hängt von ihrer Behinderungswirkung ab. Problematisch ist hierbei in Deutschland, dass die Flexibilitätsgrenzen nach der VV-Gas transaktionsgebunden sind und in der Regel auf stündlicher Basis berechnet werden.[1163] In ihrer Analyse der Verbändevereinbarung haben das energiewirtschaftliche Institut an der Universität Köln (EWI) und das Büro für Energiewirtschaft und Technische Planung (BET) festgestellt, dass bei kommunaler Abnahmestruktur die in Anspruch genommene Flexibilität bei täglicher transaktionsgebundener Bilanzierung maximal 7,5% der bestellten Tageshöchstmenge beträgt, bei stündlicher transaktionsgebundener Bilanzierung aber bis zu 35%.[1164] Einer genaueren Anpassung der Liefermengen an die tatsächlichen Abnahmemengen sind strukturelle Grenzen gesetzt, da stündliche Einspeisefahrpläne auf den vorgelagerten Stufen des Imports und der Produktion unüblich sind.[1165] Damit stellt die stündliche Bilanzierung jedenfalls bei einer Flexibilitätsmarge von 15% eine erhebliche Beeinträchtigung der Wettbewerber dar, da sie zur Verteuerung der Lieferung führt.[1166] Diese Behinderung scheint auch nicht gerechtfertigt, soweit die Speicherleistung des Netzes eine höhere Abweichung verkraften kann. Die Beweislast dafür, dass dies nicht der Fall ist, trägt der Netzbetreiber nach allgemeinen Regeln der Beweislastverteilung.

Ein Modell für eine wettbewerbsfreundliche Lösung hat Thyssengas in seiner Verpflichtungszusage aufgezeigt. Danach obliegt dem Durchleitungspetenten nicht mehr die Einhaltung der Flexibilitätsgrenzen zu sichern. Vielmehr übernimt Thyssengas als Netzbetreiber selbst das kostenlose Absteuern von Gasmengen des Netzzugangskunden am Ein- und Ausspeisepunkt.[1167] Dies macht eine ex-ante Nominierung der Gasdurchleitungsmengen unnötig. Mangels Gas-Differenzmengen wird der Durchleitungspetent auch nicht mehr mit Gebühren für den Bilanzausgleich belastet. Alternativ bietet Thyssengas das bestehende ex-ante Nominierungsverfahren mit einer stündlichen Flexibilitätsgrenze von 25% an.[1168]

6) Kompatibilität

Nach Punkt 3 der VV-Gas soll unterschiedliche Gasbeschaffenheit in der Regel keinen Grund zur Verweigerung des Netzzugangs darstellen. Das hat das Bundeskartellamt in der Fusionskontrollentscheidung E.ON/Hein Gas bestätigt.[1169] Nach der Anla-

---

[1162] *EWI/Bet*-Gutachten, S. 27.
[1163] Eine tägliche Bilanzierung wird oft nur gegen Aufpreis zugestanden, vgl. *EWI/Bet*-Gutachten, S. 27ff..
[1164] *EWI/Bet*-Gutachten, S. 28f.
[1165] *EWI/Bet*-Gutachten, S. 29.
[1166] So auch *EWI/Bet*-Gutachten, S. 30.
[1167] *Thyssengas*-Verpflichtungszusage, A5a.
[1168] *Thyssengas*-Verpflichtungszusage, A5b.
[1169] *BKartA*, 09.08.2000 - B8-40200-U-132/00 (E.ON/Hein Gas).

ge „Kompatibilität" der VV-Gas soll der Netzbetreiber dem Durchleitungspetenten im Falle der Inkompatibilität ein Angebot zur Herstellung der Kompatibilität machen. Diesen Weg beschreitet GDF nicht. Nach Art. 10.3 des Standardvertrages Netzzugang hat GDF das Recht, die Aufnahme von Gas in sein Netz zu verweigern, wenn es nicht den vertraglich vereinbarten Qualitätsanforderungen entspricht.

D. Ergebnis

Nachdem der grundsätzliche Anspruch auf Netzzugang nicht in Frage stehen kann, hängt die Effektivität dieses regulatorischen Marktöffnungsmechanismusses davon ab, zu welchen Konditionen der Netzzugang gewährt wird. Die Ausgestaltungen sind dabei vielfältig und undurchschaubar. In Frankreich wird dem Problem durch eine ex-ante Regulierung begegnet. Der Eingriff des Staates in die Privatautonomie der Parteien ist dabei begrenzt, da es den Unternehmen selbst obliegt, Entgelte und Zugangsbedingungen zur Genehmigung zu stellen. In Deutschland ist die Ausgestaltung der Netzzugangsbedingungen in die Hände der Marktkräfte gelegt worden. Es ist ihnen auch 1 ½ Jahre nach der Marktöffnung noch nicht gelungen, praktikable Ergebnisse zu liefern. Die Vorschläge der Verbändevereinbarung sind für die Unternehmen unverbindlich, so dass es in der Praxis immer wieder zu langwierigen Einzelverhandlungen kommt. Die Überprüfung der Konditionen ist ebenfalls kaum möglich, da hierfür noch keine brauchbaren Maßstäbe entwickelt sind. Die Tatsache, dass die größte Dynamik zur Gestaltung marktgerechter Bedingungen noch von den Fusionskontrollverfahren und der Missbrauchsaufsicht durch die Kommission ausgehen, zeigt das Dilemma. Selbst wenn die allgemeine kartellrechtliche Missbrauchsaufsicht in Zukunft stärker instrumentalisiert wird und etwa hinsichtlich des Entgelts Vergleichsmarktbetrachtungen angestellt werden, bleibt dieses System der ex-post Kontrolle langsam und auf den Einzelfall beschränkt. Insbesondere hinsichtlich der Kontrolle der Entgelthöhe ist überdies die gesetzgeberische Entscheidung darüber notwendig, wie ein Ausgleich zwischen dem Interesse niedriger Netznutzungsgebühren und der Sicherung langfristiger Investitionen gewährleistet werden kann.

V. Die Rechtfertigung der Netzzugangsverweigerung

Nach der Gasrichtlinie darf der Netzzugang nur im Rahmen der von ihr ennumerativ aufgezählten Fälle verweigert werden. Hieran haben sich die mitgliedstaatlichen Regeln messen zu lassen. Nach Art. 17 Abs. 1 Gas-RL können Erdgasunternehmen den Netzzugang verweigern, wenn sie nicht über die nötige Kapazität verfügen. Der Kapazitätsengpass stellt einen Unterfall der Unmöglichkeit dar, die zwar nicht ausdrücklich geregelt ist, aber schon aus grundsätzlichen Erwägungen einen Grund für zulässige Netzzugangsverweigerungen darstellt. Denn von niemandem kann verlangt werden, zu erfüllen, was er nicht erfüllen kann (unten **A.**). Nach Art. 17 Abs. 1 der Gasrichtlinie ist eine Netzzugangsverweigerung ebenfalls zulässig, wenn die Gewährleistung des Netzzugangs den Netzbetreiber daran hindern würde, die ihm auferlegten gemeinwirtschaftlichen Verpflichtungen gemäß Art. 3 Abs. 2 zu erfüllen (unten **B.**). Des weiteren verweist Art. 17 Abs. 1 Gasrichtlinie auf den in Art. 25 Abs. 1 näher normierten Rechtfertigungsgrund der ernsthaften wirtschaftlichen und finanziellen Schwierigkeiten im Zusammenhang mit Verträgen mit unbedingten Zahlungsverpflichtungen („take-or-pay"-Verträgen) (unten **C.**). Schließlich findet sich in Art. 19 der Gasrichtlinie mit der Reziprozitätsklausel ein Anhaltspunkt für eine weitere Rechtfertigung der Netzzugangsverweigerung (unten **D.**). Hinsichtlich des Netzzugangs zu vorgelagerten Rohrnetzen ermöglicht die Richtlinie weiter gefasstere Rechtfertigungsgründe. Gemäß Art. 22 Abs. 2 dürfen die Mitgliedstaaten regeln, dass der Netzzugang verweigert werden darf, wenn technische Spezifikationen nicht auf zumutbare Weise miteinander in Übereinstimmung zu bringen sind oder wenn der Netzzugang die Effizienz der laufenden Kohlenwasserstoffgewinnung beeinträchtigen würde oder wenn der Netzbetreiber sonstige ausreichend belegte und angemessene Erfordernisse geltend macht. Da die nationalen Umsetzungsgesetze hierfür keine speziellen Normen vorsehen, soll auf die speziellen Verweigerungsgründe nur am Rande eingegangen werden.

A. Rechtfertigung durch Unmöglichkeit

Der Rechtfertigungsgrund der Unmöglichkeit im weiteren Sinne ist der von den Netzbetreibern am häufigsten instrumentalisierte Grund. Eine Auslegung des Begriffs bleibt unergiebig (unten **1.**), so dass sich hierzu erst eine Kasuistik herausbilden muss (unten **2.**).

1) Die gesetzgeberische Ausgestaltung der Unmöglichkeit

Der von der Richtlinie verwandte Begriff der Unmöglichkeit ist vage (unten **a.**) und findet weder im französischen Gasgesetz (unten **b.**), noch in den deutschen Normen eine befriedigende Konkretisierung (unten **c.**).

(a) Der Begriff der Unmöglichkeit in der Gasrichtlinie

Den Rechtfertigungsgrund der Unmöglichkeit kennt die Gasrichtlinie nur in Form der fehlenden Kapazität des Netzbetreibers für die durchzuleitende Gasmenge. Der Begriff ist eng zu verstehen. Insbesondere sind Restkapazitäten diskriminierungsfrei zu vergeben (unten **aa.**). Es ist auch davon auszugehen, dass die Richtlinie die Verweigerung mit dem Hinweis auf technische Unmöglichkeit zulässt, die Anforderungen hieran sind jedoch sehr hoch (unten **bb.**).

(aa) Auslegung des Begriffs des Kapazitätsengpasses unter dem Blickwinkel des Diskriminierungsverbots

Der Rechtfertigungsgrund fehlender Kapazität wirft die Frage auf, wann von einem Kapazitätsengpass auszugehen ist. Dabei sind zwei Fälle zu unterscheiden. Soweit Kapazitäten bereits verbindlich reserviert sind, bestehen wegen dieser vertraglichen Verpflichtung in dem Umfang der Reservierung keine freien Leitungskapazitäten mehr (unten **i.**). Soweit auch bei Berücksichtigung der Reservierungen noch Reservekapazitäten bestehen, gilt hinsichtlich ihrer Verteilung hingegen das Nichtdiskriminierungsverbot (unten **ii.**).

(i) Reservierte Kapazitäten

Nach Auffassung des Rates und der Kommission liegt keine Diskriminierung vor, wenn der Netzbetreiber reservierte Leitungskapazitäten bevorzugt berücksichtigt.[1170] Dies entspricht dem Gebot der Vertragstreue. Allerdings darf dies nicht dazu führen, dass Netzbetreiber sich pauschal Leitungskapazitäten selbst reservieren, ohne einen konkreten Bedarf dafür zu haben. Dies käme einer Ausnutzung ihrer marktbeherrschenden Stellung gleich. In diesem Fall sind Kapazitäten gegebenenfalls nach vernünftigem Ermessen verfügbar zu machen.[1171] Thyssengas hat sich deswegen gegenüber der Kommission verpflichtet, den Netzzugang trotz bestehender Reservierungen der internen Gashandelsabteilung auch dann anzubieten, wenn an den reservierten Kapazitäten kein weiteres bzw. aktuell berechtigtes Interesse mehr besteht.[1172] Bestehen keine ausreichenden Kapazitäten für die gesamte Dauer des begehrten Netzzugangs, so hat der Netzbetreiber jedenfalls einen anteiligen oder unterbrechbaren Netzzugang anzubieten.[1173] Dieser Pflicht wird Thyssengas durch das Angebot eines unterbrechbaren Netzzugang gerecht.[1174]

(ii) „Freie" Kapazitäten

Hat der vertikal integrierte Netzbetreiber hingegen noch freie Kapazitäten, fragt sich, inwieweit er den eigenen Bedarf seiner Gashandelsabteilung bevorzugt befriedigen darf. Die Beantwortung der Frage hängt davon ab, ob die Gasrichtlinie ein Nichtdiskriminierungsgebot zwischen dem vertikal integrierten Netzbetreiber und den Wettbewerbern etabliert. In Art. 14 schreibt die Gasrichtlinie lediglich vor, dass die Systeme des Netzzugangs nach objektiven, transparenten und nichtdiskriminierenden Kriterien gehandhabt werden müssen. Das Diskriminierungsverbot erstreckt sich damit auch auf die Vergabe von freien Leitungskapazitäten. Hinsichtlich der Frage, ob sich diese Gleichbehandlungspflicht auch auf die eigene Vertriebs- und Transportsparte erstreckt, trifft die Gasrichtlinie allerdings keine ausdrückliche Regelung.

In seiner Entscheidung "Berliner Gasdurchleitung"[1175] hat das Bundeskartellamt dieses Prinzip gegen die Auffassung Büdenbenders[1176] überzeugend aus der Elektrizitätsrichtlinie abgeleitet. Dabei argumentierte das Bundeskartellamt auch mit dem in Art. 7 Abs. 6 der Elektrizitätsrichtlinie vorgesehenen unternehmerischen Unbundling. Danach ist der Betrieb des Übertragungsnetzes als eigene Betriebsabteilung, getrennt von Erzeugung und Verteilung sowie von den übrigen nicht mir ihr zusammenhängenden Tätigkeiten, zu führen. Der Übertragungsnetzbetreiber soll sich gemäß Art. 7 Abs. 5 der Elektrizitätsrichtlinie jeglicher Diskriminierung gegenüber den Netzbenutzern, insbesondere zugunsten seiner Tochterunternehmen, enthalten. Den Begriff des

---

[1170] Vgl. Erklärung 88/98 zu Art. 17 der Gaarichtlinie.
[1171] Vgl. Erklärung 88/98 zu Art. 17 der Gasrichtlinie.
[1172] Verpflichtungszusage, C 1b).
[1173] vgl. *BKartA*, 22.12.1998 – B8-40100-T-248/98 (Abmahnschreiben gegen Elektromark)-, zitiert bei *Theobald/Theobald*-Grundzüge, S. 201.
[1174] *Thyssengas*-Verpflichtungszusage C 2.
[1175] *BKartA*, B. v. 30.08.1999 - B8-40100-T-99/99 („Berliner Stromdurchleitung") -, WuW/E DE-V 149 [154f.].
[1176] *Büdenbender*-Durchleitung, in: RdE 1999, 1 [2].

Nutzers definiert das Bundeskartellamt funktionell, unabhängig davon, ob der Nutzer der Gesellschaft des Netzbetreibers angehört.[1177]

Das Unbundling in der Gasrichtlinie geht hingegen nicht über die buchhalterische Trennung hinaus. Gleichwohl lässt sich auch aus der Gasrichtlinie ein Nichtdiskriminierungsgebot zwischen unternehmensinterner Vertriebsabteilung und dritten Unternehmen ableiten.[1178] In Erwägungsgrund 11 wird bereits festgestellt, dass Erdgasunternehmen in aller Regel das Recht haben, tätig sein zu können, ohne diskriminiert zu werden. Das Prinzip des diskriminierungsfreien Netzzugangs findet sich neben Art. 14 auch schon in Erwägungsgrund 24. Vor allem aber sieht Art. 7 Abs. 2 vor, dass jedes Fernleitungs-, Speicher- und/oder LNG-Unternehmen auf jeden Fall jegliche diskriminierende Behandlung von Netzbenutzern oder Kategorien von Netzbenutzern, insbesondere zugunsten ihrer verbundenen Unternehmen, unterlassen muss. Art. 10 Abs. 2 regelt dies analog für Verteiler- und Versorgerunternehmen. Die Vorschriften des Art. 13 über die buchhalterische Trennung wurden gemäß Art. 13 Abs. 3 und Erwägungsgrund 22 geschaffen, um Diskriminierungen und Wettbewerbsverzerrungen zu vermeiden. Dies bringt klar die Überzeugung des europäischen Gesetzgebers zum Ausdruck, dass eine Diskriminierung auch zwischen dem integrierten Unternehmen selbst und seinen Wettbewerbern stattfinden kann. Auf dieser Befürchtung fußt auch die Verpflichtung aus Art. 11 zur informatorischen Trennung. Insofern findet sich in der Gasrichtlinie der gleiche Gedanke wie in der Elektrizitätsrichtlinie, mit der Ausnahme, dass hieraus nicht die strukturellen Konsequenzen gezogen werden. Die Elektrizitätsrichtlinie zieht diese strukturellen Konsequenzen im Übrigen nur für den Übertragungsnetzbetreiber. Für den Betrieb des Verteilernetzes fehlt eine Art. 7 Abs. 6 Elektrizitätsrichtlinie entsprechende Norm. Es wäre aber inkohärent, deshalb anzunehmen, dass in der Elektrizitätswirtschaft die diskriminierungsfreie Vergabe von Netzkapazitäten nur auf der Übertragungsnetzebene, nicht aber auf der Verteilernetzebene zu erfolgen hätte.

Büdenbender argumentiert, dass das Prinzip der Nichtdiskriminierung (der Elektrizitätsrichtlinie) allenfalls zwischen den aktuellen Nutzern, nicht aber zwischen tatsächlichen und potentiellen Nutzern existiere.[1179] Diese Argumentation wird getragen von der Definition des in Art. 7 Abs. 2 und Art. 10 Abs. 2 Gas-RL verwandten Begriff des Netznutzers in Art. 2 Nr. 19 Gas-RL als "jede natürliche oder juristische Person, die in das Netz einspeist oder daraus versorgt wird." Diese rein dem Wortlaut verhaftete Auslegung verkennt aber, dass sich das Nichtdiskriminierungsgebot nicht ausschließlich aus Art. 7 Abs. 2 und 10 Abs. 2 Gas-RL, sondern vor allem aus Art. 14 Gas-RL ergibt. Diese Norm verwendet den Begriff des Nutzers gar nicht. Diese Auslegung verkennt auch den Sinn und Zweck der Richtlinie. Denn die Gasrichtlinie will Wettbewerb in monopolisierten Märkten schaffen. Dies ist nur dann möglich, wenn potentiellen Nutzern der Zugang zu bisher verschlossenen Märkten geöffnet wird. Die Argumentation Büdenbenders ist in sich auch nicht kohärent. Sie würde zu dem

---

[1177] *BKartA*, B.v. 30.08.1999 - B8-40100-T-99/99 („Berliner Stromdurchleitung")-, WuW/E DE-V 149 [155].
[1178] Anders: *Birnbaum*-Gasdurchleitung, in: et 2001, 780 [782] unter Berufung auf schwächere Unbundling Pflichten.
[1179] *Büdenbender*-Durchleitung, in: RdE 1999, 1 [2].

Paradox führen, dass einem erstmaligen Durchleitungspetenten der Netzzugang mit dem Hinweis auf reservierte Kapazitäten des Netzbetreibers verweigert werden könnte, wohingegen der Netzbetreiber seine freien Kapazitäten mit einem aktuell durchleitenden Unternehmen teilen müsste. Für diese Differenzierung gibt es keinen vernünftigen Grund.

(bb) Strenge Anforderungen an die technische Unmöglichkeit

Dass Durchleitungen bei tatsächlicher Unmöglichkeit auch rechtlich nicht erzwungen werden können, muss auch unter der Gasrichtlinie gelten. Wann von tatsächlicher Unmöglichkeit ausgegangen werden kann, wird von der Richtlinie allerdings nicht bestimmt. Die systematische Auslegung ergibt jedoch, dass die Maßstäbe hieran streng sind. Denn nach Art. 23 Abs. 2 lit a) der Gasrichtlinie ist es speziell für den Fall des Zugangs zu vorgelagerten Rohrnetzen in das Belieben der Mitgliedstaaten gestellt, ein Durchleitungsverweigerungsrecht darauf zu stützen, dass technische Spezifikationen nicht auf zumutbare Art und Weise miteinander in Übereinstimmung zu bringen sind. Soweit die Richtlinie es für notwendig erachtet, diesen Verweigerungsgrund in das Ermessen der Mitgliedstaaten zu stellen, lässt sich daraus nur der Umkehrschluss ziehen, dass im Falle des allgemeinen Netzzugangs eine Verweigerung unter Hinweis auf die dafür nötige Anpassung technischer Spezifikationen unzulässig ist. Die daraus resultierende Pflicht zur technischen Anpassung findet ihre Grenze lediglich im Leitungsausbau. Denn die Auferlegung des Leitungsausbaus stellt die Gasrichtlinie beim allgemeinen Netzzugang gemäß Art. 17 Abs. 2 in das Ermessen der Mitgliedstaaten. Damit sind im Ergebnis nur solche Einwände als Rechtfertigungsgrund für die Netzverweigerung wegen Unmöglichkeit zulässig, die das Netz selber betreffen.[1180]

(b) Art. 9 des französischen Gasgesetzes

Der französische Gesetzgeber gibt in Art. 9 Abs. 1 Unterabsatz 1 GasG-E vor, dass jede Netzzugangsverweigerung begründet werden und auf objektiven sowie nichtdiskriminierenden Gründen basieren muss. Die Netzzugangsverweigerung ist dem Durchleitungspetenten und der CREG zu notifizieren, wodurch ihre Kontrollmöglichkeiten noch weiter verstärkt werden. Die Rechtfertigungsgründe werden im Einzelnen abschließend präzisiert. Dem Rechtfertigungsgrund der Unmöglichkeit entspricht der in Art. 9 Abs. 1 Unterabsatz 1 Nr. 1 GasG-E normierte Grund, den Netzzugang aus technischen Gründen zu verweigern, soweit die Durchleitung die technische Integrität und die Sicherheit des Netzes beeinträchtigen würde. Dazu gehört auch die fehlende Kapazität, wie sich mittelbar aus Art. 9 Abs. 1 Unterabsatz 2 GasG-E ergibt. Danach kann die CREG demjenigen Netzbetreiber, der den Netzzugang unter Hinweis auf fehlende Kapazitäten oder technische Schwierigkeiten beim Netzzusammenschluss verweigert, auferlegen, seine Kapazitäten zu erweitern, soweit

---

[1180] Vgl. *Rapp-Jung*, in: RdE 1999, 133 [135], s.a. *Schneider*-Liberalisierung, S. 455f..

dies wirtschaftlich zumutbar ist oder soweit der Durchleitungspetent bereit ist, für die Kosten aufzukommen.[1181]

Art. 9 Abs. 1 Unterabsatz 1 Nr. 2 GasG-E ermöglicht mittelbar eine weitere Präzisierung des Verweigerungsgrunds der Unmöglichkeit. Danach darf ein Netzbetreiber einem Durchleitungspetenten nur dann ein Durchleitungsvorrecht einräumen, wenn dies zur Erbringung von dessen service-public-Verpflichtungen notwendig ist. Im Umkehrschluss bestätigt dies, dass der Netzbetreiber seiner Transport- oder Liefersparte gegenüber dritten Unternehmen keine Vorteile einräumen darf, sondern bestehende Kapazitäten nichtdiskriminierend zwischen sich und den Wettbewerbern aufteilen muss.

(c) Normenvielfalt im deutschen Recht

Im deutschen Recht enthalten sowohl § 6a EnWG-E (unten **aa.**), als auch die VV-Gas (unten **bb.**) und § 19 Abs. 4 Nr. 4 GWB (unten **cc.**) Präzisierungen zu dem Rechtfertigungsgrund der Unmöglichkeit.

(aa) Rechtfertigungsgründe nach § 6a Abs. 1 EnWG-E

§ 6a Abs. 1 EnWG-E definiert sehr allgemein die Rechtfertigungsgründe für eine Netzzugangsverweigerung. Nach dieser Norm findet das Prinzip des diskriminierungsfreien Netzzugangsanspruchs seine Ausnahme in dem Fall, dass der Netzbetreiber nachweist, dass ihm die Durchleitung aus betriebsbedingten oder sonstigen Gründen unter Berücksichtigung der Ziele des § 1 nicht möglich oder nicht zumutbar ist, was er schriftlich zu begründen hat. Aus den Gesetzesmaterialien ergibt sich, dass der Wirtschaftsausschuss einen Fall der Unzumutbarkeit bei mangelnder Netzkapazität oder fehlenden technischen Voraussetzungen für einen störungsfreien Betrieb im Interesse der Versorgungssicherheit annahm.[1182] Damit können nur erhebliche[1183] objektive[1184] Gründe nach einer umfassenden Interessenabwägung[1185] einen Fall der Unzumutbarkeit begründen. Zur richtlinienkonformen Auslegung muss sich der Begriff Unzumutbarkeit an dem von der Gasrichtlinie vorgegebenen Beispiel der fehlenden Kapazität orientieren. Wie bereits dargelegt ist nach der Richtlinie eine Anpassung technischer Einrichtungen bis zur Grenze des Leitungsausbaus den Netzbetreibern zuzumuten, bevor sie sich auf ein Netzzugangsverweigerungsrecht berufen können. Die weitergehende Meinung von Walter/Keussler,[1186] die Energieversorgungsunternehmen seien bei fehlender Kapazität stets zum Netzausbau verpflichtet, um sowohl ihrer Pflicht zur Allgemeinversorgung nach § 10 EnWG wie zur Durchleitung nach § 6a EnWG nachzukommen, würde sich als Verstoß gegen Art. 14 GG darstellen und ist auch von der Gasrichtlinie nicht gedeckt, die die Auferlegung dieser Pflicht gemäß Art. 17 Abs. 2 unter der Einschränkung der wirtschaftlichen Rechtfer-

---

[1181] Vgl. 2. Teil III.B.2).
[1182] Beschlussempfehlung des *Ausschusses für Wirtschaft*, BT-Drs. 13/9211, S. 24.
[1183] *LG Dortmund*, 12.04.2000 - 13 O 36/01 (Kart.) -, ZNER 2001, 101 [103].
[1184] *LG Potsdam*, 02.02.2000 - 51 O 2/00 "Stadtwerke Zehdenick" -, WuW/E DE-R 464 [467].
[1185] *LG Hamburg*, 03.02.2000 - 406 O 17/00 -, RdE 2000, 231 [232].
[1186] *Walter/Keussler*-Zugang zum Netz, in: RdE 1999, 223 [224].

tigung in das Ermessen der Mitgliedstaaten stellt. Weitere Fälle der Fallgruppe der Unzumutbarkeit sind mit der Gasrichtlinie nicht vereinbar.

Die Beweislast für das Vorliegen der Verweigerungsgründe trägt nunmehr der Netzbetreiber,[1187] während unter der bisherigen Rechtslage der Durchleitungspetent darlegen musste, dass dem Netzbetreiber die Durchleitung möglich war.[1188] Diese Verteilung der Beweislast scheint auch vor dem Hintergrund der Richtlinie zwingend, denn nur so kann der Durchleitungspetent effizient sein Recht erlangen.

(bb) Rechtfertigungsgründe nach der VV-Gas

Die Verbändevereinbarung enthält nur wenige Präzisierungen zu dem Netzzugangsverweigerungsrecht. In Punkt 3 heißt es, dass der Netzzugang „im Regelfall" nach transparenten und nichtdiskriminierenden Kriterien zu gewährleisten ist. Fehlende Kompatibilität der Gasqualität soll danach in der Regel keinen Netzzugangsverweigerungsgrund darstellen.[1189] Der erste Nachtrag zu VV-Gas definiert in Punkt 4.2 den Fall des Kapazitätsengpasses als Situation des Vorliegens konkurrierender Netzzugangsanfragen bei unzureichender Transportkapazität. Die Transportkapazität sei zu ermitteln, indem die für Dritte oder das eigene (verbundene) Unternehmen vorzuhaltende Transportkapazität von der Gesamtkapazität subtrahiert wird. In richtlinienkonformer Anwendung kann von einer Pflicht zur Vorhaltung nur bei bestehender Reservierung gesprochen werden. Die Allokation könne nach dem Grundsatz „first committed - first served" erfolgen oder nach dem aus Sicht des Netzbetreibers wirtschaftlich günstigsten Angebot. Damit ermöglicht die VV-Gas eine Art Versteigerungsverfahren für Netzkapazitäten. Die Regeln bleiben insgesamt hinter den verbindlichen Vorgaben der Gasrichtlinie zurück.

(cc) Rechtfertigungsgründe nach § 19 Abs. 4 Nr. 4 GWB

Der neben § 6a EnWG anwendbare § 19 Abs. 4 Nr. 4 GWB enthält eine Reihe weiterer Rechtfertigungsgründe für die Verweigerung des Netzzugangs. So ist nach dieser Vorschrift ein Durchleitungsanspruch nur dann gegeben, wenn es dem Durchleitungspetenten andernfalls nicht möglich ist, auf dem vor- oder nachgelagerten Markt in Wettbewerb zum Netzbetreiber zu treten. Man könnte hieraus ableiten, dass dem Leitungsbau hier der Vorrang vor dem Durchleitungsrecht eingeräumt wird.[1190] Mit der Richtlinie wäre das nicht zu vereinbaren. Das LG Nürnberg-Fürth hat dies nicht erkannt und jedenfalls geprüft, ob es dem Gasdurchleitungspetenten zeitlich und bei vernünftiger kaufmännischer Betrachtung möglich wäre, ein eigenes Transportnetz zu errichten.[1191]

§ 19 Abs. 4 Nr. 4 GWB verlangt zur Begründung des Durchleitungsanspruchs zusätzlich eine Wettbewerbssituation auf einem vor- oder nachgelagerten Markt, die über

---

[1187] Vgl. *Danner*, in: Obernolte/Danner, § 6 EnWG, Rn. 14; *Büdenbender*-Durchleitung in: RdE 1999, 1 [2].
[1188] *BGH*, 15.11.1994 - KVR 29/93 („Gasdurchleitung") -, WuW/E 2953.
[1189] Siehe schon oben: 4. Teil IV.C.6).
[1190] *Lutz*-Durchleitung, in: RdE 1999, 102 [107]; *Walter/Keussler*-Zugang zum Netz, in: RdE 1999, 190 [194].
[1191] *LG Nürnberg-Fürth* ,23.05.2001 - 3 O 2257/01 -, ZNER 2001, 99 [100].

die Anforderungen der Richtlinie hinausgeht. Insoweit ist § 19 Abs. 4 Nr. 4 jedoch richtlinienkonform auszulegen. Für die richtlinienkonforme Auslegung kommt es nicht auf die unmittelbare Anwendbarkeit einer Norm an.[1192] Voraussetzung ist lediglich, dass die in der Norm enthaltende Verpflichtung bindend ist.[1193] Die Richtlinie aber zählt die Voraussetzungen, unter denen der Netzzugang verweigert werden darf, abschließend auf. Andere Rechtfertigungsgründe sind danach nicht zulässig. Insbesondere stellt sie nicht auf eine Wettbewerbssituation auf dem vor- oder nachgelagerten Markt ab oder erklärt den Vorrang des parallelen Leitungsbaus.

2) Fallgruppen

Eine Rechtsprechungspraxis zur Durchleitungsverweigerung unter Berufung auf vermeidliche Unmöglichkeit hat sich bisher lediglich in Deutschland herausgebildet, wo sowohl die Kartellämter als auch die Landgerichte insgesamt strenge Anforderungen an die Netzzugangsverweigerung gestellt haben. Die die Gaswirtschaft betreffenden Urteile stellen dabei noch die Ausnahme dar.[1194] Die aus der Elektrizitätswirtschaft gewonnenen Erkenntnisse lassen sich jedoch weitestgehend auf den Gasmarkt übertragen, jedenfalls unter der Hypothese, dass § 6a EnWG-E in Gesetzeskraft erwächst.[1195] In Frankreich gibt es bisher keine Rechtsprechungspraxis zur Durchleitungsverweigerung. Fast alle in der Elektrizitätswirtschaft an die CRE herangetragenen Probleme konnten ohne die Durchführung eines streitigen Verfahrens gelöst werden, so dass lediglich in einem Fall ein formelles Streitbeilegungsverfahren eingeleitet wurde, welches bislang nicht abgeschlossen ist.[1196] Die in der behördlich wie gerichtlichen Praxis regelmäßig vorgebrachten Verweigerungsgründe im Rahmen der Unmöglichkeit oder der Unzumutbarkeit sind der Einwand technischer Unmöglichkeit der Durchleitung (unten **a.**), der mangelnden Kapazität (unten **b.**), bestehender Altverträge (unten **c.**), des fehlenden Abschlusses eines Netznutzungsvertrages durch den wechselwilligen Kunden (unten **d.**) und der Einwand des fehlenden Versorgungsvertrages des Durchleitungspetenten mit dem Kunden oder einem anderen Netzbetreiber (unten **e.**). Eine wichtige Rolle spielt auch der Einwand fehlender Einigung über das Entgelt oder sonstige Vertragsbedingungen, der hier wegen seiner praktischen Relevanz ebenfalls erörtert werden soll (unten **f.**).

(a) Der Einwand technischer Unmöglichkeit

Der Einwand des Netzbetreibers, es fehle ihm an den notwendigen Instrumentarien, um die gelieferte Energiemenge erfassen zu können, geht zu seinen Lasten und kann

---

[1192] So aber: *Lutz*-Durchleitung, in: RdE 1999, 102 [111].

[1193] *Manin*-directive, in: AJDA 1994, 259 [266]. Gleichwohl weist auch Manin darauf hin, dass ein Umsetzungsspielraum für die Mitgliedstaaten auch die Anforderungen an die richtlinienkonforme Rechtsgestaltung aufweicht.

[1194] Bisher sind seit der Liberalisierung folgende Urteile veröffentlicht worden: *LG Köln*, 07.06.2000 – 28 O (Kart.) 559/99 -, ZNER 2000, 132; *LG Dortmund*, 01.09.2000 - 13 O 134/00 (Kart.) -, VW 2001, 12; *LG Dortmund*, 12.04.2001 - 13 O 36/01 (Kart) -, ZNER 2001, 101; *LG Nürnberg-Fürth*, 23.05.2001 – 3 O 2257/01 -, ZNER 2001, 99; *OLG Düsseldorf*, 08.08.2001 – U (Kart) 20/01 -, RdE 2002, 21; *OLG Düsseldorf*, 07.11.2001 – U (Kart.) 31/00 -, ZNER 2001, 255 (Berufungsurteil auf LG Köln vom 07.06.2000).

[1195] vgl. auch: *Birnbaum*-Gasdurchleitung, in: et 2001, 780.

[1196] *CRE*-rapport d'activité 06. 2001, S. 22.

kein Durchleitungsverweigerungsrecht begründen.[1197] Es handelt sich hier um einen typischen Fall der zumutbaren technischen Anpassung des Netzes durch die Installation entsprechender Ablesegeräte, wobei die anfallenden Kosten jedenfalls teilweise auch dem durchleitenden Unternehmen in Rechnung getellt werden können.

Unterschiedliche Gasqualitäten begründen auch keine Fallgruppe der Unmöglichkeit. Zwar ist in den Versorgungsgebieten die Aufrechterhaltung einer möglichst konstanten Gasqualität sinnvoll, obwohl auch eine Mischung unterschiedlicher Gasqualitäten[1198] grundsätzlich möglich ist. Denn die an dieses Netz angeschlossenen Kunden haben teilweise sehr spezifische Anforderungen an die jeweilige Gasqualität.[1199] Aber technisch ist eine Anpassung der Qualitätsstandards möglich. Auch ein entgeltlicher Abtausch von Gasmengen unterschiedlicher Qualität ist denkbar.[1200] Das Bundeskartellamt hat in seiner Fusionskontrollentscheidung E.ON/Hein Gas die Unternehmen verpflichtet, den Netzzugang nicht mit dem Hinweis auf fehlende Gaskompatibilität zu verweigern.[1201] Selbst nach Punkt 3 der VV-Gas soll fehlende Kompatibilität keine Netzzugangsverweigerung begründen.

(b) Der Einwand fehlender Kapazität

Es wurde bereits dargestellt, dass der Einwand fehlender Kapazität in richtlinienkonformer Auslegung nur dann greifen kann, wenn das Netz objektiv keine Kapazität mehr hat oder bestehende Kapazitäten bereits gültig und nicht nur zum Schein vergeben sind.[1202] Die Rechtsprechung bestätigt diese Auslegung.

Elektromark hatte die Durchleitung von Strom durch sein Netz mit der Argumentation verweigert, dass eine Erhöhung der Strommenge im eigenen Netz, jedenfalls für den Fall, dass ein Teil des Netzes ausfalle, die Funktionsfähigkeit der Transformatoren beeinträchtige. Eine zusätzliche Netznutzung könne deshalb nur gewährt werden, wenn das Unternehmen zugleich seine eigene Nutzung des Netzes reduziere, um einer Transformatorenbeschädigung vorzubeugen. Dies würde von dem Unternehmen als Produzent von Elektrizität eine Drosselung der eigenen Elektrizitätserzeugung erfordern und mithin wegen mangelnder Auslastung der Stromerzeugungskapazitäten zu einer Preisseteigerung führen. Das Bundeskartellamt hat sich dieser Argumentation nicht angeschlossen, da der Transport von Energie derzeit jedenfalls möglich sei. Eine Erhöhung der Transportkosten könne auf das durchleitende Unternehmen umgelegt werden.[1203]

[1197] *LG Magdeburg*, 14.04.2000 - 7 O 8/00 -, RdE 2000, 207 [208]; *BKartA*, TB 99/00, BT-Drs. 14/6300, S. 135f. (Stadtwerke München).

[1198] *Karbenn/Tillmann*-Gaswettbewerb, in: et 2000, 228 [230].

[1199] Vgl. *Seidel/Weyand*-Netzzugang, in: et 1999, 603 [604]. Die Autoren weisen daraufhin, das in einigen Industriezweigen schon geringe Brennwertschwankungen zu Produktionsfehlern führen.

[1200] *Karbenn/Tillmann*-Gaswettbewerb, in: et 2000, 228 [230].

[1201] *BKartA*, 09.08.2000 - B8-40200-U-132/00 (E.ON/Hein Gas).

[1202] *Fischer-Zernin/Ende*-Rechtsprobleme, in: ZUR 205 [207] leiten dies für den Netzeigentümer aus seiner Eigentumsgarantie ab. Auf das Netzeigentum kommt es jedoch gar nicht an, da alle reservierten Kapazitäten gleichrangigen Schutz genießen.

[1203] *BKartA*, Pressemeldung vom 23.12.1998; das im 11. 1998 eingeleitete Missbrauchsverfahren wurde eingestellt, nachdem Elektromark in der Folge einen Durchleitungsvertrag schloss, vgl. *BKartA*, Pressemeldung vom 11.01.1999; zustimmend: *Walter/Keussler*-Zugang zum Netz, in: RdE 1999, 223 [224].

In dem Verfahren Berliner Stromdurchleitung[1204] machte das Bundeskartellamt den Zusammenhang zwischen der Unmöglichkeit und der Unzumutbarkeit der Stromdurchleitung deutlich. Die Bewag hatte einen Durchleitungsantrag der RWE mit der Begründung abgelehnt, unter Berücksichtigung ihrer beabsichtigten eigenen Nutzung überschreite die Summe aller vorliegenden Durchleitungsbegehren der Belastungsobergrenze ihres Netzes. Das Bundeskartellamt stellt zunächst fest, dass die Bewag ungeachtet früherer Nutzungen und unter Außer-Acht-Lassung ihrer gewünschten späteren Eigennutzung jedenfalls zum Entscheidungszeitpunkt über die begehrten Durchleitungskapazitäten verfüge und mithin die objektive Möglichkeit des Netzzugangs bestehe.[1205] Eine andere Frage sei es, ob es der Bewag zuzumuten sei, diese Reservekapazität nicht vorrangig für sich selbst vorzuhalten, sondern dem Durchleitungspetenten zur Verfügung zu stellen.[1206] Wie bereits dargestellt, hat das Bundeskartellamt aus der Elektrizitätsrichtlinie und den Bestimmungen des GWB ein Nichtdiskriminierungsgebot zwischen der eigenen Vertriebssparte und dritten Durchleitungspetenten abgeleitet,[1207] das auf die Gaswirtschaft übertragbar ist.[1208] Daraus hat das Bundeskartellamt konsequent gefolgert, dass vorhandene Netzkapazitäten bei gleichberechtigter Behandlung der Interessen aller Netznutzer unter Einschluss der eigenen Vertriebsabteilung gleichmäßig anteilig zur Verfügung zu stellen sind.[1209] Einen Vorrang des Netzbetreibers für seine eigenen Durchleitungen besteht damit nicht.[1210] Hat er Kapazitäten für sich reserviert, genießen diese Reservierungen den gleichen Schutz wie die Reservierungen anderer Unternehmen. Hat er unter Berücksichtigung von Reservierungen noch Kapazitäten sind diese diskriminierungsfrei zu vergeben, ohne dass der Netzeigentümer Vorrechte hätte.

(c) Der Einwand bestehender Altverträge

Wiederholt haben Netzbetreiber die Durchleitung von Energie zum Zwecke der erstmaligen Belieferung ihrer eigenen Kunden durch einen Wettbewerber mit dem Hinweis verweigert, es sei ihnen nicht zuzumuten, einen Vertragsbruch der Kunden dadurch zu unterstützen, dass sie dem Durchleitungspetenten den Netzzugang zu diesem Endverbraucher ermöglichen.[1211]

Die Gasrichtlinie kennt den in § 6a Abs. 1 EnWG-E normierten Verweigerungsgrund der Unzumutbarkeit der Durchleitungsverweigerung überhaupt nicht. Der Einwand bestehender Altverträge stellt auch keinen Fall der Unmöglichkeit der Durchleitungsverweigerung dar. Insbesondere führt der Grundsatz der Vertragstreue nicht zur rechtlichen Unmöglichkeit der Durchleitungsgewähr. Denn der Grundsatz pacta-sunt-

---

[1204] *BKartA*, B.v. 30.08.1999 - B8-40100-T-99/99 („Berliner Stromdurchleitung")-, WuW/E DE-V 149.
[1205] *BKartA*, B.v. 30.08.1999 - B8-40100-T-99/99 („Berliner Stromdurchleitung")-, WuW/E DE-V 149 [152].
[1206] *BKartA*, B.v. 30.08.1999 - B8-40100-T-99/99 („Berliner Stromdurchleitung")-, WuW/E DE-V 149 [152].
[1207] *BKartA*, B.v. 30.08.1999 - B8-40100-T-99/99 („Berliner Stromdurchleitung")-, WuW/E DE-V 149 [153ff.].
[1208] vgl. oben 4. Teil V.A.1)(a)(ii).
[1209] *BKartA*, B.v. 30.08.1999 - B8-40100-T-99/99 („Berliner Stromdurchleitung") -, WuW/E DE-V 149 [156].
[1210] Missverständlich: *Kasper*-Durchleitung, S. 62, der zwar Vorrechte des Netzeigentümers anerkennt, dann aber faktisch doch eine Gleichbehandlung mit den Wettbewerbern annimmt; für diesen Vorrang unter Kritik der Entscheidung des BKartA, *Böhnel*-Durchleitungen, S. S. 288ff..
[1211] So grundsätzlich auch: *Fischer-Zernin/Ende*-Rechtsprobleme, in: ZUR 1999, 205 [208]; *Böhnel*-Netzzugang, in: et 2001, 293 [296].

servanda kann nur innerhalb der vertraglichen Rechtsbeziehung zwischen dem Netzbetreiber und seinem Kunden geltend gemacht werden. Er kann nicht dem Durchleitungspetenten entgegengehalten werden, der gar nicht in dieser Rechtsbeziehung steht.[1212] Der Netzbetreiber wird gegenüber seinem Vertragspartner schon gar nicht vertragsbrüchig wenn er die Durchleitung eines Dritten ermöglicht. Die Frage, inwieweit zwischen Netzbetreiber und Altkunden überhaupt eine wirksame Vertragsbeziehung besteht und der Kunde tatsächlich vertragsbrüchig wird, ist davon unabhängig.[1213] Der Netzbetreiber ist im Zweifel verpflichtet, den wechselwilligen Kunden gerichtlich zur Vertragserfüllung oder zum Schadensersatz zu zwingen. Ihm kommt aber nicht das Recht zu, über die Vertragsbrüchigkeit des Kunden selbst zu entscheiden. Der Gemüsehändler etwa, mit dem ein Kunde über den Kauf von Tomaten handelseinig geworden ist und einen Kaufvertrag geschlossen hat, wird diesen auch nicht daran hindern dürfen, seinen Bedarf vertragsbrüchigerweise nunmehr plötzlich beim benachbarten Gemüsehändler zu decken. Er kann dies auch rein tatsächlich gar nicht verhindern. Der Umstand, dass diese Verhinderung in der Netzwirtschaft möglich ist, rechtfertigt keine andere rechtliche Beurteilung. Die Richtlinie und auch das EnWG bringen durch die enge Fassung der Verweigerungsgründe, das Diskriminierungsverbot und die buchhalterische Trennung zum Ausdruck, dass den Netzbetreiber eine Neutralitätspflicht trifft.[1214] Er darf seinen technischen Vorteil nicht zu Lasten seiner Wettbewerber ausnutzen.

Eine weitergehende Auslegung des Begriffs der Unzumutbarkeit ist nicht geboten. Von der Richtlinie wäre sie nicht gedeckt, denn diese stellt auf Unmöglichkeit ab. Aber auch bei isolierter Betrachtung des deutschen Rechts ist eine erweiterte Auslegung nicht geboten. Dies zeigt eine systematische Auslegung des Begriffs der Unzumutbarkeit. Nach § 6a Abs. 3 EnWG-E hat die Bestimmung dessen, was unzumutbar ist, unter Berücksichtigung der Ziele des § 1 EnWG zu erfolgen, also unter Berücksichtigung der Gewährleistung der Netzsicherheit, Preisgünstigkeit und Umweltbelange. Diese Aspekte sind durch die Ermöglichung eines Vertragsbruchs des Kunden nicht berührt. Nach § 6a Abs. 3 EnWG-E liegt insbesondere bei Schwierigkeiten im Zusammenhang mit Verpflichtungen aus take-or-pay-Verträgen ein Fall der Unzumutbarkeit vor; auch diese Fallgruppe ist nicht einschlägig.

[1212] *LG Hamburg*, 03.02.2000 - 406 O 17/00 -, RdE 2000, 231 [232].

[1213] *LG Dortmund*, 01.09.2000 - 13 O 134/00 (Kart.) -, BB 2000, 2325 [2327], ausdrücklich für die Gaswirtschaft; *Böwing*, in: Schwarze-Netzzugang, S. 181ff.; vgl. *LG 05.nz*, B.v. 28.02.2000 und U.v. 17.07.2000 - 11 HK.O 16/00 (Kart.) -, bei: *Theobald/Theobald*-Grundzüge, S. 199, Fn. 1; in einem Verfahren gegen die EnBW hielt das Bundeskartellamt die Weigerung der Durchleitung durch die EnBW mit Hinweis auf einen bestehenden Altvertrag mit dem zu beliefernden Kunden ebenfalls für wettbewerbswidrig; vgl. darstellend und zustimmend *Walter/Keussler*-Zugang zum Netz, in: RdE 1999, 223 [226f.]. Das Verfahren wurde abgeschlossen, nachdem das Unternehmen die Durchleitung gestattete, vgl. *BKartA*, Pressemeldung vom 13.07.1999.

[1214] Diese Neutralitätspflicht des Netzbetreibers existiert auch jenseits des unternehmerischen Unbundlings, welches nur die Formalisierung dieser Neutralitätspflicht ist. Auf das Unbundling stellen wiederum ab: *LG Hamburg*, 03.02.2000 - 406 O 17/00 -, RdE 2000, 231 [232]; *LG Dortmund*, 01.09.2000 - 13 O 134/00 (Kart.) -, BB 2000, 2325 [2327], das aus § 19 Abs.4 Nr. 4 GWB und der Gasrichtlinie einen Grundsatz des Unbundlings herleitet; *Giermann*-Durchleitungspraxis, in: RdE 2000, 222 [229].

In Frankreich entsteht das beschriebene Problem schon gar nicht, da Art. 6 Abs. 4 GasG-E de lege lata eine Vertragsauflösung für den Fall vorsieht, dass der Kunde seinen Lieferanten wechseln möchte.

(d) Der Einwand der Notwendigkeit des Abschlusses eines Netznutzungsvertrages

In der Elektrizitätswirtschaft wird der Netzzugang vom Netzbetreiber regelmäßig mit dem Hinweis verweigert, dass der zu beliefernde Endkunde einen separaten Netznutzungsvertrag mit ihm schließen müsse. Dabei stützen sich die Netzbetreiber auf einen entsprechenden Passus in der Verbändevereinbarung Strom II.[1215] Dieser zielt darauf ab, Händlern die Durchleitung zu verweigern, die mit den Kunden sogenannte "All-Inclusive-Verträge" abgeschlossen haben, also Verträge bei denen der Händler Strom- und Netznutzung unter eigenem Namen verkauft.[1216] Die Verbändevereinbarung Elektrizität vermag aber schon deswegen keine Rechtfertigung zu begründen, weil sie ohne normativen Gehalt ist. Folglich haben alle angerufenen Landgerichte den Einwand nicht als Einrede anerkannt.[1217]

Auch §§ 6, 6a EnWG(-E) und die Elektrizitätsrichtlinie und Gasrichtlinie machen das Bestehen eines Durchleitungsanspruch nicht von einem Netznutzungsvertrag des Kunden mit dem Netzbetreiber abhängig. Der Netzbetreiber hat sein Netz vielmehr allgemein diskriminierungsfrei zur Verfügung zu stellen. Es obliegt ihm nicht zu entscheiden, ob die Netznutzung schuldrechtlich durch den Kunden oder durch den Lieferanten erfolgt.[1218] Umstritten ist dies nur für den Fall, dass der Händler und der Netzbetreiber in einem Rahmenvertrag privatautonom ausdrücklich die Notwendigkeit des Abschlusses eines Netznutzungsvertrages des Kunden anerkannt haben.[1219] Soweit die Parteien individuell einen solchen Rahmenvertrag ausgehandelt haben, gibt es allerdings keinen Grund, seine Unwirksamkeit anzunehmen. Die formularmäßige Vereinbarung der Notwendigkeit der Aufspaltung des Vertragsverhältnisses bzw. der Anwendung der VV-Strom II hingegen hält wegen der Unvereinbarkeit mit dem Leitgedanken von § 6 EnWG, § 6a EnWG der Inhaltsprüfung nach § 307 BGB nicht stand.

Mittlerweile sind die meisten Netzbetreiber in der Folge des Schlichtungsverfahrens RWE/Stadtwerke Münster zum sogenannten Doppelvertragsmodell übergegangen.[1220] Dabei fordern sie, dass sowohl der Händler als auch der Endkunde einen Vertrag mit dem Netzbetreiber über die Netznutzung schließen, wobei aus steuerlichen Gründen

---

[1215] Punkt 1.1. der VV Strom II besagt: "Das Gebot der Transparenz erfordert - getrennt vom Stromlieferungsvertrag - grundsätzlich den Abschluss von Netzanschluss- und Netznutzungsverträgen mit jedem Einzelkunden."

[1216] Vgl. *Müller-Kabisch*-All-inclusive, in: RdE 2001, 184 [185].

[1217] *OLG Schleswig-Holstein*, 09.10.2001 - 6 U Kart 38/01 -, RdE 2002, 75; *LG Kiel*, 31.01.2001 - 14 O Kart. 135/00 -, www.landgericht-kiel.landsh.de/texte/14-O-135-00u.htm, S. 4f. des Internetausdrucks; *LG Leipzig*, 16.02.2001 - 02 HK 552/01 -, RdE 2001, 159 [160]; *LG Potsdam*,04.07.2001 - O 362/00 -, ZNER 2001, 173.

[1218] so auch die *Arbeitsgruppe Netznutzung*-Bericht, S. 53f..

[1219] gegen die Zulässigkeit: *LG Potsdam*,04.07.2001 - O 362/00 -, ZNER 2001, 173; dafür: *LG Leipzig*, 16.03.2001, 06 HKO 553/01, in: ZNER 2001, 57; im einstweiligen Rechtsschutzverfahren: *LG Hannover*,14.05.2001 - 21 O 2176/01 (Kart.), in: ZNER 2001, 97 [98f.].

[1220] vgl. *Arbeitsgruppe Netznutzung*-Bericht, 54.

vereinbart ist, dass die Leistung "Netznutzung" während der Belieferung des Endkunden durch den Händler an den Händler erbracht wird und der Netznutzungsvertrag des Kunden so lange ruht.[1221] Der Abschluss eines Durchleitungsvertrages darf jedoch nicht von der Vereinbarung dieses Vertragsmodells abhängig gemacht werden, da es ebenfalls mit § 6 EnWG nicht in Einklang steht und darüber hinaus die Wechselbereitschaft des Kunden durch die Auferlegung unklarer Pflichten für den Insolvenzfall des Händlers hemmt.[1222] Die Kartellbehörden haben sich deswegen bereits zum Vorgehen gegen das systematisch angewandte Doppelvertragsmodell entschlossen.[1223]

(e) Einreden aus Vertragsbeziehung zwischen Durchleitungspetenten und Dritten

Die Verweigerung der Durchleitung mit dem Argument, der Durchleitungspetent habe dem Netzbetreiber noch keinen Vertragsschluss mit dem Durchleitungsempfänger oder mit dem vorgelagerten Netzbetreiber dargelegt, ist mit § 6 EnWG, § 6a EnWG-E ebenfalls nicht vereinbar.[1224] Denn das EnWG knüpft den Durchleitungsanspruch nicht an die Voraussetzung einer Vertragsbeziehung des Petenten mit einem Dritten. Die im EnWG genannten Verweigerungsgründe sind objektiv betriebsbezogen normiert. Damit kann sich der Netzbetreiber im Ergebnis nur auf die Unmöglichkeit der Durchleitung in seinem Netz berufen. Der Netzbetreiber kann sich daher auch nicht darauf berufen, der zu beliefernde Kunde habe weniger Energie bestellt, als tatsächlich durchgeliefert werden solle oder die nachgelagerte Durchleitung im Netz eines Dritten sei nicht möglich.[1225]

Nach französischem Recht hingegen kann die Durchleitung durchaus vom Nachweis einer Vertragsbeziehung zwischen dem Durchleitungspetenten und dem zugelassenen Kunden abhängig gemacht werden. Denn nach Art. 8 Nr. 1 und Nr. 2 GasG-E erfolgt die Durchleitung zum Zwecke der Belieferung zugelassener Kunden bzw. zum Zwecke der Erfüllung von Verträgen über innergemeinschaftlichen Gastransporte. Da der Markt in Frankreich nur zum Teil geöffnet ist, wird der Netzbetreiber den Nachweis verlangen können, dass die beabsichtigte Gaslieferung im Rahmen der Marktöffnung erfolgt. Diese Regelung ist von der Gasrichtlinie gedeckt. Denn Art. 16 und 17 Gasrichtlinie regeln nur den Netzzugang für zugelassene Kunden. Damit aber ist Voraussetzung für den Netzzugangsanspruch die beabsichtigte Belieferung eines Kunden, der die Eigenschaft des zugelassenen Kunden hat. Den Nachweis dieser anspruchsbegründenden Tatsachen hat der Durchleitungspetent als Anspruchsinhaber durch Vorlage des Vertrages zu erbringen.

Obwohl der deutsche Gesetzgeber hier über das Ziel der Gasrichtlinie hinausgeht, ist eine richtlinienkonforme Auslegung "nach unten" nicht erforderlich. Denn die Richt-

---

[1221] vgl. *Arbeitsgruppe Netznutzung*-Bericht, S. 54.; *Müller-Kabisch*-All-Inclusive, in: RdE 2001, 184 [187].

[1222] *Arbeitsgruppe Netznutzung*-Bericht, S. 54..

[1223] vgl. *BKartA*-Pressemeldung vom 18.10.2001.

[1224] Vgl. *OLG Dresden*, 08.02.2001 - U 2978/00 (Kart) -, RdE 2001, 144 [146]; *LG Magdeburg*,14.04.2000 - 7 O 8/00 -, RdE 2000, 207f.; *LG Berlin*, 27.06.2000 - 16 O 652/00 (Kart.) -, RdE 2000, 237 [241].

[1225] *LG Berlin*, 27.06.2000 - 16 O 652/00 (Kart.) -, RdE 2000, 237 [240].

linie schreibt nur eine Mindestöffnung der Märkte vor. Da in Deutschland jeder Kunde ein zugelassener Kunde im Sinne der Gasrichtlinie ist, kann aber der Nachweis der Vertragsbeziehung nicht mehr zur Voraussetzung gemacht werden. Eine Umgehung ist jedoch über eine extensive Anwendung der Reziprozitätsklausel denkbar.

(f) Der Einwand des Dissenses

Regelmäßig scheitert der Abschluss von Durchleitungsverträgen wegen fehlender Einigung über das Durchleitungsentgelt. Dabei ist nach allgemeinen Grundsätzen des Zivilrechts ein Zustandekommen des Vertrages auch ohne die detaillierte Einigung über das Entgelt als essentialia negotii möglich. Denn ein wirksames Schuldverhältnis setzt lediglich voraus, dass die Leistung bestimmbar ist.[1226]

Nach allgemeinem Vertragsrecht genügt es, wenn sich die Parteien über die Grundsätze der Entgeltbestimmung einig werden. Trotz fehlender Einigung über alle wesentlichen Punkte gilt der Vertrag nach allgemeinen Regeln als zustandegekommen, wenn die Parteien erkennbar den Vertrag wollen und die Leistung bestimmbar ist.[1227] Gemäß der §§ 315ff. BGB ist dafür ausreichend, dass die Parteien sich ausdrücklich oder stillschweigend darüber einigen, dass die Bestimmung des Entgeltes einer Partei obliegt.[1228] Einigen sie sich nicht über den Bestimmungsberechtigten, gilt gemäß § 316 BGB, dass das Bestimmungsrecht demjenigen zusteht, welcher das Entgelt zu fordern hat, mithin dem Netzbetreiber. Er hat die Leistung gemäß § 317 Abs. 1 BGB durch billiges Ermessen zu bestimmen. Geht man von einem Leistungsbestimmungsrecht des Netzbetreibers aus, dann obliegt es gemäß § 319 Abs. 1 BGB dem Durchleitungspetenten, das von ihm zu zahlende Entgelt gerichtlich auf die Billigkeit überprüfen zu lassen.[1229] Ein Durchleitungsverweigerungsrecht wäre dann durch Erhebung der Einrede des nichterfüllten Vertrages nach § 320 BGB möglich, wenn der Durchleitungspetent sich später weigert, das geforderte Entgelt zu zahlen.

Wendet man auf den Durchleitungsvertrag, wie hier vorgeschlagen,[1230] Werkvertragsrecht an, dann gilt gemäß § 632 Abs. 1 BGB, dass eine Vergütung bei fehlender ausdrücklicher Einigung als stillschweigend vereinbart angesehen wird, da die Durchleitung nur gegen Vergütung erwartet werden kann. Geschuldet ist nach § 632 Abs. 1 BGB dann die taxmäßige bzw. die übliche Vergütung. Unter der taxmäßigen Vergütung ist nur ein behördlich festgesetzter Preis zu verstehen,[1231] nicht aber das Tarifsystem des Netzbetreibers. Auch die übliche Vergütung wird nicht anhand des Tarifsystems des Netzbetreibers bestimmt, sondern anhand dem allgemein üblichen Entgelt.[1232] Diese ist im Zweifel durch Rückgriff auf Vergleichsmarktbetrachtungen zu gewinnen. Ein Leistungsbestimmungsrecht nach § 316 BGB steht dem Netzbetreiber nicht zu. Er trägt als Werkunternehmer die Beweislast für die Üblichkeit der Vergü-

---

[1226] *Heinrichs*, in: Palandt, § 241, Rn. 3.
[1227] Vgl. nur *Heinrichs*, in: Palandt, § 154, Rn. 2.
[1228] *Heinrichs*, in: Palandt, § 315, Rn. 1.
[1229] Vgl. zur Beweislastverteilung: *Heinrichs*, in: Palandt, § 319, Rn. 3.
[1230] Vgl. oben 4. Teil II.C.
[1231] *Peters*, in: Staudinger, § 632, Rn. 47; *Soergel*, in: MüKo, § 632, Rn. 13.
[1232] Vgl. *Sprau*, in: Palandt, § 632, Rn. 9.

tung.[1233] Sein Vergütungsanspruch wird damit auch erst dann fällig, wenn er diesen Beweis erbracht hat. Die §§ 315ff. BGB werden durch § 632 BGB verdrängt. Ein Rückgriff auf das Leistungsbestimmungsrecht des Gläubigers kommt erst in Betracht, wenn die Höhe der Vergütung nicht nach den Maßstäben des § 632 BGB ermittelbar ist.[1234] Wegen ausreichender Vergleichsmöglichkeiten gilt für den als Werkvertrag qualifizierten Gasdurchleitungsvertrag damit, dass stets die übliche Vergütung darzulegen ist.

Unabhängig davon, ob man auf § 632 BGB oder auf die §§ 315 ff. BGB abstellt, folgt aus der Bestimmbarkeit des Durchleitungsentgeltes jedoch, dass der Netzbetreiber den Abschluss eines Durchleitungsvertrages und ergo auch die Durchleitung nicht mit dem Hinweis auf fehlende Einigung über die Entgelthöhe verweigern darf, soweit der Durchleitungspetent die Durchleitung nur gegen angemessenes Entgelt fordert. Dies hat das Bundeskartellamt in einem Gasdurchleitungsstreit zwischen einem Unternehmen des Enron Konzerns und der MVV Energie AG zum Ausdruck gebracht. Auf Beschwerde durch Enron hat das Bundeskartellamt vermittelt, dass Enron ein Netzzugang gegen die Zahlung eines vorläufigen Entgelts gewährt wird, an dessen Stelle das gerichtlich zu ermittelnde angemessene Entgelt rückwirkend treten soll.[1235] Auch die Gerichte nehmen kein Recht zur Durchleitungsverweigerung an, wenn der Durchleitungspetent grundsätzlich zur Zahlung bereit ist. Gerichte, die den Werkvertragscharakter des Vertrages (implizit) ablehnen, gehen daher schon dann von einem Durchleitungsanspruch aus, wenn der Petent sämtliche Voraussetzungen für einen Vertragsabschluss zur Durchleitung vorlegt,[1236] die Zahlung Zug-um-Zug gegen die Durchleitung in Aussicht stellt und dem Netzbetreiber das Leistungsbestimmungsrecht nach § 315 BGB zusteht.[1237] Das OLG Dresden hingegen hat die Werkvertragsregeln auf den Durchleitungsvertrag angewandt.[1238] Dann ist der Netzbetreiber gemäß § 641 Abs. 1 BGB vorleistungspflichtig und hat ein Netzzugangsverweigerungsrecht nur dann, wenn das durchleitende Unternehmen mit der Zahlungen für die jeweilige Abrechnungsperiode in Verzug gerät.[1239] Bei fehlender anfänglicher Einigung soll kein Durchleitungsverweigerungsrecht bestehen, der Durchleitungspentent, sei nur verpflichtet, das schließlich rechtskräftig als angemessen feststehende Entgelt zu zahlen.[1240] Der Nachweis dafür obliegt dann dem Netzbetreiber.[1241]

Zu den notwendigen Punkten der Einigung gehört auch die Einigung über den Durchleitungsfahrplan. Zu seiner Bestimmung ist der Durchleitungspetent darauf angewiesen, die Lastprofile des zu beliefernden Kunden zu kennen. Dies gilt insbesondere, wenn der Kunde, wie etwa Haushaltskunden, nicht leistungsgemessen ist. Die Infor-

---

1233 *Peters*, in: Staudinger-Neubearbeitung 2000, § 632, Rn. 122; *Teichmann*, in: Soergel, § 632, Rn. 16.
1234 *Heinrichs*, in: Palandt, § 632, Rn. 10.
1235 *BKartA*, Pressemitteilung vom 24.08.2000 und TB 99/00, BT-Drs. 14/6300, S. 140.
1236 *LG Magdeburg*, 14.04.2000 - 7 O 8/00 -, RdE 2000, 207.
1237 *LG Potsdam*, 02.02.2000 - 51 O 2/00 (Stadtwerke Zehdenick) -, WuW/E DE-R 464 [465]; LG Dortmund, 12.04.2001 - 13 O 35/01 (Kart.), ZNER 2001, 101.
1238 Es geht im Anschluss an Saljé von einem Geschäftsbesorgungsvertrags mit Werkvertragscharakter aus: *OLG Dresden*, 08.02.2001 - U 2978/00 (Kart) -, RdE 2001, 144 [148].
1239 *OLG Dresden*, 08.02.2001 - U 2978/00 (Kart) -, RdE 2001, 144 [148].
1240 *OLG Dresden*, 08.02.2001 - U 2978/00 (Kart) -, RdE 2001, 144 [145].
1241 *LG Potsdam*, 04.07.2001 - O 362/00 -, ZNER 2001, 173 [174].

mationen darüber besitzt allerdings nur der bisherige Lieferant, in der Regel also der Netzbetreiber selbst. Der Netzbetreiber darf den Vertragsabschluss jedoch dann nicht verweigern, wenn der Durchleitungspetent zwar keinen Durchleitungsfahrplan benennt, die Durchleitung aber auf der Grundlage der vom Netzbetreiber zu übermittelnden standardisierten oder individuellen Lastprofile durchführen will.[1242] Denn die Verweigerung der Übermittlung von Lastprofilen stellt nach Auffassung des Bundeskartellamts nicht nur den Missbrauch einer marktbeherrschenden Stellung dar, sondern auch eine wettbewerbswidrige Diskriminierung des Durchleitungspetenten gegenüber der eigenen Vertriebssparte. Auf Druck des Bundeswirtschaftsministeriums wurde die VV-Gas darauf insofern angepasst, als der 2. Nachtrag zur VV-Gas nunmehr auch ausdrücklich die Belieferung von Haushaltskunden auf der Basis von vom Netzbetreiber zu erstellenden Standard-Lastprofilen vorsieht.

3) Ergebnis

Der Rechtsgrund der Unmöglichkeit ist von der Gasrichtlinie äußerst streng gefasst. Den Rechtsgrund der Unzumutbarkeit der Durchleitung kennt die Gasrichtlinie nicht. Auch die vom EnWG erfassten Fälle der Unzumutbarkeit stellen sich in Wirklichkeit als Fälle der Unmöglichkeit dar. Damit ist eine Durchleitungsverweigerung im Ergebnis nur dann möglich, wenn der Netzbetreiber objektiv keine freien Kapazitäten mehr besitzt. In Frankreich kann darüber hinaus der Netzzugang von der Vorlage eines Vertrages mit dem zu beliefernden Kunden abhängig gemacht werden. Auch aus fehlender Einigung über das Entgelt kann kein Netzzugangsverweigerungsrecht abgeleitet werden, wenn der Durchleitungspetent bereit ist, die Durchleitung nur Zug-um-Zug gegen Zahlung eines angemessenen Entgeltes zu verlangen.

B. Rechtfertigung durch allgemeinwirtschaftliche Verpflichtungen

Nach Art. 17 Abs. 1 der Gasrichtlinie können Erdgasunternehmen den Netzzugang verweigern, wenn der Netzzugang sie daran hindern würde, die ihnen auferlegten gemeinwirtschaftlichen Verpflichtungen gemäß Art. 3 Abs. 2 der Gasrichtlinie zu erfüllen. Art. 8 GasG-E sieht eine Umsetzung dieser Vorschrift vor. Danach darf die Ausübung des Netzzugangsanspruchs nicht dazu führen, dass die Nutzung der Anlage durch den Netzbetreiber zum Zwecke der Erfüllung seiner service-public-Aufgaben nach Art. 3 GasG-E beeinträchtigt wird. Nach Art. 9 GasG-E kann die Netzzugangsverweigerung damit gerechtfertigt werden, dass der Durchleitung zum Zwecke der Erfüllung der service-public Verpflichtungen aus Art. 3 GasG-E der Vorrang eingeräumt wird.

In diesem systematischen Zusammenhang erscheint Art. 8 GasG-E als eine Erweiterung der Rechtfertigung zur Verweigerung des Netzzugangs aus technischen Gründen, während Art. 9 GasG-E ein Verweigerungsrecht trotz freier Kapazitäten einräumt. Art. 9 GasG-E könnte also als Begründung für eine bevorzugte Zuordnung bestehender Reservekapazitäten zum Zwecke etwa der Belieferung nicht zugelassener

---

[1242] *BKartA*, TB 99/00, BT-Drs. 14/6300, S. 136 (Stadtwerke München); *LG Hamburg*, B. v. 16.11.2000 - 406 O 184/99, zitiert ebenda.

Kunden dienen. Diese Einschränkung scheint durchaus sinnvoll, wenn man bedenkt, dass andernfalls die diskriminierungsfreie Vergabe von Netzkapazitäten bei der Steigerung des industriellen Verbrauchs zu Versorgungsengpässen der Bevölkerung führen könnte.

Das EnWG sieht eine Berücksichtigung gemeinwirtschaftlicher Verpflichtungen nur insoweit vor, als die Verweigerung aus betriebsbedingten oder sonstigen Gründen die Ziele des § 1 EnWG berücksichtigen muss. Allerdings sind die Unternehmen im Ergebnis nicht mit service-public-Verpflichtungen betraut.[1243] Gleichwohl können auch sie sich auf Art. 17 Abs. 1 der Gasrichtlinie berufen. Denn der Begriff der gemeinwirtschaftlichen Verpflichtungen im Allgemeininteresse ist hier in seiner weiten Auslegung gemeint[1244] und betrifft nicht die Betrauung mit besonderen Aufgaben im Sinne des Art. 3 Abs. 3 der Gasrichtlinie.[1245] Eine andere Auslegung würde die Bedeutung der gemeinwirtschaftlichen Verpflichtungen ad absurdum führen. Denn natürlich muss es auch in Deutschland möglich sein, den Netzzugang zu verweigern, wenn das Unternehmen ansonsten seiner Pflicht aus § 10 EnWG zur allgemeinen Versorgung nicht mehr nachkommen könnte.

C. Rechtfertigung durch „take-or-pay"-Verträge

Nach Art. 17 Abs. 1 der Gasrichtlinie kann der Netzzugangs auch dann verweigert werden, wenn die Durchleitung den Netzbetreiber aufgrund seiner Bindung an Verträge mit unbedingter Zahlungsverpflichtung in ernsthafte wirtschaftliche und finanzielle Schwierigkeiten bringen würde. Dieser Vertragstyp stellt eine Besonderheit der Gaswirtschaft dar und bedarf der Erläuterung (unten **1.**). Die einzelnen Voraussetzungen für die Verweigerung sind in Art. 25 der Gasrichtlinie detailliert geregelt. Insbesondere braucht der Netzbetreiber eine behördliche Genehmigung, wenn er die Netzzugangsverweigerung auf seine „take-or-pay"-Verpflichtungen stützen will. Wegen der detaillierten Regelung der Verweigerungsgründe können sich die Netzbetreiber auch ohne Umsetzung der Vorschrift gegenüber den Mitgliedstaaten unmittelbar auf sie berufen (unten **2.**). Die vorgesehene Umsetzung in Deutschland und Frankreich (unten **3.**) ist jedoch gleichwohl notwendig, um das nationale Recht in Einklang mit dem Gemeinschaftsrecht zu bringen und um Rechtssicherheit zu schaffen.

1) Der Charakter von „take-or-pay"-Verträgen

Verträge mit unbedingter Zahlungsverpflichtung, oder kurz "take-or-pay"-Verträge, werden in der Gaswirtschaft über langfristige Gaslieferungen geschlossen und haben eine Laufzeit von bis zu 25 Jahren. Die "take-or-pay" Verpflichtung besagt dabei, dass der Käufer die vom Verkäufer vertragsgemäß bereit gestellte Gasmenge auch dann zu zahlen hat, wenn er sie nicht abnimmt.[1246] Durch ihre lange Laufzeit sollen diese Verträge zur Sicherstellung der Gasversorgung beitragen. Sie dienen aber auch dazu, dass der gaserzeugenden Industrie durch die Beschaffung sicherer Einnahmen

---

[1243] Vgl. oben: 3. Teil III.B.1)(b).
[1244] dazu oben 2. Teil III.
[1245] dazu oben 3. Teil III.B.1)(a).
[1246] *Büdenbender*-Gasnovelle, in: RdE 2001, 165 [169].

der ökonomisch abgesicherte Ausbau der Produktionsanlagen ermöglicht wird.[1247] Soweit vertikal integrierte Netzbetreiber wegen der Durchleitung Kunden verlieren, besteht die Gefahr, dass sie die Gasmenge, zu deren Kauf sie nach der „take-or-pay"-Klausel verpflichtet sind, nicht mehr absetzen können.[1248] Dies scheint unbillig, zumal die Gasversorgungsunternehmen zum Zeitpunkt des Abschlusses der langfristigen Bezugsverträge, jedenfalls vor 1990, nicht voraussehen konnten, dass ihr Gasabsatz unter Umständen erheblich zurückgehen könnte. Der bisher ohnehin nur minimale Verlust von Marktanteilen der traditionellen Gasversorger wird jedoch dadurch aufgefangen, dass der Gasabsatz insgesamt steigt.[1249] Die Schaffung einer Gasbörse würde zu einer weiteren Risikoabsicherung erheblich beitragen. Überhaupt würde die Errichtung eines Spot- und Terminhandels mit der Wettbewerbsstruktur der Gasmärkte besser harmonieren.[1250] Das Bundeskartellamt hat sich bereits negativ zu der „take-or-pay" Einrede geäußert. Die Unternehmen könnten Risiken aus der Abnahmeverpflichtung durch Einkaufskonsortien auffangen. Eine regelmäßige Berufung auf „take-or-pay" Verträge zur Durchleitungsverweigerung laufe jedoch auf eine ungerechtfertigte Kartellierung durch die Sicherung der geschlossener Absatzgebieten hinaus.[1251]

2) Der Regelungsgehalt der Richtlinie

Art. 25 der Gasrichtlinie definiert strenge materielle Anforderungen für die Möglichkeit der Netzzugangsverweigerung im Zusammenhang mit Schwierigkeiten aus „take-or-pay"-Verträgen (unten **a.**). Sind sie gegeben, so hat die zuständige Behörde einen Ermessens- bzw. Beurteilungsspielraum hinsichtlich der Genehmigungserteilung, der durch gemeinschaftsrechtliche Kriterien eingeengt ist (unten **b.**). Die Netzzugangsverweigerung unter Berufung auf „take-or-pay"-Verpflichtungen bedarf der befristeten Ausnahmegenehmigung durch die Mitgliedstaaten, deren Erteilung der besonderen Kontrolle der Kommission unterliegt (unten **c.**). Die Bestimmungen sind unmittelbar anwendbar (unten **d.**).

(a) Die Tatbestandsvoraussetzungen

Voraussetzung für die Erteilung einer Genehmigung zur Netzzugangsverweigerung im Zusammenhang mit Schwierigkeiten aus „take-or-pay"-Verpflichtungen ist gemäß Art. 25 Abs. 1 der Gasrichtlinie die Bindung des Netzbetreibers an einen solchen „take-or-pay"-Vertrag. Den Begriff des „take-or-pay"-Vertrages definiert die Gasrichtlinie nicht ausdrücklich. Die Gemeinschaft wollte aber durch die Berücksichtigung der "take-or-pay"-Verträge auf eine Besonderheit in der Gaswirtschaft Rücksicht nehmen. Es kommt also darauf an, wie die Abnahmeverpflichtung in der Praxis ausgestaltet ist. Dort ist die Regel, dass die nicht abgenommene Gasmenge mit 80-

[1247] *Martor/Ribot*-marché français du gaz, in: LPA, 22.11.99, 13 [16].
[1248] *Büdenbender*-Gasnovelle, in: RdE 2001, 165 [169].
[1249] Vgl. oben: 1. Teil I.A.1).
[1250] *Neu*-Perspektiven, in: et 2000, 100 [102].
[1251] *Wolf*-Liberalisierung, in: BB 1998, 1433 [1436].

100% des veranschlagten Preises vergütet werden muss.[1252] Soweit sich also ein Vertrag innerhalb dieser Spanne bewegt, handelt es sich um einen "take-or-pay"-Vertrag im Sinne der Richtlinie. Der in § 6a Abs. 3 EnwG-E verwandte Begriff der unbedingten Zahlungsverpflichtung ist insoweit irreführend und wird in den anderen sprachlichen Fassungen zu Gunsten des Begriffs "take-or-pay" auch nicht verwandt.[1253]

Aus dem so definierten Vertrag müssen dem Gasunternehmen nach Art. 25 Abs. 1 der Gasrichtlinie ernsthafte wirtschaftliche und finanzielle Schwierigkeiten entstehen oder drohen. Aus Art. 25 Abs. 3 S. 3 ergibt sich, dass nur dann von ernsthaften Schwierigkeiten im Sinne der Norm ausgegangen werden kann, wenn die Erdgasverkäufe unter die in den "take-or-pay" Verträgen garantierte Mindestabsatzmenge sinken. Da die Gasrichtlinie insgesamt auf Schwierigkeiten des Erdgasunternehmens abstellt und nicht auf den einzelnen Liefervertrag, sind die gesamten Erdgasverkäufe des Unternehmens in Relation zu den gesamten Abnahmeverpflichtungen zu setzen.[1254] Aus Art. 25 Abs. 3 Satz 3 der Gasrichtlinie ergibt sich ferner, dass das Gasunternehmen dabei zunächst nach einer Anpassung des Liefervertrages oder nach alternativen Absatzmöglichkeiten suchen muss. Diese Bemühungen muss es dokumentieren. Denn gemäß Art. 25 Abs. 1 Satz 5 der Gasrichtlinie ist das Gasunternehmen für das Vorliegen der ernsthaften wirtschaftlichen Schwierigkeiten beweispflichtig.

Bezugspunkt für die Beurteilung, ob die hiernach berücksichtigungsfähigen Schwierigkeiten ernsthaft sind, ist das Gasunternehmen als Ganzes. Das vertikal integrierte Unternehmen muss also trotz des Gebots der buchhalterischen Trennung Kompensationsmöglichkeiten wahrnehmen. Dies ergibt sich bereits daraus, dass der von der Richtlinie verwandte Begriff des Gasunternehmens gemäß Art. 2 Nr. 1 auch das vertikal integrierte Unternehmen erfasst. Es ergibt sich aber vor allem notwendig daraus, dass das Netzzugangsverweigerungsrecht dem Netzbetreiber zusteht, die "take-or-pay" Verpflichtungen aber von der Vertriebs- bzw. Händlersparte des Unternehmens eingegangen werden. Wenn sich also der Netzbetreiber auf Schwierigkeiten berufen kann, die bei der Handelssparte verursacht wurden, muss im Rahmen einer Gesamtbetrachtung auch die wirtschaftliche Situation des Netzbetriebs Berücksichtigung finden. Das diversifizierte Unternehmen hingegen muss sich nicht auf Kompensationsmöglichkeiten mit anderen Geschäftsbereichen verweisen lassen.[1255]

Wann im Einzelnen von ernsthaften wirtschaftlichen Schwierigkeiten auszugehen ist, lässt die Richtlinie zu Gunsten eines im Folgenden näher zu beschreibenden Abwägungskatalogs offen. Die Grenzen sind flexibel. Sicher ist jedenfalls, dass das Gasunternehmen nicht erst in die Insolvenz gedrängt werden muss. Die Insolvenz ist keine wirtschaftliche Schwierigkeit mehr, sondern geht darüber hinaus.[1256]

Das Durchleitungsbegehren muss für die Schwierigkeiten oder die Gefahr von Schwierigkeiten kausal sein. Die Möglichkeit des Netzbetreibers, auch schon vor der

---

[1252] *Büdenbender*-Gasnovelle, in: RdE 2001, 165 [169].
[1253] Vgl. zumindest die französische, spanische und englische Fassung von Art. 17 Abs. 1 der Gasrichtlinie.
[1254] Vgl. auch *Büdenbender*-Gasnovelle, in: RdE 2001, 165 [170].
[1255] *Büdenbender*-Gasnovelle, in: RdE 2001, 165 [170].
[1256] Vgl. *Büdenbender*-Gasnovelle, in: RdE 2001, 165 [171], der dieses Ergebnis mit der Garantie der Eigentums- und Berufsfreiheit begründet.

Verweigerung des Netzzugangs eine Ausnahmegenehmigung bei der Gefahr des Eintritts von Schwierigkeiten zu beantragen, ist restriktiv auszulegen. Denn die Bestimmung soll die Unternehmen vor Risiken des Wettbewerbs schützen, die sie bei Abschluss der Verträge nicht überschauen konnten. Gerät aber ein Unternehmen aus anderen Gründen als durch den Verlust von Absatzmöglichkeiten an Dritte in Schwierigkeiten, handelt es sich in der Regel um Gründe, die innerhalb des Unternehmens zu suchen sind oder zu dessen normalen Risiken gehören.

(b) Rechtsfolge

Liegen die Tatbestandsvoraussetzungen vor, kann der Mitgliedstaat oder die benannte zuständige Behörde gemäß Art. 25 Abs. 1 UA 2 der Gasrichtlinie eine Ausnahmegenehmigung erteilen. Voraussetzung ist, dass nach vernünftigem Ermessen keine Alternativen zur Abwendung der Schwierigkeiten gegeben sind und der Abwägungskatalog des Art. 25 Abs. 3 Berücksichtigung findet.

Nach diesem Katalog haben die zuständigen Stellen das Ziel der Vollendung eines wettbewerbsorientierten Gasmarktes (vgl. Art. 25 Abs. 3 lit a.) gegen die Schwere der wirtschaftlichen und finanziellen Schwierigkeiten des Unternehmens (vgl. Art. 25 Abs. 3 lit. d) abzuwägen. Die Anforderungen an das Ausmaß der wirtschaftlichen Schwierigkeiten sind dabei um so niedriger, je größer die Verpflichtungen des Unternehmens sind, gemeinwirtschaftliche Verpflichtungen und die Versorgungssicherheit zu erfüllen (vgl. Art. 25 Abs. 3 lit b). Berücksichtigung finden also nicht nur die service-public-Verpflichtungen, mit denen die Unternehmen betraut sind, sondern darüber hinaus auch die Bedeutung des Unternehmens für die Sicherstellung der allgemeinen Versorgung. Damit können auch deutsche Energieversorgungsunternehmen in den Genuss dieses Abwägungsvorteils kommen. Das Eigenverschulden des Unternehmens wird umfassend in die Abwägung mit einbezogen. So soll berücksichtigt werden, wann und unter welchen Bedingungen der „take-or-pay"-Vertrag eingegangen wurde und inwieweit Marktänderungen dabei berücksichtigt wurden (Art. 25 Abs. 3 lit e), vor allem inwieweit das Unternehmen unter Berücksichtigung der Richtlinie mit dem wahrscheinlichen Auftreten von ernsthaften Schwierigkeiten rechnen konnte (Art. 25 Abs. 3 lit g). Auch die zur Lösung des Problems unternommenen Anstrengungen, also der Versuch der Vertragsanpassung und die Suche nach alternativen Absatzmöglichkeiten sollen Berücksichtigung finden (Art. 25 Abs. 3 lit f). Diese drei zuletzt genannten Abwägungskriterium bringen zum Ausdruck, dass die Risikobereitschaft des Gasunternehmens zu seinen Lasten vollumfänglich Berücksichtigung findet. Schwierigkeiten aus Verträgen, die seit Beginn des Liberalisierungsprozesses ab 1990 abgeschlossen wurden, sind damit grundsätzlich strenger zu beurteilen als Schwierigkeiten aus Verträgen, die zu Zeiten des gesicherten Monopols abgeschlossen wurden. Denn den Unternehmen soll durch die als Ausnahme gestaltete Möglichkeit der Netzzugangsverweigerung kein unternehmerisch kalkulierbares Risiko abgenommen werden. Schließlich ist die Bedeutung des konkret betroffenen Netzbetreibers für die Entwicklung des Wettbewerbs zu berücksichtigen. Dies geschieht, indem der Grad der Verflechtung seines Netzes mit anderen Netzen und der Grad der Interoperabilität der Netze ebenso in die Abwägung mit einfließt (Art. 25 Abs. 3 lit h) wie die Stellung des Erdgasunternehmens auf dem Markt und die derzeitige Wettbewerbslage auf dem Markt (Art. 25 Abs. 3 lit c), sowie die Auswirkung der Durchleitungsverweigerung für das Funktionieren des Erdgasbinnenmarktes (Art. 25 Abs. 3 lit i). Damit lässt sich sagen, dass die Schwierigkeiten um so ernsthafter sein müssen, je weniger Wettbewerb sich bisher entwickelt hat, je bedeutender die Marktmacht des betroffenen Netzbetreibers ist und je bedeutender sein Netz aufgrund seiner Lage und Eigenschaften für die Entwicklung des Wettbewerbs ist. Unter den genannten Kriterien gibt es keine Gewichtung, vielmehr ist eine umfassende Abwägung vorzunehmen.[1257]

Die Netzzugangsverweigerung wegen Schwierigkeiten im Zusammenhang mit „take-or-pay"-Verträgen ist ultima ratio. Gemäß Art. 25 Abs. 1 Satz 6 der Gasrichtlinie sind vor der Erteilung einer entsprechenden Genehmigung auch alle Alternativlösungen in Betracht zu ziehen. Dies könnte etwa eine Beschränkung der Durchleitungsmenge sein oder ein Vertrag zwischen Händler und dem betroffenen Gasunternehmen über den Weiterverkauf der Gasmenge aus dem „take-or-pay"-Vertrag des betroffenen Unternehmens zu Marktpreisen.

Wird eine Durchleitung mit dem Argument verweigert, dass der Verlust eines Kunden an den Durchleitungspetenten kausal Schwierigkeiten hervorrufen würde, so ist die Genehmigung für die Durchleitungsverweigerung nur gegenüber diesem einen konkreten Durchleitungspetenten für das konkrete Durchleitungsvorhaben an einen bestimmten Endkunden zu erteilen. Denn die wirtschaftlichen Schwierigkeiten entstehen dem Gasunternehmen durch das Abwerben bestimmter Großkunden. Es ist faktisch ausgeschlossen, dass die Belieferung von einzelnen Haushaltskunden zu tatbestandsmäßigen Schwierigkeiten führen kann. Andererseits darf die Genehmigung nicht für jede Durchleitung an den betreffenden Kunden gelten, denn es ist vorstellbar, dass das betroffene Gasunternehmen mit anderen Durchleitungspetenten Lösungen findet, die helfen, seine wirtschaftliche Schwierigkeit zu vermeiden. Dazu gehört auch der Weiterverkauf der nicht mehr absetzbaren Gasmenge an den Durchleitungspetenten. Auch wenn der Netzbetreiber dazu nicht verpflichtet werden kann, ist seine Bereitschaft zum Weiterverkauf jedenfalls im Rahmen der Abwägung zu berücksichtigen. Ist der Netzbetreiber hingegen schon in wirtschaftlichen Schwierigkeiten, bevor es zu neuen Durchleitungsanfragen kommt, kann in eng begrenzten Ausnahmefällen eine pauschale Genehmigung zur Durchleitungsverweigerung für bestimmte Kundengruppen erteilt werden. In jedem Fall muss die zeitliche Befristung der Dynamik des Wettbewerbsprozesses in der Gaswirtschaft Rechnung tragen und sollte nicht länger als 12 Monate betragen.

(c) Die Verfahrensregeln

Nach Art. 25 Abs. 1 der Gasrichtlinie bedarf die Verweigerung unter Berufung auf ernsthafte wirtschaftliche Schwierigkeiten im Zusammenhang mit "take-or-pay" Verpflichtungen der Genehmigung des jeweiligen Mitgliedstaates, beziehungsweise der von ihm benannten zuständigen Behörde unter Kontrolle der Kommission. Diese Ge-

---

[1257] *Marthor/Ribot*-marché français du gaz, in : LPA, 22.11.99, 13 [17].

nehmigung kann gemäß Art. 25 Abs. 1 Satz 1 der Gasrichtlinie nur auf Antrag erteilt werden. Der Antrag kann vor oder unverzüglich nach der Verweigerung des Netzzugangs gestellt werden, was die Mitgliedstaaten gemäß Satz 3 entweder verbindlich regeln oder in das Ermessen des Netzbetreibers stellen können. Der Antrag muss alle sachdienlichen Angaben über Art und Umfang des Problems enthalten und die von dem Unternehmen zur Lösung unternommenen Anstrengungen darlegen.

Gemäß Art. 25 Abs. 2 der Gasrichtlinie hat die die Ausnahme erteilende Behörde der Kommission unverzüglich ihre Entscheidung über die Genehmigung der Ausnahme zusammen mit allen einschlägigen Informationen zu übermitteln, wobei auch eine Zusammenfassung der Informationen in Betracht kommt. Die Kommission kann binnen vier Wochen nach Eingang der Mitteilung verlangen, dass die die Ausnahme erteilende Behörde die Entscheidung über die Ausnahme ändert oder zurücknimmt. Ein Schweigen der Kommission lässt die Ausnahmegenehmigung endgültig in Bestandskraft erwachsen.

Fordert die Kommission eine Abänderung oder Aufhebung der Genehmigung und kommt der Mitgliedstaat dem nicht innerhalb einer weiteren Frist von vier Wochen nach, so fasst die Kommission nach dem Komitologie Verfahren[1258] der Konsultation, gemäß Art. 3 des Beschlusses 1999/468 des Rates vom 28.06.1999[1259] umgehend einen endgültigen Beschluss. Zweckmäßigerweise wird es sich dabei um eine Entscheidung handeln.[1260] Die Entscheidung ist Art. 3 des Beschlusses 1999/468 ist an die Mitgliedstaaten gerichtet und für diese gemäß Art. 249 EGV bindend. Der Durchleitungspetent kann sich unmittelbar nach Erlass der Entscheidung erneut um die Durchleitung bemühen. Diese darf ihm dann in gemeinschaftsrechtstreuer Anwendung nicht mehr mit Hinweis auf eine eventuelle noch nicht zurückgenommene Verweigerungserlaubnis verweigert werden. Es erschiene unbillig und überflüssig, wenn der Durchleitungspetent erst mit einer Verpflichtungsklage die Behörde zur Rücknahme der Genehmigung verpflichten müsste. Denn diese Verpflichtung besteht bereits unmittelbar aufgrund der Entscheidung. Insofern gebietet der Grundsatz des effektiven Rechtsschutzes, dass dem Durchleitungspetenten der kurze Rechtsweg zusteht.

Gegen die Entscheidung der Kommission kann der Mitgliedstaat nach Art. 230 Abs. 2 EGV Nichtigkeitsklage erheben. Aber auch das betroffene Unternehmen kann gemäß Art. 230 Abs. 4 innerhalb einer Frist von zwei Monaten Nichtigkeitsklage erhe-

---

[1258] Der Rat kann der Kommission in den von ihm angenommenen Rechtsakten die Befugnis zum Erlass von Durchführungsvorschriften einräumen. Die Modalitäten sind in dem sogenannten Komitologie Beschluss festgehalten. Danach wird die Kommission bei dem Erlass dieser Maßnahmen von verschiedenen Expertengremiem der Mitgliedstaaten unterstützt. Dieses Verfahren steht in der Kritik, Rechte des Parlamentes zu umgehen. Vgl. dazu *Streinz*-Europarecht, Rn. 453ff.; *Sauron*-comitologie, in: RMUE 1999, 31.

[1259] Beschluss 1999/468/EG des Rates vom 28. 06. 1999 zur Festlegung der Modalitäten für die Ausübung der der Kommision übertragenen Durchführungsbefugnisse, Abl. EG 1999 L 184, 23; s.a. Erklärungen zum Beschluss 1999/468/EG Abl. EG 1999 C 203, S. 1. Diese Entscheidung ersetzt den Beschluss 87/373/EWG des Rates vom 13. 07. 1987 zur Festlegung der Modalitäten für die Ausübung der der Kommission übertragenen Durchführungsbefugnisse, Abl. EG 1987 L 197, 33. Auf Letzteren nimmt die Gasrichtlinie in Art. 25 Abs. 2 Bezug.

[1260] Die deutsche Fassung der Gasrichtlinie spricht in Art. 25 Abs. 2 S. 4 von einem Beschluss. Die französische, spanische und englische Fassung der Gasrichtlinie benutzen den dem Begriff der Entscheidung in Art. 249 EGV korrespondierenden Begriff.

ben. Denn es ist von der Entscheidung dadurch, dass die Entscheidung sich auf ihn als Empfänger der Ausnahmegenehmigung bezieht, individuell[1261] und dadurch, dass dem Mitgliedstaat zur Umsetzung der Entscheidung kein Ermessensspielraum zukommt,[1262] auch unmittelbar betroffen. Dem betroffenen Gasunternehmen ist auch dringend geraten diese Nichtigkeitsklage zu erheben. Denn andernfalls kann die Entscheidung später nicht mehr gerügt werden.[1263]

(d) Die unmittelbare Anwendbarkeit

Die Gasrichtlinie begründet unmittelbar[1264] das Recht des Netzbetreibers auf eine justiziable Entscheidung des Mitgliedstaates über seinen Antrag auf Erteilung einer „take-or-pay"-Ausnahmegenehmigung. Nur insoweit ist die Richtlinie inhaltlich unbedingt und hinreichend genau, denn sie bestimmt den Berechtigten der Netzzugangsverweigerungsgenehmigung, den Verpflichteten, nämlich den Mitgliedstaat, und die Tatbestandsvoraussetzungen. Einen Anspruch auf Erteilung einer solchen Genehmigung bei Vorliegen der Tatbestandsvoraussetzungen eröffnet die Richtlinie freilich nicht, denn hierfür steht den zuständigen Stellen ein vom Katalog des Art. 25 Abs. 3 Gasrichtlinie begrenzter Ermessensspielraum zu.

Das in der Richtlinie statuierte Recht, eine Ausnahmegenehmigung beantragen zu können, würde aber leer laufen und gänzlich sinnlos sein, wenn sich der Mitgliedstaat nicht auch mit einem entsprechenden Antrag befassen müsste. Der in der Richtlinie zum Ausdruck gebrachte Rechtsgedanke, dass die Verweigerung des Netzzugangs im Einzelfall notwendig sein kann, bliebe ohne jede rechtliche Konsequenz. Der Gerichtshof hat in ständiger Rechtsprechung das Prinzip auf effektiven Rechtsschutz für jedes dem Einzelnen zustehende Gemeinschaftsrecht begründet.[1265] Daraus folgert der Gerichtshof, dass gegen eine Entscheidung, die abschließend über einen Anspruch aus dem Gemeinschaftsrecht befindet, ein Rechtsmittel bestehen muss, unabhängig davon, ob das nationale Recht dies vorsieht oder nicht.[1266] Der Einzelne hat damit aus dem Prinzip des effektiven Rechtsschutzes auch einen Anspruch auf eine justiziable Entscheidung über ein ihm durch das Gemeinschaftsrecht verliehene Recht.[1267]

Allerdings können sich die Unternehmen nicht unmittelbar gegenüber den Durchleitungspetenten auf die Norm berufen.[1268] Denn die unmittelbare Anwendung einer

---

[1261] Vgl. zu den Voraussetzungen der individuellen Betroffenheit im Einzelnen: *EuGH*, 15.07.1963 - Rs. 25/62 (Plaumann /Kommission) -, E 1963, 199.
[1262] Vgl. *Booß*, in Grabitz/Hilf, Art. 230 EGV, Rdn. 51.
[1263] *EuGH*, 09.03.1994 - Rs. C-188/92 (TWD Textilwerke Deggendorf/ Deutschland) -, E 1994, I-833; *EuGH*, 20.01.1997 - C-178/95 (Willjo NV / Belgien) -, E 1997, I-585 Rdn. 19 ff.; vgl. auch *EuGH*, 27.09.1983, Rs. 216/82 (Universität Hamburg) -, E 1983, 2771.
[1264] Vgl. zu den Voraussetzungen der unmittelbaren Anwendbarkeit bereits oben 1. Teil II.E.3).
[1265] *EuGH*, 15.05.1986 - Rs. 222/84 (Marguerite Johnston/ Chief Constable of the Toyal Ulster Constabulary) -, E 1986, 1651, Rn. 17ff.; *EuGH*, 15.10.1987 - Rs. 222/86 (Unectef/ Heylens) -, E 1987, 4097, Rn. 14.
[1266] *EuGH*, 03.12.1992 – C-97/91 (Oleificio Borelli/ Kommission) -, E 1992, I-6313, Rn. 15.
[1267] *EuG*, 27.06.1995 – Rs. T-186/94 (Guérin Automobile /Kommission) -, E 1995, II-1753; *EuGH*, 18.03.1997 – Rs. C-282/95 (Guérin Automobile /Kommission) -, E 1997, I-1503.
[1268] Anders *Lutz*-Durchleitung, in: RdE 1999, 102 [107], der es für möglich hält, diesen Verweigerungsgrund in § 19 GWB hineinzulesen.

Richtlinie ist vom EuGH ausdrücklich nur für das vertikale Verhältnis des Unternehmens gegenüber dem Staat, nicht aber für das horizontale Verhältnis anerkannt worden.[1269] Nach richtiger Auslegung der Richtlinie ist dies aber ohnehin nicht möglich, da sie nur einen Anspruch auf die Erteilung einer Verweigerungsgenehmigung regelt. Erst soweit diese vorliegt, hat das Erdgasunternehmen auch gegenüber dem Durchleitungspetenten ein Netzzugangsverweigerungsrecht. Diese mittelbare horizontale Anwendung der Richtlinie im Dreiecksverhältnis ist wiederum vom Gemeinschaftsrecht anerkannt.[1270] Bevor eine entsprechende Ausnahmegenehmigung erteilt wird, sind aber weder die Zivilgerichte noch die Wettbewerbsbehörden kompetent, über die Berechtigung der Netzzugangsverweigerung zu entscheiden.[1271]

Auch bei fehlender Umsetzung der Richtlinie kann also ein Energieversorgungsunternehmen beim jeweiligen Mitgliedstaat eine entsprechende Ausnahmegenehmigung beantragen. Dieser ist dann wegen des Vorrangs des Gemeinschaftsrechts[1272] unmittelbar aus der Richtlinie ermächtigt, eine solche Ausnahmegenehmigung zu erteilen und jedenfalls verpflichtet, eine angreifbare Entscheidung zu erlassen. Das Verfahren nach Art. 25 Abs.1 und 2 der Gasrichtlinie ist dabei einzuhalten. Erteilt er die Genehmigung nicht, entsteht dem betroffenen Erdgasunternehmen gegen den Staat ein Haftungsanspruch nach den weiteren Grundsätzen der Francovich-Rechtsprechung,[1273] wenn der Mitgliedstaat zum Erlass der Ausnahmegenehmigung verpflichtet gewesen wäre.[1274]

3) Die mitgliedstaatliche Umsetzung

Die vorgesehene Umsetzung der Richtlinienbestimmungen in Deutschland (unten **a.**), und in Frankreich (unten **b.**) lassen sich zumindestens richtlinienkonform auslegen.

(a) In Deutschland

Die Tatbestandsvoraussetzungen für den Erlass der Ausnahmegenehmigung lehnt § 6a Abs. 3 EnWG-E an Art. 25 der Gasrichtlinie an, auf den er verweist (unten **aa.**). Für Unsicherheit sorgt die Gesetzesbegründung hinsichtlich der Rechtsfolge des Ermessens (unten **bb.**). Die Verfahrensvorschriften sind unglücklich gelöst und zeigen die Problematik des Fehlens einer Regulierungsbehörde auf (unten **cc.**).

[1269] *EuGH*, 26.02.1986 - Rs. 152/84 (Marshall/ Southampton and South-West Hampshire Area Health Authority - "Marshall I") -, E 1986, 723; *EuGH*, 14.07.1994, - Rs 91/92 (Facini Dori/ Recreb Srl) -, E 1994, I-3325 = NJW 94, 2473; *EuGH*, 07. 03. 1996 - Rs C-192/94 (El Corte Inglés/ Corina Blázquez Rivero) -, E 1996, I-1281.

[1270] *EuGH*, 22.06.1989 - Rs. 103/88 (Fratelli Costanzo/ Commune di Milano) -, E 1989, 1839.

[1271] Vgl. auch: *Büdenbender*-Gasnovelle, in: RdE 2001, 165 [173].

[1272] *EuGH*, 15.07.1964 - Rs. 6/64 (Costa / E.N.E.L) -, E 1964, 1251, [1269f.].

[1273] *EuGH*, 19.11.1991 - Rs. C-6, 9/90 (Francovich und Bonifaci / Italien) -, E. 1991, I-5357, Rdn. 40; *EuGH*, 05.03.1996 - Rs. C-46, 48/93 (Brasserie du Pêcheur SA/ Deutschland und The Queen/ Secretary of State for Transport, ex parte: Factortame Ltd u.a.) -, E. 1996, I-1029, Rdn. 51; *EuGH*, 26.03.1996 - Rs. C-392/93 (The Queen/ H.M. Treasury ex parte: British Telecommunications plc) -, E 1996, I-1631, Rdn. 40; *EuGH*, 08.10.1996 - Rs. 178, 179, 188 - 190/94 (Dillenkofer u.a./ Deutschland) -, E 1996, I-4845, Rdn. 33; vgl. im Einzelnen *Endler*, in: Kuhla-Verwaltungsprozess, L 39ff..

[1274] vgl. auch *Börner*-Umsetzung, in: RIW 1997, 475 [479ff.].

(aa) Die materiellen Voraussetzungen nach § 6a Abs. 3 EnWG

§ 6a Abs. 3 EnWG definiert die Verweigerung des Netzzugangs wegen damit einhergehenden Schwierigkeiten aus „take-or-pay“-Verpflichtungen als Unterfall der Unzumutbarkeit der Netzzugangsgewährung und regelt die materiellen wie verfahrensrechtlichen Voraussetzungen der Verweigerung. Hinsichtlich der materiellen Voraussetzungen verweist §6a Abs. 3 S. 3 auf die Voraussetzungen des Art. 25 der Gasrichtlinie. Auch wenn die Gesetzesbegründung als Beispiel für „take-or-pay“-Verträge Importverträge anführt,[1275] bleibt der Anwendungsbereich des Gesetzes nicht hierauf beschränkt.[1276]

(bb) Ermessen als Rechtsfolge

Auf die Erteilung der Ausnahmegenehmigung besteht wegen des Verweises in Art. 25 der Richtlinie kein Anspruch, da die Gasrichtlinie der Behörde hinsichtlich der endgültigen Genehmigungserteilung einen Spielraum belässt, der durch den Abwägungskatalog des Art. 25 Abs. 3 der Gasrichtlinie beschränkt wird. Die Ausführungen der Bundesregierung in ihrer Gesetzesbegründung deuten an, dass der Spielraum als tatbestandlicher Beurteilungsspielraum über das Vorliegen der Genehmigungsvoraussetzungen verstanden wird. Denn die Bundesregierung meint, dass die Entscheidung über die Erteilung der Ausnahmegenehmigung auch von politischen Erwägungen geleitet werde.[1277] Die Auffassung ist schlechterdings unhaltbar.[1278] Der bindende Prüfkatalog der Gasrichtlinie, auf den das Gesetz richtlinienkonform verweist, kennt lediglich eine rechtlich-ökonomische Prüfung. Die Erteilung der Ausnahmegenehmigung fällt damit nicht in den Kanon der vom Bundesverwaltungsgericht anerkannten Beurteilungsermächtigungen, der lediglich beamtenrechtliche Beurteilungen, Prüfungsentscheidungen, Wertungen, die sachverständigen und pluralistischen Gremien anvertraut sind, sowie prognostische Einschätzungen mit politischem Einschlag und planerisch gestaltende Entscheidungen erfasst.[1279] Auch bei abstrakter Bestimmung eines Beurteilungsspielraums nach einer offenen Typenreihe[1280] ergibt sich nichts anderes. Nach Schmidt-Aßmann[1281] erfasst diese Typenreihe Einschätzungsprärogativen mit programatisch-planerischem Schwerpunkt, Prognoseermächtigungen mit politisch-planerischem Einschlag, Rezeptionsbegriffe als gesetzliche Verweise auf technisch-wissenschaftliche Standards und Regelwerke und Beurteilungsermächtigungen im engeren Sinne. Bei der Frage nach der Netzzugangsverweigerung aufgrund der Verpflichtung aus „take-or-pay“-Verträgen sind insbesondere keine planerischen oder gestalterischen Entscheidungen zu treffen. Vielmehr hat die Behörde aufgrund der konkreten wirtschaftlichen Situation und Marktlage sowie dem Grad des Verschuldens des Unternehmens eine voll überprüfbare Ermessensentscheidung zu treffen.

[1275] *Regierungsbegründung*, BT-Drs. 14/5969, S. 9.
[1276] So auch *Büdenbender*-Gasnovelle, in: RdE 2001, 165, [170].
[1277] *Regierungsbegründung*, BT-Drs. 14/5969, S.15.
[1278] zu Recht: *Büdenbender*-Gasnovelle, in: RdE 2001, 165 [174f.].
[1279] *BVerwG*, 26.06.1990 - 1 C 10/88 (Münster) -, NVwZ 1991, 268 [269].
[1280] Vgl. *Gerhardt*: in: Schoch/Schmidt-Aßmann/Pietzner, § 114, Rn. 57ff..
[1281] *Schmidt-Aßmann*, in: Maunz/Dürig, Art. 19 Abs. 4, Rn. 188ff..

Der von der Bundesregierung schemenhaft genannte Aspekt der Berücksichtigung von Verpflichtungen aus internationalen Verträgen begründet aus dem gleichen Grund ebenfalls keinen Beurteilungsspielraum. Der bilaterale Charakter eines Vertrages könnte allenfalls im Rahmen der Schwierigkeiten bei der Vertragsanpassung im System des Art. 25 Abs. 3 der Gasrichtlinie berücksichtigt werden.

(cc) Das Verfahren nach § 6a Abs.3 und 4 EnWG-E

§ 6a Abs. 3 EnWG-E lässt offen, zu welchem Zeitpunkt der Antrag zu stellen ist. Damit ist davon auszugehen, dass er, in Anlehnung an die Gasrichtlinie sowohl vor, als auch unverzüglich nach der Verweigerung gestellt werden kann. Es ist dabei jedoch hervorzuheben, dass das Gasunternehmen so lange keinen Zugangsverweigerungsanspruch hat, so lange nicht über seinen entsprechenden Antrag entschieden worden ist. In praktischer Hinsicht ist diese Lösung unbefriedigend. Denn es bedeutet, dass der Durchleitungspetent sein Durchleitungsverlangen so lange nicht durchsetzen kann, wie der Netzbetreiber sich auf die Unzumutbarkeit beruft und gleichzeitig das Genehmigungsverfahren läuft.[1282] Versäumt der Netzbetreiber allerdings unverzüglich nach der Verweigerung der Durchleitung beim Bundesministerium einen entsprechenden Antrag zu stellen, kann er dem Durchleitungspetenten die Einrede nicht mehr entgegenhalten. Damit gewinnt die Auslegung des Begriffs "unverzüglich" eine wichtige Bedeutung. Allgemein bedeutet der Begriff "ohne schuldhaftes Zögern".[1283] Diese Auslegung ist auch hier zu Grunde zu legen. Dem Netzbetreiber darf kein Instrument an die Hand gelegt werden, die Durchleitung beliebig zu verzögern. Er ist insoweit auch nicht schutzbedürftig. Ihm kann daher einzig die Zeit zugestanden zu werden, die notwendigen Unterlagen zum Nachweise seiner ernsthaften Schwierigkeiten zusammen zu tragen. Ein Zeitraum von ein bis zwei Wochen wird dafür ausreichend sein, zumal es ihm freisteht, seine Unterlagen später zu ergänzen.

Als zuständige Behörde benennt § 6a Abs. 3 EnWG-E gegen den Widerspruch der Länder[1284] das Bundesministerium für Wirtschaft und Technologie. Gleichzeitig wird dieses jedoch in § 6a Abs. 4 EnWG-E ermächtigt, durch Rechtsverordnung die Prüfung der Voraussetzungen auf das Bundeskartellamt zu übertragen, soweit die wettbewerblichen Prüfkriterien des Art. 25 der Gasrichtlinie betroffen sind. Gemeint ist dabei eine vorbereitende Prüfung, während die Entscheidungskompetenz beim Bundesministerium verbleibt.[1285] Nach richtigem Verständnis des Art. 25 Abs. 3 der Gasrichtlinie ist vor Erteilung der Ausnahmegenehmigung stets eine Beurteilung der Auswirkungen auf den Wettbewerb vorzunehmen. Danach wären, bei Existenz einer entsprechenden Rechtsverordnung, immer die Voraussetzungen für eine Stellungnahme des Bundeskartellamtes gegeben. Die parallele Prüfkompetenz von Bundes-

---

[1282] Vgl. auch: *Büdenbender*-Gasnovelle, in: RdE 2001, 165 [173].

[1283] Diese in § 121 Abs. 1 BGB enthaltene Legaldefinition gilt für das gesamte Privatrecht, vgl. *Heinrichs*, in: Palandt, § 121, Rn. 2.

[1284] Diese hätten bevorzugt, die "Kartellbehörde" als zuständige Behörde zu benennen, um auch ein Tätigwerden der Landeskartellbehörden zu ermöglichen, vgl. Stellungnahme des *Bundesrates* BT-Drs. 14/5969, S. 11.

[1285] Vgl. Gegenäußerung der *Bundesregierung*, BT-Drs. 14/5969, S. 15, *Büdenbender*-Gasnovelle, in: RdE 2001, 165 [173].

kartellamt und Bundeswirtschaftsministerium würde unweigerlich die Prüfdauer verlängern.

Durch § 6a Abs. 4 EnWG wird das Bundesministerium für Wirtschaft des Weiteren ermächtigt, durch Rechtsverordnung mit Zustimmung des Bundesrates die bei der Prüfung nach Art. 25 der Gasrichtlinie anzuwendenden Verfahrensregeln festzulegen. Obwohl § 6a Abs. 3 EnWG hinsichtlich des Verfahrens bereits auf Art. 25 der Gasrichtlinie verweist, besteht natürlich noch Regelungsspielraum, etwa hinsichtlich der Fristen. Die Genehmigung ist sinnvollerweise unter der auflösenden Bedingung der Versagung durch die Kommission zu erteilen, um von vornherein Konflikte unter § 48 VwVfG zu vermeiden. Die Genehmigung kann aber nach § 36 Abs. 2 Nr. 2 VwVfG auch schon vor Erlass der Rechtsverordnung mit einer auflösenden Bedingung[1286] versehen werden, da es sich bei der Genehmigungserteilung um einen Verwaltungsakt nach pflichtgemäßem Ermessen handelt.

(b) In Frankreich

Während die Tatbestandsvoraussetzungen für die Verweigerung des Netzzugangsanspruchs aufgrund von Schwierigkeiten im Zusammenhang mit "take-or-pay" Verpflichtungen in Art. 9 Abs. 2 GasG-E richtlinienkonform sind (unten **aa.**), bedürfen die Rechtsfolgen der richtlinienkonformen Auslegung (unten **bb.**). Die Verfahrensvorschriften hingegen sind eindeutig geregelt (unten **cc.**). Nach Art. 9 Abs. 3 GasG-E können die Vorschriften durch ein Dekret präzisiert werden.

(aa) Tatbestandsvoraussetzungen

Zu den Tatbestandsvoraussetzungen für die Erteilung einer Genehmigung gehört nach Art. 9 Abs. 2 GasG-E, dass das die Ausnahmegenehmigung beantragende Unternehmen durch die Durchleitungsgewähr aufgrund seiner Verpflichtung aus "take-or-pay"-Verträgen mit ernsthaften wirtschaftlichen und finanziellen Schwierigkeiten bedroht wäre. Der Entwurf definiert weder, wann ein "take-or-pay"-Vertrag vorliegt, noch wann von ernsthaften wirtschaftlichen und finanziellen Schwierigkeiten auszugehen ist,[1287] insofern ist auf die oben beschriebene gemeinschaftsrechtskonforme Interpretation zurückzugreifen. Jedenfalls lässt Art. 9 Abs. 2 GasG-E in korrekter Interpretation der Richtlinie die Gefahr von wirtschaftlichen Schwierigkeiten genügen. Weitere Zulässigkeitsvoraussetzung ist, dass das betreffende Unternehmen die negative Entwicklung seiner Absatzmöglichkeiten zum Zeitpunkt des Vertragsschlusses nicht hat voraussehen können. Dieses Kriterium ist eine strenge Auslegung der Richtlinie, die lediglich von der Berücksichtigung des Zeitpunkts des Vertragsschlusses spricht. Da jedoch auch die Richtlinie die Genehmigungserteilung nur für den Ausnahmefall vorsieht, scheint es eine noch zulässige Interpretation der Richtlinie zu sein, im Vorgriff auf das Ermessen der Behörde den Fall des Selbstverschuldens als Ausschlussgrund für die Genehmigungserteilung zu normieren.

[1286] Zum Begriff und zur Zulässigkeit: *Henneke*, in: Knack-VwVfG, § 36, Rn. 32ff..

[1287] vgl. die Kritik bei *Martor/Ribot*-marché français du gaz, in: LPA, 22.11.99, 13 [16].

(bb) Rechtsfolge: Beurteilungsspielraum

Nach Art. 9 Abs. 2 GasG-E kann die Erteilung der Ausnahmegenehmigung nur gestützt werden auf:

1. Die Notwendigkeit der Gewährleistung der Sicherheit der Gasversorgung und der Erfüllung der service-public-Verpflichtungen, die dem Antragsteller obliegen;
2. Der Stellung des Antragstellers und die Wettbewerbssituation auf dem Gasmarkt;
3. Die Schwere der wirtschaftlichen und finanziellen Schwierigkeiten, von denen der Antragsteller bedroht ist, sowie die von ihm unternommenen Maßnahmen, andere Absatzmöglichkeiten des Gases zu finden;
4. Das Datum des Vertragsschlusses der "take-or-pay"-Verträge und die Möglichkeiten der Vertragsanpassung.

Soweit das Gasgesetz die einzelnen in Art. 25 Abs. 3 der Gasrichtlinie genannten Voraussetzungen der Genehmigungserteilung sinnvoll zusammenfasst, ist gleichwohl bei der Anwendung zu gewährleisten, dass die Auslegung der Bestimmungen im Lichte der Gasrichtlinie erfolgt. Insbesondere sind das Ziel der Vollendung eines wettbewerbsorientierten Gasmarktes und die Auswirkungen der Genehmigungserteilung für sein Funktionieren zu berücksichtigen. Schließlich hat in richtlinienkonformer Auslegung des Art. 9 Abs. 2 GasG-E eine umfassende Abwägung unter Berücksichtigung aller Aspekte zu erfolgen. Es genügt nicht, die Genehmigungserteilung oder Verweigerung auf einen der Aspekte zu stützen. Im Gegensatz zu dem Wortlaut des Art. 9 Abs. 2 ist die Behörde nicht abschließend an den Katalog gebunden. Denn auch Art. 25 Abs. 3 der Gasrichtlinie ist kein abschließender Katalog. Da die Vorschrift ein subjektives Recht des Netzbetreibers auf Prüfung seines Antrags begründet, ist ihm dessen umfängliche Gewährleistung zu sichern. Durch die Beschränkung des Prüfungsrahmens aber ist diese gefährdet. Die Beschränkung der gerichtliche Kontrolle der Entscheidung der CREG nach französischem Recht wird hier von den strengen Vorgaben der Richtlinie überlagert, so dass eine Überprüfbarkeit des insoweit eingeschränkten Ermessens möglich sein muss.[1288]

(cc) Verfahrensvorschriften

Nach Art. 9 Abs. 1 Nr. 3 GasG-E kann der Netzzugang in Frankreich nur dann mit Hinweis auf „take-or-pay"-Verpflichtungen verweigert werden, wenn das Unternehmen zuvor eine Ausnahmegenehmigung von der dafür zuständigen CREG erhalten hat. Diese von der Richtlinie vorgesehene Möglichkeit scheint nicht praxistauglich. Denn in der Regel werden erst bestimmte Durchleitungsvorhaben das Unternehmen in wirtschaftliche Schwierigkeiten bringen. Schwierigkeiten, die nicht auf Durchleitungsvorgängen beruhen, können nur in Ausnahmefällen zur Erfüllung der Voraussetzung der Genehmigungserteilung führen. Deshalb wird die nachträgliche Genehmigungserteilung dem spezifischen Charakter der wirtschaftlichen Schwierigkeiten gerechter als die präventive. Nur solche Genehmigungserteilung können für den konkreten Einzelfall zu erteilen. Dies hat der französische Gesetzgeber erkannt, indem er

[1288] *Gundel*-französische Rechtsordnung, S. 426f..

die Beschränkung auf den Einzelfall entgegen der Vorgaben der Richtlinie gar nicht erst in den Gesetzentwurf aufgenommen hat. Allerdings ist vorgesehen, dass die Genehmigung mit Nebenbestimmungen versehen werden kann, die definieren, unter welchen Voraussetzungen der Netzzugangs verweigert werden kann. Die Genehmigung wird für maximal ein Jahr erteilt, kann jedoch beliebig oft neu beantragt werden.

Die Vorschriften über die Kooperation zwischen der CREG und der Kommission entsprechen den Vorgaben der Richtlinie.

D. Rechtfertigung gemäß der Reziprozitätsklausel

Art. 19 Abs. 1 der Gasrichtlinie ermöglicht den Mitgliedstaaten[1289] im Ergebnis, ein Netzzugangsverweigerungsrecht bei grenzüberschreitenden Lieferungen im Falle fehlender Reziprozität zu schaffen. Dadurch sollen Ungleichgewichte bei der Marktöffnung abgemildert werden. Abs. 1 der Norm lautet:

> (1) Ungleichgewichte bei der Öffnung der Erdgasmärkte werden bis zu dem in Art. 28 genannten Zeitpunkt wie folgt vermieden:
>
> a) Erdgaslieferverträge gemäß den Art. 15, 16 und 17 mit einem zugelassenen Kunden aus dem Netz eines anderen Mitgliedstaates dürfen nicht untersagt werden, wenn der Kunde in den beiden betreffenden Netzen als zugelassener Kunde betrachtet wird.
>
> b) In Fällen, in denen Geschäfte nach Buchstabe a) mit der Begründung abgelehnt werden, dass der Kunde nur in einem der beiden Netze als zugelassener Kunde gilt, kann die Kommission auf Antrag des Mitgliedstaats, in dem der zugelassene Kunde ansässig ist, unter Berücksichtigung der Marktlage und des gemeinsamen Interesses der ablehnenden Partei auferlegen, die gewünschten Erdgaslieferungen auszuführen.

Frankreich hat die Norm verständlicherweise nicht in sein nationales Recht aufgenommen. Sie hätte dort keinen Anwendungsbereich, da Frankreich der Mitgliedstaat mit der theoretisch geringsten Marktöffnungsquote ist. Die deutsche Umsetzung sieht durch Art. 2 des ersten Gesetzes zur Änderung des Energiewirtschaftsrechts (EnWR-ÄG) die Erweiterung und Verschärfung der in Art. 4 § 2 des Gesetzes zur Neuregelung des Energiewirtschaftsrechts (EnWR-NRG) bisher nur für Elektrizität vorgesehenen Reziprozitätsklausel vor. Da die Norm nicht unmittelbar anwendbar ist, kann sich ein Gasunternehmen vor ihrer Umsetzung auch nicht auf sie berufen.[1290]

Die Erweiterung der Reziprozitätsklausel stößt insoweit auf erhebliche Bedenken, als sie zu einer Beweislastumkehr zu Lasten des Durchleitungspetenten über die Herkunft des von ihm importierten Gases führt (unten 1.). Das Bundesministerium für Wirtschaft wird in Art. 4 § 2 Abs. 2 EnWR-NRG n.F.-E darüber hinaus zum Erlass einer Rechtsverordnung ermächtigt, durch die der Netzzugang für bestimmte Elektrizitäts- oder Erdgaslieferungen einer Genehmigung durch das Bundesamt für Wirtschaft und Ausfuhrkontrolle unterworfen werden kann. Die Vorschrift begegnet e-

---

[1289] *Birnbaum*-Durchleitungsverweigerung, in: et 2001, 780 [781] nimmt unvertretbar eine Umsetzungspflicht an.

[1290] vgl. *LG Dortmund*, 12.04.2001 - 13 O 36/01 -, ZNER 2001, 101 [102f.]; *LG Nürnberg-Fürth*, 23.05.2001 - 3 O 2257/01 -, ZNER 2001, 99 [100].

benfalls erheblichen Zweifeln hinsichtlich ihrer Vereinbarkeit mit dem Gemeinschaftsrecht (unten **2.**).

1) Erweiterung der Reziprozitätsklausel in Art 2 § 4 Abs. 1 EnWR-NRG n.F.

Gegenüber der alten Rechtslage wird die Reziprozitätsklausel durch die Erweiterung auf Gasversorgungsunternehmen (unten **a.**), die Präzisierung des Anwendungsbereichs (unten **b.**) und die Schaffung einer Beweislastumkehr (unten **c.**) dreifach erweitert. Nach Art. 4 § 3 EnWR-NRG n.F. wird das Bundesministerium für Wirtschaft darüber hinaus ermächtigt, die Reziprozitätsklausel auch auf Importe aus Drittstaaten auszudehnen. Dafür fehlt dem deutschen Gesetzgeber freilich die Kompetenz (unten **d.**).

(a) Die Erweiterung des Geltungsbereichs auf Gasunternehmen

Unter Berufung auf die Schutzklausel können nunmehr auch Gasversorgungsunternehmen den Netzzugang bei Gasimporten verweigern. Damit wird Art. 19 Abs. 1 der Gasrichtlinie in deutsches Recht umgesetzt. Da diese Regelung nahezu wörtlich den Vorgaben der Elektrizitätsrichtlinie entspricht, entstehen aus dieser Erweiterung keine weitergehenden Probleme.

Art. 4 § 2 EnWR-NRG n.F. enthält keine Übergangsregelungen und ist daher mit seinem Inkrafttreten auf alle neuen und die bestehenden Durchleitungsverträge anzuwenden. Verfassungsrechtlich begegnet dies im Ergebnis keinen Bedenken. Denn grundsätzlich kann der Gesetzgeber Normen erlassen, die an andauernde Rechtsverhältnisse anknüpfen und für diese mit Wirkung für die Zukunft erstmalige oder veränderte Rechtsfolgen vorsehen. Auch bei Art 4 § 2 EnWR-NRG n.F. handelt es sich um einen Fall der sogenannten unechten Rückwirkung bzw. tatbestandlichen Rückanknüpfung.[1291]

Einer Übergangsfrist bedarf es nur dann, wenn die betroffenen Unternehmen ein berechtigtes Vertrauen in den Bestand der alten Regelung hatten und ihnen durch die tatbestandliche Rückanknüpfung adäquat kausal unzumutbare Vermögensschäden entstehen, die durch eine Übergangsregelung abwendbar wären.[1292] Berechtigtes Vertrauen liegt vor, wenn der Betroffene nicht mit einer Änderung der Rechtslage rechnen brauchte.[1293]

Inwieweit Gasunternehmen solch ein berechtigtes Vertrauen bilden konnten, ist stets eine Frage des Einzelfalls und lässt sich hier nicht abschließend beurteilen. Spätestens seit Inkrafttreten der Gasrichtlinie musste mit hoher Wahrscheinlichkeit mit einer Ausdehnung der Reziprozitätsklausel auf die Gaswirtschaft gerechnet werden. Zwar ist nicht abschließend geklärt, inwieweit bereits die Existenz einer umsetzungs-

---

[1291] zu vergleichbaren Fällen *BVerwG*, 18.06.1990 - 7 B 61/90 (Münster) -, NVwZ 1991, 166f.; *VGH Bad.-Württ*, 19.05.1998 - 9 S 1999/97 -, DVBl 1998, 1352f..

[1292] *BVerfG*, 08.02.1977 – 1 BvR 79, 278, 282/70 -, BVerfGE 43, 242 [288]; *OVG Lüneburg*, 30.11.1994 - 8 K 3623/92 -, NVwZ 1995, 809 [811].

[1293] *BVerfG*, 28.11.1984 – 1 BvR 1157/82 -, BVerfGE 68, 287 [307]; *Schnapp*, in: Münch/Kunig, GG, Art. 20, Rdn. 27; *Schulze-Fielitz*, in: Dreier, GG, Art. 20, Rdn. 156.

bedürftigen Richtlinie die Grundlage des Vertrauens in den Fortbestand der bisherigen nationalen Rechtslage beseitigt,[1294] jedoch ist hier zusätzlich zu berücksichtigen, dass die Gasmärkte durch die Richtlinie strukturell ähnlich wie die Strommärkte liberalisiert werden sollten und die Schutzklauseln beider Richtlinien nahezu identisch sind. Schon daher lag es näher, dass bei einer Umsetzung der Richtlinie auch Gaslieferungen in die alte Reziprozitätsklausel einbezogen werden würden, als anzunehmen, dass der deutsche Gesetzgeber auf ihre Einbeziehung verzichten würde.

(b) Die Präzisierung des Anwendungsbereichs

Der Lieferung von Elektrizität oder Erdgasmengen aus einem anderen Mitgliedstaat wird nunmehr die Lieferung von einem dort ansässigen Unternehmen gleichgestellt. Der Transit von Energie wird nach der Gesetzesbegründung nicht von der Reziprozitätsklausel erfasst,[1295] was der Begriff der „Lieferung" schon nach seinem Wortlaut nahe legt.

Der Wortlaut des Art. 4 § 2 EnWR-NRG n.F. lässt vermuten, dass der Reziprozitätstest alternativ hinsichtlich des Herkunftslandes des zu liefernden Gases oder hinsichtlich des Niederlassungsortes des Gashändlers zu erfolgen hat. Die Gasrichtlinie hingegen stellt darauf ab, dass die Lieferung aus dem „Netz" eines anderen Mitgliedstaates stammt und insofern auf die physische Herkunft. Dieser Ansatzpunkt ist aber unpraktikabel, da Gasmengen einerseits mehrfach gehandelt werden können und andererseits der vertragliche Pfad nicht dem physischen Lieferpfad entspricht. Insofern ist der deutsche Gesetzgeber zur Konkretisierung ermächtigt gewesen.[1296] Die gesetzliche Lösung will auf die mögliche Umgehung der grundsätzlich zulässigen Reziprozitätsregel reagieren. Die Neuregelung selbst ermöglicht aber auch keine befriedigende Lösung, sondern ist ihrerseits auslegungsbedürftig.

Denn die Neuregelung ermöglicht den Netzbetreibern mannigfaltige Verweigerungsmöglichkeiten. Sie können „je nach Bedarf" auf Herkunft des Gases oder Sitz des Händlers abstellen. Bedeutend wird dies bei langen Handelsketten unter Einbezug diverser Staaten. Ein eingeschränkt im Wettbewerb stehendes französisches Gasversorgungsunternehmen etwa könnte ansonsten durch Zwischenschaltung eines Gashändlers die Reziprozitätsklausel sofort umgehen, würde man nur auf den Sitz des Gaslieferanten abstellen.[1297] Würde man nur auf die physische Herkunft des Gases abstellen,[1298] könnte das französische Unternehmen wiederum Gas in den Niederlanden kaufen und von dort direkt nach Deutschland liefern lassen. Um so wichtiger wird in der Praxis die Zielvorgabe der Reziprozitätsklausel sein, nämlich die Vermeidung von Marktungleichgewichten. Dazu ist eine wirtschaftliche Betrachtungsweise notwendig. Faktisch führt dies dazu, dass in jedem Einzelfall geprüft werden muss,

---

[1294] *Sachs*, in Sachs, Art. 20 Rdn. 134.

[1295] *Regierungsbegründung* zu Art. 2 NeuregelungsG, BT-Drs. 14/5969, S. 10.

[1296] Vgl. *EuGH*, 28.02.1991 - Rs. 360/87 (Kommission/ Italien) -, E 1991, I-791, wonach im Einzelfall eine Konkretisierung sogar vorgenommen werden muss.

[1297] Diesen Aspekt verkennen offensichtlich *Kellerhoff/Rinze*-Hindernisse, in: RIW 1999, 738 [745f.], die auf das „Ursprungsland" (?) des den Durchleitungsanspruch geltend machenden Unternehmens abstellen.

[1298] *Horstmann*-Netzzugang, S. 76f. wollte für die alte Formulierung auf das Produktionsland abstellen.

wer von dem Gasimport profitiert.[1299] Ist dies ein Unternehmen, das hieraus Gewinne im Wettbewerb erzielt ohne seinerseits im vergleichbaren Fall dem Wettbewerbsdruck ausgesetzt zu sein, droht jedenfalls ein Ungleichgewicht und die Anwendung der Reziprozitätsklausel kommt in Betracht. Ist dies nicht der Fall, darf der weite Tatbestand der Reziprozitätsklausel nicht dazu führen, dass Gasdurchleitungen beliebig verweigert werden dürfen. Bezieht der Gaslieferant das zu liefernde Gas aus verschiedenen Quellen in verschieden stark geöffneten Märkten, kommt beispielsweise nur eine anteilsmäßige Netzzugangsverweigerung in Betracht.[1300]

Es sei angemerkt, dass die Handhabung der Reziprozitätsklausel insgesamt unpraktikabel erscheint. Komplizierte Handelsvorgänge, insbesondere ein anonymisierter Gasbörsenhandel werden sie mittelfristig unanwendbar machen.

(c) Die Beweislastumkehr

Art. 4 § 2 Nr. 1 Satz 2 EnWR-NRG n.F. schafft nunmehr eine Beweislastumkehr derart, dass das den Netzzugang beanspruchende Unternehmen nachweisen muss, aus welchem Mitgliedstaat der Gemeinschaft die Elektrizität oder das Erdgas geliefert werden soll. Diese Beweislastumkehr ist mit dem in der Gasrichtlinie verankerten Grundsatz des freien Netzzugangs im Ergebnis vereinbar.[1301] Zwar hängt weder nach der Gasrichtlinie noch nach dem EnWG das Recht auf Netzzugang von weitergehenden Voraussetzungen oder Nachweispflichten ab. Aus dem Prinzip des Anspruchs auf Netzzugangs ergibt sich damit, dass sämtliche Rechte der Netzverweigerung als Einrede ausgestaltet sind. Die Geltendmachung eines Durchleitungsanspruchs hängt also nicht vom Herkunftsnachweis des zu liefernden Gases und des Nachweis bestehender Reziprozität ab. Damit ist die Tatsache fehlender Reziprozität grundsätzlich von dem Anspruchsgegner, also dem Netzbetreiber nachzuweisen. Dieser kann den Nachweis aber rein tatsächlich nicht erbringen, da er dazu die Geschäftsvorgänge des Durchleitungspetenten kennen müsste. Daraus ergibt sich schon nach allgemeinen Beweislastregeln, dass es diesem obliegt, die in seiner Einflusssphäre liegenden Tatsachen nachzuweisen. Denn muss eine Partei Umstände beweisen, die zu dem ihrem Einblick entzogenen Bereich des Prozessgegners gehören, kann diesem im Rahmen seiner Erklärungslast nach § 138 Abs. 2 ZPO zuzumuten sein, die in seinem ausschließlichen Kenntnisbereich liegenden Tatsachen darzustellen.[1302] Der Durchleitungspetent hat mithin schon nach allgemeinen Regeln die Pflicht, den Ursprung der von ihm gelieferten Energie näher zu begründen.[1303] Die nunmehr gesetzlich verankerte Beweislastverteilung entspricht diesem Grundsatz.

[1299] auch *Scholz*-Stromimporte, in: RdE 1999, 209 [212] empfiehlt eine Gesamtbetrachtung unter Berücksichtigung der Bezugsquellen des Lieferanten.

[1300] vgl. *Scholz*-Stromimporte, in: RdE 1999, 209 [212, 215].

[1301] anders *Neveling/Theobald*, ZNER 2001, 64 [70].

[1302] *Greger*, in: Zöller, Vor § 284, Rn. 34.

[1303] vgl. auch schon: *Klemm*-Auslandsstrom, in: EuZW 2000, 69 [73]; *Scholz*-Stromimporte, in: RdE 1999, 209 [215f.]; *Theobald/Zenke*-Durchleitung, S. 78.

(d) Die Ausdehnung der Reziprozitätsklausel auf Drittstaatenimporte durch Rechtsverordnung

Schon Art. 4 § 2 EnWR-NRG a.F. war nach Auffassung des Gesetzgebers geeignet, auf Drittstaatenimporte Anwendung zu finden, weil die Norm pauschal auf Lieferungen aus dem Ausland abstellte.[1304] Für die Neufassung des Art. 4 § 2 Abs. 1 gilt dies nunmehr nicht mehr, denn ansonsten wäre Art. 4 § 3 überflüssig, der es dem Verordnungsgeber vorbehält, die Erstreckung der Klausel auf Energieimporte auszudehnen. Vor Erlass einer solchen Verordnung ist insoweit also der Anwendungsbereich der Reziprozitätsklausel im Vergleich zu früher eingeschränkt. Der Erlass einer solchen Verordnung, die erhebliche Bedenken hinsichtlich der Vereinbarkeit mit den Vorschriften von GATT und WTO aufwirft,[1305] ist mangels einer Kompetenz der Bundesrepublik zum Erlass einer entsprechenden Regelung mit dem Gemeinschaftsrecht unvereinbar . Denn die Gemeinschaft hat auf dem Gebiet der Außenhandelspolitik eine ausschließliche Kompetenz (unten **aa.**) und es fehlt an einer spezifischen gemeinschaftsrechtlichen Ermächtigung der Mitgliedstaaten zum Erlass einer Regelung auf diesem Gebiet (unten **bb.**)

(aa) Die ausschließliche Außenhandelskompetenz der Gemeinschaft

Die Bundesrepublik hat keine Kompetenz, ein mittelbares Importverbot zu erlassen. Nach mittlerweile gefestigter Rechtsprechung des EuGH hat die Gemeinschaft im Rahmen ihrer Handelspolitik iSd Art. 133 Abs. 1 EGV eine ausschließliche Kompetenz zum Erlass von Handelsregelungen.[1306] Die Außenhandelskompetenz erfasst materiell neben dem Austausch von Waren auch den Austausch von Dienstleistungen, sofern er nicht mit dem Grenzübertritt natürlicher Personen verbunden ist.[1307] Der Import von Strom und Gas fällt in die ausschließliche Außenhandelskompetenz der Gemeinschaft, ohne dass es darauf ankommt, ob die bilaterale Gaslieferung in den Anwendungsbereich der Warenverkehrsfreiheit[1308] oder der Dienstleistungsfreiheit fällt.[1309]

Die Reziprozitätsregel stellt auch eine Handelsregelung im Sinne des Art. 133 EGV dar. Dies ist nach der finalistischen Theorie des Rates der Fall, wenn die Maßnahme zielgerichtet zur Beeinflussung des Handelsvolumens oder der Handelsströme vorgenommen wird.[1310] Gerade dem dient aber die Einführung einer Reziprozitätsklausel.

[1304] *Regierungsbegründung* zu Art. 4 § 2 NeuregelungsG, BT-Drs. 13/7274, S. 34f..

[1305] verneinend: *Scholz*-Stromimporte, in: RdE 1999, 209f.; *Gersemann*-Schutzklausel, in: ZNER 1998, 15 [17f.]; bejahend: *Klemm*-Auslandsstrom, in: EuZW 2000, 69 [71f.]; abwägend: Zweiter Bericht an den Rat und das Europäische Parlament über den Harmonisierungsbedarf, Richtlinie 96/92/EG betreffend gemeinsame Vorschriften für den Elektrizitätsbinnenmarkt, KOM 1999 (164), S. 26f..

[1306] *EuGH*, 11.11.1975 - Gutachten 1/75 zur Vereinbarkeit über Ausfuhrkredite - E 1975, 1355ff.; *EuGH*, 15.12.1976 - Rs. 41/76 (Suzanne Donckerwolcke und Henri Schou / Procureur de la République beim TGI Lille und Directeur général des douanes et droits indirects, Paris) -, E 1976, 1921; *EuGH*, 18.02.1986- Rs. 174/84 (Bulk Oil AG / Sun International Limited und Sun Oil Trading Company) -, E 1986, 559.

[1307] *EuGH*, 15.11.1994 - Gutachten 1/94 (WTO Gutachten) -, E 1994, I-5267.

[1308] so: *Lukes*-Gasimporte, in: RIW 1998, 581 [582f.].

[1309] zurecht: *Gundel*-Stromimporte, in: RdE 2000, 85 [86].

[1310] vgl. *EuGH*, 04.10.1979 - Gutachten 1/78 (Internationales Naturkautschuk-Übereinkommen) -, E 1979, 2871 [2887]; *Bourgeois*, in: G/T/E, Art. 113, Rn. 3.

Denn durch sie sollen gewisse Gasimporte konkret vermieden werden, um den einheimischen Markt vor ihnen zu schützen und zu stärken. Nach der instrumentalen Theorie[1311] der Kommission liegt eine Handelsregelung vor, wenn die Maßnahme ein Instrument zur Regelung des internationalen Handels darstellt. Auch diese Bedingung ist durch die Reziprozitätsklausel erfüllt.[1312]

(bb) Die fehlende Ermächtigung der Mitgliedstaaten

Einzelstaatliche Maßnahmen können daneben nur auf der Grundlage einer spezifischen Ermächtigung durch die Gemeinschaft erlassen werden.[1313] Die Ausdehnung der Reziprozitätsklausel auf Energieimporte wäre demnach nur zulässig, soweit die Mitgliedstaaten dazu ermächtigt sind. Gundel leitet aus der (Strom-) Richtlinie eine implizite Ermächtigung der Mitgliedstaaten zur Ausdehnung der Reziprozitätsklausel auf Energieimporte ab.[1314] Die Einschränkungen, die innerhalb der Gemeinschaft zulässig sind, müssten auch gegenüber Drittstaaten Anwendung finden können. Die Kommission erklärt in ihrem zweiten Bericht über den Harmonisierungsbedarf in der Elektrizitätswirtschaft,[1315] auf den sie in ihrem Bericht über den Harmonisierungsbedarf im Erdgasbinnenmarkt insofern verweist,[1316] es erscheine logisch, das Prinzip der Reziprozität auch auf solche Drittstaaten anzuwenden, die am Elektrizitätsbinnenmarkt teilnehmen und von ihm profitieren möchten. Doch die Feststellung der Kommission ist nicht so zu verstehen, als leite sie daraus eine bestehende Kompetenz der Mitgliedstaaten zur Ausweitung der Reziprozitätsklausel ab. Vielmehr diskutiert sie, in welcher Form eine solche Anpassung erfolgen könne, erörtert also die Möglichkeit der Schaffung gemeinschaftlicher Regeln. Auch nach der Donckerwolcke-Rechtsprechung des EuGH bedarf es der spezifischen Ermächtigung der Mitgliedstaaten im Bereich der gemeinsamen Handelspolitik, um ihre Kompetenz zur Schaffung von Handelsregelungen erstehen zu lassen.[1317] Eine solche spezifische Ermächtigung gibt es nicht.

Die von Gundel erwogene Kompetenz der Mitgliedstaaten zur Anwendung der Reziprozitätsklausel auf Drittstaatenimporte im Wege der Schließung einer Regelungslücke im Wege der Analogie,[1318] begegnet dem Einwand, dass schon am Bestehen einer planwidrigen Regelungslücke, jedenfalls für die Gaswirtschaft, erheblich gezweifelt werden muss, da die Gasversorgung gemeinschaftsweit zu 40% von Gasimporten

---

[1311] *EuGH*, 26.03.1987- Rs. 45/86 (Kommission/Rat („APS")) -, E 1987, 1493 [1498].

[1312] Der EuGH verknüpft beide Theorien und stellt auf Gegenstand und Zielsetzung der Maßnahme ab, ohne die Streitfrage zu entscheiden. *EuGH*, 31.05.1979 – Rs. 22/78 (Hugin Kassaregister AB und Hugin Cash Registers Ltd./ Kommission) -, E 1979, 1869, [1909]; vgl. im Einzelnen: *Bourgeois*, in: G/T/E, Art. 113,Rn. 2ff..

[1313] *EuGH*, 15.12.1976 - Rs. 41/76 (Suzanne Donckerwolcke und Henri Schou / Procureur de la République beim TGI Lille und Directeur général des douanes et droits indirects, Paris) -, E 1976, 1921.

[1314] *Gundel*-Stromimporte, in: RdE 2000, 85 [92].

[1315] Zweiter Bericht an den Rat und das Europäische Parlament über den Harmonisierungsbedarf, Richtlinie 96/92/EG betreffend gemeinsame Vorschriften für den Elektrizitätsbinnenmarkt, KOM 1999 (164), S. 28.

[1316] Bericht an den Rat und das Europäische Parlament über den Harmonisierungsbedarf, Richtlinie 98/30/EG betreffend gemeinsame Vorschriften für den Erdgasbinnenmarkt, KOM 1999 (612), S. 9.

[1317] *EuGH*, 15.12.1976 - Rs. 41/76 (Suzanne Donckerwolcke und Henri Schou/ Procureur de la République beim TGI Lille und Directeur général des douanes et droits indirects, Paris) -, E 1976, 1921.

[1318] So: *Gundel*-Stromimporte, in: RdE 2000, 85 [92] unter Verweis auf: *EuGH*, 08.06.1994 - Rs. C-371/92 (Griechenland/ Ellinika Dimitriaka AE) -, E 1994, I-2391, Rn. 25; ihm folgend: *Horstmann*-Netzzugang, S. 78f..

aus Drittstaaten abhängt.[1319] Damit würde die Reziprozitätsklausel zu einem Instrument willkürlicher Netzzugangsverweigerung werden können.

Die Berufung der Mitgliedstaaten auf Art. 86 Abs. 2 EGV[1320] scheidet jedenfalls für die Bundesrepublik Deutschland aus, da die Netzbetreiber hier schon gar nicht mit gemeinwirtschaftlichen Aufgaben betraut sind.[1321] Art. 86 Abs. 2 EGV würde im Übrigen auch keine spezifische Reziprozitätsklausel rechtfertigen können, da Art. 17 Abs. 1 der Gasrichtlinie die Mitgliedstaaten bereits ermächtigt hat, allgemein eine Netzzugangsverweigerungsmöglichkeit zuzulassen, wenn der Netzzugang die Erfüllung gemeinwirtschaftlicher Pflichten gefährdet. Einen eigenständigen Anwendungsbereich für Art. 86 Abs. 2 EGV gibt es insofern für die Netzzugangsverweigerung nicht mehr.

2) Die Einführung einer Genehmigungspflicht gemäß Art. 4 § 2 Absatz 2 EnWR-NRG n.F.

Die Verordnungsermächtigung nach Art. 4 § 2 Abs. 2 EnWR-NRG n.F. ermöglicht dem Bundesministerium für Wirtschaft und Technologie, einen Genehmigungstatbestand für nichtreziproke Gaslieferungen zu schaffen, wenn die Erreichung der Ziele der Reziprozitätsklausel ansonsten nicht gewährleistet ist. Dies könnte der Fall sein, wenn Netzbetreiber trotz fehlender Reziprozität den Netzzugang nicht verweigern.[1322] Das Gemeinschaftsrecht lässt ein derartiges Genehmigungsverfahren nach richtigem Verständnis nicht zu, so dass schon aus diesem Grund von der Verordnungsermächtigung kein Gebrauch gemacht werden darf bzw. eine entsprechende Verordnung nicht anzuwenden wäre (unten **a.**). Obwohl die Norm apodiktisch bestimmt, dass die Regelung die „Voraussetzungen" bestimmen kann, nach denen eine transnationale Lieferung zulässig ist, ist auch die Regelung sonstiger Durchleitungsvoraussetzungen vor dem Hintergrund des Art. 80 Abs. 1 GG und des Gemeinschaftsrechts unzulässig (unten **b.**).

(a) Unzulässigkeit der Schaffung einer Genehmigungspflicht bei fehlender Reziprozität

Nach deutschem Recht wäre die Einführung einer Genehmigungspflicht jedenfalls systemwidrig. Der Gesetzgeber hat sich mit dem verhandelten Netzzugang für einen staatsfreien Netzzugang entschieden. Damit widerspricht die Einführung einer Genehmigungspflicht dem Liberalisierungsziel der Deregulierung.[1323]

Nach dem Gemeinschaftsrecht darf die Bundesrepublik Deutschland eine Genehmigungspflicht für den Netzzugangsanspruch nur schaffen, soweit die Richtlinie dies zulässt. Denn administrative Kontrollen beim Import von Waren (wie Genehmigungserfordernisse) stellen ein nach Art. 28 EGV verbotenes Handelshemmnis des

---

[1319] zu dieser Problematik auch Harmonisierungsbericht Gas KOM(1999) 612, S. 9; vgl. *Neveling/Theobald*-Gesetzentwurf, in: ZNER 2001, 64 [69].

[1320] *Gundel*-Stromimporte, in: RdE 2000, 85 [87f.]; *Lukes*-Gasimporte, in: RiW 1998, 581 [586].

[1321] so im Ergebnis auch Gundel selbst: *Gundel*-Stromimporte, in RdE 2000, 85 [93, Fn. 77].

[1322] vgl. Gegenäußerung der *Bundesregierung*, BT-Drs. 14/5969, S. 16.

[1323] Stellungnahme des *Bundesrates*, BT-Drs. 14/5969, S. 14.

freien Warenverkehrs dar.[1324] Eine Ausnahme kann nur insoweit zulässig sein, als die zur Vollendung des Binnenmarktes ergangene Richtlinie sie ausdrücklich zulässt. Schon nach dem Wortlaut ist dies nicht der Fall. Art. 19 Abs. 1 lit. a) der Gasrichtlinie besagt, dass bestimmte Verträge „nicht untersagt werden" dürfen. Daraus kann nicht a contrario gefolgert werden, dass in allen anderen Fällen die Möglichkeit einer behördlichen Untersagungsverfügung existiert.[1325] Die gegenteilige Schlussfolgerung wird schon von den anderen sprachlichen Fassungen der Richtlinie, die gleichermaßen für ihre Auslegung verbindlich sind,[1326] nicht getragen. Die englische, spanische, vor allem aber die französische Fassung besagen, dass Verträge bei bestehender Reziprozität nicht „verboten" sein dürfen.[1327] Dies dürfte eher so zu verstehen sein, dass die nationalen Behörden oder Gerichte einen zu Unrecht mit dem Argument der mangelnden Reziprozität verweigerten Netzzugang nicht bestätigen oder aufrecht erhalten dürfen.

Auch der systematische Vergleich zeigt, dass die Gasrichtlinie dort, wo sie eine Genehmigung zulässt, diese Möglichkeit auch beim Namen nennt. Dies ist der Fall in Art. 4 hinsichtlich der Betriebs- und Baugenehmigung,[1328] in Art. 20 hinsichtlich der Genehmigung für den Bau- und Betrieb von Direktleitungen und in Art. 25 hinsichtlich der Erteilung einer Ausnahmegenehmigung für die Netzzugangsgewähr bei Schwierigkeiten im Zusammenhang mit „take-or-pay"-Verträgen. Die Anforderungen an das Genehmigungsverfahren sind dort jeweils näher konkretisiert. In Art. 19 der Richtlinie ist eine Kompetenz der Mitgliedstaaten zur Einführung einer Genehmigungspflicht überhaupt nicht geregelt. Schon dies legt den Schluss nahe, dass es ein Recht zur Einführung einer Genehmigungspflicht hier gerade nicht gibt.

Gegen die Vereinbarkeit eines Genehmigungsverfahrens mit den Richtlinien spricht auch, dass das Netzzugangsverweigerungsrecht nicht als staatliches Genehmigungsverfahren, sondern als Einrede der Unternehmen ausgestaltet ist.[1329] Alle in der Gasrichtlinie zulässigen Netzzugangsverweigerungsrechte stehen ausschließlich den Unternehmen selbst zu, vgl. Art. 17 Abs. 1 und 18 Abs. 1. Das gilt auch für die Berufung auf die Reziprozitätsklausel, wie sich aus der Systematik von Art. 19 Abs. 1 selbst ergibt. In Art 19 Abs. 1 lit. b wird die unternehmerische Einrede der fehlenden Reziprozität sogar gegen eine netzöffnende Intervention des Heimatstaates geschützt. Denn dieser muss eine Entscheidung der Kommission herbeiführen, wenn er trotz der Weigerung eines Unternehmens, den Netzzugang wegen fehlender Reziprozität zu gestatten, dennoch die Durchleitung zulassen will. Solch ein Verfahren machte keinen Sinn, wenn der Staat umgekehrt die Durchleitung selbst genehmigen könnte. Art.

[1324] *EuGH*, 15.12.1971 - Rs. 51-54/71 (International Fruit Company u.a./ Produktschap voor groenten en fruit) -, E 1971, 1107, Rdn. 16-18; *EuGH*, 11.07.1974 (Staatsanwaltschaft/ Benoît und Gustave Dassonville)-, E 1974, 837, Rdn. 7, 9.

[1325] *Klemm*, in: EuZW 2000, 69 [71].

[1326] vgl. *Endler*, in: Kuhla-Verwaltungsprozess, L 22.

[1327] Im Französischen heisst es, diese Verträge „ne sont pas interdits", im Englischen: solche Verträge „*shall not be prohibited*"; im Spanischen heisst es, dass die Verträge „no podrán prohibirse".

[1328] Lukes leitet unverständlicherweise aus Art. 4 die Möglichkeit der Genehmigungspflicht für Gaslieferungen ab, *Lukes*-Gasimporte, in: RIW 1998, 8581 [587]. Die Norm regelt aber die Genehmigung für die Betriebsaufnahme.

[1329] *Klemm*-Strom aus dem Ausland, in: EuZW 2000, 69 [71].

19 Abs. 2 verlangt von der Kommission ein Monitoring der Anwendung der Reziprozitätsregel nach Art. 19 Abs. 1 b), also der Netzzugangsverweigerung durch die Netzbetreiber. Auch solch eine Beschränkung wäre nicht sinnvoll, wenn die Gasrichtlinien in Art. 19 Abs. 1 den staatlichen Behörden ein Genehmigungsrecht zugestehen wollte. Denn ein solches System bedürfte allemal der Kontrolle durch die Gemeinschaft.

Der Bestimmung des Art. 19 Abs. 1 lit a) ist auch deswegen keine Kompetenz der Mitgliedstaaten zur Schaffung einer Genehmigungspflicht zu entnehmen, da dies dem Sinn und Zweck der Richtlinie widersprechen würde. Denn mit dieser soll ein Energiebinnenmarkt geschaffen werden. Es wäre widersinnig und gemeinschaftsrechtlich fragwürdig, wenn die Richtlinien dennoch Maßnahmen zuließen, die über eine bloß einschränkende Öffnung des Binnenmarktes hinaus neue Handelshemmnisse schaffen. Jedenfalls bedürften die Mitgliedstaaten dazu einer klaren Ermächtigung in der Richtlinie, die es aber nicht gibt.

Eine weite Auslegung des Art. 19 Abs. 1 der Gasrichtlinie verbietet sich auch deswegen, weil dem Gemeinschaftsrecht der Gedanke der Reziprozität grundsätzlich fremd ist. So darf ein Mitgliedstaat die Nichterfüllung ihm obliegender Pflichten (wie etwa die Gewährleistung des diskriminierungsfreien Netzzugangs) nicht damit rechtfertigen, dass andere Mitgliedstaaten ihrer Verpflichtung nicht nachkommen.[1330] Die Reziprozitätsklausel macht hiervon eine Ausnahme und kann daher nur eng ausgelegt werden. Obwohl die Kommission die schwache Effizienz der bestehenden Reziprozitätsklausel erkennt,[1331] lehnt sie folglich eine Verschärfung der Klausel ab[1332] und will dem Problem möglicher Ungleichgewichte stattdessen mit einer stärkeren Marktöffnung begegnen.

Diese Auslegung wird von der Umsetzungspraxis in anderen Mitgliedstaaten gestützt. Österreich ist bisher der einzige Mitgliedstaat, der eine bescheidsmäßige Untersagungsmöglichkeit vorsieht.[1333] Sie gilt aber nur für Importe aus Drittstaaten.

(b) Unzulässigkeit der Schaffung sonstiger Genehmigungsvoraussetzungen

Nach Art. 80 Abs. 1 GG ist es zulässig, dass ein Bundesministerium durch Gesetz ermächtigt wird, eine Rechtsverordnung zu erlassen. Jedoch müssen dafür Inhalt, Zweck und Ausmaß der erteilten Ermächtigung im Gesetz bestimmt werden. Soweit die Ermächtigung in Art. 4 § 2 EnWR-NRG n.F. dazu dient, die Kriterien der Reziprozitätsklausel zu konkretisieren und sie gegebenenfalls durch ein Genehmigungsverfahren zu ergänzen, dürfte sie dem Bestimmtheitsgebot genügen. Das gilt auch für die in § 2 Abs. 3 EnWR-NRG n.F. erteilte Ermächtigung für Energielieferungen aus Drittstaaten.

[1330] *EuGH*, 09.07.1991 - Rs. C-146/89 (Kommission/ Vereinigtes Königreich Großbritannien und Nordirland) - E 1991, I-3533, Rn. 47.
[1331] KOM 2001 (125) endgültig, S. 6.
[1332] KOM 2001 (125) endgültig, S. 37.
[1333] vgl. *Kellerhoff/Rinze*-Stromhandel, in: RiW 1999, 738 [745].

Zweifelhaft ist eine Vereinbarkeit mit Art. 80 GG jedoch dann, wenn § 2 Abs. 2 EnWR-NRG n.F. auch als Ermächtigung für eine Verordnung genutzt werden soll, durch die in einem Genehmigungsverfahren Energielieferungen noch von weiteren Voraussetzungen abhängig gemacht werden sollen. Welche über die Kriterien der Schutzklausel hinausgehenden Anforderungen an eine Genehmigung damit gemeint sein können, erschließt sich weder aus Wortlaut noch aus dem Kontext und der Systematik der Ermächtigungsgrundlage. Es besteht die Vermutung, dass dadurch die Möglichkeit geschaffen werden soll, im Rahmen des Genehmigungsverfahren auch die Einhaltung weiterer materieller Anforderungen, beispielsweise von Umweltstandards, zu prüfen. Es entspricht aber gerade nicht dem verfassungsrechtlichen Bestimmtheitsgebot des Art. 80 GG, an versteckter Stelle das Bundesministerium für Wirtschaft zu ermächtigen, über die Reziprozität hinaus aus allen möglichen, aber nicht näher aufgezählten Gründen, durch eine Genehmigungspflicht in den Energiehandel eingreifen zu können. Die Vorschrift bietet mithin keine Ermächtigungsgrundlage für eine Verordnung, die derartige Genehmigungsvoraussetzungen statuiert.

Darüber hinaus wäre eine solche Verordnung auch mit dem Gemeinschaftsrecht nicht vereinbar. Denn zum einen kennt die Gasrichtlinie einen abschließenden Katalog von Netzzugangsverweigerungsgründen hinsichtlich von Durchleitungsansprüchen für innergemeinschaftliche Gaslieferungen und zum anderen ist die Kompetenz der Bundesrepublik zur Regulierung von Gasimporten durch Art. 133 EGV limitiert.

VI. Die streitige Durchsetzung des Zugangsanspruchs

Erst durch seine gerichtliche Durchsetzbarkeit gelangt der energierechtliche Durchleitungsanspruch zu voller Wirksamkeit. Streitpunkt sind oftmals nicht der Anspruch auf Durchleitung als solcher, sondern vor allem seine Konditionen, insbesondere die Netznutzungsentgelte. Art. 21 Abs. 2 der Gasrichtlinie verlangt von den Mitgliedstaaten die Benennung einer von den Parteien unabhängigen Stelle, die für die umgehende Beilegung von Streitigkeiten im Zusammenhang mit Verhandlungen über den Netzzugang zuständig ist. Sie soll die Streitigkeit innerhalb einer Frist von zwölf Wochen nach Anrufung beilegen.

Weder in Deutschland noch in Frankreich ist die Streitschlichtungskompetenz eindeutig einem Organ zugeordnet. In Frankreich sind sowohl die Regulierungsbehörde CREG als auch der Conseil de la concurrence zur Streitschlichtung berechtigt. Ihr Zusammenspiel ist klarer geordnet als in Deutschland, wo es ein breites Nebeneinander von Kompetenzen gibt. Nach § 6a EnWG-E ist die Einrichtung einer Streitschlichtungsstelle beim Bundesministerium für Wirtschaft und Technologie vorgesehen. Deren Konturen sind jedoch noch nicht ersichtlich. Es soll daher nur die Streitschlichtungskompetenz der Energieaufsichtsbehörden, der Kartellämter und der Zivilgerichte analysiert werden. Die Rechtsschutzmöglichkeiten sollen getrennt nach dem Rechtsschutz vor den spezialisierten Behörden (unten **A.**) und den allgemeinen Gerichten (unten **B.**) untersucht werden. Es soll des weiteren der Frage nachgegangen werden, unter welchen Voraussetzungen Rechtsschutz vor den europäischen Instanzen gesucht werden kann (unten **C.**).

A. Rechtsschutz vor den Verwaltungsbehörden

Sowohl in Deutschland (unten **1.**) als auch in Frankreich (unten **2.**) führt die parallele Kompetenz spezialisierter Aufsichtsbehörden und der Kartellämter zu potentiellen Konflikten.

1) Deutschland

In Deutschland ist die Rolle der Energieaufsichtsbehörden im Zusammenhang mit der Netzzugangskontrolle bisher völlig ungeklärt (unten **a.**). Allgemein liegt das Augenmerk nur auf den klassischen Kompetenzen der Kartellämter (unten **b.**).

(a) Energieaufsichtsbehörden

Gemäß § 18 Abs. 1 Satz 2 EnWG können die Energieaufsichtsbehörden (EAB) im Einzelfall die erforderlichen Maßnahmen zur Durchführung des EnWG anordnen. Darunter sind Verwaltungsakte im Sinne des § 35 VwVfG als auch Realakte zu verstehen.[1334] Nach richtiger Auffassung stellt die Norm eine zusammengesetzte Ermächtigungsgrundlage dar, die Pflichten und Kompetenzen der EAB nur im Zusammenhang mit materiellen Vorschriften des EnWG begründet.[1335] Denn würde die Norm lediglich die Kompetenzen bestätigen, die das Amt schon aufgrund anderer Normen hat, wäre sie schlichtweg überflüssig. Andererseits kann sie keine Generalermächtigung der EAB darstellen. Der Vorbehalt des Gesetzes verlangt insoweit hinreichend klare und bestimmte Ermächtigungsgrundlagen.[1336]

§ 18 EnWG begründet damit auch die Kompetenz zur Streitschlichtung. Denn durch § 6a EnWG-E sind die Netzbetreiber zur Gasdurchleitung verpflichtet. Die Aufsicht darüber, dass diese Verpflichtung eingehalten wird und das Ergreifen der gegebenenfalls erforderlichen Maßnahmen fällt damit a priori unter die Kompetenz der EAB,[1337] wobei ihnen freilich ein Eingreifermessen zusteht. Diese Kompetenz wird mit dem Hinweis bestritten,[1338] dass das BMWi im Rahmen der Arbeitsgruppe "Aufgaben der staatlichen Aufsicht" geäußert habe, den EAB komme diese Kompetenz nicht zu.[1339] Auch wird darauf hingewiesen, dass der Gesetzgeber die Aufsichtspflichten der EAB mit der Energierechtsnovelle nicht habe ausweiten wollen. Im Wortlaut des § 18

[1334] *Rutkowski*, in: EnWG 1998, Punkt 2 zu § 18; *Danner*, in: Obernolte/Danner, § 18, Rn. 5.

[1335] *Büdenbender*-Energieaufsicht, in: DVBl 1999, 7 [15ff.]; vgl. auch *Rutkowski*, in: EnWG 1998, Punkt 2 zu § 18; *Kühne*-Rolle des Staates, in: BB 2000, Beilage 6, 4 [8] stimmt zu, dass der Wortlaut diese Auslegung ermöglicht, möchte ihn aber reduzieren.

[1336] *Schnapp*, in: von Münch/Kunig, Art. 20, Rn. 29, 53; *Schulze-Fielitz*, in: Dreier, Art. 20 (Rechtsstaat), Rn. 124.

[1337] *Horstmann*-Netzzugang, S. 197f.; vgl auch an versteckter Stelle: *Büdenbender*-Gasnovelle, in: RdE 2001, 173.

[1338] *Rutkowski*, in: Böwing EnWG 1998, Punkt 2 zu § 18.

[1339] Ergebnisvermerk zum Gespräch der Arbeitsgruppe "Aufgaben der staatlichen Aufsicht" des Arbeitskreises "Energiepolitik der Wirtschaftsministerkonferenz" mit Vertretern der Unternehmen un der VDEW am 15.09.1998 (unveröffentlicht), zitiert bei *Rutkowski*, in: Böwing EnWG 1998, Punkt 2 zu § 18; *Büdenbender*-Energieaufsicht, in: DVBl 1999, 7 [15ff.];

EnWG findet dieser gesetzgeberische Wille freilich keine Stütze und kann damit für die Auslegung nicht bindend sein.[1340]

(b) Kartellbehörden

Die Kartellbehörden haben nach § 32 GWB lediglich die Möglichkeiten, im Rahmen der Missbrauchsaufsicht eine Untersagungsverfügung zu erlassen. Damit könnte allenfalls untersagt werden, die Durchleitung zu verweigern, ohne dass dies dem Durchleitungspetenten einen auf Durchleitung gerichteten vollstreckbaren Titel verschaffen könnte. Der BGH hält jedoch auch eine "in das Kleid eines Verbots gekleidete Gebotsverfügung" ausnahmsweise für zulässig, wenn die gebotene Handlung die einzige Möglichkeit ist, um den Gesetzesverstoß zu beseitigen.[1341] In seinem Gasdurchleitungsbeschluss untersagte er einem Netzbetreiber, sich den Verhandlungen über den Abschluss eines Durchleitungsvertrags zu verweigern. Der Netzbetreiber wurde gleichzeitig verpflichtet, die Bedingungen für einen Vertragsschluss oder aber die Verweigerungsgründe zu nennen bzw. einen Durchleitungsvertrag zu einem bestimmten Höchstentgelt abzuschließen.[1342] Der BGH hält konkrete Vorgaben, wie die Behinderung eines Durchleitungspetenten zu beseitigen sei, im Rahmen der Untersagungsverfügung weiterhin für unzulässig.[1343] Dies ist mit dem Bestimmtheitsgebot in Einklang zu bringen. Dieses Gebot ergibt sich für kartellrechtliche Verfügungen mangels anderer Norm unmittelbar aus § 37 Abs. 1 VwVfG.[1344] Daher ist die Verfügung so zu gestalten, dass die Berechnungsgrundlage für das Entgelt vorgegeben oder eine Marge für die Entgeltbestimmung bzw. das Höchstentgelt festgelegt wird.[1345] Das ist zu begrüßen, da der Durchleitungspetent ohne Kenntnis der Durchleitungsentgelte oder ihrer Berechnung unter Umständen beträchtliche Rücklagen bilden muss, die seine Wettbewerbsfähigkeit erheblich beeinträchtigen können.[1346]

Gemäß § 60 GWB können die Kartellämter auch einstweilige Anordnungen zur Regelung eines einstweiligen Zustandes treffen. Damit können sie eine Durchleitungsverweigerung theoretisch auch durch eine Eilentscheidung untersagen. Wegen der teilweisen Vorwegnahme des Kartellverwaltungsverfahrens gibt es hieran jedoch strenge Anforderungen.

Gemäß § 54 Abs. 1 GWB können die Kartellbehörden ein Missbrauchsverfahren von Amts wegen oder auf Antrag eröffnen. In jedem Fall ist dem Kartellamt ein gerichtlich nachprüfbarer Ermessensspielraum eröffnet.[1347] Ob dieser angesichts der Ver-

[1340] vgl. *BGH*, B.v. 21.02.1995 - KVR 4/94 („Strompreis Schwäbisch Hall“) -, RdE 1995, 193 [196].

[1341] *BGH*, 08.02.1994 – KVZ 22/93 (“Lüdenscheider Taxen”) -, WuW/E 2906 [2908]; *BGH*, B.v. 21.02.1995 – KVR 10/94 (“Importarzneimittel”) -, WuW/E 2990 [2992].

[1342] *BGH*, 15.11.1994 – KVR 29/93 („Gasdurchleitung“) -, WuW/E 2953 [2957]; *KG*, 09.06.1993 – Kart. 19/92 („Gasdurchleitung“) -, WuW/E OLG 5165 [5179f.].

[1343] *BGH*, 15.11.1994 – KVR 29/93 („Gasdurchleitung“) -, WuW/E 2953 [2957].

[1344] *OLG Düsseldorf*, 02.08.2000 - Kart 3/00 (V) („Puttgarden II“) -, WuW/E DE-R 569 [572]; *OLG Düsseldorf*, 25.04.2000 - Kart 3/00 (V) („Puttgarden“) -, WuW/E DE-R 472 [473].

[1345] *OLG Düsseldorf*, 02.08.2000 - Kart 3/00 (V) („Puttgarden II“) -, WuW/E DE-R 569 [573ff.]; *OLG Düsseldorf*, 25.04.2000 - Kart 3/00 (V) („Puttgarden“) -, WuW/E DE-R 472 [473ff.]; *BKartA*, 29.06.1992 - B 8-822000-VN-214/91 -, RdE 1992, 197 (202f.); *BGH*, 15.11.1994 – KVR 29/93 („Gasdurchleitung“) -, WuW/E 2953 [2957].

[1346] vgl. zu der Problematik im TK-Recht: *Kleinlein/Binder*-Entgeltregulierung, in: MMR 2001, 569 [570ff.].

[1347] *KG*, B.v. 26.11.1997 - Kart 9/97 („Flugpreis Berlin-Frankfurt“)-, WuW/E DE-R 124 [129f.].

pflichtung zur Einrichtung einer Streitsschlichtungsstelle nach Art. 22 Abs. 1 der Gasrichtlinie in richtlinienkonformer Auslegung auf Null reduziert ist,[1348] ist fraglich. Denn gleichzeitig besteht auch noch die Möglichkeit der Anrufung der Zivilgerichte im einstweiligen Rechtsschutz. In seiner Entscheidung Bewag/RWE hat das Bundeskartellamt entschieden, dass der Wille des Gesetzgebers zur Öffnung der Elektrizitätsmärkte für den Wettbewerb ein öffentliches Interesse an seinem Tätigwerden begründe.[1349] Es ist freilich nicht zu erwarten, dass das Bundeskartellamt dieses öffentliche Interesse für jeden Durchleitungsstreit bejahen wird. Gleichwohl hat das Bundeskartellamt der Bedeutung des Durchleitungsstreits durch die Schaffung einer neuen Beschlusskammer 11 Rechnung getragen. Sie ist vorerst nur für die Durchsetzung des Missbrauchs- und Diskriminierungsverbotes, die Gewährleistung des Netzzugangs und die Überprüfung der Angemessenheit von Netznutzungsentgelten in der Elektrizitätswirtschaft kompetent.[1350] Eine Ausweitung der Kompetenzen für Fälle aus der Gaswirtschaft wird jedoch erwogen.

Beschwerden gegen Verfügungen des Kartellamtes haben gemäß § 64 Abs. 1 GWB aufschiebende Wirkung. Dies droht die Effektivität des Schutzes des Durchleitungsanspruchs durch das Kartellamt zu unterlaufen. Der Ausschluss der aufschiebenden Wirkung der Beschwerde im Rahmen von § 19 Abs. 4 Nr. 4 GWB war im Rahmen der Diskussion der 6. GWB-Novelle vom Bundesrat gefordert,[1351] von der Bundesregierung aber abgelehnt worden.[1352] Dem Kartellamt ist jedoch weiterhin Ermessen darüber eröffnet, die sofortige Vollziehung seiner Verfügungen nach § 65 Abs. 1, 2 GWB im öffentlichen Interesse oder im überwiegenden Interesse eines Beteiligten anzuordnen. Auch hierbei wird das Liberalisierungsziel Berücksichtigung finden müssen.

2) Frankreich

Auch in Frankreich gibt es eine parallele Kompetenz zwischen der Regulierungsbehörde CREG (unten **a.**) und der Wettbewerbsbehörde Conseil de la concurrence (unten **b.**).

(a) CREG

§ 38 Abs. 1 Unterabsatz 1 EltG in der durch Art. 17 Abs. 3 GasG-E modifizierten Fassung begründet eine Streitschlichtungskompetenz der CREG. Nach dieser Norm und nach Art. 12 ihrer Geschäftsordnung[1353] kann die CREG von den Parteien bei Streitigkeiten über Fragen des Netzzugangs durch Einreichung eines Schriftsatzes auf Französisch in achtfacher Ausfertigung mittels Einschreiben oder gegen Empfangs-

---

[1348] *Ungemach/Weber*-Verfahrenfragen, in: RdE 1999, 11 [14].
[1349] *BKartA*, 30.08.1999, B8 - 40100 - T - 99/99 („Berliner Stromdurchleitung")-, WuW DE-V, 148 [157].
[1350] vgl. *BKartA*-Presseerklärung vom 31.07.2000 "Neue Beschlussabteilung fü den Elektrizitätsmarkt eingerichtet", www.bundeskartellamt.de/31_07_2001.html.
[1351] vgl. Stellungnahme des *Bundesrates*, BT-Drs. 13/9270, S. 77; *Markert*-Zwangsdurchleitung, in: et 1998, 252 [254].
[1352] Vgl. Gegenäußerung der *Bundesregierung*, BT-Drs. 13/9270, S. 83.
[1353] Vgl. Décision de la Commission de Régulation de l'Électricité vom 20. 04. 2000 über die Geschäftsordnung der Kommission.

bestätigung angerufen werden. Nach Art. 1 der Verfahrensordnung[1354] muss dieser Schriftsatz den Namen, Vornamen, die Adresse, Staatsangehörigkeit und den Beruf des Beschwerdeführers nennen bzw., sofern es sich um eine juristische Person handelt, den Namen, die Unternehmensform, die Adresse des Geschäftssitzes und das Vertretungsorgan. Der Schriftsatz muss des Weiteren den Namen der Bevollmächtigten und des Zustellungsbevollmächtigten nennen, sowie den Grund der Beschwerde und die Beweisstücke, dazu gehört auch das Schreiben, mit dem der Netzzugang verweigert wurde. Der Beschwerdegegner muss bezeichnet werden. Gemäß Art. 38 Abs. 1 Unterabsatz 2 EltG entscheidet die CREG innerhalb einer Frist von 3 Monaten, die bis zu 6 Monaten verlängert werden kann. Innerhalb dieser Zeit gibt sie den Parteien Gelegenheit zur Stellungnahme und kann eine Untersuchung nach Art. 33 EltG durchführen. Dabei kann sie unter anderem auch in den Geschäftsräumen des Netzbetreibers nach Informationen suchen. Nach Art. 5 der Verfahrensordnung findet eine mündliche Verhandlung statt. In seiner anschließenden begründeten Entscheidung legt die CREG den Streit unter Angabe der technischen und finanziellen Einzelheiten bei. Die Kompetenz der CREG umfasst also auch das Recht zur Anordnung von Einzelheiten des Netzzugangs, einschließlich der Entgelthöhe.

Die Entscheidung ist den Parteien zuzustellen und im Journal officiel der Republik Frankreich zu veröffentlichen. Gemäß Art. 38 Abs. 1 Unterabsatz 3 EltG kann die Regulierungsbehörde im Fall schwerer und andauernder Verstöße gegen das Netzzugangsrecht nach Anhörung der Parteien auch einstweilige Verfügungen erlassen. Das Gesetz präzisiert, dass dieses Recht insbesondere zur Gewährleistung der Funktionstüchtigkeit der Netze besteht. Der Regelfall der einstweiligen Anordnung dient damit der Abwehr von Gefahren für das Netz, nicht aber der Abhilfe in konkreten Durchleitungsverweigerungsfällen. Da der CREG aber ein weiter, freilich nicht überprüfbarer Beurteilungsspielraum zusteht, ist der einstweilige Rechtsschutz für diese Fälle zumindest nicht ausgeschlossen.

Gegen die Entscheidungen der Regulierungsbehörde ist gemäß Art. 38 Abs. 2 des Elektrizitätsgesetzes die Anfechtungsklage (recours en annulation) oder Abänderungsklage (recours en réformation) innerhalb einer Frist von einem Monat nach Zustellung beim Cour d'appel in Paris zulässig. Klagen gegen einstweilige Verfügungen sind innerhalb von 15 Tagen zu erheben und innerhalb von einem Monat zu entscheiden. Gegen die Urteile des Cour d'appel von Paris ist innerhalb einer Frist von einem weiteren Monat Berufung (pourvoi en cassation) möglich. Anders als in Deutschland haben die Klagen keinen Suspensiveffekt. Allerdings kann die aufschiebende Wirkung gerichtlich angeordnet werden, soweit andernfalls offensichtlich schwerwiegende Folgen für den Kläger bevorstünden oder soweit sich die Sachlage seit Erlass der Anordnung geändert hat. Der französische Gesetzgeber geht somit hinsichtlich der Durchsetzbarkeit der behördlichen Anordnung den umgekehrten Weg wie der deutsche Gesetzgeber. Er hat damit für einen effizienten Vollzug der Entscheidungen der Regulierungsbehörde gesorgt.

[1354] Vgl. Décret n° 2000-894 vom 11. 09. 2000 bezüglich der Verfahren vor der Commission de Régulation d'Électricité.

(b) Conseil de la concurrence

Der Conseil de la concurrence ist umfassend kompetent über jeden Tatbestand zu befinden, der in den Anwendungsbereich der Art. L 420-1, L 420-2 oder L 420-5 fällt. Auch die missbräuchliche Verweigerung des Zugangs zur Infrastruktur fällt als Unterfall des Missbrauchs einer marktbeherrschenden Stellung in seine Kompetenz.[1355] Durch die Kompetenz der CREG wird seine Kompetenz nicht verdrängt (unten **aa.**), so dass auf seine Verfahrensvorschriften kurz einzugehen ist (unten **bb.**).

(aa) Parallelität der Kompetenzen

Die Streitschlichtungskompetenz der CREG verdrängt nicht die originären Kompetenzen des Conseil de la concurrence. Allerdings hat der Conseil de la concurrence gemäß Art. 39 Abs. 2 EltG alle an ihn gerichteten Beschwerden, die nach Art. 38 EltG in die Kompetenz der CREG fallen, dieser zu übermitteln ("communiquer"). Dazu zählen natürlich auch alle Netzzugangsstreitigkeiten. Die Norm ist jedoch nicht als bindende Verweisungsnorm zu verstehen. Dafür ist der Begriff des Wortes "communiquer" schon zu weit. Vor allem aber kennt der Code de commerce das Instrument der Verweisung für den Conseil de la concurrence gar nicht. Auch die historische Auslegung spricht gegen eine Verweisungsnorm. Denn in seinem avis 98-A-05 hatte der Conseil de concurrence im Rahmen der Umsetzung der Elektrizitätsbinnenmarktrichtlinie angeregt, eine spezialisierte Regulierungsbehörde mit Streitschlichtungskompetenz zu schaffen, ohne die Kompetenzen des Conseil de la concurrence zu beschneiden.[1356] Auch die Regierung hat in ihrer Gesetzesbegründung ganz allgemein festgestellt, dass neben der CREG auch der Conseil de la concurrence einen Beitrag zur Entwicklung der Gaswirtschaft leisten soll.[1357] Der Conseil de la concurrence selbst geht mithin heute davon aus, dass seine Kompetenzen parallel zu denen der CREG bestehen.[1358]

Das Zusammenspiel der beiden Autoritäten wird aber dadurch geregelt, dass der Conseil de la concurrence gemäß Art. 39 Unterabsatz 2 EltG die CREG um Stellungnahmen zu allen Fragen der Energiewirtschaft anruft, mit denen er im Rahmen seiner Kompetenzen in Berührung gerät.

(bb) Verfahren vor dem Conseil de la concurrence

Gemäß Art. L. 462-5 des Code de commerce kann der Conseil de la concurrence von Unternehmen angerufen werden oder von Amts wegen tätig werden. Nur wenn der ihm vorgelegte Tatbestand nicht in den Anwendungsbereich der Art. L 420-1, L 420-2 oder L 420-5 fällt bzw. wenn der Conseil de la concurrence die Beschwerde für un-

---

[1355] *Cons-conc*, 03.09.1996 - Décision 96-D-51 (SARL Héli Inter Assistance).

[1356] *Cons-conc*, 05.10.1999 - Avis 99-A-15 relatif à une demande d'avis sur les principes à respecter ou les dispositions à prévoir pour assurer le fonctionnement concurrentiel des marchés du gaz et des différentes énergies dans le cadre tracé par la directive européenne 98/30/CE und *Cons-conc*, 28.04.1998 - Avis n° 98-A-05 relatif à une demande d'avis sur les principes à respecter ou les dispositions à prévoir pour assurer le fonctionnement concurrentiel du marché électrique dans le cadre tracé par la directive européenne 96/92/CE.

[1357] Regierungsbegründung, titre III chapitre II.

[1358] Vgl. *Cons-conc*-Rapport d'activité de l'an 2000.

substantiiert hält, kann er sie gemäß Art. L 462-8 für unzulässig erklären. Anderenfalls gibt er den Unternehmen gemäß Art. L 463-2 Gelegenheit zur Stellungnahme und führt eine nichtöffentliche Verhandlung über den Beschwerdegegenstand durch. Damit steht ihm, anders als dem BKartA, kein Eingreifermessen zu.

Gemäß Art. L 464-2 Code de commerce kann der Conseil de la concurrence den beschwerten Unternehmen ein Unterlassen oder eine Handlung auferlegen und hat damit die Kompetenz, ein Unternehmen zur Durchleitung zu verpflichten. Gemäß Art. L 464-1 kann er unter strengen Voraussetzungen auch einstweilige Anordnungen erlassen. Voraussetzung dafür ist unter anderem ein andernfalls unmittelbar drohender schwerer Schaden für den Beschwerdeführer. Die einstweilige Verfügung kann nach Art. L 464-1 Unterabsatz 3 nur auf Unterlassen bzw. auf Wiederherstellung eines früheren Zustands gerichtet werden und muss auf das Notwendigste reduziert bleiben. Gleichwohl hat der Conseil de la concurrence France Telecom im einstweiligen Rechtsschutz auferlegt, seinen Wettbewerbern ein Vertragsangebot über den Zugang zu virtuellen Ortsnetzen zu machen.[1359]

Gegen die Entscheidungen des Conseil de la Concurrence ist gemäß Art. L 464-8 innerhalb eines Monats nach Zustellung Beschwerde (recours) beim Cour d'appel in Paris einzulegen. Im Falle der Beschwerde gegen einstweilige Verfügungen beträgt die Frist gemäß Art. L 464-7 nur 10 Tage. In keinem der beiden Fälle hat die Beschwerde einen Suspensiveffekt. Allerdings kann der Präsident des Cour d'appel die einstweilige Aussetzung der Anordnung anordnen, wenn das Unternehmen andernfalls offensichtlich exzessive Folgen erleiden würde oder neue Tatsachen von außergewöhnlicher Tragweite dies rechtfertigen.

B. Rechtsschutz vor den Zivilgerichten

Zivilrechtsschutz wird in Deutschland regelmäßig vor den Landgerichten zu suchen sein (unten **1.**), während die Zivilgerichte in Frankreich keine Kompetenz besitzen, bei Netzzugangsstreitigkeiten zu schlichten (unten **2.**).

1) In Deutschland

Der Zivilrechtsweg ist einem Durchleitungspetenten stets eröffnet. Klageart ist die Leistungsklage nach § 253 ZPO (unten **a.**), die Feststellungsklage nach § 256 ZPO über das Bestehen oder nicht Bestehen eines Durchleitungsvertrags wird dahinter in aller Regel wegen ihrer Subsidiarität zurücktreten.[1360] Grundsätzlich kommt auch eine Unterlassungsklage in Betracht, gerichtet auf die Unterlassung der Netzzugangsverweigerung aus einem bestimmten Grund. Allerdings hat der Kläger für diese nur dann ein Rechtsschutzbedürfnis, wenn er auf diese Weise zu seinem eigentlichen Ziel, nämlich dem Abschluss eines Durchleitungsvertrages gelangen kann. Dies wird regelmäßig nicht der Fall sein, da der Netzbetreiber den Vertragsabschluss auch aus

---

[1359] *Cons-Conc*, 18.02.2000 - 2001-MC-01, in: BOCCRF 21 04. 200.

[1360] Sofern die Leistungsklage möglich ist, fehlt es für die Feststellungsklage regelmäßig am Feststellungsinteresse, *Greger*, in: Zöller, § 256, Rn. 7a. Dem Urteil *LG Berlin*, 27.06.2000 - 16 O 652/99 -, RdE 2000, 237 lag freilich ein Feststellungsantrag auf Bestehen einer Durchleitungsverpflichtung zugrunde.

anderen Gründen oder grundlos verweigern könnte.[1361] Von herausragender Bedeutung ist das einstweilige Verfügungsverfahren (unten **b.**).

(a) Leistungsklage

Überaus streitig ist der Inhalt der Leistungsklage. Seine Bestimmung hängt letztlich davon ab, worin man den Inhalt des Anspruchs nach §§ 6, 6a EnWG sieht. Erkennt man darin ein gesetzliches Schuldverhältnis, kann die Klage unmittelbar auf die Gewährung der Durchleitung gerichtet werden.[1362] Richtigerweise beschränkt sich der Anspruch aus §§ 6, 6a EnWG jedoch auf den Abschluss eines Durchleitungsvertrages.[1363] Grundsätzlich also wäre eine Leistungsklage auf Abgabe einer Willenserklärung zum Abschluss eines Durchleitungsvertrages zu richten, § 894 ZPO.[1364] In einer zweiten Klage müsste dann auf Vollstreckung aus dem Vertrag geklagt werden.

Es liegt auf der Hand, dass dies zu keinen befriedigenden Ergebnissen führt. Im einstweiligen Rechtsschutzverfahren geht die Rechtsprechung daher teilweise davon aus, dass die Klage unmittelbar auf die Gewährung der Durchleitung gerichtet werden könnte, wenn der Durchleitungspetent alle Umstände darlegt, die seinen Durchleitungsanspruch begründen.[1365] Im Hauptsacheverfahren ist dieser Weg allerdings nicht gangbar, da sich die Anspruchsgrundlage eben erst aus dem Vertrag ergibt.[1366] Die gegenteilige Auffassung entspräche der Herstellungstheorie im früheren Wandlungsrecht, nach der der nach § 462 BGB a.F Wandlungsberechtigte nicht erst die Einverständniserklärung des Verkäufers nach § 465 BGB a.F. herbeiführen musste, um die Wandlung gemäß § 467 BGB a.F. zu vollziehen, sondern direkt auf Durchführung der Wandlung klagen konnte.[1367] Diese Theorie entsprach zwar Praktikabilitätserwägungen, war aber ebenso wenig mit dem Wortlaut des BGB vereinbar,[1368] wie die unmittelbare Klage auf Durchleitung mit der Voraussetzung einer vertraglichen Anspruchsgrundlage vereinbar ist. Auch die zum Wandlungsrecht entwickelte Theorie vom richterlichen Gestaltungsakt, die die unmittelbar auf Leistung gerichtete Klage zulässt,[1369] passt nicht zum Anspruch auf Durchleitung. Nipperdey hat sie zu Unrecht auf den Kontrahierungszwang übertragen,[1370] was im Fall des Durchleitungsstreits deutlich wird. Denn wie Larenz[1371] im Anschluss an Bötticher[1372] dargetan hat, stellt sich das richterliche Urteil in diesem Fall als „verdecktes Gestaltungsurteil“ dar, welches neben der Verpflichtung zur Rückzahlung des Kaufpreises die Vollziehung

---

[1361] *LG Leipzig*, 16.02.2001 - O2 HKO 552/01 -, RdE 2001, 159 [160].
[1362] So: *OLG Dresden*, 08.02.2001 - U 2978/00 (Kart.)-, ZNER 2001, 168 [169]; *LG Potsdam*, 02.02.2000 - 51 O 2/00 -, RdE 2000, 203 [205]; ebenso wohl: *Ungemach/Weber*-Verfahrensfragen, RdE 1999, 131 [132, 134].
[1363] Siehe oben 4.Teil II.C
[1364] so wohl *Köhler*-Durchleitungsanspruch, in: BB 2002, 584 [586].
[1365] *LG Dortmund*, 12.04.2001 - 13 O 36/01 -, ZNER 2001, 101; für § 19 Abs. 4 Nr. *LG Dortmund*, 01.09.2000 - 13 O 134/00 -, BB 2000, 2325; *LG Magdeburg*, 14.04.2000 - 7 O 8/00 -, RdE 2000, 207.
[1366] Vgl. *LG Leipzig*, B.v. 03.07.2000 - 05 O 3364/00, in: NJWE-WettbR 2000, 279 [280].
[1367] Vgl. *Huber*, in: Soergel, § 462, Rn. 30f., 37; *Honsell*, in: Staudinger, § 465, Rn. 16.
[1368] *Larenz*-Schuldrecht BT II/1, S. 55.
[1369] *RG*, 16.09.1904 - VII 84/04 -, RGZ 58, 424f.; *RG*, 07.12.1920 - II 239/20 -, RGZ 101, 64 [71f.]; *BGH*, 08.01.1959 - VIII ZR 174/57 -, BGHZ 29, 148 [156f.].
[1370] *Nipperdey*-Kontrahierungszwang, S. 118.
[1371] *Larenz*-Schuldrecht BT II/1, S. 55f.
[1372] *Bötticher*, Eduard, Die Wandlung als Gestaltungsakt, Heidelberg 1938.

der Wandlung enthalte. Eine Wandlungserklärung ist aber ein einseitiges Rechtsgeschäft,[1373] welches lediglich die Wandlungserklärung als solche enthält und einzig an das Vorliegen eine Fehlers vor Ablauf der Verjährung anknüpft. Der Abschluss eines Durchleitungsvertrages hingegen ist wesentlich komplexerer, zweiseitiger Natur. Über ihn muss das Gericht ausdrücklich befinden. Busche vertritt daher jedenfalls für das Hauptsacheverfahren[1374] hinsichtlich der Durchsetzung des Kontrahierungszwangs eine Abwandlung der Vertragstheorie.[1375] Danach müsse die Klage auf Abschluss eines Vertrages mit der Klage auf Gewährung der Leistung im Wege der objektiven Klagehäufung nach § 260 ZPO in Form einer uneigentlichen Eventualhäufung[1376] verbunden werden, was im Wege der Auslegung in aller Regel zu unterstellen sei.[1377] Dies führt zu praxisgerechten Ergebnissen, wirft aber die Frage nach dem Inhalt des Leistungsantrags auf.

Der Leistungsantrag muss sich an dem Bestimmtheitsgebot des § 253 Abs. 2 Nr. 2 ZPO messen lassen. Der Durchleitungspetent muss deshalb einen Durchleitungsvertrag formulieren[1378] oder jedenfalls die Durchleitungsleistung mengenmäßig, räumlich und zeitlich konkretisieren.[1379] Die Angabe der Entgelthöhe ist nicht erforderlich. Es genügt, wenn der Antrag auf Durchleitung Zug-um-Zug gegen Zahlung eines angemessenen Entgelts gestellt wird.[1380] Die Anforderungen an die Bestimmtheit bleiben insofern im Zivilverfahren hinter den Anforderungen im Kartellverfahren zurück.

(b) Einstweiliger Rechtsschutz

Regelmäßig wird nur der Erlass einer einstweiligen Verfügung nach §§ 935, 940 ZPO den Interessen des Durchleitungspetenten gerecht werden. Soweit der Durchleitungspetent den Netzbetreiber zur Durchleitung selbst verpflichten will, hilft ihm nur der Erlass einer im Gesetz nicht geregelten Leistungsverfügung analog § 940 ZPO. Die Leistungsverfügung stellt eine Ausnahme vom Verbot der Vorwegnahme der Hauptsache dar.[1381] Gleichwohl ist sie in ihrem Umfang auf das notwendige Maß zu beschränken. Dabei ist zu unterscheiden zwischen dem Fall der anfänglichen Durchleitungsverweigerung und dem Fall der nachträglichen Durchleitungsverweigerung. Als anfängliche Durchleitungsverweigerung soll der Fall bezeichnet werden, in dem es wegen Verweigerung des Netzbetreibers noch zu keiner Durchleitung des Lieferanten gekommen ist (unten **aa.**). Als nachträgliche Durchleitungsverweigerung soll

---

[1373] *Putzo*, in: Palandt, § 465, Rn. 7.

[1374] *Busche*-Privatautonomie, S. 265f.; im einstweiligen Rechtsschutzverfahren will er den konkreten Leistungsantrag aus praktischen Erwägungen ausnahmsweise zulassen, S. 271f..

[1375] Vgl. dazu *Larenz*-Schuldrecht BT II/1, S. 54.

[1376] Vgl. *Schumann*, in: Stein-Jonas, § 260 ZPO, Rn. 24f.. Dabei gibt der Kläger die Prüfungsreihenfolge des Gerichts vor und stellt den Antrag auf Vertragserfüllung nur für den Fall, dass das erste Begehren, die Verurteilung zum Vertragsabschluss erfolgreich ist. Wird die Durchleitung für die (nahe) Zukunft begehrt, ist die Klage auf Erfüllung unter den Voraussetzungen des § 259 ZPO gleichwohl zulässig.

[1377] *Busche*-Privatautonomie, S. 264f.; ähnlich wohl auch *LG Leipzig*, B.v. 03.07.2000, NJWE-WettbR 2000, 279 [280].

[1378] *LG Leipzig*, B.v. 03.07.2000, NJWE-WettbR 2000, 279 [280].

[1379] *LG Dortmund*, 12.04.2001 - 13 O 36/01 (Kart.), in: ZNER 2001, 101; für § 19 Abs. 4 Nr. LG Dortmund, 01.09.2000 - 13 O 134/00 -, BB 2000, 2325; LG Magdeburg, 14.04.2000 - 7 O 8/00 -, RdE 2000, 207; vgl. näher *Ungemach/Weber*-Verfahrensfragen, in: RdE 1999, 131 [132ff.].

[1380] *LG Dortmund*, 12.04.2001 - 13 O 36/01 (Kart.), in: ZNER 2001, 101; *Busche*-Privatautonomie, S. 268.

[1381] *Hartmann*, in: Baumbach/Lauterbach/Albers/Hartmann, Grdz. § 916, Rn. 6.

der Fall bezeichnet werden, wo es unter Abschluss eines Durchleitungsvertrages bereits zu Durchleitungen des Lieferanten durch das Netz des Netzbetreibers gekommen ist, letzterer nun aber nachträglich die Durchleitung verweigert, weil der Durchleitungspetent etwa das Entgelt nicht in der vertraglich fixierten Höhe zahlt (unten **bb.**).

(aa) Anfängliche Durchleitungsverweigerung

Voraussetzung für den Erlass einer einstweiligen Verfügung ist das Bestehen eines Verfügungsanspruchs. Es wurde gezeigt, dass dieser sich nur aus dem Vertrag ergibt. Die Verurteilung zur Abgabe einer Willenserklärung wird ganz allgemein als mit dem Charakter des einstweiligen Rechtsschutzes unvereinbar erachtet.[1382] Dieses Dilemma kann nur dadurch gelöst werden, dass das Vorliegen des Anordnungsanspruchs fingiert wird, wenn der Durchleitungsberechtigte sämtliche Voraussetzungen für einen Vertragsabschluss zur Durchleitung vorgelegt hat.[1383] Im Rahmen des einstweiligen Rechtsschutzes ist deshalb entgegen dogmatischer Bedenken der unmittelbar auf Netzzugang gerichteten Klage stattzugeben, ohne vorher über § 894 ZPO die Zustimmung zu einem Vertrag zu fingieren.[1384] Teilwiese wird die Zulässigkeit mit dem richterlichen Ermessen nach § 938 ZPO begründet.[1385]

Weitere Voraussetzung der einstweiligen Anordnung ist die Existenz eines besonderen Verfügungsgrundes, den der Gläubiger glaubhaft machen muss.[1386] Ein Verfügungsgrund ist gegeben, wenn die einstweilige Verfügung zur Abwendung wesentlicher Nachteile unter Abwägung der gegenseitigen schutzwürdigen Interessen notwendig ist, weil der Gläubiger auf die sofortige Erfüllung dringend angewiesen ist.[1387] Teilweise wird für auf sofortige Belieferung gerichtete einstweilige Verfügungen auch eine außergewöhnliche Notlage des Gläubigers vorausgesetzt.[1388] Für die Fälle der anfänglichen Durchleitungsverweigerung ist in der Rechtsprechung mittlerweile anerkannt, dass vor dem Hintergrund des ordnungspolitischen Ziels der Wettbewerbsöffnung[1389] in Abweichung von obigen Maßstäben jedenfalls ausreichend ist, dass ein irreparabler wirtschaftlicher Schaden oder gar nur ein erheblicher wirtschaftlicher Nachteil[1390] droht. Dieser wird von den Gerichten schon dann ange-

---

[1382] *Grunsky*, in: Stein/Jonas, vor § 935, Rn. 51, m.w.N.); anders konkret für Energiedurchleitungen: *Köhler*-Durchleitungsanspruch, in: BB 2002, 584 [587].

[1383] *LG Magdeburg*, 14.04.2000 - 7 O 8/00 -, RdE 2000, 207.

[1384] *LG Dortmund*, 12.04.2001 - 13 O 36/01 -, ZNER 2001, 101; für § 19 Abs. 4 Nr. *LG Dortmund*, 01.09.2000 - 13 O 134/00 -, BB 2000, 2325; *LG Magdeburg*, 14.04.2000 - 7 O 8/00 -, RdE 2000, 207.

[1385] *OLG München*, 15.11.2001 - U (K) 3825/01, S. 11; zitiert bei *Köhler*-Durchleitungsanspruch, in: BB 2002, 584 [587].

[1386] *Vollkommer*, in: Zöller, § 940, Rn. 6.

[1387] *Vollkommer*, in: Zöller, § 940, Rn. 6.

[1388] *OLG Düsseldorf*, 29.10.1985 - U (Kart.) 20/85 („Renault") -, WuW/EOLG 3787 [3790]: *Baur*, in: Handbuch des vorläufigen Rechtsschutzes, H, Rn. 73

[1389] so ausdrücklich: *OLG Düsseldorf*, U 27/96, Bl. 24, insoweit nicht in et 1997, 373 abgedruckt, nach *Ungemach/Weber*-Verfahrensfragen, in RdE 1999, 131 [137]; vgl. auch Magdeburg, 14.04.2000 - 7 O 8/00 -, RdE 2000, 207; *LG Kiel*, 31.01.2001 - 14 O Kart. 135/00 -, www.landgericht-kiel.landsh.de/texte/14-O-135-00u.htm, S. 6 des Internetausdrucks.

[1390] *LG Chemnitz*, 24.07.2000 - 4HK O 3126/00, Bl. 11, im Wortlaut zitiert bei Theobald/Zenke-Durchleitung, S. 146; *LG Kiel*, 31.01.2001 - 14 O Kart. 135/00 -, www.landgericht-kiel.landsh.de/texte/14-O-135-00u.htm, S. 6 des Internetausdrucks.

nommen, wenn die Energieversorger mangels Durchleitung ihre Versorgungstätigkeit nicht aufnehmen können. Die Voraussetzung für den Erlass einer einstweiligen Verfügung nach §§ 935, 940 ZPO werden für die anfängliche Durchleitungsverweigerung damit in aller Regel gegeben sein.[1391]

(bb) Nachträgliche Durchleitungsverweigerung

Von Relevanz sind auch die Fälle, in denen der Durchleitungspetent seine Leistung plötzlich anders als vertraglich vereinbart erbringen will, etwa gegen niedrigeres Entgelt oder zu anderen Konditionen, und der Netzbetreiber ihm die Durchleitung zu diesen veränderten Konditionen nicht gewähren will. Der Verfügungsanspruch ergibt sich in diesen Fällen der nachträglichen Durchleitungsverweigerung vielfach bereits aus dem Vertrag selbst. Enthält dieser überhöhte Netznutzungsentgelte, ist er in dem Maße, in dem diese Entgelte das angemessene Maß überschreiten, in aller Regel wegen Verstoßes gegen § 19 Abs. 4 GWB nichtig.[1392] Dieser Verstoß führt jedoch nicht zur Gesamtnichtigkeit des Vertrages, sondern zu seiner Aufrechterhaltung in dem zulässigen Maße.

Ein Verfügungsgrund ist für die nachträgliche Durchleitungsverweigerung aber in der Regel abzulehnen, da es an der Notwendigkeit der einstweiligen Verfügung fehlt. Der Durchleitungspetent kann sich selbst dadurch behelfen, dass er die vertraglich (unwirksam) vereinbarte Leistung erbringt. Zahlt er etwa das vereinbarte (überhöhte) Entgelt, droht ihm nur im Ausnahmefall ein finanzieller Schaden. Denn der Lieferant kann die Zahlung seiner Entgelte mit dem Hinweis, er halte sie (z.B. wegen Verstoßes gegen § 6 Abs. 1 EnWG, § 19 Abs. 4 GWB) für unberechtigt, unter Vorbehalt stellen[1393] und damit später nach § 812 BGB kondizieren. Der finanzielle Schaden der ihm daraus entstehen kann, beschränkt sich so auf den verlorenen Zinsvorteil. Einen erheblichen wirtschaftlichen Nachteil stellt dies nicht dar.

Selbst wenn eine Durchleitungsverweigerung schon erfolgt ist, kann der Durchleitungspetent im Rahmen des einstweiligen Rechtsschutzes zur Erreichung der erwünschten Durchleitung auf diese Handlungsalternative verwiesen werden, da das System des einstweiligen Rechtsschutzes die Berücksichtigung alternativer Handlungsmöglichkeiten kennt. So wird einstweiliger Rechtsschutz überhaupt nur gewährt, wenn wegen der Eilbedürftigkeit der Sache das alternativ bestreitbare Hauptsacheverfahren keinen Erfolg verspricht.[1394] Bei einstweiligen Verfügungen auf Verurteilung zu einer Geldleistung ist anerkannt, dass eine Notlage gegeben sein muss, der nicht anders als durch die einstweilige Verfügung abgeholfen werden kann.[1395] Dies soll nicht der Fall sein, wenn der Antragsteller alternative Möglichkeiten hat,

---

[1391] *LG Magdeburg*, 14.04.2000 - 7 O 8/00 -, RdE 2000, 207; vgl. *LG Nürnberg-Fürth*, 23.05.2001 - 3O 2257/01 -, ZNER 2001, 99 [100].

[1392] *Möschel*, in: Immenga/Mestmäcker, § 19, Rn. 248; *Schultz*, in: Langen/Bunte, § 19, Rn. 181.

[1393] *BGH*, 15.11.1994 – KVR 29/93 („Gasdurchleitung") -, WuW/E 2953 [2957].

[1394] *Dunkl*, in: Handbuch des vorläufigen Rechtsschutzes, A, Rn. 504, 507; *Vollkommer*, in: Zöller, § 940 ZPO, Rn. 6; *OLG Saarbrücken*, 01.04.1981 – 1 U 27/81 („Metro-Irisette") -, WuW/E OLG 2573 [2574]; *OLG Rostock*, 26.06.1996 - 6 U 395/96 -, MDR 1996, 1183.

[1395] *Grunsky*, in: Stein-Jonas. Vor § 935, Rn. 39, m.w.N.

wie Ersparnisse oder sofort verwertbares Vermögen.[1396] Das OLG Düsseldorf deutet in einem Fall der Belieferungsverweigerung an, dass die Möglichkeit des Antragstellers, vom Antragsgegner Schadensersatz verlangen zu können, die Notwendigkeit der einstweiligen Verfügung entfallen lassen könnte, wenn der Antragsgegner dadurch zum Einlenken gebracht werden kann.[1397] Diese Rechtsprechung hat das OLG Düsseldorf jetzt auch auf das Energierecht übertragen.[1398] Es hat die Dringlichkeit eines Antrags auf einstweilige Verfügung eines Durchleitungspetenten gegen den Netzbetreiber verneint, da der Netzbetreiber grundsätzlich zur Durchleitung in dem begehrten Umfang gewillt war, jedoch von dem Durchleitungspetenten darüber hinausgehend die Komplettversorgung des zu beliefernden Endabnehmers verlangte. Nach Auffassung des OLG Düsseldorf war dem Durchleitungspetenten die Verweisung auf die Möglichkeit der späteren Geltendmachung von Schadensersatzansprüchen zumutbar.[1399]

2) Keine Kompetenz der französischen Zivilgerichtsbarkeit

Die französische Zivilgerichtsbarkeit kann im Zusammenhang mit Netzzugangsstreitigkeiten nicht angerufen werden. Zwar sind die französischen Tribunal de Grande Instance, die Eingangsinstanz in der Zivilgerichtsbarkeit,[1400] grundsätzlich "juge du droit commun", können also über alle zivilrechtlichen Rechtsstreitigkeiten[1401] und damit auch über Netzzugangsstreitigkeiten richten, allerdings ist das Prinzip der Spezialität in Frankreich mit größerer Schärfe ausgebildet als in Deutschland. Art. 311-1 des Code de l'organisation judiciaire bestimmt, dass das Tribunal de Grande Instance (TGI) für die Rechtsstreitigkeiten zuständig ist, die nicht auf Grund ihres Streitwerts oder ihres Inhalts ausdrücklich einer anderen Gerichtsbarkeit zugewiesen sind. Im Wettbewerbsrecht aber wird dem Conseil de la concurrence über Art. L 464-2 des Code de Commerce die Kompetenz verliehen, wettbewerbswidriges Verhalten mit Unterlassungs- oder Handlungspflichten zu sanktionieren.[1402] Art. 17 Abs. 3 des Elektrizitätsgesetzes wiederum verleiht der CREG die Kompetenz, über Netzzugangsstreitigkeiten zu befinden. Im speziellen wie allgemeinem Kartellrecht bleibt den Zivilgerichten daher nur die Kompetenz, über die Nichtigkeit wettbewerbswidriger Verträge nach Art. L 420-3 des Code de commerce und über Schadensersatzforderungen nach Art. 1382 und 1383 des Code Civil aufgrund wettbewerbswidrigen Verhaltens zu entscheiden.[1403]

[1396] *Dunkl*, in: Handbuch des vorläufigen Rechtsschutzes, A, Rn. 507; *OLG Karlsruhe*, 02.02.1995 - 2 UF 267/94 -, NJW 1995, 1908.
[1397] *OLG Düsseldorf*, 13.11.1981 – U(Kart) 27/80 („Nordmende III") -, WuW/E OLG 2390 [2393].
[1398] *OLG Düsseldorf*, 08.08.2001 - U (Kart) 20/01 -, RdE 2002, 21.
[1399] *OLG Düsseldorf*, 08.08.2001 - U (Kart) 20/01 -, RdE 2002, 21 [24].
[1400] Vgl. nur: *Hübner/Constantinesco*, S. 17.
[1401] *Perrot*, Rdn. 513; *Vincent/Guinchard/Montagnier/Varinard*, Rdn. 196.
[1402] *Ripert/Roblot*, Rdn. 896.
[1403] *Blaise*, Rdn. 828ff.; *Ripert/Roblot*, Rdn. 896.

C. Rechtsschutz vor europäischen Instanzen

Eine unmittelbare Befassung der europäischen Gerichte mit Netzzugangsstreitigkeiten ist nicht möglich. Der EuGH kann lediglich im Wege von Vorabentscheidungsverfahren nach Art. 234 EGV über die Auslegung des Gasrichtlinie angerufen werden (unten **1.**). Die Kommission wiederum kann auch von Durchleitungspetenten angerufen werden (unten **2.**). Gegen ihre Entscheidungen sind dann Rechtsmittel vor dem EuG gegeben.

1) Vorabentscheidungsverfahren vor dem EuGH

Nach Art. 234 Abs. 1 EGV entscheidet der EuGH im Wege der Vorabentscheidung über die Auslegung des EG Vertrages und über die Auslegung der Handlungen der Organe der Gemeinschaft, mithin auch über die Auslegung von Richtlinien.[1404] Er ist im Rahmen des Vorabentscheidungsverfahrens aber weder befugt, die Vereinbarkeit von nationalem Recht mit Gemeinschaftsrecht zu beurteilen, noch darf er nationales Recht auslegen.[1405]

Eine Vorlageberechtigung besteht im Rahmen eines Rechtsstreits über Durchleitungsstreitigkeiten gemäß Art. 234 Abs. 2 EGV immer dann, wenn ein nationales Gericht im Zweifel ist, ob die Gasrichtlinie eine bestimmte Auslegung des nationalen Rechts erfordert und es hierauf für den Ausgang des Rechtsstreit ankommt. Die Vorlageberechtigung verdichtet sich zur Vorlagepflicht, wenn das Gericht letztinstanzlich entscheidet oder es die Richtlinie schlicht für unwirksam halten sollte.[1406]

Als Gericht bezeichnet der EuGH jede Instanz, die unabhängig ist, aufgrund einer gesetzlichen Grundlage tätig wird, transparente Verfahrensvorschriften hat, sowie Rechtsnormen anwendet, statt eine Entscheidung nach Billigkeit zu treffen.[1407] Damit gehören neben den Zivilgerichten auch die Kartellbehörden und die Regulierungsbehörden zum Kreis der vorlageberechtigten Gerichte.

2) Anrufung der Kommission

Gemäß Art. 3 Abs. 1 der VO 17/62[1408] (VO Nr. 17) kann die Kommission einem Unternehmen, das gegen Art. 81 oder 82 EGV verstößt, auferlegen, die festgestellte Zuwiderhandlung zu unterlassen. Ausnahmsweise kann auch eine Verpflichtung zum positiven Tun möglich sein.[1409] Diese Verpflichtung kann sie mit einem Zwangsgeld nach Art. 16 VO Nr. 17 für jeden Tag des Verzugs verbinden. Zusätzlich kann sie auch gemäß Art. 15 VO Nr. 17 ein Bußgeld gegen das missbräuchlich handelnde Un-

---

[1404] *Borchardt*: in: Lenz, Art. 234, Rn. 7.

[1405] Vgl. *EuGH*, 15.12.1993 - C-292/92 (Hünermund) -, E 1993, I-6787; *EuGH*, 13.03.1984 - Rs. 16/83 (Strafverfahren gegen Prantl) -, E 1984, 1299, 1324.

[1406] vgl zur Vorlagepflicht: *Endler*, in: Kuhla-Verwaltungsprozess, L 101f.

[1407] Vgl. bspw. *EuGH*, 30.06.1966 - Rs. 61/65 (Vaassen-Göbbels/ Vorstand des Beamtenfonds voor het Mijnbedrijf) -, E 1966, 583; *EuGH*, 17. 10. 1989 - Rs. 109/88 (Handels - og Kontorfunktionsaerernes Forbund I Danmark / Dansk Arbejdsgiverforening für Danfoss - „Danfoss") -, E 1989, 3199, Rdn. 17; *EuGH*, 19.10.1995 - Rs. 111/94 (Job Centre Coop ARL) -, E 1995, I-3361, Rdn. 9; zusammenfassend: *Krück*, in: G/T/E, Art. 177, Rn. 44ff..

[1408] VO 17/62 des Rates zur Durchführung zu den Artikeln 81 und 82 des Vertrages vom 06. 02. 1962.

[1409] vgl. *Ritter*, in: Immenga/Mestmäcker, VO Nr. 17, Rn. 48.

ternehmen verhängen.[1410] Da die Durchleitungsverweigerung regelmäßig auch einen Verstoß gegen Art. 82 EGV darstellen wird, hat die Kommission also auch die Kompetenz, in Netzzugangsstreitigkeiten zu schlichten. Die Kommission wird dabei von Amts wegen oder auf Antrag tätig. Antragsberechtigt sind gemäß Art. 3 Abs. 2 der VO Nr. 17 alle Personen, die ein berechtigtes Interesse darlegen. Das sind die Personen, die von einer Wettbewerbsbeschränkung oder missbräuchlichen Verhaltensweise unmittelbar und individuell beeinträchtigt sind oder beeinträchtigt werden können,[1411] mithin in jedem Fall die Durchleitungspetenten.

Die Beschwerde wird durch ein formloses Schreiben in siebzehnfacher Ausfertigung eingereicht. In dem Schreiben sind Angaben über die Beteiligten, zu dem Sachverhalt und der Zuwiderhandlung zu machen.[1412] Die Beschwerde wird anschließend gemäß Art. 2 Abs. 1 VO 99/63[1413] dem Beschwerdegegner und nach Art. 10 Abs. 1 VO Nr. 17 den Behörden der Mitgliedstaaten notifiziert.[1414] Die Kommission ist nicht verpflichtet, dem Antrag eines Unternehmens auf Einleitung eines Verfahrens und der Vornahme von Ermittlungen gegen den Beschwerdegegner nachzukommen, sondern besitzt insofern einen Ermessensspielraum.[1415] Sie darf die Nichteinleitung eines Verfahrens nicht mit dem pauschalen Hinweis auf fehlendes Gemeinschaftsinteresse ablehnen,[1416] sondern muss die Beschwerde daraufhin prüfen, ob Anhaltspunkte für eine Zuwiderhandlung gegeben sind.[1417] Allerdings gewährt das Gemeinschaftsrecht dem Antragsteller verfahrensrechtliche Garantien. Gemäß Art. 6 der VO 99/63 ist die Kommission verpflichtet, bei Nichteinleitung eines Verfahrens, gegebenenfalls nach Anhörung des Antragstellers, eine entsprechende förmliche Entscheidung im Sinne des Art. 249 EGV an den Antragsteller zu richten und gemäß Art. 253 EGV zu begründen.[1418] Diese Entscheidung wiederum kann der Beschwerdeführer gemäß Art. 230 Abs. 4 EGV mit der Nichtigkeitsklage binnen zwei Monaten vor dem EuG anfechten.[1419] Erlässt die Kommission binnen zwei Monaten keine Entscheidung, kann der Beschwerdeführer die Untätigkeitsklage gemäß Art. 232 Abs. 3 EGV[1420] erheben.[1421] Leitet die Kommission hingegen ein förmliches Prüfverfahren ein, bei wel-

---

[1410] Das Bußgeld kann bis zu 10% des globalen Umsatzes des verantwortlichen Konzerns betragen. Zur Berechnugn vgl. Leitlinien zur Festsetzung von Geldbußen gemäß der VO Nr. 17 und Art. 65 Abs. 5 EGKSV, Abl. EG C 9/3 vom 14.01.1998.

[1411] vgl. *Ritter*, in: Immenga/Mestmäcker, VO 17, Rn. 7.

[1412] *Ritter*, in: Immenga/Mestmäcker, VO Nr. 17, Rn. 11.

[1413] VO Nr. 99/63 der Kommission vom 25. 07. 1963 über die Anhörung nach Art. 19 Abs. 1 und 2 der Verordnung Nr. 17 des Rats.

[1414] *Ritter*, in: Immenga/Mestmäcker, VO Nr. 17, Rn. 11.

[1415] *EuGH*, 18.10.1979 - Rs. 125/78 (GEMA) -, E 1979, 3173, Rn. 17; *EuG*, 29.06.1993 - T 7/92 (Asia Motor France/ Kommission) - E 1993, II-669, Rn. 36; *EuG*, 24.01.1995 - T 114/92 (BEMIM/ Kommission) -, E 1995, II-147, Rn. 62.

[1416] *EuG*, 18.05.1994 - Rs. T-37/92 (BEUC and National Consumer Council/ Kommission) -, E 1994, II-285, Rn. 47.

[1417] *EuG*, 24.01.1992 - Rs. T-44/90 (La Cinq SA/ Kommission) -, E 1992, II-1, Rn. 61; *EuG*, 18.09.1995 - Rs. T-548/93 (Ladbroke Racing Ltd/ Kommission "Ladbroke III") -, E 1995, II-2565, Rn. 50.

[1418] *EuG*, 27.06.1995 - Rs. T-186/94 (Guérin automobiles/ Kommission) -, E 1995, II-1753; *EuGH*, 18.03.1997 - Rs. C-282/95 (Guérin automobiles/ Kommission) -, E 1997, I-1503; *EuG*, 09.09.1999 - Rs. T-127/98 (UPS Europe SA/ Kommission) -, E 1999, II-2633.

[1419] zur Nichtigkeitsklage, *Endler*: in Kuhla-Verwaltungsprozess, L 125ff.; *Rengeling/Middeke/ Gehlermann-*Rechtsschutz, Rn. 119ff.

[1420] zur Untätigkeitsklage, *Endler*: in Kuhla-Verwaltungsprozess, L 145ff.; *Rengeling/Middeke/ Gehlermann-Rechtsschutz*, Rn. 198ff.,

[1421] *Ritter*, in: Immenga/Mestmäcker, VO 17, Rn. 15.

chem sie umfangreiche Untersuchungsrechte nach Art. 11 bis 14 VO 17 hat, hat der Beschwerdeführer einen Anspruch darauf, an dem Verfahren beteiligt zu werden.[1422]

Auch einstweiliger Rechtsschutz kann vor der Kommission gesucht werden. Dies ist zwar von der VO Nr. 17 nicht vorgesehen, wird von der Kommission aber unter strengen Bedingungen zugelassen. Voraussetzung ist, dass es sich bei summarischer Prüfung um eine prima facie Zuwiderhandlung handelt und dass dem Antragsteller ohne die eilige Entscheidung ein schwerer nicht wiedergutzumachender Schaden droht.[1423]

D. Ergebnis

Von einer richtlinienkonformen Umsetzung der Bestimmung des Art. 21 Abs. 2 der Gasrichtlinie, der die Errichtung einer Streitbeilegungsstelle fordert, die Streitigkeiten über den Netzzugang innerhalb von 12 Wochen beilegt, kann in Deutschland nur gesprochen werden, wenn man den einstweiligen zivilrechtlichen Schutz als ausreichend erachtet. Dies kann bezweifelt werden, da das Verständnis der Richtlinie wohl dahin geht, eine spezialisierte Stelle zu schaffen. Indem die Landgerichte eine Durchsetzung des Netzzugangsanspruchs um Wege des einstweiligen Rechtsschutzes ermöglichen, leisten sie, trotz dogmatischer Bedenken, einen entscheidenden Beitrag zur Effektivität des Netzzugangsanspruchs und haben die Vollziehbarkeit des § 6 EnWG unter Beweis gestellt.[1424] Weil in Deutschland aber neben den Landgerichten auch noch die Energieaufsichtsbehörden der Länder, die Landeskartellbehörden, das Bundeskartellamt und in Zukunft die Streitschlichtungsstelle beim Bundeswirtschaftsministerium zur Streitschlichtung kompetent sind, ohne dass es eine klare Abgrenzung gäbe, besteht die Gefahr divergierender Rechtsprechungs- und Entscheidungspraxis. In Frankreich wird dies dadurch vermieden, dass zwischen der CREG und dem parallel kompetenten Conseil de la concurrence eine Koordinierung erfolgt. Durch die Konzentration energierechtlicher Kompetenz bei der CREG sind sachnahe Entscheidungen zu erwarten.

VII. Ergebnis des vierten Teils

Die Anforderungen an den Durchleitungsanspruch sind vom Gemeinschaftsrecht vorgegeben. Er gilt für alle zugelassenen Kunden bzw. für deren Belieferung gegenüber allen Netzbetreibern und umfasst auch den zur Durchleitung notwendigen Speicherzugang. Die Netzzugangsverweigerungsgründe zählt die Gasrichtlinie abschließend auf. Der Zugang kann unter Kontrolle der Kommision mit Berufung auf take-or-pay Verpflichtungen oder auf eine Gefährdung der Erfüllung gemeinwirtschaftlicher Verpflichtungen verweigert werden. Die Berufung auf die Reziprozitätsklausel setzt voraus, dass bei wirtschaftlicher Betrachtung ein Unternehmen von der Durchleitung

---

[1422] dazu: *Ritter*, in: Immenga/Mestmäcker, VO 17, Rn. 18ff..
[1423] *Ritter*, in: Immenga/Mestmäcker, VO Nr. 17, Rn. 52f..
[1424] Die Vollziehbarkeit war teilweise umstritten. Verneint man sie, ergibt sich daraus die Pflicht des Gesetzgebers zum Erlass einer Netzzugangsverordnung. Vgl. dazu *Lecheler/Gundel*-staatliche Regulierung, in: EWS 2001, 249.

profitiert, in dessen Staat die gleiche Durchleitung nicht erfolgen könnte. Die Schaffung eines Genehmigungsvorbehalts oder die Erstreckung der Reziprozitätsklausel auf Drittstaatenimporte ist gemeinschaftsrechtswidrig. Darüber hinaus kann die Durchleitung nur in den Fällen der Unmöglichkeit verweigert werden.

Größtes Hindernis der Entstehung eines echten Durchleitungswettbewerbs ist die behindernde Ausgestaltung der Netzzugangskondiktionen. So weit die Unternehmen die Netzzugangsbedingungen im Einzelfall festlegen können, ist die Geltendmachung des Durchleitungsanspruchs mit erheblichen Unsicherheiten und hohen Transaktionskosten verbunden. Auch die ex-post Kontrolle ist insbesondere wegen undurchsichtiger Kostenstrukturen und schwieriger Einzelfallanalyse der Bedingungen nur erschwert möglich. Allgemein wird die ex-post Kontrolle als zu schwach empfunden.[1425] Die Bundesrepublik ist der einzige Mitgliedstaat, der auf den verhandelten Netzzugang vertraut. Dies mag der entscheidende Grund dafür sein, dass es in Deutschland noch nicht entscheidend zu Durchleitungswettbewerb gekommen ist.[1426]

[1425] Vgl. Ausdrücklich der *Conseil de la Concurrence* in seinem Avis Nr. 99-A-15, Pkt. II B 3 c.

[1426] Vgl. Arbeitsdokument der Kommissionsdienststellen - 1. Bericht über die Verwirklichung des Elektrizitäts- und Erdgasbinnenmarktes vom 03.12.2001, SEK (2001) 1957, S. 17, Tabelle 4.

5. Teil: Die Auswirkung des Liberalisierung auf bestehende Energiebezugsverträge

Die Liberalisierung der Gasmärkte bleibt nicht ohne Auswirkungen auf die Vertragsbeziehungen: Sie bedürfen der Anpassung an die veränderte ökonomisch juristische Situation. Unter der Bereichsausnahme nach den §§ 103, 103a GWB a.F. wurden die regionalen Monopole durch Demarkationsabreden zwischen den Gasversorgern geschaffen. Zur zusätzlichen Sicherung enthielten die Lieferverträge zwischen den überregionalen Versorgern und den Kunden, in der Regel Stadtwerken, langfristige Ausschließlichkeitsvereinbarungen.[1427] In den Lieferverträgen verpflichtete sich der Kunde, seinen gesamten Bedarf an Gas bei dem Lieferanten zu beziehen. Dieser wiederum verpflichtete sich, den gesamten Bedarf des Kunden an Gas zu decken.[1428] Klassische Gesamtbedarfsdeckungsklauseln haben in der Gaswirtschaft heute nur noch geringe Bedeutung, in der Regel werden gewisse Jahresmengen vereinbart, die aber dem Jahresverbrauch des Kunden entsprechen.[1429] Sie haben wirtschaftlich den gleichen Effekt wie Gesamtbedarfsdeckungsklauseln und sind wie solche zu behandeln.[1430] Von geringerer Bedeutung sind Gesamtbedarfsdeckungsklauseln in Verträgen mit (gewerblichen) Endkunden und sollen im Rahmen dieser Betrachtung außen vor gelassen werden.[1431] Ebenfalls unberücksichtigt bleiben im Rahmen dieser Betrachtung Bündelungsverträge zwischen Gaskäufern. Sie fallen tatbestandlich unter das Kartellverbot von § 1 GWB, könnten jedoch gemäß § 4 Abs. 2 GWB vom Kartellverbot freigestellt werden.[1432] Tatsächlich werden sie in der Praxis vom Bundeskartellamt und der Kommission jedenfalls in der Gaswirtschaft als notwendig erachtet.[1433]

Die langfristigen Gesamtbedarfsdeckungsklauseln gefährden die Öffnung der Märkte. In Frankreich werden bestehende Vertragsverhältnisse schlichtweg aufgelöst, wenn ein Kunde den Versorger wechseln möchte (unten **I.**). In Deutschland kommt eine Anpassung nach allgemeinem Zivilrecht etwa über die Lehre vom Wegfall der Geschäftsgrundlage oder entsprechend vertraglicher Vereinbarung kaum in Betracht.[1434] Die Anpassung erfolgt über die Anwendung des allgemeinen Wettbewerbsrechts (unten **II.**).

[1427] *Lückenbach*-Wettbewerbsbeschränkungen, in: RdE 2000, 101 [102].

[1428] vgl. *Büdenbender*-Gesamtbedarfsdeckungsklausel, in: et 2000, 359 [359f.].

[1429] vgl. *Raabe*-Energielieferverträge, in: et 2000, 70 [771f.]. Er führt dies auf ein Verfahren des BKartA aus dem Jahr 1997 zurück, *BKartA*, TB 1997/1998, BT-Drs. 14/1139, S. 120.

[1430] Vgl. *OLG Düsseldorf*, 07.11.2001 - U (Kart.) 31/00 -, ZNER 2001, 255f..

[1431] Das *LG Düsseldorf*, 29.09.1999 - 12 O 412/99 -, ZNER 2000, 136 hat in einem solchen Vertrag einen Verstoß gegen § 20 Abs. 1 GWB erkannt.

[1432] Vgl. dazu *Markert*-Gas competition, in: OGLTR 1999, 37 [39].

[1433] *Wolf*-Liberalisierung, in: BB 1998, 1433 [1436].

[1434] Vgl. dazu: *Lukes*-Stromlieferverträge, in: BB 1999 Beilage 8, 1ff.; *Essig*-Anpassung, in: WWE 10/2000, 18ff; WWE 11/2000, 22ff.; *Thurnher*-Energielieferverträge, in: ÖZW 1999, 97ff.; lediglich Lukes nimmt unter Überstrapazierung dieses Rechtsinstituts an, dass die Streichung von § 103 GWB zu einem Wegfall der Geschäftsgrundlage führt.

I. Vertragsauflösung in Frankreich

Nach Art. 6 Abs. 4 GasG-E werden die vor Inkrafttreten des GasG abgeschlossenen Gaslieferungsverträge eines zugelassenen Kunden de lege lata aufgelöst, sobald der zugelassene Kunde von seinem Netzzugangsanspruch zwecks Belieferung durch einen anderen Wettbewerber Gebrauch macht. In der Gesetzesbegründung heißt es, dass die Vertragsauflösung keinerlei Schadensersatzansprüche irgendeiner Partei begründet.[1435]

Der GasG-E präzisiert nicht den exakten Moment der Vertragsauflösung. Sinnvollerweise ist dies nicht der Moment des Vertragsschlusses, sondern der Moment des vertraglichen Lieferbeginns. Ansonsten sähe sich der Kunde der Gefahr ausgesetzt, für eine Übergangszeit kein Gas geliefert zu bekommen oder aber über die Vertragsbindungen im Unklaren zu bleiben.

II. Vertriebsbindungen im Angesicht des Wettbewerbsrechts

Nach der Unterwerfung der Gaswirtschaft unter die allgemeinen Regeln des Wettbewerbsrechts sind nun auch die langfristigen ausschließlichen Lieferverträge einer wettbewerbsrechtlichen Prüfung zu unterziehen. Dem Versuch Büdenbenders, die Lieferverträge als zivilrechtliche Verträge von Anfang an der Subsumtion unter die Wettbewerbsregeln zu entziehen,[1436] kann nicht gefolgt werden. Einen Vorrang des Zivilrechts vor dem Kartellrecht gibt es in der von ihm behaupteten Form nicht.[1437] Alle abgestimmten Handlungsformen und natürlich auch Verträge unterliegen der Kontrolle durch das Kartellrecht.[1438] Es ist daher sowohl vor europäischem wie nationalem Recht zu untersuchen, inwieweit langfristige Gesamtbedarfsdeckungsklauseln eine verbotene Absprache (unten **A.**) oder eine missbräuchliche Ausnutzung von Marktmacht darstellen (unten **B.**).

A. Kundenschutz- und Alleinvertriebsklauseln als verbotene Absprache

Vor dem Hintergrund des Gemeinschaftsrechts stellen sich langfristige Gesamtbedarfsdeckungsklauseln regelmäßig als verbotene vertikale Vereinbarung nach Art. 81 EGV dar (unten **1.**). Vor dem Hintergrund des deutschen Rechts fällt die dogmatische Einordnung wegen des noch immer unklaren Verhältnisses zwischen § 1 und § 16 GWB schwer (unten **2.**). Da sich bei der Anwendung der beiden Normen Unterschiede ergeben können, ist auf ihr Verhältnis einzugehen (unten **3.**) In Frankreich werden vertikale Vereinbarungen von Art. L 420-1 des code de commerce erfasst.[1439] Eine Auseinandersetzung hiermit unterbleibt jedoch, da die Anwendung auf Lieferverträge wegen Art. 6 Abs. 4 GasG-E rein theoretisch ist.

1435 *Regierungsbegründung* zu Artikel 6.

1436 *Büdenbender*-Gesamtbedarfsdeckungsklauseln, in: et 2000, 359 [363ff.].

1437 vgl. *Schwintowski/Klaue*-Anwendbarkeit, in: BB 2000, 1901 [1902]; *Markert*-langfristige Bezugsbindungen, in: EuZW 2000, 427 [Fn. 37 und 43].

1438 Vgl. statt aller: *Schwintowski/Klaue*-Anwendbarkeit, in: BB 2000, 1901 [1902].

1439 Lamy droit économique, Rn. 613 ; *Cons. Conc.*, 31.03.1987 - Déc. n° 87-A-02 (Distribution sélective en pharmacie des ahments lactés diététiques.

1) Art. 81 EGV

Nach Art. 81 Abs. 1 EGV sind alle Vereinbarungen zwischen Unternehmen, die geeignet sind, den Handel zwischen den Mitgliedstaaten zu beeinträchtigen und eine Verhinderung, Einschränkung oder Verfälschung innerhalb des Gemeinsamen Marktes bezwecken oder bewirken, verboten. Für langfristige Gesamtbedarfsdeckungsklauseln ist sowohl der Anwendungsbereich der Norm (unten **a.**), als auch ihr Tatbestand gegeben (unten **b.**). Diese Verträge fallen in aller Regel auch nicht unter die Gruppenfreistellungsverordnung 2790/1999 (unten **c.**). Der Verstoß gegen Art. 81 Abs. 1 EGV hat gemäß Art. 81 Abs. 2 EGV die Nichtigkeit des Vertrages zur Folge (unten **d.**).

(a) Anwendungsbereich des Art. 81 Abs. 1 EGV

Art. 81 Abs. 1 EGV ist anwendbar auf Vereinbarungen zwischen Unternehmen, die geeignet sind, den Handel zwischen den Mitgliedstaaten spürbar zu beeinträchtigen. Die Zwischenstaatlichkeitsklausel des Art. 81 Abs. 1 EGV regelt nicht nur den materiellen Gehalt des gemeinschaftsrechtlichen Kartellverbots, sondern überhaupt schon ihren Anwendungsbereich.[1440] Nach der Rechtsprechung des EuGH ist der sachliche Anwendungsbereich der Norm eröffnet, wenn eine Maßnahme unmittelbar oder mittelbar, tatsächlich oder potentiell geeignet ist, die Freiheit des Handels in einer Weise zu gefährden, die der Verwirklichung der Ziele eines einheitlichen zwischenstaatlichen Marktes nachteilig sein kann.[1441] Dazu wird anhand objektiver Umstände eine Wahrscheinlichkeitsprognose erstellt.[1442] Reine Spekulation genügt dafür nicht, sondern es kommt im Wesentlichen darauf an zu beurteilen, ob die Handelsströme sich aufgrund der Maßnahme mit hinreichender Wahrscheinlichkeit anders entwickeln könnten, als sie es ohne die beeinträchtigende Maßnahme tun würden.[1443] Der dabei anzulegende Maßstab ist äußerst weit, so dass das Merkmal in der Praxis kaum noch Bedeutung hat.[1444] Eine Korrektur erfolgt durch das Merkmal der spürbaren Beeinträchtigung, wodurch wirtschaftlich unbedeutende Verträge aus dem Anwendungsbereich des Art. 81 EGV ausgeschieden werden.

Zur potentiellen Beeinträchtigung der Handelsströme können auch rein nationale Vereinbarungen geeignet sein.[1445] Es reicht aus, dass durch die Beschränkung des Wettbewerbs im Innern des Landes mittelbar die Import- und Exporttätigkeit beeinflusst wird. Lediglich Absprachen, zu deren Erfüllung die Vertragsprodukte die Staatsgrenze nicht zu überschreiten brauchen, betreffen nicht die Ein- und Aus-

---

[1440] *Schröter*, in: G/T/E, Art. 85, Rn. 163; *Bunte*, in: Langen/Bunte, Art. 81 Generelle Prinzipien, Rn. 117.

[1441] *EuGH*, 13.07.1966 – Rs. 56, 58/ 64 (Grundig/Consten GmbH und Grundig Verkaufs GmbH / Kommission)-, E 1966, 321 [389]; *EuGH*, 17.07.1997 – C-219/95 P (Ferriere Nord SpA / Kommission) -, E 1997, I-4411.

[1442] *EuGH*, 06.05.1971 - Rs. 1/71 (SA Cadillon/ Firma Höss Maschinenbau KG) -, E 1971, 351; *EuGH*, 17.07.1997 – C-219/95 P (Ferriere Nord SpA/ Kommission) -, E 1997, I-4411; *EuGH*, 28.05.1998 – Rs. C-8/95 P (New Holland Ford/ Kommission) -, E 1998, I-3175 [3222].

[1443] *Bunte*, in: Langen/Bunte, Art. 81 Generelle Prinzipien, Rn. 123; *Schröter*, in: G/T/E, Art. 85, Rn. 165.

[1444] *Rehbinder*, in: Immenga/Mestmäcker EGV Wettbewerbsrecht, Bd I, Einleitung E, Rn. 9; *Gleiss/Hirsch*, Art. 85, Rn. 233; *Bunte*, in: Langen/Bunte, Art. 81 Generelle Prinzipien, Art. 81, Rn. 123.

[1445] Vgl. *Rehbinder*, in: Immenga/Mestmäcker, EGV Wettbewerbsrecht, Bd I, Einleitung E, Rn. 31ff.; *Schröter*, in: G/T/E, Art. 85, Rn. 172; *Bunte*: in: Langen/Bunte, Art. 81 Generelle Prinzipien, Rn. 127ff.; *Roth/Ackermann*, in: FK, EGV-Vertrag, Art. 81 Abs. 1 Grundfragen Rn. 319ff..

fuhr.[1446] Letztlich werden damit nur rein lokale Vereinbarungen vom Anwendungsbereich des Art. 81 Abs. 1 EGV ausgeschlossen, wenn grenzüberschreitender Verkehr nach Lage der Dinge ausgeschlossen ist.[1447] Bei Gütern, die gemeinschaftsweit gehandelt werden, hat eine Wettbewerbsbeeinträchtigung aber in aller Regel Auswirkungen auf den mitgliedstaatlichen Handel.[1448]

Dies gilt für die importabhängige Gaswirtschaft im Besonderen. Durch Demarkationsverträge und langfristige Gesamtbedarfsdeckungsklauseln in der Gaswirtschaft werden einzelne Märkte eben auch für Wettbewerber aus anderen Mitgliedstaaten abgeschottet, obwohl sie ihnen grundsätzlich zugänglich sind.[1449] Eine Beeinträchtigung des mitgliedstaatlichen Handels liegt damit quasi immer vor[1450] und im Gegensatz zu der Auffassung des LG Leipzig nicht im Rahmen der reinen Spekulation.[1451] Die Tätigkeit ausländischer Unternehmen auf dem deutschen Gasmarkt ist gegenwärtige Realität und die potentielle Belieferung des gebundenen Weiterverteilers durch ein solches Unternehmen kann nicht ausgeschlossen werden. Im Gegenteil ist die Belieferung mit Gas aus einem anderen Mitgliedstaat bei der zu 80% auf Importe angewiesenen deutschen Gaswirtschaft wahrscheinlich. Auf die geographische Nähe des gebundenen Weiterverteilers zur Grenze kommt es dabei nicht an.[1452] Es ist nicht einsichtig, warum die Wahrscheinlichkeit, mit Gas aus einem anderen Mitgliedstaat oder von einem dort ansässigen Unternehmen beliefert zu werden, von der Entfernung zur Grenze abhängig sein soll.

Damit hängtdie Anwendbarkeit von Art. 81, 82 EGV auf Lieferverträge lediglich davon ab, ob die von einem Gasliefervertrag ausgehende Behinderung zu einer *spürbaren* Beeinträchtigung des Handels zwischen Mitgliedstaaten führt. Dieses Kriterium prüft der EuGH in ständiger Rechtsprechung zur Begrenzung des weiten Anwendungsbereichs der Art. 81, 82 EGV.[1453] Nach Rn. 9 der Bagatellbekanntmachung der Kommission,[1454] die freilich keine bindende Wirkung hat,[1455] ist dies der Fall, wenn die von allen Parteien einer vertikalen Vereinbarung gehaltenen Marktanteile auf keinem der betroffenen Märkte eine Schwelle von 10% überschreiten. Dabei ist im Einzelfall die Vereinbarung in ihrem wirtschaftlichen und rechtlichen Gesamtzusam-

---

[1446] *EuGH*, 18.03.1970 - Rs. 43/69 (Brauerei A. Bilger und Söhne GmbH/ Heinrich Jehle und Marta Jehle) -, E 1970, 136.

[1447] *EuGH*, 31.05.1979 – Rs. 22/78 (Hugin Kassaregister AB und Hugin Cash Registers Ltd./ Kommission) -, E 1979, 1869, Rn. 18ff. (25f.). Hier hatte eine Belieferungsverweigerung mit Schreibmaschinen keine Auswirkungen auf den gemeinsamen Markt, weil das nicht belieferte Unternehmen gar keine Aktivitäten ausserhalb Großbritanniens anstrebte.

[1448] Vgl. *EuGH*, 24.10.1995 - C 79/93 (BMW AG/ ALD Auto-Leasing D GmbH) -, E 1995, I-3439, Rn. 20.

[1449] *OLG Düsseldorf*, 07.11.2001 - U (Kart.) 31/00 -, ZNER 2001, 255 [259].

[1450] *Markert*-Anmerkung LG Rostock, in: ZNER 2001, 182 [183]; *Thurnher*-Energielieferverträge, in: ÖZW 1999, 97 [101]; *Theobald/Zenke*-Durchleitung, S. 50f..

[1451] *LG Leipzig*, 02.08.2000 - 06 HK O 10271/99 -, RdE 2001, 29 [31]; dagegen auch: *LG Köln*, 07.06.2000 - 28 O (Kart.) 559/99, ZNER 2000, 132 [134], das darauf verweist, dass der deutsche Wettbewerber WINGAS Gas aus anderen Mitgliedstaaten liefert.

[1452] So aber: *LG Köln*, 07.06.2000 - 28 O (Kart.) 559/99, ZNER 2000, 132 [134].

[1453] st. Rspr. Seit *EuGH*, 09.07.1969 - Rs. 5/69 (Völck/ Vervaecke) -, E 1969, 295.

[1454] Bekanntmachung der Kommission über Vereinbarungen von geringer Bedeutung, die nicht unter Art. 85 Abs. 1 des Vertrages zur Gründung der Europäischen Gemeinschaft fallen, Abl. C 372/13 vom 19.12.1997.

[1455] Vgl. Von *Stoephasisu*, in: Langen/Bunte, Art. 81 EGV - Fallgruppen, Rn. 45.

menhang zu prüfen und eine kumulative Wirkung zu berücksichtigen.[1456] Nach dieser gemeinschaftsrechtlichen Bündeltheorie liegt bei Ausschließlichkeitsverträgen eine spürbare Wettbewerbsbeschränkung vor, wenn die Gesamtheit aller ähnlichen Verträge der auf dem Markt tätigen Unternehmen zu einer Abschottung der Märkte führt und der in Rede stehende Vertrag in signifikanter Weise zu der Marktverschließung beiträgt.[1457] Während das LG Köln[1458] und das OLG Düsseldorf[1459] aus der allgemeinen Praxis der Vereinbarung von Gesamtbedarfsdeckungsklausel in Deutschland auf die spürbare Beeinträchtigung geschlossen hat, hat das LG Rostock[1460] die Bündeltheorie schlichtweg falsch angewandt, [1461] indem es einzig auf die Verträge des Lieferanten abgestellt hat.

Auf die Bündeltheorie kommt es aber praktisch nur dann an, wenn man als relevanten Markt einen Markt abgrenzt, der größer als das einzelne Versorgungsgebiet ist. Da derzeit aber noch das Leitungsnetz des Versorgers die Marktabgrenzung bestimmt,[1462] genügt schon die Feststellung, dass der Gebietsversorger selbst in seinem Versorgungsgebiet Gesamtbedarfsdeckungsklauseln verwendet, um die Spürbarkeit für diesen Markt zu bejahen.[1463]

(b) Tatbestand des Art. 81 Abs. 1 EGV

Der Tatbestand des Art. 81 Abs. 1 EGV erfasst nach ständiger Rechtsprechung des EuGH nicht nur horizontale, sondern auch vertikale Vereinbarungen zwischen Unternehmen.[1464] Das sind Vereinbarungen zwischen Unternehmen, die nicht auf der gleichen Wirtschaftsstufe stehen. Damit ist der Tatbestand des Art. 81 Abs. 1 EGV von vornherein weiter als der des § 1 GWB, der sich jedenfalls im Kern nur gegen horizontale Absprachen, also gegen Kartelle richtet. Der weite Tatbestand wird damit begründet, dass auch vertikale Vereinbarungen geeignet sind, Märkte für Produkte von Wettbewerbern abzuschotten.[1465] Verträge mit Gesamtbedarfsdeckungsklauseln werden daher grundsätzlich vom Tatbestand des Art. 81 Abs. 1 EGV erfasst.

Der Tatbestand des Art. 81 Abs. 1 EGV ist erfüllt, wenn der betreffende Vertrag eine Beeinträchtigung des Wettbewerbs innerhalb des Gemeinsamen Marktes bezweckt

---

[1456] Vgl. *EuGH*, 12.12.1967 - Rs. 23/67 (Brâsserie de Haecht/ Oscar Wilkin und Frau Marie Janssen) -, E 1967, 544; *EuGH*, 28.02.1991 - Rs. C-234/89 (Stergios Delimitis/ Henninger Bräu AG) -, E 1991, I-935; *EuGH*, 27.04.1994 - Rs. C-393/92 (Gemeente Alemelo u.a./ Energieberijf Ijsselmij NV) -, E 1994, I-1477, Rn. 37.

[1457] *EuGH*, 28.02.1991 - Rs. C-234/89 (Stergios Delimitis/ Henninger Bräu AG) -, E 1991, I-935; *EuG*, 08.06.1995 - Rs. T-7, 9/93 (Schöller-Langnese Iglo) -, E 1995, II-1533 bestätigt durch *EuGH*, 01.10.1998 (Langnese/ Kommissioin) -, E 1998, I-5609.

[1458] Vgl. *LG Köln*, 07.06.2000 - 28 O (Kart.) 559/99 -, ZNER 2000, 132 [134].

[1459] *OLG Düsseldorf*, 07.11.2001 - U (Kart.) 31/00 -, ZNER 2001, 255 [259]. Das OLG Düsseldorf hat konsequent die weiteren Voraussetzungen der Bündeltheorie angewandt. Der in Rede stehende Vertrag der Thyssengas mit dem Weiterverteiler hatte das Volumen von 4,9% des Absatzvolumens der Thyssengas, die ihrerseits einen Marktanteil von 8% an der Fernversorgung hatte.

[1460] *LG Rostock*, 15.06.2001 - Az. 5 O 130/99 -, ZNER 2001, 176 [179].

[1461] Vgl. *Markert*-Anmerkung zu LG Rostock, in: ZNER 2001, 182 [183].

[1462] Vgl. oben 3. Teil I.B.

[1463] So auch: *Markert*-langfristige Bezugsbindungen, in: EuZW 2000, 427 [430].

[1464] *EuGH*, 13.07.1966 – Rs. 56, 58/ 64 (Grundig/Consten GmbH und Grundig Verkaufs GmbH / Kommission), E 1966, 321 [387], *EuGH*, 13.07.1966–Rs. 32/65 (Italien / Kommission) -, E 1966, 457, 485.

[1465] *Bunte*, in: Langen/Bunte, Art. 81 Generelle Prinzipien, Rn. 51;

oder bewirkt. Diese Beeinträchtigung ist in der Regel durch die Einschränkung der Wettbewerbsfreiheit der beteiligten oder dritter Unternehmen gekennzeichnet.[1466] Dies bedeutet freilich nicht, dass alle Austauschverträge vom Tatbestand des Art. 81 Abs. 1 EGV erfasst werden. Zwar beinhalten sie durch ihre Verbindlichkeit insofern eine Beschränkung, als sie mit Ausschlusswirkung die Erfüllung der vertraglichen Schuld regeln. Allerdings macht diese Verbindlichkeit die wirtschaftliche Betätigungen überhaupt erst möglich.[1467] Vom Anwendungsbereich des Verbots des Art. 81 Abs. 1 EGV sind Austauschverträge daher nicht erfasst, soweit die ihnen innewohnende Wettbewerbsbeschränkung für das Vertragsverhältnis notwendig ist,[1468] es sich also um eine Wettbewerbsbeschränkung handelt, die der Natur des Vertrages notwendig immanent ist.

Die Beschränkungen in langfristigen Verträgen mit Gesamtbedarfsdeckungsklausel sind der Natur dieses Austauschvertrages nicht notwendig immanent. Denn für die lange Vertragslaufzeit gibt es keine rechtfertigende Notwendigkeit. So hat der EuGH die wettbewerbsbeschränkende Wirkung langfristiger Gesamtbedarfsdeckungsklauseln schon in seinem Almelo-Urteil festgestellt.[1469] Denn dadurch werden die gebundenen Abnehmer langfristig gehindert, die entsprechende Gasmenge von einem anderen Anbieter zu beziehen.[1470] Auch in den Verfahren Scottish Nuclear[1471] und REN[1472] hat die Kommission entschieden, dass die Verpflichtung eines Netzbetreibers, 15 Jahre lang die Produktionsmenge eines Erzeugers abnehmen zu müssen, grundsätzlich eine spürbare Wettbewerbsbeeinträchtigung darstellt. In dem Verfahren Electrabel/ Intermixt[1473] hat die Kommission die Unzulässigkeit von langfristigen Gesamtbedarfsdeckungsklauseln ebenfalls deutlich zum Ausdruck gebracht. Sie war gegen Vertragsgestaltungen vorgegangen, die die belgischen Kommunen für einen Zeitraum von 20 bis 30 Jahre zur Deckung ihres gesamten Elektrizitätsbedarfs bei Electrabel, die in Belgien einen Marktanteil von 90% an der Stromerzeugung besaß, verpflichteten. Die Kommission hatte eine Untersagung wegen Verletzung von Art. 81, 82 EGV erwogen. Erst als die Parteien ihre Satzungen derart überarbeiteten, dass die Alleinversorgungsklausel im Jahre 2011 erlöscht und ab 2006 nur noch für 75% des Gesamtbedarfs gilt, hat die Kommission das Prüfverfahren eingestellt.

Das LG Köln hat die Anwendung des Art. 81 Abs. 1 EGV auf einen langfristigen Liefervertrag mit wirtschaftlicher Gesamtbedarfsdeckungsverpflichtung ebenfalls bejaht.[1474] Das LG Köln hat dabei sowohl in der faktischen Gesamtbedarfsdeckungsklausel als auch in der langen Laufzeit von 19 Jahren zwei verschiedene Verstöße ge-

---

[1466] *Bunte*, in: Langen/Bunte, Art. 81 Generelle Prinzipien, Rdn. 60.
[1467] *Schwintowski/Klaue*-Energielieferverträge, in: BB 2000, 1901 [1904].
[1468] *EuGH*, 25.11.1971 - Rs. 22/71 (Béguelin Import CO/ S.A.G.L. Import Export) -, E 1971, 949, Rn. 30ff..
[1469] *EuGH*, 27.4.1994 - Rs. C-393/92 (Gemeente Alemelo u.a./ Energieberijf Ijsselmij NV) -, E 1994, I-1477, Rn. 36ff..
[1470] vgl. Auch *LG Köln*, 07.06.2000 - 28 O (Kart.) 559/99 -, ZNER 2000, 132 [135].
[1471] Vgl. insofern die Kommissionspraxis: *Kommission*, Entscheidung vom 30.04.1991 - IV/33.473. (Scottish Nuclear, Kernenergievereinbarung) -, Abl. EG 1991, L 178, 31, Rn. 29ff..
[1472] Bekanntmachung der *Kommission* vom 23.04.1996 - IV/E-3/35.485 (REN/Turbogás) -, Abl. EG C 118, 7; vgl. auch Bekanntmachung der *Kommission* vom 09.05.1996- IV/E-3/35.698 (ISAB Energy) -, Abl EG C 138, 3.
[1473] XXVII. Bericht über die Wettbewerbspolitik 1997, Rn. 94.
[1474] *LG Köln*, 07.06.2000 - 28 O (Kart.) 559/99 -, ZNER 2000, 132.

gen Art. 81 EGV ausgemacht,[1475] was außer Acht lässt, dass die wettbewerbsbehindernde Wirkung sich erst aus einer Kombination der Gesamtbedarfsdeckung mit einer langen Laufzeit ergibt.[1476]

(c) Keine Freistellung vom Kartellverbot

Weder durch die Gruppenfreistellungsverordnung 2790/1999/EG (unten **aa.**) noch durch die Anwendung von Art. 81 Abs. 3 EGV (unten **bb.**) sind langfristige Gesamtbedarfsdeckungsklauseln vom Kartellverbot nach Art. 81 Abs. 3 freigestellt.

(aa) Anwendbarkeit der Gruppenfreistellungsverordnung 2790/1999/EG

Durch die Gruppenfreistellungsverordnung 2790/1999/EG[1477] (GVO) werden bestimmte vertikale Vereinbarungen vom Verbot nach Art. 81 Abs. 1 EGV ausgenommen.[1478] Nach Rn. 120 der zu ihrer - unverbindlichen - Auslegung ergangenen Leitlinien der Kommission[1479] hat die Beurteilung von vertikalen Beschränkungen danach wie folgt zu erfolgen.

Zunächst muss festgestellt werden, dass es sich tatsächlich um vertikale Beschränkungen im Sinne der Verordnung handelt. Das sind nach Art. 2 Abs. 1 der GVO Vereinbarungen zwischen mindestens zwei Unternehmen, von denen jedes zwecks Durchführung der Vereinbarung auf einer unterschiedlichen Produktions- oder Vertriebsstufe tätig ist. Durch die Vereinbarung müssen Bedingungen getroffen werden, zu denen die Parteien bestimmte Waren oder Dienstleistungen beziehen, verkaufen oder weiterverkaufen können. Solange also eine der Vertragsparteien überregionaler Lieferant ist und die andere Partei, wie etwa ein Stadtwerk, Endverteiler ist, liegt eine vertikale Vereinbarung vor. Keine Anwendung hingegen findet die GVO gemäß Art. 2 Abs. 4 auf vertikale Vereinbarungen zwischen Wettbewerbern. Wettbewerber sind nach der Definition des Art. 1 lit. a) GVO tatsächliche oder potentielle Anbieter im selben Produktmarkt.[1480] Da sowohl der Stromlieferant als auch der Weiterverteiler regelmäßig in der Lage sind, auf dem ihrer Lieferbeziehung nachgelagerten Markt der Versorgung von Kunden tätig zu werden, sind sie insofern potentielle Anbieter im selben Produktmarkt. Hierauf kommt es im Ergebnis aber nicht an. Denn Art. 2 Abs. 4 lit b) und c) GVO machen insofern eine Rückausnahme, als nichtwechselseitige vertikale Vereinbarungen zwischen potentiellen Wettbewerbern in den Fällen des zweigleisigen Vertriebs gleichwohl von der GVO erfasst werden. Das sind Fälle, in

---

[1475] *LG Köln*, 07.06.2000 - 28 O (Kart.) 559/99 -, ZNER 2000, 132 [135].

[1476] Vgl. *Markert*-Anmerkung zu LG Rostock, in: ZNER 2001, 182 [184]; vgl. auch Art. 5a) VO 2790/1999.

[1477] VO 2790/1999 der Kommission über die Anwendung von Art. 81 Abs. 3 EGV auf Gruppen von vertikalen Vereinbarungen und aufeinander abgestimmten Verhaltensweisen vom 22.12.1999, Abl. EG 1999 L 336, 21. Leitlinien für vertikale Beschränkungen sind in Form einer Kommissionsmitteilung ergangen, Abl. EG 2000 C 291, 1.

[1478] Die Kompetenz zum Erlass derartiger Gruppenfreistellungsverordnungen ergibt sich letztlich aus der Kompetenz der Kommission, nach Art. 83 EGV Durchführungsbestimmungen zu der Freistellungsmöglichkeit nach Art. 81 Abs. 3 EGV zu erlassen. Zu diesem Zweck ist die VO 19/65 über die Anwendung von Art. 81 Abs. 3 EGV auf Gruppen von Vereinbarungen und aufeinander abgestimmte Verhaltensweisen ergangen, die die weitere Ermächtigungsgrundlage für den Erlass von Freistellungsverordnungen schafft.

[1479] Leitlinien für vertikale Beschränkungen sind in Form einer Kommissionsmitteilung ergangen, Abl. EG 2000 C 291, 1.

[1480] Vgl. Rn. 26 der Leitlinien für vertikale Beschränkungen, Abl. EG 2000 C 291, 1.

denen der Lieferant auch auf dem von seinem Kunden besetzten nachgelagerten Markt tätig wird ("dual distribution").[1481] Auf die Eigenschaft des Lieferanten als Hersteller kommt es dabei nicht an.[1482] Zwar stellt Art. 2 Abs. 4 lit b) GVO auf die Herstellereigenschaft des Lieferanten ab, doch dehnt Art. 2 Abs. 4 lit c) GVO den Anwendungsbereich auch auf reine Handelsfälle aus.[1483] Eine Vielzahl von Lieferverträgen mit Gesamtbedarfsdeckungsklausel fällt damit zunächst in den Anwendungsbereich der GVO.

Maßgeblich für die Anwendung der GVO ist nach Art. 3 Abs. 1, Art. 9 Abs. 2, ob der Marktanteil des Lieferanten an seinem Absatzmarkt im vorangegangenen Kalenderjahr 30% überschritten hat. Dazu ist gemäß Art. 9 Abs. 1 zunächst der relevante sachliche und räumliche Markt nach den üblichen Methoden zu bestimmen.[1484] Wie bereits dargestellt ergibt sich aus der Praxis von Kommission und Bundeskartellamt die Unterscheidung eines sachlichen Marktes für die Belieferung von Endverteilern,[1485] der räumlich auf das durch das eigene Leitungsnetz beschränkte jeweilige Versorgungsgebiet beschränkt ist.[1486] Nach diesen derzeit gängigen engen Marktdefinition wird der Marktanteil des Lieferanten im Bereich des eigenen Netzes regelmäßig nahezu 100% betragen, so dass eine Anwendung der GVO nicht in Betracht kommt. Erst bei der Definition eines nationalen Marktes für die Belieferung von Weiterverteilern kann die GVO theoretisch zum Tragen kommen.

Aber auch in diesem Fall bleibt ihr Anwendungsbereich äußerst gering. Denn Art. 5 GVO schließt Wettbewerbsverbote, zu denen gemäß Art. 1 lit. a) auch Bedarfsdeckungsklauseln ab 80% des wirtschaftlichen Bedarfs zählen, von der Freistellungsmöglichkeit aus, soweit ihre Laufzeit über 5 Jahre beträgt.[1487]

Sollte zudem durch kumulativen Wirkung nebeneinander bestehender Gesamtbedarfsdeckungsklauseln der Zugang zum Markt für die Belieferung von Weiterverteilern erheblich beschränkt werden, bleibt der Kommission noch die Möglichkeit, gemäß Art. 6 GVO iVm Art. 7 Abs. 1 VO 19/65/EWG im Einzelfall solche Vereinbarungen dem Anwendungsbereich der GVO zu entziehen.

(bb) Freistellungsmöglichkeit nach Art. 81 Abs. 3 EGV

Die Kommission hat ein Monopol für die Freistellungsmöglichkeit vom Kartellverbot nach Art. 81 Abs. 3 EGV (unten **i.**). Die erwartete Reform des Wettbewerbsrechts wird freilich den Übergang zu einem System der Legalausnahme bedeuten, bei dem auch die Mitgliedstaaten zur Anwendung von Art. 81 Abs. 3 EGV befugt sind. Unge-

---

[1481] Rn. 26 der Leitlinien für vertikale Beschränkungen, Abl. EG 2000 C 291, 1.

[1482] Anders: *Baur*-Energielieferverträge, in: RdE 2001, 81 [84f.], der die "Lücke" auch in analoger Anwendung glaubt nicht schließen zu können.

[1483] Vgl. Rn. 26 der Leitlinien für vertikale Beschränkungen.

[1484] Vgl. Rn. 88fff. der Leitlinien für vertikale Beschränkungen, die zur Bestimmung des sachlichen und räumlichen Marktes auf die Bekanntmachung der Kommission über die Definition des relevanten Marktes verweist.

[1485] Vgl. 3. Teil I.A.

[1486] Vgl. 3. Teil I.B.

[1487] Das OLG Düsseldorf hat aus diesem Grund die Nichtanwendbarkeit der GVO auf den geprüften Energieliefervertrag festgestellt, *OLG Düsseldorf*, 07.11.2001 - U (Kart.) 31/00 -, ZNER 2001, 255.

achtet dessen werden für Gesamtbedarfsdeckungsklauseln in aller Regel nicht die Voraussetzungen des Art. 81 Abs. 3 EGV gegeben sein (unten **ii.**).

(i) Freistellungsmonopol der Kommission und Reform

Freistellungen nach Art. 81 Abs. 3 EGV kann nach dem bisherigen Regime lediglich die Kommission auf Antrag erteilen, vgl. Art. 9 Abs. 1 VO 17/62/EWG. Zu diesem Zweck sind alle unter den Tatbestand des Art. 81 Abs. 1 EGV fallenden Vereinbarungen der Kommission gemäß Art. 4 Abs. 1 VO 17/62/EWG zu notifizieren. Eine Ausnahme für die Notifizierungspflicht besteht gemäß Art. 4 Abs. 2 Nr. 2 VO 17/62/EWG für alle vertikalen Vereinbarungen. Die Befreiung von der Notifizierungspflicht ändert jedoch nichts an der schwebenden Unwirksamkeit der Vereinbarung.[1488]

Da eine Gesamtbedarfsdeckungsklausel in der Regel den Tatbestand des Art. 81 Abs. 1 EGV erfüllt, kann ein Unternehmen sich mangels der unmittelbaren Anwendbarkeit des Art. 81 Abs. 3 EGV[1489] vor den nationalen Gerichten oder Behörden nicht erfolgreich auf das Vorliegen der Voraussetzungen des Art. 81 Abs. 3 EGV berufen.[1490] Das nationale Gericht müsste vielmehr die Nichtigkeit der Vereinbarung erklären. Das Risiko der Nichtanmeldung tragen die Vertragsparteien damit zur Gänze. Etwas anderes ergibt sich auch nicht aus § 50 Abs. 2 GWB, wonach das Bundeskartellamt Freistellungen aussprechen kann. Zum einen kann durch nationales Recht natürlich keine Kompetenz geschaffen werden, die gemeinschaftsrechtlich nicht besteht. Zum anderen gilt diese Befugnis gemäß § 50 Abs. 1 GWB nur im Rahmen der dem Bundeskartellamt durch das Gemeinschaftsrecht übertragenen Aufgaben. Die Norm ist ausdrücklich im Hinblick auf die angestrebte dezentrale Anwendung des EG-Kartellrechts aufgenommen worden.[1491]

Die Kommission hat, gestützt auf ihr Weißbuch von 1999,[1492] eine grundlegende Reform der Anwendung des Wettbewerbsrechts vorgeschlagen.[1493] Die Reform beinhaltet den Übergang zu einem System der ex post Kontrolle, in dem die ex ante Kontrolle von Vereinbarungen durch die Kommission dadurch ersetzt wird, dass Art. 81 Abs. 3 EGV für unmittelbar anwendbar erklärt wird und die mitgliedstaatlichen Gerichte und Behörden somit autonom über die Zulässigkeit einer Vereinbarung entscheiden können. Für vertikale Vertriebsbedingungen, die nicht unter die GVO fallen, bedeutet

---

[1488] Die schwebende Unwirksamkeit einer gegen Art. 81 Abs. 1 EGV verstoßenden Vereinbarung ergibt sich aus Art. 6 Abs. 1 VO 17/62, vgl. *EuGH*, 06.02.1973 - Rs. 48/72 (SA Brasserie de Haecht/ Wilkin und Janssen ["de Haecht II"])-, E 1973, 77.

[1489] Vorschlag für eine VO Nr. ../.. des Rates vom ... zur Durchführung der in den Art.n 81 und 82 EGV-Vertrag niedergelegten Wettbewerbsregeln und zur Änderung der Verordnungen (EWG) 1017/68, (EWG) Nr. 2988/74, (EWG) Nr. 4056/86 und (EWG) Nr. 3975/87 ("Durchführungsverordnung zu den Art.n 81 und 82 EGV-Vertrag), KOM (2000) 582 endgültig, mittlerweile ergangen als VO 1/2003, Abl. EG 2003 L 1, S. 1.

[1490] Vgl. Auch: *Sauter*, in: Langen/Bunte Kartellrecht, Art. 4 VO 17/62, Rn. 3e.

[1491] *Regierungsbegründung* zu § 50 Abs. 2 GWB, BT-Drs. 13/9720, S. 63.

[1492] Abl. EG 1999, C 132, S. 1.

[1493] Vorschlag für eine VO Nr. ../.. des Rates vom ... zur Durchführung der in den Art.n 81 und 82 EGV-Vertrag niedergelegten Wettbewerbsregeln und zur Änderung der Verordnungen (EWG) 1017/68, (EWG) Nr. 2988/74, (EWG) Nr. 4056/86 und (EWG) Nr. 3975/87 ("Durchführungsverordnung zu den Art. 81 und 82 EGV-Vertrag), KOM (2000) 582 endgültig

dies, dass sie zu ihrer Wirksamkeit nicht mehr der Freistellung durch die Kommission bedürfen. Jedes Gericht könnte über ihre Wirksamkeit autonom befinden. Dabei müssten jedoch die Voraussetzungen des Art. 81 Abs. 3 EGV erfüllt sein, was regelmäßig nicht der Fall sein wird (unten **ii.**).

(ii) Keine Freistellung für Gesamtbedarfsdeckungsklauseln

Die Voraussetzungen des Art. 81 Abs. 3 EGV für eine Freistellungsmöglichkeit vertikaler Vereinbarungen vom Kartellverbot sind im Hinblick auf langfristige Gesamtbedarfsdeckungsklauseln in der Regel nicht gegeben.[1494] Voraussetzung dafür ist eine positive ökonomische Bilanz der Vereinbarung. Dies ist der Fall, wenn sie einerseits dem Verbraucher und dem technischen oder wirtschaftlichen Fortschritt dient und andererseits den betroffenen Unternehmen keine unnötigen Beschränkungen auferlegt und nicht den Wettbewerb für einen wesentlichen Teil der betreffenden Waren ausschaltet.

Gesamtbedarfsdeckungsklauseln tragen im allgemeinen schon nicht zum technischen oder wirtschaftlichen Fortschritt unter angemessener Beteiligung der Verbraucher bei. Dies ließe sich allenfalls annehmen, wenn erst durch einen hohen gesicherten Absatz des Lieferanten dessen sinnvolle Investitionen wirtschaftlich gesichert wären.[1495] In den Verfahren Scottish Nuclear[1496] und REN[1497] hatte die Kommission Abnahmeverpflichtungen in Energiebezugsverträgen genehmigt, da die Erzeuger kaum alternative Absatzmöglichkeiten hatten und die von ihnen getätigte Investition nur durch die Abnahmeverpflichtung gerechtfertigt werden konnte.[1498] Insofern sollte ganz konkret die Finanzierung von Kraftwerken gesichert werden. Der Versuch, hieraus die allgemeine Rechtmäßigkeit von gesamtbedarfdeckenden Verträgen mit bis zu 15 Jahren Laufzeit abzuleiten,[1499] ist stark vergröbernd.[1500] Insbesondere besaßen die zum Kauf verpflichteten Unternehmen jedenfalls die Freiheit, zusätzliche Mengen anderweitig zu erwerben.

Bei Gesamtbedarfsdeckungsklauseln ist stets zu fragen, ob die Beschränkungen für die Verwirklichung dieser Ziele unerlässlich sind und nicht Möglichkeiten zur Ausschaltung eines Teils des Wettbewerbs geschaffen werden. Auch die zitierte Kommissionspraxis gibt zu erkennen, dass strenge Gesamtbedarfsdeckungsklauseln diesen Erfordernissen nicht genügen.[1501] Zum einen kommt hier der Wettbewerb um den

---

[1494] vgl. *LG Köln*, 07.06.2000 - 28 O (Kart.) 559/99 -, ZNER 2000, 132 [135]. Das LG Köln hat dies festgestellt, obwohl es natürlich keine Kompetenz zur Erteilung einer Freistellung gehabt hätte.

[1495] Vgl. insofern die Kommissionspraxis: *Kommission*, Entscheidung vom 30.04.1991 - IV/33.473 (Scottish Nuclear, Kernenergievereinbarung) -, Abl. EG 1991, L 178, 31, Rn. 33; Bekanntmachung der *Kommission* vom 23.04.1996 - IV/E-3/35.485 (REN/Turbogás) -, Abl. EG C 118, 7; vgl. auch Bekanntmachung der *Kommission* vom 09.05.1996- IV/E-3/35.698 (ISAB Energy) -, Abl EG C 138, 3.

[1496] Vgl. insofern die Kommissionspraxis: *Kommission*, Entscheidung vom 30.04.1991 - IV/33.473. (Scottish Nuclear, Kernenergievereinbarung) -, Abl. EG 1991, L 178, 31, Rn. 29ff..

[1497] Bekanntmachung der *Kommission* vom 23.04.1996 - IV/E-3/35.485 (REN/Turbogás) -, Abl. EG C 118, 7; vgl. auch Bekanntmachung der *Kommission* vom 09.05.1996- IV/E-3/35.698 (ISAB Energy) -, Abl EG C 138, 3.

[1498] Vgl. Auch XXVI. Bericht über die Wettbewerbspolitik 1996, Rn 103.

[1499] Ohne Bezug auf die Kommissionspraxis: *Scholz*-Bezugsbindungen, in: RdE 1998, 209 [213].

[1500] *Markert*-Bezugsbindungen, in: EuZW 2000, 427 [433].

[1501] Anders_ *Schwintowski*-Ordnung und Wettbewerb, S. 96. Die Kommission hatte bei ihren Freigaben darauf abgestellt, dass sich die Weiterverteiler jedenfalls in gewissem Umfang bei Wettbewerberb versorgen konnten.

entsprechenden Kunden gänzlich zum Erliegen, zum anderen wäre eine derartig weitgehende Beschränkung zur Sicherung der Investition nicht notwendig. Hierzu würde eine Mindestabnahmemenge genügen. Soweit integrierte Lieferantenunternehmen mit der Gesamtbedarfsdeckungsklausel Investitionen in eigene Leitungsnetze sichern wollen, sind sie auf die Möglichkeit zu verweisen, die notwendigen Einnahmen über Durchleitungsentgelte Dritter zu generieren. Letztlich ist auch wieder die Wertung der GVO zu berücksichtigen, die Gesamtbedarfsdeckungsklauseln mit mehr als fünfjähriger Laufzeit als generell wettbewerbswidrig erachtet.[1502] Nach der Rechtsprechung des EuG in der Rechtssache Langnese-Iglo dürften auch Verträge mit einer kürzeren Regelvertragslaufzeit, die sich jeweils stillschweigend um ein Jahr verlängern, solange nicht ein Vertragspartner kündigt, unzulässig sein.[1503]

(cc) Keine Anwendung von Art. 86 Abs. 2 EGV

Art. 86 Abs. 2 EGV liefert ebenfalls keine Rechtfertigungsgründe für Gesamtbedarfsdeckungsklauseln. Grundsätzlich bleibt Art. 86 Abs. 2 EGV auf Energielieferverträge anwendbar. Er kann wegen der Hierarchie der Normen auch nicht durch die speziellere, bereits gemeinwirtschaftliche Verpflichtungen berücksichtigende Gasrichtlinie verdrängt werden.[1504] Eine Freistellung von den Regeln des Vertrages kommt also nicht erst dann in Betracht, wenn der Staat diese Freistellung im Sinne von Art. 3 Abs. 3 der Gasrichtlinie beschließt.[1505] In Deutschland scheitert die Anwendung des Art. 86 Abs. 2 EGV jedoch schon an der mangelnden Betrauung der Energieversorgungsunternehmen mit gemeinwirtschaftlichen Verpflichtungen im Sinne des Art. 86 Abs. 2 EGV.[1506] Nur am Rande sei angemerkt, dass selbst im Fall Almelo nach Zurückverweisung durch den EuGH an den nationalen Richter[1507] der tatbestandliche Nachweis gescheitert war, dass die gemeinwirtschaftlichen Verpflichtungen des niederländischen Energierversorgungsunternehmens nicht erfüllt werden könnten, wenn es die Gesamtbedarfsdeckungsklausel nicht gäbe.[1508]

(d) Rechtsfolge: Nichtigkeit

Rechtsfolge des Verstoßes gegen Art. 81 Abs. 1 EGV ist gemäß Art. 81 Abs. 2 EGV die ex-tunc Nichtigkeit der Vereinbarung.[1509] Die Nichtigkeit nach Art. 81 Abs. 2 EGV reicht aber nur so weit, wie das Kartellverbot reicht.[1510] Eine Gesamtnichtigkeit ist nach dem Gemeinschaftsrecht nur dann anzunehmen, wenn sich die verbotenen

---

[1502] Vgl. *OLG Düsseldorf*, 07.11.2001 - U (Kart.) 31/00 -, ZNER 2001, 255.
[1503] Vgl. EuG, 08.06.1995 – Rs. T-7/93 (Langnese-Iglo/Kommission) -, E 1996, II-1533, Rn. 137.
[1504] *Lecheler/Gundel*-Rolle von Art. 90 Abs. 2, in: RdE 1998, 92 [101]; ebenso: *Keller*-service public, S. 148; anders: *Theobald/Zenke*-Durchleitung, S. 46f..
[1505] Anders: *Baur* – Art. 90 Abs. 2 EGV, in: RdE 1999, 85 [88].
[1506] Vgl. 3. Teil III.B.1)(b)
[1507] *EuGH*, 27.04.1994 - Rs. C-393/92 (Gemeente Alemlo u.a. / Energiebedrijf Ijsselmij NV) -, E 1994, I-1377.
[1508] *Markert*-Bezugsbindungen, in: EuZW 2000, 427, [434].
[1509] *Bunte*, in: Langen/Bunte, Art. 81 Generelle Prinzipien, Rn. 205
[1510] *EuGH*, 30.06.1966 - Rs. 56/65 (Société technique minière / Maschinenbau Ulm) -, E 1966, 281; *EuGH*, 13.07.1966 - Rs. 56, 58/64 (Costen GmbH / Grundig Verkaufs GmbH) -, E 1966 321, 329f.; *EuGH*, 25.11.1971 - Rs. 22/71 (Béguelin Import / SAGL Import export) -, E 1971, 961; *EuGH*, 28.02.1991 - Rs. C-234/89 (Delimitis / Henninger Bräu) -, E 1991, I-935, 990.

und damit nichtigen Teile nicht von den übrigen Vertragsteilen trennen lassen.[1511] Dies beurteilt sich danach, ob der übrige Vertragsinhalt ohne die wettbewerbswidrige Abrede noch einen eigenen Regelungsgehalt behält.[1512] Die gegenteilige Auffassung, nach der es auf die Bedeutung der a priori wirksamen Klauseln für das Zustandekommen und die Durchsetzung der unwirksamen Klauseln ankommt,[1513] überzeugt nicht. Denn die Nichtigkeitsfolge des Art. 81 Abs. 2 EGV beschränkt sich auf die Wettbewerbswidrigkeit. Wie sich die Nichtigkeit im Übrigen auf den Vertrag auswirkt, hat das Gemeinschaftsrecht nicht geregelt. Dies ergibt sich aus dem nationalen Recht.[1514]

Für langfristige Gesamtbedarfsdeckungslieferverträge gilt damit nach dem Gemeinschaftsrecht, dass die absolute Nichtigkeitsfolge dazu führt, dass die Laufzeitabrede gänzlich entfällt.[1515] Auch die Verpflichtung zum ausschließlichen Bezug beim Lieferanten entfällt. Damit wird der Vertrag aber nicht als solcher unwirksam. Die in ihm darüber hinaus enthaltenen Vereinbarungen über die Art und Weise der Vertragsabwicklung und den Gaspreis bleiben erhalten. Etwas Anderes gilt nur, wenn der Gaspreis in Abhängigkeit mit der Laufzeit vereinbart wurde oder eine Investition in Abhängigkeit von der Langfristigkeit des Vertrages getätigt wurde.[1516] In diesem Fall des untrennbaren Zusammenhangs ist der ganze Torso nichtig. Im Übrigen wird der Vertrag jederzeit kündbar. Die Vereinbarung von salvatorischen Klauseln ändert an diesem Befund nichts. Denn die Nichtigkeitsfolge des Art. 81 Abs. 2 EGV ist nicht dispositiv.[1517] Salvatorische Klauseln können sich allenfalls auf die Rechtsfolge nach § 139 BGB beziehen. Die Anwendung der Norm bleibt von der Frage der Reichweite der Nichtigkeit nach Art. 81 Abs. 2 EGV unberührt bleibt[1518] und betrifft die Frage, was mit den nicht von der Nichtigkeit betroffenen Teilen geschieht (siehe unten).

Die Vertragsparteien können sich jederzeit auf die Nichtigkeitsfolge berufen ohne gegen Treu und Glauben zu verstoßen, da das Kartellverbot im öffentlichen Interesse liegt.[1519]

2) Beurteilung nach GWB

Nach der Rechtsprechung des BGH schließen sich der Tatbestand des Kartellverbots nach § 1 und der vertikalen Absprache nach § 16 GWB tatbestandlich aus,[1520] stehen also in keinem Spezialverhältnis.[1521] Dies ergibt sich letztlich daraus, dass Kartelle

---

[1511] *EuGH*, 30.06.1966 - Rs. 56/65 (Société technique minière / Maschinenbau Ulm) -, E 1966, 281; *EuGH*, 13.07.1966 - Rs. 56, 58/64 (Costen GmbH / Grundig Verkaufs GmbH) -, E 1966 321, 329f..

[1512] *Bunte*, in: Langen/Bunte, Art. 81 Generelle Prinzipien, Rn. 209.

[1513] *Schröter*, in: G/T/E, Art. 85, Rn. 164; *Baur/Weyer*, in: FK, Art. 81 Zivilrechtsfolgen, Rn. 88.

[1514] *Schröter*, in: G/T/E, Art. 85, Rn. 157.

[1515] *OLG Düsseldorf*, 07.11.2001 - U (Kart.) 31/00 -, ZNER 2001, 255 [260]; vgl. zu diesem Problem auch: *Markert*-Anmerkung zu OLG Düsseldorf, in: ZNER 2001, 260 [263].

[1516] Vgl. auch: *LG Köln*, 07.06.2000 - 28 O (Kart.) 559/99 -, ZNER 2000, 132 [135]; *Lukes*-Stromlieferverträge, in: BB 1999, Beilage 8, S. 1 [19f.]. Beide diskutieren freilich die Gesamtnichtgkeit nach § 139 BGB.

[1517] *Schmidt*, in: Immenga/Mestmäcker-EGV Wettbewerbsrecht, Art. 85 Abs. 2, Rn. 45.

[1518] *Schröter*, in: G/T/E, Art. 85, Rn. 165.

[1519] *Bunte*, in: Langen/Bunte Kartellrecht, Art. 81 Generelle Prinzipien, Rn. 207.

[1520] *Klosterfelde/Metzlaff*, in: Langen/Bunte, § 16 GWB, Rn. 182.

[1521] *Huber*, in: FK, § 1 n.F. Kurzdarstellung, Rn. 87.

nach § 1 GWB a priori verboten, Vertikalabsprachen aber nach § 16 GWB a priori zulässig sind. Während die Einordnung der Gesamtbedarfsdeckungsklausel als horizontale oder vertikale Absprache unter Art. 81 EGV im Ergebnis offen bleiben konnte, ist sie wegen der lediglich an § 1 GWB geknüpften Nichtigkeitsfolge im deutschen Recht um so wichtiger.

(a) Vom Kartellverbot nach § 1 GWB erfasste Tatbestände

§ 1 GWB erfasst Vereinbarungen zwischen miteinander im Wettbewerb stehenden Unternehmen, die eine Einschränkung des Wettbewerbs bezwecken oder bewirken. Die Norm erfasst auch vertikale Vereinbarungen, wenn sie ein potentielles Wettbewerbsverhältnis zwischen den Vertragspartnern betreffen (unten **aa.**). Der Tatbestand des § 1 GWB verlangt eine spürbare Beeinträchtigung des Wettbewerbs (unten **bb.**), erfasst aber nur solche Wettbewerbsbehinderungen, für die es kein anzuerkennendes Interesse gibt (unten **cc.**). Ist der Tatbestand einschlägig, knüpft das Gesetz daran die Nichtigkeitsfolge (unten **dd.**).

(aa) Potentielles Wettbewerbsverhältnis

Nach § 1 GWB werden alle Vereinbarungen vom Kartellverbot erfasst, die zwischen aktuell oder potentiell im Wettbewerb stehenden Unternehmen geschlossen werden. Von einem potentiellen Wettbewerbsverhältnis ist nur dann auszugehen, wenn der Eintritt eines Unternehmens in das Wettbewerbsverhältnis nicht lediglich rein theoretisch, sondern zu technisch und wirtschaftlich sinnvollen Bedingungen möglich ist.[1522] Das Wettbewerbsverhältnis muss auf dem von der Vereinbarung betroffenen Markt bestehen (unten **i.**). Daher müssen bei Lieferverträgen die einzelnen Klauseln konkret darauf hin untersucht werden, ob sie auf einem Markt Wirkung entfalten, in dem ein potentielles Wettbewerbsverhältnis besteht (unten **ii.**).

(i) Konnexität zwischen Wettbewerb und Behinderung

Der für die Betrachtung des Wettbewerbsverhältnisses im Sinne des § 1 GWB relevante Markt kann nur der von der Vereinbarung betroffene Markt sein.[1523] Es kommt nicht darauf an, dass die Vertragsparteien auf irgendeinem Markt im Wettbewerbsverhältnis stehen, sondern gerade auf dem Markt, auf dem die Wettbewerbsbeschränkung eintritt. Die Beschränkung von Drittwettbewerb ist im Gegensatz zur früheren Rechtsprechung des BGH[1524] nicht mehr von § 1 GWB erfasst.[1525] Denn der Tatbestand des § 1 GWB verbietet nunmehr „Vereinbarungen zwischen miteinander im Wettbewerb stehenden Unternehmen", die eine Beschränkung *des* Wettbewerbs bezwecken oder bewirken. Es ist schon fraglich, ob dieser Wortlaut die verschiedenarti-

---

[1522] *BGH*, 13.12.1983 - KRB 3/83 (Bauvorhaben Schramberg) -, WuW/E BGH 2050f.; *Zimmer*, in: Immenga/Meswtmäcker, § 1 GWB, Rn. 174; *Bunte*, in: Langen/Bunte, § 1 GWB Rn. 97.

[1523] *Zimmer*, in: Immenga/Mestmäcker, § 1 GWB, Rn. 175f.; *Bunte*, in: Langen/Bunte, § 1 GWB, Rn. 98; *Huber*, in: FK, § 1 n.F. Kurzdarstellung, Rn. 47ff..

[1524] *BGH*, 15.04.1986 - KVR 6/85 („Wegenutzungsrechte") -, WuW/E BGH 2247 [2250]; *BGH* , 06.05.1997 - KZR 43/95 („Sole") -, WuW/E BGH 3137 [3139].

[1525] *Bunte*, in: Langen/Bunte, § 1 GWB, Rn. 95, 119; *Zimmer*, in Immenga/Mestmäcker, § 1 Rn. 180f..

ge Interpretation des Wortes Wettbewerb überhaupt zulässt (einmal: „Wettbewerb zwischen den Parteien" und einmal „irgendein Wettbewerb"). Jedenfalls wäre dann der Tatbestand des § 1 GWB konturenlos,[1526] da der Sinn seiner Beschränkung auf horizontale Vereinbarungen nicht mehr klar wäre. Die Wettbewerbsbeschränkung muss sich also auf das neue Tatbestandsmerkmal des § 1 GWB, das Wettbewerbsverhältnis der Parteien beziehen. Verboten sind nur noch Absprachen, die das Wettbewerbsverhältnis zwischen zwei Unternehmen betreffen. Ein potentielles Wettbewerbsverhältnis im Sinne des § 1 GWB liegt daher nur dann vor, wenn die Unternehmen auf dem von der Vereinbarung betroffenen sachlichen und räumlichen Markt jeweils aktuell oder potentiell als Anbieter oder Nachfrager tätig sind.[1527]

Die Gerichte zeigen im Anschluss an das LG Mannheim[1528] die Tendenz, diese Differenzierung nicht vorzunehmen.[1529] Sie erfassen die von ihnen zu beurteilenden Lieferverträge mit Gesamtbedarfsdeckungsklausel und Demarkationsabrede pauschal unter § 1 GWB, obwohl das potentielle Wettbewerbsverhältnis nur für die Belieferung von Endkunden festgestellt wurde und damit nur die Demarkationsabrede betrifft. Begründet wird dies mit dem engen Zusammenhang der Klauseln und einer sachgerechten Beurteilung. Das Gesetz gibt für diese Beurteilungspraxis aber keinen Anhaltspunkt.[1530]

(ii) Unterscheidung zwischen Gesamtbedarfsdeckungs- und Demarkationsklausel

Gesamtbedarfsdeckungsklauseln verpflichten den Kunden, in der Regel einen Endverteiler, seinen Bedarf ausschließlich beim Vertragspartner zu beziehen. Sie beschränken damit den Wettbewerb auf der Ebene des Marktes für Belieferung des Endverteilers. Ein potentielles Wettbewerbsverhältnis zwischen Lieferant und Endverteiler kann es auf dieser Ebene nur geben, wenn der Endverteiler selbst als sein eigener potentieller Lieferant auftreten kann.[1531] Dies ist in der Gaswirtschaft zwar nicht dadurch denkbar, dass der Endverteiler als Eigenerzeuger tätig wird, aber dadurch, dass er selber als Einkäufer gegenüber Produzenten, oder, wenn man den Lieferantenmarkt weiter unterteilt, gegenüber Zwischenhändlern auftritt. Gegen die Aufnahme der Selbstversorgungstätigkeit sprechen im Prinzip keine technischen Gründe, da das Gasunternehmen unter Geltendmachung von Durchleitungsrechten auf die Infrastruktur der Netzbetreiber zurückgreifen kann.[1532] Es würde dem Endverteilungsunternehmen daher genügen, eine eigene Handelssparte zu gründen. Allerdings stehen

---

[1526] *Zimmer*, in: Immenga/Mestmäcker, § 1 GWB, Rn. 176.

[1527] *Zimmer*, in: Immenga/Mestmäcker, § 1 GWB, Rn. 174.

[1528] *LG Mannheim*, 16.04.1999 - 7 O 372/98 (Kart.) -, RdE 1999, 158f.

[1529] *LG Stuttgart*, 22.06.2001 - 11 KfH O 158/00 -, ZNER 2001, 175; *OLG Düsseldorf*, 07.11.2001 - U (Kart.) 31/00 -, ZNER 2001, 255 [256]; keine Differenzierung nimmt auch *Horstmann*-Netzzugang , S. 293ff. vor.

[1530] *Raabe*-Energielieferverträge, in: et 2000, 770 [772]; *Lückenbach*-Wettbewerbsbeschränkungen, in: RdE 2000, 101 [105] kritisiert dies ebenfalls zurückhaltend.

[1531] *Lukes*-Stromlieferverträge, in: BB-Beilage 8 1999, 1 [9]; *Markert*-Bezuggsbindungen, in: EuZW 2000, 427 [430, Fn. 39 a.E.]; *Köhler*-Wettbewerbsbeschränkungen, in: WuW1999, 445 [453]; *Theobald/Theobald*-Grundzüge, S. 124.

[1532] Deswegen nimmt *Lückenbach*-Lieferverträge, in: RdE 2000, 101 [105] unter Berufung auf *Rottnauer*-Stromlieferungsverträge in: BB 1999, 2145 [2149] zu Unrecht an, dass die unterschiedlichen Spannungsstufen im Strommarkt ein Tätigwerden des Endversorgers unmöglich machen.

der Aufnahme einer solchen Tätigkeit in der Regel kaufmännische Gründe entgegen. Denn wegen ihres geringen Handelsvolumens wird es für ein Endverteilungsunternehmen in aller Regel günstiger sein, sich die benötigte Energiemenge auf dem Weiterverteilermarkt zu besorgen. Ein potentielles Wettbewerbsverhältnis besteht damit auf dem Markt für die Belieferung von Stadtwerken in der Regel nicht.[1533] *Gesamtbedarfsdeckungsklauseln* betreffen damit in der Regel kein potentielles Wettbewerbsverhältnis zwischen den Vertragsparteien. Auch das LG Rostock hat folglich angenommen, dass ein Energieliefervertrag mit Gesamtbedarfsdeckungsklausel unter Vorbehalt der Berechtigung zur Eigenerzeugung von Strom, der nicht mit einer (wirksamen) Demarkationsabrede verbunden war,[1534] nur unter § 16 GWB zu beurteilen sei.[1535]

Enthält der Energieliefervertrag eine **Demarkationsabrede** der Art, dass sich der Lieferant und der Weiterverteiler gegenseitig verpflichten, im Versorgungsgebiet der jeweils anderen Partei keine Kunden des anderen zu beliefern, kommt es im Rahmen von § 1 GWB auf das potentielle Wettbewerbsverhältnis auf dem Markt für die Belieferung von Endkunden an. Wegen der bestehenden Durchleitungsrechte kann der Lieferant hier in aller Regel[1536] technisch und wirtschaftlich in Wettbewerb zu dem Weiterverteiler treten.[1537] Hierzu bedarf es lediglich des Aufbaus einer Vertriebsabteilung. Wettbewerbsfähige Preise wird der Lieferant durch den Verzicht auf eine Handelsstufe in aller Regel garantieren können. Die Rechtsprechung subsumiert *Demarkationsabreden* daher zu Recht unter § 1 GWB.[1538]

(bb) spürbare Wettbewerbsbeschränkung

Eine Wettbewerbsbeschränkung setzt die Einschränkung der wirtschaftlichen Handlungsfreiheit voraus.[1539] Nach der Neufassung des § 1 GWB kommt es nur darauf an, ob die Vereinbarung objektiv geeignet ist, eine Wettbewerbsbeschränkung darzustellen, denn diese kann alternativ bezweckt oder eben bewirkt werden.[1540] Damit hat sich der Gesetzgeber an der Rechtsprechung des EuGH orientiert[1541] und der strengen Zwecktheorie eine Absage erteilt, die nur darauf abstellte, inwieweit die Wettbe-

---

[1533] So auch: *Bunte*, in: Langen/Bunte, Anh. zum Fünften Abschnitt, Sonderbereich Energiewirtschaft, Rn. 46.

[1534] Nach dem Sachverhalt war eine solche Demarkationsabrede in einem gesonderten Vertrag enthalten. Die Parteien waren übereinstimmend davon ausgegangen, dass sie wegen Verstoßes gegen § 1 GWB nichtig sei.

[1535] *LG Rostock*, 15.06.2001 - 5 O 130/99 -, in: ZNER 2001, 176 [179].

[1536] *Bunte*, in: Langen/Bunte, Anh. zum Fünften Abschnitt - Sonderbereich Energiewirtschaft, Rn. 46 weist auf die notwendige Einzelfallprüfung hin.

[1537] *Markert*-Bezugsbindungen, in: EuZW 2000, 427 [430, Fn. 39]; *Lückenbach*-Lieferverträge, in: RdE 2000, 101 [105]; *Piltz*-Gaslieferungsverträge, in: RdE 1999, 60 [62]; *Köhler*-Wettbewerbsbeschränkungen, in: WuW 1999, 445 [453]; *Baur*-Lieferverträge, in: RdE 1997, 41 [42]; *Rottnauer*-Stromlieferungsverträge, in: BB 1999, 2145 [2148] stellt in Ignoranz der Durchleitungsrechte darauf ab, dass der Lieferant kein eigenes Leitungsnetz aufbauen könne. Darauf kommt es nicht an.

[1538] Für Strom: *LG Mannheim*, 16.04.1999 - 7 O 372/98 (Kart), RdE 1999, 158 [158f.]; für Gas: *LG Stuttgart*, 22.06.2001 - 11 KfH O 158/00 -, ZNER 2001, 175; inzident auch: *LG Rostock*, 15.06.2001 - 5 O 130/99 -, ZNER 2001, 176 [177].

[1539] Vgl. *Bunte*, in: Langen/Bunte, § 1 GWB, Rn. 127ff.; *Zimmer*, in: Immenga/Mestmäcker, § 1 GWB, Rn. 194ff.

[1540] *Zimmer*, in: Immenga/Mestmäcker, § 1 Rn. 248; vgl. *BGH*, 16.11.1999 - Endschaftsbestimmung, WuW/ DE-R 409, 413.

[1541] Vgl. *EuGH*, 28.02.1991 - Rs. C-234/89 (Delimitis/Henninger Bräu) -, E 1991, I-935; *EuGH*, 30.06.1966 - Rs. 56/65 (LTM/ Maschinenbau Ulm) -, E 1966, 281.

werbsbeschränkung intendiert war.[1542] Um einer Vereinbarung aber nicht jede kausale Wettbewerbsbeschränkung zuzurechnen, ist das Merkmal der Bewirkung einschränkend dahingehend auszulegen, dass nur solche Vereinbarungen vom Kartellverbot erfasst werden, bei deren Abschluss die überwiegende Wahrscheinlichkeit einer späteren Wettbewerbsbeschränkung jedenfalls von einer Partei objektiv voraussehbar war.[1543]

Demarkationsabreden stellen eine Wettbewerbsbeschränkung dar,[1544] denn sie führen zu einem absehbaren Ausschluss des Wettbewerbs zwischen den Vertragsparteien auf dem von der Abrede betroffenen Markt.

Sieht man wegen eines potentiellen Wettbewerbsverhältnisses der Vertragsparteien auf dem Markt für die Belieferung von Weiterverteilern hingegen auch die langfristige Gesamtbedarfsdeckungsklausel als vom Tatbestand des § 1 GWB grundsätzlich erfasst, liegt auch hier eine Wettbewerbsbeschränkung vor. Denn horizontale Vereinbarungen darüber, mit wem die Parteien Geschäftsabschlüsse tätigen, stellen ohne weiteres eine absehbare Wettbewerbsbeschränkung dar.[1545] Wird durch die Klausel nicht der gesamte Bedarf gedeckt, liegt bei langfristigen Verträgen zwar ebenfalls eine Wettbewerbsbeschränkung vor, hinsichtlich der Spürbarkeit dieser Wettbewerbsbeschränkung sind dann aber besondere Anforderungen zu stellen.

Spürbar ist eine Wettbewerbsbeeinträchtigung, wenn die wirtschaftlichen Betätigungsmöglichkeiten und die zur Verfügung stehenden Alternativen für den Marktbeteiligten nicht nur unmerklich beeinträchtigt werden.[1546] Dabei ist nach dem Gedanken der Bündeltheorie nicht nur auf den einzelnen Vertrag, sondern auf das Vertragssystem der Beteiligten abzustellen.[1547] Die Entscheidung des LG Leipzig, einen Liefervertrag mit einer Pflicht zur Deckung von 70% des Gesamtbedarfs trotz Eröffnung des Anwendungsbereichs von § 1 GWB für wettbewerbskonform zu halten, obwohl in einem zweiten Vertrag eine Abnahmepflicht über die übrigen 30% vereinbart wurde,[1548] steht dazu nicht unbedingt im Widerspruch. Denn nach dem oben dargelegten subjektiv-objektiven Prüfungsmaßstab kommt es darauf an, ob die Parteien schon vor Vertragsschluss des ersten Vertrages wussten, dass sie später einen zweiten Vertrag über die restliche Bezugsmenge abschließen würden.

[1542] Vgl. dazu *Bunte*, in: Langen/Bunte, § 1 GWB, Rn. 162.

[1543] Vgl. *Huber*, in: FK, § 1 GWB n.F Kurzdarstellung, ebenso *Zimmer*, in: Immenga/Mestmäcker, § 1 GWB, Rn. 254.

[1544] Vgl. schon: *BGH*, 19.06.1975 - KZR 10/74 -, WuW/E BGH 1405f.; *KG Berlin*, 14.02.1996 - Kart 6/95 ("Demarkation Gasversorgung") -, WuW/E OLG 5642 [5648f.]; aus jüngerer Zeit: *LG Stuttgart*, 22.06.2001 - 11 KfH O 158/00 -, ZNER 2001, 175; *LG Mannheim*, 16.04.1999 - 7 O 372/98 (Kart) -, RdE 1999, 158 [159]; *LG Rostock*, 15.06.2001 - 5 O 130/99 -, ZNER 2001, 176 [177].

[1545] *BGH*, 06.03.1979 – KZR 4/78 („Erbauseinandersetzung") -, WuW/E BGH 1597.

[1546] *BGH*, 14.10.1976 - KZR 36/75 - („Fertigbeton I") -, WuW/E BGH 1458 [1462]; *Zimmer*, in: Immenga/Mestmäcker, § 1 GWB, RN. 257ff.; *Bunte*, in: Langen/Bunte, § 1 GWB, Rn. 174ff..

[1547] *BGH*, 07.10.1980 – KZR 28/79 („Subterramethode") -, WuW/E BGH 1780. Insofern bleibt die deutsche Praxis hinter der Kommissionspraxis zurück, die auch Verträge von Wettbewerbern berücksichtigt.

[1548] *LG Leipzig*, 02.08.2000 - 06 HK O 10271/99 -, in: RdE 2001, 29 [30].

(cc) anzuerkennendes Interesse

Soweit eine spürbare wettbewerbsbeschränkende Wirkung festgestellt werden kann, kommt es wegen des Ausschließlichkeitsverhältnisses von §1 GWB zu § 16 GWB weiter darauf an, ob es für die Wettbewerbsbeschränkung ein anzuerkennendes Interesse gibt. Nur bei dessen Fehlen soll der Tatbestand von § 1 GWB erfüllt sein.[1549] Dieses zum Merkmal des "gemeinsamen Zwecks" des alten § 1 GWB von der Rechtsprechung entwickelte Abgrenzungskriterium, hat nach Auffassung von Rechtsprechung[1550] und Lehre[1551] auch unter dem neugefassten § 1 GWB Bestand.

Ein solches anzuerkennendes Interesse untersucht die Rechtsprechung anhand einer wertenden Betrachtung unter Berücksichtigung der Freiheit des Wettbewerbs.[1552] Es wird bejaht, wenn Wettbewerbsbeschränkungen in Nebenabreden zu einem Austauschvertrag zur Erreichung des kartellrechtsneutralen Hauptzwecks des Vertrages sachlich geboten sind.[1553] In Rahmen von Energielieferverträgen ist dabei bei wertender Betrachtung zu untersuchen, inwieweit die einzelnen Klauseln zur Absicherung des kartellrechtsneutralen Zwecks beitragen.[1554]

(i) Demarkationsabreden

Demarkationsabreden bzw. Kundenschutzvereinbarungen sind nach der Rechtsprechung des BGH sachlich gebotene Nebenabreden in einem Austauschvertrag, wenn es sich bei der Vertragsgestaltung um ein Absatzmittlerverhältnis handelt, in dem neben dem bloßen Austausch von Waren zusätzliche Leistungen erbracht werden.[1555] Begründet wird dies damit, dass der Händler ansonsten nicht den zum Vertrieb notwendigen Aufwand betreiben würde, da er befürchten müsste, dass der Hersteller aus seinen Bemühungen Nutzen ziehen könnte. Die Demarkationsabrede bzw. Kundenschutzvereinbarung dient damit der Sicherung der Rentabilität seiner Bemühungen.[1556]

[1549] *BGH*, 14.01.1997 - KZR 41/95 („Druckgussteile") -, WuW/E BGH 3115 [3117f.]; *BGH*, 14.01.1997 - KZR 35/95 („Bedside-Testkarten") -, WuW/E BGH 3121 [3124f.].

[1550] *BGH*, 09.03.1999 - („Lottospielgemeinschaft") -, WuW/E DE-R 289, 294f.; BGH, 29.09.1999, - („Verbundnetz") -, WuW/E DE-R 399, 402f.; *LG Mannheim*, 16.04.1999 - 7 O 372/98 (Kart) -, RdE 1999, 158 [159].

[1551] *Bunte*, in: Langen/Bunte, § 1, Rn. 94; *Markert*-Bezugsbindungen, in: EuZW 2000, 427 [430]; *Piltz*-Gaslieferungsverträge, in RdE 1999, 60 [62]; *Lückenbach*-Wettbewerbsbeschränkungen, in: RdE 2000, 101 [105]; *Köhler*-Energievertrieb, in: WuW 1999, 445 [449].

[1552] *BGH*, 14.01.1997 - KZR 41/95 („Druckgussteile") -, WuW/E BGH 3115 [3118.]; *BGH*, 14.01.1997 - KZR 35/95 („Bedside-Testkarten") -, WuW/E BGH 3121 [3125]; *Bunte*, in: Langen/Bunte, § 1, Rn. 92.

[1553] *BGH*, 14.01.1997 - KZR 41/95 („Druckgussteile") -, WuW/E BGH 3115 [3118.]; *BGH*, 14.01.1997 - KZR 35/95 („Bedside-Testkarten") -, WuW/E BGH 3121 [3125]; BGH, 27.05.1986 - KZR 32/84 („Spielkarten") -, WuW/E 2285 [2288].

[1554] Vgl. *Börner*-Stromliefervertrag, in: et 1999, 405 [408]. Er weist auf den Widerspruch in der Argumentation des LG Mannheim hin, das eine Gesamtbetrachtung aller Klauseln anstellen will, aber dabei um eine Einzelbetrachtung nicht umhinkommt, *LG Mannheim*, 16.04.1999 - 7 O 372/98 (Kart.) -, RdE 1999, 158 [159f.]. Eine Einzelbetrachtung stellt auch der BGH an: *BGH*, 14.01.1997 - KZR 41/95 („Druckgussteile") -, WuW/E BGH 3115 [3118]; *BGH*, 14.01.1997 - KZR 35/95 („Bedside-Testkarten") -, WuW/E BGH 3121 [3125].

[1555] *BGH*, 14.01.1997 - KZR 41/95 („Druckgussteile") -, WuW/E BGH 3115 [3118].

[1556] *BGH*, 14.01.1997 - KZR 41/95 („Druckgussteile") -, WuW/E BGH 3115 [3119]; *BGH*, 14.01.1997 - KZR 35/95 („Bedside-Testkarten") -, WuW/E BGH 3121 [3126].

In Fällen, in denen es kein Absatzmittlerverhältnis zwischen Lieferant und Händler gab, haben die Gerichte Kundenschutzvereinbarungen als Verstoß gegen § 1 GWB gewertet.[1557] Auf ein Absatzmittlungsverhältnis kann nach dieser Rechtsprechung, will sie nicht tautologisch sein, nicht bereits aus der Existenz einer Alleinbezugsverpflichtung geschlossen werden. Es kommt vielmehr auf zusätzliche besondere Absatzbemühungen des Händlers an.[1558] Damit ist der BGH im Rahmen von § 1 GWB im Ergebnis strenger, als das Gemeinschaftsrecht. Nach der GVO und der bisherigen Kommissionspraxis sind Kundenschutzklauseln in Vertikalvereinbarungen nämlich a priori zulässig[1559] und erst bei langen Vertragslaufzeiten und hoher Marktmacht unzulässig.[1560]

Das LG Mannheim ist der Auffassung, dass Strom eine gleichförmige Ware sei, für die eine Absatzmittlertätigkeit von vornherein gar nicht in Betracht komme. Denn es sei dem Kunden gleichgültig, von wem er den Strom beziehe.[1561] Diese Auffassung ist heute so nicht mehr haltbar. Es ist durchaus gelungen, aus Strom eine Marke zu machen, wie die Produkte "Ökostrom" und "Yellow Strom" und das Bewusstsein des Verbrauchers für Serviceleistungen zeigen.[1562] Somit lässt sich auch eine Vermarktung von Gas im Sinne einer echten Absatzmittlertätigkeit im geöffneten Markt durchaus durchführen, was zu einer differenzierten Betrachtung führen mag.[1563] Die Erfüllung der dem Energieversorger ohnehin obliegenden Anschluss- und Versorgungspflicht stellen keine besonderen Absatzbemühungen dar, denn sie obliegen dem Energieversorger schon qua Gesetz. Damit kommt es im Wesentlichen darauf an, ob der Weiterverteiler das Produkt des Lieferanten unter besonderem Vermarktungsaufwand als individualisiertes Produkt angeboten hat. Für unter dem Monopol geschlossene Verträge ist dies kaum vorstellbar,[1564] obwohl dort Absatzbemühungen wegen des Wettbewerbs von Gas zu anderen Energieträgern eine wichtige Rolle gespielt haben.[1565] Es hat nämlich jedenfalls an der erforderlichen Kausalität zwischen der eingeschränkten Absatzmittlertätigkeit und der Demarkationsabrede gefehlt.[1566]

Abgesehen davon, dass es schon an einer Absatzmittlertätigkeit mangelt, prüft die Rechtsprechung, ob die Vereinbarung eine über den für den Austauschvertrag notwendige Wettbewerbsbeschränkung hinausgehende, "überschießende" Wettbewerbs-

---

[1557] *BGH*, 14.10.1976 - („Fertigbeton") -, WuW/E BGH 1458 [1469]; *OLG Hamburg*, 08.07.1976 - („Hydraulik-Hammer") -, WuW/E OLG 1785 [1786].

[1558] *Keul*-Lieferverträge, S. 32ff..

[1559] Vgl. *Kommission*, 08.07.1965 - IV/A-03036 ("DRU-Blondel") -, Abl. EG 1965, 2194; *Kommission*, 05.09.1979 - IV/29.921 ("BP-Kemi/DDSF") -, Abl. EG 1979, L 286, 32.

[1560] vgl. hierzu schon oben 5. Teil II.A.1)(c) (aa).

[1561] *LG Mannheim*, 16.04.1999 - 7 O 372/98 (Kart.) -, RdE 1999, 158 [160]; vgl. auch *Piltz*-Gaslieferungsverträge, in: RdE 1999, 60 [61f.].

[1562] *Lückenbach*-Wettbewerbsbeschränkungen, in: RdE 2000, 101 [106].

[1563] *Lückenbach*-Wettbewerbsbeschränkungen, in: RdE 2000, 101 [106]; *Köhler*-Wettbewerbsbeschränkungen, in: WuW 1999, 445 [446].

[1564] *Markert*-Bezugsbindungen, in: EuZW 2000, 437 [431]; *Piltz*-Gaslieferungsverträge, in: RdE 1999, 60 [61f.]

[1565] hierauf weist *Börner*-Stromliefervertrag, in: et 1999, 405 [408] richtigerweise hin.

[1566] *Schwintowski*-Ordnung und Wettbewerb, S. 69. Es kommt entgegen der Auffassung von *Börner*-Stromlieferungsvertrag, in: et 1999, 402 [409] nicht auf eine über die Notwendigkeit hinausgehende Rechtfertigung hinaus, sondern auf den inneren Zusammenhang zwischen wettbewerbsbehindernder Abrede und Charakter des Austauschvertrages.

beschränkung beinhaltet.[1567] Dies wäre bei unter dem Monopol geschlossenen Verträgen zu bejahen, denn die Demarkationsvereinbarungen dienten unter dem Schutz des § 103 GWB a.F. der Schaffung geschlossener Versorgungsgebiete unter Ausschluss von Wettbewerb.[1568] Wenn man für die Zukunft die Tätigkeit eines Verteilers als Absatzmittler bejahen kann, mag ein anzuerkennendes Interesse für den Abschluss einer Kundenschutzklausel vorliegen. Wegen des Durchleitungstatbestandes liegt darin dann auch nicht mehr der überschießende Zweck der Schaffung geschlossener Versorgungsgebiete.[1569] Allerdings würde eine Vertragslaufzeit von über 5 Jahren[1570] hier in jedem Fall eine überschießende Wettbewerbsbeschränkung darstellen.[1571]

(ii) Gesamtbedarfsdeckungsklauseln

Nach der Rechtsprechung des BGH[1572] gibt es für Gesamtbedarfsdeckungsklauseln bzw. Ausschließlichkeitsklauseln in Austauschverträgen ein anzuerkennendes Interesse, da sie das Äquivalent zur Verpflichtung des Herstellers zur ständigen Lieferbereitschaft darstellen. Für Lieferverträge im Rahmen von Absatzmittlungsverhältnissen leuchtet dies ein. Denn in diesen Konstellationen übernimmt der Vertragshändler den Vertrieb an Stelle des Herstellers. Dieser kann erwarten, dass der Vertragshändler seine Bemühungen auf die Erzeugnisse des Herstellers konzentriert.[1573]

Teile der Literatur übertragen diese Rechtsprechung auf die Energiewirtschaft.[1574] Eine Grenze soll sich, wenn überhaupt, nur bei Vertragslaufzeiten von 15-20 Jahren ergeben.[1575] Soweit es aber kein Absatzmittlungsverhältnis gibt, ist jedenfalls für Gaslieferungsverträge unverständlich, warum die Ausschließlichkeitsklausel das Äquivalent zur Lieferbereitschaft sein soll. Denn wegen der Homogenität des Gutes Gas und der Durchleitungsrechte anderer potentieller Lieferanten ist das belieferte Unternehmen faktisch gar nicht auf die ständige Lieferfähigkeit des Lieferanten angewiesen.[1576] Die Vereinbarung einer solchen Lieferfähigkeit hat für ihn also in der Regel nur ein nachgeordnetes Interesse.

[1567] *LG Mannheim*, 16.04.1999 - 7 O 372/98 (Kart.) -, RdE 1999, 158 [160]; *BGH*, 14.01.1997 - KZR 41/95 („Druckgussteile") -, WuW/E BGH 3115 [3119].

[1568] *LG Mannheim*, 16.04.1999 - 7 O 372/98 (Kart.) -, RdE 1999, 158 [160]; *Börner*-Stromlieferungsvertrag, in: et 1999, 405 [409].

[1569] *Börner*-Stromlieferungsvertrag, in: et 1999, 405 [409].

[1570] Orientierungsmaßstab muss in gemeinschaftsrechtskonformer Auslegung Art. 5a) GVO sein, der nur eine fünfjährige Laufzeit zulässt, anders: *Saljé*-Stromlieferverträge, in: et 1999, 768 [770, Fn. 16], der eine Laufzeit von15 Jahren für angemessen hält.

[1571] Vgl. *Markert*-Bezugsbindungen, in: EuZW 2000, 427 [431].

[1572] *BGH*, 14.10.1976 - („Fertigbeton") -, WuW/E BGH 1458 [1460]; *BGH*, 14.01.1997 - KZR 41/95 („Druckgussteile") -, WuW/E BGH 3115 [3118.]; *BGH*, 14.01.1997 - KZR 35/95 („Bedside-Testkarten") -, WuW/E BGH 3121 [3125f.].

[1573] *BGH*, 14.01.1997 - KZR 41/95 („Druckgussteile") -, WuW/E BGH 3115 [3118.]; *BGH*, 14.01.1997 - KZR 35/95 („Bedside-Testkarten") -, WuW/E BGH 3121 [3125f.].

[1574] *Schwintowski*-Ordnung und Wettbewerb, S. 85f.; *Saljé*-Stromlieferverträge, et 1999, 768 [770]; *Büdenbender*-Gesamtbedarfsdeckungsklauseln, et 2000, 359 [366]; *Lukes*-Stromlieferverträge, in: BB Beilage 8 1999, 1 [12]. *Markert*-Bezugsbindungen, EuZW 2000, 427 [431]; *Essig*-Lieferverträge, in WWE 07/08/2001, 23 [26].

[1575] vgl. *Schwintowski*-Ordnung und Wettbewerb, S. 85f. mit Verweis auf die Rechtsprechung zu Bierlieferungs- und Tankstellenverträgen.

[1576] *Köhler*-Wettbewerbsbeschränkungen, in: WuW 1999, 445 [446f.].

Ein anzuerkennendes Interesse kann sich daher allenfalls daraus ergeben, dass der Lieferant gewisse Einnahmen (noch) zur Finanzierung notwendiger Vorleistungen benötigt.[1577] Dabei ist allerdings zu berücksichtigen, dass der Lieferant etwa die Kosten für sein eigenes Leitungsnetz auch über die Durchleitungsentgelte von Wettbewerbern finanzieren kann. Auch „take-or-pay"-Verpflichtungen rechtfertigen Gesamtbedarfsdeckungsklauseln grundsätzlich nicht.[1578] Dies ergibt sich schon aus den Wertungen der Gasrichtlinie. Sie ermöglicht, wie dargestellt, Durchleitungsverweigerungen mit Rücksicht auf „take-or-pay"-Verpflichtungen nur dann, wenn die Durchleitung das Unternehmen in ernsthafte wirtschaftliche Schwierigkeiten bringen könnte. Damit geht die Gasrichtlinie aber implizit davon aus, dass Lieferbeziehungen des an „take-or-pay"-Verträge gebundenen Lieferanten im Regelfall durchbrochen werden können.

In jedem Fall ist zu prüfen, ob der Vertrag das überschießende Ziel hat, Wettbewerbsbeschränkungen herbeizuführen. Die Gesamtbedarfsdeckungsklauseln dienen in der Regel nicht der Deckung eines bestimmten Bedarfs, sondern pauschal eines jeglichen Bedarfs. Mit dieser nicht kalkulierbaren Bedarfsdeckung entlarven sie sich selbst. Sie sind nicht darauf gerichtet, dem Lieferanten eine gewisse Einnahme zu gewährleisten, sondern wollen jeglichen Wettbewerb ausschließen.[1579]

(dd) Nichtigkeitsfolge

Aus einem Verstoß gegen das Kartellverbot des § 1 GWB folgt die zivilrechtliche Nichtigkeit nach § 134 BGB, da § 1 GWB ein klassisches Verbotsgesetz nach dieser Vorschrift ist.[1580] Allerdings geht die Nichtigkeit auch hier nur so weit der Wettbewerbsverstoß reicht.[1581] Mangels gesetzlicher Regelungen ist die Reichweite im Einzelnen nach § 139 BGB zu bestimmen, wonach Teilnichtigkeit in der Regel die Nichtigkeit des gesamten Geschäfts nach sich zieht. § 139 BGB ist jedoch dispositiv und kann durch salvatorische Klauseln abgedungen werden.[1582]

Unter welchen Voraussetzungen ein Vertrag trotz salvatorischer Klausel nichtig sein kann ist umstritten. Der BGH hat in einem Einzelfall einzig darauf abgestellt, ob der nicht von der Unwirksamkeit nach § 134, Art. 81 Abs. 2 EGV betroffene Teil einen selbständigen geltungsfähigen Inhalt hat[1583] und dafür teilweise Zustimmung in der Literatur erhalten.[1584] Nach dieser Rechtsprechung kommt es nicht darauf an, ob die Aufrechterhaltung dieses Teils wirtschaftlich sinnvoll ist. Soweit die Parteien dieses Ergebnis nicht tragen wollen, müssten sie dem durch zusätzliche Klauseln Rechnung

---

[1577] *LG Stuttgart*, 22.06.2001 - 11 KfH O 158/00 -, ZNER 2001, 175; *Lückenbach*-Wettbewerbsbeschränkungen, in: RdE 2000, 101 [106].

[1578] Anders: *Raabe*-Energielieferverträge, in: et 2000, 770 [773]. Das *OLG Düsseldorf*, 07.11.2001 - U (Kart.) 31/00 -, ZNER 2001, 255 [258] hat die Berufung auf „take-or-pay" Verpflichtungen im Rahmen von § 19 GWB im Ergebnis abgelehnt, hätte sich aber gar nicht auf die Argumentation einlassen müssen..

[1579] Vgl. *LG Stuttgart*, 22.06.2001 - 11 KfH O 158/00 -, ZNER 2001, 175.

[1580] *Rittner*-Kartellrecht, § 7, Rn. 62.

[1581] *Rittner*-Kartellrecht, § 7, Rn. 65.

[1582] *Mayer-Maly/Busche*, in: MüKO, § 139, Rn. 4, 5.

[1583] *BGH*, 08.02.1994 - KZR 2/93 ("Pronuptia II") -, WuW/E BGH 2909 [2913].

[1584] Vgl. *Baur*-Lieferverträge, in: RdE 1997, 41 [44], wohl auch: *Piltz*-Gaslieferungsverträge, in: RdE 1999, 60 [62]; Vgl. *Kunth/Slabschi*-Gebietsschutzabreden, in: RdE 1997, 174 [176].

tragen. Nach anderer Auffassung[1585] verkehrt eine salvatorische Klausel lediglich die Vermutung des § 139 BGB in ihr Gegenteil, so dass die Darlegungs- und Beweislast für Umstände, die die Nichtigkeit des gesamten Vertrages begründen, denjenigen trifft, der sich darauf beruft.[1586] Danach ist ein gegenseitiger Vertrag trotz salvatorischer Klausel stets dann nichtig, wenn durch die Teilnichtigkeit einer wesentlichen Vertragsbestimmung der Gesamtcharakter des Vertrages verändert wird.[1587] Dies ist der Fall, wenn das Äquivalenzverhältnis in einem Maße gestört ist, dass die Parteien den Restvertrag vernünftigerweise nicht als selbständigen Vertrag abgeschlossen hätten.[1588] Dieser Auffassung wird hier gefolgt.[1589] Denn die Parteien können nicht sämtliche Unwirksamkeitsfolgen bedacht haben. Sie können nicht verpflichtet werden, an einem Vertrag festgehalten zu werden, der durch die Unwirksamkeit einer Klausel in seiner gesamten wirtschaftlichen Funktion und Ausgewogenheit gestört wird.[1590]

Der pauschale Hinweis auf den wirtschaftlichen Zusammenhang kann für sich allein nicht reichen, um den durch die salvatorische Klausel zum Ausdruck gebrachten Willen der Aufrechterhaltung des Vertrages zu entkräften.[1591] Vielmehr hat eine juristisch-ökonomische Analyse der Klauseln im Einzelfall zu erfolgen. Insbesondere kann die Demarkation,[1592] aber auch die langfristige Gesamtbedarfsdeckung,[1593] in erheblicher Weise die Entgeltabrede beeinflussen.[1594] Gelingt es der sich auf die Gesamtnichtigkeit berufenden Partei, die Bedeutung der nichtigen Klausel für die Entgeltregelung nachzuweisen, dann steht eine nachhaltige Äquivalenzstörung des ganzen Vertrages durch diese unwirksame Klausel fest, so dass der Restvertrag als Torso nicht mehr aufrechterhalten werden kann.[1595] Wird allerdings der Vertrag trotz Nichtigkeit der Demarkationsabrede weiter durchgeführt, ist dies jedenfalls ein Indiz gegen die Gesamtunwirksamkeit.[1596] Wird lediglich die Laufzeit für kartellrechtswidrig erachtet, so ist die Laufzeit auf ein angemessenes Maß zu kürzen.[1597]

Für Gaslieferverträge ergeben sich daraus damit in der Praxis dann Probleme, wenn lediglich die Demarkationsvereinbarung, nicht aber die Gesamtbedarfsdeckungsklausel gegen § 1 GWB verstößt und der Vertrag eine salvatorische Klausel enthält. Es kommt hinsichtlich ihrer Wirksamkeit dann im Ergebnis darauf an, ob die unwirksa-

---

[1585] Vgl. nur: *Heinrichs*, in: Palandt, § 139, Rn. 17; *Mayer-Maly/Busche*, in: MüKO, § 139, Rn. 4f.; *Hefermehl*, in: Soergel, § 139, Rn. 40.

[1586] *BGH*, 11.10.1995 - VIII ZR 25/94 (Frankfurt a.M.)-, NJW 1996, 773 [774]; *BGH*, 30.01.1997 - IX ZR 133/96 -, NJW-RR 1997, 684 [685].

[1587] *Mayer-Maly/Busche*, in: MüKO, § 139, Rn. 4, 5.

[1588] *Hefermehl*, in: Soergel, § 139, Rn. 40.

[1589] Auch der BGH hat seine Pronuptia II Rechtsprechung mittlerweile aufgegeben: *BGH*, 24.9.2002 – KZR 10/01 -, NJW 2003, 347.

[1590] Vgl. *OLG Düsseldorf*, 30.12.1983 - U (Kart.) 8/83 ("Belieferung von Sonderabnehmern") -, WuW/E OLG 3221 [3225].

[1591] Vgl. *LG Leipzig*, 02.08.2000 - 06 HK O 10271/99 -, RdE 2001, 29 [30].

[1592] *OLG Düsseldorf*, 30.12.1983 - U (Kart.) 8/83 ("Belieferung von Sonderabnehmern") -, WuW/E OLG 3221 [3225]; *Baur*-Lieferverträge, in: RdE 1997, 41 [43].

[1593] *LG Köln*, 07.06.2000 - 28 O (Kart.) 559/99 -, ZNER 2000, 132 [135f.].

[1594] vgl. auch *BGH*, 30.10.1975 – KZR 2/75 („Mehrpreis von 11%") -, WuW/E BGH 1413 [1415].

[1595] So wörtlich: *Baur*-Lieferverträge, in: RdE 1997, 41 [43] der aber bei Bestehen einer salvatorischen Klausel diesen nach eigenem Verständnis sinnlosen Vertrag aufrecht erhalten will.

[1596] *LG Rostock*, 15.06.2001 - 5 O 130/99, ZNER 2001, 176 [178].

[1597] *LG Leipzig*, 02.08.2000 - 06 HK O 10271/99 -, RdE 2001, 29 [31].

me Demarkationsabrede im konkreten Fall für den Vertrag von grundlegender Bedeutung ist oder nicht.[1598] Markert nimmt für den Regelfall an, dass Demarkationsabreden und Gesamtbedarfsdeckungsklauseln dann eine untrennbare Einheit bilden, wenn sie gemeinsam vereinbart wurden.[1599]

Das LG Köln hat angenommen, dass die nach Art. 81 EGV nichtige Gesamtbedarfsdeckungsklausel mit einer Laufzeit von 19 Jahren auch bei Vorliegen einer salvatorischen Klausel zur Nichtigkeit des Vertrages insgesamt führt. Denn die langfristige Bindung sei eine essentielle Voraussetzung des Vertrages, da sie eine getätigte Investition sichern solle[1600] und einen niedrigen Gaspreis ermögliche.

Sind sowohl Demarkationsabrede, Laufzeit und Gesamtbedarfsdeckungsklausel gemäß § 1 GWB, § 134 BGB nichtig, besitzt der übrige Vertrag keinen Inhalt mehr, der durch eine salvatorische Klausel aufrecht erhalten werden[1601] oder durch eine Ersetzungsklausel wirtschaftlich sinnvoll ergänzt werden kann.[1602]

Soweit die Abreden in gesonderten Verträgen enthalten sind, beurteilt sich die Rechtslage in der Regel nicht anders. Denn in den überwiegenden Fällen wird es sich dann trotz zweier formeller Verträge um ein einheitliches Rechtsgeschäft handeln, was durch Auslegung zu ermitteln ist. Nach der Rechtsprechung kann auch ein einheitliches Rechtsgeschäft teilnichtig sein, wenn die Parteien es auch ohne die nichtige Vereinbarung getroffen hätten.[1603]

(b) Anwendungsbereich von § 16 GWB

Die Anwendung von § 16 GWB ist vor allem für Gesamtbedarfsdeckungsklauseln bzw. Ausschließlichkeitsbindungen relevant. Denn wegen Fehlens eines potentiellen Wettbewerbsverhältnisses zwischen Lieferant und Weiterverteiler auf der Marktstufe der Energiebelieferung werden sie regelmäßig nicht von § 1 GWB erfasst. Vertikale Vereinbarungen im Sinne von § 16 GWB sind grundsätzlich zulässig und können von den Kartellbehörden lediglich gemäß § 16 GWB für unwirksam erklärt werden. Solange eine solche Unwirksamkeitserklärung nicht erfolgt ist, haben die ordentlichen Gerichte von der kartellrechtlichen Wirksamkeit auszugehen.[1604]

Die Voraussetzungen für die Erteilung einer Untersagungsverfügung sind jedenfalls für langfristige Lieferverträge mit Gesamtbedarfsdeckungsklausel gegeben. Sie stellen einen Fall von § 16 Nr. 2 GWB[1605] dar, da sie einen Beteiligten darin beschrän-

---

[1598] *Markert*-Lieferverträge, in: ZNER 1998, 3 [8]; *Lückenbach*-Wettbewerbsbeschränkungen, in: RdE 2000, 101 [107].
[1599] *Markert*-Bezugsbindungen, in: EuZW 2000, 427 [431].
[1600] Das LG Köln ist hier widersprüchlich, da es an anderer Stelle die Rechtfertigung der langen Laufzeit mangels Notwendigkeit für die Amortisierung getätigter Investitionen ablehnt.
[1601] *LG Mannheim*, 16.04.1999 - 7 O 372/98 (Kart.) RdE 1999, 158 [161].
[1602] *LG Stuttgart*, 22.06.2001 - 11 KfH O 158/00 -, ZNER 2001, 175 [176].
[1603] *BGH*, 22.12.1953 - IV ZR 87/53 (Hamm) -, LM Nr. 8 zu § 139; *Hefermehl*, in: Soergel, § 139, Rn. 24; *LG Leipzig*, 02.08.2000 - 06 HK O 10271/99 -, RdE 2001, 29 [30]; *LG Rostock*, 15.06.2001 - 5 O 130/99, ZNER 2001, 176 [178].
[1604] *BGH*, 22.01.1964 – Ib ZR 199/62 („Schiffspumpen") -, WuW/E BGH 603.
[1605] Nach der Auffassung von *Lukes*-Stromlieferverträge, BB 1999 Beilage 8, 1 [12] zu Unrecht auch ein Fall von § 16 Nr. 1 GWB. § 16 Nr. 1 GWB bezieht sich auf die Beschränkung der Verwendungsfreiheit. Das Verbot des Bezugs von Gas von einem Dritten beschränkt den Weiterverteiler nicht in der Verwendung dieses Gases. § 16 Nr. 1 GWB setzt Besitz voraus.

ken, andere Waren von Dritten zu beziehen.[1606] Dies würde nur dann nicht gelten, wenn sie als einmaliger Bezugsvertrag zu qualifizieren wären, durch den der Weiterverteiler seinen Gesamtbedarf deckt. Denn diesem Vertrag wohnt die Wettbewerbsbeschränkung notwendig inne.[1607] Deswegen ist zu unterscheiden, ob es sich bei einem langfristigen Gaslieferungsvertrag um eine einzige von § 16 Nr. 2 GWB nicht erfasste Vereinbarung oder um eine Rahmenvereinbarung handelt.[1608]

Der von Büdenbender vorgenommene Versuch der Qualifizierung langfristiger Gaslieferungsverträge als einmaliger Austauschvertrag überzeugt nicht. Soweit die Liefermenge sich mit dem vorgesehenen Vertrag decke handele es sich um einen einmaligen Vertrag; solange sie auch unvorhergesehenen Gasbedarf erfasse gehe die Vereinbarung um einen reinen Austauschvertrag hinaus.[1609] Mit Wolter können allenfalls echte Sukzessivlieferverträge dem einfachen Austauschvertrag gleichgesetzt werden.[1610] Dann aber muss die Ware in vornherein festgelegten Mengen zu vornherein festgelegten Terminen geliefert werden. In einem Gaslieferungsvertrag von auch nur 5jähriger Laufzeit ist dies unmöglich. Über den konkreten Liefervorgang einigen sich die Parteien durch die Erstellung von Fahrplänen erst zu einem späteren Zeitpunkt. In den vergleichbaren Fällen der Bierbelieferungsverträge[1611] und Tankstellenbelieferungsverträge[1612] wird wie selbstverständlich nur von einem Rahmenvertrag ausgegangen. Jede andere Bewertung würde auch im Fall von Vertragsstörungen den Rahmenvertrag unnötig beanspruchen.

Sind also Gaslieferungsverträge zwischen nicht miteinander potentiell im Wettbewerb stehenden Unternehmen in aller Regel von § 16 Nr. 2 GWB erfasst, kommt es für die Zulässigkeit einer Untersagungsverfügung darauf an, ob die Verträge den Wettbewerb auf dem Markt für Gaslieferungen wesentlich beeinträchtigen. Von einer wesentlichen Beeinträchtigung wird gesprochen, wenn über die Spürbarkeit hinaus die Funktionsfähigkeit des Wettbewerbs auf dem betreffenden Markt beeinträchtigt wird.[1613] Diese Voraussetzung kann bereits erfüllt sein, wenn nur wenige Wettbewerber vom Markt ausgeschlossen werden. Sachlich relevanter Markt ist hierfür zunächst der von der Vereinbarung unmittelbar betroffene Markt, also der Markt für die Belieferung des Weiterverteilers. Durch langfristige Gesamtbedarfsdeckungsklauseln kommt der Wettbewerb hier zum Stillstand. Dies gilt wegen der Notwendigkeit der Berücksichtigung paralleler Bindungssysteme[1614] nicht nur bei regionaler, sondern

---

[1606] *Köhler*-Wettbewerbsbeschränkungen, in: WuW 1999, 445 [453]; *OLG Hamburg*, 08.12.1983 – 3 U 189/82 („Metall-Lösungsmittel") -, WuW/E OLG 3195 [3196]; *OLG Stuttgart*, 25.05.1977 – 2 U 39/77 ("Gaststätte zum Hirsch") -, WuW/E OLG 1873; *Klosterfelde/Metzlaff*, in: Langen/Bunte, § 16 GWB, Rn. 60.

[1607] *Klosterfelde/Metzlaff*, in: Langen/Bunte, § 16 GWB, Rn. 60.

[1608] *Emmerich*, in: Immenga/Mestmäcker, § 16, Rn. 50.

[1609] *Büdenbender*-Gesamtbedarfsdeckungsklauseln, et 2000, 359 [366ff.].

[1610] *Wolter*, in: FK, § 18a.F., Rn. 69.

[1611] Vgl.: *Emmerich*, in: Imenga/Mestmäcker, § 16, Rn. 60ff.; *Klosterfelde/Metzlaff*, in: Langen/Bunte, § 16 GWB, Rn. 127f.

[1612] Vgl.: *BKartA*, 22.05.1968, - BM – 221000 – RT – 46/67 („Kraftfahrzeugpflegemittel") -, WuW/E BKartA 1199; *Emmerich*, in: Imenga/Mestmäcker, § 16, Rn. 56ff.; *Klosterfelde/Metzlaff*, in: Langen/Bunte, § 16 GWB, Rn. 129ff..

[1613] *BGH*, 25.09.1990 - KVR 2/89 ("TUI") -, BGHZ 112, 218 [225].

[1614] "Bündeltheorie", vgl. *BGH*, 25.09.1990 - KVR 2/89 ("TUI") -, BGHZ 112, 218 [225]; *Emmerich*, in: Immenga/Mestmäcker, § 16, Rn. 116; *Klosterfelde/Metzlaff*, in: Langen/Bunte, § 16 GWB, Rn. 118f..

auch bei nationaler Marktabgrenzung.[1615] Einen Anhaltspunkt hierfür bietet auch § 309 Nr. 9a BGB (vormals: § 11 Nr. 12 AGBG), wonach vorformulierte Laufzeitklauseln von mehr als 2 Jahren bei Dauerschuldverhältnissen unwirksam sind.[1616] Für die Gasversorgung gilt diese Vorschrift freilich gemäß § 310 Abs. 2 BGB nicht, kann aber bei der Wertung gleichwohl berücksichtigt werden. Von einer wesentlichen Wettbewerbsbeeinträchtigung ist ist im Anschluss an die GVO und § 10 Abs. 4 Satz 2 GWB jedenfalls bei einer Laufzeit von über 5 Jahren auszugehen.[1617]

Im Rahmen von § 16 GWB ist auch zu prüfen, ob die Wettbewerbsbeschränkung sich auf anderen Märkten mittelbar auswirkt.[1618] Insofern ist auch die Auswirkung der Gesamtbedarfsdeckungsklausel auf den Markt für die Belieferung von Endkunden zu betrachten. Im Ergebnis kommt es dort aber wegen bestehender Durchleitungsansprüche der Endkunden zu keiner wesentlichen Wettbewerbsbeeinträchtigung.

Die Unwirksamkeitserklärung braucht nicht für jeden Einzelfall erteilt zu werden, sondern kann für ganze oder mehrere Bindungssysteme erteilt werden.[1619] Hinsichtlich der Erteilung der Unwirksamkeitserklärung nach § 16 GWB haben die Kartellbehörden freilich ein Eingreifermessen.[1620] Sie werden von Amts wegen tätig, einen Anspruch auf Einschreiten gibt es nach der zweifelhaften gängigen Praxis nicht.[1621]

3) Das Verhältnis von nationalem zu europäischem Kartellrecht

Die Betrachtungen haben ergeben, dass das europäische Kartellrecht zu anderen Ergebnissen kommen kann als das deutsche, da insbesondere Gesamtbedarfsdeckungsklauseln vom Kartellverbot nach Art. 81 Abs. 1 EGV erfasst werden, nicht aber vom Verbot des § 1 GWB. Im zivilgerichtlichen Verfahren kann dies zu Konflikten führen, da Art. 81 Abs. 1 EGV unmittelbar anwendbar ist.[1622] Das heißt, dass sich jedermann auch vor den nationalen Gerichten auf die Nichtigkeitsfolge des Art. 81 Abs. 1 EGV berufen kann.[1623] Das Gericht hat dann die angegriffene Vereinbarung eigenständig anhand von Art. 81 Abs. 1 EGV zu untersuchen.

Die Kollision der Normen der beiden Rechtsordnungen wird durch den Vorrang des Gemeinschaftsrechts gelöst.[1624] Dies bedeutet, dass der nationale Richter an die Feststellung der Nichtigkeit einer Vereinbarung nach Art. 81 Abs. 1 EGV gebunden ist. Faktisch bedeutet dies, dass der Anwendungsbereich der §§ 1, 16 GWB in diesem Bereich zurückgedrängt wird. Durch die vom Gesetzgeber durch die Anlehnung der

---

[1615] Vgl. *Lukes*-Stromlieferungsverträge, in: BB 1999 Beilage 8, 1 [12].
[1616] Vgl. *Falk*-Anmerkung LG Düsseldorf, in: ZNER 2000, 138.
[1617] *Köhler*-Wettbewerbsbeschränkungen, in: WuW 1999, 445 [456]; *Bunte*, in: Langen/Bunte, Anh. Zum Fünften Abschnitt, Sonderbereich Energiewirtschaft, Rn. 50.
[1618] *Klosterfelde/Metzlaff*, in: Langen/Bunte, § 16 GWB, Rn. 109; *Emmerich*, in: Immenga/Mestmäcker, § 16, Rn. 107ff..
[1619] *Klosterfelde/Metzlaff*, in: Langen/Bunte, § 16 GWB, Rn. 165; *Emmerich*, in: Immenga/Mestmäcker, § 16, Rn. 124.
[1620] *Klosterfelde/Metzlaff*, in: Langen/Bunte, § 16 GWB, Rn. 174.
[1621] *BGH*, 01.12.1977 – KVR 4/76 („Rhenania Pilsener") -, WuW/E BGH 1515; vgl. auch *Emmerich*, in: Immenga/Mestmäcker, § 16, Rn. 130.
[1622] *EuGH*, 06.04.1962 - Rs. 13/61 (Bosch/ N.V. Matschapij Tot Voortzetting van de zaken der Firma Willem van Rijn) -, E 1962, 97 [112]; *Bunte*, in: Langen/Bunte, Einführung zum EG Kartellrecht, Rn. 28.
[1623] *Bunte*, in: Langen/Bunte, Einl. Zum EG Kartellrecht, Rn. 95.
[1624] *Barav*-plénitude de compétence, in: mélanges Boulois, S. 1.

Tatbestände an das EG-Kartellrecht[1625] geförderte gemeinschaftsrechtskonforme Auslegung der deutschen Normen wird diese Tatsache bisweilen kaschiert.

Gibt es für die entsprechende Vereinbarung bereits eine Entscheidung der Kommission, ist das Gericht auch hieran gebunden. Es kann weder eine von der Kommission nach Art. 81 Abs. 3 EGV freigegebene Vereinbarung nach nationalem oder Gemeinschaftsrecht untersagen[1626] noch einer untersagten Vereinbarung Wirksamkeit zusprechen.[1627] Hat die betreffende Vereinbarung jedoch nur ein informelles Negativattest erhalten (comfort letter), sind die Gerichte hieran nicht gebunden.[1628] Um im Zweifel widersprüchliche Entscheidungen zu verhindern, sollte eine frühzeitige Kooperation mit der Kommission angestrebt werden.[1629] Ist das Gericht sich über die Anwendung des Gemeinschaftsrechts ungewiss, kann es das Verfahren aussetzen und gemäß Art. 234 EGV dem EuGH eine Vorabfrage zur Auslegung des Art. 81 Abs. 1 EGV stellen, soweit die aufgeworfene Rechtsfrage entscheidungserheblich ist.[1630] Die Vorlageberechtigung verdichtet sich beim letztinstanzlichen Gericht zur Vorlagepflicht.[1631]

Wegen des weiteren Anwendungsbereichs des Art. 81 EGV und des Vorranges der Norm vor nationalem Kartellrecht müssen die Gerichte bei der Beurteilung der Wettbewerbswidrigkeit von Energielieferverträgen unbedingt auf Art. 81 Abs. 1 EGV rekurrieren.

B. Vertriebsbindungen und Marktmachtmissbrauch

Die engen Marktabgrenzungen führen dazu, dass an Lieferverträgen beteiligte Unternehmen in der Gaswirtschaft durchweg marktbeherrschend sind.[1632] Auch bei nationaler Definition der Märkte werden einige überregionale Gaslieferanten weiterhin marktbeherrschend sein. Vertragsgestaltungen, durch die Weiterverteiler an das marktbeherrschende Lieferunternehmen gebunden werden (unten **1.**), unterliegen damit ebenso wie Kundenschutzvereinbarungen zugunsten des marktbeherrschenden Weiterverteilers (unten **2.**) der Missbrauchskontrolle nach Art. 82 EGV sowie §§ 19,20 GWB.[1633] Ein Verstoß gegen diese Vorschriften kommt selbst dann in Betracht, wenn die Demarkationsabrede oder Gesamtbedarfsdeckungsklausel eine Freistellung

---

[1625] *Regierungsbegründung*, BT-Drs. 13/9270, S. 30f..
[1626] Gegen die anderslautende Zweischrankentheorie: *EuGH*, 13.12.1969 - Rs. 14/68 (Walt Wilhelm) -, E 1969, 1 [14].
[1627] *Rehbinder*, in: Immenga/Mestmäcker EGV Wettbewerbsrecht, Einleitung F, Rn. 14.
[1628] *EuG*, 24.01.1995 - T-114/92 (Bemim/Kommission) -, E 1995, II-147, Rn. 65.; *Baur/Weyer*, in: FK, EGV-Vertrag, Art. 81 Zivilrechtsfolgen, Rn. 164ff..
[1629] Dazu: Bekanntmachung über die Zusammenarbeit der Kommission und den Gerichten der Mitgliedstaaten bei der Anwendung der Art. 85 und 86 des EWG Vertrages, Abl. EG 1993, C 39, 6.
[1630] Vgl. dazu im Einzelnen: *Rengeling/Middeke/Gellermann*-Rechtsschutz, Rn. 373ff.; *Endler*, in: Kuhla, Verwaltungsprozess, L 95.
[1631] Rengeling/Middeke/Gellermann-Rechtsschutz, Rn. 381ff.; *Endler*, in: Kuhla, Verwaltungsprozess, L 101; *BVerfG*, 09.01.2001 - 1 BvR 1063/99 -, EuZW 2001, 255.
[1632] Vgl. oben 3. Teil I; vgl. *Markert*, in: EuZW 2000, 427 [431]; *Thurnher*-Energielieferverträge, ÖZW 1999, 97 [103]; *Theobald/Theobald*, S. 131ff..
[1633] Das *OLG Düsseldorf*, 07.11.2001 - U (Kart.) 31/00 -, ZNER 2001, 255 [258] spricht sich für eine Übertragung der Rechtsprechung zu Art. 82 EGV auf § 19 GWB aus!

nach Art. 81 Abs. 3 EG erhalten hat.[1634] Weitere kartellrechtsrelevante Praktiken, wie etwa die Erhebung von Wechselgebühren,[1635] sollen hier unberücksichtigt bleiben.

1) Langfristige Gesamtbedarfsdeckungsklauseln

Von dem objektiven Begriff[1636] des Marktmachtmissbrauchs sieht der EuGH alle Verhaltensweisen eines Unternehmens in marktbeherrschender Stellung erfasst, die die Struktur eines Marktes beeinflussen können, auf dem der Wettbewerb gerade wegen der Anwesenheit des fraglichen Unternehmens bereits geschwächt ist, und die die Aufrechterhaltung des auf dem Markt noch bestehenden Wettbewerbs oder dessen Entwicklung durch die Verwendung von Mitteln behindern, welche von den Mitteln eines normalen Produkt- oder Dienstleistungswettbewerbs auf der Grundlage der Leistungen der Marktbürger abweichen.[1637] Nach § 19 Abs. 4 Nr. 1 GWB liegt ein verbotener Missbrauch einer marktbeherrschenden Stellung vor, wenn das marktbeherrschende Unternehmen die Wettbewerbsmöglichkeiten anderer Unternehmen auf erhebliche Weise ohne sachlich gerechtfertigten Grund beeinträchtigt. Nach § 20 Abs. 1 GWB dürfen marktbeherrschende Unternehmen ein anderes Unternehmen in einem Geschäftsverkehr, der gleichartigen Unternehmen üblicherweise zugänglich ist, weder mittelbar noch unmittelbar unbillig behindern.

Eine von allen Normen vorausgesetzte Wettbewerbsbeeinträchtigung geht von den langfristigen Gesamtbedarfsdeckungsklauseln ohne Zweifel aus.[1638] Denn während der langen Vertragslaufzeit sind die Weiterverteiler als Nachfrager dem Wettbewerb entzogen.[1639]

Die Erheblichkeit dieser Wettbewerbsbeeinträchtigung hängt entscheidend von der Vertragslaufzeit und von der Existenz paralleler Bindungen ab.[1640] Aus § 20 Abs. 1 GWB haben die Gerichte abgeleitet, dass eine Gesamtbedarfsdeckungsklausel in Lieferverträgen mit Industrie und Gewerbekunden mit einer Vertragslaufzeit von über 2 Jahren eine unbillige Behinderung des Kunden darstellt.[1641] Auf Weiterverteiler dürfte diese Rechtsprechung übertragbar sein.[1642] Denn insbesondere in den Anfangsjahren der Liberalisierung enthält der Gasmarkt noch erhebliche Preissenkungspotentiale, deren Ausschöpfung durch lange Lieferverträge verhindert wird. Markert geht da-

[1634] *EuGH*, 16.03.2000 - Rs. C-395, 396/96P (Compagnie maritime belge transports SA u.a./ Kommission) - E 2000, I-1365; *Markert*-Bezugsbindungen, in: EuZW 2000, 327 [433, Fn. 69]; insofern irreführend: *Scholz*-Bezugsbindungen, in: RdE 1998, 209 [213].

[1635] Für ihre Zulässigkeit nach Kartellrecht: *LG Hamburg*, 02.02.2001 - 416 O 252/00, ZNER 2001, 59; *Gründel*-Wechselgebühren, in: RdE 2001, 129; dagegen: *LG Hamburg*, 06.10.2000 - 406 O 44/00 -, RdE 2001, 31; *BKartA*, Pressemeldung vom 20.03.2000; *Senftleben*-Wettbewerb, WWE 01.2001, 13.

[1636] *Scholz*-Bezugsbindungen, in: RdE 1998, 209 [213] verkennt, dass es auf eine Absicht des marktbeherrschenden Unternehmens zur Behinderung nicht ankommt.

[1637] St. Rspr. Seit *EuGH*, 13.02.1979 - Rs. 85/76 (Hoffmann-La Roche/ Kommission) -, E 1979, 461, Rn. 91.

[1638] *OLG Düsseldorf*, 07.11.2001 - U (Kart.) 31/00 -, ZNER 2001, 255 [257].

[1639] Vgl. dazu schon oben zu Art. 81 EGV 5. Teil II.A.1)(b); zu §§ 1, 16 GWB: 5. Teil II.A.2)(a)(bb).

[1640] *Markert*-Lieferverträge, in: ZNER 1998, 3 [5]; *Köhler*-Wettbewerbsbeschränkungen, in: WuW 1999, 445 [456].

[1641] *LG Düsseldorf*, 29.09.1999 - 12 O 412/99 -, ZNER 200, 136 [137]; *LG Dortmund*, 20.11.2000 - 13 O 57/00 (Euro-Power/Stadtwerke Bocholt), zitiert nach *Schulze*-Laufzeit, in: WWE 2001, 15 [17].

[1642] Vgl. *Schulze*-Laufzeit, in: WWE 2001, 15 [18].

her bereits bei einer Laufzeit von nur 2 Jahren und einem Bedarfsdeckungsanteil von nur 50% von einem Marktmachtmissbrauch aus.[1643]

Die Kommissionspraxis bestätigt den Befund, dass langfristige Lieferverträge mit Gesamtbedarfsdeckungsklausel einen Verstoß gegen das Marktmachtmissbrauchsverbot darstellen. In dem Missbrauchsverfahren Gas Natural/Endesa hat sie langfristige Gaslieferverträge unter dem Blickwinkel des Art. 82 EGV untersucht.[1644] Endesa hatte sich unter Verzicht auf das Recht zum Weiterverkauf vertraglich langfristig verpflichtet, den Großteil seines Gasbedarfs zur Produktion von Elektrizität beim marktbeherrschenden Lieferanten Gas natural zu decken. Die Kommission sah darin die Gefahr, dass Wettbewerber von Gas natural durch Verlust dieses wichtigen potentiellen Kunden am Marktzutritt gehindert würden. Durch das Verbot des Weiterverkaufs sei zudem die Position von Gas natural auf dem Verkaufsmarkt gestärkt. Nachdem das Vertragsvolumen herabgesenkt wurde, die Vertragslaufzeit auf 12 Jahre gekürzt wurde, Endesa das Recht zum Weiterverkauf eingeräumt wurde und einige diskriminierende Klauseln aufgehoben wurden, hat die Kommission entschieden, ihr Missbrauchsverfahren nicht fortzuführen.

Bejaht man die Erheblichkeit, kommt es nach Art. 82 EGV, aber auch im Rahmen der Prüfung der sachlichen Rechtfertigung nach § 19 Abs. 4 Nr. 1 GWB, darauf an, inwieweit Lieferverträge bei bestehendem Wettbewerb mit langfristigen Gesamtbedarfsdeckungsklauseln abgeschlossen werden würden. Dies ist im Ergebnis kaum vorstellbar, da sich die zu beliefernden Unternehmen vielmehr die Freiheit offen lassen würden, ihren Versorger zu wechseln, wenn sie anderswo ein günstigeres Angebot erhalten. Selbst wenn sich, bei größerer Marktabgrenzung, feststellen ließe, dass auch kleinere Unternehmen langfristige Bezugsverbindungen abschließen, würde dies das Verhalten eines marktbeherrschenden Unternehmens nicht ohne Weiteres rechtfertigen. Denn im Ergebnis folgen aus seiner Marktbeherrschung strengere Maßstäbe, so dass stets die Verhältnismäßigkeit seines Handelns und seine Auswirkung auf den Wettbewerb vollumfänglich zu berücksichtigen wären.[1645] Wegen der Marktabschottungswirkung von langfristigen Verträgen mit Gesamtbedarfsdeckungsklausel einerseits und dem Liberalisierungsziel andererseits würden sich diese Verträge in aller Regel als missbräuchlich darstellen.

Kein Verstoß gegen Art. 82 EGV bzw. eine Rechtfertigung im Sinne des § 19 Abs. 4 Nr. 1 GWB läge vor, wenn die Gesamtbedarfsdeckungsklausel aus legitimen unternehmerischen Interessen notwendig wären. Insoweit gilt das zu § 1 GWB und Art. 81 EGV Gesagte entsprechend.

2) Demarkationsabreden

Auch die zu Gunsten des marktbeherrschenden Unternehmens vereinbarten Demarkationsabreden oder Kundenschutzklauseln stellen in der Regel einen Verstoß gegen

[1643] *Markert*-Bezugsbindungen, in: EuZW 2000, 427 [433].
[1644] *Kommission*, Pressemitteilung vom 27.03.2000, IP/00/297; hierzu *Fernandez-Salas*-Long-term supply agreements, CPL 06. 2000, S. 55.
[1645] *EuGH*, 09.11.1983 - Rs. 322/81 (NV Nederlansche Banden Industrie Michelin/ Kommission) -, E 1983, 3461.

Art. 82 EGV, § 19 Abs. 4 Nr. 1, § 20 Abs. 1 GWB dar, weil sie zur Absicherung seines Verteilungsgebiets und damit zur Aufrechterhaltung seiner marktbeherrschenden Stellung beitragen.[1646] Eine Rechtfertigung kommt analog zu dem zu Art. 81 EGV, §§ 1, 16 GWB Gesagten nur in Betracht, soweit ein echtes Absatzmittlerverhältnis vorliegt.

C. Ergebnis des fünften Teils

Durch seine gesetzlich angeordnete Vertragsauflösung der unter dem Monopol geschlossenen Versorgungsverträge nimmt der französische Gesetzgeber vorweg, was in Deutschland unter Berufung auf das allgemeine Kartellrecht zivilrechtlich erstritten werden muss. Nach deutschem und europäischem Kartellrecht, sind Gasversorgungsverträge mit Demarkationsabreden per se wettbewerbswidrig. Zumindest nach europäischem Kartellrecht gilt dies auch für langfristige Lieferverträge mit Gesamtbedarfsdeckungsklauseln. Nach deutschem Recht kommt hier auch eine Betrachtung unter § 16 GWB in Betracht, der den Kartellbehörden ein Ermessen hinsichtlich ihrer Untersagung einräumt. Allerdings haben die mit derartigen Verträgen angerufenen Zivilgerichte das Gemeinschaftsrecht selbst unmittelbar anzuwenden, so dass sie die Nichtigkeitsfolge aus Art. 81 Abs. 1, Abs. 2 , Art. 82 EGV herleiten können. An der Anwendbarkeit dieser Norm besteht kein ernsthafter Zweifel, angesichts der Tatsache, dass Wettbewerbsbehinderungen im Inland bei einer 80%igen Importabhängigkeit auch Auswirkungen auf den Gemeinsamen Markt haben. Eine Rechtfertigung kommt abgesehen von fehlender Notifizierung nicht in Betracht. Insbesondere werden sich die versorgenden Unternehmen nicht darauf berufen können, diese Vertragsgestaltung sei zur Sicherung von Investitionen notwendig. Denn zur Sicherung von Investitionen in die Produktion genügt allenfalls die Garantie einer Mindestabnahmemenge. Investitionen in die Netzzstruktur können durch Durchleitungsentgelte aufgefangen werden. Die Nichtigkeit führt nicht stets zur Gesamtnichtigkeit des Vertrages. Dies bestimmt sich in jedem Fall nach § 139 BGB und hängt davon ab, inwieweit die einzelnen Bestimmungen des Vertrages eine wirtschaftliche Einheit bilden.

Die Wettbewerbswidrigkeit der Altverträge wird durch die Praxis des Bundeskartellamtes bestätigt, in Fusionskontrollverfahren den Beteiligten aufzuerlegen, den belieferten Verteilerunternehmen zu gestatten, sofort bis zu 20% der jeweiligen vertraglichen Liefermenge abweichend von den bisherigen Verträge von anderen Lieferanten zu beziehen[1647] und ein Kündigungsrecht binnen 5 Jahren[1648], bzw. weniger als 3 Jahren bei einem sofortigen Sonderkündigungsrecht[1649] zu gewähren.

[1646] *Köhler*-Wettbewerbsbeschränkungen, in: WuW 1999, 445 [447, 450].
[1647] *BKartA*, 14.10.1999 - B8-40200-U-14/99 (Westfälische Ferngas/VEW).
[1648] *BKartA*, 14.10.1999 - B8-40200-U-14/99 (Westfälische Ferngas/VEW).
[1649] *BKartA*, 28.05.2001 - B8-40000-U-29/01 (EnBWStadt Schramberg); *BKartA*, 18.05.2001 - B8 - 291/00 (Trienkens Niederrhein/Stadtwerke Viersen); *BKartA*, 03.04.2001 - B8-40000-U-263/00 (Neckarwerke Stuttgart/Stadtwerke Reutlinen); *BKartA*, 26.01.2001 - B8-40000-U-202/00 (EnBW/Stadtwerke Schwäbisch Gmünd); *BKartA*, 11.10.2001 - B8-400000-U-109/00 (Contigas/Stadtwerke Heide).

6. Teil: Die staatliche Aufsicht

Nach Art. 22 der Gasrichtlinie müssen die Mitgliedstaaten „geeignete Mechanismen für die Regulierung, die Kontrolle und die Sicherstellung von Transparenz" schaffen. Darüber hinaus sieht Art. 21 Abs. 2 der Gasrichtlinie vor, dass die Staaten hinsichtlich der Reglungen von Streitigkeiten über den Netzzugang eine „von den Parteien unabhängige Stelle" schaffen. Hamon sieht die Unabhängigkeit durch drei Kriterien gewahrt: die Unabhängigkeit ihrer Mitglieder, ausreichende finanzielle und personelle Mittel und die Öffentlichkeit der Entscheidungen.[1650] Dies bedeutet freilich nicht, dass die Mitgliedstaaten verpflichtet wären, eine Regulierungsbehörde zu schaffen.[1651] Die Anforderungen an eine richtlinienkonforme Umsetzung der Richtlinie sind auch dann erfüllt, wenn diese unabhängigen Stellen bereits existieren.[1652] Denn eines ausdrücklichen Umsetzungsaktes bedarf es nicht, wenn die Richtlinienkonformität im nationalen Recht bereits gewährleistet ist.[1653]
Alle Mitgliedstaaten bis auf die Bundesrepublik Deutschland haben eine Regulierungsbehörde geschaffen.[1654] In Frankreich ist dies die Commission de régulation de l'électricité. Mit der Umsetzung der Gasrichtlinie wird sie zur Commission de régulation de l'électricité et du gaz (CREG). Sie ist gleichwohl nicht die einzige Interventionistin (unten **I.**). In Deutschland erfolgt die staatliche Aufsicht nach dem bisherigen Muster. Das heißt, dass Kartellbehörden, die Energieaufsichtsbehörden und die Zivilgerichte sich teilweise überschneidende Kompetenzen ausüben (unten **II.**).

I. Die staatliche Aufsicht in Frankreich

Die Bildung einer sektorspezifischen Regulierungsbehörde ist im französischen Gesetzgebungsprozess eine Selbstverständlichkeit. Der Conseil de la concurrence hatte schon in seiner Stellungnahme zur Liberalisierung der Elektrizitätswirtschaft die Rahmenbedingungen einer solchen Regulierungsbehörde vorgegeben, indem er feststellte, dass es notwendig sei, die Regulierung des Sektors einer unabhängigen Behörde zu übertragen, deren Aufgaben klar zu definieren sind, die ihre Entscheidungen begründet, diese veröffentlicht und gegen die ein Rechtsmittel zur Verfügung steht.[1655] Die Diskussion betraf somit lediglich die Frage, ob die zu bildende Regulierungsbehörde sowohl für die Elektrizitäts- als auch für die Gaswirtschaft gemeinsam zuständig sein sollte oder ob die Schaffung zweier Regulierungsbehörden sinnvoller sei. Aufgrund der Erfahrungen in anderen Mitgliedstaaten wird die Schaffung einer einheitlichen Behörde bevorzugt. Sowohl in Spanien[1656] als auch in Italien wurde eine

---

[1650] *Hamon*-marché intérieur, in: AJDA, 1998, 851 [862f.].
[1651] vgl. *Courivaud*-la loi n° 2000-108, in: JCP-E 2000, 1029 [1036], ergänzt man dies durch das Erfordernis der transparenten und partizipatorischen Entscheidung, dann entspricht dies auch den Anforderungen, die *Koenig/Kühling*-Regulierungsordnung, in: WuW 2001, 810 [815f.] unter rechtsvergleichender und ökonomischer Betrachtung an eine Regulierungsbehörde stellen.
[1652] vgl. *Simon*-système juridique, Rn. 219.
[1653] *EuGH*, 20.03.1997 – Rs. C-96/95 (Kommission/ Deutschland) -, E 1997, I-1653 ; *EuGH*, 29.05.1997 – Rs. C-300/95 (Kommission / Vereinigtes Königreich) -, E 1997, I-2649.
[1654] Vgl. Erster Kommissionsbericht zur Verwirklichung der Energiebinnenmärkte, SEK (2001) 1957, Anhang 4.
[1655] *Cons-conc*, 28.04.1998 - Avis 98-A-05, BOCCRF du 16 juillet 1998, S. 383.
[1656] Vgl. *Rasines*-marché espagnol du gaz naturel, in RE 2000, 137, [142].

gemeinsame Regulierungsbehörde geschaffen. In Großbritannien gab es anfänglich mit dem l'Office of Gas Supply (OFGAS) und dem Office of Electricity Regulation (OFFER) zwei Regulierungsbehörden, die aber später zum Office of Gas and Electricity Markets (OFGEM) zusammengeschmolzen wurden, um eine einheitlichere Regulierung zu ermöglichen.[1657] In den Niederlanden wurde innerhalb der Wettbewerbsbehörde eine unabhängige Regulierungsbehörde für die Elektrizitätswirtschaft geschaffen, während für die Gaswirtschaft zunächst keine Regulierungsbehörde vorgesehen war.[1658] Im Ergebnis sprechen sich alle Stellungnahmen in Frankreich für die Schaffung einer einheitlichen Regulierungsbehörde aus.[1659] Diesem Vorschlag ist die Regierung gefolgt und beabsichtigt durch Art. 17 GasG-E die Kompetenzen der Commission de régulation de l'électricité (CRE) auf den Gassektor auszudehnen. In ihrer Struktur und ihren Kompetenzen ist sie eine typische unabhängige Verwaltungsbehörde (unten **A.**) und ähnelt in dieser Hinsicht der Autorité de régulation des télécommunications, der Regulierungsbehörde für Telekommunikation.[1660] Ihre Kompetenzen bleiben jedoch hinter der der ART zurück,[1661] da die CREG viele Kompetenzen mit andere Behörden und Ministerien teilt (unten **B.**).

A. Die französische Regulierungsbehörde für Strom und Gas - CREG

Im Folgenden sollen die Struktur (unten **1.**) und die Aufgaben (unten **2.**) der CREG beschrieben werden.

1) Die Struktur der CREG

(a) Die Zusammensetzung und Funktion der CREG

Gemäß Art. 28 Abs. 1 EltG n.F. besteht die CREG aus 6 hauptamtlichen Mitgliedern. Sie werden für einen Zeitraum von 6 Jahren ernannt. Ihr Mandat kann nicht verlängert und auch nicht widerrufen werden. Der Mandatsbeginn wird so gestaltet, dass alle zwei Jahre zwei Mitglieder ausgewechselt werden. Die Auswahl der Mitglieder stützt sich auf deren juristische, ökonomische und technische Kompetenz. Drei Mitglieder, unter ihnen der Präsident, werden per Dekret ernannt. Jeweils ein weiteres Mitglied wird vom Präsidenten der Assemblée nationale, des Präsidenten des Sénat und des Präsidenten des Conseil économique et social ernannt. Die Kompetenzen des Präsidenten werden durch ein Dekret vom 2. Mai 2000[1662] genauer definiert.[1663] Auch wenn durch diese Form der Ernennung dem Bemühen um die Schaffung einer unabhängigen Behörde Ausdruck verliehen wird, ist auffällig, dass eine Vielzahl der ers-

---

[1657] *Martor/Ribot*-l'heure de la concurrence, in: LPA, 22.11.1999, 13 [18].
[1658] Rapport du gouvernement: Analyse des conditions encadrant l'organisation du marché intérieur du gaz naturel dans quatre pays européens : Allemagne, Espagne, Pays-Bas, Royaume-Uni, S. 18.
[1659] *CGP*-service public, S. 99f. ; *Bricq*-rapport, S. 26; *CES*-rapport, S. 24; *CSEG*-rapport; Cons-conc, 05.10.1999 - Avis n°99-A-15.
[1660] *Martor/Puy-Montbrun*-CRE, LPA, 14.01.2000, S. 9.
[1661] *Braconnier*-régulation, in: RFDA 2001, 43 [50].
[1662] Das Décret n° 2000-381 du 02.05.2000 relatif à l'organisation et au fonctionnement de la CRE, JORF N° 104 du 04.05.2000, p. 6680 prpräzisiert die Kompetenzen des Präsidenten der CREG.
[1663] Vgl. zu den Einzelheiten: *Coin*- régulation, CJEG 2001, 6 [8f.].

ten Mitglieder der CRE zuvor wichtige Funktionen in der monopolistisch organisierten Energiewirtschaft innehatten.[1664]

Gemäß Art. 29 EltG n.F. wird ein Regierungskommissar an die CREG abgestellt, um ihr Positionen und Analysen der Regierung zu übermitteln.[1665] Er kann jeden beliebigen Punkt auf die Tagesordnung setzen, ohne dass er dabei übergangen werden darf. Anlässlich der Entscheidungen der CREG muss er sich zurückziehen.

Die CREG trifft ihre Entscheidungen mit den Stimmen der Mehrheit ihrer mindestens vier anwesenden Mitglieder. Bei Stimmengleichheit entscheidet die Stimme des Präsidenten. Die Einzelheiten der Organisation der CREG werden von ihrer Geschäftsordnung bestimmt, die sie sich gemäß Art. 30 Unterabsatz 2 EltG selbst gegeben hat.[1666]

Die CREG hat insofern eine beschränkte Haushaltshoheit, als ihr innerhalb des zuständigen Ministeriums ein Budget bereitgestellt wird,[1667] über das sie eigenverantwortlich verfügen kann.[1668] Während der Erstellung des Haushaltsplans macht die CREG gemäß Art. 30 UA 5 EltG dem für sie zuständigen Ministerium Vorschläge für die eigene notwendige Finanzausstattung.

(b) Die Direktionen der CREG

Gemäß Art. 30 Abs. 1 wird die CREG bei ihrer Arbeit von Diensten unterstützt, die unter der Aufsicht des Präsidenten stehen. Hierzu hat sie sechs Direktionen gebildet.

- Direktion 1: Beziehung zu den Stromproduzenten, Überwachung der Produktion und der Preisentwicklung;
- Direktion 2: Netzzugang, Überwachung der Netzzugangsbedingungen und -entgelte;
- Direktion 3: Vertrieb, service-public und Wettbewerb, Analyse der Wettbewerbsbedingungen;
- Direktion 4: juristischer Dienst, Streitschlichtung, Untersuchungen und Sanktionen;
- Direktion 5: Finanzdirektion, Überwachung der buchhalterischen Trennung;
- Direktion 6: internationale Beziehungen, Beziehungen zu anderen Regulierungsbehörden und zur Europäischen Kommission.

[1664] Die drei von der Regierung gewählten Mitglieder sind Jean Syrota, der ehemalige Vorsitzende der Cogema, als Präsident; François Morin, Professor an der Universität Toulouse I und Bruno Léchevin, ehemaliger Generalsekretär der Vereinigung Gas und Elektriztität innerhalb der CFDT. Die drei anderen Mitglieder sind Jacqueline Benassayag, gewählt vom Präsidenten der Assemblée Nationale, Jacques Troesch, Berater am Cour des comptes, gewählt vom Präsidenten des Senats, und Raphaël Hadas-Lebel, ehemaliger Generalsekretär von Elf, gewählt vom Präsidenten des CES, vgl. Les Echos vom 29.03.2000, "Électricité: la composition de l'autorité de régulation bouclée" und Dekret vom 24.03.2000 portant nomination du président et de membres de la commission de régulation de l'électricité, JORF Numéro 74 du 28 Mars 2000 page 4828.

[1665] Durch arrêté vom 27.03.2000 wurde M. 05.llard (Dominique), Generaldirektor für Energie und Rohstoffe, als Regierungskommissar an der CRE nomminiert, vgl. Arrêté du 2703 2000 portant nomination du commissaire du Gouvernement auprès de la commission de régulation de l'électricité; JORF Numéro 81 vom 05.04.2000, S. 5208.

[1666] Die CRE hat durch Entscheidung vom 20.04.2000 ihre Verfahrensordnung angenommen, vgl. JORF Numéro 140 vom 18.06.2000, S. 9214.

[1667] *Martor/Puy-Montbrun*-CRE, LPA, 14.01.2000, S. 9 [10].

[1668] *Coin*-régulation, in: CJEG 2001, 6 [8]. Die Ausgaben unterliegen nicht der Ausgabenkontrolle nach dem Gesetz vom 10.08.1922.

Im Jahr 2000 verfügte die CRE 55 Mitarbeiter; mittelfristig ist ein Effektiv von ca. 150 Mitarbeitern vorgesehen.[1669]

2) Die Aufgaben und Kompetenzen der CREG

Die Aufgaben und Kompetenzen der CREG sind zu Gunsten des Ministers für Energie, des Conseil de la concurrence und der allgemeinen Gerichte beschränkt. Insbesondere hat die CREG keine Kompetenz für die Erteilung der Transport- und Liefergenehmigungen. Diese vom Senat geforderte Kompetenz bleibt aufgrund ihrer Bedeutung dem Energieministerium vorbehalten.[1670] Gleichwohl verbleiben der CREG wichtige reglementatorische (unten **a.**), und repressive (unten **b.**) Befugnisse. Die Streitschlichtungskompetenz wurde oben bereits im Zusammenhang dargestellt; sie wird an dieser Stelle nur erwähnt.[1671] Über ihre Arbeit erstattet die CREG gemäß Art. 17 Abs. 2 Nr. 10 GasG-E iVm Art. 32 UA 3 EltG jährlich am 30. Juni Bericht.[1672]

(a) Die reglementatorischen Aufgaben der CREG

Die Rolle der CREG im reglementatorischen Prozess ist denkbar vielfältig. Ihr kommt eine wichtige Rolle bei der Vorbereitung von Rechtsakten zu, wo sie beratend oder vorschlagend tätig wird (unten **aa.**). Aber sie hat auch eigene reglementatorische Befugnisse, die freilich durch Dekrete eingeschränkt werden (unten **bb.**). Damit verbleiben der CREG im Ergebnis nur schwache originäre Kompetenzen.[1673] Für den Gassektor sind diese Kompetenzen gar noch schwächer als für die Elektrizitätswirtschaft, was allerdings aufgrund der dort höheren Regulierung nicht verwundert. Im Folgenden beschränkt sich die Darstellung auf die Kompetenzen für die Gaswirtschaft.

(aa) Vorbereitende Tätigkeit

Gemäß Art. 32 Abs. 1 EltG kann die CREG von den relevanten parlamentarischen Ausschüssen, dem CSEG, dem CES und dem Observatoire national du service-public de l'électricité zu jedem regulatorischen Thema angehört werden. Gemäß Art. 36 *bis* EltG iVm. Art. 17 Abs. 2 Nr. 7 und Art. 4 Abs. 3 und 1 GasG-E gibt sie eine Stellungnahme ab zur Festlegung der Gaspreise für nicht zugelassene Kunden durch den Energieminister.[1674]

Gemäß Art. 36 *bis* EltG iVm Art. 17 Abs. 2 Nr. 8 GasG-E unterbreitet die CREG Vorschläge für einstweilige Maßnahmen zur Gewährleistung der Sicherheit der Gasinfrastrukturen nach Art. 27 Abs. 2 GasG-E bzw. Vorschläge für die notwendigen Maßnahmen nach Art. 22 GasG-E im Falle des beabsichtigten Verkaufs eines Teils einer Transportleitung. Die vom Energieminister (Art. 22 GasG-E) bzw. vom Staats-

---

1669 *Coin*-régulation, in: CJEG 2001, 6 [8].
1670 *Martor*-droit français de l'électricité, in: LPA, 29.03.2000, S. 4 [10, Fn. 71].
1671 4. Teil VI.A.2)(a).
1672 Bisher liegen der Jahresbericht 2000 und 2001 vor. Sie sind auf der Homepage der CRE abrufbar: www.cre.fr.
1673 *Martor/Puy-Montbrun*-CRE, LPA, 14.01.2000, S. 9 [12].
1674 Vgl. Zu der in Art. 36 Abs. 4 für die Elektrizitätswirtschaft entsprechend geregelten Kompetenz für die Elektrizitätswirtschaft die Stellungnahme vom 26.04.2000 zu dem Tarifwechsel vom 1. 05. 2000, in: JORF vom 29.04.2000.

vertreter (Art. 27 GasG-E) vorzunehmenden Maßnahmen sind jedoch nicht an die Vorschläge der CREG gebunden. Dies ergibt sich schon daraus, dass die den Energieminister ermächtigenden Normen selbst einen Vorschlag der CREG nicht zwingend voraussetzen.[1675]

Schließlich regelt Art. 31 EltG n.F., dass die CREG zu jedem den Netzzugang betreffenden reglementatorischen Vorhaben notwendig angehört werden muss. Es handelt sich hierbei im Gassektor vor allem um die Definition des zugelassenen Kunden (Art. 6 Abs. 1 GasG-E), die Präzisierung der Regeln über die Verweigerung des Netzzugangs im Zusammenhang mit „take-or-pay"-Verträgen (Art. 9 Abs. 3 GasG-E) und die Präzisierung der Regeln über die Entgeltkontrolle durch die CREG (Art. 10 GasG-E). Die Position der CREG ist bei alledem freilich nicht bindend. Die entscheidenden Kompetenzen hinsichtlich der Regulierung des Netzzugangs verbleiben aber bei ihr selbst (unten **bb.**).

(bb) Eigenständige Kompetenzen der CREG

Nach Art. 36 *bis*, Art. 37 EltG iVm Art. 17 Abs. 2 Nr. 2 GasG-E hat die CREG umfangreiche Kompetenzen zur Präzisierung des Gasgesetzes. So kann sie die Verpflichtungen der Betreiber von Transport- und Verteilernetzen nach Art. 26 GasG-E präzisieren. Ebenso kann sie die Bedingungen des technischen Netzzugangs nach den Art. 8-10, 26 GasG-E und die Bedingungen der buchhalterischen Trennung präzisieren. Die hierzu ergehenden Entscheidungen werden im Amtsblatt Frankreichs veröffentlicht.

Die Bilanzen der zur buchhalterischen Trennung verpflichteten Unternehmen müssen der CREG gemäß Art. 11 EltG übermittelt werden. Gemäß Art. 11 iVm Art. 36 *bis* EltG, Art. 17 Abs. 2 Nr. 3 GasG-E genehmigt sie diese nach vorheriger Stellungnahme durch den Conseil de la concurrence. Eine wichtige Funktion sind die bereits dargestellte Genehmigung der Netznutzungsbedingungen und - entgelte nach Art. 10 des GasG-E,[1676] sowie die Erteilung einer Ausnahmegenehmigung im Fall von Schwierigkeiten im Zusammenhang mit „take-or-pay"-Verträgen.[1677]

(b) Die repressiven Befugnisse der CREG

Die CREG besitzt zur Erfüllung ihrer Aufgaben umfangreiche Untersuchungs- (unten **aa.**) und Sanktionsbefugnisse (unten **bb.**).

(aa) Die Kontrollkompetenz der CREG

Gemäß Art. 17 Abs. 2 Nr. 5 GasG-E iVm Art. 33 EltG kann die CREG alle notwendigen Informationen beim Energie- und Wirtschaftsministerium sowie bei den auf dem Gasmarkt tätigen Unternehmen einholen. Art. 43 EltG in der durch Art. 19 Abs. 2 GasG-E geänderten Fassung erstreckt Untersuchungskompetenzen ausdrücklich auf die Untersuchung von Verstößen gegen das Gasgesetz.

[1675] a.A. für die Vorschlagsrechte der CREG für den Elektrizitätssektor: *Coin*-régulation, in: CJEG, 6 [9f.].
[1676] vgl. 4. Teil IV.A.
[1677] vgl. 4. Teil V.C.3)(b).

Im Rahmen der Untersuchungskompetenz können vereidigte Funktionäre der CREG[1678] Informationen nach Maßgabe des das kontradiktorische Prinzip wahrenden Art. 33 EltG[1679] auch vor Ort einholen. Insbesondere muss dabei ein Untersuchungsprotokoll (procès verbal) angefertigt werden. Das Untersuchungsrecht erstreckt sich nach dem durch Art. 17 Abs. 3 GasG-E modifizierten Art. 33 Abs. 2 UA 2 EltG auf die Grundstücke, Gebäude, Räumlichkeiten und Fahrzeuge der Gasunternehmen. Im Gegensatz zur Kontrollkompetenz bei dem Elektrizitätsübertragungsnetzbetreiber ist die Kontrollfunktion jedoch insoweit eingeschränkt, als die CREG nicht eigenständig Beschlagnahmungen vornehmen kann, sondern auf die Herausgabe von Dokumenten durch die Unternehmen angewiesen ist.[1680] Weitergehende Untersuchungsrechte, einschließlich eines Rechts zur Beschlagnahme von Unterlagen, bedürfen gemäß Art. 34 EltG der vorherigen richterlichen Anordnung durch den Präsidenten des örtlich zuständigen Tribunal de grande instance. Die Untersuchung erfolgt unter seiner Kontrolle, wobei er sich von der Polizei vertreten lassen kann.

(bb) Die Sanktionsbefugnisse der CREG

Die Art. 40, 42, 43 EltG sowie Art. 19 des GasG-E enthalten einen eigenen Sanktionskatalog für natürliche und juristische Personen.[1681] Während der CREG im Rahmen des Art. 40 EltG eigene Sanktionsbefugnisse administrativen Charakters zukommen[1682] (unten **i.**), kann sie selbst nicht die strafrechtlichen Sanktionen des Art. 42 EltG aussprechen, sondern muss gemäß Art. 43 EltG mit den strafrechtlichen Behörden zusammenarbeiten (unten **ii.**).

(i) Die administrativen Sanktionsbefugnisse nach Art. 40 EltG

Die eigenen Sanktionsbefugnisse der CREG werden durch Art. 40 EltG in der durch Art. 17 Abs. 3 GasG-E zu modifizierenden Form geregelt und durch Art. 15 der Geschäftsordnung der CREG präzisiert. Die CREG kann ihre repressive Funktion von Amts wegen oder auf Antrag des Energieministers, eines Unternehmensverbandes, Verbraucherverbandes oder jeder anderen betroffenen Person wahrnehmen.

Sanktionsbewehrt sind gemäß Art. 40 n° 1 EltG Verstöße gegen eine den Zugang zum Netz regelnde Norm, gegen eine Entscheidung der CREG oder eine dem Unternehmen nach Art. 11, 12 GasG-E obliegende Pflicht zur buchhalterischen Trennung. Nach Art. 40 n° 3 EltG ist jede Verletzung der Pflicht zur Übermittlung von Informationen an die CREG, insbesondere im Rahmen der Ausübung ihrer Kontrollfunktion nach Art. 33 EltG, ebenfalls sanktionsbewehrt.

Soweit die CREG gegen ein Gasunternehmen Untersuchungen anstellt, bestimmt sie gemäß Art. 15 der Geschäftsordnung einen Berichterstatter und teilt dies dem betref-

---

1678 Das Verfahren der Vereidigung und Ermächtigung der Funktionäre wird durch das Dekret n° 2000-874 vom 7. 09. 2000 geregelt, JORF, 09.09.2000, S. 14136f.

1679 vgl. *Coin*-instances de régulation, in: CJEG 2001, 6 [13].

1680 Nur ein „droit de communication" und kein „droit d'accès", vgl. *Coin*-instances de régulation, in: CJEG 2001, 6 [13].

1681 Ein "véritable code pénal", vgl. *Martor/Puy-Montbrun*-CRE, LPA, 14.01.2000, S. 9 [15].

1682 Vgl. *Coin*-instances de régulation, in: CJEG 2001, 6 [13]. *Martor/Puy-Montbrun*-CRE, LPA, 14.01.2000, S. 9 [13].

fenden Unternehmen mit. Nachdem das betreffende Unternehmen und andere vom Berichterstatter bestimmte Unternehmen gemäß Art. 13 der Geschäftsordnung Gelegenheit zur Stellungnahme erhalten haben und der Berichterstatter unter Beachtung des kontradiktorischen Prinzips alle notwendigen Untersuchungen, also auch jene nach Art. 33 EltG, angestellt hat, findet gemäß Art. 15 der Geschäftsordnung eine im Prinzip öffentliche Anhörung nach Art. 16 der Geschäftsordnung statt. Im Anschluss daran entscheidet die CREG, ob sie das Unternehmen abmahnt (mise en demeure) und auffordert, sich innerhalb einer bestimmten Frist wieder rechtstreu zu verhalten. Während Art. 40 n°1 EltG die Abmahnung nach seinem Wortlaut notwendig an die Feststellung des rechtswidrigen Verhaltens knüpft, eröffnet die Geschäftsordnung in Art. 15 der CREG einen Beurteilungsspielraum. Die Abmahnung kann gemäß Art. 40 n°2 EltG nur unterbleiben, wenn das gerügte Verhalten des Unternehmens darin besteht, eine zur Streitschlichtung nach Art. 38 EltG ergangene Entscheidung nicht befolgt zu haben.

Nach der Abmahnung wiederholt sich die oben genannte Prozedur. Entsprechend Art. 40 n°4 EltG und Art. 15 UA 2 der Geschäftsordnung wird dem Unternehmen also eine erneute Gelegenheit zur Stellungnahme gegeben und findet eine erneute Anhörung statt, bevor die CREG ihre Sanktion ausspricht.

Art. 40 n° 1 EltG nennt zwei Sanktionsformen. Nach Art. 40 n° 1 lit. a) kann dem Unternehmen für die Dauer von bis zu einem Jahr der Zugang zu den Gasnetzen und Infrastrukturen untersagt werden. Nach Art. 40 n° 2 lit. b) kann, sofern der Verstoß nicht auch gleichzeitig strafrechtlich bewehrt ist, eine Geldstrafe von bis zu 3%, im Wiederholungsfall bis zu 5% des Umsatzes des Unternehmens verhängt werden. Dabei sind die Schwere des Verstoßes, der Umfang des Schadens, das Interesse des Geschädigten und der Vorteil des schädigenden Unternehmens zu berücksichtigen. Die Entscheidung ist dem betreffenden Unternehmen zu notifizieren und im Amtsblatt zu veröffentlichen.

Gegen diese Entscheidung stehen dem Unternehmen Rechtsmittel beim Conseil d'État zu, der als einzige Instanz entscheidet. Das Rechtsmittel hat gemäß Art. 40 n° 7 EltG einen Suspensiveffekt, wenn es gegen eine Geldstrafe gerichtet ist.

(ii) Die strafrechtlichen Sanktionen nach Art. 42 EltG

Daneben können natürliche wie juristische Personen auch noch strafrechtlich belangt werden. Für die im Folgenden zu beschreibenden strafrechtlichen Sanktionen gilt jedoch gemäß Art. 43 UA 3 EltG, dass die den Verstoß dokumentierenden Protokolle innerhalb einer Frist von 5 Jahren dem Staatsanwalt zugestellt werden müssen. Die weitere Verfolgung der Straftaten obliegt dann diesem.[1683]

Mit einer Freiheitsstrafe von bis zu einem Jahr und einer Geldstrafe von bis zu 1.000.000 F (152.449,02 Euro) wird gemäß Art. 19 GasG-E die Lieferung von Gas ohne entsprechende Genehmigung nach Art. 7 GasG-E oder der genehmigungslose Bau bzw. Betrieb einer Transportleistung sanktioniert.

[1683] Vgl. *Coin*-instances de régulation, in: CJEG 2001, 6 [17].

Widerstand jeglicher Art gegen die Ausübung der Kontrollfunktion der Funktionäre und Agenten der CREG nach Art. 33, 34 EltG ist gemäß Art. 42 UA 2 EltG mit 6 Monaten Freiheitsstrafe und einer Geldstrafe von 50.000 FF (7622,45 Euro) beschwert. Zusätzlich können natürliche Personen gemäß Art. 42 UA 3 EltG und Art. 19 Abs. 3 GasG-E mit der temporären oder endgültigen Schließung eines oder mehrerer oder gar aller Niederlassungen des der verantwortlichen Person gehörenden Unternehmens, sowie mit dem Verbot der Berufsausübung entsprechend Art. 131-27 des code pénal bestraft werden. Die Entscheidung ist zu veröffentlichen. Juristische Personen könen gemäß Art. 42 UA 5 EltG und Art. 121-2 Code pénal mit Geldstrafen, Schließungen des Betriebs oder Betriebsuntersagung bestraft werden.

B. Regulierung durch andere Autoritäten

Eine Reihe wichtiger regulatorischer Aufgaben bleibt in Frankreich auf ministerieller Ebene angesiedelt. Dies gilt für die Erteilung von Liefer- und Transportgenehmigungen nach Art. 7 Abs. 1 und 20 Abs. 1 GasG-E. Gemäß Art. 7 Abs. 4 des GasG-E überwacht der für Energie zuständige Minister auch die ausreichende Diversifizierung der Bezugsquellen der Gaslieferanten.

Im Rahmen ihrer Aufgabenwahrnehmung haben Wirtschafts- und Energieministerium ebenso wie die CREG gemäß Art. 14 GasG-E ein Recht auf Einsicht in die betriebsinternen Kalkulationsunterlagen. Beiden Ministern steht gemäß Art. 18 GasG-E auch das Untersuchungsrecht nach Art. 33, 34 EltG sowie das Sanktionsrecht nach Art. 40 EltG zu.

Darüber hinaus wird der regulatorische Rahmen maßgeblich durch ministeriellen Dekrete bestimmt, die das GasG ausgestalten. Dies gilt insbesondere für die Festlegung der Schwellen für zugelassene Kunden nach Art. 6 Abs. 1 GasG-E.

Schließlich ist auch noch der Conseil de la Concurrence im Rahmen seiner üblichen Befugnisse das kompetente Organ im Rahmen der ex-post Wettbewerbsaufsicht. Hierbei kooperiert er jedoch eng mit der CREG.[1684]

II. Die staatliche Aufsicht in Deutschland

In Deutschland werden regulatorische Aufgaben in der Gaswirtschaft einerseits von den Energieaufsichtsbehörden der Länder und andererseits von den Kartellbehörden der Länder und des Bundes wahrgenommen. Das Gesetz sichert nicht die Prognose Möschels, dass in der Praxis die Energieaufsicht die technischen und die Kartellbehörden die wettbewerblichen Belange wahrnehmen.[1685] Die Kompetenzen der Energieaufsichtsbehörden sollen aufgezeigt (unten **A.**) und den Kompetenzen der Kartellbehörden gegenübergestellt werden (unten **B.**).

[1684] Vgl. oben: 4. Teil VI.A.2)(b); vgl. auch: *Braconnier*-régulation, in: RFDA 2001, 43 [56f.], der auf die Unsicherheit hinweist, die daraus resultiert, dass diese Kooperation nicht zwingend ist.

[1685] *Möschel*, in: Immenga/Mestmäcker - GWB, § 19, Rdn. 223.

A. Die Kompetenzen der Energieaufsichtsbehörden

Wegen des Grundsatzes der Landesexekutive des Art. 83 GG haben die Länder Energieaufsichtsbehörden (EAB) gebildet. In der Regel sind sie in das jeweilige Wirtschafts- oder Energieministerium eingegliedert. Das EnWG weist ihnen gleichwohl eine Reihe von Befugnissen zu. Immer dort, wo das EnWG von der "Behörde" spricht, meint es die EAB. Genaue Regelungen über die Struktur dieser Behörden kennt das EnWG nicht, da der Bundesgesetzgeber die Zustimmungspflichtigkeit des EnWR-NRG vermeiden wollte. Die Kompetenzen der EAB sind durch die Neuregelung des EnWG im Vergleich zu früher noch beschnitten worden.[1686] Es lassen sich jedoch Aufsichtsfunktionen (unten **1.**) und repressive Funktionen (unten **2.**) der EAB unterscheiden. Darüber hinaus haben die EAB im Rahmen des Enteignungsverfahrens nach § 12 EnWG die hier nicht weiter zu erörternde wichtige Funktion, die Zulässigkeit der Enteignung festzustellen.

1) Die Aufsichtsfunktionen der EAB

Wie in Frankreich ist auch in Deutschland die Genehmigungserteilung für die Aufnahme der Energieversorgung auf Ministeriumsebene angesiedelt, indem die Kompetenz in Deutschland gemäß § 3 EnWG den EAB zukommt. Dadurch üben die EAB eine wichtige ex ante Kontrolle über die Unternehmen auf den Energiemärkten aus. Allerdings darf die Reichweite dieser Kompetenz wegen des fehlenden Ermessensspielraums der Behörde nicht überschätzt werden.

Gemäß § 4 Abs. 2 und § 16 Abs. 3 EnWG üben die EAB auch eine technische Aufsicht über die Anlagen der Energieversorgungsunternehmen aus. Für die Gaswirtschaft ist lediglich § 16 Abs. 3 EnWG relevant. Danach haben Energieversorgungsunternehmen der EAB im Einzelfall nachzuweisen, dass aus Mitgliedstaaten der Gemeinschaft importierte Anlagen den allgemeinen Regeln der Technik entsprechen.

Nach § 18 Abs. 1 Satz 1 EnWG obliegt den EAB darüber hinaus eine allgemeine Aufsichtspflicht über die Einhaltung der Vorschriften des Gesetzes. Aus § 18 Abs. 2 EnWG ergibt sich jedenfalls das Recht, von den Energieversorgungsunternehmen Auskünfte über technische und wirtschaftliche Verhältnisse zu verlangen. Im Vergleich zur CREG noch weitergehend ist das Recht nach § 18 Abs. 3 EnWG zur Anstellung eigener Untersuchungen. Nach dieser Norm sind die EAB bzw. die von ihr bestellten Personen unter Einschränkung des Grundrechts aus Art. 13 GG berechtigt, Betriebsgrundstücke, Geschäftsräume und Einrichtungen der Energieversorgungsunternehmen zu betreten und dort eigenständig Prüfungen vorzunehmen und Unterlagen einzusehen.

2) Die repressiven Kompetenzen der EAB

Nach § 18 Abs. 1 Satz 2 EnWG kann eine EAB im Einzelfall die erforderlichen Maßnahmen zur Durchführung des Gesetzes anordnen. Im Zusammenhang mit der Erörterung der Kompetenz der EAB bei Netzzugangsstreitigkeiten war bereits darge-

---

[1686] Das EnWG-1935 kannte neben dem Genehmigungssystem (§ 5 EnWG-1935), auch eine Investitionskontrolle (§ 4 EnWG-1935) und ein Verfahren zur Untersagung der Energieversorgung (§ 8 EnWG-1935).

stellt worden, dass die Norm im Verbund mit einer weiteren Norm des EnWG eine Ermächtigungsgrundlage für Handlungen der EAB begründet.[1687]

Über die Streitschlichtung hinaus sind die EAB auch zur Auferlegung von Bußgeldern nach § 19 EnWG berechtigt.[1688] Die mit Bußgeldern bewährten Ordnungswidrigkeiten entsprechen im Wesentlichen den Ordnungswidrigkeiten, die auch von der CREG verfolgt werden können. Es sind nach § 19 Abs. 1 EnWG die Aufnahme der Energieversorgung ohne Genehmigung, die Weigerung, einer Anordnung nach § 18 Abs. 1 Satz 2 Folge zu leisten, die unvollständige oder verspätete Auskunftserteilung sowie der Verstoß gegen die Verpflichtung zur Vorratshaltung nach § 17 EnWG oder gegen eine auf § 19 EnWG verweisende Rechtsverordnung. Das Bußgeld beträgt 200.000 DM (102.258,38 Euro).

B. Die Kompetenzen anderer Behörden

Die Kompetenzen der Kartellbehörden im Zusammenhang mit der Streitschlichtung wurden bereits dargestellt.[1689] Kritisch wurde dabei insbesondere auf den Ermessensspielraum der Kartellbehörden beim Einschreiten gegen Durchleitungsverweigerungen aufmerksam gemacht. Darüber hinaus sind die Kartellämter im Rahmen ihrer üblichen Kompetenzen zum Einschreiten gegen Wettbewerbsbehinderungen ermächtigt.

Schließlich gewährt das EnWG dem für Energie zuständigen Ministerium wichtige reglementatorische Kompetenzen zur weiteren Ausgestaltung des regulatorischen Rahmens. Zunächst ist hier die Einrichtung einer Streitschlichtungsstelle nach § 6a Abs. 2 EnWG-E zu nennen. Dadurch würde freilich die bereits bestehende Kompetenzvielfalt nur noch erweitert werden. Noch weitergehender ist die nach § 6a Abs. 4 EnWG-E bestehende Kompetenz zum Erlass einer Rechtsverordnung zur Regelung des Netzzugangs.

III. Fazit: Die Notwendigkeit der Errichtung einer Regulierungsbehörde für Gas

Die Selbstregulierung des Martkes wird gerade in der bundesdeutschen Diskussion oft zum Dogma erhoben. Es wird vor dirigistischen Eingriffen in den Wettbewerb gewarnt, die der ökonomischen Kultur der Bundesrepublik unbekannt sei. Diese vornehmlich seitens der Energiewirtschaft propagierte These vernachlässigt, dass es eine Selbstregulierung des Wettbewerbs immer nur dort geben kann, wo es Wettbewerb gibt. Wegen des natürlichen Leitungsmonopols hängt die Entwicklung von Durchleitungswetttbewerb aber vom Verhalten monopolistischer Unternehmen ab. Berücksichtigt man darüber hinaus die Dominanz weniger großer vertikal integrierter Unternehmen, zeigt sich schon bei theoretischer Betrachtung, dass der Selbstregulierung Grenzen gesetzt sind, so lange der Wettbewerb noch nicht funktionsfähig ist. Der Übergang eines nicht nur faktischen, sondern auch rechtlich geschützten Monopols in

[1687] Vgl. oben 4. Teil VI.A.1)(a).
[1688] *Büdenbender*-Energieaufsicht, in: DVBl 1999, 7 [13].
[1689] Vgl. oben 4. Teil VI.A.1)(b).

den Wettbewerb wird durch staatliche Aufsichtsmaßnahmen erst ermöglicht.[1690] Die praktische Überpüfung hat diese These belegt. Vor allem hat die Selbstkontrolle der marktbeherrschenden Unternehmen versagt.[1691] Bei diesem grundsätzlichen Manko kann auch die kartellrechtliche Kontrolle nicht helfen, da sie nur Einzelfälle betrifft.[1692]

Der Kommissionsentwurf für eine Änderung der Strom- und Gasrichtlinie sieht daher ebenfalls die verbindliche Einrichtung einer Regulierungsstelle vor.[1693] Sie verlangt freilich nicht die Einrichtung einer politisch unabhängigen Regulierungsbehörde und ermöglicht den teilweisen Rückgriff auf Selbstregulierung.[1694] Diese Zurückhaltung der Kommission ist mit den Beschlüssen des Europäischen Rates von Barcelona noch verstärkt worden.[1695] Gleichwohl sollte die Einrichtung einer ex-ante Regulierung unter Aufsicht einer unabhängigen Regulierungsbehörde Politikziel werden. Dies ergibt sich in Deutschland schon aus der Undurchsichtigkeit der gegenwärtigen Kompetenzverteilung. So sind zur Erteilung einer Betriebsaufnahmegenehmigung grundsätzlich alle 16 EAB der Länder zuständig. Im Rahmen von Netzzugangsstreitigkeiten haben die Kartellbehörden der Länder, das Bundeskartellamt, die Landgerichte, die 16 EAB, die Streitschlichtungsstelle nach der Verbändevereinbarung und die Streitschlichtungsstelle im Bundeswirtschaftsministerium unterschiedlichste Kompetenzen. Dies verhindert die Entwicklung von einheitlicher Rechtsanwendungspraxis und verlangt schon daher nach Abhilfe.[1696] Zwar hat die CREG auch in Frankreich keine umfassenden Kompetenzen. Insbesondere fehlt ihr die Kompetenz zur Genehmigungserteilung. Im Übrigen aber wird sie durch ihre Streitschlichtungskompetenz und die Genehmigung der Netzzugangsbedingungen eine entscheidende Rolle in der Liberalisierung der französischen Gaswirtschaft einnehmen. Auch die Vorschriften zur Koordination mit den anderen relevanten Autoritäten scheinen eine klare Aufgabenverteilung zu ermöglichen.

Als Lösung des Problems wird diskutiert, eine Regulierungsinstanz für die Energiewirtschaft in der RegTP zu entwickeln, sie innerhalb des Eisenbahnbundesamtes oder beim Bundeskartellamt anzusiedeln oder eine neue Regulierungsbehörde zu gründen.[1697] Die Kompetenz des Bundes zur Errichtung einer Regulierungsbehörde ergibt sich aus Art. 87 Abs. 3 Satz 1 GG.[1698] Ihre Einrichtung würde im Zusammenhang mit Genehmigungsbefugnissen und notwendigen Informationspflichten zwar auch einen Eingriff in die Grundrechtsbetätigung der Energieversorgungsunternehmen darstel-

---

1690 *Braconnier*-régulation, in: RFDA 2001, 43 [44]; *Scarpa*-enhance efficieny, in: RE 1998, 400.
1691 *Klaue*-Liberalisierung, in: BB 2002, 162 [165].
1692 *Markert*-Verbändevereinbarung Strom II, in: BB 2001, 105 [110]; resignierend auch *Piltz*-Netznutzungsentgelte, in: WuW 2001, 552 [560].
1693 Vgl. Vorschlag zur Änderung des Art. 22 der Gasrichtlinie, KOM (2001) 125 endgültig.
1694 Vgl. dazu: *Lecheler/Gundel*-staatliche Regulierung, in: EWS 2001, 249 [254f.].
1695 Schlussfolgerungen des Vorsitzes des Europäischen Rates von Barcelona vom 15./16.03.2002, Puntk 37.
1696 Vgl. *Büdenbender*-Gasnovelle, in: RdE 2001, 165 [173].
1697 Vgl. *Koenig/Kühling*-Regulierungsordnung, in: WuW 2001, 810 [816f.]; *Klaue*-Liberalisierung, in: BB 2002, 162 [165].
1698 *Ehlers/Pünder*, in: Achterberg/Püttner/Würtenberger-Besonderes Verwaltungsrecht I, § 4 Energiewirtschaftsrecht, Rn. 25.

len, doch wäre er angesichts des diesbezüglichen Prognosespeilraums des Gesetzgebers noch verhältnismäßig.[1699]
Gegen die Schaffung einer eigenständigen Regulierungsbehörde wird vorgebracht, dies fördere eine weitere Segmentierung des Wettbewerbsrechts und gebiete auch keine größere Unabhängigkeit.[1700] Die Segmentierung des Wettbewerbsrechts ist bereits Realität und bedingt durch die technischen Besonderheiten und europarechtlichen Anforderungen. Für die Schaffung einer eigenständigen Regulierungsbehörde spricht der Aufgabenkatalog der ihr sinnvoller Weise zu übertragen ist. So sollte über die bloße Streitschlichtung hinaus, auch eine ex-ante Regulierung eingeführt werden, denn erst diese wird verlässliche Marktbedingungen schaffen können. Sind die hierfür erforderlichen technischen Kompetenzen aber erst einmal bei einer Behörde konzentriert, dann scheint es nur sinnvoll, auch die Genehmigungserteilung dieser Autorität zu übertragen. Dies aber sprengt die klassischen Aufgabenbereiche des Bundeskartellamts.
Die Kosten für eine Regulierungsstelle sind nicht zu vernachlässigen. Die CRE hat bisher 65 Mitarbeiter bei einem Etat von 9.1 Mio €,[1701] wegen der geplanten Erhöhung der Mitarbeiter auf 150, werden sich die Kosten deutlich erhöhen. Wegen der höheren Komplexität des deutschen Marktes ist aber eher die englische Regulierungsbehörde Maßstab. Sie beschäftigt 340 Mitarbeiter bei einer Mittelausstattung in Höhe von 103 Millionen €.[1702] Diese Zahlen sind realistischer, zumal wenn man sich vergegenwärtigt, das die RegTP ca. 1.500 Mitarbeiter hat.

[1699] *Lecheler/Gundel*-staatliche Regulierung, in: EWS 2001, 249 [252f.].
[1700] Vgl. *Koenig/Kühling*-Regulierungsordnung, in: WuW 2001, 810 [818]. Auch Braconnier-régulation, in: RFDA 2001, 43 [53] weist darauf hin, dass die Unternehmen eine sektorielle Regulierungsbehörde leichter beeinflussen können als eine klassische Verwaltung.
[1701] Vgl. Erster Kommissionsbericht zur Verwirklichung der Energiebinnenmärkte, SEK (2001) 1957, Anhang 4.
[1702] Vgl. Erster Kommissionsbericht zur Verwirklichung der Energiebinnenmärkte, SEK (2001) 1957, Anhang 4.

7. Teil Zusammenfassung und Ergebnis

Die formale Betrachtung der Liberalisierung der Gasmärkte in Deutschland und Frankreich ist ernüchternd. In Ignoranz der verpflichtenden Vorgaben des Gemeinschaftsrechts haben beide Mitgliedstaaten von einer fristgerechten Umsetzung der Gasrichtlinie abgesehen. Rechtfertigungsgründe rechtlicher Art kann es dafür nicht geben.[1703] Es fehlt beiden Mitgliedstaaten an dem Willen. Dies zeigt auch die Reaktion auf die Reformvoschläge der Kommision zur Dynamisierung der Liberalisierung der Energiemärkte. Die deutsche Bekundung, man müsse auf das französische Konzept des service-public Rücksicht nehmen,[1704] erscheint als Vorwand, nicht im eigenen Land die Liberalisierung dynamischer betreiben zu müssen. Die Beschränkung der Liberalisierungsbemühungen durch die Schlussfolgerungen auf dem Rat von Barcelona schreiben diesen Trend fort.[1705] Der Schutz insbesondere der französischen Vertriebsorganisation lässt sich kulturell begründen. Der französische Gesetzgeber darf jedoch nicht die Augen davor verschliessen, dass auch in der Gemeinscahft anerkannt ist, dass die Aufgaben der Daseinsvorsorge heute unverzichtbar sind, aber ihre Erbringung grundsätzlich auch im Wettbewerb möglich ist.[1706] Der deutschen Politik geht es um den Schutz der nationalen Industrie. Die Gewährleistung der Daseinsvorsorge spielt hierzulande in der Debatte keine Rolle mehr.

Der in der öffentlichen Debatte erweckte Eindruck, der deutschen Markt sei zu 100% für den Wettbewerb geöffnet trügt. Mit einem Anteil der Versorgerwechsel von unter 5% nimmt sich der Wettbewerb in der Realität sehr bescheiden aus. Sogar in Frankreich hat es mehr Versorgerwechsel gegeben. Dabei sind in Deutschland 26 % der Unternehmen und sogar 44 % der Großabnehmer mit mehr als 100.000 kwH p.a. wechselwillig.[1707] Dass die Liberalisierung nicht funktioniert, liegt in der Schwäche der aktuellen und geplanten Gesetzgebung. Der Vergleich mit den französischen Regulationsmechanismen zeigt deutlich, dass Deutschland trotz einer theoretisch 100%igen Marktöffnung sich qualitativ nur an den Mindestvorgaben der Gasrichtlinie orientiert. In Frankreich hingegen bringt das geplante Gasgesetz zwar quantitativ nur eine Marktöffnung von 20%, das sich hieraus ergebende Wettbewerbspotential kann aber wegen qualitativ hochwertiger Regulationsmechanismen besser ausgenutzt werden. Als fundamentaler Fehler der deutschen Liberalisierungspolitik zeigt sich damit der Verzicht auf eine ex-ante Regulierung.

Die Schaffung eines funktionsfähigen europäischen Binnenmarktes für Energie verlangt über das Erreichte hinaus eine weitergehende Marktöffnung. Daneben muss durch massive Investitionen in bestehende Infrastrukturen und die Freigabe von Leitungen[1708] die Möglichkeit eines europäischen Verbunds noch geschaffen werden.

[1703] *EuGH*, 01.03.1983 - Rs. 301/81 (Kommission/ Belgien) -, E 1983, 467.

[1704] vgl. FAZ vom 26.03.2001, S. 17 „Die Liberalisierung der Energiemärkte stockt".

[1705] Schlussfolgerungen des Vorsitzes des Europäischen Rates von Barcelona vom 15./16.03.2002, Punkt 37.

[1706] *Schwarze*-Daseinsvorsorge, in: EuZW 2001, 334 [335].

[1707] *Keller/Matzko/Weisbach*-Gasliberalisierung, in: et 2000, 816 [820, Bild 6].

[1708] Diese Leitungen sind oftmals durch langfristige Lieferverträge blockiert. Teilweise wurden schon Kapazitäten freigegeben, vgl. *Mombaur*-aktuelle Entwicklung, in: RdE 2001, 88 [91]; Vergleiche zum Beispiel zur Freigabe des Unterseekabels für Strom zwischen dem Vereinigten Königreich und Frankreich, *Kommission*, Pressemitteilung vom 12.03.2001, IP/01/341.

Die Ergebnisse der Arbeit lassen sich wie folgt thesenartig zusammenfassen:

1. Die deutsche und in noch stärkerem Maße die französische Gasversorgung sind zum überwiegenden Teil von Gasimporten abhängig.
2. Sowohl in Frankreich als auch in Deutschland war die Gasversorgung vor der Liberalisierung monopolistisch organisiert. Während sie in Frankreich von dem weitreichenden Versorgungsmonopol der GDF geprägt war und ist, war sie in Deutschland durch regionale Monopol gekennzeichnet. Nur so hielt man eine gemeinwohlverträgliche Gasversorgung für erbringbar.
3. Sowohl in Deutschland als auch in Frankreich ist die Gasversorgung historisch eine staatliche Aufgabe. In Deutschland trifft den Staat dabei seit jeher lediglich eine Gewährleistungsverantwortung. Als Leistungserbringer tritt er in der Regel nur subsidiär zur Privatwirtschaft auf. In Frankreich trifft den Staat auch die Leistungserbringungspflicht, die er allerdings konzedieren kann. Dieser unterschiedliche Ansatz erklärt die kulturelle Schwierigkeit Frankreichs, die Gasversorgung für private Unternehmen zu öffnen.
4. Weder Frankreich noch Deutschland haben die Gasrichtlinie fristgerecht zum 10. August 2000 ins nationale Recht umgesetzt. In beiden Staaten zieht sich das Gesetzgebungsverfahren in die Länge. In Deutschland ist durch die Abschaffung der Freistellung der Gaswirtschaft von den Regeln des allgemeinen Kartellrechts allerdings das wesentliche rechtliche Hindernis für eine Liberalisierung beseitigt worden. Die positiven Voraussetzungen für einen effektiven Wettbewerb sind hingegen nicht geschaffen worden.
5. In Ermangelung staatlicher Regeln haben sich die Marktakteure in Deutschland und Frankreich beschränkt selbst verpflichtet, Wettbewerbsvoraussetzungen zu schaffen. In Deutschland haben sich wichtige Wirtschaftsverbände auf die mittlerweile dritte Version einer Verbändevereinbarung Gas geeinigt. In Frankreich haben die Gasunternehmen eigenständig ihre Netznutzungsbedingungen publiziert. Schon formell genügt dies nicht den Anforderungen an die den Mitgliedstaaten obliegende Umsetzungspflicht.
6. Wesentliches Unterscheidungsmerkmale in der geplanten Umsetzung ist, dass die Marktöffnungsquote in Deutschland durch die Unterstellung der Gaswirtschaft unter das allgemeine Recht eine 100%ige Marktöffnung möglich ist. Frankreich macht insofern nur von den Minimalvorgaben der Richtlinie Gebrauch und strebt eine nur 20%ige Marktöffnung an.
7. Die Rolle des Staates in der liberalisierten Gaswirtschaft wird in beiden Staaten grundsätzlich verschieden konzipiert.
   a. In Deutschland zieht sich der Staat gänzlich aus der Gaswirtschaft zurück. Soweit den Gemeinden in Einklang mit Art. 28 Abs. 2 GG weiterhin die Gewährleistung der Energieversorgung obliegt, ist dies verfassungsmäßig. Die Gemeinden sind auch nicht dadurch in ihren Rechten verletzt, dass sie mit der Privatwirtschaft konkurrieren. Indem sich der Staat auf eine ex-post Kontrolle der Wettbewerbsbedingungen zurückzieht, kann er den Wettbewerb aber nicht positiv gestalten.

b. In Frankreich behält der Staat die Kontrolle über die Gasversorgung, indem dieser Bereich nicht für den Wettbewerb geöffnet wird. Diese Möglichkeit sieht Art. 3 Abs. 3 der Gasrichtlinie vor. Die Voraussetzungen hierfür sind erfüllt, da der die Gasverteilung obliegenden GDF durch besondere Anschlussverpflichtungen besondere gemeinwirtschaftliche Verpflichtungen (service-public Verpflichtungen) übertragen worden sind. Durch eine ex-ante Kontrolle der Wettbewerbsbedingungen nimmt der Staat eine defensive gestalterische Rolle in der Marktöffnung ein.

8. Die Gewährleistung von Allgemeininteressen im Wettbewerb soll sowohl in Frankreich als auch in Deutschland dadurch gewahrt werden, dass den Marktteilnehmern wirtschaftliche Verpflichtungen im Allgemeininteresse auferlegt werden. Sie sind von den besonderen wirtschaftlichen Verpflichtungen im Allgemeininteresse (service-public Verpflichtungen) zu unterscheiden, die eine Freistellung von den Regeln des Gemeinschaftsrechts gemäß Art. 3 Abs. 3 der Richtlinie und Art. 86 Abs. 2 EGV rechtfertigen können. Diese Verpflichtungen gehen über allgemeine Zielbestimmungen, wie die Gewährleistung der Versorgungssicherheit, des Umweltschutzes und der preisgünstigen Gasversorgung hinaus:
   a. In Deutschland ist § 10 EnWG so auszulegen, dass im Ergebnis jeder Netzbetreiber in seinem Versorgungsgebiet zum Anschluss von Kunden zu allgemeinen Bedingungen an sein Netz verpflichtet ist. Gasversorgende Unternehmen sind innerhalb ihres Betätigungsfeldes zur Gasversorgung aller Kunden zu allgemeinen Bedingungen verpflichtet. Dieser Anschluss- und Versorgungspflicht kann ein Unternehmen nur entgehen, indem es privatautonom seinen Versorgungsbereich beschränkt. Untergrenze ist dabei das Gemeindegebiet.
   b. In Frankreich sind die historischen Unternehmen ebenfalls verpflichtet, ihre Leistungen zu allgemeinen Tarifen und Konditionen zu erbringen. Sie tragen auch die Gewähr der Leistungserbringung an bestimmte Kunden.

9. Darüber hinaus ergibt sich unmittelbar aus der Gasrichtlinie die Pflicht, den Unternehmen gewisse Investitionsverpflichtungen aufzuerlegen. Frankreich aber nicht Deutschland kommt dieser Pflicht nach.

10. Strukturell wird der Wettbewerb dadurch geöffnet, dass neue Unternehmen zugelassen werden. Sowohl Frankreich als auch Deutschland machen dies von einer vorherigen Genehmigung abhängig. In Deutschland gibt es ein einheitliches Genehmigungsverfahren, dessen Anwendungsbereich im Einzelnen unklar bleibt. Richtigerweise unterliegen hiernach all diejenigen Betätigungen einer energierechtlichen Genehmigungspflicht, die eine Relevanz hinsichtlich der Ziele des EnWG haben. Neben der klassischen Gasversorgung unterliegen damit auch der Netzbetrieb und der Gashandel der Genehmigungspflicht, nicht hingegen das Makeln von Gas oder Gasbörsen. In Frankreich gibt es unterschiedliche Genehmigungstatbestände für die Gaslieferung und den Gastransport. Die Gasverteilung unterliegt einem speziellen Regime. Nur dort, wo GDF

nicht in der Gasverteilung tätig wird, können andere Unternehmen als Gasverteiler aktiv werden.

11. Entsprechend den Vorgaben der Gasrichtlinie ist geplant, die Unternehmen in Frankreich und Deutschland zur buchhalterischen Trennung zu verpflichten. Diese orientiert sich in Deutschland an den Minimalvorgaben der Gasrichtlinie. Dies ist um so bedauerlicher, als auch die Struktur des deutschen Gasmarktes eine schnelle Liberalisierung verhindert. Denn die Versorger sind in aller Regel auch Eigentümer der Transportnetze. Eine effektive Entbündelung eine stärkere Dynamik bringen könnte. Die Entbündelung betrifft in Frankreich nur marktbeherrschende Unternehmen, was richtlinienkonform erscheint. Denn die Entbündelung dient der Verhinderung von Quersubventionierungen, die das Gemeinschaftsrecht nur ächtet, soweit sie von marktbeherrschenden Unternehmen ausgehen.

12. Die Gasrichtlinie sieht im Gegensatz zur Stromrichtlinie eine Wissensseparierung innerhalb der vertikal integrierten Gasunternehmen vor. Der GasG-E sieht vor, die Gasunternehmen in Frankreich zur Errichtung echter chinese-walls zu verpflichten. In Deutschland kommt es zu einer rein formalen Umsetzung.

13. Wichtigstes Mittel zur Schaffung von Wettbewerb ist der allgemeine diskriminierungsfreie Netzzugangsanspruch. Er wird durch die Regeln des allgemeinen Kartellrechts präzisiert. Den sich hieraus ergebenden Anforderungen genügen weder die Verbändevereinbarung Gas, noch die Selbstverpflichtungen der GDF. Insbesondere wird von zu langen Vertragslaufzeiten ausgegangen. Die Bilanzierungsregeln benachteiligen insbesondere in der VV-Gas den Durchleitungspetenten.

14. In Deutschland soll der Netzzugang auf der Grundlage des verhandelten Netzzugangs zwischen den Marktteilnehmern individuell ausgehandelt werden und unterliegt nur eine ex-post Kontrolle. Dies führt zu Unsicherheiten, Verzögerungen und Verteuerung des Netzzugangs. In Frankreich soll ein gemischtes System zwischen verhandeltem und reguliertem Netzzugang gewählt werden, indem die Netzbetreiber ihre Konditionen der Genehmigung der Regulierungsbehörde CREG unterstellen müssen.

15. Die Gründe für die Durchleitungsverweigerung zählt die Richtlinie ennumerativ auf. § 19 Abs. 4 Nr. 4 GWB enthält darüber hinausgehende, nicht zu berücksichtigende Gründe. Auch der in § 6a EnWG-E genannte Grund der Unzumutbarkeit wird vom Gemeinschaftsrecht nicht anerkannt und ist auf Fälle der Unmöglichkeit zu reduzieren. Auch schon vor Umsetzung der Gasrichtlinie haben die Unternehmen gegenüber den Wirtschaftsministerien einen Anspruch auf justitiable Bescheidung ihres Antrags auf Erteilung eine Netzzugangsverweigerungsgenehmigung bei Schwierigkeiten im Zusammenhang mit „take-or-pay“-Verpflichtungen. Deutschland möchte von der Möglichkeit der Einführung einer Reziprozitätsklausel Gebrauch machen. Danach kann ein Netzbetreiber die Durchleitung verweigern, wenn der zu liefernde Kunden in dem Land, aus welchem die Lieferung stammt, nicht beliefert werden könnte. Abzustellen ist darauf, in welchem Land das Unternehmen ansässig ist, das maß-

geblich von der Lieferung profitiert. Der im Gesetz angelegte Erlass einer Verordnung, durch die solche Verträge der Genehmigungspflicht unterstellt werden, ist gemeinschaftsrechtswirdrig. Ebenfalls gemeinschaftsrechswidrig ist die Erstreckung der Reziprozitätsklausel auf Drittstaatenimporte.

16. In Durchleitungsstreitigkeiten sind in Frankreich sowohl die Regulierungsbehörde CREG als auch die Wettbewerbsbehörde Conseil de la concurrence kompetent, die ihre Kompetenzen in einem Kooperationsverhältnis ausüben. In Deutschland sind sowohl die Landgerichte, die Kartellbehörden, die Energieaufsichtsbehörden und demnächst die Streitschlichtungsstelle im Bundeswirtschaftsministerium nebeneinander für Durchleitungtsstreitigkeiten zuständig. Diese Kakophonie fördert eine divergierende Rechtsanwendung. Die zeitnahe Durchsetzung des Durchleitungsanspruchs ist nach deutschem Recht faktisch nur im Wege der einstweiligen Anordnung vor den Landgerichen möglich. Die Klage ist grundsätzlich auf Vertragsabschluss zu richten, kann im einstweiligen Rechtsschutz aber auch unmittelbar auf Netzzugang gerichtet werden. Da grundsätzlich Werkvertragsrecht anzuwenden ist, ist der Netzbetreiber vorleistungspflichtig. Hinsichtlich der Angemessenheit des verlangten Entgelts ist er beweispflichtig.

17. Sowohl in Frankreich als auch in Deutschland kommt es im Zusammenhang mit der Liberalisierung zu einem beschränkten Wettbewerb um die Netze. In Frankreich sollen die Transportnetze privatisiert werden, wobei den historischen Unternehmen ein Vorkaufsrecht eingeräumt wird. In Deutschland sind die Konzessionen für die Leitungen der allgemeinen Versorgung nach Ablauf der Konzessionsverträge in einem nichtdiskriminierenden, transparenten Verfahren neu zu vergeben. Kommt es zu einem Wechsel des Konzessionsinhabers, muss das Eigentum an dem Leitungsnetz auf den neuen Konzesionsinhaber übertragen werden.

18. Zu Monopolzeiten abgeschlossene Gaslieferungsverträge werden in Frankreich durch den Abschluss eines neuen Lieferungsvertrages durch den Kunden zum Zeitpunkt des neuen Vertragsbeginns nichtig. In Deutschland wird im Ergebnis das gleiche Ergebnis durch eine Anwendung des allgemeinen Kartellrechts erreicht. Für langfristige Gesamtbedarfsdeckungsklauseln ergibt sich diese Nichtigkeit in der Regel nicht aus § 1 GWB, sondern nur aus Art. 81 Abs. 2, Art. 82 EGV, dessen Anwendbarkeit keine Schwierigkeiten bereitet. Für Verträge mit Demarkationsabreden ergibt sich die Nichtigkeit sowohl aus Art. 81 Abs. 2, Art. 82 EGV, als auch § 1 GWB.

19. Das EnWG ist in seiner Struktur und seinem Verständnis an vielen Stellen noch der alten monopolistischen Struktur verhaftet. So definiert das Gesetz nicht, welche Unternehmen einer Genehmigungspflicht unterliegen, da es verkennt, dass die Liberalisierung eine Vielzahl neuer Betätigungsfelder mit sich bringt. Das Gesetz definiert nicht was die allgemeine Versorgung im Gemeindegebiet ist, obwohl hieran eine Versorgungspflicht anknüpft. Das Gesetz lässt im Unklaren, ob am Ende der Konzessionsverträge für Leitungen zur allgemeinen Versorgung die Leitungen in das Eigentum des neuen Konzessionsin-

habers übergehen müssen. Die Aufgaben der Energieaufsichtsbehörden bleiben schleierhaft.

20. Die tatsächliche Marktöffnungsquote ist in Frankreich höher als in Deutschland. Dies zeigt, dass die Selbstregulierung des Marktes in Deutschland versagt hat. Auch in Zukunft ist in Frankreich mit einer effektiveren Marktöffnung zu rechnen. Erfolgsgarant hierfür verspricht die Regulierungsbehörde CREG zu werden, die die Netzzugangsbedingungen einer ex-ante Kontrolle unterwirft. Auch in Deutschland ist die Schaffung einer solchen Regulierungsstelle wünschenswert.

Kolibri 360 GmbH
Ferdinand-Jühlke-Straße 7
99095 Erfurt, Deutschland
produktsicherheit@kolibri360.de

Druck:
CPI Druckdienstleistungen GmbH
im Auftrag der
Kolibri 360 GmbH
Ferdinand-Jühlke-Str. 7
99095 Erfurt